H H

D1674145

Bibliografische Information der Deutschen Nationalbibliothek
Die Deutsche Nationalbibliothek verzeichnet diese Publikation
in der Deutschen Nationalbibliografie; detaillierte
bibliografische Daten sind im Internet über
http://dnb.ddb.de abrufbar.

Ansgar Zerfaß / Martin Welker / Jan Schmidt (Hrsg.):
Kommunikation, Partizipation und Wirkungen im Social Web.
Strategien und Anwendungen: Perspektiven für Wirtschaft, Politik und Publizistik
Neue Schriften zur Online-Forschung, 3
Köln : Halem, 2008

Die Reihe *Neue Schriften zur Online-Forschung* wird herausgegeben von der
Deutschen Gesellschaft für Online-Forschung (DGOF) e.V.

Alle Rechte, insbesondere das Recht der Vervielfältigung
und Verbreitung sowie der Übersetzung, vorbehalten.
Kein Teil des Werkes darf in irgendeiner Form (durch
Fotokopie, Mikrofilm oder ein anderes Verfahren)
ohne schriftliche Genehmigung des Verlages reproduziert
oder unter Verwendung elektronischer Systeme
(inkl. Online-Netzwerken) gespeichert, verarbeitet,
vervielfältigt oder verbreitet werden.

© 2008 by Herbert von Halem Verlag, Köln

ISSN 1865-2638
ISBN 978-3-938258-68-2

http://www.halem-verlag.de

E-Mail: info@halem-verlag.de

SATZ: Herbert von Halem Verlag
DRUCK: FINIDR, S.R.O. (Tschechische Republik)
GESTALTUNG: Claudia Ott Grafischer Entwurf, Düsseldorf
Copyright Lexicon ©1992 by The Enschedé Font Foundry.
Lexicon® is a Registered Trademark of The Enschedé Font Foundry.

NEUE SCHRIFTEN ZUR ONLINE-FORSCHUNG

Ansgar Zerfaß / Martin Welker / Jan Schmidt (Hrsg.)

Kommunikation, Partizipation und Wirkungen im Social Web

Strategien und Anwendungen:
Perspektiven für Wirtschaft, Politik und Publizistik

Herbert von Halem Verlag

Neue Schriften zur Online-Forschung

hrsg. von der Deutschen Gesellschaft für Online-Forschung e.V. (DGOF)

Beratendes Herausgebergremium der Gesamtreihe

Dr. Wolfgang Bandilla & Lars Kaczmirek, ZUMA
Prof. Dr. Bernad Batinic, Universität Linz
Prof. Dr. Gary Bente, Universität zu Köln
Prof. Dr. Nicola Döring, Technische Universität Ilmenau
Holger Geißler, psychonomics AG
Johannes Hercher, Rogator Software AG
Olaf Hofmann, Skopos GmbH
Dr. Uwe Matzat, Eindhoven University of Technology
Dr. Wolfgang Neubarth, TNS Infratest
Marc Smaluhn, Research NOW!
Ronald Zwartkruis, NetQuestionnairs AG

Geschäftsführender Reihenherausgeber
Dr. Martin Welker, Universität Leipzig

Inhalt

Vorwort ... 9

MARTIN WELKER / ANSGAR ZERFASS ... 12
Einleitung:
Social Web in Journalismus, Politik und Wirtschaft

I. JOURNALISMUS UND VERLAGE IM SPANNUNGSFELD
   VON SELEKTION UND PARTIZIPATION

CHRISTOPH NEUBERGER / MARTIN WELKER ... 19
Journalistische Recherche:
Konzeptlos im Netz

SVEN ENGESSER ... 47
Partizipativer Journalismus: Eine Begriffsanalyse

BETTINA BERENDT / MARTIN SCHLEGEL / ROBERT KOCH ... 72
Die deutschsprachige Blogosphäre:
Reifegrad, Politisierung, Themen und Bezug zu
Nachrichtenmedien

BARBARA WITTE ... 97
Journalismus – Partizipation – Öffentlichkeit:
Das Social Web in der Politikberichterstattung

KATJA SCHÖNHERR ... 116
Medienwatchblogs als Form journalistischer
Qualitätskontrolle

STEFFEN BÜFFEL ... 134
Crossmediale Transformation lokaler Öffentlichkeiten:
Strategien von Zeitungsverlagen im Social Web

CLAUDIA GERHARDS / SVEN PAGEL 154
Webcasting von Video-Content in Online-Zeitungen:
Marktanalyse – Kosten – Erlöse

II. POLITISCHE KOMMUNIKATION IM SOCIAL WEB

MARCO BRÄUER / MARKUS SEIFERT / JENS WOLLING 188
Politische Kommunikation 2.0 – Grundlagen
und empirische Ergebnisse zur Nutzung neuer
Partizipationsformen im Internet

JEFFREY WIMMER 210
Gegenöffentlichkeit 2.0: Formen, Nutzung und
Wirkung kritischer Öffentlichkeiten im Social Web

KATHRIN VOSS 231
Nichtregierungsorganisationen und das Social Web:
Mittel der Zukunft oder Bedrohung?

TINA BRUNAUER 248
Social Software in politischen Kampagnen:
Strategien von politischen Organisationen in Österreich

JUSTUS BROSS / HARALD SACK / CHRISTOPH MEINEL 265
Politische Partizipation durch Diskussion? Konzeption
und Wirkungen des *IT-Gipfelblogs*

III. INTERAKTIVE WERTSCHÖPFUNG UND KOMMUNIKATION IM UNTERNEHMEN

ANSGAR ZERFASS / SWARAN SANDHU 283
Interaktive Kommunikation, Social Web und
Open Innovation: Herausforderungen und Wirkungen
im Unternehmenskontext

JÖRG ASSMANN / THOMAS SCHILDHAUER /   311
CHRISTIAN WALLER
Interaktive Wertschöpfung im Social Web als neue
Grundlage der Produktentwicklung

STEPHAN KAISER / GORDON MÜLLER-SEITZ   338
Nutzereinbindung bei Innovationsprozessen
im Social Web: Fallstudie Windows Vista

MICHAEL KOCH / ALEXANDER RICHTER   352
Social-Networking-Dienste im Unternehmenskontext:
Grundlagen und Herausforderungen

MATTHIAS SCHULTZE / ANNIKA POSTLER   370
Online-Trend-Monitoring bei der EnBW:
Mit dem Ohr am Kunden

MICHAEL SCHEUERMANN /   383
RAINER MÜLLER-MÜFFELMANN
Podcasts, Themencommunities und Social Media:
Erfahrungen in der BASF-Unternehmenskommunikation

SUSANNE LAPP / ANTJE WALLNER   399
Der *SkyCast* – Mehr als Schall und Rauch? Erfahrungen mit
Corporate Podcasts bei der Fraport AG

TANJA WALTER-DUNNE   412
News- und Wissensmanagement mit Weblog und Wiki:
Das Beispiel Fink & Fuchs Public Relations AG

ALEXANDER RICHTER / ALEXANDER WARTA   427
Medienvielfalt als Barriere für den erfolgreichen Einsatz von
Wikis im Unternehmen: Fallbeispiel Bosch

ROLAND BURKART / LIESELOTTE STALZER 444
Polarisieren Weblogs die Markenwahrnehmung?
Eine Evaluation des *Antarctica*-Projekts der
Bank Austria

MARKUS BREUER 462
Business in virtuellen Welten: Nutzungsperspektiven
von *Second Life* und Online-Welten

Autoren und Herausgeber 486

Vorwort

Der Strukturwandel in Kommunikation und Gesellschaft schreitet fortwährend voran und lässt kaum Zeit für Diagnosen, geschweige denn für tiefergehende Analysen des Wandels. Viele Entwicklungen sind neu, doch die Herausforderungen für die Wissenschaft sind es nicht. 2010 wird es genau 100 Jahre her sein, dass Max Weber auf seiner Rede zum ersten Deutschen Soziologentag in Frankfurt am Main die Analyse des Zeitungswesens als eine vorrangige Aufgabe der Wissenschaft bezeichnet hat. Dies sei zwar ein »ungeheures Thema«, so Weber, aber die Dringlichkeit liege darin begründet, dass die Massenpresse nahezu jeden Bereich der Gesellschaft beeinflusse und eine Wissenschaft von der Gesellschaft sich also primär mit diesem Gegenstand befassen müsse. Dabei stünden insbesondere folgende Fragen im Mittelpunkt:
- Was wird publiziert?
- Wie sind die Machtverhältnisse?
- Was bedeutet das für Journalisten und die öffentliche Meinungsbildung?

Zum damaligen Zeitpunkt waren die Massenmedien in Deutschland noch ein relativ junges Phänomen. Beflügelt durch neue Basistechnologien (Elektrizität, Rotationsdruck, variable Satztechniken) in Kombination mit sozialen Veränderungen (Bevölkerungswachstum, Urbanisierung, Alphabetisierung) hatte sich Anfang des 20. Jahrhunderts eine wirtschaftlich starke und öffentlichkeitswirksame Massenpresse entwickelt. Dadurch wurde die publizistische Vielfalt erhöht und der Charakter von Öffentlichkeit verändert.

Es gibt frappierende Parallelen zwischen der Lage damals und heute. Neue Basistechnologien (leistungsfähige Computer, breitbandige Vernetzung, intuitive Software) gehen einher mit sozialen Veränderungen (Globalisierung, Entwicklung zur Wissensgesellschaft und Individualismus). Neue Medien und Anwendungen (Social Web, Social Software) verschieben offensichtlich die Grenzen der Öffentlichkeit. Es liegt also nahe, ganz im Sinne Max Webers zu fragen: Was sind die neuen Inhalte, wie werden diese genutzt und was bedeutet dies für die Meinungsbildung in Wirtschaft, Politik und Gesellschaft?

Diesen Grundfragen geht das vorliegende, zweibändige Werk nach. Die Leitfrage nach den neuen Formen der Kommunikation im Social Web, den damit verbundenen Partizipationsmöglichkeiten und der Erfassung der Wirkungen wird in mehreren Schritten beantwortet. Der erste Band *Grundlagen und Methoden: Von der Gesellschaft zum Individuum* setzt sich mit dem Wandel von Öffentlichkeiten und Kommunikationsformen, dem Phänomen aktiver Rezipienten und Nutzer im Social Web sowie dem innovativen Potenzial entsprechender Anwendungen für die empirische Sozialforschung auseinander. Der zweite Band *Strategien und Anwendungen: Perspektiven für Wirtschaft, Politik, Publizistik* zeigt auf, wie Journalismus und Verlage neue Strategien im Spannungsfeld von Selektion und Partizipation entwickeln, wirft einen Blick auf Status quo und Zukunft der politischen Kommunikation im Social Web und schließt mit Analysen und Fallstudien zur interaktiven Wertschöpfung und Unternehmenskommunikation.

Max Weber, dessen Rede sich auch heute noch außerordentlich modern und frisch liest, sah bereits das praktische Problem seiner Forderung, vor dem auch wir heute stehen: »Sie werden fragen: Wo ist das Material für die Inangriffnahme solcher Arbeiten? Das Material sind ja die Zeitungen selbst, und wir werden nun, deutlich gesprochen, ganz banausisch anzufangen haben damit, zu messen, mit der Schere und mit dem Zirkel, wie sich denn der Inhalt der Zeitungen in quantitativer Hinsicht verschoben hat im Lauf der letzten Generation«. Das Gleiche gilt in der heutigen Zeit: Mit bahnbrechender Geschwindigkeit hat sich die Medienlandschaft verändert, aber im Gegensatz zu früher sind Blogbeiträge, Wiki-Inhalte und *YouTube*-Videos nur begrenzt archivierbar und nicht mehr mit dem bekannten Handwerkszeug der empirischen Sozialforschung zu vermessen.

Eine Bestandsaufnahme für das Social Web ist heute lediglich exemplarisch möglich. Und obwohl Max Weber auch heute noch einen guten Startpunkt vorgibt, wäre es unklug, Theoriebezüge bei Weber enden zu lassen. So müssen neue Schlüsselbegriffe wie ›Authentizität‹, ›Interaktivität‹ und ›Partizipation‹ interpretiert, verstanden und theoretisch verarbeitet werden.

Gefragt sind deshalb neue Verfahren und Heuristiken, die es ermöglichen, partizipative Kommunikationsprozesse im Internet zu verstehen und zu analysieren. Der Online-Forschung als integrativer Sozialwissenschaft wächst dabei eine besondere Rolle zu. Sie stellt einerseits Methoden zur Verfügung, mit denen Daten, Zahlen und Statistiken zum Internet und zu anderen Online-Strukturen erhoben werden können. Ihr Anspruch geht aber – das macht das vorliegende Werk deutlich – bei der Herausbildung neuer Phänomene weit darüber hinaus. Angesichts der vor allem in der Praxis allzu eilfertig aufgeheizten Debatte um das Social Web gilt es, zunächst einmal die Begriffe zu operationalisieren, mit denen dann Nutzungsdaten interpretiert werden können. Dabei ist ein interdisziplinäres Vorgehen unabdingbar: Erkenntnisse der Kommunikationswissenschaft sind ebenso notwendig wie politikwissenschaftliche, psychologische, juristische und soziologische Konzepte; nicht zu vergessen die Perspektiven von Betriebswirtschaftslehre und Wirtschaftsinformatik sowie die Reflexion von praktischen Erfahrungen aus Medienwirtschaft, Industrie, Politik sowie Markt- und Meinungsforschung.

Diese unterschiedlichen Perspektiven werden im vorliegenden Werk zu einer facettenreichen Gesamtschau verknüpft. In 41 Beiträgen wird der *state of the art* der deutschsprachigen Social-Web-Forschung präsentiert. Unser Dank gilt allen mitwirkenden Autorinnen und Autoren, deren Beiträge in einem mehrstufigen Review-Verfahren ausgewählt wurden und hier erstveröffentlicht sind. Stephanie Krahl (Leipzig) hat mit großem Engagement die Koordination der Beiträge unterstützt. Herbert von Halem (Köln) gebührt ebenso wie der Deutschen Gesellschaft für Online-Forschung (DGOF) ein großer Dank für die Aufnahme der beiden Bände in die Publikationsreihe. Allen Leserinnen und Lesern wünschen wir eine aufschlussreiche Lektüre dieser Zeitaufnahme und Erkenntnisse für die Theorie und Praxis der Online-Kommunikation.

Leipzig und Hamburg, im März 2008
Ansgar Zerfaß, Martin Welker & Jan Schmidt

MARTIN WELKER / ANSGAR ZERFASS

Einleitung: Social Web in Journalismus, Politik und Wirtschaft

Das Social Web im Sinne partizipativer, interaktiver Formen der Kommunikation und Interaktion im Internet beeinflusst Organisationen in vielfältiger Weise. Dabei wird der Wandel sowohl als Herausforderung (manchmal auch als Bedrohung), vor allem aber als Chance gesehen. Betroffen sind letztlich alle professionellen Kommunikatoren und ihre Organisationen: Journalisten sowie Medienunternehmen bzw. Verlage, die unter anderem lernen müssen, noch stärker als bisher Rezipienten in professionelle Produkte einzubeziehen, bis hin zu dem extremen Fall, dass bestimmte Medienprodukte vollständig von Laien gestaltet und mit Inhalten bestückt werden. Politische Akteure, die sich nun einerseits direkt an das Publikum wenden können, ohne mit den als lästig empfundenen Journalisten umgehen zu müssen, dabei aber andererseits mit einem mangelnden Interesse gerade junger Zielgruppen an politischen Inhalte zu kämpfen haben. Und nicht zuletzt Unternehmen, die ebenfalls in den neuen Möglichkeiten der Zielgruppenkommunikation schwelgen, aber andererseits den Verlust von Kontrolle fürchten, der im Social Web allzu leicht auftreten kann.

Dennoch: Verlage, Politikberater und Unternehmen stricken eifrig an neuen Geschäftsmodellen. Nicht wenige stimmen sogar einen Abgesang auf das Zeitalter heutiger Erfolgskonzepte an. Doch die Realität ist komplexer. Die Regeln und Ressourcen der Kommunikation (GIDDENS 1984; ZERFASS 2007) sind in der Gesellschaft fest verankert und ändern sich nur langsam. Das heißt aber keineswegs, dass alte Handlungsmuster bestehen bleiben werden und sich das Nachdenken über neue Strategien erübrigt. Ganz im Gegenteil: Das Abflauen der ersten Begeisterung über

Wikis, Weblogs, Podcasts, Social Networking & Co. bietet die Gelegenheit, tiefer zu schürfen und einen wissenschaftlich fundierten Blick unter die Oberfläche zu werfen.

Der vorliegende Band setzt die Diskussion um die *Grundlagen und Methoden des Social Web* (*Individuum und Gesellschaft*: vgl. Band 2 der Neuen Schriften zur Online-Forschung, ZERFASS/WELKER/SCHMIDT 2008) fort und fragt auf der Mesoebene, wie die gelebte Praxis professioneller Kommunikation im neuen Netz aussieht und wie etablierte Organisationen die Chancen und Herausforderungen aufgreifen. Nach diesem hier vorliegenden Überblick geht es zunächst um Journalismus und um Verlage, die sich im Spannungsfeld zwischen klassischen Erfolgsmodellen und verstärkter Selektion durch die Nutzer bzw. neuen Formen der Partizipation bewegen (erster Teil). Anschließend wird die politische Kommunikation staatlicher und nicht-staatlicher Akteure beleuchtet (zweiter Teil). Schließlich richtet sich der Fokus auf Unternehmen (dritter Teil), wobei eine Reihe von Fallbeispielen den praktischen Einsatz von Elementen des Social Web für die interaktive Wertschöpfung sowie Marktkommunikation, Public Relations und Interne Kommunikation verdeutlicht.

Die Beziehung zwischen *Journalismus, Medienwirtschaft und Internet* lässt sich nicht auf eine einfache Formel bringen. Weder ist das Internet eine Wunscherfüllungsmaschine für den Journalismus, noch ist das neue Medium der Sargnagel für die professionelle Informationsvermittlung. CHRISTOPH NEUBERGER und MARTIN WELKER nehmen die Beziehung von Profession, Partizipation und Technik genauer in den Blick: Wie recherchieren Journalisten mit Hilfe von Suchmaschinen? Und welche Auswirkungen hat ihr Gebrauch auf den Journalismus? Für eine differenzierte Sicht ist es notwendig, einerseits das Verhältnis des professionellen, redaktionell organisierten Journalismus zu anderen Kommunikatoren zu analysieren, die die Möglichkeit der Partizipation an der öffentlichen Kommunikation nutzen. Andererseits muss nach der Technik gefragt werden, die eine automatisierte Selektion und Präsentation von Informationen ermöglicht. Erst dann können Aussagen über die Veränderung der Arbeit von Journalisten durch das Social Web getroffen werden. Eine wichtige Aufgabe besteht darin, Grund- bzw. oft benutzte Kernbegriffe zu reflektieren und genauer zu fassen. SVEN ENGESSER leistet dazu einen wichtigen Beitrag. Er legt eine Begriffsanalyse zum ›Partizipativen Journalismus‹ vor und stellt sich damit gegen die Begriffsinflation, die mit der Entstehung neuer Medienformate im Internet einhergeht. Durch eine Reinterpretation der bisherigen Literatur wird eine analytische Grundlage für weiterführende Forschungsarbeiten gelegt.

Ein wichtiges Rückgrat des Social Web bilden Weblogs. Es wird vermutet, dass sie mit etabliertem Journalismus oftmals eine neue Mischung eingehen. Mit diesem Spannungsfeld von Blogosphäre und Journalismus setzen sich BETTINA BERENDT, MARTIN SCHLEGEL und ROBERT KOCH auseinander. Sie untersuchen Reifegrad, Politisierung und Themen deutschsprachiger Weblogs. Der Vergleich mit der Entwicklung in den USA und hiesigen Nachrichtenmedien zeigt, dass populäre deutschsprachige Blogs derzeit (noch) wenig Bezug zu Politik und Qualitätsjournalismus aufweisen. Einen weiteren Blickwinkel nimmt anschließend BARBARA WITTE ein. Sie diskutiert Veränderungen im Dreiecksverhältnis von Öffentlichkeit, Journalismus und Partizipation. Sie thematisiert wesentliche Einflussfaktoren anhand von Beispielen aus der politischen Kommunikation und konstatiert eine Mehrebenenrelevanz von Einflüssen des neuen Netzes auf den politischen Journalismus. Anschließend wird die Frage gestellt, ob es nicht zu einer ›Erosion‹ des politischen Journalismus durch Web 2.0 kommen kann. Eine neue und besondere Form der Verbindung und des wechselseitigen Einflusses von Weblogs und etabliertem Journalismus nimmt KATJA SCHÖNHERR unter die Lupe: Medienwatchblogs als neue Form journalistischer Qualitätskontrolle. Denn Journalisten werden heute mit einer bislang unbekannten Kontrollinstanz konfrontiert. Autoren von Weblogs haben es sich zur Aufgabe gemacht, journalistische Fehler im Internet für jeden sichtbar aufzudecken. Das bekannteste Beispiel ist sicherlich *bildblog.de*, in dem die Irrungen der reichweitenstärksten deutschen Boulevardzeitung dokumentiert werden. Auf der Basis von Inhaltsanalysen und Leitfadeninterviews wird dieses Phänomen zugänglich gemacht.

Neue Formen von Öffentlichkeiten setzen die etablierten Massenmedien unter Druck. Wie Zeitungsverlage darauf reagieren und welche Strategien sie im Social Web verfolgen, beleuchtet STEFFEN BÜFFEL in einem Beitrag über die crossmediale Transformation lokaler Öffentlichkeiten. Er skizziert, wie deutsche Zeitungsverlage ihr redaktionelles Marketing mit Hilfe von Social-Software-Anwendungen an die Veränderungen im Mediengefüge anpassen. CLAUDIA GERHARDS und SVEN PAGEL knüpfen hier nahtlos an: Sie zeigen praxisnah auf, wie Verlage in den Bewegtbildmarkt einsteigen können. Denn in ihrem Kerngeschäft, der Herausgabe von Zeitungen, befinden sich regionale Zeitungsverlage in einer Phase der Stabilisierung, wenn nicht der Stagnation. Anhand mehrerer Szenarien wird gezeigt, wie sich Kosten und Erlöse beim Webcasting von Video-Content in Online-Zeitungen verteilen und welche kalkulatorischen Grundlagen dabei zu beachten sind.

Die *politische Dimension des Social Web* wird von den Protagonisten der neuen Kommunikationsformen geradezu euphorisch diskutiert. Mit dem Schlachtruf »We are the media« (GILLMORE 1984) wird nicht nur eine Zeitenwende der öffentlichen Kommunikation verkündet, sondern auch ein Durchbruch deliberativer und direkter Formen der demokratischen Willensbildung vorhergesagt. Jenseits aller Einzelbeispiele insbesondere aus der Wahlkampfkommunikation in den USA lohnt hier ein Blick in die Empirie. MARCO BRÄUER, MARKUS SEIFERT und JENS WOLLING führen in das Thema der politischen Kommunikation im Internet ein und zeigen anhand einer repräsentativen Erhebung in Deutschland, dass aktive Nutzer des Social Web signifikante Unterschiede zu Nichtnutzern und Offlinern aufweisen. Sie besuchen häufiger die Websites von Politikern, haben mehr Kontakt mit Volksvertretern und reden im privaten Umfeld intensiver über politische Themen. Darüber hinaus schreiben sie häufiger Online-Leserbriefe und nehmen auch an mehr Unterschriften- oder Mailingaktionen teil. Zudem sind die Wertvorstellungen verschieden: Aktive Nutzer des Social Web unterstützen in besonderem Maß die Ideale von Freiheit und Gleichheit, während Sicherheitsbedenken hintenangestellt werden. Dennoch wird insgesamt deutlich, dass partizipative Nutzungsformen in der Politik bislang von geringer Relevanz sind.

Von einer absehbaren Weiterentwicklung profitieren in strategischer Hinsicht vor allem jene politischen Akteure, die im heutigen Machtgefüge am Rand stehen. Diesen Aspekt diskutieren JEFFREY WIMMER, der die Möglichkeiten zur Etablierung neuer Gegenöffentlichkeiten im Social Web vorstellt, und KATHRIN VOSS, die mit zahlreichen Fallbeispielen aus Deutschland und den USA auf die Potenziale für Nichtregierungsorganisationen (NGOs) eingeht. Ergänzt wird dies durch eine qualitative Studie von TINA BRUNAUER, die zeigt, wie Weblogs, Wikis und andere Social Software-Anwendungen in politischen Kampagnen in Österreich eingesetzt werden. Jenseits aller normativen Ideale und wohlmeinenden Strategien hängt der Erfolg partizipativer Ansätze immer auch davon ab, dass eine nutzerorientierte Gestaltung und Einbindung in umfassendere Kommunikationsprozesse gelingt. Deutlich wird dies an den Erfahrungen mit dem *IT-Gipfelblog*, das im Mittelpunkt des Beitrags von JUSTUS

BROSS, HARALD SACK und CHRISTOPH MEINEL steht. Diese Plattform wurde geschaffen, um eine breite Öffentlichkeit in die Nationalen Informationstechnologie-Gipfel der Bundesregierung einzubinden. Welche Erfahrungen dabei gemacht wurden und welche Optimierungsmöglichkeiten bestehen, wird in der Fallstudie verdeutlicht.

Die *Bedeutung des Social Web für Wertschöpfung und Kommunikation in Unternehmen* muss auf mehreren Ebenen analysiert werden. Darauf weisen ANSGAR ZERFASS und SWARAN SANDHU in ihrem Beitrag zum Spannungsfeld von interaktiver Kommunikation, Social Software und Open Innovation hin. Einerseits verändern sich die Spielregeln von Public Relations, Marktkommunikation und Interner Kommunikation. Zum anderen ist eine Neukonfiguration ganzer Wertschöpfungsketten durch alternative Formen der Entwicklung, Produktion und Distribution denkbar. Unter Rückgriff auf Theorien aus den Kommunikations- und Wirtschaftswissenschaften wird gezeigt, wie beide Dimensionen konzeptionell gefasst werden können. Um die Wirkungen integrativ zu erfassen, wird der Einsatz von Strategy Maps und Balanced Scorecards empfohlen und mit einem Fallbeispiel illustriert. JÖRG ASSMANN, THOMAS SCHILDHAUER und CHRISTIAN WALLER gehen vertieft auf den Wertschöpfungsaspekt und insbesondere auf die Einbindung von Kunden und Nutzern ein. Sie zeigen, welche Voraussetzungen geschaffen werden müssen, um die Potenziale des Social Web für die Produktentwicklung zu nutzen. Dass es dabei insbesondere auf Motivationsaspekte ankommt, verdeutlichen STEPHAN KAISER und GORDON MÜLLER-SEITZ in einer Fallstudie zur Entwicklung des Betriebssystems Windows Vista. Hier wurden Softwarenutzer bereits frühzeitig über das Internet in den Innovationsprozess eingebunden. MICHAEL KOCH und ALEXANDER RICHTER richten den Blick auf die Einsatzmöglichkeiten von Social-Networking-Anwendungen im Unternehmenskontext. Sie erläutern, welche Nutzungsbarrieren zu überwinden sind, und geben einen Ausblick auf die Entwicklungspfade in diesem Bereich.

Zwischen Euphorie und Ernüchterung schwankt die Diskussion um den Einfluss des Social Web auf die Unternehmenskommunikation. Von Beratern und Berichten in der Fachpresse angeheizt, experimentieren viele Marketing- und PR-Verantwortliche mit Weblogs und virtuellen Internetauftritten beispielsweise in der Online-Welt *Second Life*. Allzu oft wird dabei übersehen, dass jede Kommunikationsstrategie eine vorgängige Analyse der öffentlichen Meinungsbildung, ihrer Akteure und

Gatekeeper sowie der Nutzungssituation von Rezipienten voraussetzt. Darüber hinaus ist Unternehmenskommunikation stets interessengeleitet. Entsprechende Investitionen müssen also im Kontext übergeordneter Wettbewerbsziele evaluiert werden. Als erster Schritt empfiehlt sich immer eine genaue Analyse der Kommunikation im Social Web. MATTHIAS SCHULTZE und ANNIKA POSTLER schildern in einer Fallstudie zum Online-Trendmonitoring, mit welchen Methoden der Energiekonzern EnBW die zentralen Fragestellungen bearbeitet: Wie viel und was wird kommuniziert, wer kommuniziert in welchen Zusammenhängen und wo finden Diskussionen über unternehmensrelevante Themen statt? Die Integration neuer Netzanwendungen in das Issues-Management, aber auch die Nutzung von Weblogs und Podcasts für die Kommunikation von Wissen und Innovationen stehen im Mittelpunkt der Social-Media-Strategie von BASF. MICHAEL SCHEUERMANN und RAINER MÜLLER-MÜFFELMANN stellen dies aus der Binnenperspektive dar. SUSANNE LAPP und ANTJE WALLNER berichten über die strategischen Ziele und die Erfahrungen beim Aufbau eines Corporate Podcasts bei der Fraport AG. Der Flughafenbetreiber nutzt Bewegtbild-Formate in der internen Kommunikation, um die Authentizität und Emotionalität der persönlichen Ansprache auf elektronischem Weg zu transportieren und archivierbar zu machen. Für andere Zielsetzungen wie das Informations- und Wissensmanagement eignen sich insbesondere Wikis und Weblogs. Die Fallstudie von TANJA WALTER-DUNNE verdeutlicht, wie entsprechende Anwendungen mit wenig Aufwand, aber klaren Konzepten und Evaluationsschritten in den mittelständischen Strukturen einer Kommunikationsagentur etabliert werden können.

Die Vorteile einer wissenschaftlichen Analyse von Social-Web-Anwendungen demonstrieren die beiden nachfolgenden Beiträge. ALEXANDER RICHTER und ALEXANDER WARTA nutzen die Media-Synchronicity-Theorie, um Barrieren beim Einsatz von Wikis im unternehmensinternen Wissensmanagement zu identifizieren. Ihre Erfahrungen im Bosch-Konzern zeigen, dass die Medienvielfalt ein Hindernis für den erfolgreichen Einsatz partizipativer Tools sein kann. ROLAND BURKART und LIESELOTTE STALZER verknüpfen Markenwert-Konzepte mit Methoden der empirischen Sozialforschung, um zu klären, welchen Einfluss das Sponsoring eines Weblog-Projekts auf die Markenwahrnehmung hat. Als Beispiel dient ihnen die Bank Austria in Wien. Beschlossen wird der Rundgang durch die Theorie und Praxis von Social-Web-Anwendungen in der Wirtschaft durch perspektivische Überlegungen von MARKUS BREUER zu den Nutzungsperspektiven von *Second Life* und anderen Online-Welten. Neue Möglichkeiten des Identitätsmanagements verändern die Strukturen der Kommunikation hier in einer zusätzlichen Dimension.

Die Frage nach Kommunikation, Partizipation und Wirkungen im Social Web stellt sich angesichts der dynamischen Entwicklung des Felds immer wieder neu. Die Beiträge in diesem Band leisten einen Beitrag zur Strukturierung und zeigen interdisziplinäre Bezüge auf. Ein erfolgreicher Einsatz neuer Kommunikationspraktiken, das wird deutlich, bleibt mehr denn je auf eine systematische Analyse und adäquate Methoden der Online-Forschung angewiesen.

Literatur

GIDDENS, A.: *The Constitution of Society. Outline of the Theory of Structuration.* Cambridge [Polity Press] 1984

GILLMOR, D.: *We, the media. Grassroots journalism by the people, for the people.* Sebastopol, CA [O'Reilly] 2004

ZERFASS, A.: Von der Einkanal-Kommunikation zum Dialog – wenn Empfänger zu Akteuren werden. In: ELLERBECK, T.; K. SIEBENHAAR (Hrsg.): *Vernetzte Welt – Veränderungen der Kommunikation durch Neue Medien und Mobilfunk.* Berlin [B&S Siebenhaar] 2007, S. 18-27

ZERFASS, A.; M. WELKER; J. SCHMIDT (Hrsg.): *Kommunikation, Partizipation und Wirkungen im Social Web. Band 1: Grundlagen und Methoden: Von der Gesellschaft zum Individuum.* Köln [Herbert von Halem] 2008

I. JOURNALISMUS UND VERLAGE IM SPANNUNGSFELD
VON SELEKTION UND PARTIZIPATION

CHRISTOPH NEUBERGER / MARTIN WELKER

Journalistische Recherche: Konzeptlos im Netz

Der folgende Beitrag diskutiert anhand empirischer Befunde die Frage, wie sich ein Kernbereich der journalistischen Arbeit, die Recherche, durch den Gebrauch von Suchmaschinen verändert und welche Auswirkungen damit möglicherweise verbunden sind. Damit kann der vorliegende Text in den Bereich der Journalismusforschung eingeordnet werden. Präsentiert werden die Ergebnisse zweier empirischer Studien der Journalistik an den Universitäten Münster und Leipzig.

1. Einführung

Die Beziehung zwischen Journalismus und Internet lässt sich nicht auf eine einfache Formel bringen: Weder ist das Internet eine Wunscherfüllungsmaschine für den Journalismus, noch ist das neue Medium der Sargnagel für die professionelle Informationsvermittlung – auch wenn der Journalismus im Internet sein Gatekeeper-Monopol verliert, weil dort jede Person oder Organisation ohne großen Aufwand publizieren kann.

Dieser erleichterte Zugang zu Öffentlichkeit für jedermann ist ein wichtiges Kennzeichen des sogenannten ›Web 2.0‹ oder ›Social Web‹ und führt zu einem weiteren Anwachsen online verfügbarer Inhalte und kommunikativer Prozesse im Internet. Dies wiederum bedeutet, dass sich Journalisten online eine größere Quellenvielfalt als bislang erschließen können. Dies geschieht meistens über Suchmaschinen. Die populäre These von der ›Googleisierung des Journalismus‹ befürchtet aber dieses: dass Journalisten bei der Recherche vermehrt Suchmaschinen wie Google einsetzen und diese Praxis zuungunsten anderer, etablierter Rechercheverfahren ausgeübt wird. Ob eine solche Substitution tatsächlich erfolgt und ob ein vermehrter Einsatz von Suchmaschinen für die Recherche angemessen und sinnvoll ist, wurde bislang noch nicht genauer untersucht. Der vorliegende Text will deshalb zwei Teilfragen beantworten: Es wird geklärt, ob a) Journalisten tatsächlich Recherchemittel durch die Nutzung von Suchmaschinen substituieren (Googleisierung) und b) ob die Möglichkeiten der Online-Recherche tatsächlich ausgenutzt werden, d.h., ob Journalisten Online-Mittel konzeptionell richtig einsetzen.

Für eine differenzierte Sicht ist es notwendig, das Verhältnis des professionellen, redaktionell organisierten Journalismus zu anderen Kommunikatoren zu analysieren. Hier stellt sich zunächst die Frage nach Identität und Differenz von journalistischen und nicht-journalistischen Leistungen und damit nach der Konkurrenz von Alternativangeboten zum Journalismus. So wird immer wieder behauptet oder bestritten, dass zwischen professionellem Journalismus und amateurhaften Weblogs Konkurrenz herrscht. Indem der Forscher die Aussagenentstehung im professionellen Journalismus in den Blick nimmt, können Unterschiede herausgearbeitet werden, denn gerade auf dem Feld der Aussagenproduktion ist am ehesten zu erwarten, dass Differenzen zu Nicht-Journalisten deutlich werden. Journalisten haben in Laufe der Jahrzehnte bestimmte professionelle Routinen und Programme (vgl. QUANDT 2004: 131) entwickelt, die möglicherweise durch die Integration neuer Mittel wie Suchmaschinen verändert werden. Allerdings besteht auch unter den erfahrenen Journalisten seit einiger Zeit der Verdacht, dass es gerade auf dem Feld der Online-Recherche zu Fehlentwicklungen kommt. So schrieb Hans Leyendecker (2008) »Für eine schnelle Geschichte auf eine schnelle Recherche in Suchmaschinen zurückzugreifen, gehört zu den neuen Sünden des Journalismus. Es wird kräftig gegoogelt; bei Wikipedia oder anderen noch viel freieren Enzyklopädien wird abgeschrieben.« In diesem Beitrag werden deshalb die Fragen untersucht: Verändern neue technische Möglichkeiten die journalistische Recherche? Wie recherchieren Journalisten mit Hilfe von Suchmaschinen?

2. Journalistische Recherche im Internet: Optionen und Forschungsstand

Journalismus hat die zentrale Funktion der Umweltbeobachtung (vgl. u.a. KEPPLINGER 2004: 100; WEISCHENBERG 2002: 110f.): Er berichtet über aktuelle Ereignisse und benötigt dafür Informationen, an die er aktiv oder passiv gelangen kann. Nur die aktive Informationsbeschaffung soll hier als ›Recherche‹ bezeichnet werden (vgl. REDELFS 2002: 2; PREGER 2004: 19). Haller (2004: 40f.) definiert die journalistische Recherche als Verfahren zur Beschaffung von (zunächst nicht zugänglichen) Aussagen über reales Geschehen. Nach ihrer Selektion und Interpretation werden die Aussagen öffentlich gemacht. Haller unterscheidet drei Typen der Recherche (vgl. ebd.: 38f.): die ereignisbezogene Recherche, mit der ein Ereignis rekonstruiert werden soll, die Themenrecherche, die Trends, Milieus und andere allgemeine Themen beschreiben soll, und die Enthüllungsrecherche.

Der Umfang und Ertrag der Forschung über die journalistische Recherche ist bisher noch bescheiden (vgl. HALLER 2004: 47; PREGER 2004: 3; RIEFLER 1992: 48). Redelfs (1996: 22) beklagt eine »praktizistische Verkürzung« der Literatur, die sich allzu oft auf Appelle an die journalistischen Tugenden beschränkt und die Strukturen ausblendet, die dem journalistischen Handeln Grenzen setzen. Die Recherche wird durch die generellen Trends im Journalismus beeinflusst: durch seine Ökonomisierung und Technisierung. Die Ökonomisierung führt, so wird oft beklagt, zu einer Verringerung des Anteils der Recherche an der Gesamttätigkeit von Journalisten (vgl. WEISCHENBERG/ALTMEPPEN/LÖFFELHOLZ 1994: 160). Gerade in den letzten Jahren kam es zum Personalabbau und zu einer weiteren zeitlichen Verdichtung in den Redaktionen. Die repräsentative Journalistenbefragung »Journalismus in Deutschland« registrierte einen Rückgang der Zeit, die ein Journalist durchschnittlich an einem Arbeitstag für die Recherche aufwendet, von 140 Minuten im Jahr 1993 auf nur noch 117 Minuten im Jahr 2005 (vgl. WEISCHENBERG/MALIK/SCHOLL 2006: 80f.). Von der Technisierung werden immer mehr Bereiche des Journalismus erfasst. In der gleichen Journalistenbefragung wurde festgestellt, dass im Jahr 2005 im Durchschnitt 122 Minuten für ›Internettätigkeiten allgemein‹ aufgebracht wurden. Etwas mehr als eine Stunde (66 Minuten) entfielen auf die Online-Recherche (ebd.). Doch nicht nur das Internet verändert die Recherche: Die Mobilkommunikation erlaubt die rasche Übermittlung von Fotos und Texten vom Ort des Geschehens in die Redaktion. Im ›Computer-Assisted-Reporting‹ werden große Datensätze mit Hilfe des Computers unter journalistischen Gesichtspunkten ausgewertet (vgl. GARRISON 1998; REDELFS 2001).

Die Recherche im Internet hat, quantitativ betrachtet, bereits einen hohen Stellenwert im Journalismus erlangt. Journalistenbefragungen, die von 1994 bis 2000 jährlich in den USA durchgeführt wurden, zeigen einen deutlich wachsenden Anteil der Journalisten, der mindestens einmal am Tag im Internet recherchiert (1994: 17%, 2000: 81%) (vgl. MIDDLEBERG/ROSS 2001: 6). Weitere Belege finden sich in Studien über den Internetjournalismus in Deutschland (vgl. z.B. NEUBERGER 2000: 317). So kamen Löffelholz/Quandt/Hanitzsch (2003: 482) in einer repräsentativen Befragung im November und Dezember 2002 zu folgenden Ergebnissen: 97 Prozent der Befragten gaben an, offline zu recherchieren (n=451), und zwar durchschnittlich 73 Minuten pro Arbeitstag. Online recherchierten 77 Prozent (n=453); dies taten sie während 35 Minuten pro Tag. Rund ein Fünftel (21%) recherchierte *ausschließlich* online. Die Gesamtzeit, die Online-Journalisten in die Recherche investierten, lag bei 125 Minuten täglich.

Eine (nichtrepräsentative) Studie der dpa-Tochter *news aktuell* (2007) befasste sich speziell damit, wie professionelle Journalisten mit dem sogenannten ›Web 2.0‹ umgehen. Sie belegt, dass der Anteil der Journalisten, der typische Web-2.0-Anwendungen wie Weblogs oder Podcasts für die Recherche nutzt, eher gering zu veranschlagen ist: 52 Prozent der Befragten (N=1.200) nutzen Weblogs niemals als journalistische Quelle, bei Podcasts liegt dieser Anteil mit 72 Prozent noch erheblich höher. 3 Prozent gaben an, Weblogs ›häufig‹ als Quelle zu nutzen. Rechnet man die Kategorien ›häufig‹ und ›gelegentlich‹ zusammen, beträgt der Anteil immerhin schon fast 20 Prozent: Fast ein Fünftel der Befragten nutzt demnach Weblogs als journalistische Quelle für informatorische Beiträge. Allerdings sehen die Befragten auch die Probleme dieser Internetquellen: Mangelnde Glaubwürdigkeit und fehlende journalistische Standards werden vorrangig genannt, wenn die Probleme dieser Quellen benannt werden sollen (vgl. auch WELKER 2008, im Druck).

Alle hier diskutierten Resultate zeigen aber deutlich: Die Bedeutung der Online-Recherche insgesamt wächst. Deshalb ist es eine zentrale Frage für den Journalismus, ob und wie das Internet, insbesondere der Gebrauch von Suchmaschinen, die journalistische Recherche auch in qualitativer Hinsicht verändert (vgl. MARTIN-JUNG 2007).

TABELLE 1
Rechercheaufwand in Deutschland

Studie	Offline-Recherche	Online-Recherche	Gesamt	Recherche im Web 2.0 (Weblogs als journ. Quelle)
Journalisten in Deutschland I, 1993	140	0	140	-
Löffelholz et al. 2003	73	35	125	-
Journalisten in Deutschland II, 2005	117	66	keine Summe möglich	-
dpa news aktuell 2007				18% (häufig & gelegentlich)
Angabe		Minuten		Prozent

Quelle: Eig. Zusammenstellung

Das Internet bietet als Recherchemedium viele neue oder verbesserte Nutzungsoptionen:

- Das Internet eröffnet durch seine *globale Verbreitung* einen einfachen Zugang zu ausländischen Quellen. Es kann auch genutzt werden, um Recherchen über größere Distanzen zu koordinieren.
- Es vereinfacht durch seine *Multimedialität* die Übermittlung von Informationen in unterschiedlichen Formaten an die Redaktionen: Texte, Bilder, Grafiken, Video- und Audio-Dateien können von PR-Stellen im Internet zum Herunterladen bereitgestellt werden.
- Durch die *Additivität* des Internets können Themen langfristig recherchiert werden: Neue Informationen können fortlaufend mit alten Informationen verknüpft werden. Dies erleichtert die Publikation von Langzeitrecherchen.
- Auch komplexe Recherchen können dank der *Hypertextualität* und *Multimedialität* des Mediums übersichtlich und ansprechend präsentiert werden.

Noch wichtiger für die journalistische Recherche als diese Möglichkeiten ist die *Erweiterung des kommunikativen Zugangs* zur Öffentlichkeit im Internet: Weil dort technische, ökonomische, kognitive und rechtliche Barrieren für das Publizieren niedriger sind als in Presse und Rundfunk, kommt es zu einem Sprung in der Medienentwicklung. Dadurch ändert sich auch das Verhältnis zwischen Quellen, Journalismus und Publikum, die in den traditionellen Massenmedien indirekt ist: Zwischen Quellen und Publikum steht der Journalismus, der als ›Gatekeeper‹ fungiert. Der Informationszufluss in den Journalismus findet weitgehend nicht-öffentlich statt. Die dafür eingesetzten Medien (Telefon, Post, Nachrichtenticker etc.) und Formate der Präsenzkommunikation (Pressekonferenz, Hintergrundgespräch etc.) sind andere als jene, mit denen die journalistischen Angebote verbreitet werden (Presse, Rundfunk). Dagegen ist das Internet für den Journalismus sowohl Publikations- als auch Recherchemedium. Allerdings haben Quellen (durch den vereinfachten kommunikativen Zugang) im Internet die Möglichkeit, die eigenen Mitteilungen ohne journalistische Prüfung zu veröffentlichen und direkt in Kontakt mit den Nutzern zu treten. Unternehmen und andere Organisationen können sich unmittelbar an ihre Bezugsgruppen wenden. Diese Umgehung der Redaktionen wird als »Disintermediation« bezeichnet (vgl. SHAPIRO 1999). Dadurch verliert der Journalismus den exklusiven Zugang zu vielen Informationsquellen. Journalistische Recherche bleibt aber weiterhin notwendig: Die Nutzer sind im Internet mit der Aufgabe konfrontiert, aus der Überfülle an verfügbaren Informationen alleine eine sinnvolle Auswahl zu treffen. Weil sich jeder öffentlich zu Wort melden kann, schwillt die Flut an Informationen an. Außerdem fehlt eine flächendeckende Qualitätssicherung, wie sie in den traditionellen Medien unterstellt werden kann.

Suchmaschinen sind keine Quellen, sondern Suchhilfen. *Quellen* können Akteure sein, die über relevante Informationen verfügen und (per E-Mail, telefonisch oder vor Ort) befragt werden können, aber auch Dokumente, die derartige Informationen enthalten. Journalisten können einen direkten Zugang zu Quellen besitzen. Sie können einen Zugang zu Quellen aber auch über *Suchhilfen* bekommen, die sie bei der Recherche unterstützen. Diese Wegweiser helfen ihnen dabei, Quellen zu identifizieren und Kontakte herzustellen. Zu diesen Suchhilfen zählen auch die Suchmaschinen im Internet. Eine nicht-repräsentative Befragung von 701 Journalisten in Deutschland ergab im Jahr 2002, dass Suchmaschinen und Webkataloge die mit Abstand größte Bedeutung für die Online-Recherche haben (vgl. STRIEGLER/PETERSEN/PAPENFUSS 2002: 15, 18): 92 Prozent der Befragten bezeichneten sie als ›sehr wichtig‹ für ihre tägliche Arbeit.

Neben den universellen Suchmaschinen und Webkatalogen gibt es im Internet viele andere Suchhilfen: Das einfache Element des Hyperlinks wird vielfältig als Wegweiser eingesetzt: angebotsintern in Navigationsleisten oder Suchwolken, angebotsextern in Linkverzeichnissen, auf Portalen oder auch in den Ergebnislisten von Suchmaschinen. Es gibt zahlreiche Suchhilfen speziell für Journalisten, die entweder von Journalisten (Columbia Journalism Review, *Powerreporting* [www.powerreporting.com]; Poynter online, *Web Tips* [www.poynter.org/column.asp?id=32]) oder von PR-Leuten betrieben werden. Zu Letzteren gehören Plattformen wie die von *news aktuell* (www.newsaktuell.de), auf denen Pressemitteilungen zahlreicher Unternehmen und anderer Organisationen gebündelt, vorsortiert und zum Abruf bereitgestellt werden. In Weblogs, Wiki-Angeboten (*Wikipedia*) und ›Social Bookmarks‹ geben auch Laien den Journalisten Orientierung über das Internet. Darüber hinaus gibt es Push-Angebote als Auswahlhilfen (wie Newsletter und RSS-Feeds). In interaktiven Angeboten können Experten und Berufskollegen um Rat gefragt werden. Dazu gehören Mailinglisten (wie CARR-L [http://listserv.louisville.edu/archives/carr-l.html] und jonet [www.jonet.org]), Newsgroups und Expertenmakler, die via Internet Kontakte zwischen Wissenschaftlern und Journalisten herstellen. Bei diesen Suchhilfen stellt sich – ebenso wie bei den Quellen, auf die sie verweisen – die Frage nach der Kompetenz und Neutralität.

Wie werden all diese Suchhilfen im Journalismus genutzt? Es gibt zahlreiche deutschsprachige Praxis-Lehrbücher zur journalistischen Recherche. Sie sind in einzelnen Kapiteln oder auch vollständig der Internetrecherche gewidmet (vgl. WEGNER 1998; BLITTKOWSKY 2002; LUDWIG 2002: 193-199; MEIER 2002; SPIELKAMP 2003; HALLER 2004: 182-202; MAST 2004: 210-212). Darin wird Erfahrungswissen über Suchstrategien im Internet weitergegeben und die Bedienung von Suchmaschinen erklärt. Welche Strategien tatsächlich verfolgt werden und wie sie die Qualität der journalistischen Angebote beeinflussen, ist dagegen noch kaum erforscht. Wyss/Keel (2007: 144) haben darauf aufmerksam gemacht, dass immer noch »theoretisch angeleitete empirische Studien zur verlässlichen Beantwortung der Fragen« fehlen, ob bestimmte Journalistengruppen tatsächlich adäquat Suchmaschinen einsetzen oder ob sie sich etwa mit dem Einsatz nur einer Suchmaschine begnügen. Erste Studien zeigten aber, dass Journalisten in hohem Maße auf Suchmaschinen und insbesondere auf Google zurückgreifen und dass hier tatsächlich von einer ›Googleisierung‹ des Journalismus gesprochen werden kann (vgl. auch NEUBERGER 2005: 4f.; WEGNER 2005). Die These der ›Googleisierung‹

des Journalismus besagt, dass es zu einer Verlagerung der Recherche ins Internet und eine starke Nutzung der Suchmaschine ›Google‹ kommt, wodurch andere, besser geeignete Zugangswege zu Quellen verdrängt werden sollen (vgl. WEGNER 2005). Die These hat große öffentliche Beachtung gefunden. Im Folgenden stellen die Autoren des Beitrags Befunde aus zwei Studien über die Nutzung, Bewertung und Auswirkungen von Suchmaschinen im Journalismus vor. Die eine Studie (Universität Münster) war quantitativ, die zweite (Universität Leipzig) qualitativ angelegt.

3. Ergebnisse einer standardisierten Befragung von Nachrichtenredaktionen

Im von der DFG geförderten Forschungsprojekt »Vermittlungsakteure, -strukturen und -leistungen der aktuellen Internetöffentlichkeit« am Institut für Kommunikationswissenschaft der Universität Münster wurde u.a. die journalistische Recherche mit Hilfe von Suchmaschinen untersucht.[1] Dafür wurden im Sommer 2006 die Leiter von Nachrichtenredaktionen befragt. Die Grundgesamtheit bildeten 218 deutsche Nachrichtenredaktionen.

- *Nachrichtenredaktionen* wurden ausgewählt, weil dort mit einer relativ homogenen Recherchesituation gerechnet werden kann, was den Produktionszyklus (= Tagesaktualität), die Darstellungsformen (= Dominanz der Nachricht) und das Berichterstattungsmuster (= Informationsjournalismus) angeht. Da Nachrichtenredaktionen inhaltlich universell berichten, ist zudem nicht mit einem ›verzerrenden‹ Einfluss spezifischer Themen zu rechnen.
- Voraussetzungen für die Aufnahme in die Grundgesamtheit waren ein tägliches Erscheinen, die überregionale Verbreitung des *Mediums* sowie eine thematisch unbeschränkte Berichterstattung (Tageszeitungen, Hörfunk, Fernsehen). Berücksichtigt wurden außerdem Nachrichtenagenturen ohne Spezialisierung. Internetredaktionen wurden hingegen ausgeschlossen, da sie zu einem späteren Zeitpunkt gesondert befragt werden sollten.

---

[1] Projektleitung: Christoph Neuberger, Projektmitarbeiter: Christian Nuernbergk, Melanie Rischke.

- Die Anschreiben richteten sich an die *Redaktionsleiter*: Zum einen besitzen sie am ehesten einen Überblick über die Nutzung des Internets in der Redaktion. Um zu klären, wie gut dieser Überblick ist, wurden sie an vielen Stellen um eine Selbsteinschätzung gebeten, d.h., ihnen wurde die Option eröffnet, mit »kann ich nicht sagen« zu antworten. Dies erwies sich auch deshalb als notwendig, da Fragen zu neuen Phänomenen gestellt wurden, die für eine Redaktion möglicherweise noch keine Bedeutung haben oder zwar schon vorhanden sind, aber wegen ihrer Marginalität noch nicht ausreichend beobachtet werden können. Zum anderen sind die Redaktionsleiter jene Akteure, die den größten Einfluss auf den Gebrauch des Mediums in der Redaktion haben und diesen am ehesten regulieren können.

Die postalisch durchgeführte Befragung, die als Vollerhebung angelegt war, fand von Mai bis Juli 2006 statt. Nach Mahnaktionen, die telefonisch und per E-Mail durchgeführt wurden, konnte ein Rücklauf von 43 Prozent erzielt werden. Der Rücklauf innerhalb der Teilgruppen unterschied sich dabei kaum (vgl. Tab. 2), sodass eine Gesamtauswertung für alle Befragten zulässig erscheint. Im Folgenden wird ein Ergebnisüberblick zu den drei Beziehungsdimensionen auf der Basis einer Häufigkeitsauszählung gegeben. Bei der Auswertung wurde sowohl nach dem Medientyp als auch nach der Rechercheintensität differenziert, wobei solche Redaktionen als ›recherchestark‹ betrachtet wurden, die zwischen 25 Prozent und 100 Prozent ihrer Beiträge vollständig selbst recherchierten.

TABELLE 2
Rücklauf der Befragung von Redaktionsleitern von Nachrichtenredaktionen (2006) nach Medientypen

	Grund-/ Teilgesamtheit	Rücklauf: absolut	Rücklauf: in %
Tageszeitungen	133	55	41,3
Hörfunk	65	29	44,6
Fernsehen	13	6	46,2
Nachrichtenagenturen	7	3	42,9
Gesamt	218	93	42,7

Quelle: Universität Münster, C. Neuberger

88 von 90 Befragten (98%) gaben Google als die am häufigsten in der Redaktion genutzte Suchmaschine an. In erster Linie suchten Nachrichtenredaktionen Hintergrundwissen zu einem Thema, weniger oft Fakten über ein aktuelles Ereignis (vgl. Tab. 3). Im Internet wurden eher Experten als Beteiligte, Betroffene oder Augenzeugen gesucht. Suchmaschinen wurden oft auch genutzt, um den Zugang zu Suchzielen außerhalb des Internets zu finden, nämlich durch die Recherche von Kontaktdaten für bereits namentlich bekannte Quellen und von gedruckten Quellen. Eher selten war die Verwendung von Suchmaschinen, um Schlüsse auf die Meinungsverteilung zu einer Streitfrage oder die Prominenz von Themen, Gegenständen oder Personen zu ziehen. Ein solcher Schluss würde voraussetzen, dass Suchmaschinen ein repräsentatives Ergebnis liefern, was aber als äußerst zweifelhaft erscheinen muss. Suchmaschinen bieten

TABELLE 3
Befragung von Redaktionsleitern von Nachrichtenredaktionen (2006): Suchziele von Redaktionsmitgliedern bei der Nutzung von Suchmaschinen (in %)

	häufig	selten	nie
Hintergrundwissen zu einem Thema (n=90)	86,7	13,3	0
Fakten über ein aktuelles Ereignis (n=89)	69,7	25,8	4,5
Kontaktdaten einer namentlich bekannten Quelle (n=89)	66,3	30,3	3,4
Experten, die befragt werden können (n=91)	51,6	35,2	13,2
Hinweise auf gedruckte Quellen (n=86)	32,6	53,5	14,0
Pro- und Contra-Argumente zu einer Streitfrage (n=89)	18,0	47,2	34,8
Beteiligte/Betroffene/Augenzeugen, die befragt werden können (n=89)	14,6	53,9	31,5
Meinungsverteilung zu einer Streitfrage (n=88)	11,4	59,1	29,5
Resonanz auf die eigene Berichterstattung (n=84)	10,7	56,0	33,3
Prominenz von Themen/Gegenständen ermitteln (nach Trefferzahl) (n=83)	6,0	36,1	57,8
Prominenz von Personen ermitteln (nach der Trefferzahl) (n=85)	4,7	37,6	57,6

Ohne Antwort ›kann ich nicht sagen‹.

Quelle: Universität Münster, C. Neuberger

auch die Möglichkeit, die Resonanz auf die eigene Berichterstattung zu beobachten: Ein Zehntel der Befragten nutzte diese Möglichkeit ›häufig‹, etwas mehr als die Hälfte zumindest ›selten‹.

Erwartungsgemäß nutzten recherchestarke Redaktionen Suchmaschinen eher ›häufig‹ für das Auffinden von Kontaktdaten einer namentlich bereits bekannten Quelle, um dann den Rechercheweg fortzusetzen, als rechercheschwache Redaktionen. Letztere suchten häufiger Experten sowie Beteiligte, Betroffene und Augenzeugen, um sie zu befragen. Hier haben recherchestarke Redaktionen entweder schon bestehende Kontakte oder andere, besser geeignete Zugangswege.

Die These der ›Googleisierung‹ des Journalismus besagt, dass sich Journalisten auf die Suchmaschine ›Google‹ konzentrieren, wodurch andere, besser geeignete Offline- und Online-Suchhilfen verdrängt werden. Jochen Wegner (2005), Chefredakteur von *Focus Online*, der diese These formuliert hat, vermutet folgende Effekte: Die Benutzung von Google definiere mittlerweile den Mindeststandard der journalistischen Recherche, was angesichts der geringen durchschnittlichen Rechercheleistung in deutschen Redaktionen »das allgemeine Niveau nur gehoben haben« könne. Google könne dazu beitragen, einfache Fehler schnell aufzuklären. Allerdings verführe Google auch dazu, sich nur auf die über die Suchmaschine ermittelten Quellen zu beschränken. Dies aber sei gefährlich, da die von Google entdeckten Seiten im Internet Themen und Meinungen oft verzerrt widerspiegeln. So sei es oft unangemessen, die Trefferzahl in Google als Indikator für die Wichtigkeit eines Sachverhalts oder einer Person zu werten (vgl. Welker/Werner/Scholz 2004: 51f.).

Nach den Beobachtungen der Redaktionsleiter ist es durch den Einsatz von Suchmaschinen zu einer leichten Verdrängung alternativer Zugangswege zu Quellen gekommen (vgl. Tab. 4): Die Befragung der Leiter von Nachrichtenredaktionen zeigt, dass vor allem gedruckte Verzeichnisse wie das Telefonbuch, die *Gelben Seiten* oder der *Oeckl* als Zugangswege zu Quellen verdrängt wurden. Diese Nutzung von Suchmaschinen ist hier nachvollziehbar, da anzunehmen ist, dass auf den Websites der gesuchten Quellen die Daten aktueller und ausführlicher sind. Knapp ein Drittel der Befragten sagte allerdings auch, dass das Gespräch mit Journalisten außerhalb der eigenen Redaktion und mit Experten durch die Nutzung von Suchmaschinen zumindest ›leicht gesunken‹ sei (jeweils 31%). Kaum Einfluss hatten Suchmaschinen dagegen auf Gespräche innerhalb der Redaktion; auch dies erscheint plausibel. In rechercheschwachen Nachrichtenre-

TABELLE 4
Befragung von Redaktionsleitern von Nachrichtenredaktionen (2006): Veränderung der Nutzung anderer Zugangswege zu Quellen, seitdem Suchmaschinen eingesetzt werden

(in %, Mittelwerte, 5-stufige Skala, 1= ›deutlich gesunken‹,
5= ›deutlich zugenommen‹)

Die Nutzung dieses Zugangsweges ist ...	deutlich gesunken	leicht gesunken	gleich geblieben	leicht zugenommen	deutlich zugenommen
Gedruckte Verzeichnisse (Telefonbuch, *Gelbe Seiten*, *Oeckl* etc.) (n=92, Mittelwert: 1,48)	64,1	25,0	9,8	1,1	0
Gespräch mit Journalist außerhalb der Redaktion (n=84, Mittelwert: 2,61)	6,0	31,0	60,7	1,2	1,2
Berichterstattung in Presse und Rundfunk (n=89, Mittelwert: 2,81)	4,5	19,1	68,5	6,7	1,1
Gespräch mit Expertin/ Experten (n=90, Mittelwert: 2,78)	3,3	31,1	54,4	6,7	4,4
Gespräch mit Kollegin/ Kollegen in der Redaktion (n=90, Mittelwert: 2,96)	1,1	12,2	78,9	5,6	2,2

Ohne Antwort ›kann ich nicht sagen‹.

Quelle: Universität Münster, C. Neuberger

daktionen ist das Gespräch mit Experten stärker verdrängt worden als in recherchestarken Redaktionen. Zumindest hier wächst die Kluft zwischen recherchestarken und -schwachen Redaktionen durch Suchmaschinen. Im Widerspruch dazu steht auf den ersten Blick der Befund, dass gerade rechercheschwache Redaktionen Suchmaschinen zur Ermittlung von Experten nutzen. Dies ist aber nur ein scheinbarer Widerspruch: Im einen Fall geht es um die Rolle der Experten als Quelle, im anderen um ihre Rolle als Zugangsweg. Signifikante Unterschiede zwischen Medientypen und Rechercheintensität ließen sich nicht finden.

Die Verdrängung anderer Zugangswege zu Quellen durch Suchmaschinen, wie sie oben festgestellt wurde, besagt noch nichts über die relative Eignung dieser Zugangswege. Im Fragebogen wurde diese Eig-

TABELLE 5
Befragung von Redaktionsleitern von Nachrichtenredaktionen (2006): Verbesserung der journalistischen Recherche durch Suchmaschinen

Suchmaschinen haben...	trifft in hohem Maße zu	trifft etwas zu	trifft gar nicht zu
den Zugang zu ausländischen Quellen erleichtert. (n=88)	79,5	20,5	0
das Auffinden von Quellen beschleunigt. (n=88)	78,4	19,3	2,3
das Auffinden von Quellen zu Randthemen erleichtert. (n=90)	72,2	25,6	2,2
das Erschließen unbekannter Quellen vereinfacht, die keine aufwändige Pressearbeit betreiben (können). (n=88)	63,6	27,3	9,1
das Überprüfen von Pressemitteilungen vereinfacht. (n=89)	29,2	44,9	25,8
das Überprüfen von Agenturmeldungen vereinfacht. (n=88)	26,1	47,7	26,1

Ohne Antwort ›kann ich nicht sagen‹.

Quelle: Universität Münster, C. Neuberger

nung nicht für jeden Zugangsweg abgefragt. Stattdessen wurde darum gebeten, den Gesamteinfluss von Suchmaschinen als Zugangsweg auf die journalistische Qualität sowie ihre besonderen Stärken und Schwächen einzuschätzen. Der generelle Einfluss der Recherche mit Suchmaschinen auf die Qualität des Journalismus (d.h. nicht nur der eigenen Redaktion) wurde fast ausnahmslos positiv eingeschätzt: Fast 90 Prozent der befragten Redaktionsleiter hielten ihn für ›sehr positiv‹ (41%, n=91) oder ›etwas positiv‹ (47%). Nur 6 Prozent Befragte beurteilten ihn als ›etwas negativ‹, 7 Prozent für ›ungefähr neutral‹.

In welchen Punkten beeinflussen Suchmaschinen die journalistische Recherche positiv (vgl. Tab. 5)? Sie scheinen vor allem den Zugang zu bisher schwer erreichbaren Quellen zu erleichtern (Ausland, Randthemen, geringe Bekanntheit mangels aufwendiger Pressearbeit). Außerdem beschleunigen sie das Auffinden von Quellen. Zurückhaltend wird dagegen die Eignung von Suchmaschinen für das Überprüfen von Pressemitteilungen und Agenturmeldungen eingeschätzt. Die Frage nach der besten Suchmaschine ergab einen eindeutigen Favoriten: 68 von 77 Befragten (88%) sagten, dass nach ihren Erfahrungen die Suchmaschine Google im Allgemeinen die besten Treffer liefert.

Die Redaktionsleiter wurden darüber hinaus um allgemeine Einschätzungen über die Qualität und die Auswirkungen von Suchmaschinen gebeten. Fast völlig einig waren sich die Redaktionsleiter in der Ablehnung des Statements, dass Suchmaschinen Journalisten überflüssig machen werden (›trifft gar nicht zu‹: 90%, n=92). Geteilt waren die Auffassungen über die Annahme, dass Suchmaschinen künftig auf dem Anzeigenmarkt zu einer starken Konkurrenz für Zeitungen werden (›trifft etwas zu‹: 47%, n=74). Ebenfalls relativ uneinig waren sich die Redaktionsleiter bei der Bewertung des Statements, dass Suchmaschinen dazu führen, dass im Journalismus generell mehr recherchiert wird, weil sie die Recherche erleichtern (›trifft etwas zu‹: 54%, n=83). Die Behauptung, dass es durch Suchmaschinen zumindest teilweise zu einer Verdrängung besser geeigneter, aber aufwendigerer Recherchewege kommt, fand breite Zustimmung (›trifft in hohem Maße zu‹: 17%, ›trifft etwas zu‹: 70%, n=86). Vergleicht man die Redaktionen nach der Rechercheintensität, so gingen Leiter von Redaktionen, die wenige Beiträge vollständig selbst recherchieren, eher davon aus, dass durch Suchmaschinen generell mehr recherchiert wird. Sie sahen auch weniger eine Verdrängung besser geeigneter Recherchewege.

Gibt es bereits eine systematische Vermittlung von Wissen über den Umgang mit Suchmaschinen? Die Suchmaschinen-Recherche wird überwiegend im Volontariat zur Sprache gebracht (58%, n=83), ist aber noch vergleichsweise selten Gegenstand der hausinternen Weiterbildung (37%) (vgl. auch nächster Abschnitt). Die Frage, wie mit Suchmaschinen richtig umzugehen ist, wird vor allem informell in den Redaktionen geklärt (84%). Nur in einem Drittel (33%) der befragten Redaktionen war dies bereits Thema einer Redaktionskonferenz.

Wie schätzen die Redaktionsleiter die Kompetenz der eigenen Redaktionsmitglieder beim Umgang mit Suchmaschinen ein? Nur rund ein Viertel (26%, n=81) der Redaktionsleiter sah keinen Verbesserungsbedarf beim Umgang mit Suchmaschinen in ihren Redaktionen. 14 Prozent hielten die Kompetenz sogar für stark verbesserungswürdig. Recherchestarke Redaktionen hatten nach Einschätzung ihrer Leiter weniger Bedarf, die Kompetenz ihrer Mitglieder beim Umgang mit Suchmaschinen zu verbessern.

In fast allen Nachrichtenredaktionen galten zwei Regeln für den Umgang mit Suchmaschinen: Die Internetrecherche sollte um traditionelle Recherchwege ergänzt werden (94%, n=88). Außerdem sollten nur Quellen verwendet werden, die bekannt sind und als glaubwürdig gelten (90%, n=86). Eine Parallelnutzung von Suchmaschinen ist dagegen nur in rund einem Drittel der Fälle üblich (35%, n=85). Recherchestarke Redaktionen haben den Gebrauch von Suchmaschinen häufiger reguliert als rechercheschwache Redaktionen.

4. Ergebnisse einer qualitativen Befragung von Journalisten

In einer Studie, die im Rahmen mehrerer Projektseminare im Fachbereich Journalistik an der Universität Leipzig realisiert wurde, wurden hauptberufliche Journalisten aller Mediengattungen und Positionen zu ihren Erfahrungen, ihrem Wissen und dem Umgang mit der Recherche im Internet, insbesondere mit Suchmaschinen, befragt. Ausgewertet wurden 21 dieser qualitativen Interviews, die von Mitte 2006 bis Frühjahr 2007 in zwei Wellen erhoben wurden.[2] Die Gespräche wurden von verschiedenen Interviewern mittels eines einheitlichen, teilstandardisierten Gesprächsleitfadens geführt, der nach der ersten Welle leicht überarbeitet wurde, aber in den Fragenkomplexen und in der Fragenabfolge unverändert blieb. 15 Befragte waren männlich, sechs weiblich. Ihr Alter lag mehrheitlich zwischen 30 und 50 Jahren.

Leitfadeninterviews dienen der Exploration eines Untersuchungsgegenstands. D.h., sie liefern keine statistisch verallgemeinerbaren, repräsentativen Ergebnisse. Ihr Ziel ist die typisierende Beschreibung der ausgewählten Fälle.

Diese Interviews wurden als Expertengespräche geführt, da Journalisten als Spezialisten am besten kompetent darüber Auskunft darüber geben können, wie sie selbst mit dem Phänomen Online-Recherche umgehen. Da es nahe liegend ist, Menschen, die mit dem vom Forscher definierten Forschungsgegenstand zu tun haben, als Experten zu betrachten, kommen in diesem Fall Journalisten primär in Frage (vgl. KROTZ 2005: 99). Mit Experten ist somit nicht unbedingt das gemeint, was man landläufig im Alltag so

---

2 Die Expertengespräche werden 2008 fortgesetzt, dann auch mit europäischen Journalisten.

ABBILDUNG 1
Qualitative Interviews: Verteilung der Befragten auf Mediensparten, N=21

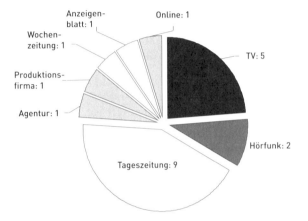

Quelle: Universität Leipzig, Journalistik, M. Welker

nennt – Experten für eine Fernsehserie könnten im hier gemeinten Sinn beispielsweise auch Schauspieler, Produzenten oder auch Zuschauer sein (ebd.).

Die Auswahl der Journalisten wurde bewusst, d.h. nicht zufallsgesteuert, vorgenommen. Die Auswahl sollte einen möglichst breiten Querschnitt durch die Redaktionen abbilden, um möglichst keine blinden Flecken in der Erfassung des Phänomens entstehen zu lassen. Die hier Befragten kamen somit aus allen journalistisch relevanten Mediensparten (siehe Abb. 1). Zusätzlich wurde auch ein Mitarbeiter eines Anzeigenblattes und einer TV-Produktionsfirma befragt, da auch in diesen Unternehmen journalistisch recherchiert werden kann. Die Redaktionen, in denen die Befragten arbeiteten, verteilen sich auf ganz Deutschland. Unter den Interviewten befinden sich Redakteure der Wochenzeitung *Die Zeit*, der Nachrichtenagentur dpa, den ARD-Anstalten MDR und WDR oder auch der Tageszeitungen *Dresdner Neueste Nachrichten* und *Leipziger Volkszeitung*. Die Ressortverteilung zeigt Abbildung 2. Auch hier wurde bei der Auswahl der Befragten auf eine möglichst realistische Abbildung der deutschen Redaktionswirklichkeit geachtet. Den Schwerpunkt bilden Befragte aus Nachrichtenredaktionen sowie aus dem Ressort Lokales. Die ›sonstigen‹ Befragten arbeiteten nicht direkt im Tagesgeschäft, sondern

ABBILDUNG 2
Qualitative Interviews: Verteilung der Befragten auf Ressorts, N=21

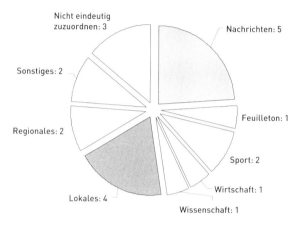

Quelle: Universität Leipzig, Journalistik, M. Welker

beispielsweise als Ausbildungsleiter. Im Unterschied zur Studie an der Universität Münster kamen die Befragten also nicht ausschließlich, aber überwiegend aus Nachrichtenredaktionen.

Die thematischen Komplexe des Leitfadens behandelten alle relevanten Bereiche der Online-Recherche, also nicht nur den Umgang mit Suchmaschinen, sondern auch die Verwendung von Datenbanken und anderen Bereichen des Internets wie Weblogs.

Alle wichtigen Schritte der methodischen journalistischen Recherche, von der Relevanz- über die Quellenprüfung bis hin zur Publikation, wurden im Interview berücksichtigt. Suchmaschinen spielen bei der journalistischen Online-Recherche eine bedeutende, wenn nicht sogar zentrale Rolle.

4.1 *Recherche mit Suchmaschinen*

Google ist für Internet-Nutzer generell die erste Wahl, wenn es um das Auffinden von Inhalten im Netz geht. Der Marktanteil[3] von Google zeigt nach

---

3 Nielsen/NetRatings (2007) ermittelte für Mai 2007 in Bezug auf die Internetnutzung in

wie vor einen deutlichen Vorsprung vor konkurrierenden Suchmaschinen. Sollte das Verhalten von Journalisten, also Personen, die sich täglich *professionell* mit der Suche und Verarbeitung von Information auseinandersetzen, vom allgemeinen Internet-Nutzer abweichen? Auch Jörg Sadrozinski, der Leiter der Redaktion von *tagesschau.de* bekennt, dass Google in seiner Redaktion, der zentralen Online-Nachrichtenredaktion der ARD, die meistgenutzte Suchmaschine ist (SADROZINSKI 2007: 171). »Google ist für uns einerseits Rechercheinstrument, andererseits ist es für viele Nutzer Zugangsportal zu unseren Inhalten« (ebd.). Die nachfolgenden Ergebnisse sollen beitragen, die oben von Wyss/Keel angesprochene Forschungs-Lücke zu schließen und das Verständnis für die Gründe dieser Dominanz zu erweitern. Die Frage nach dem ›Warum‹ wurde im Frageleitfaden nicht explizit gestellt, sondern durch die Gesprächsauswertung ex post abgeleitet.

Die Auswertung der Gespräche ergab, dass Suchmaschinen in nahezu jeder Recherchephase genutzt werden. Sie sind ein zentrales Instrument zur Suche und Bestätigung von Informationen sowie zum Absichern von Quellen. Das durch die Befunde gewonnene Bild legt nahe, dass Google bei der Online-Recherche eine zentrale Stellung einnimmt. Damit werden die quantitativen Ergebnisse aus Teil 1 bestätigt. Andere Suchmaschinen sind zwar teilweise im Gedächtnis, werden aber kaum genutzt. In Bezug auf die Frage zur Verwendung von Suchmaschinen konnten fünf Typen von Aussagen extrahiert werden:

- Keine Kenntnis von anderen Suchmaschinen, deshalb nur Google
- Kenntnisse, dennoch nur Nutzung von Google, weil auf andere Angebote wegen der Leistung von Google bewusst verzichtet wird
- Gute Kenntnisse, aber nur Nutzung anderer Angebote, wenn zuvor die Google-Suche keine Ergebnisse erbracht haben
- Kenntnisse, aber selten Nutzung anderer Angebote, aufgrund von pragmatischen, redaktionellen Gründen
- Gute Kenntnisse, häufig Nutzung anderer Angebote, vielfältige Nutzungweise

Vier Typen zeigen, dass ausschließlich oder sehr oft Google genutzt wird. Lediglich ein Typus greift auch auf Alternativen zu. Eine oft gemachte Feststellung im Zusammenhang mit den ersten Typus lautete: »Nein [ich kenne keine anderen Suchmaschinen], eigentlich google ich

Deutschland, dass Google mit einer Reichweite von rund 78 Prozent eine Spitzenposition unter allen Angeboten einnimmt.

nur« – so äußerte sich beispielsweise eine Redakteurin des öffentlich-rechtlichen Fernsehens. Spezieller ist dagegen der zweite Typus, der hier isoliert werden konnte: Es sind zwar Kenntnisse anderer Angebote vorhanden, aber der Recherchierende verzichtet bewusst auf deren Nutzung, da er der Meinung ist, bei Google die besten Ergebnisse angezeigt zu bekommen. »Google ist, wie wenn man Mercedes fährt. Ich kenne die anderen [Suchmaschinen], aber die interessieren mich nicht. Was sollen die besser können als Google?«, fragte beispielsweise ein fester freier Reporter, der ebenfall für das öffentlich-rechliche Fernsehen tätig ist. Und die Mitarbeiterin einer Tageszeitung ergänzt in diesem Sinne: »Für meinen Zeitungsgebrauch reicht Google aus. Es gibt noch Yahoo, Abacho und GMX, aber im Grunde genommen haben fast alle dieselbe Trefferquote und man spezialisiert sich dann sowieso bloß auf eine [Suchmaschine].« Verwandt mit dieser Position ist der dritte Typus, dessen Protagonisten ebenfalls Kenntnisse aufweisen, diese aber aufgrund inhaltlich-thematischer Gründe nicht einsetzen. »Also Lycos fällt mir noch ein, lycos.com, yahoo.com, fireball.de, metacrawler.com und web.de, da guck ich auch mal, aber eigentlich nur bei Themen, die eher so abseitig sind, wenn man da eben Schwierigkeiten hat, bei Google etwas zu finden«, sagte ein freier Mitarbeiter, der für Hörfunk- und Printredaktionen tätig ist. Google wirkt in diesen Fällen wie eine Barriere: Nur wenn dort keine Einträge zu finden waren, weicht man auf andere Angebote aus. Die vierte Gruppe fügt eher pragmatische, redaktionsinterne Gründe an, warum lediglich Google eingesetzt wird. So gab ein Redakteur, der als Nachrichtenredakteur bei einem großen privaten Fernsehkanal arbeitet, zu Protokoll: »Ich benutze sehr selten Yahoo!. Aber in 90 Prozent der beruflichen Praxis wird Google eingesetzt.« Schließlich gibt es den gut informierten, kenntnisreichen Journalist, der zahlreiche Alternativen kennt und auch nutzt. »Crocker, K2, Yahoo!, Paperball, irgend so ein Suchlexikon. Ich merke mir das nicht, weil ich das in meinen Favoriten habe«, sagt bezeichnenderweise der Ausbildungsleiter einer großen Nachrichtenagentur. Hier werden auch Bookmarks eingesetzt, um auf die Angebote schnell zugreifen zu können.

Die Gründe, die von den Befragten implizit geäußert wurden, warum Google als Suchinstrument dominiert, sind also vielfältig. Umgruppiert lassen sich folgende Komplexe ausmachen:

- Nichtkenntnis (aufgrund von Wissenslücken)
- Bequemlichkeit (hier auch das Anerkennen der Leistungsfähigkeit von Google)

- Äußere Gründe, redaktionelle Abläufe, Zeitnot

Die Äußerungen der Befragten legten außerdem nahe, dass eine Begriffsunklarheit besteht, was Suchmaschinensuche überhaupt bedeutet: Zwischen einer Suche in einer Datenbank oder im Seitenangebot einer Site und der Suche mit einer Suchmaschine wurde oftmals nicht klar differenziert. Dass nicht jede Eingabe in ein Feld mit einer Suchmaschinensuche verbunden ist, wurde offenbar nicht verstanden. Andererseits bestehen hier objektive Unschärfen, da auch eine Sitesuche in einem Angebot mit einer Suchmaschine verbunden sein kann, ohne dass der Nutzer die Startseite der Suchmaschine aufgerufen hat.

Diese Differenzierung zwischen personalen und strukturellen Argumenten zeigt, dass vermutlich nicht ein einziger Hauptgrund zur Google-Dominanz bei der Online-Recherche führt. Besonders bedenkenswert ist das Anerkennen der Leistungsfähigkeit von Google, die ja durchaus vorhanden ist (vgl. MACHILL/NEUBERGER/SCHWEIGER/WIRTH 2003: 439f.). Dennoch transformiert sich die in vielen Handlungen vom Nutzer als erfolgreich erlebte Suche mit der Zeit in einen Erfahrungshorizont, der dazu führt, dass andere Suchmaschinen möglicherweise nicht mehr eingesetzt werden.

Mögliche Wirkungen des Einsatzes von Suchmaschinen standen in der vorliegenden Untersuchung nicht im Zentrum des Erkenntnisinteresses, dafür war die Anlage der Untersuchung nicht ausgelegt. Dennoch sind sich Experten weitgehend einig, dass der regelmäßige Einsatz von Suchmaschinen einen Einfluss auf die journalistische Produktion hat (WYSS/KEEL 2007: 144). Kommunikationswissenschaftler machen schon länger darauf aufmerksam, dass sich eine unreflektierte und inkompetente Anwendung von Suchmaschinen negativ auf die journalistische Qualität auswirken kann (vgl. WOLLING 2005; NEUBERGER 2005; WYSS/KEEL 2007).

Wyss/Keel (2007: 158)[4] fanden zwei Idealtypen von Journalisten, der
- Instrumentaljournalist, der sich durch einen intensiven aber unreflektierten Gebrauch von Suchmaschinen auszeichnen soll, und der
- Orientierungsstifter, der die Suchmaschine v.a. zum Nachschlagen von Informationen verwendet (ebd.).[5]

---

4   Nach Auswertung qualitativer Interviews von Zimmer (2005).
5   Offenbar handelt es sich bei den von Wyss/Keel gefundenen Typen aber um Formen, die parallel existieren können, zumindest sind keine sich ausschließenden Eigenschaften erkennbar. Auch die Typenlabel scheinen willkürlich gewählt. Hier zeigt sich aber, dass es wichtig ist zu klären, was sinnvoll unter Recherche verstanden werden kann. Ob das Googeln einer Telefonnummer unter Recherche zu verbuchen ist, ist umstritten. Die Diskussion, ob Recherche auch ›Widerstand überwinden‹ beinhaltet, kann aus Raumgründen hier leider

Diese Typen können durch die hier gewonnenen Befunde nicht bestätigt werden, da viele Befragte zwar angaben, Suchmaschinen zum schnellen Nachschlagen von Information zu nutzen, dies aber dennoch recht unreflektiert abläuft. Dies zeigen die diversen Antworten auf die folgende Frage: »Wann ist eine Suche [mittels Suchmaschine] für Sie nicht erfolgreich?« Nahezu jeder Befragte gab hier unterschiedliche Antworten:

- Zu viele Treffer
- Zu wenige Treffer
- Keine Treffer
- Keine brauchbaren/irrelevante Treffer
- Keine Vertrauen erweckenden Treffer
- Keine Treffer innerhalb einer bestimmten Zeit: »Wenn ich länger als 2 Minuten brauche.«
- Nach mehrmaligem Probieren keine Ergebnisse

Hier war keine eindeutige Festlegung der Befragten erkennbar, es wurde vieles genannt. Die Aufzählung zeigt, dass es keine klare Vorstellung von der Relevanz und auch kein einheitliches Konzept für die Einschätzung der erhaltenen Suchergebnisse gibt. Vielmehr wird unter Zeitdruck und situationsabhängig beurteilt, ob die Ergebnisse den Erwartungen entsprechen. Ein systematisches Vorgehen beim Gebrauch von Suchmaschinen war aus den Antworten der Befragten jedenfalls nicht herauszulesen. Stellvertretend soll hier eine Äußerung eines Redakteurs des privaten Fernsehens zitiert werden: Auf die Frage, wie bei ihm eine typische Recherche mit Suchmaschinen ablaufe, sagte der Redakteur: »Extrem unstrukturiert. Ich suche nach Begriffen, von denen ich glaube, dass sie zum Erfolg führen. Ich kenne nicht die Boole'schen Operatoren oder die Verschlagwortung. Ich suche auf gut Glück mit verschiedenen Begrifflichkeiten.« Ähnliche Handlungsweisen hatten auch Machill/Neuberger/Schweiger/Wirth (2003) bei den Internetnutzern insgesamt gefunden. Dass Journalisten offenbar ähnlich unstrukturiert wie ›normale‹ Nutzer vorgehen, überrascht.

Offenbar liegt ein Grund für dieses Defizit in den mangelnden Kenntnissen zum Funktionieren einer Suchmaschine. Diese Vermutung legt zumindest die Auswertung der Detailfrage nach den Funktionen von Google nahe. Die Befragten sollten erzählen, welche speziellen Suchma-

---

nicht geführt werden. Wichtig ist in diesem Zusammenhang auch, dass das Selbstverständnis des Journalisten (Selbstbild) sein Rechercheverhalten beeinflussen kann.

schinenfunktionen sie kennen und wie sie diese nutzen. Hier konnten vier Typen von Antworten destilliert werden:
- Keine Kenntnisse
- Einige Kenntnisse, Funktionen aber für den Nutzer uninteressant; Gleichgültigkeit
- Gute bis sehr gute Kenntnisse, Nutzung mit Begeisterung
- Funktionen – Angebote: unklare Begriffe

Was eine Suchmaschinenfunktion genau ist, wurde im Gesprächsleitfaden nicht erläutert oder definiert. Deshalb gab es bei einigen Befragten begriffliche Unklarheiten, die sich aus deren Äußerungen herauslesen lassen. Funktionen (beispielsweise Verknüpfungen oder Ausschlüsse von Suchwörtern) und spezielle Angebote einer Suchmaschine (beispielsweise die Suche spezieller Objekte wie Bilder oder die Suche in speziellen Angeboten wie Weblogs) wurden oftmals synonym verstanden. So äußerte der Redakteur einer Tageszeitung: »Ja, Google News nutze ich, Google Maps, um irgendwo hinzukommen, zu Interviewpartnern, zum Beispiel um zu sehen, wie man da ankommen kann und ich nutze auch diese Bilderfunktion, [...] Google Images oder so, [...] also mitunter guck ich da halt, wenn ich weiß, ich treffe mich mit dem und dem, wie der aussieht, um den halt auch zu erkennen.« Hier wurden spezielle Angebote von Google als Funktionen begriffen.

Der erste der oben aufgeführten Typen kann mit Funktionen nichts anfangen, so wie der Redakteur eines privaten Fernsehsenders: »Nein, [das] kenne ich nicht.« Die Mitarbeiterin der Sportredaktion einer Tageszeitung äußerte sich ähnlich: »Ich kenne mich eher schlecht aus. Auf die Bildersuche bin schon gestoßen. Ansonsten nichts.« Der zweite Typ besitzt einige Kenntnisse, nutzt diese im Rechercheralltag aber nicht, unter anderem auch weil er der Meinung ist, diese Funktionen nicht zu benötigen. Hier scheint eine gewisse Gleichgültigkeit auf und es ist nicht zu erkennen, dass dieser Typ Anstrengungen unternimmt, um sein Kenntnisstand zu erweitern. Schließlich gibt es Typ Nummer drei, der gute bis sehr gute Kenntnisse aufweist und diese auch mit Begeisterung einsetzt: »Das ist immer sehr interessant, und es ist auch gut, wenn du bei bestimmten Suchbegriffen andere ausklammern kannst, also indem du vor das Schlagwort ein Plus setzt, und was du nicht haben willst, ein Minus davor, das funktioniert bei fast allen Suchmaschinen recht gut. Oder wenn du Wortkombinationen haben willst, dass du Anführungszeichen setzt, das ist immer ganz praktisch«, sagte der Mitarbeiter eines Leipziger Anzeigenblattes, der in seinem Kenntnisstand aber durchaus als Ausnahme zu kennzeichnen ist.

4.2 Online-Recherche: Aus- und Rückwirkungen auf die journalistische Produktion und Ausblick

Journalismus verändert sich – wie die Gesellschaft – laufend. Eine Basisinnovation wie das Internet hat tiefgreifende Auswirkungen auf den Journalismus. Online-Recherche ist ein Teil dieser Veränderung und trägt wiederum zur Veränderung der Arbeit von Journalisten bei. Die Einschätzungen zur Zukunft der Recherche insgesamt lassen Rückschlüsse auf den Stellenwert und die Einordnung der Online-Recherche zu. Zusammenfassend lässt sich eine gesunde Grundskepsis gegenüber der Online-Recherche ausmachen. Die Befragten der qualitativen Studie waren zwar nahezu einhellig der Meinung, dass der Grad der Computer- bzw. Online-Recherche derzeit schon sehr hoch ist, diese werde wohl aber noch weiter zunehmen, so die überwiegende Einschätzung. Immer mehr ›Dinge‹ wie Bibliotheken und Kataloge wanderten ins Internet, dies beförderte letztlich auch die Online-Recherche. Dennoch sei auch in Zeiten von Internet und Google das persönliche Gespräch eigentlich nicht zu ersetzen. »Internetrecherche wird immer die Grundlage für weitere Recherchen sein, aber nie das vollständige Ganze«, war die Einschätzung einer Tageszeitungsredakteurin. Auch auf der Ebene der praktischen Rechercheschritte war Skepsis auszumachen. So wurde die Frage aufgeworfen, ob die Internetrecherche das Telefon grundsätzlich ersetzen solle. Online sei nicht immer sinnvoll, sagte ein Redakteur, teilweise sei der Griff zum Telefon deutlich zielführender.

Auch diese durch Expertengespräche gewonnenen Einschätzungen korrespondieren erstaunlich gut mit den Befunden aus dem ersten Teil dieses Textes. Diese zeigten, dass zwar die Nutzung von gedruckten Nachschlagewerken nachlässt, das Gespräch mit Kollegen oder Experten aber bislang kaum durch Suchmaschinenrecherche ersetzt wird. Allenfalls Gespräche mit Journalisten *außerhalb* der Redaktion haben in der Wahrnehmung der Befragten durch die Suchmaschinenrecherche gelitten.

Überraschend war die Forderung einiger Befragter, dass Journalisten bessere Kenntnisse der Online-Materie bräuchten. Hier war eine kritische Selbstreflexion auszumachen. Die eigenen Defizite auf dem Feld der Online-Recherche wurden durchaus an der eigenen Praxis erkannt. Während einige nun eine generelle Wissensverbesserung forderten, sagten einige Journalisten allerdings eine Spezialisierung voraus. »Gute Medien werden sich professionelle Rechercheure leisten«, war sich ein Redakteur sicher. Finanzstarke Medien würden Mitarbeiter speziell für die Online-Recherche ausbilden und diese ressortübergreifend einsetzen, so die Vorhersage. Die Hoffnungen einiger Befragter richten sich ferner auf ein zertifiziertes Internet, dessen Inhalten und Anbietern der Recherchierende wirklich vertrauen kann; ob diese Hoffnung realistisch ist, kann hier nicht diskutiert werden; der Wunsch nach Grenzen und Sicherheit zeigt aber, dass die unbeschränkte Weite des Internets in gewisser Weise als bedrohlich empfunden wird.

Die Fähigkeit zu Reflexion und Kritik sollte eigentlich in der journalistischen Ausbildung vermittelt werden. Der journalistische Alltag unter Stressbedingungen steht Reflexion und kritischer Verwendung oftmals entgegen. Hinzu kommt die spezielle Materie der Online-Recherche, die sich erst in den vergangenen Jahren herausgebildet hat. Die Ergebnisse der qualitativen Gespräche zeigen, dass es bereits ein Fortschritt bedeuten würde, wenn durch spezielle Weiterbildungsangebote ein höherer Kenntnisstand über die einsetzbaren Mittel der Online-Recherche vermittelt werden könnte. Zunächst müssen primär die Funktionen und Möglichkeiten von Online-Recherche auf individueller Ebene verstanden werden. Dies gilt für Suchmaschinen in besonderer Weise, weil deren Bedeutung als Gatekeeper nicht unterschätzt werden kann. Diese Weiterbildungsangebote müssten möglichst fortentwickelt und aktuell angepasst werden. Veränderungen sollten aus dem Journalismus selbst kommen; Forderungen nach regulatorischen Eingriffen auf der Makro-Ebene hieße, das Kinde mit dem Bade ausschütten.

5. Fazit

Die These der Googleisierung journalistischer Recherche ist in der zunächst formulierten Schärfe nicht aufrechtzuerhalten. Es kommt zwar zu leichten Verdrängungseffekten, diese scheinen aber durchaus gerechtfertigt, angesichts der stark vermehrten Inhalte im Internet, die für eine journalistische Erschließung heute zur Verfügung stehen. Die Verdrängung ist übrigens dort am stärksten, wo der Einsatz von neuen Mitteln die größten Effizienzgewinne verspricht: nämlich beim Ersatz des Telefonbuchs und anderer gedruckter Nachschlagewerke durch Suchmaschinen. Allerdings zeigt die zweite, qualitative Untersuchung, dass der Einsatz von Suchmaschinen suboptimal erfolgt. Das Forschungsdesiderat lautet hier zu repräsentativen Ergebnissen zu kommen, um so die vorliegenden Einzelbefunde abzusichern. Eine leichte Verdrängung war ferner für das Gespräch mit Experten zu konstatieren. Ob Suchmaschinen durch das Erschließen von Internetquellen einen vollständigen Ersatz schaffen können, ist fraglich.

Online-Recherche, insbesondere die Arbeit mit Suchmaschinen, bietet Journalisten einen weiteren Zugangsweg zu Quellen, der spezifische Stärken und Schwächen hat. Dieser fügt sich nach den vorliegenden Befunden komplementär in die bislang zur Verfügung stehenden Mittel ein, induziert aber zum Teil auch Verdrängungseffekte gegenüber anderen Zugangswegen zu Quellen. Deshalb kommt es auf einen reflektierten Einsatz durch die Journalisten an; diese Reflektion ist derzeit noch nicht überall auszumachen. Die Wirkung der Nutzung von Suchmaschinen hängt vom Einsatz ab: Sie kann sowohl die Ökonomisierung im Journalismus vorantreiben als auch die Qualität der Recherche verbessern. In jedem Fall sind Suchmaschinen inzwischen für die Online-Recherche und für die Erschließung von Quellen ein bedeutendes Werkzeug geworden. Über die Grenzen des neuen Mittels sind sich die Befragten beider Studien allerdings nur teilweise bewusst; Suchmaschinen dienen nicht nur als ›Telefonbuchersatz‹, sondern auch zur Recherche von Themenideen und -zusammenhängen. Allerdings scheint die Suchmaschinenrecherche noch nicht besonders entwickelt zu sein, auch nicht im Selbsturteil der Befragten (siehe Abschnitt 4). Sie könnte also noch wesentlich leistungsfähiger eingesetzt werden, wenn das Interesse erhöht und die Fertigkeiten verbessert würden.

Dass nun die hier untersuchten Praktiken Rückwirkungen auf das journalistische System, dessen Regeln und Qualitätsvorstellungen haben, wird von Journalismusforschern nicht erst seit heute vermutet (vgl. WYSS/KEEL 2007: 144, 146). Die Frage ist allerdings, welche Alternativen existieren. Auf die Nutzung von Suchmaschinen bzw. die Online-Recherche insgesamt zu verzichten, stellt keine ernstzunehmende Alternative dar. Im Gegenteil: Wenn sich inzwischen ein Teil gesellschaftlicher Realität online abspielt, dann ist der einzelne Journalist geradezu gefordert, diesen Teil in seine Arbeit zu integrieren, ansonsten würde er die Fähigkeit verlieren, die Gesellschaft beobachten zu können. Praktisch bedeutet das Durchsuchen einer nahezu unendlichen Menge an dispersen Objekten neue Möglichkeiten, die in der nicht digitalen Offline-Welt keine Entsprechung haben. Umso nötiger ist es deshalb, sich mit diesen auseinanderzusetzen und sich entsprechende Fertigkeiten anzueignen. Dies führt zu einer aufgeklärten, kritischen und vielfältigen Nutzung dieser Werkzeuge. Die Gefahr besteht vor allem in einer unreflektierten Verwendung. Mit einer Bewusstmachung wird der Gefahr vorgebeugt, dass der Journalist weniger die Suchmaschine führt als sie ihn.

Literatur

BLITTKOWSKY, R.: *Online-Recherche für Journalisten (Praktischer Journalismus)* Konstanz [UVK] 2002

GARRISON, B.: *Computer-assisted reporting*. Second Edition. Mahwah, N. J. [Erlbaum] 1998

GARRISON, B.: Diffusion of online information technologies in newspaper newsrooms. In: *Journalism and New Technologies*, 2001, volume 2, number 2, pp. 221-239

HALLER, M.: *Recherchieren*. 6. Auflage. Konstanz [UVK Verlag] 2004

KEPPLINGER, H.-M.: Problemdimensionen des Journalismus. Wechselwirkung von Theorie und Empirie. In: LÖFFELHOLZ, M. (Hrsg.): *Theorien des Journalismus*. Wiesbaden [VS Verlag] 2004, S. 87-106

KROTZ, F.: *Neue Theorien entwickeln. Eine Einführung in die Grounded Theory, die Heuristische Sozialforschung und die Ethnographie anhand von Beispielen aus der Kommunikationsforschung*. Köln [Herbert von Halem Verlag] 2005

LEYENDECKER, H.: Fakebook. Recherche im Netz. Online: In: *Süddeutsche Zeitung* [nr 2 05/06.01.2008, S.21]. Online: http://www.sueddeutsche.de/computer/artikel/244/150869/ abgerufen am 10.01.2008

LÖFFELHOLZ, M.; T. QUANDT; T. HANITZSCH; K.-D. ALTMEPPEN: Onlinejournalisten in Deutschland. In: *Media Perspektiven* 10/2003, S. 477-486

LUDWIG, J.: *Investigativer Journalismus. Recherchestrategien - Quellen – Informanten*. Konstanz [UVK] 2002

MACHILL, M.; C. NEUBERGER; W. SCHWEIGER; W. WIRTH: Wegweiser im Netz: Qualität und Nutzung von Suchmaschinen. In: MACHILL, M; C. WELP (Hrsg.): *Wegweiser im Netz. Qualität und Nutzung von Suchmaschinen*, Gütersloh [Verlag Bertelsmann Stiftung], 2003, S. 13-49

MARTIN-JUNG, H.: Suchmaschinen und Qualitätsjournalismus. In: MACHILL, M; M. BEILER (Hrsg.): *Die Macht der Suchmaschinen/The Power of Search Engines*. Köln [Herbert von Halem Verlag] 2007, S. 185-192

MAST, C.: *ABC des Journalismus*. 10., völlig neue Auflage. Konstanz [UVK] 2004

MEIER, K.: Redaktions- und Content Management. In: ders. (Hrsg.): *Internet-Journalismus*. Konstanz: [UVK] 2002, S. 187-212

MIDDLEBERG, D.; S. ROSS: *The Seventh Annual Survey of Media in the wired world*. [Middleberg Euro RSCG] 2001

NEUBERGER, C.: Journalismus im Internet: Auf dem Weg zur Eigenständigkeit? Ergebnisse einer Redaktionsbefragung bei Presse, Rundfunk und Nur-Onlineanbietern. In: *Media Perspektiven*, 7, 2000, S. 310-318

NEUBERGER, C.: Angebot und Nutzung von Internet-Suchmaschinen. In: *Media Perspektiven*, 1, 2005, S.2-13

NEWMAN, N.: Search Strategies und Activities of BBC News Interactive. In: MACHILL, M; M. BEILER (Hrsg.): *Die Macht der Suchmaschinen/The Power of Search Engines*. Köln [Herbert von Halem Verlag] 2007, S. 164-170

NEWS AKTUELL GMBH: *media studie 2007. »2.0 und dann? Journalismus im Wandel«*. Hamburg 2007

NIELSEN//NETRATINGS: Germany: *Top 10 Parent Companies Month of May 2007, Home Panel*. Online: http://www.nielsen-netratings.com/reports.jsp?section=pub_reports_intl&report=parent&period=monthly&panel_type=1&country=Germany (2007)

QUANDT, T.: *Journalisten im Netz*. Wiesbaden [VS Verlag] 2005

PREGER, S.: *Mangelware Recherche*. Münster [LIT Verlag] 2004

REDELFS, M.: *Investigative Reporting in den USA*. Opladen [Westdt. Verlag] 1996

RIEFLER, K.: *Zeitung Online. Neue Wege zu Lesern und Anzeigenkunden* [Ort] 1992

RIEFLER, K.: Mythos Recherche. Leitbilder und Arbeitsweisen von Lokaljournalisten. In: *Medium*, 2, 1992, S. 48-51

SADROZINSKI, J.: Suchmaschinen und öffentlich-rechtlicher Online Journalismus am Beispiel tagesschau.de. In: MACHILL, M; M. BEILER (Hrsg.): *Die Macht der Suchmaschinen/The Power of Search Engines,* Köln [Herbert von Halem] 2007, S. 171-184

SHAPIRO, A.L.: *The Control Revolution. How the Internet is Putting Individuals in Charge and Changing the World We Know*. New York [Public Affairs] 1999

SPIELKAMP, M.; M. WIELAND: Schreiben fürs Web. Konzeption - Text – Nutzung. In: *Praktischer Journalismus* Bd.52, 2003

WEGNER, J.: *Bauer Poppe und die Googleisierung*. Online: http://jochen.jonet.org/ 2005

WEGNER, J.: *Recherche Online – ein Handbuch für Journalisten*. Bonn [ZV Zeitungsverlag] 1998

WEISCHENBERG, S.: *Journalistik. Band 2: Medientechnik, Medienfunktionen, Medienakteure*. Wiesbaden [Westdeutscher Verlag] 2002

WEISCHENBERG, S.; M. MALIK; A. SCHOLL: *Die Souffleure der Mediengesellschaft,* Konstanz [UVK Verlag] 2006

WELKER, M.: Journalisten als Weblognutzer: Wer sie sind, was sie denken. In: RAU, H. (Hrsg.): *Zur Zukunft des Journalismus in der Mediengesellschaft,* Frankfurt/M. [Verlag Peter Lang] 2007

WELKER, M.: Journalisten als Blognutzer: Verderber journalistischer Standards? Eine Untersuchung zur Erklärung von Blognutzung und -wirkung im Journalismus. In: QUANDT, T.; W. SCHWEIGER (Hrsg.): *Journalismus Online – Partizipation oder Profession?* Wiesbaden [VS Verlag] 2008 (im Druck)

WELKER, M.; A. WERNER; J. SCHOLZ: *Online-Research*. Heidelberg [dpunkt Verlag] 2004

WOLLING, J.: Suchmaschinen? – Selektiermaschinen! In: KRÖMKER, H.; P. KLIMSA (Hrsg.): *Handbuch Medienproduktion. Produktion von Film, Fernsehen, Hörfunk, Print, Internet, Mobilfunk und Musik*. Wiesbaden [VS Verlag] 2005, S. 529-537

WYSS, V.: Journalismus als duale Struktur. Grundlagen einer strukturationstheoretischen Journalismustheorie. In: LÖFFELHOLZ, M. (Hrsg.): *Theorien des Journalismus*. 2. vollst. überarb. und erw. Aufl. Wiesbaden [VS Verlag] 2004, S. 305-320

WYSS, V.; G. KEEL: Google als Trojanisches Pferd? Konsequenzen der Internet-Recherche von Journalisten für die journalistische Qualität. In: MACHILL, M; M. BEILER (Hrsg.): *Die Macht der Suchmaschinen/The Power of Search Engines*. Köln [Herbert von Halem Verlag] 2007, S. 143-163

ZIMMER, C.: *Der neue Gatekeeper Suchmaschine*. Unveröffentlichte Diplomarbeit am Institut für angewandte Medienwissenschaft der Züricher Hochschule Winterthur. 2005

Links

Columbia Journalism Review, Powerreporting (www.powerreporting.com)
Poynter online, Web Tips (www.poynter.org/column.asp?id=32)
news aktuell (www.newsaktuell.de)
CARR-L (http://listserv.louisville.edu/archives/carr-l.html)
jonet (www.jonet.org)

SVEN ENGESSER

Partizipativer Journalismus: Eine Begriffsanalyse

Abstract

Mit dem Aufkommen partizipativer Medienformate im Internet kam es zu einer Begriffsinflation. Dieser soll im vorliegenden Beitrag mit der Methode der Begriffsexplikation entgegengewirkt werden. Nach einer Bestandsaufnahme und Einordnung früherer und neuerer Formen der partizipativen Vermittlung werden die dafür in der Literatur gebräuchlichen Bezeichnungen gesammelt. Dann wird aus dem entstandenen Pool mit Hilfe der Adäquatheitskriterien Ähnlichkeit, Exaktheit und Fruchtbarkeit der Begriff ›Partizipativer Journalismus‹ ausgewählt und neu definiert. Dadurch soll eine analytische Grundlage für weiterführende Forschungsarbeiten bereitet werden.

1. Einleitung: Begriffsexplikation versus Begriffsinflation

»Es ist eine ärgerliche Tatsache, dass Grundbegriffe der Kommunikationswissenschaft wenig bestimmt sind«, beklagt Christoph Neuberger (2007a: 1). Diese Aussage betrifft ein Problem, mit dem sich die wissenschaftliche Gemeinde nicht nur aktuell, sondern kontinuierlich konfrontiert sieht. Es ist das Resultat eines zyklischen Prozesses, der sich wie folgt beschreiben lässt: »Bei Innovationen im Mediensystem wird ein Begriff zunächst noch sehr eng gefasst. Mit zunehmender Popularität wird der Begriff von immer mehr Fachkollegen verwendet, allerdings in unterschiedlichen Bedeutungsrahmen. [...] Nach einer Weile wird der Begriff – nicht zuletzt auch durch den populären Sprachgebrauch – so inflationär gehandhabt, dass er schließlich nicht mehr geeignet ist, ein bündiges wissenschaftliches Konzept zu bezeichnen« (GOERTZ 2005: 35).

Ein aktuelles Beispiel für Innovationen, die eine Begriffsinflation auslösen, sind die partizipativen Medienformate im Internet. Besonders gut lässt sich die Entwicklung anhand des Individualformats *Weblog* und des anlässlich seiner zunehmenden Verbreitung geführten Diskurses (HAAS 2005; NEUBERGER 2007b) beobachten. Dabei wurde eine Reihe von Begriffen eingeführt, um die Berichterstattung in Weblogs zu beschreiben, z. B. ›amateur journalism‹, ›folk journalism‹ und ›personal journalism‹ (HAAS 2005: 389). In der Folgezeit beschränkten sich die Begriffsschöpfungen nicht nur auf Weblogs, sondern erstreckten sich ebenso auf *Kollektivformate* wie *Indymedia* und *Wikipedia* (NEUBERGER 2006b: 119; BRUNS 2005: 23) sowie die *Nutzerbeteiligung* an der »Informationssammlung, -auswahl, -präsentation und -prüfung des professionellen Journalismus« (NEUBERGER 2006a: 69). Auch dafür bürgerten sich Bezeichnungen ein wie ›participatory journalism‹, ›grassroots journalism‹, ›citizen journalism‹, ›open source journalism‹ und ›peer-to-peer journalism‹ (ebd.).

In der Tradition der Medieninnovationen und ihrer Begrifflichkeiten stellt dieses Phänomen jedoch eine Ausnahme dar. Während im Fall von ›Multimedia‹, ›Neue Medien‹ oder ›Konvergenz‹ jeweils *ein* Begriff in verschiedenen Bedeutungszusammenhängen verwendet wurde (GOERTZ 2005: 36), entstand für den Gegenstand der Weblogs/Kollektivformate/Nutzerbeteiligung eine *Vielzahl* von Begriffen. Außerdem wurde in den vorangegangen Fällen der jeweilige Begriff zwar in verschiedenen Kontexten verwendet, doch innerhalb dieser Kontexte in der Regel klar definiert. Es gab also einen festen Bestand an Definitionen, auf den zurückgegriffen werden konnte. Im aktuellen Fall hingegen liegen nur sehr vereinzelt Definitionen vor (BOWMAN/WILLIS 2003; BRUNS 2005). Vor diesem Hintergrund erscheint es gerechtfertigt, hier nicht nur von der traditionellen Begriffsinflation, sondern sogar von einer *Begriffshyperinflation* zu sprechen.

Eine Methode, um der Begriffsinflation zu begegnen, ist die Begriffsexplikation nach Rudolf Carnap (1928), die von Klaus Merten (1977) anhand des Begriffs ›Kommunikation‹ in der Kommunikationswissenschaft etabliert wurde. Sie hat zum Ziel, »ausgehend von den gebräuchlichen Bedeutungen der Terme, [...] die Verringerung der Beschränkungen, Doppeldeutigkeiten und Inkonsistenzen ihres gewöhnlichen Gebrauchs durch den Vorschlag einer Reinterpretation in der Absicht, die Klarheit und Präzision ihrer Bedeutungen als auch ihrer Leistungsfähigkeit in Hypothesen und Theorien von erklärender und voraussagender Kraft zu erhöhen« (MERTEN 1977: 32). Die Begriffsexplikation kann nicht nur dazu dienen, eine Definition für einen feststehenden Begriff zu formulieren, sondern auch dazu, aus konkurrierenden Begriffen denjenigen auszuwählen, der den Gegenstand am besten beschreibt.[1] Im vorliegenden Beitrag wird diese Auswahl mit Hilfe der Adäquatheitskriterien *Ähnlichkeit*, *Exaktheit* und *Fruchtbarkeit* getroffen.

In Anlehnung an Merten (1977) wird in drei Stufen vorgegangen: (1) *Sammlung* der Begriffe und Begriffsauswahl, (2) *Typisierung* der Begriffe nach semantischen Feldern und (3) *Vergleich* dieser Felder hinsichtlich ihrer Verwendbarkeit als Lieferanten für Definitionsbausteine. Aus diesem Verfahren sollen ein möglichst optimaler Begriff und dessen Definition hervorgehen.

Die Methode der Explikation wird auf das Begriffsfeld angewandt, das in erster Linie den Gegenstand der Weblogs, Kollektivformate und Nutzerbeteiligung umfasst. Insgesamt zählen zum Gegenstand des vorliegenden Beitrags alle partizipativen Formate und Prozesse, die zumindest teilweise den Anspruch erheben, journalistische oder quasi-journalistische Inhalte hervorzubringen.[2] Partizipative Formen ohne journalistischen Anspruch wie Foren, Chats, Gästebücher und Meinungsumfragen werden in diesem Zusammenhang nicht berücksichtigt.

Obwohl die Begriffsinflation im Bereich der partizipativen Vermittlung vor allem nach der Entstehung des Internets stattfand, ist das Phänomen »nichts gänzlich Neues« (NEUBERGER 2006a: 63) und lässt sich bis in das 18. Jahrhundert zurückverfolgen (SCHÖNHAGEN 1995: 34). Daher bietet sich als Basis für die Begriffsexplikation auch die Untersuchung früherer Formen an. Erst auf diese Weise wird der zu beschreibende Gegenstand vollständig abgebildet. Außerdem kann dadurch im weiteren Verlauf des vorliegenden Beitrags der Frage nachgegangen werden, ob und inwiefern sich der Gegenstand mit Hilfe der Online-Medien quantitativ und qualitativ veränderte.

1 Zum Verfahren der Explikation siehe auch Opp (2005: 138-142).
2 Die komplizierte und vieldiskutierte Frage, inwiefern diese Formen den journalistischen Ansprüchen tatsächlich genügen (BRUNS 2005; NEUBERGER 2007b) kann im Rahmen des vorliegenden Beitrags nicht geklärt werden.

2. Frühere Formen des Gegenstands

Im Folgenden wird kurz auf die wichtigsten früheren Formen des Gegenstands eingegangen. Diese bildeten sich bereits vor der Verbreitung des Internets heraus. Im Fokus der Darstellung liegen Entstehung, Quantität, Qualität, Begrifflichkeit und Definition der Beteiligungsformen.

2.1 *Heimatzeitungen*

Im Laufe des 18. Jahrhunderts versuchten die Anzeigen- und Wochenblätter, sich verstärkt auf den Lebens- und Kommunikationsraum ihrer Leser auszurichten und somit zu ›Heimatzeitungen‹ zu werden. Bereits im Rahmen dieser Bestrebungen etablierte sich das Konzept der Nutzerbeteiligung. Ein früher Appell zur Mitarbeit von Universitätsprofessoren bei den *Wöchentlichen Halleschen Anzeigen* datiert bereits auf das Jahr 1735 (GROTH 1928: 623; SCHÖNHAGEN 1995: 159).

In den letzten Jahrzehnten des 18. Jahrhunderts ergriff die Bewegung die gesamte Lokalpresse, sodass Philomen Schönhagen zu der Einschätzung gelangte: »Eine so umfangreiche und lebhafte Mitarbeit der Leserschaft wie um die Wende des 18. Jahrhunderts hat es laut Otto Groth im deutschen Zeitungswesen, zumindest im Verhältnis zur Größe des Publikums, nicht mehr gegeben« (SCHÖNHAGEN 1995: 35; vgl. auch GROTH 1962: 97).

Die Veröffentlichung der Einsendungen unterlag zwar klaren Regeln und war mit immateriellen oder materiellen Anreizen verbunden, doch journalistische Qualität war dadurch nicht automatisch gewährleistet. Schlechter Stil, geringe Relevanz, unangemessene Länge und Parteilichkeit führten dazu, dass Beiträge nicht berücksichtigt werden konnten (SCHÖNHAGEN 1995: 83).

In der wissenschaftlichen Literatur wird die Nutzerbeteiligung in Heimatzeitungen als »Lesermitarbeit« (SCHÖNHAGEN 1995: 34) oder »Mitarbeit des Publikums« (GROTH 1962: 96) bezeichnet. Es findet sich dafür auch eine Art von Definition: »Festgehalten werden kann also vorerst, daß der ›Leser-Mitarbeiter‹ in jedem Fall außerhalb der Redaktion stehen muß, also nicht an den Vermittlungsprozeduren, an redaktionellen oder verlegerischen Tätigkeiten wie der Planung bzw. Konzeption des Blattes, der Organisation der Stoffbeschaffung und seiner Weiterbearbeitung, insbesondere den Vermittlungsleistungen beteiligt sein darf« (SCHÖNHAGEN 1995: 38).

Die Nutzerbeteiligung bezog sich vor allem auf zwei Bereiche: Einerseits partizipierten die Leser ›referierend‹ und verfassten eigenständige Berichte mit Nachrichtenwert, die meist ein Ereignis aus ihrem direkten Umfeld zum Gegenstand hatten und im Lokalteil veröffentlicht wurden. Andererseits arbeiteten sie ›räsonierend‹ mit und sandten Kommentare, Anregungen und Kritik ein.[3] Die für den zweiten Bereich typische Ausdrucksform ist der Leserbrief.

2.2   *Leserbrief*

Im 18. Jahrhundert liegt auch der Ursprung einer Form der Nutzerbeteiligung, die sich mit der Zeit einen festen Platz in der Presse behaupten konnte: Es ist der Leserbrief (STOCKINGER-EHRNSDORFER 1980: 9). In den angelsächsischen Ländern haben anspruchsvolle ›Briefe an den Herausgeber‹ Tradition, in denen »nationale oder internationale Probleme, Fragen der Weltanschauung oder der sozialen Bewegung« erörtert werden (GROTH 1962: 100). Dagegen wurden in Deutschland lange Zeit vor allem »Klagen und Beschwerden aus dem lokalen Bereich« vorgebracht (ebd.). Eine Ausnahme bilden die ersten Jahrzehnte des 20. Jahrhunderts, in denen sich kulturpolitischer Protest in den ›Grubenhunden‹ manifestierte (SCHÜTZ 1996). Diese Leserbriefe hatten die Form satirischer Falschmeldungen und verstanden sich als versteckte Medienkritik.

Angaben zur Quantität der Nutzerbeteiligung durch Leserbriefe lassen sich in der Literatur kaum finden.[4] Eine empirische Untersuchung von 1980 ergab lediglich, dass österreichische Tageszeitungen bis zu 2.500 Einsendungen im Monat erhielten (STOCKINGER-EHRNSDORFER 1980: 20).

Es lassen sich zwei Gruppen von Leserbriefen unterscheiden: In Tagezeitungen nehmen sie in erster Linie zu den Themen der aktuellen Berichterstattung Stellung. In Zeitschriften dominiert die Ratgeberfunktion (STOCKINGER-EHRNSDORFER 1980: 9). Leserbriefe bieten die Möglichkeit, an der öffentlichen Meinungsbildung teilzunehmen (WAHL-JORGENSEN 2001). Außerdem sollen sie ein ›Nahverhältnis‹ zwischen Rezipient und Medium herstellen und somit die Leser-Blatt-Bindung erhöhen

---

3   Zum Unterschied zwischen ›referierender‹ und ›räsonierender Mitarbeit‹ siehe Groth (1962: 99).
4   Leider konnte die kürzlich erschienene Studie von Julia Heupel (2007) im vorliegenden Beitrag nicht mehr berücksichtigt werden.

(STOCKINGER-EHRNSDORFER 1980: 128). Leserbriefe werden in der Regel honorarfrei abgedruckt. Ein Anspruch auf unveränderten Abdruck bzw. Veröffentlichung besteht nicht.

Im *Lexikon Kommunikations- und Medienwissenschaft* definieren Volker Wolff und Carla Palm (2006: 154) Leserbriefe als »zur Veröffentlichung bestimmte Zuschriften an die Redaktion einer Zeitung oder Zeitschrift«.

2.3 Hörer- bzw. Zuschauertelefon

Das Äquivalent des Leserbriefs im Rundfunkbereich ist das Hörer- bzw. Zuschauertelefon. Die Anfänge dieser Form der Nutzerbeteiligung liegen in den ›radio town meetings‹, die in den 1930er-Jahren in den USA stattfanden (HERBST 1995: 263). Die Entwicklung griff auf Großbritannien über, wo sich der Begriff ›phone-in‹ für ein Format einbürgerte, bei dem Hörer in einer Radiosendung anrufen und über einen Moderator Fragen an einen im Studio anwesenden Gast richten konnten (BURGER 1991: 359). In der Folgezeit differenzierten sich die Formate aus und ließen sich nunmehr unter dem Oberbegriff ›Hörer‹- bzw. ›Zuschauertelefon‹ zusammenfassen (BURGER 1991: 358). Dazu zählen: (1) das funktionale Hörertelefon (z.B. Verkaufsgespräche, Glückwunsche), (2) das Hörertelefon mit eingebettetem Talk (z.B. Spiele, Wunschkonzerte) und (3) das Hörertelefon als Talk (ebd.: 360). Formen mit journalistischem Anspruch lassen sich vor allem in der dritten Kategorie finden, da dort dem Hörer bzw. Zuschauer am ehesten die Möglichkeit eingeräumt wird, berichtend oder kommentierend tätig zu werden.

Seit den 1970er-Jahren etablierten sich auch im deutschsprachigen Raum zahlreiche ›Talk- und Phone-In-Shows‹ (NEUMANN-BRAUN 2000: 18). Eine empirische Untersuchung schweizerischer Lokalradios in den 1980er-Jahren ermittelte, dass sich das Publikum »aktiv in fast ein Drittel des gesamten Wochenprogramms« einschalten konnte (BURGER 1991: 358). In den USA strahlten 1992 875 Radiosender Phone-In-Shows aus. Eine dortige Umfrage von 1993 stellte fest, dass 42 Prozent der Befragten regelmäßig Phone-In-Shows anhörten und 3 Prozent der Befragten im vorangegangenen Jahr darin selbst zu Wort gekommen waren (HERBST 1995: 266).

Im Bereich des Fernsehens ist die telefonische Nutzerbeteiligung grundsätzlich weniger verbreitet, da die rein akustische Übertragung hier ein »visuelles Vakuum« erzeugt und der nicht sichtbare Anrufer irgendwie »substituiert« werden muss (BURGER 1991: 384). Dennoch erfreuen sich Phone-In-Shows im deutschen Fernsehen zurzeit größerer Beliebtheit. In Formaten bestimmter Spartenkanäle (z. B. 9LIVE, DSF) werden die Zuschauer dazu aufgefordert, telefonisch Preisfragen zu beantworten. Da es sich hier jedoch nur um funktionales Zuschauertelefon ohne journalistischen Anspruch handelt, zählt diese Form nicht zum Gegenstand des vorliegenden Beitrags.

Die Auffassungen zur partizipativen Qualität des Hörer- bzw. Zuschauertelefons gehen auseinander: Während Susan Herbst (1995: 270) von einem ausgezeichneten Forum für öffentlichen Diskurs spricht und die emotionalen Ausdrucksmöglichkeiten hervorhebt, sieht Klaus Neumann-Braun (2000: 22) den partizipatorischen Gedanken eher durch ökonomische Interessen in den Hintergrund gedrängt und kritisiert die Instrumentalisierung der Hörer und Zuschauer.

Nicole Gonser (2006: 91) betont im *Lexikon Kommunikations- und Medienwissenschaft* die Bindungsfähigkeit und Rückmeldefunktion der Hörerbeteiligung und definiert sie als »Einbeziehung von Hörern in Abläufe eines Hörfunkprogramms«.

2.4   *Alternativpresse*

Während bisher Formen der Nutzerbeteiligung im Rahmen kommerzieller Medien behandelt wurden, geht es im Folgenden um ein Medienformat, zu dessen »erklärten Primärzielen« die Bereitstellung von Partizipationsmöglichkeiten gehört: die Alternativpresse (WEICHLER 1987: 100). Hier findet die Partizipation der Nutzer in Form von eigenständigen Beiträgen statt.

Auch in diesem Bereich stammen die Vorläufer aus dem angelsächsischen Raum. In den USA läutete 1964 die Wochenzeitung *Los Angeles Free Press* die Gründungswelle der ›underground press‹ ein (WEICHLER 1987: 139). Davon ließen sich die Studentenbewegung und die daraus entstandenen Neuen Sozialen Bewegungen in Deutschland inspirieren und veröffentlichten in den 1960er- und 1970er-Jahren ebenfalls Alternativmedien. Durch die bestehende Medienlandschaft fühlten sie sich nicht ausreichend repräsentiert (HÜTTNER 2006: 13).

Die Anzahl der alternativen Presseerzeugnisse in Deutschland stieg zunächst von 390 im Jahr 1980 auf 1.319 im Jahr 1991 extrem an (DORER

1995: 334) und fiel dann fast ebenso stark ab. Das *Verzeichnis der Alternativmedien* erfasste 2006 noch 452 Titel. Bernd Hüttner (2006: 17) beschreibt die aktuelle Situation pessimistisch: »Die Szene der alternativen Stadtzeitungen, die als die klassischen alternativen Medien gelten, ist tot. [...] Es scheint jenseits von kleinen subkulturellen Szenen, den Fachzeitschriften und Meinungsorganen keine relevanten alternativen Printmedien mehr zu geben«. Alternative Tageszeitungen wie die *taz* unterwarfen sich einem Strukturwandel und passten sich den etablierten Medienorganisationen an (BLÖBAUM 2002: 136).

Auch bei der zum ›Primärziel‹ ernannten Partizipation war ein Rückgang zu verzeichnen. In der lokalen Alternativpresse lag der Anteil der Leserbeiträge 1970 bei 6,4 Prozent und 1991 bei 3,2 Prozent (BÜTEFÜHR 1995: 395). Ein weiteres Hauptziel der alternativen Medien war die Schaffung einer »Gegenöffentlichkeit« (HÜTTNER 2006: 13). Diesbezüglich kamen empirische Untersuchungen zu dem Schluss, dass die »Alternativpresse die Thematisierungsleistungen kommerzieller Pressemedien in bedeutendem Umfang zu beeinflussen imstande ist« (DORER 1995: 332).

Es ist bemerkenswert, dass bereits das Phänomen ›Alternativpresse‹ eine Begriffsinflation auslöste. Neben ›Alternativpresse‹ und ›Alternativmedien‹ kursierten Bezeichnungen wie z.B. ›Neue Medien‹, ›Marginalpresse‹, ›Basispublizistik‹, ›Autonome Medien‹, ›Laienjournalismus‹ (DORER 1995: 330) und ›Graswurzeljournalismus‹ (HAGEDORN 2006). Zusätzlich bestanden beträchtliche »definitorische Probleme« (DORER 1995: 330).

Einen vielversprechenden Versuch der Begriffsbestimmung unternahm Nadja Büteführ (1995: 178): Zur Alternativpresse zählen Zeitungen, die seit Beginn der 1970er-Jahre gegründet wurden, in den Kontext der Neuen Sozialen Bewegungen eingebunden sind und in Abgrenzung zum Status quo sowie zur Berichterstattung der etablierten Massenmedien andere Wege in den Bereichen Ökonomie, Produktionsweise, Zielsetzung, Journalismuskonzept, Thema und Form beschreiten.

2.5 *Nichtkommerzielle Radios*

Auch bei den Nichtkommerziellen Radios steht die Partizipation im Vordergrund. Dieses Medienformat blickt auf eine ähnliche Entstehungsgeschichte wie die Alternativpresse zurück. Seine Wurzeln liegen einerseits in den US-amerikanischen ›community radios‹, dessen erster Vertreter

KPFA-FM 1949 im kalifornischen Berkeley den Sendebetrieb aufnahm (WIDLOCK 1992: 97), und andererseits in den deutschen ›Freien Radios‹, die von den alternativen Bewegungen der 1970er- und 1980er-Jahre als Piratensender betrieben wurden (BUCHHOLZ 2001: 471). Zu den prominentesten ›Freien Radios‹ gehörte das 1977 gegründete ›Radio Verte Fessenheim‹ aus dem Freiburger Raum, das unter dem Namen ›Radio Dreyeckland‹ bis heute fortbesteht.

Im Verlauf der 1980er- und 1990er-Jahre wurden die ›Freien Radios‹ in acht Bundesländern von den Landesmedienanstalten lizenziert und größtenteils auch subventioniert.5 ›Radio Dreyeckland‹ erhielt 1987 eine Sendegenehmigung. In den entsprechenden Bundesländern existierten im Jahr 2001 insgesamt 38 legale Nichtkommerzielle Radios (BUCHHOLZ 2001: 471). Im Durchschnitt variierte der weiteste Hörerkreis von 1,4 Prozent bis 18,6 Prozent. Die Tagesreichweite bewegte sich zwischen 1,6 Prozent bis 3 Prozent (ebd.: 476). Die Hörer bemängelten in erster Linie die Präsentation und berichteten von plötzlichen Qualitätsabfällen im Programm (ebd.: 477).

Aus den Landesmediengesetzen lässt sich ein Programmauftrag für Nichtkommerzielle Radios ableiten. Demnach sollen diese u.a. »Gruppen, die ansonsten in medialen Angeboten unterrepräsentiert sind, Artikulationsmöglichkeiten eröffnen« (BUCHHOLZ 2001: 474). Auch im Selbstverständnis des Medienformats spielt die »Nähe zu den Bürgern, die in den etablierten Medien benachteiligt werden und zu wenig zu Wort kommen«, eine zentrale Rolle (KNOCHE 2003: 6). Allerdings lässt sich in der Praxis feststellen, dass »das Maß und die konkrete Form des Zugangs der Bürgerinnen und Bürger zu Sendeplätzen (und Produktionstechnik) von Land zu Land und von Projekt zu Projekt durchaus unterschiedlich sind« (BUCHHOLZ 2001: 473).

2.6 *Offene Kanäle*

Ein Medienformat, das sich vollständig der Partizipation verpflichtet, sind die Offenen Kanäle.6 Diese Zielsetzung ist in ihrem Selbstverständ-

---

5   Nichtkommerzielle Radios sind in Baden-Württemberg, Bayern, Hamburg, Hessen, Niedersachsen, Sachsen, Sachsen-Anhalt und Thüringen zugelassen. Bayern, Hamburg und Sachsen sehen keine Bezuschussung vor.
6   Neben Nichtkommerziellen Radios und Offenen Kanälen lassen sich ›Bürgerrundfunk‹,

nis festgelegt, nach der es sich bei den Offenen Kanälen um ein lokales oder regionales Radio oder Fernsehen handelt, das »allen Bürgerinnen und Bürgern den freien und gleichberechtigten Zugang zu diesen elektronischen Medien ermöglicht« (BREUNIG 1998: 236).

Auch bei den Offenen Kanälen orientierten sich die deutschen Akteure am US-amerikanischen Vorbild. In den USA entstand 1962 der erste ›open channel‹, jedoch auf Druck von Bürgergruppen. In Deutschland wurde das Gegenstück 1984 im Rahmen des Kabelpilotprojekts Ludwigshafen von der Medienpolitik implementiert (WALENDY 1993: 306).

In der Folgezeit richteten alle Bundesländer bis auf Baden-Württemberg, Bayern, Brandenburg und Sachsen Offene Kanäle ein, die von den Landesmedienanstalten koordiniert und aus Rundfunkgebühren werbefrei finanziert werden. Im Jahr 1998 versorgten insgesamt 62 Offene Kanäle rund 5,7 Millionen Haushalte mit ihrem Programm (BREUNIG 1998: 236). Die Anzahl ist inzwischen auf 61 zurückgegangen (BOK 2007). Die Offenen Kanäle in Niedersachsen, in Hamburg und im Saarland wurden entweder in andere Rundfunkprojekte überführt oder eingestellt.[7]

Aufgrund der dezentralen Trägerschaft durch die Landesmedienanstalten und des fehlenden Interesses der Werbewirtschaft ist man bei der Quantität der Zuschauer im gesamten Bundesgebiet »weitgehend auf Schätzungen angewiesen« (BREUNIG 1998: 246). Eine länderübergreifende Untersuchung ermittelte 1992, dass 40-50 Prozent der Kabelteilnehmer noch nie einen Offenen Kanal eingeschaltet hatten und lediglich 1-2 Prozent zu den Stammsehern gerechnet werden konnten (WINTERHOFF-SPURK/HEIDINGER/SCHWAB 1992: 175).

An der Qualität der Nutzerbeiträge wurden neben mangelnder Unterhaltsamkeit und Relevanz vor allem technische Unzulänglichkeiten kritisiert (BREUNIG 1998: 245). Christian Breunig (1998: 248) fällt das ernüchternde Urteil: »Ein Bürgermedium, das an den Gewohnheiten und Wünschen der überwiegenden Mehrheit des Publikums vorbeiproduziert, ist aber trotz der nicht zu leugnenden Kommunikationsfunktion nicht mehr zeitgemäß«.

›Ausbildungsmedien‹ und ›Hochschulmedien‹ unterschieden. Diese Formen folgen ähnlichen Prinzipien wie Nichtkommerzielle Radios und Offene Kanäle und werden daher im vorliegenden Beitrag nicht gesondert behandelt.

7 Die Offenen Kanäle in Niedersachsen wurden 2002 mit den Nichtkommerziellen Radios zum ›Bürgerrundfunk‹ fusioniert, der OFFENE KANAL SAARLAND im gleichen Jahr eingestellt. In Hamburg wurde der Offene Kanal 2004 in das Hochschulmedium TIDE an der Hamburg Media School umgewandelt.

3. Neuere Formen des Gegenstands

Mit der Verbreitung des Internets eröffneten sich neue journalistische Partizipationsmöglichkeiten (NEUBERGER 2006a: 63). Diese nehmen vor allem vier Formen an: (1) Weblogs, (2) Kollektivformate sowie Nutzerbeteiligung auf (3) Professionell-partizipativen Nachrichtensites und (4) als Leserreporter. Sie unterscheiden sich quantitativ und qualitativ von ihren direkten Vorgängern.

Die journalistische Partizipation erstreckte sich im 20. Jahrhundert weitgehend auf zwei Ebenen: Erstens bestand die Möglichkeit zur marginalen Beteiligung an kommerziellen Medien mittels *Leserbrief* und *Hörertelefon*. Zweitens existierte die Form der speziellen Medienformate *Alternativpresse*, *Nichtkommerzielle Radios* und *Offene Kanäle*, die Partizipation ins Zentrum ihrer Arbeit stellten. Auf der ersten Ebene waren der eher leichte Zugang, die professionelle Vermittlung und die hohe Reichweite der Einsendungen gewährleistet. Die Form der Beteiligung beschränkte sich jedoch auf Kommentare und Ergänzungen. Auf der zweiten Ebene waren zwar eigenständige Berichte mit Nachrichtenwert realisierbar, doch allgemeine Zugangsmöglichkeiten, Vermittlungskompetenz und Publikumsakzeptanz hielten sich in Grenzen.

Mit der Verbreitung des Internets veränderten sich die Gegebenheiten: Die Nische der im Rückgang begriffenen Alternativpresse, Nichtkommerziellen Radios und Offenen Kanäle wurde von *Weblogs* und *Kollektivformaten*, z. B. *Indymedia* und *Wikipedia*, besetzt. Durch die niedrigeren Zugangsbarrieren des Internets erlebten diese neueren Formate im Vergleich zu ihren Vorgängern einen *quantitativen* Aufschwung: So gab es im Jahr 2006 weltweit ungefähr 57 Millionen Weblogs. Aus empirischen Studien lässt sich schließen, dass im gleichen Jahr in Deutschland etwa 15 Prozent der Bevölkerung Weblogs lasen (NEUBERGER/NUERNBERGK/RISCHKE 2007: 97). Das größte Kollektivformat *Indymedia* besteht derzeit aus 171 lokalen Projekten, die über den gesamten Globus verteilt sind. Die Hauptseite wurde bereits 2003 täglich durchschnittlich 100.000 Mal aufgerufen (INDYMEDIA 2007).

Zu Leserbrief und Hörertelefon gesellte sich eine neuere Form der Nutzerbeteiligung, die sich hauptsächlich in der Einsendung von Fotos niederschlägt, z. B. bei der *Saarbrücker Zeitung* und der *Bild*-Zeitung (SPAETH 2006). Dafür bürgerte sich allgemein der Begriff *Leserreporter* ein. Diese Bezeichnung ist jedoch irreführend, da es sich bei den Leserreportern nicht um Mitarbeiter im eigentlichen Sinn handelt, sondern vielmehr um »Einsender« oder »Materiallieferanten« (GROTH 1928: 29, 31). Bei der *Bild*-Redaktion gingen 2006 täglich mehr als 1.000 Fotos ein (SPAETH 2006: 20). Im August 2007 wurden für die Leserreporter-Rubrik auf *Bild.de* im Tagesdurchschnitt rund 492.000 Seitenabrufe verzeichnet (IVW 2007).

Auf einer anderen Ebene veränderte sich die Partizipation auch *qualitativ*: Durch *Professionell-partizipative Nachrichtensites*, z. B. *OhmyNews* oder *The Northwest Voice* (ENGESSER 2007), wurde eine Form der Nutzerbeteiligung möglich, die sich nicht in reinen Kommentaren und Ergänzungen zur professionellen Berichterstattung erschöpfte und zugleich hohe Anforderungen an Zugang, Vermittlung und Reichweite erfüllte. Es vollzog sich eine Renaissance der ›referierenden‹ Lesermitarbeit, die in größerem Umfang zuletzt in den *Heimatzeitungen* des 18. Jahrhunderts stattgefunden hatte und seitdem in den Hintergrund getreten war (GROTH 1962: 30).

Ausgehend von diesen Überlegungen lassen sich die früheren und die neueren Formen des Gegenstands auf drei Ebenen der Partizipation ansiedeln, wie die Abbildung 1 zeigt:

ABBILDUNG 1
Ebenen der Partizipation und dazugehörige Formen des Gegenstands

Ebene der Partizipation	Frühere Formen des Gegenstands	Neuere Formen des Gegenstands
Beitragselemente in professionellen Medienformaten	Leserbriefe/ Hörertelefon	Material der Leserreporter
Beiträge in professionellen Medienformaten	Lesermitarbeit in Heimatzeitungen	Beiträge in Professionell-partizipativen Nachrichtensites
Partizipative Medienformate	Alternativpresse/ Nichtkommerzielle Radios/ Offene Kanäle	Weblogs/ Kollektivformate

Auf der Ebene der *Beitragselemente* vollzieht sich die Partizipation der Nutzer in Form von Vorschlägen, Material und Ergänzungen zur professionellen Berichterstattung. Hier wird aufgrund seines weitgehend reaktiven Charakters auch der Leserbrief eingeordnet. Auf der Ebene der

Beiträge partizipieren die Nutzer mit eigenständigen Artikeln oder Stücken, die von den professionellen Redaktionen selektiert, kontrolliert oder redigiert werden. Auf der dritten Ebene nimmt die Partizipation die Gestalt vollständiger *Medienformate* an. Im Rahmen dieser Medienformate findet auch Partizipation auf Beitragsebene statt.

4. Sammlung der Begriffe für den Gegenstand

Nachdem die Bestandsaufnahme der Formen des Gegenstands abgeschlossen ist, kann nun mit der Sammlung der für sie gebräuchlichen Begriffe begonnen werden, um daraus dann den zutreffendsten auszuwählen. Im Folgenden werden neun Bezeichnungen aufgeführt, die in der wissenschaftlichen Literatur besonders deutliche Spuren hinterließen. Jeweils drei Begriffe, die den Gegenstand aus einer ähnlichen Perspektive beleuchten, werden zu einer Gruppe zusammengefasst.

4.1 *Kollaborativer Journalismus, Open-Source-Journalismus und Peer-to-Peer-Journalismus*

Zur ersten Gruppe gehört der Begriff ›Kollaborativer Journalismus‹ (CHAN 2002; BOWMAN/WILLIS 2003; BRUNS 2005). Seine ideellen Wurzeln liegen in der Netzwerkforschung (CHAN 2002). Die Bezeichnung stellt die *Zusammenarbeit* bei der Herstellung von Inhalten in den Vordergrund. Kollaborative Nachrichtensites zeichnen sich dadurch aus, dass das Publikum mehrere Rollen (z. B. Reporter, Redakteur, Moderator) übernehmen kann und ein umfassender Prozess der Selbstkorrektur abläuft, bei dem die Beiträge von den Nutzern kommentiert, bewertet oder überarbeitet werden (BOWMAN/WILLIS 2003: 25; BRUNS 2005: 28). Als Beispiel wird die Technikseite *Slashdot* genannt, deren Redaktion den Leitsatz »open submission, but closed editing« verfolgt (BRUNS 2005: 3).

Einen Schritt weiter geht der Begriff ›Open-Source-Journalismus‹ (LEONARD 1999; BRUNS 2005). Diese Bezeichnung ist der ›Open-Source‹-Bewegung aus dem Bereich der Softwareentwicklung entlehnt, die Quelltexte zur freien Bearbeitung und Verbreitung im Internet veröffentlicht. Analog dazu können die Nutzer im Open-Source-Journalismus uneingeschränkt über das Nachrichtenmaterial verfügen. Mit besonderen Privilegien ausgestattete Redakteure oder Moderatoren existieren nicht. Der Schwerpunkt liegt auf der Produktion eigener Inhalte. Typische Vertreter sind *Indymedia* oder *Wikipedia*, die ihre Nutzer im Gegensatz zu *Slashdot* auch in den Überarbeitungs- und Veröffentlichungsprozess integrieren (BRUNS 2005: 65). Die Nähe der Anhänger des Begriffs zur Informatik zeigt sich an der Wortwahl Andrew Leonards (1999), der eine der zentralen Fragen des Open-Source-Journalismus stellte: »Will better journalism ensue if more reporters and editors *beta test* their own work?«

Mit den beiden vorherigen Begriffen verwandt ist die Bezeichnung ›Peer-to-Peer-Journalismus‹ (BOWMAN/WILLIS 2003; NEUBERGER 2004; BRUNS 2005). Diese steht in der Tradition der Filesharing-Programme wie *Napster* und *KazZaA*. Dort ermöglicht das Peer-to-Peer-Prinzip die direkte Verbindung zwischen mehreren Computern ohne zentralen Server. Auf den Bereich des Journalismus übertragen bedeutet das, dass beim Informationsaustausch zwischen den Nutzern auf die Intervention eines Herausgebers oder einer Redaktion verzichtet wird (BRUNS 2005: 122). Im Gegenteil: »Die Besonderheit des P2P-Journalismus besteht gerade darin, dass die Prüfung von Informationen erst nach der Publikation stattfindet« (NEUBERGER 2004).

Die Begriffe ›Kollaborativer Journalismus‹, ›Open-Source-Journalismus‹ und ›Peer-to-Peer-Journalismus‹ werden in der Literatur nicht trennscharf verwendet. Sie beziehen sich ausschließlich auf neuere Formen des Gegenstands, die auf der Medienformat- und der Beitragsebene angesiedelt sind. Frühere Formen (z. B. Alternativpresse) und die Nutzerbeteiligung auf der Ebene der Beitragselemente (z. B. durch Leserreporter) werden nicht erfasst.

4.2 *Parajournalismus, Amateurjournalismus und Laienjournalismus*

Eine weitere Gruppe eröffnet der Begriff ›Parajournalismus‹, unter dem Christoph Neuberger (2000) »rudimentäre Vorformen« des Journalismus im Internet, wie z. B. *Shortnews* subsumiert. Die griechische Vorsilbe ist vermutlich im Sinn von ›Gegen-‹ zu verstehen und drückt die Opposition zum professionellen Journalismus aus. Nach Neuberger wird Parajournalismus von Laien ausgeübt und genügt »kaum journalistischen Standards« (ebd.: 310).

Noch deutlicher drückt der Begriff ›Amateurjournalismus‹ die fehlende Professionalität aus. Dieser wurde von J. D. Lasica (2001) in Verbindung mit Weblogs gebraucht. Er trägt der Tatsache Rechnung, dass sich begünstigt durch die niedrigen Zugangsbarrieren des Internets eine neue Generation nicht beruflich, sondern rein aus Liebhaberei journalistisch betätigt: »Millions of net users – young people especially – take on the role of columnist, reporter, analyst and publisher« (ebd.).

Der Begriff ›Laienjournalismus‹ (FISCHER/QUIRING 2005) orientiert sich ebenfalls an diesem Sachverhalt. Auch Nutzern ohne einschlägige Ausbildung oder Fachkenntnisse erlauben die neueren Medienformate die journalistische Partizipation: »Aufgrund der einfachen Handhabung und der geringen Kosten für Produktion und Übertragung bieten Blogs Kommunikatoren, die nicht originär aus der Medienindustrie stammen, die Möglichkeit, sich an der öffentlichen Kommunikation zu beteiligen und Themen vorzugeben bzw. diese zu kommentieren« (ebd.).

Die Bezeichnungen ›Parajournalismus‹, ›Amateurjournalismus‹ und ›Laienjournalismus‹ werden weitgehend synonym gebraucht. Sie grenzen sich vom Begriff des ›Professionellen Journalismus‹ ab, indem sie implizieren, dass die von ihnen beschriebenen Inhalte geringere journalistische Qualität aufweisen und die Kommunikatoren beruflich anderweitig tätig sind. Die drei Bezeichnungen umfassen grundsätzlich sowohl frühere als auch neuere Formen des Gegenstands. Es ist allerdings fragwürdig, ob sie auch dann angewandt werden können, wenn sich ausgebildete Journalisten mit eigenen Weblogs zu Wort melden, z.B. Stefan Niggemeier mit *Bildblog*, oder Blogger sich beruflich journalistisch betätigen, wie der Irak-Aktivist Salam Pax in *The Guardian*. Eine zusätzliche Grauzone sind Medienformate, bei denen der Einfluss der professionellen Redaktion einen relativ großen Umfang einnimmt, z.B. *OhmyNews*.

4.3 *Graswurzeljournalismus, Bürgerjournalismus und Partizipativer Journalismus*

Der Begriff ›Graswurzeljournalismus‹ (GILLMOR 2006) geht auf politische Bewegungen zurück, die aus der Bevölkerung heraus entstehen. Auch vor der Entstehung des Internets gab es bereits Berührungspunkte zwischen dieser Bezeichnung und Formen des Gegenstands. Eine der prominentesten deutschen alternativen Zeitschriften wurde 1972 unter dem Namen *Graswurzelrevolution* gegründet (HAGEDORN 2006). Howard Rheingold (1993) verwendete den Begriff ›grassroots‹ später zur Beschreibung der durch computervermittelte Kommunikation herausgebildeten ›Virtuellen Gemeinschaften‹. An der Schnittstelle zwischen partizipativer Vermittlung und Internet argumentiert Dan Gillmor (2006), der die Nachrichtenberichterstattung im Wandel begriffen sieht: »From journalism as lecture to journalism as a conversation or seminar« (ebd.: XXIV). Zu den Werkzeugen des Graswurzeljournalismus zählt er vor allem Weblogs, Kollektivformate und mobile Kommunikationsmittel.

Die ideellen Ursprünge des Begriffs ›Bürgerjournalismus‹ (OUTING 2005; MIN 2005) liegen weit in der Vergangenheit. Das Konzept des Bürgers zieht sich seit Plutarch durch die Geschichte der Demokratietheorie (STÜWE/WEBER 2004: 211-262). Mit der Entstehung des Internets erlebte es eine Blütezeit, die sich in der Wortschöpfung ›Netizen‹ niederschlug (HAUBEN/HAUBEN 1997). Darüber fand es Eingang in den Journalismus, wo es sich seitdem großer Beliebtheit erfreut: »Citizen Journalism – it's one of the hottest buzzwords in the news business these days« (OUTING 2005). Mit den *Nieman Reports* der Harvard University und dem deutschen Branchenmagazin *Der Journalist* widmeten ihm 2005 zwei Fachzeitschriften ein Themenheft. Auch die populäre Professionell-partizipative Nachrichtensite *OhmyNews* beruft sich auf dieses Schlagwort (MIN 2005). Steve Outing (2005) entwickelte ein differenziertes Kategorienschema für die dazugehörigen Formen, das das gesamte Spektrum von der Beitragselemente- bis zur Medienformatebene abdeckt.

Mit dem Begriff ›Bürgerjournalismus‹ verbunden ist der Begriff ›Partizipativer Journalismus‹ (LASICA 2003; BOWMAN/WILLIS 2003), der auf die partizipatorische Demokratietheorie zurückgeht (SCHMIDT 2000: 251-267). Für diese Bezeichnung präsentierte J. D. Lasica (2003) ein umfassendes Klassifikationsraster. Aufgrund der vielfältigen Ausprägungen nahm er jedoch Abstand von einer Definition: »Participatory journalism is a slippery creature« (ebd.). Eine Begriffsbestimmung für Partizipativen Journalismus lieferten dagegen Shayne Bowman und Chris Willis (2003: 9): »The act of a citizen, or group of citizens, playing an active role in the process of collecting, reporting, analyzing and disseminating news and information. The intent of this participation is to provide independent, reliable, accurate, wide-ranging and relevant information that a democracy requires«.

Die Begriffe ›Graswurzeljournalismus‹, ›Bürgerjournalismus‹ und ›Partizipativer Journalismus‹ unterscheiden sich in ihrer Bedeutung nicht wesentlich voneinander.[8] Sie decken prinzipiell alle Formen des Gegenstands ab. Allerdings beinhalten die drei Begriffe eine politische Komponente. In der Literatur ist die Ansicht verbreitet, dass diese Journalismusformen eine wichtige Funktion in der Demokratie erfüllen. Es ist jedoch zweifelhaft, ob alle in der Realität vorkommenden Spielarten des Gegenstands diesem Anspruch tatsächlich gerecht werden (z.B. Gespräch per Hörertelefon, Lexikoneintrag in *Wikipedia*).

Insgesamt wurden neun relevante Begriffe für den Gegenstand zusammengetragen. Aus diesem Pool soll nun mit Hilfe der Adäquatheitskriterien *Ähnlichkeit*, *Exaktheit* und *Fruchtbarkeit* (MERTEN 1977: 71-74) die geeignetste Bezeichnung ausgewählt werden. In diesem Zusammenhang ist ein Begriff *ähnlich*, wenn er möglichst vielen Formen des zu beschreibenden Gegenstands (siehe Abb. 1) entspricht. Er gilt als *exakt*, wenn er weder mehrdeutig noch vage ist, und erweist sich als *fruchtbar*, wenn er sich in wissenschaftlichen Gesetzen wiederfindet oder zu deren Aufstellung beiträgt.

Die Begriffe der dritten Gruppe (›Graswurzeljournalismus‹, ›Bürgerjournalismus‹ und ›Partizipativer Journalismus‹) sind der Gesamtheit der Formen am ähnlichsten. Keiner der neun Begriffe besticht zwar durch seine Exaktheit, doch die dritte Gruppe erscheint besonders fruchtbar. Ihre Begriffe sind in Wissenschaft und Praxis gleichermaßen etabliert. Das Problem ist der theoretische und historische Überbau der Begriffe, der sie relativ fest in einem politikwissenschaftlichen Kontext verankert. Dies kommt vor allem bei ›Graswurzeljournalismus‹ und ›Bürgerjournalismus‹ zum Tragen. ›Partizipativer Journalismus‹ kann hingegen auch im Sinn von *öffentlicher* statt politischer Teilhabe verstanden werden. Dadurch wird er in einen größeren Bedeutungszusammenhang gebracht und kann als Ausgangspunkt für Theorien aus verschiedenen sozialwissenschaftlichen Disziplinen dienen. Daher fällt die Begriffsentscheidung im vorliegenden Beitrag aus Gründen der Ähnlichkeit und Fruchtbarkeit zugunsten des *Partizipativen Journalismus* aus.

---

8   Es ist daher nicht nachvollziehbar, warum die Enzyklopädie *Wikipedia* ausgerechnet einen Artikel zu Graswurzeljournalismus enthält, zu dem eine Weiterleitung von den Einträgen ›Bürgerjournalismus‹ und ›Partizipativer Journalismus‹ besteht (WIKIPEDIA 2007).

5. Typisierung der Begriffe nach semantischen Feldern

Nachdem ›Partizipativer Journalismus‹ als Begriff feststeht, wird er im Folgenden mit Bedeutung gefüllt. Da nur sehr vereinzelt auf explizite Definitionen zurückgegriffen werden kann, bedient sich der vorliegende Beitrag einer Hilfskonstruktion. Er untersucht die neun bestehenden Bezeichnungen auf ihren Bedeutungsgehalt und ordnet sie drei semantischen Feldern zu. Diese Felder liefern im nächsten Kapitel die Bausteine für die Definition des ›Partizipativen Journalismus‹.

5.1 Prozess

Das erste semantische Feld umfasst den journalistischen *Kommunikations- und Produktionsprozess*. Diesem können die Begriffe ›Kollaborativer Journalismus‹, ›Open-Source-Journalismus‹ und ›Peer-to-Peer-Journalismus‹ zugeordnet werden. Diese Begriffe gehen nicht vom klassischen Modell der Massenkommunikation (MALETZKE 1963) aus, sondern legen ein Modell zugrunde, das die besonderen Gegebenheiten der elektronisch mediatisierten Gemeinschaftskommunikation (BURKART/HÖMBERG 2007: 266) und der partizipativen Vermittlung (BOWMAN/WILLIS 2003: 10) berücksichtigt. Traditionelle Top-Down-Prozesse werden um Bottom-Up-Prozesse ergänzt und der Nutzer vom relativ passiven Rezipienten zum aktiven ›Beteiligten‹ am Herstellungs-, Überarbeitungs- und Veröffentlichungsprozess aufgewertet. Der Grad dieser Integration variiert zwischen den Journalismusbegriffen. Sie stimmen jedoch darin überein, dass die Nutzer zumindest am *Prozess der Inhaltsproduktion* maßgeblich beteiligt werden.

5.2 Profession

Das zweite Feld berührt den *Berufs- und Professionsaspekt*. Hier sind die Begriffe ›Parajournalismus‹, ›Amateurjournalismus‹ und ›Laienjournalismus‹ angesiedelt. Sie beruhen auf der Nicht- bzw. Semiprofessionalität der beteiligten Kommunikatoren. Allerdings ist es grundsätzlich problematisch, soziologische Berufs- und Professionskonzepte (LUCKMANN/SPRON-

DEL 1972) auf den Journalismus zu übertragen (NEVERLA 1998: 55). Selbst wenn Beruf und Profession des Journalismus und somit Nichtprofessionalität theoretisch klar bestimmbar wären, verschwämmen die Grenzen in der Praxis (ebd.: 57). Dennoch können die Begriffsbedeutungen auf den gemeinsamen Nenner gebracht werden, dass die von ihnen beschriebenen Aktivitäten *außerhalb der Berufstätigkeit* betrieben werden. Unter ›Berufstätigkeit‹ wird in diesem Zusammenhang eine Beschäftigung verstanden, die der Sicherung des Lebensunterhalts dient. Diese Auffassung schließt die Freizeitaktivitäten eines Berufsjournalisten in der ›Blogosphäre‹ ein und grenzt die bezahlten Aufträge eines freien Journalisten aus.

5.3 *Partizipation*

Das dritte Feld bezieht sich auf die Idee der *Partizipation*. Dieses Feld teilen sich die Begriffe ›Graswurzeljournalismus‹, ›Bürgerjournalismus‹ und ›Partizipativer Journalismus‹. Das Konzept leitet sich aus der partizipatorischen Demokratietheorie (SCHMIDT 2000: 251, 267) ab und wird

ABBILDUNG 2
Semantische Felder und dazugehörige Begriffe für den Gegenstand

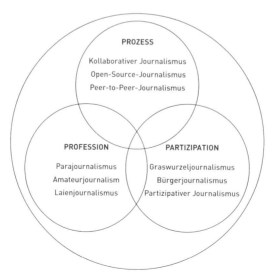

daher vor allem als *politische* Partizipation verstanden (HOECKER 2006). Die früheren und neueren Formen des Partizipativen Journalismus begreifen sich jedoch in erster Linie als Artikulationsmöglichkeit oder Plattform für Gegenöffentlichkeit. Daher plädiert der vorliegende Beitrag für eine semantische Verschiebung in Richtung ›öffentlicher‹ (GENSICKE/GEISS 2006: 311) oder ›kommunikativer‹ (NEUBERGER 2006a: 70) Partizipation, die zwar das Potenzial für politische Teilhabe birgt, diese aber nicht zwangsläufig voraussetzt. In diesem Sinne ermöglicht Partizipativer Journalismus die *aktive Teilhabe an der Medienöffentlichkeit.*

Die drei semantischen Felder bestimmen gemeinsam den Bedeutungsgehalt des Begriffs ›Partizipativer Journalismus‹. Sie bilden Schnittmengen und lassen Raum für die Residuen, die im vorliegenden Beitrag nicht erfasst wurden. Bestimmte Begriffe ließen sich auch mehreren Feldern zuordnen, z.B. Graswurzeljournalismus, der in das Prozess- und das Partizipationsfeld hineinreicht.

6. Vergleich der Felder und Definition des Partizipativen Journalismus

Aus den drei semantischen Feldern lassen sich Bausteine gewinnen, die im Folgenden für eine Definition des Partizipativen Journalismus herangezogen werden:

- Prozessfeld: Beteiligung der Nutzer zumindest am Prozess der Inhaltsproduktion
- Professionsfeld: Ausübung außerhalb der Berufstätigkeit
- Partizipationsfeld: Aktive Teilhabe an der Medienöffentlichkeit

Im direkten Vergleich der Definitionsbausteine mithilfe der Adäquatheitskriterien *Ähnlichkeit, Exaktheit, Fruchtbarkeit* setzt sich kein Element erkennbar gegenüber dem anderen durch. Der vorliegende Beitrag verzichtet daher auf eine Rangfolge und lässt die Bausteine gleichwertig in die *Definition* des Partizipativen Journalismus eingehen:

Partizipativer Journalismus beteiligt die Nutzer zumindest am Prozess der Inhaltsproduktion, wird außerhalb der Berufstätigkeit ausgeübt und ermöglicht die aktive Teilhabe an der Medienöffentlichkeit.

Diese Neudefinition des Partizipativen Journalismus ist das zentrale Ergebnis der Begriffsanalyse. In einem mehrstufigen Verfahren wurde zunächst eine Bestandsaufnahme des zu beschreibenden Gegenstands durchgeführt. Dann wurde aus den einschlägigen Begriffen derjenige ausgewählt, der den aufgefundenen Formen am ehesten entspricht. Die Bezeichnungen wurden in ihre Bedeutungen zerlegt und semantischen Feldern zugeordnet. Schließlich kristalisierten sich aus diesen Feldern Elemente heraus, die zu einer Definition zusammengesetzt wurden.

Sowohl der Begriff als auch die Definition sollen dazu beitragen, die ›Begriffsinflation‹ um die partizipativen Medienformate im Internet einzudämmen und eine fortschreitende ›Verbrennung‹ (GOERTZ 2005: 36) der Begrifflichkeiten zu vermeiden. Sie haben den Vorteil, den gesamten Forschungsgegenstand abzudecken und von normativen Spannungen weitgehend befreit zu sein. Daher lassen sich Begriff und Definition als Bestandteile von Hypothesen und Theorien unterschiedlichster Prägung verwenden und bieten sich als analytische Basis für weiterführende theoretische und empirische Untersuchungen an.

Literatur

BLÖBAUM, B.: Strukturwandel der Alternativpresse. Die taz und ihr Publikum. In: BAUM, A.; S. SCHMIDT (Hrsg.): *Fakten und Fiktionen. Über den Umgang mit Medienwirklichkeiten*. Konstanz [UVK] 2002, S. 127-138

BOK - BUNDESVERBAND DER OFFENEN KANÄLE IN DEUTSCHLAND. Online unter http://www.bok.de (01.10.2007)

BOWMAN, S.; C. WILLIS: *We Media. How audiences are shaping the future of news and information*. Online unter: http://www.hypergene.net/wemedia (01.10.2007)

BREUNIG, C.: Offene Fernseh- und Hörfunkkanäle in Deutschland. Strukturen, Programme und Publikum der Bürgermedien. In: *Media Perspektiven*, 5, 1998, S. 236-249

BRUNS, A.: *Gatewatching. Collaborative Online News Production*. New York u.a. [Lang] 2005

BUCHHOLZ, K.-J.: Nichtkommerzielle Lokalradios in Deutschland. In: *Media Perspektiven*, 9, 2001, S. 471-479

BÜTEFÜHR, N.: *Zwischen Anspruch und Kommerz. Lokale Alternativpresse 1970-1993. Systematische Herleitung und empirische Überprüfung*. Münster, New York [Waxmann] 1995

BURGER, H.: *Das Gespräch in den Massenmedien*. Berlin/New York [de Gruyter] 1991

BURKART, R.; W. HÖMBERG: Elektronisch mediatisierte Gemeinschaftskommunikation. In: BURKART, R.; W. HÖMBERG (Hrsg.): *Kommunikationstheorien. Ein Textbuch zur Einführung.* Wien [Braumüller] 2007, S. 258-269

CARNAP, R.: *Der logische Aufbau der Welt. Scheinprobleme in der Philosophie.* Hamburg [Meiner] 1928/1998

CHAN, A.: *Collaborative News Networks: Distributed Editing, Collective Action, and the Construction of Online News on Slashdot.org.* MSc thesis, MIT, 2002. Online unter: http://web.mit.edu/anita1/www/thesis/Index.html (01.10.2007)

DORER, J.: Struktur und Ökonomie der »Alternativpresse«. Eine Bestandaufnahme des nichtkommerziellen Zeitschriftenmarktes am Beispiel Österreich. In: *Publizistik*, 3, 1995, S. 327-344

ENGESSER, S.: Professionell-partizipative Nachrichtensites. In: QUANDT, T.; W. SCHWEIGER (Hrsg.): *Journalismus online – Partizipation oder Profession?* Wiesbaden [vs Verlag] 2008 (im Druck)

FISCHER, T.; O. QUIRING: Weblogs: Laienjournalismus oder professionelle Berichterstattung? In: *Fachjournalist*, 19, 2005, S. 9-12

GENSICKE, T.; S. GEISS: Bürgerschaftliches Engagement: Das politisch-soziale Beteiligungsmodell der Zukunft? Analysen auf der Basis der Freiwilligensurveys 1999 und 2004. In: HOECKER, B. (Hrsg.): *Politische Partizipation zwischen Konvention und Protest. Eine studienorientierte Einführung.* Opladen [Leske + Budrich] 2006, S. 308-328

GILLMOR, D.: *We the Media. Grassroots Journalism by the People, for the People.* Sebastopol, CA [O'Reilly] 2006

GOERTZ, L.: Erfolgsfaktor Begriffserörterung. Ein Anstoß für Nachwuchswissenschaftler. In: WIENAND, E.; J. WESTERBARKEY; A. SCHOLL (Hrsg.): *Kommunikation über Kommunikation. Festschrift für Klaus Merten.* Wiesbaden [vs Verlag] 2005, S. 35-40

GONSER, N.: Hörerbeteiligung. In: BENTELE, G.; H.-B. BROSIUS; O. JARREN (Hrsg.): *Lexikon Kommunikations- und Medienwissenschaft.* Wiesbaden [vs Verlag] 2006, S. 91

GROTH, O.: *Die Zeitung. Ein System der Zeitungskunde (Journalistik).* Bd. 1. Mannheim u.a. [Bensheimer] 1928

GROTH, O.: *Die unerkannte Kulturmacht. Grundlegung der Zeitungswissenschaft (Periodik).* Bd. 4. Berlin [de Gruyter] 1962

HAGEDORN, L.: 300. Ausgaben gelebte Utopie. Ein Interview mit dem Graswurzelrevolution-Redakteur Bernd Dücke. In: *Verzeichnis der Alternativmedien.* Neu-Ulm [AG SPAK Bücher] 2006

HAAS, T.: From »Public Journalism« to the »Public's Journalism«? Rhetoric and reality in the discourse on weblogs. In: *Journalism Studies*, 3, 2005, S. 387-396

HAUBEN, M.; R. HAUBEN: *Netizens. On the history and impact of Usenet and the internet.* Los Alamitos, CA [IEEE] 1997

HERBST, S.: On Electronic Public Space. Talk Shows in Theoretical Perspective. In: *Political Communication*, 3, 1995, S. 263-274

HEUPEL, JULIA: *Der Leserbrief in der deutschen Presse.* München [Reinhard Fischer] 2007

HOECKER, B. (Hrsg.): *Politische Partizipation zwischen Konvention und Protest. Eine studienorientierte Einführung.* Opladen [Leske + Budrich] 2006

HÜTTNER, B.: Alternative Medien sind tot, es leben die alternativen Medien. Zur Definition, Entwicklung und Zukunft alternativer Medien. In: *Verzeichnis der Alternativmedien.* Neu-Ulm [AG SPAK Bücher] 2006, S. 13-22

INDYMEDIA. Online unter: http://www.indymedia.org (01.10.2007)

IVW - INFORMATIONSGEMEINSCHAFT ZUR FESTSTELLUNG DER VERBREITUNG VON WERBETRÄGERN. Online unter: http://www.ivw.de (01.10.2007)

KNOCHE, M.: Radio. Freie Radios – frei von Staat, Markt und Kapital(ismus)? Zur Widersprüchlichkeit Alternativer Medien und Ökonomie. In: *Medien Journal*, 4, 2003, S. 4-19

LASICA, J. D.: Blogging as a form of journalism. In: *Online Journalism Review* vom 24.05.2001. Online unter: http://www.ojr.org/ojr/workplace/1017958873.php (01.10.2007)

LASICA, J. D.: What is participatory Journalism? In: *Online Journalism Review* vom 07.08.2003. Online unter: http://www.ojr.org/ojr/workplace/1060217106.php (01.10.2007)

LEONARD, A.: Open-source journalism. In: *Salon.com* vom 08.10.1999. Online unter: http://www.salon.com/tech/log/1999/10/08/geek_journalism (01.10.2007)

LUCKMANN, T.; W. SPRONDEL: *Berufssoziologie.* Köln [Kiepenheuer & Witsch] 1972

MALETZKE, G.: *Psychologie der Massenkommunikation. Theorie und Systematik.* Hamburg [Hans-Bredow-Institut] 1963

MAST, C.: *ABC des Journalismus. Ein Handbuch.* Konstanz [UVK] 2004

MERTEN, K.: *Kommunikation. Eine Begriffs- und Prozeßanalyse.* Opladen [Westdeutscher Verlag] 1977

NEUBERGER, C.: Journalismus im Internet: Auf dem Weg zur Eigenständigkeit? Ergebnisse einer Redaktionsbefragung bei Presse, Rundfunk und Nur-Onlineanbietern. In: *Media Perspektiven*, 7, 2000, S. 310-318

NEUBERGER, C.: P2P. Konkurrenz oder Ergänzung zum professionellen Journalismus? In: *onlinejournalismus.de* vom 25.10.2004. Online unter http://goa2003.onlinejournalismus.de/webwatch/p2p.php (01.10.2007)

NEUBERGER, C.: Nutzerbeteiligung im Online-Journalismus. Perspektiven und Probleme der Partizipation im Internet. In: RAU, H. (Hrsg.): *Zur Zukunft des Journalismus*. Frankfurt/M [Lang] 2006a, S. 61-94

NEUBERGER, C.: Weblogs verstehen. Über den Strukturwandel der Öffentlichkeit im Internet. In: PICOT, A.; TIM FISCHER (Hrsg.): *Weblogs professionell. Grundlagen, Konzepte und Praxis im unternehmerischen Umfeld*. Heidelberg [dpunkt] 2006b, S. 113-130

NEUBERGER, C.: Interaktivität, Interaktion, Internet. Eine Begriffsanalyse. In: *Publizistik*, 1, 2007a, S. 33-50

NEUBERGER, C.: Weblogs = Journalismus? Kritik einer populären These. In: DIEMAND, V.; M. MANGOLD; P. WEIBEL (Hrsg.): *Weblogs, Podcasting und Videojournalismus. Neue Medien zwischen demokratischen und ökonomischen Potenzialen*. Hannover [Heise] 2007b, S. 107-137

NEUBERGER, C.; C. NUERNBERGK; M. RISCHKE: Weblogs und Journalismus: Konkurrenz, Ergänzung oder Integration? Eine Forschungssynopse zum Wandel der Öffentlichkeit im Internet. In: *Media Perspektiven*, 2, 2007, S. 96-112

NEUMANN-BRAUN, K.: Wo jeder was zu sagen hat... oder Formen der Rezipientenbeteiligung an der Radiokommunikation. Ein Fallbeispiel zur Einführung in zentrale medien- und kommunikationssoziologische Fragestellungen. In: NEUMANN-BRAUN, K.; ST. MÜLLER-DOOHM (Hrsg.): *Medien und Kommunikationssoziologie. Eine Einführung in zentrale Begriffe und Theorien*. München [Juventa] 2000, S. 9-28

NEVERLA, I.: Die verspätete Profession. Journalismus zwischen virtuellem Betrieb und Organisationskultur. In: DUCHKOWITSCH, W. et al. (Hrsg.): *Journalismus als Kultur. Analysen und Essays*. Opladen/Wiesbaden [Westdeutscher Verlag] 1998, S. 53-62

MIN, J. K.: Journalism as a Conversation. In: *Nieman Reports*, 4, 2005, S. 17-19

OPP, K.-D.: *Methodologie der Sozialwissenschaften. Einführung in Probleme ihrer Theorienbildung und praktischen Anwendung*. Wiesbaden [VS Verlag] 2005

OUTING, S.: The 11 Layers of Citizen Journalism. A resource guide to help you figure out how to put this industry trend to work for you and your newsroom. In: *Poynter Online* vom 13.06.2005. Online unter: http://www.poynter.org/content/content_view.asp?id=83126 (01.10.2007)

RHEINGOLD, H.: *The Virtual Community. Homesteading on the electronic frontier.* Reading, MA u.a. [Addison-Masley] 1993

SCHMIDT, M.: *Demokratietheorien. Eine Einführung.* Opladen [Leske + Budrich] 2000

SCHÖNHAGEN, P.: *Die Mitarbeit der Leser. Ein erfolgreiches Zeitungskonzept des 19. Jahrhunderts.* München [Reinhard Fischer] 1995

SCHÜTZ, A.: *Der Grubenhund. Experimente mit der Wahrheit.* München [Reinhard Fischer] 1996

SPAETH, A.: Das Baggern um Bilder. Wie »Bild« und »stern« sich exklusives Bildmaterial sichern und an den Fotos ihrer Leser Geld verdienen wollen. In: *Medium Magazin*, 10, 2006, S. 20-24

STÜWE, K.; G. WEBER: *Antike und moderne Demokratietheorie. Ausgewählte Texte.* Ditzingen [Reclam] 2004

WAHL-JORGENSEN, K.: Letters to the Editor as a Forum for Public Deliberation: Modes of Publicity and Democratic Debate. In: *Critical Studies in Mass Communication*, 3, 2001, S. 303–20

WALENDY, E.: Offene Kanäle in Deutschland – ein Überblick. Rechtsrahmen und Entwicklungsstand. In: *Media Perspektiven*, 7, 1993, S. 306-316

WEICHLER, K.: *Die anderen Medien. Theorie und Praxis alternativer Kommunikation.* Berlin [Vistas] 1987

WIDLOCK, P.: *Der andere Hörfunk. Community Radios in den USA.* Berlin [Vistas] 1992

WIKIPEDIA: *Graswurzel-Journalismus.* Online unter: http://de.wikipedia.org/w/index.php?title=Graswurzel-Journalismus&oldid=34982882 (01.10.2007)

WINTERHOFF-SPURK, P.; V. HEIDINGER; F. SCHWAB: *Der offene Kanal in Deutschland. Ergebnisse empirischer Forschung.* Wiesbaden [DUV] 1992

WOLFF, V.; C. PALM: Leserbriefe. In: BENTELE, G.; H.-B. BROSIUS; O. JARREN (Hrsg.): *Lexikon Kommunikations- und Medienwissenschaft.* Wiesbaden [VS Verlag] 2006. S. 154

BETTINA BERENDT / MARTIN SCHLEGEL /
ROBERT KOCH

Die deutschsprachige Blogosphäre: Reifegrad, Politisierung, Themen und Bezug zu Nachrichtenmedien

Zusammenfassung

Dieser Beitrag beschreibt eine Studie mit zwei Zielen: Indikatoren über den Reifegrad und die (insbesondere politischen) Themen einer lokalen Blogosphäre zu gewinnen und eine aktuelle Bestandsaufnahme der deutschsprachigen Blogosphäre durchzuführen. Diese wurde in Bezug gesetzt zur US-amerikanischen Blogosphäre und zu deutschsprachigen (v.a. Print-)Nachrichtenmedien. Die Ergebnisse lassen darauf schließen, dass populäre deutschsprachige Blogs derzeit (noch) v.a. von Freizeit- und semiprofessionellen Bloggern mit relativ wenig Interesse an Politik und Medienanalyse betrieben werden, im Gegensatz zu den politisierten und oft von professionellen Bloggern gestalteten populären US-amerikanischen Blogs.

1. Einleitung

Dass Blogs ernst zu nehmen sind, ist auch in Deutschland spätestens seit der Verleihung des Grimme-Preises an den *Bildblog* (www.bildblog.de)[1] und der Berufung von Katharina Borchert zur Online-Chefin der WAZ[2] deutlich geworden. Blogs sind eben sehr unterschiedlich – Versuche der

---

1 Siehe z.B. http://www.grimme-online-award.de/de/preistraeger/preistraeger_2005/bildblog.htm
2 Siehe z.B. http://www.onlinejournalismus.de/2006/07/02/bloggerin-wird-chefredakteurin-von-waz-live/

Kategorisierung identifizieren z. B. Online-Tagebücher, PR-Blogs (z. B. für Unternehmen) und politische Blogs. Weder einzelne Blogs noch die Blogosphäre als ganzes sind jedoch in solch saubere Genre-Kategorien kategorisiert – vielmehr bedarf es einer detaillierten Analyse einzelner Texte,[3] um globale Aussagen über Ausrichtung und Themenschwerpunkte zu machen. Zur Untersuchung der Wirkung der Kommunikationsform Blog ist daher eine Untersuchung ihrer Inhalte und Entstehungskontexte unerlässlich, was aus Gründen des Datenumfangs soweit wie möglich automatisiert durchgeführt werden sollte.

In diesem Beitrag beschreiben wir eine Studie, deren Ziel es war, aussagekräftige, aber maschinell auswertbare Indikatoren über den Reifegrad (Ausmaß der Professionalisierung des Bloggens vs. Freizeittätigkeit) und die thematische Politisierung einer lokalen Blogosphäre zu gewinnen und exemplarisch eine aktuelle Bestandsaufnahme der deutschsprachigen Blogosphäre durchzuführen. Hierbei wurde Letztere in Bezug gesetzt einerseits zur US-amerikanischen Blogosphäre (die aufgrund ihrer längeren Geschichte und der konkreten Historie z. B. der Warblogs als ›Korrektiv‹ der Mainstream-Medien häufig als stark politisiert wahrgenommen wird), andererseits zu deutschsprachigen Nachrichtenmedien; geeignete Datenanalyseverfahren zur Untersuchung der Beziehung Blogs – Nachrichtenmedien waren damit ebenfalls Gegenstand der Untersuchung. Bei der Untersuchung kamen verschiedene Standardmethoden der automatischen Textanalyse und des Textmining zur Anwendung; insbesondere wurden die Einträge nach einer Datenreinigung um Formatierungselemente als Mengen von Wortmarken betrachtet, in denen eine Kombination aus statistischen Verfahren und manueller Nachbearbeitung zur Erkennung von Entitäten eingesetzt wurden. Die Untersuchung betritt insbesondere thematisch Neuland, da trotz der großen Popularität von Blogs auch in Deutschland (TNS INFRATEST 2006) bisher – relativ insbesondere zu den USA – vergleichsweise wenige Untersuchungen zur deutschsprachigen Blogosphäre existieren. Die Metastudie von Neuberger, Nuernbergk und Rischke (2007) zeigt auch, dass die existierenden Studien v.a. auf Angebot und Nutzung von Blogs fokussieren und v.a. umfrage-/interviewbasiert sind. Insbesondere liegt laut Neuberger et al. eine repräsentative Analyse von Themen selbst auf einer groben Ebene (›Unterhaltung‹, ›Sport‹, usw.) für Deutschland bisher nicht vor.

---

3   Trotz vielfältiger multimedialer Möglichkeiten dominieren nach wie vor Texte.

Der Beitrag gliedert sich in sieben Teile. In Abschnitt 2 wird ein kurzer Literaturüberblick gegeben. Abschnitt 3 beschreibt die Fragen, die Daten und die Datenreinigung; Abschnitte 4-6 die Analysen und ihre Ergebnisse. Abschnitt 7 schließt mit Zusammenfassung und Ausblick.

2. Untersuchungen in der (insbesondere US-amerikanischen) Blogosphäre

Die Zahl der Untersuchungen der Blogosphären in den USA und anderen Ländern ist mittlerweile substanziell. Zum einen gibt es viele befragungszentrierte Studien; vgl. z. B. die Studien des Pew Internet & American Life Projects (www.pewinternet.org) und die in der Übersicht von Neuberger et al. (2007) verzeichneten Veröffentlichungen. Zum anderen ist eine Zunahme von Studien festzustellen, die das Blogging-Verhalten direkter beobachten, insbesondere durch Text- und Linkanalysen; vgl. z. B. die Tagungsreihen *Weblogging Ecosystems*[4] oder *International Conference on Weblogs and Social Media*[5]. Im Folgenden werden zwei Studien dargestellt, deren Fragen und Methoden für unsere Untersuchung maßgeblich waren: Politisierung und Vergleich mit Nachrichtenmedien (im Folgenden: »NM«).

Adamic und Glance (2005) untersuchten die Politisierung der us-amerikanischen Blogs sowie die Polarisierung der US-amerikanischen Blogosphäre. Die Autoren nutzten die durch frühere Studien identifizierten A-List-Blogs zum Thema Politik. Als A-list-Blogs werden jene Blogs bezeichnet, die zum einen eine große Leserschaft vorweisen können und zum anderen den größten Anteil aller Links anderer Weblogs auf sich ziehen. Adamic und Glance analysierten die Unterschiede zwischen liberalen Bloggern auf der einen und konservativen Bloggern auf der anderen Seite, indem sie die Hyperlinks der beiden Top-20 der A-List-Blogs untereinander und zu NM untersuchten und die Blog-Einträge auf besprochene Themen und Personen hin überprüften. Eine zweite Stichprobe wurde aus den in den Top-Blogs verlinkten weiteren Weblogs gebildet (insgesamt 1494), die ebenfalls ca. zur Hälfte als liberal bzw. konservativ klassi-

---

4 http://www.blogpulse.com/www2006-workshop/
5 http://www.icwsm.org

fiziert wurden. Die Startseiten aller Blogs an einem Tag im Februar 2004 bildeten das Datenmaterial.

Die Analyse der zweiten Stichprobe zeigte, dass etwa 90 Prozent aller Links auf andere Blogs innerhalb des gleichen politischen Lagers referenzierten. In der konservativen Gruppe enthielten mehr als 80 Prozent aller Blogs einen Hyperlink auf einen anderen Blog, etwa 80 Prozent aller Blogs wurden von anderen Blogs aus verlinkt; in der liberalen Gruppe je ca. 70 Prozent. In beiden Gruppen wurde auf einige wenige Blogs von vielen anderen Blogs aus verwiesen, während die Mehrzahl der Blogs nur ein- oder zweimal verknüpft wurde.

Für die Verknüpfungen innerhalb der beiden Blogging-Gruppen in Stichprobe 1 ergab sich wie in Stichprobe 2, dass die Einträge konservativer Blogs mit durchschnittlich 0,2 Links zu anderen konservativen Blogs deutlich mehr Verknüpfungen aufwiesen als die liberalen Einträge (0,12). Interaktionen zwischen den beiden politischen Lagern existierten nur wenig und nur mit niedriger Intensität.

Die Inhaltsanalyse zeigte, dass liberale Politiker öfter in den konservativen Blogs und konservative Politiker öfter in den liberalen Blogs genannt wurden. Die Blogger folgten also in ihren Einträgen einem typischen Muster, das auch bei Journalisten verbreitet ist: Meinungen werden vertreten und begründet, indem gegenteilige Haltungen kritisiert werden.

Die A-List-Blogs wiesen pro Eintrag i.d.R. einen Hyperlink auf ein NM auf, wobei sich die verlinkten Medien und Inhalte nach politischer Zugehörigkeit der Blogger unterschieden. Einige Content-Provider wie *CBS News Online* (www.cbsnews.com) oder MSNBC (www.msnbc.msn.com) wurden von beiden Seiten in gleichem Maße zitiert, während andere wie *National Review Online* (nationalreview.com) oder *Salon.com* (www.salon.com) hauptsächlich von der einen oder der anderen Seite verknüpft wurden.

Eine Inhaltsanalyse von Blogs vs. NM beschrieben Lloyd, Kaulgud und Siena (2005): Sind es NM oder Blogger, die Neuigkeiten zuerst aufgreifen? Diskutieren, wie man zunächst erwarten würde, Blogger die zuvor in konventionellen Medien berichteten Inhalte, oder zwingt umgekehrt die Blogosphäre diese Medien dazu, sich mit Themen zu beschäftigen (ASHBEE 2003)? Lloyd et al. extrahierten die jeweils am häufigsten genannten Begriffe aus Veröffentlichungen von NM sowie aus Blog-Einträgen und analysierten die Erscheinenshäufigkeit über die Zeit. Hierdurch zeigten sich ein zeitlicher Vorlauf und eine größere Intensität des Interesses an den Folgen des Hurrikans Katrina (Begriff *New Orleans*) in den NM, hingegen eine zwar wechselnd hohe, aber beständige Aufmerksamkeit für *Britney Spears* in der Blogosphäre.

Bei den Personennamen zeigte sich, dass NM vor allem Politiker wie *George W. Bush*, *Arnold Schwarzenegger* oder *Ariel Sharon* nannten, während die Blogger v.a. auf die Unterhaltungssphäre fokussierten: *Harry Potter*, *Britney Spears* oder *Michael Jackson*. Aus der Untersuchung häufig vorkommender Medikamentennamen lässt sich den Autoren zufolge ablesen, dass die Blogger vor allem über ihren Alltag berichten, indem sie vor allem Medikamente des täglichen Gebrauchs aufführen, während Nachrichten vor allem auf Medikamente eingehen, die beispielsweise aufgrund neu entdeckter schwerer Nebenwirkungen im Rampenlicht stehen. Bei den am häufigsten genannten Firmennamen zeigten sich viele gemeinsame Themen, insbesondere High-Tech-Unternehmen.

Eine Metastudie zum Verhältnis von Blogs und Journalismus, v.a. in Deutschland, findet sich in Neuberger et al. (2007). Hierbei geht es primär um Fragen wie das Selbst- und Fremdverständnis von Bloggern und Journalisten und eine grobe Kategorisierung der Arten, in denen sie sich aufeinander beziehen. Das Ausmaß der Professionalisierung der deutschen Blogosphäre wird nur indirekt thematisiert, und Themen werden nicht untersucht.

3. Eine Untersuchung der deutschen Blogosphäre – Grundlagen

3.1 Daten

Zur Untersuchung der in der Einleitung beschriebenen Fragen definierten wir vier Stichproben mit unterschiedlichen Schwerpunkten.

Stichprobe 1: Populäre deutschsprachige Blogs (Deutschspr. A-List Blogs). www.deutscheblogcharts.de veröffentlicht wöchentlich die 100 populärsten deutschsprachigen Blogs. Die Popularität wird durch die Zahl der Verlinkungen auf einen Blog innerhalb der vergangenen 6 Monate gemessen; diese Daten stammen von *Technorati*, einer der größten globalen Blog-Suchmaschinen. Wie in anderen Bereichen des Webs kann davon ausgegangen werden, dass häufig verlinkte Inhalte auch häufig gelesen werden und somit ein repräsentatives Bild der in der Blogosphäre diskutierten und rezipierten Themen geben. Die Top 100 sind deutsch*sprachig*;

eine Zuordnung zu Ländern ist auch aufgrund der Domain-Namen nicht immer möglich. Wir verwendeten die Top 100 vom 26.7.2006.

Die Stichprobe umfasst den Mai 2006 (aus technischen Gründen den Vierwochen-Zeitraum 29.4.-26.5.), um einerseits einen hinreichend langen Zeitraum untersuchbar zu machen und andererseits Zeiträume mit zu stark dominierenden Themen zu vermeiden.[6]

Stichprobe II: Deutschsprachige Blogs. Die zweite Stichprobe dient dazu, einen Eindruck von der breiteren deutschsprachigen Blogosphäre zu gewinnen. Geeignete umfassende Weblog-Verzeichnisse existieren leider nicht. Daher wurde für die zweite Stichprobe ein Auszug aus einem globalen Verzeichnis (www.blogpulse.com) gebildet: Als Auswahlkriterium dienten das Vorhandensein (im Text des Blogs) mindestens eines ›typischen‹ Wortes der deutschen Sprache. Hierbei sind die typischen Worte definiert als diejenigen der häufigsten 100 Wörter der deutschen Sprache (UNIVERSITÄT LEIPZIG 2006), die sprachlich eindeutig sind (im Gegensatz z.B. zum Wort »die«, das auch im Englischen vorkommt). Um eine der ersten Stichprobe vergleichbare Datenmenge zu produzieren, wurden alle Einträge vom 24.5.2006 verwendet.

Stichprobe III: Populäre US-amerikanische Blogs (USA A-List Blogs). Für diese Stichprobe wurden die Top 100 der weltweit meist verlinkten Weblogs verwendet. Die Liste erscheint unter http://www.technorati.com/pop/blogs/ und entsteht mit einer ähnlichen Methode wie die Liste der deutschsprachigen Top-Blogs. Wir entfernten aus dieser Liste manuell diejenigen Blogs, die nicht in englischer Sprache verfasst oder in sonstiger Weise als nicht-US-amerikanisch identifizierbar waren. Keiner der Blogs aus Stichproben I oder II war in der weltweiten Top-Liste enthalten. Die Einträge der verbleibenden 80 Blogs, wiederum aus dem Zeitraum 29.4.-26.5.2006, wurden verwendet.[7]

Stichprobe IV: Deutsche Nachrichtenmedien. Diese Stichprobe enthält deutsche Zeitungen mit Online-Ausgaben. Wir beschränkten die Stichprobe zunächst auf Medien mit Zugang zu den vollständigen Ausgaben (um eine Überrepräsentation von internet-affinen Themen zu vermeiden) und dann aus Kostengründen auf solche mit freiem Zugang. Aufgrund der sehr aufwendigen Datenvorbereitung wählten wir daraus eine Stich-

---

6 Wie z.B. die Fußballweltmeisterschaft in Deutschland (Juni-Juli 2006) und die Tour de France mit ihren Dopingvorwürfen (Juli 2006).

7 Die vollständigen Listen der Blogs in den drei Stichproben sind unter http://www.cs.kuleuven.be/~berendt/Blogosphaere zu finden.

probe von zwei Zeitungen, die sich möglichst neutral an ein großes Publikum wenden: *Die Zeit* (www.zeit.de) und die *Berliner Morgenpost* (www.morgenpost.de). Es wurden alle Online-Ausgaben des Monats Mai 2006 (4. bzw. 29.) verwendet.

Datenherkunft und -form. Die Suchmaschine www.blogpulse.com, betrieben von Nielsen BuzzMetrics, indexiert die Blogosphäre und transformiert die indexierten Daten in ein einheitliches XML-Format.[8] Die für die drei oben definierten Stichproben konstitutiven Einträge wurden uns freundlicherweise von Frau Natalie Glance, damals Mitarbeiterin von Nielsen BuzzMetrics, in diesem Format zur Verfügung gestellt. Die Nachrichten-Artikel wurden unter Verwendung des Tools *Website Extractor*[9] gecrawlt.

Datenumfang. Aufgrund von Unterschieden im Umfang der indexierten Blogs und der Nicht-Indexierung von Audio- und Videoblogs ergaben sich für die drei Stichproben die in Tabelle 0 gezeigten Anzahlen von Blogs, Blog-Einträgen und Wörtern. Stichprobe IV enthielt 3203 Artikel. In diesen Zahlen sind die unten beschriebenen Datenbereinigungsmaßnahmen bereits berücksichtigt.

TABELLE 1
Bereinigte Blog-Stichproben: Basisstatistiken

Stichprobe	Anzahl Blogs	Anzahl Blog-Einträge	Anzahl Wörter
I: Deutschspr. A-List-Blogs	65	3669	461.000
II: Deutschspr. Blogs	2729	3831	650.000
III: USA A-List-Blogs	70	13914	2.638.000

Hiermit sind die A-List-Stichproben I und III hinsichtlich der Zahl der Blogs vergleichbar und die deutschsprachigen Stichproben I, II und IV hinsichtlich der Zahl der Blog-Einträge bzw. Nachrichten-Artikel. Auffällig ist in Stichprobe III relativ zu I fast viermal so hohe Zahl der Einträge bei gleicher Zahl der Blogs. Mögliche Gründe sind eine höhere Aktualisierungsfrequenz der amerikanischen Blogs oder Probleme bei

---

8 Tags und Beispiel unter http://www.cs.kuleuven.be/~berendt/Blogosphaere
9 http://www.internet-soft.com/extractor.htm

der Datenerfassung der deutschen Blogs durch den (US-amerikanischen) Blogpulse-Crawler.

Eine Betrachtung der je 20 Blogs aus Stichproben I und III mit den höchsten Zahlen von Einträgen (I: 67-245; III: 325-658) zeigt, dass zwischen der Qualität der Blogs (Popularitätsrang) und Quantität (Anzahl) der Einträge keine Beziehung besteht. Wie schon in den Gesamtzahlen sichtbar, ist die Zahl der Einträge pro Blog in Stichprobe II deutlich geringer als in Stichprobe I (II: 6-16); so gelangte auch nur ein Element von Stichprobe II (www.hauptstadtblog.de auf Eintragszahl-Rang 2) auf Platz 51 der deutschen Blog-Charts.[10]

3.2   *Datenvorbereitung und Datenverarbeitung*

Aus Stichprobe II entfernten wir Duplikate (mit Hilfe der eindeutigen Blogpulse-ID), die meisten der nicht-deutschsprachigen Einträge (unser Programm legt dem Analysten alle Einträge zur manuellen Klassifizierung vor, die nicht mindestens drei der häufigsten deutschen Wörter aus der bereinigten Liste enthält) sowie die Nicht-Blog-Webseiten (einige Quellen waren Newsseiten oder Foren). Aus Stichprobe IV entfernten wir Nachrichten rein regionalen Charakters (identifiziert durch die Rubrik der Zeitung).

Die für die jeweilige Untersuchung relevanten Teile aller Blog-/Nachrichteneinträge (Veröffentlichungszeitpunkt, Inhaltstexte, Hyperlinks) wurden mithilfe selbst geschriebener Programme (›Wrapper‹) extrahiert. Zur Analyse der Texte extrahierten wir alle in den Daten vorkommenden Wörter, entfernten Stoppwörter und alle Wörter, die nicht in wenigstens drei Einträgen vorkommen. Groß- und Kleinschreibung und mehrfaches Vorkommen eines Wortes innerhalb eines Eintrags wurden ignoriert. Die resultierende Liste der am häufigsten in einer Stichprobe erscheinenden Wörter wurde manuell Kategorien wie Orts-, Unternehmens- oder Personennamen zugeordnet.

Alle Datenvorbereitungen und Auswertungen erfolgten mit Hilfe selbst entwickelter Java-Anwendungen, Microsoft Excel und GUESS.[11]

---

10   Stichprobe I und II enthalten somit 1 gemeinsames Element. Dieses fällt bei den quantitativen Analysen nicht ins Gewicht; darüber hinaus erfordert keine unserer – deskriptiven – Statistiken Disjunktheit der Stichproben.

11   http://graphexploration.cond.org

4. Zeitbezogene Auswertungen von Blogs als Indikatoren des Reifegrads der Blogosphären

Die zeitbezogene Auswertung erlaubt – über Rückschlüsse auf den Anteil professioneller Blogger – insbesondere Aussagen über den Reifegrad der Blogosphären. Unser Zielkonstrukt ›Reifegrad‹ haben wir in der Einleitung als das »Ausmaß der Professionalisierung des Bloggens« definiert; somit wäre der Anteil der professionellen Blogger ein direktes Maß des Konstrukts, und eine repräsentative Umfrage wäre eine geeignete Methode, um den Reifegrad zu messen. Was aber ist ein ›professioneller Blog-

ABBILDUNG 1
(a) Tageszeit und (b) Datum der Veröffentlichung der Blog-Einträge.

a.
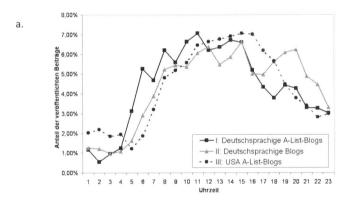

b.
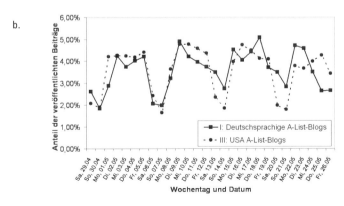

ger‹? Wenn hier nur Menschen gezählt werden, die vollständig von dieser Tätigkeit leben, so ergibt sich heute ein verschwindend geringer Anteil. Wir schlagen daher vor, das Konstrukt ›professioneller Blogger‹ graduell zu verstehen: als das Ausmaß, in dem das Bloggen als Aktivität typische Merkmale von professioneller Aktivität aufweist. Aktivitätszeiträume sind hierfür ein – wenn auch bei weitem nicht perfekter – Indikator.

Abbildung 1 zeigt die absoluten Zahlen der Einträge über die Tageszeiten und Daten bzw. Wochentage.

Die erste und zweite Stichprobe weisen beim Kurvenverlauf in Abb. 1 (a) einige Gemeinsamkeiten auf. So steigt die Anzahl der veröffentlichten Einträge ab den Morgenstunden an und erreicht zur frühen Mittagszeit ein zwischenzeitliches Maximum. Nach einem leichten Rückgang erscheint am frühen Nachmittag ein weiterer Höchststand. Gegen 19 Uhr nehmen die Einträge noch einmal zu, bevor mit voranschreitendem Abend ein weiterer Rückgang zu beobachten ist. Jedoch steigt die Anzahl veröffentlichter Einträge bei den populären Blogs deutlich früher, bereits ab 6 Uhr morgens, an als bei der breiten Masse. In der zweiten Stichprobe erreicht die Anzahl der erstellten Einträge abends zwischen 19 und 20 Uhr nahezu wieder die mittäglichen Höchststände, anders als in Stichprobe 1. Das Zeitprofil der ersten Stichprobe ist übrigens nicht Ergebnis der Aggregation über einen Monat; ihr charakteristisches Muster zeigt sich auch, wenn nur die Veröffentlichungszeiten eines einzelnen Tages betrachtet werden.

Eine plausible Erklärung ist, dass die verschiedenen Kurvenverläufe durch die Dominanz unterschiedlicher Blogger-Typen in den Stichproben zustande kommen. Grundsätzlich können drei verschiedene Typen definiert werden: Freizeit-Blogger, semiprofessionelle sowie professionelle Blogger.

Die Gruppe der Freizeit-Blogger nutzt ihren Weblog als privat gepflegtes Online-Tagebuch, in dem die Erlebnisse und Erfahrungen des Tages zusammengefasst und veröffentlicht werden. Semiprofessionelle Blogger messen ihrem Weblog eine größere Bedeutung bei als Freizeit-Blogger und investieren einen signifikanten Teil ihrer Zeit in seine Pflege, nutzen ihn jedoch nicht als Haupterwerbsquelle. Die dritte und letzte Gruppe der professionellen Blogger hat ihr Hobby auf selbstständiger oder Angestellten-Basis zum Beruf gemacht und wendet deshalb einen Großteil der Arbeitszeit zur Recherche und Erstellung von Weblog-Einträgen auf.

Werden diese drei Typen von Bloggern als gegeben betrachtet, so weisen die in Abb. 1 (a) gezeigten Kurven auf die Dominanz verschiedener Typen in den Stichproben hin.

Der Kurvenverlauf für Stichprobe II deutet darauf hin, dass diese Blogs hauptsächlich von Freizeit-Bloggern betrieben werden, da die beobachteten Maxima vor allem auf ›Freizeiten‹ fallen: kurz nach Schulschluss sowie nach 20 Uhr und damit nach Feierabend. Stichprobe I dagegen scheint von semiprofessionellen Bloggern dominiert, die einen großen Teil der Einträge bereits im Laufe des Tages erstellen, während der Anteil abends veröffentlichter Einträge vergleichsweise niedriger ausfällt. Im Gegensatz dazu wird die überwiegende Mehrzahl der Einträge aus Stichprobe III zur Arbeitszeit zwischen 9 und 17 Uhr veröffentlicht, was ein Hinweis auf die Dominanz professioneller Blogger ist. (Wir gehen davon aus, dass die Zeitstempel die lokale Zeitzone des Bloggers abbilden.)

Abbildung 1 (b) zeigt die Veröffentlichungsdaten der Stichproben I und III (II war auf einen Tag beschränkt). Zu beobachten sind zunächst große Übereinstimmungen, insbesondere deutlich höhere Aktivitätsniveaus an Werktagen verglichen mit dem Wochenende.

Zwei wesentliche Unterschiede zeigen sich. Erstens zeigen die deutschsprachigen Blogger ein weniger regelmäßiges Verhalten: Die Anzahl wochentags veröffentlichter Einträge schwankt innerhalb und zwischen den Wochen stärker (diese Variabilität kann jedoch auch ein Nebeneffekt der insgesamt geringeren Anzahl von Einträgen sein).

Zweitens sinken die Veröffentlichungszahlen an den Wochenenden zwar überall, die Reduktion ist aber in Stichprobe I geringer als in III. (Dieses gilt strikt nur an den Wochenenden 3 und 4; Wochenende 1 war ein Ferienwochenende im deutschsprachigen Raum, was eine stärkere Reduktion von Online-Aktivitäten erwarten lässt.) Die generell starke Reduktion am Wochenende in Stichprobe III stützt die Hypothese vom größeren Anteil professioneller Blogger in den US-amerikanischen Blogs; die etwas gleichmäßigere Verteilung über Werktage *und* Wochenenden in Stichprobe I lässt wiederum mehr semiprofessionelle Blogger in den deutschsprachigen Blogs annehmen.

5. Thematische textuelle Analyse als Indikator der Politisierung

Die thematische Analyse ist insbesondere für die Untersuchung der möglicherweise unterschiedlichen Politisierung der Blogosphären relevant. Unser Zielkonstrukt ›(thematische) Politisierung‹ bzw. ›Politisierungsgrad‹ bedeutet zunächst allgemein das Ausmaß, in dem politische Inhalte Thema von Texten sind. Wir können und wollen natürlich in diesem Aufsatz nicht die Frage, was ein politischer Inhalt ist, grundsätzlich klären und umreißen den Begriff daher als »Themen, die typischerweise im Politikteil einer Zeitung diskutiert werden«. Ein (aktuell) typisches politisches Thema in diesem Sinne wäre z. B. der ›Irak‹, ein typisches nichtpolitisches Thema eine ›Geburtstagsfeier‹. Sicherlich kann letztgültig erst eine qualitative Inhaltsanalyse klären, ob ein Text über den Irak etwa eine Analyse der aktuellen Besatzungssituation ist oder etwa ein Bericht über privat verstandene Erlebnisse während eines Aufenthalts im Lande. Solche Analysen sind jedoch manuell und so aufwändig, dass sie nur für Einzelfälle durchgeführt werden können (vgl. z. B. CORNFIELD et al.'s (2005) Nachzeichnung von ›Rathergate‹). Daher können nur automatisierbare Verfahren eine Analyse des Politisierungsgrades in großen Mengen von Texten leisten. Eine explorative und kategorisierende Stichwortanalyse wie die im Folgenden vorgestellte ist hierzu der erste Schritt.

5.1 Blogs

Geografische Orte. Tabelle 2 zeigt die absoluten und relativen Häufigkeiten der am häufigsten genannten Städte- und Ländernamen. Zur Verdeutlichung ergänzte Namensbestandteile sind ebenso wie bei allen nachfolgenden Darstellungen mit eckigen Klammern kenntlich gemacht.

Die drei Stichproben zeigen große Ähnlichkeiten. Die meisten der nationalen Städte sind Ballungsgebiete mit einem hohen Bevölkerungsaufkommen und Zentren von Politik, Kultur und Wirtschaft. Die Ranglisten weichen insgesamt wenig von der Rangfolge der Städte nach Bevölkerungsgröße ab (WIKIPEDIA 2006a, 2006b). In den US-Blogs spielen Städte eine größere relative Bedeutung.

Unter den am häufigsten genannten nicht in Deutschland liegenden Städten ist in den beiden deutschsprachigen Stichproben viel Übereinstimmendes zu beobachten. Wien und Zürich als bedeutende Zentren Österreichs und der Schweiz finden in beiden Stichproben häufig Erwähnung. Nennungen sonstiger internationaler Städte sind in beiden Stichproben selten.

In der US-amerikanischen Stichprobe spielt London eine starke Rolle. Dies kann zum einen auf die politische Nähe der USA und Großbritanniens hinweisen, ebenfalls aber auch bedeuten, dass einige der Blogs dem

TABELLE 2
Blogs: Geografische Orte mit absoluten Häufigkeiten und prozentualen Anteilen.

I: Deutschspr. A-List-Blogs			II: Deutschspr. Blogs			III: USA A-List-Blogs		
Deutsche Städte						US-Städte		
Berlin	177	4,82	Berlin	87	2,27	[New] York / NYC / NY	908	6,53
Hamburg	59	1,61	München	43	1,12	Washington	572	4,11
München	36	0,98	Köln	42	1,09	[Los] Angeles / LA	376	2,70
Frankfurt	32	0,87	Hamburg	39	1,02	[San] Francisco	146	1,05
Köln	31	0,84	Frankfurt	26	0,68	Chicago	142	1,02
Düsseldorf	18	0,49	Düsseldorf	19	0,50	Boston	103	0,74
Leipzig	11	0,30	Stuttgart	17	0,44	Detroit	95	0,68
Paderborn	8	0,22	Dresden	12	0,31	Seattle	75	0,54
Karlsruhe	8	0,22	Bremen	11	0,29	Philadelphia	69	0,50
Dortmund	7	0,19	Kiel	10	0,26	Dallas	64	0,46
Internationale Städte								
[New] York	31	0,84	Paris (o. Hilton)	29	0,76	London	175	1,26
London	17	0,46	[New] York	26	0,68	Baghdad	97	0,70
Zürich	15	0,41	Wien	25	0,65	Paris (o. Hilton)	55	0,40
Paris (o. Hilton)*	13	0,35	London	19	0,50	Toronto	44	0,32
Wien	13	0,35	Zürich	12	0,31	Tehran	39	0,28
Bern	10	0,27	Tokio	11	0,29	Tokyo	34	0,24
Kopenhagen	9	0,25	Sydney	10	0,26	Jerusalem	28	0,20
[Los] Angeles	7	0,19	Barcelona	9	0,23	Berlin	24	0,17
Länder								
Deutschland	207	5,64	Deutschland	168	4,38	U.S./USA	771	5,54
USA	58	1,58	USA	69	1,80	Iraq	555	3,99
(Europa)	36	0,98	Schweiz	34	0,89	Iran	238	1,71
England	33	0,90	(Europa)	28	0,73	(Europe)	189	1,36
Schweiz	28	0,76	Österreich	22	0,57	UK	184	1,32
China	22	0,60	Frankreich	22	0,57	Japan	143	1,03
Frankreich	20	0,55	England	21	0,55	China	135	0,97
Japan	17	0,46	China	16	0,42	Israel	130	0,93
Brasilien	14	0,38	Japan	14	0,36	Germany	107	0,77
Spanien	12	0,33	Spanien	14	0,36	Mexico	102	0,73

* »Paris Hilton« ist ein Personenname, daher wurden nur Nennungen von Paris ohne »Hilton« gezählt.

Vereinigten Königreich zuzurechnen sind. Auffällig sind die weiteren in der Stichprobe erwähnten Städte: Bagdad im Irak, Teheran im Iran und Jerusalem in Israel stellen allesamt Schlüsselthemen im politischen

Bestreben der US-Amerikaner im Nahen Osten dar und weisen darauf hin, dass innen- und außenpolitische Themen in der US-amerikanischen Blogosphäre eine große Rolle spielen.

Vergleichbares lässt sich in den deutschsprachigen Stichproben an dieser Stelle nicht nachweisen. New York, nicht aber der Regierungssitz Washington, wird oft genannt. Bagdad, Teheran und Jerusalem erscheinen, allerdings sehr selten. Politische Themen scheinen in der deutschsprachigen Blogosphäre somit nur Randthemen zu sein.

Die häufig erwähnten Länder bestätigen diesen Eindruck. Während der Spitzenplatz wenig überraschend jeweils durch das Herkunftsland der Mehrzahl der Blogger belegt wird, reflektieren die darauf folgenden Ränge den hohen bzw. niedrigen Politisierungsgrad. In den Stichproben I und II sind vor allem europäische Länder und die USA zu finden, also Länder, deren kulturelle und räumliche Nähe zu Deutschland offensichtlich ist. In Stichprobe III rücken mit Irak, Iran, China und Israel wieder politisch brisante Themen in den Vordergrund. Insbesondere die thematische Bedeutung des Irak und des Iran erreicht eine Größenordnung, die in den deutschsprachigen Blogs nur vom Herkunftsland vieler deutschsprachiger Blogger – Deutschland – übertroffen wird.

Politische Themen und Personen. Tabelle 2 zeigt die absoluten und relativen Häufigkeiten der am häufigsten genannten politischen Themen und Personen.

Keines der aufgeführten Themen findet in mehr als einem halben Prozent der deutschsprachigen Blog-Einträge Erwähnung, wogegen politische Themen in den US-amerikanischen Blogs einen mehr als zehnmal so hohen Anteil erreichen. Ähnlich wird die Personen-Rangliste der dritten Stichprobe durch US-amerikanische Politiker dominiert; mit Saddam Hussein findet sich ein ehemaliger Kontrahent der Vereinigten Staaten wieder. Die deutschsprachigen Ranglisten weisen zwar ebenfalls eine verhältnismäßig häufige Nennung des US-amerikanischen Präsidenten George W. Bush auf, allerdings auf einem ungleich niedrigeren Niveau. In beiden deutschsprachigen Stichproben werden bekannte Personen, politisch oder unpolitisch, selten thematisiert. Das häufige Vorkommen da Vincis in Stichprobe II ist lediglich auf den Kinostart der Verfilmung des Bestsellers *Sakrileg – The Da Vinci Code* am 18. Mai 2006 zurückzuführen.

Unternehmen und Alltagsthemen. Weitere Analysen häufig erwähnter Entitäten ließen wiederum Unterschiede zwischen den populären und weniger populären Blogs erkennen.

TABELLE 3
Blogs: Politische Themen und Personen mit absoluten Häufigkeiten und prozentualen Anteilen.

I: Deutschspr. A-List-Blogs			II: Deutschspr. Blogs			III: USA A-List-Blogs		
Politische Themen								
CDU	14	0,38	SPD	10	0,26	Republican/s	667	4,79
Bundestag	13	0,35	Afghanistan	10	0,26	Democrats/ic	579	4,16
Bundesregierung	10	0,27	Bundestag	9	0,23	Iraq	555	3,99
Demokratie	9	0,25	Bundesregierung	7	0,18	Senate	326	2,34
Terror	9	0,25	CDU	6	0,16	Congressional	226	1,62
SPD	8	0,22	Terror	6	0,16	Terror	130	0,93
Irak	6	0,16	Demokratie	4	0,10	Capitol	117	0,84
Afghanistan	3	0,08				Afghanistan	83	0,60
						Guantanamo	33	0,24
Personen								
Bush	17	0,46	Vinci/davinci	22	0,57	Bush	1049	7,54
Klinsmann	11	0,30	Bush	18	0,47	Clinton	151	1,09
Ballack	9	0,25	Papst	7	0,18	Cheney	137	0,98
[Harald] Schmidt	8	0,22	Merkel	7	0,18	Gore	131	0,94
[Joseph] Blatter	8	0,22				Kennedy	107	0,77
Goleo	8	0,22				Rumsfeld	98	0,70
Papst	7	0,19				Jesus	87	0,63
Pflüger	7	0,19				Saddam [Hussein]	82	0,59
Wowereit	7	0,19				[Paris] Hilton	80	0,57
Kahn	6	0,16				[John] McCain	77	0,55
Merkel	6	0,16				[Britney] Spears	71	0,51

Unternehmen und deren Produkte werden in Stichproben I und III deutlich häufiger als in II erwähnt. Begriffe wie ›Essen‹, ›Bett‹ oder ›Geburtstag‹ kommen in der ersten Stichprobe nicht einmal halb so oft vor wie in der zweiten Stichprobe (je ca. 1% vs. je ca. 2%). Trotz schwieriger Vergleichbarkeit aufgrund sprachlicher Unterschiede ist diese Tendenz auch im Vergleich der dritten (etwas über 1%) mit der zweiten Stichprobe zu verzeichnen.

Dies wiederum unterstützt die Zuordnung der verschiedenen Blogger-Typen zu den Stichproben: Professionelle und semiprofessionelle Blogger greifen viele Meldungen aus der sie umgebenden Medien- und Unternehmenslandschaft auf, während Freizeitblogger in ihrer Beschreibung des täglich Erlebten Unternehmen weit weniger, ihr Privatleben dagegen weit mehr thematisieren.

5.2 Nachrichtenmedien

Stichprobe IV wurde in gleicher Weise wie die Stichproben I-III untersucht. Die in Tabelle 4 und 5 gezeigten Daten können auch als Vergleichsmaßstab zu den Tabellen 2 und 3 dienen.

TABELLE 4
Deutsche NM: Geografische Entitäten mit absoluten Häufigkeiten und prozentualen Anteilen

Deutsche Städte			Internationale Städte			Länder		
Berlin	740	23,10	London	114	3,56	Deutschland	622	19,42
München	228	7,12	Paris (o. Hilton)	97	3,03	USA	255	7,96
Hamburg	163	5,09	[New] York	96	3,00	(Europa)	196	6,12
Köln	138	4,31	Rom	71	2,22	Frankreich	153	4,77
Frankfurt	126	3,93	Washington	67	2,09	England/GB	152	4,75
Stuttgart	90	2,81	Brüssel	52	1,62	Italien	110	3,72
Düsseldorf	84	2,62	Barcelona	50	1,56	China	106	3,31
Hannover	76	2,37	Wien	46	1,44	Spanien	90	2,81
Bremen	76	2,37				Russland	90	2,81
						Brasilien	80	2,50

Neben Gemeinsamkeiten mit den in den ersten drei Stichproben genannten Orten zeigt sich, dass in den NM (a) Orte generell viel häufiger genannt werden, was sich sowohl auf thematische Schwerpunkte wie auch auf den in Nachrichten erforderten expliziten geografischen Kontext zurückführen lassen kann, (b) internationale Hauptstädte und Sitze weiterer relevanter Institutionen viel häufiger genannt werden (Rom: Vatikan; Brüssel: EU). Internationale Krisenherde (Irak, Iran, Naher Osten) erscheinen jedoch in keiner der Toplisten der drei deutschsprachigen Stichproben, im Gegensatz zur US-amerikanischen Topliste.

Deutlich wird der in den NM weit stärkere politische Fokus der Themen (die relativen Häufigkeiten sind bis zu zwanzigmal höher). Personell erscheinen neben Politikern v.a. Fußballer sowohl in deutschsprachigen Blogs wie auch NM, was auf die Bedeutung der bevorstehenden Weltmeisterschaft hindeutet.

Die Ranglisten der häufig genannten Unternehmen unterscheiden sich stark. Die Top-Plätze in den NM gehen an traditionelle Unternehmen

TABELLE 5
Deutsche NM: Politische Themen und Personen mit absoluten Häufigkeiten und prozentualen Anteilen

Politische Themen			Personen		
SPD	168	5,25	Merkel	105	3,28
CDU	142	4,43	Klinsmann	73	2,28
Polizei	124	3,87	[George W.] Bush	63	1,97
Bundesregierung	113	3,53	Podolski	59	1,84
EU	84	2,62	Ballack	39	1,22
Iran	50	1,56	Steinbrück	32	1,00
Bundestag	48	1,50	Papst	23	0,72
Irak	40	1,25	[Gerhard] Schröder	22	0,69
Israel	39	1,22	Wowereit	19	0,59
Terror[ismus]	36	1,12	[Harald] Schmidt	10	0,31

wie Pharmakonzerne, Flugdienstleister und Automobilhersteller. In den Blogs, die bereits qua Medium computer- und internetaffin sind, werden v.a. Soft- und Hardwareanbieter sowie Internetdienste genannt; diese sind in den primär als Print- und nicht als Online-Ausgaben konzipierten NM weit seltener vertreten.

6. Interaktionen zwischen Blogs and Nachrichtenmedien

6.1 *Textuelle Referenzierung: Nachrichtenmedien als Themen von Blogs*

Tabelle 6 zeigt die in den drei Stichproben am häufigsten genannten NM.

Die zweite Stichprobe thematisiert NM in weitaus geringerem Maße als die etwa auf einem Niveau liegenden populären Blogs.

Printmedien und deren Online-Ausgaben, allen voran *Spiegel* und *Spiegel Online* und *heise*, stellen die in der deutschsprachigen Blogosphäre mit Abstand am häufigsten genannten NM dar. Die häufige Nennung der BILD-*Zeitung* ist vor allem auf den *Bildblog* zurückzuführen (16 der 31 Nennungen); dieses relativiert die Rolle der BILD-*Zeitung*. Die deutschen öffentlich-rechtlichen Fernsehsender, die nicht nur Nachrichten,

TABELLE 6
Blogs: NM mit absoluten Häufigkeiten und prozentualen Anteilen

I: Deutschspr. A-List-Blogs			II: Deutschspr. Blogs			III: usA A-List-Blogs		
Spiegel / Spiegel-Onl./ SpiegelOnline	66	1,80	*Spiegel / Spiegel-Onl./ SpiegelOnline*	44	1,15	Fox[News]	198	1,42
Bild-Zeitg. / BILDZeitg ./ Bildzeitg.	31	0,84	Heise	17	0,21	ABC	163	1,17
Heise	27	0,74	ARD	8	0,44	NYT/[NYT]	153	1,10
Netzeitung	25	0,68	*Bild-Zeitung*	5	0,13	Reuters	133	0,96
ARD	24	0,65	ZDF	4	0,10	CBS	110	0,79
BBC	22	0,60	*FAZ*	4	0,10	NBC	105	0,75
Bild.de	22	0,60	*Tagesspiegel*	4	0,10	MSN	102	0,73
Tagesspiegel	21	0,57	BBC	3	0,08	BBC	85	0,61
ZDF	17	0,46	Deutsche Welle	2	0,05	AOL	62	0,45
FAZ	17	0,46				Guardian	51	0,37

sondern auch Unterhaltungsformate anbieten, finden sich erst auf den unteren Plätzen. Im Gegensatz dazu wird die Rangliste der us-amerikanischen Stichprobe von privaten englischsprachigen Fernsehsendern dominiert. FOX NEWS CHANNEL als reiner Nachrichtensender findet dabei am meisten Erwähnung, andere Sender wie ABC, CBS und NBC folgen. Printmedien sind im Vergleich zu den deutschsprachigen Stichproben unterrepräsentiert.

Eine Untersuchung der *Dynamik von Themen* (gemessen durch die Auftretenshäufigkeiten, relativ zu allen Einträgen eines Tages, der zuvor identifizierten Themen über die 28 Tage der Stichproben I und III) zeigte zwischen der deutschsprachigen und der us-amerikanischen Stichprobe im Gegensatz zum Fokus der Themen keine wesentlichen Unterschiede. Blogger beider Blogosphären diskutieren einige Themen über lange Zeiträume hinweg in etwa gleich bleibender Intensität.[12] Beispiele sind in Stichprobe I ›Deutschland‹, ›USA‹, [›George W.] Bush‹, ›Eurovision‹ [Song Contest]‹, ›Air [Berlin]‹, ›Neukölln‹, ›Opel‹ und ›WM‹, in Stichprobe III ›[George W.] Bush‹, ›Iraq‹ und ›[Hurricane] Katrina‹. Einschneidende Ereignisse führen zu einem Anstieg der Diskussionen um bestimmte

---

12 Die genauen Ergebnisse sind unter http://www.cs.kuleuven.be/~berendt/Blogosphaere zu finden.

Themen, allerdings ist nach einigen Tagen auch ein Rückgang auf das vorherige Niveau zu beobachten. Einzelne Punktereignisse haben isolierte Häufigkeitsspitzen (Air Berlins Börsengang, ›Eurovision Song Contest‹, ›Opel‹ bzw. seine umstrittene PR-Aktion in der Blogosphäre [vgl. GÜNTHER 2006] bzw. E3 [Electronic Entertainment Expo] und der Kinostart des Films *Da Vinci Code*). Unterschiede beim Verlauf dieser Anstiege und Rückgänge, also ein generell schnelleres Aufgreifen und Fallenlassen von Themen, sind in den vorliegenden Stichproben nicht zu beobachten.

6.2 *Hypermediale Referenzierung: Nachrichtenmedien als Ziel von Hyperlinks*

Hyperlinks in Weblogs können auf verschiedene Inhalte verweisen: auf andere Blog-Einträge innerhalb des gleichen Weblogs, auf Einträge anderer Weblogs, auf NM, Bilder und auf vieles andere mehr. Die Ergebnisse der Hyperlink-Analyse sind damit zum einen bezüglich der Interaktion der Blogger untereinander von Interesse, geben aber auch Aufschlüsse über die Interaktion der Blogger mit NM.

In Stichprobe I traten insgesamt 12.988 Links auf und damit im Mittel 3,54 pro Eintrag; die entsprechenden Zahlen für Stichproben II und III waren 6.643 (1,73) bzw. 70.914 (5,10). Diese Unterschiede decken sich mit der Zuordnung der in den Stichproben dominierenden Blogger-Typen. Die Freizeit-Blogger der Stichprobe II stellen in ihren Online-Tagebüchern nur selten Verknüpfungen zu anderen Internet-Inhalten her. In Einklang mit der angenommenen zunehmenden Professionalität der Blogger werden im Unterschied hierzu in den Stichproben I und v.a. III mehr Verbindungen gesetzt. Das Ergebnis deutet auch darauf hin, dass Blogs, die viele Links empfangen (und daher in Stichproben I bzw. III vertreten sind), viele Links setzen.

Nur 2,46 bzw. 1,55 bzw. 1,16 Prozent der Links führten zu anderen Blogs. Hierbei wird ein Link-Ziel gezählt, wenn es aus derselben Stichprobe ist, aber nicht identisch zum Link-Ursprungs-Blog. Dieses ergibt eine untere Schranke für die Verlinkung innerhalb der Blogosphäre als Ganzes.[13]

---

13 Die Listen der Top-Linkziele in den drei Stichproben sind unter http://www.cs.kuleuven.be/~berendt/Blogosphaere zu finden.

Die Verknüpfungsstrukturen innerhalb der ersten Stichprobe sind somit kompakter als innerhalb der dritten Stichprobe, in der viele der Links auf Inhalte außerhalb der populären Weblogs verweisen. Erwartungsgemäß zeigt sich, dass viele Ziel-Blogs in der *Technorati*-Rangliste auf den ersten zehn Plätzen rangieren. Sehr populäre Blogs nehmen damit nicht nur in den Blogosphären insgesamt einen bedeutenden Rang ein, sie werden auch unter den populären Bloggern beachtet.

Die Verknüpfung zwischen den Stichproben ist recht einseitig: Ein Link führt aus Stichprobe III nach Stichprobe I, umgekehrt sind es 87 Links. Beide liegen anteilig bei weit unter 1 Prozent aller Links. Vermutlich wird die deutsche Blogosphäre sowohl aufgrund von Sprachbarrieren als auch aufgrund ihres jungen Alters und ihrer kleinen Größe international kaum wahrgenommen.

Verknüpfung mit Nachrichtenmedien. Als Basis der Untersuchung werden manuell zusammengestellte Listen herangezogen, die URLs populärer NM im deutschsprachigen Raum und populärer englischsprachiger Nachrichtenquellen beinhalten.

Tabelle 7 zeigt die Resultate. Ebenso wie bei der Themenanalyse fällt die zweite Stichprobe gegenüber den anderen zwei Stichproben deutlich zurück. Nur etwa 3 Prozent der eh schon wenig vorhandenen Links verweisen auf NM. In den Einträgen der populären Blogs hingegen verweisen etwa 5 Prozent der vorhandenen Links auf NM.

Die bei der Themen-Analyse der US-amerikanischen Stichprobe gefundene Dominanz von Fernsehsendern unter den NM bestätigt sich in der Link-Analyse nicht. Die in Stichprobe III verlinkten NM werden wie in I und II durch Online-Ausgaben von Printmedien und reinen Online-Medien angeführt. Wiederum gibt es deutlich mehr Verknüpfungen von deutschen nach englischen Inhalten als umgekehrt.

Diese Unterschiede zwischen den Stichproben der populären Blogs werden noch deutlicher, wenn die Verknüpfungsstrukturen visualisiert werden, s. Abb. 2. Blogs werden darin als Punkte dargestellt, während NM durch Kreise repräsentiert werden, deren Größe von der Anzahl der auf sie verweisenden Links abhängt. Die Kanten stellen Hyperlinks zwischen Blogs und NM dar; ihre Breite repräsentiert die Häufigkeit der Verlinkung. Häufigkeiten sind durch Stichprobenumfänge normalisiert.

Bemerkenswert ist, dass ein Großteil der in den deutschsprachigen Blogs vorkommenden Links durch zwei Blogs verursacht wird: Der *Bildblog* (www.bildblog.de) verweist insgesamt 42-mal auf die Inter-

TABELLE 7
Blogs: Hyperlinks zu NM

I: Deutschspr. A-List-Blogs (insges. ca. 5% der Links; 0,17 Links pro Eintrag)

Deutschsprachige NM	# (von insg. 545)	Englischsprachige NM	# (von insg. 79)
www.heise.de	70	www.bbc.co.uk	9
www.spiegel.de	64	news.bbc.co.uk	8
www.berlinonline.de / berliner-zeitung	48	www.nytimes.com	7
www.bild.t-online.de	45	news.com.com	7
www.tagesspiegel.de	44	www.businessweek.com	6
morgenpost.berlin1.de	40	news.yahoo.com	6
www.sueddeutsche.de	22	www.washingtonpost.com	4
www.faz.net	21	today.reuters.com	4
www.taz.de	19	www.wired.com	3
www.welt.de	19	news.google.com	3

II: Deutschspr. Blogs (insges. ca. 3% der Links; 0,05 Links pro Eintrag)

Deutschsprachige NM	# (von insg. 161)	Englischsprachige NM	# (von insg. 16)
www.heise.de	30	news.bbc.co.uk	3
www.spiegel.de	29	news.yahoo.com	3
www.tagesspiegel.de	6	www.bbc.co.uk	2
www.welt.de	6	news.ft.com	1
news.com	5	www.usatoday.com	1
www.berlinonline.de/ berliner-zeitung	5	today.reuters.com	1
www.ftd.de	5	www.rawstory.com	1
www.mdr.de	5	online.wsj.com	1
www.zeit.de	5	www.tcsdaily.com	1
www.faz.net	4	www.washingtonpost.com	1

III: USA A-List-Blogs (insges. ca. 5% der Links; 0,24 Links pro Eintrag)

Deutschsprachige NM	# (von insg. 8)	Englischsprachige NM	# (von insg. 3328)
www.welt.de	3	www.washingtonpost.com	438
www.spiegel.de	2	www.nytimes.com	411
www.faz.net	1	news.yahoo.com	367
www.google.de	1	www.usatoday.com	144
www.zeit.de	1	www.msnbc.msn.com	133
		www.cnn.com	118
		www.latimes.com	104
		today.reuters.com	98
		news.bbc.co.uk	97
		news.com.com	91

netpräsenz der BILD-*Zeitung*, während der *Hauptstadtblog* (www.hauptstadtblog.de) sowohl auf *Berliner Zeitung* (39-mal) als auch auf *Berliner Morgenpost* (34-mal) und *Tagesspiegel* (33-mal) verweist. Beide Blogs zusammen verursachen damit mehr als 25 Prozent der registrierten Medien-Links der ersten Stichprobe. In der linken Grafik von Abb. 2 ist das Paar *Bildblog*-BILD durch den breiten Pfeil rechts visualisiert; der *Hauptstadtblog* mit seinen drei starken Verlinkungen links oben. In der US-amerikanischen Stichprobe hingegen wird von vielen Blogs gleichmäßig auf Nachrichten-Medien verwiesen, was wiederum zeigt, dass nicht nur insgesamt eine stärkere Interaktion zwischen Bloggern und Nachrichten-Medien stattfindet, sondern dass ein großer Teil der Blogger mit vielen verschiedenen Nachrichten-Medien interagiert.

ABBILDUNG 2
Verknüpfungsstrukturen von Blogs und NM

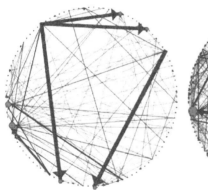
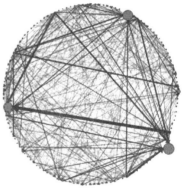

Verknüpfungen zwischen populären deutschsprachigen Blogs und deutschsprachigen Medien

Verknüpfungen zwischen populären US-amerikanischen Blogs und englischsprachigen Medien

7. Zusammenfassung und Ausblick

In diesem Beitrag verglichen wir die deutschsprachige mit der US-amerikanischen Blogosphäre und ihre Beziehung zu Nachrichtenmedien. Anhand von vier Stichproben von jeweils zwischen 4.000 und 16.000 Einträgen aus dem Mai 2006 konnten wir Gemeinsamkeiten und deutliche Unterschiede zeigen. Das Interesse an aktuellen Themen und die Dynamik der Themen waren in allen drei Blog-Stichproben vergleichbar. Andererseits zeigten sich aber im Vergleich zur US-amerikanischen Stichprobe deutlich weniger Erwähnungen geografischer Entitäten, die über die unmittelbare Lebenswelt hinausgehen, deutlich weniger Erwähnungen von Personen des öffentlichen Lebens und generell politischer Inhalte sowie Unterschiede in der Thematisierung von Unternehmen. Ähnliche Unterschiede zeigen sich zwischen deutschsprachiger Blogosphäre und (einer allerdings kleinen Stichprobe von) deutschsprachigen Nachrichtenmedien. Die zeitlichen Aktivitätsmuster der deutschsprachigen Blogger deuten auf eine stärkere Freizeit-Positionierung hin, wobei die Zahl der (semi)professionellen Blogger in den populären Blogs höher ist als in der Gesamt-Blogosphäre.

Deutschsprachige Blogs sind weit schwächer verlinkt als US-amerikanische, und die Links verbleiben eher in relativ geschlossenen Communities von Blogs/Bloggern, während die US-amerikanischen eine breitere Quellenvielfalt (auch Mainstream-Nachrichtenmedien) rezipieren. In der Diskussion von Nachrichten wird vor allem auf Print- und Online-Medien verwiesen, weniger jedoch auf Fernseh-Medien. Links zwischen beiden Blogosphären gehen prinzipiell nur in eine Richtung: von deutschsprachigen zu US-Blogs.

Die vorliegende Untersuchung konnte durch die Beschränkung auf eine textmining-basierte Inhaltsanalyse von Blogs und durch den begrenzten zeitlichen Rahmen der Stichproben einen Schnappschuss liefern, aber eine Reihe weiterer Fragen nicht beantworten.

Bedeutet eine Nennung z.B. einer politischen Person in einem Blog dasselbe wie die Nennung in einem anderen? Solche semantischen Fragen lassen sich durch die hier dargestellten Verfahren nicht beantworten. Häufigkeitsanalysen können aber wertvolle Anhaltspunkte liefern, wo weiter nachgelesen werden sollte, um Bedeutung, Reflexion etc. der textuellen oder hyperlinkbasierten Referenz auf Personen, Orte, Themen und Medien zu verstehen.

Auch ist zu fragen, was die Ursachen für einige der zwischen den Blogosphären gefundenen Unterschiede sind. Sind die verschiedenen Intensitäten der Interaktion mit anderen Bloggern und Nachrichtenmedien allein auf die verschiedenen Reifegrade der Blogosphären zurückzuführen, oder können andere Ursachen für die Unterschiede ausgemacht werden? Ist die Politiklastigkeit der populären US-amerikanischen Blogs auf den höheren Reifegrad der Blogosphäre zurückzuführen, oder sind die Ursachen allgemein in unterschiedlichen Stellenwerten der Politik in den Gesellschaften zu suchen? Beide Fragen werden sich erst beantworten lassen, wenn deutschsprachige Blogs an gesellschaftlicher Bedeutung gewonnen haben und unterschiedliche Reifegrade damit als mögliche Ursache der markanten Unterschiede zwischen den Blogosphären ausgeschlossen werden können.

Weiterhin stellt sich die Frage, ob die beobachtete Politisierung der populären US-amerikanischen Blogs auf ein großes politisches Interesse der gesamten US-amerikanischen Blogosphäre schließen lässt. Wie Lloyd et al. (2005) gezeigt haben, spielt Politik in der breiten US-amerikanischen Blogosphäre im Gegensatz zur Thematisierung in den Nachrichtenmedien nur eine untergeordnete Rolle. Es bleibt offen, ob bei der Betrachtung von weniger bedeutenden US-amerikanischen Blogs noch signifikante Unterschiede zur von politischen Themen nahezu freien deutschsprachigen Blogosphäre zu beobachten sind.

In zukünftigen Untersuchungen sollten inferenzstatistische Methoden die hier verwendeten deskriptiven Statistiken ergänzen, um die abgeleiteten Aussagen stärker abzusichern. Hilfsmittel wie Listen von Eigen- und Ortsnamen (sog. *gazetteers*) könnten den Grad der Automatisierbarkeit von Analysen erhöhen. Auch sollte die vorliegende, auf einen Monat beschränkte Untersuchung durch Längsschnittuntersuchungen ergänzt werden. Schließlich würde der Vergleich mit einer größeren und (z.B. nach politischer Ausrichtung) differenzierteren Nachrichtenmedien-Stichprobe detailliertere Vergleiche zwischen Blogosphäre und etabliertem Journalismus erlauben.

Danksagung

Wir danken Natalie Glance für die Bereitstellung der Daten und für ihre Hilfe bei allen Fragen.

Literatur

ADAMIC, L.; N. GLANCE: The Political Blogosphere and the 2004 U.S. Election: Divided They Blog. In: ADIBI, J.; M. GROBELNIK; D. MLADENIC; P. PANTEL (Hrsg.): *Proceedings of the 3rd International Workshop on Link Disco-*

very at ACM SIGKDD. 2005. http://data.isi.edu/conferences/linkkdd-05/Download/Papers/linkkdd05-06.pdf [26.9.2007]

ASHBEE, E.: The Lott resignation, ›Blogging‹, and American Conservatism. In: *Political Quarterly,* 74 (3), 2003, S. 361-370

CORNFIELD, M.; J. CARSON; A. KALIS; E. SIMON: *Buzz, Blogs, and Beyond: The Internet and the National Discourse in the Fall of 2004.* Pew Internet & American Life Project. 2005 http://www.pewinternet.org/ppt/BUZZ_BLOGS__BEYOND_Final05-16-05.pdf [8.12.2007]

GÜNTHER, M.: *Testfahrten und andere Schwierigkeiten.* 2006 http://drengel.blogg.de/eintrag.php?id=123 [26.9.2007]

LLOYD, L.; P. KAULGUD; S. SKIENA: Newspapers vs. Blogs: Who Gets the Scoop. In: NICOLOV, N.; F. SALVETTI; J. MARTIN; M. LIBERMAN (Hrsg.): *Proceedings of the AAAI 2006 Symposium on Computational Approaches to Analysing Weblogs.* Technical Report SS-06-03. Menlo Park, CA [AAAI Press] 2006. http://www.cs.sunysb.edu/~skiena/lydia/blogs.pdf [26.9.2007]

NEUBERGER, C.; C. NUERNBERGK; M. RISCHKE: Weblogs und Journalismus: Konkurrenz, Ergänzung oder Integration? In: *Media Perspektiven, 2/2007,* S. 96-112. http://www.media-perspektiven.de/uploads/tx_mppublications/02-2007_Neuberger.pdf [8.12.2007]

TNS INFRATEST: *Digital LIFE report 2006.* 2006. http://www.tnsinfratest.com/03_presse/Presse/20060920_TNS_Infratest_Weblog_Lifereport.pdf [26.10.2006]

UNIVERSITÄT LEIPZIG: *Das Wortschatz-Projekt – Die 100 häufigsten Wörter der deutschen Sprache.* 2006. http://wortschatz.uni-leipzig.de/Papers/top-100de.txt [26.9.2007]

WIKIPEDIA: *Liste der Großstädte in Deutschland.* 2006a. http://de.wikipedia.org/wiki/Liste_der_Gro%C3%9Fst%C3%A4dte_in_Deutschland [26.10.2006]

WIKIPEDIA: *List of United States cities by population.* 2006b. http://en.wikipedia.org/wiki/List_of_United_States_cities_by_population [26.10.2006]

BARBARA WITTE

Journalismus – Partizipation – Öffentlichkeit: Das Social Web in der Politikberichterstattung

Abstract

Der folgende Beitrag diskutiert die Veränderungen im Dreiecksverhältnis von Öffentlichkeit, Journalismus und Partizipation, die sich durch die technischen Möglichkeiten des Web 2.0[1] ergeben. Er thematisiert einige der wesentlichen Phänomene, die einen Einfluss auf das Dreiecksverhältnis haben, anhand von Beispielen aus der politischen Kommunikation und konstatiert schließlich eine Mehrebenenrelevanz von Web-2.0-Einflüssen auf den politischen Journalismus, die sich ergibt, weil die Gestaltung der jeweiligen Angebote zu einer Form-Inhalt-Dynamik führt.

Wenn Angela Merkel im Internet per Video-Botschaft zum Volk spricht, dann ist das kein Journalismus. Einen Einfluss auf das komplexe Verhältnis von Journalismus, Partizipation und Öffentlichkeit haben die Botschaften aber schon. Die Video-Botschaft der Kanzlerin verzeichnet rund 200.000 Zugriffe[2] im wöchentlichen Durchschnitt. Dass unter den Nutzern ihrer Video-Botschaft auch Journalisten sind, wurde spätestens am 14.10.2007 deutlich. An diesem Tag besuchte der russische Präsident Putin Wiesbaden. Die *Tagesschau* berichtete in ihrer 20-Uhr-Ausgabe über das

---

[1] Unter Web 2.0 wird in diesem Zusammenhang ein Konglomerat von interaktiven Phänomenen verstanden, das auf unterschiedlichen Ebenen zur Kommunikation genutzt wird. Die Unschärfe des Begriffs wird billigend in Kauf genommen, um Ausschlussphänomene zu verhindern.
[2] Nach Angaben der Abteilung Presse- und Öffentlichkeitsarbeit des Presse- und Informationsamtes der Bundesregierung, die Zahl bezieht sich auf alle Zugriffe aller Dateiformate.

Ereignis. Schwierige Themen gäbe es im deutsch-russischen Verhältnis zu bearbeiten, hieß es im Beitrag. Doch statt über diese Themen ein kritisches Interview mit der Kanzlerin zu führen, zeigte die Redaktion ganz schlicht einen Ausschnitt aus dem Videocast der Bundeskanzlerin.

Ein Videocast ist ein Web-2.0-Element, im Fall der Video-Botschaft der Kanzlerin keines, das den emanzipatorischen Vorstellungen einer Graswurzel-Öffentlichkeit standhält, aber es ist ein Teil der Entwicklung, einer Entwicklung, die sich anschickt, die Öffentlichkeit insgesamt zu verändern, in welchem Ausmaß und mit welchen Wirkungen, wird sich erst zeigen. Erste Veränderungen, erste Tendenzen lassen sich beobachten.

Dabei gilt es, die einzelnen Anwendungen zu unterscheiden, ohne ihre Wechselwirkungen aus dem Blick zu verlieren. Es gibt eine große Anzahl von Angeboten, die nicht in der Absicht erstellt wurden, die Öffentlichkeit zu erreichen, sondern die etwa von Kakteenfreunden für andere Kakteenfreunde produziert werden, die aber dennoch zur Öffentlichkeit insgesamt beitragen. Ein zweiter großer Bereich ist der Bereich des Journalismus. Hierzu zählen Angebote wie etwa das *Bildblog*.

Die Videobotschaft der Kanzlerin schließlich gehört in den großen Bereich der politischen PR. Dieser Bereich kommt, wie wir noch sehen werden, mehr und mehr im Gewand des Journalismus daher. Erleichtert wird die Nutzung journalistischer Formen durch die technischen Möglichkeiten des Web 2.0, technische Möglichkeiten, die erstmals eine praktische Umsetzung anspruchsvoller Öffentlichkeitskonzepte ermöglichen, eben weil jeder Kakteenfreund seine Ansichten selbst verbreiten kann.

Die Auffassung von Öffentlichkeit als sich selbst generierende, d.h. eine sich selbst immer wieder herstellende und hinterfragende Grundlage für den mündigen Bürger, der im Kant'schen Sinne durch eben diese Öffentlichkeit in die Lage versetzt wird, Autor der eigenen Gesetze und Institutionen zu sein, wird zu Recht als »regulative Kernidee der Moderne« (IMHOF/BLUM/BONFADELLI/JARREN 2006: 9) bezeichnet. Diese Einordnung schreibt der Öffentlichkeit eine wesentliche Funktion zu: nämlich Grundlage für Partizipation am politischen Geschehen des Staates zu sein.

Dabei kann Partizipation auf unterschiedlichen Ebenen stattfinden. Eine der wesentlichen Ebenen ist die medial vermittelte Teilnahme am Geschehen, da Massenmedien als dritte Ebene der Öffentlichkeit (vgl. TOBLER 2006) neben der einfachen Interaktion und der Ebene der Versammlungsöffentlichkeiten über eine wesentlich höhere Reichweite verfügen als die erwähnten ersten beiden Ebenen.

Mit den Web 2.0 genannten Entwicklungen vermischen sich die verschiedenen Ebenen von Öffentlichkeit. Aufgrund der technischen Möglichkeiten und der weiten Verbreitung haben Veröffentlichungen im World Wide Web alle Charakteristika von Veröffentlichungen in Massenmedien. Gleichzeitig entstehen über die Rückkanalfähigkeit des Web 2.0 wieder neue Teil- und Versammlungsöffentlichkeiten.

Unabhängig davon, ob einzelne Gruppen oder Personen, die zu diesen Teilöffentlichkeiten beitragen, dies anstreben oder nicht, verändern sie das Gesamtgefüge – und sei es nur über die genutzten Formen. Es entsteht – so die Annahme, die diesem Beitrag zugrunde liegt – eine Form-Inhalt-Dynamik der Partizipation. Diese Form-Inhalt-Dynamik hat dann wiederum Rückwirkungen auf den Journalismus.

Partizipation scheint dabei in und durch die virtuelle Welt an Bedeutung zu gewinnen. Partizipation an gesellschaftlichen Diskursen ist direkt möglich. Jeder kann mit einigen Mausklicks ein Weblog starten, eine Diskussion in Gang bringen, eben teilnehmen. Der Journalismus verliert sein Verbreitungsmonopol, eine viel diskutierte Entwicklung (vgl. etwa NEUBERGER 2004; BUCHER/BÜFFEL 2005). Vom Ende des Journalismus kann allerdings nicht ernsthaft die Rede sein, auch nicht vom Ende des politischen Journalismus, wobei politischer Journalismus in diesem Kontext in einem weiten Sinne zu verstehen ist, weil auch die Beschäftigung mit eher kulturellen, insgesamt gesellschaftlichen Fragestellungen und unterhaltenden Formen als politisch zu werten ist, da auch diese Formen das gesellschaftliche und damit politische Gefüge prägen (vgl. SARCINELLI 2006; SAXER 2007).

Die Frage, die dem folgenden Text zugrunde liegt, ist die nach den Folgewirkungen der Web 2.0 genannten Entwicklung, bezogen auf den Journalismus, sowie die Frage nach den sich aus Änderungen in diesem Feld ergebenden gesellschaftlichen Wirkungen. Dabei ist grundsätzlich davon auszugehen, dass sowohl journalistische Werke als auch die Web-2.0-Applikationen ästhetische Produkte sind. Als solche haben sie den Anspruch, »gestaltete Wahrheit« (ADORNO 1971: 6) zu sein. Daher liefern sie immer auch einen Beitrag zum ›Gesamtpuzzle‹ Öffentlichkeit. Das bedeutet: Auch wenn ein einzelner Beitrag nicht den Anspruch hat, Öffentlichkeit herzustellen und faktisch auch nur von drei Usern gelesen bzw. genutzt wird, trägt er dennoch zur Prägung der Öffentlichkeit bei und verändert das komplexe Gefüge von Journalismus, Partizipation und Öffentlichkeit.

Dabei lassen sich aufgrund der Tatsache, dass das Web 2.0 einerseits eine relativ neue Entwicklung ist und das Gefüge andererseits sehr komplex ist, nicht mehr als Tendenzen ablesen. Diese Tendenzen werden anhand folgender Phänomene beschrieben:
1. Web-2.0-Nutzung von Politikern
2. Authentizität und Aufmerksamkeit im Web 2.0
3. Auflösung der gemeinsamen Medienagenda?

1. Web-2.0-Nutzung von Politikern

Der jüngste Wahlkampf in Frankreich hat gezeigt, dass das Web 2.0 im Bereich der politischen Kommunikation wichtiger wird (vgl. HAEMING 2007; RP 2007). Die Kandidaten haben in ihren Internetwahlkampf investiert. In Blogs wurde intensiv diskutiert, vor allem aber: Die Politiker selbst haben sich als Teil des Web 2.0 auf unterschiedlichen Ebenen etabliert oder versucht zu etablieren. Einerseits haben sie wie Nicolas Sarkozy, Ségolène Royal oder Alain Juppe eigene Blogs verfasst (oder verfassen lassen), andererseits haben sie die Blogosphäre insgesamt für sich genutzt. So hat Nicolas Sarkozy etwa zu Beginn des französischen Präsidentschaftswahlkampfes einem Blogger ein Interview gegeben, das dann als Podcast in der Blogosphäre die Runde machte. Die Partei Sarkozys, die UMP, hat die Blogs als so wichtig eingeschätzt, dass man die eigenen Abgeordneten in Punkto Blogging schulte. Auch auf der Google-Homepage hat Nicolas Sarkozy geschickt für sich geworben (vgl. DAMBECK 2007).

Steve Clemons, Autor des *Million-User Blog*, wertete dies in einem Interview mit der *Netzzeitung* wie folgt: »Im Internet entsteht eine neue Art von Öffentlichkeit, ein neues Öko-System. NGOs und Politiker versuchen gleichermaßen, zu diesen Zielgruppen vorzudringen« (BENZEL 2007).

Der Vorwahlkampf der Demokraten in Amerika illustriert diesen Versuch. Partizipative Formen stehen im Mittelpunkt der Kampagne von Barack Obama (vgl. OBAMA 2007).

Wie auf diesem Screenshot zu erkennen ist, ist die Homepage Obamas im Wesentlichen interaktiv angelegt. Von Interaktivität lässt sich dann sprechen, wenn eine Homepage technische Möglichkeiten zur Beantwortung und Kommentierung beinhaltet. Zudem soll die Möglichkeit gegeben sein, wiederum auf diese Statements einzugehen.

ABBILDUNG 1
Homepage von Barack Obama (11. Juli 2007)

Quelle: http://www.barackobama.com

Interaktivität wäre in diesem Fall also Kommunikation, bei der es darum geht, dass Interaktion hergestellt wird, ohne dass es sich um Kommunikation unter Anwesenden handeln muss. Auf der Homepage Obamas ist zu sehen, wie diese Form der Interaktivität inszeniert wird. Es gibt Links zu und eine jeweils eigene Präsentation auf den Plattformen von *Facebook, MySpace, eventfull, partybuilder, Flickr* und *YouTube*. Außerdem hat das Kampagnenteam von Obama eine eigene Plattform geschaffen, die im Juli 2007 mit immerhin 230.000 Mitgliedern aufwarten konnte, 230.000 Unterstützer, die die Blogs nutzen, die Videos auf *YouTube* ansehen, die beim fundraising mitmachen und die vielleicht zu den 110.000 Online-Spendern gehören (vgl. OBAMA 2007a).

Die Investition in Online-Kampagnen, davon gehen die jeweiligen Kandidaten offensichtlich aus, werden sich lohnen. In finanzieller Hinsicht behalten die Kandidaten damit recht. Im zweiten Quartal 2007 lag Barack Obama in Punkto Mittel-Akquise vor seinen Konkurrenten und Konkurrentinnen (vgl. DW-WORLD 2007). 32,5 Millionen US-Dollar nahm der Senator aus Illinois in diesem Quartal ein – ein Rekord. Ein Rekord, den er vor allen Dingen den Kleinspendern und den Online-Spenden zu verdanken hat.

Der materielle Gewinn ist ein starkes Argument für die politische Kommunikation über das Web 2.0, auch wenn natürlich zunächst investiert werden muss – was viele deutsche Politiker bislang scheuen. Ein weiteres Argument ist die Chance, Wähler- und Unterstützerschichten zu erschließen, die ohne die Möglichkeiten des Web 2.0 nicht zu erreichen wären, weil sie beispielsweise eher *YouTube* als Mainstream-Medien nutzen.

Dies ist ein Aspekt, der vor allen Dingen von prominenten Webloggern vertreten wird.[3] Doch die Intensität, mit der im amerikanischen Vorwahlkampf mit dem Web 2.0 gearbeitet wird, zeigt, dass die Möglichkeiten des neuen Netzes von Seiten der politischen Akteure ernst genommen werden. Es mag aber sein, dass sich künftig zunehmend Effekte gegenseitiger Verstärkung ergeben werden, zumal dann, wenn einzelne Blogs oder Blogger populärer werden. Bisher sind die sogenannten A-Blogger allerdings häufig Journalisten, und ihre Blogs weisen in vielfacher Hinsicht Parallelen zum professionellen Journalismus auf (vgl. NEUBERGER 2007).

Der Aspekt der Professionalität ist bei der Untersuchung von Web-2.0-Anwendungen nicht unwesentlich. Betrachtet man das Web 2.0 vor allen Dingen unter dem Aspekt der Möglichkeiten zur Schaffung von Öffentlichkeit, dann kann man eine Web-2.0-Anwendung idealtypisch als eine Art Graswurzel-Öffentlichkeit beschreiben. So werden die Möglichkeiten, die sich beispielsweise durch Weblogs ergeben, als »Niederschwelligkeit« (SCHMIDT 2006:128), bezogen auf die Schaffung von Öffentlichkeit, beschrieben.

Andererseits finden hauptsächlich solche Blogs die Aufmerksamkeit eines größeren Publikums, die bei näherer Betrachtung von Journalisten oder PR-Fachleuten, Kommunikationsprofis also, erstellt sind.

Damit zeigt sich eine gewisse Widersprüchlichkeit im Web 2.0. Diese Widersprüchlichkeit ließe sich ganz schlicht auflösen, indem man ein-

---

[3] Beispielsweise von Steve Clemons, der Fragen an Hillary Clinton stellte, die sie zunächst nicht beantwortet hat. Als er begann, die unbeantworteten Fragen in seinem Weblog zu veröffentlichen, hat Clinton ihren Podcast eigens zur Beantwortung seiner Fragen unterbrochen, was wiederum die Popularität seines Weblogs enorm steigerte. Clemons interpretierte Clintons Reaktion als einen Beleg dafür, dass das Web 2.0 für die Politik an Bedeutung zunimmt (vgl. BENZEL 2007).

fach unterschiedliche Formen von Blogs definiert, so etwa nach dem Muster: ›stark journalistisch‹, ›teilweise journalistisch‹, ›PR‹. Das würde aber die Dialektik der Web-2.0-Nutzung, die im Folgenden unter den Aspekten Authentizität und Aufmerksamkeit beschrieben wird, ganz schlicht unterschlagen.

2. Authentizität und Aufmerksamkeit im Web 2.0

Web-2.0-Angebote müssen den Erwartungen der Web-2.0-Nutzer entsprechen. Diese Erwartungen sind schwer zu ermessen und ergeben sich einerseits aus dem technisch Möglichen, andererseits aus dem, was andere Nutzer bereits ins Netz gestellt haben. Dabei gibt es natürlich auch Unterschiede zwischen den Angeboten für die persönliche Kommunikation und den Angeboten beispielsweise der Politik. Ein gemeinsamer Maßstab, etwa dem journalistischen Kriterium der Objektivität vergleichbar, hat sich bislang nicht herauskristallisiert. Allerdings lässt sich für die Erwartungen der Weblog-Nutzer, die ja einen wesentlichen Part des Web 2.0 ausmachen, wenigstens ein Minimalmaßstab feststellen. »Kleinster gemeinsamer Nenner ist die persönliche Authentizität, die Produzenten wie Rezipienten von Texten erwarten und die als Leitbild für gelungene Weblog-Kommunikation gilt« (SCHMIDT 2006:65).

Problematisch wird es, wenn man nach den Merkmalen für diese Authentizität fragt. Schmidt definiert sie sozial, moralisch (vgl. SCHMIDT 2006: 85). Doch Authentizität in Medien ist mindestens auch eine ästhetische Kategorie.

Die Kriterien für Authentizität sind allerdings – bezieht man die ästhetische Ebene ein – mit den Kriterien professioneller Kommunikation häufig nicht vereinbar. Die politische Kommunikation bildet da keine Ausnahme, im Gegenteil, es gibt zahlreiche Angebote von NGOs oder kleineren politischen Gruppen, die mehr oder weniger ›gut gemacht‹ sind. Starke Aufmerksamkeit ziehen allerdings die professionell gestalteten Angebote auf sich. Die untersuchten Angebote von Obama, Clinton, Merkel, Sarkozy und Royal sind allesamt sichtbar nach professionellen Kriterien gestaltet: eine notwendige Anpassung an den Markt der Aufmerksamkeit.

Ein gutes Beispiel für die Funktionsweise von politischer Kommunikation mit den Mitteln des Web 2.0 einerseits und der Berücksichtigung professioneller ästhetischer Kriterien andererseits ist der Song-Contest von Hillary Clinton. Sie hat den Song ihrer Kampagne über das Internet wählen lassen. Die gesamte Aktion zog sich über mehrere Wochen hin. Input kam einerseits von der Homepage der Kandidatin und wurde andererseits auf *YouTube* veröffentlicht. Dabei gab es Veröffentlichungen, die vom Wahlkampfteam erstellt worden waren, es gab aber auch Veröffentlichungen, die von *YouTube*-Nutzern kamen. Sie haben die Kampagne teilweise mit Spott und Hohn bedacht, was dann wieder durch eine neue Aktion vom Wahlkampfteam zur Schaffung von Aufmerksamkeit genutzt wurde. In einem Video, wieder bei *YouTube* gepostet, stellte Clinton erste Vorschläge von Nutzern vor (CLINTON 2007).

ABBILDUNG 2
Hillary Clinton bei *YouTube* (12. Juli 2007)

Durch das Video, das den Wechsel der Bilder professionell mit dem Ton verband, wurden verschiedene Ziele angestrebt. Erstes und mit über

320.000 Seitenaufrufen (YOUTUBE 2007) offensichtlich auch erreichtes Ziel war die Aufmerksamkeit des Publikums.4

Das zweite Ziel war die Darstellung der Kandidatin, die als souverän und humorvoll erscheint (YOUTUBE 2007). Hier wird also einerseits über den Umweg soziales Web, andererseits unter Nutzung der Tools des sozialen Webs professionelle politische PR betrieben. Mit Graswurzelöffentlichkeit hat das nichts zu tun. Hier geht es um symbolische Politik (vgl. EDELMANN 1990), die neue Formen von Symbolik nutzt. Die web-basierte Kommunikation entwickelt sich gleichsam zur neuen Symbolform. Indem Politiker demonstrieren, dass sie mit dieser Form umgehen können, zeigen sie sich modern und offen für eine Art von Kommunikation, die auch eine Offenheit für Themen und Herangehensweisen an Politik suggeriert, die nicht in den üblichen Kontexten politischer Kommunikation ablaufen sollen. Partizipation wird damit gleichzeitig praktiziert und zum Symbol degradiert. Diese Form ist nicht nur in Amerika verbreitet, sie ist längst auch in Deutschland angekommen, sei es durch das Videocast der Bundeskanzlerin Angela Merkel, sei es auf Homepages deutscher Politiker.

Professionalität meint an dieser Stelle übrigens keine journalistische Professionalität. Die Ästhetik der Bilder, die Journalisten nutzen, funktioniert allerdings ähnlich wie die Ästhetik, die in dieser Form der politischen PR genutzt wird. Das liegt daran, dass zwar einerseits Bilder und Momente gezeigt werden, die authentisch sind oder zumindest so wirken, dass andererseits diese Bilder mit professionellen Kommentaren und auf der Bildebene mit Gegenschnitten versehen werden. So sind journalistische Fernsehbeiträge gestaltet – Originaltöne, Bilder vom Ort des Geschehens, kombiniert mit Schnittbildern und der professionellen Stimme des Journalisten/der Journalistin –, so funktionieren aber offensichtlich auch über das Web gepostete Beiträge der politischen PR. Dafür lassen sich auch bei anderen Politiker-Websites vor allem im amerikanischen Wahlkampf Beispiele finden. So arbeitet etwa das Kampagnen-Team von Barack Obama stark mit journalistisch anmutenden Beiträgen, die bei *YouTube* gepostet werden. Dabei gilt es zu bedenken, dass der einzelne Beitrag zwar journalistisch wirkt, aber keineswegs unter Produkti-

---

4   Das Fanvideo »I got a crush on Obama« wurde allerdings mehr als 1,5 Millionen Mal angeklickt. Damit hat Obama Clinton auch hier überrundet.

onsbedingungen journalistischen Arbeitens und mit üblichen journalistischen Standards entstanden ist.

Der Grund für die Nutzung von journalistisch wirkenden Formaten im Web 2.0 ist die Glaubwürdigkeit, die authentische Bilder genießen. Wenn eine von der mangelnden Gesundheitsvorsorge geplagte amerikanische Familie in bewegten Bildern ihre Geschichte erzählt und samt Hund und Baby gezeigt wird, dann sorgt dies für Aufmerksamkeit – und für Glaubwürdigkeit. Die Nutzung journalistischer Formen im Web 2.0 durch die politische PR ist für den politischen Journalismus relevant. Denn erstens lässt sich für den Laien der Unterschied zwischen Journalismus und Polit-PR kaum noch erkennen, zumal die Unterscheidung ist von außen bzw. von Laien häufig vor allem institutionell und weniger inhaltlich vorgenommen wurde; zweitens stellt die Nutzung bestimmter Formen durch die politische PR die Nutzung dieser Formen für den Journalismus unter Umständen in Frage.

Dabei bewegt sich der Journalismus in einer der Form nach schon bekannten Spirale. Als mit der Entstehung der Alternativpresse in den frühen 1970er-Jahren der Betroffenenbericht aufkam, war dies zunächst eine neue Form von Partizipation und direkter Demokratie (vgl. STAMM 1988). Der einfache Bürger wurde schließlich auch im etablierten Mediensystem immer wichtiger. Aus dieser Authentizität, dieser Wichtigkeit der Geschichte des Einzelnen, die zunächst als politisches Moment ein wesentlicher Teil der Entwicklung neuer sozialer Bewegungen gewesen war, entstand allerdings im Laufe der letzten 20 Jahre, vor allem mit der Einführung des dualen Systems, eine Betonung auf den privaten Bereich (vgl. WITTE 1998), der das Private nicht mehr politisch, sondern nur noch intim im Sinne Sennetts[5] sein lässt. Der Grund für diese Entwicklung ist eine Form-Inhalt-Dynamik (vgl. WITTE 1998), die letztlich bewirkt, dass ursprünglich authentische Momente, wenn sie über Medien, vor allen Dingen über bewegte Bilder, vermittelt werden, die Authentizität aushöhlen. Das Bild, bzw. die Nutzung des Bildes ritualisiert die Authentizität und lässt sie damit zur Symbolik erstarren. Insofern hat die Ebene

---

5   Sennett kritisiert u.a. die Wandlung von politischen Phänomenen in psychologische Kategorien (vgl. SENNETT 1986). Die Medien haben an dieser Entwicklung m. E. einen erheblichen Anteil. Gute Beispiele für die Tyrannei der Intimität, die Sennett beschrieben hat, sind Shows wie *Big Brother* oder Details des Privatlebens von Politikern, die von den Medien, bedingt durch Boulevardisierungstendenzen, mehr und mehr in den Vordergrund geschoben werden.

der Nutzung bestimmter Formen der Berichterstattung im Web 2.0 eine Rückwirkung auf den Journalismus.

Eine ähnliche Problematik könnte sich nun über das Web 2.0 auch beim Phänomen der Partizipation entwickeln. Wird zum Maßstab für Partizipation die Selbstdarstellung Einzelner bzw. die Frage, ob Einzelnen diese Möglichkeiten eingeräumt werden, dann wird das nicht zwingend für mehr Partizipation sorgen. Die Gefahr besteht vielmehr darin, dass der Begriff der Partizipation unterhöhlt wird.

Die Funktionsweise von partizipativen Elementen im Web 2.0 wird auf der Hompage der ›Bündnis90/Die Grünen‹-Politikerin Anna Lührmann deutlich (vgl. LÜHRMANN 2007):

ABBILDUNG 3
Homepage von Anna Lührmann (12. Juli 2007)

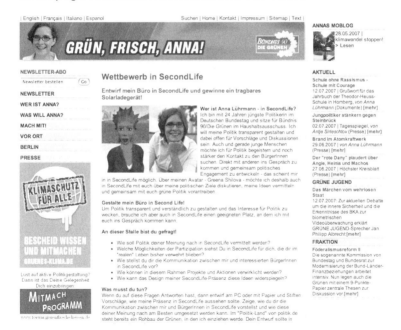

Quelle: http://www.anna-luehrmann.de/

Die Homepage ist interaktiv angelegt, es gibt ein Moblog (ein mobiles Weblog) und Beteiligungstools. Einerseits geht es tatsächlich darum, ein

Forum für Partizipation zu schaffen, zumindest wird das auf der Homepage mit der Aufforderung, Ideen zur Partizipation über *Second Life* zu entwickeln, so dargestellt. Andererseits existieren keine Vorstellungen zu dieser Partizipation, und die User werden zeitgleich aufgefordert, an der Präsentation mitzuarbeiten. Diese Mitarbeit ist aber keine inhaltliche, sondern zunächst eine der Form. Die Mitarbeit an sich ist der Inhalt. In anderen Worten: Die User sollen nicht an den politischen Inhalten der Grünen mitarbeiten, sondern an der Form der Präsentation. Überspitzt formuliert, an der Frage, ob die Präsenz eher in gelben oder eher in lila Farbtönen gehalten wird.

Partizipation ist im Zusammenhang der Homepage also gleichzeitig Form und Inhalt. Erfahrungsgemäß dominiert die mediale Form aber die politischen Inhalte. Es setzt eine Form-Inhalt-Dynamik ein, die letztlich nicht zu mehr Inhalten, in diesem Fall mehr partizipativen Inhalten führen könnte, sondern zu einer Aushöhlung von Partizipationselementen. Das lässt sich natürlich nicht vorhersagen, aber die Form-Inhalt-Dynamik gehört zu den Risiken der über Medien vermittelten Kommunikation, das gilt natürlich auch dann noch, wenn sich die Rollen verschieben und das Publikum aktiv wird.

Wenn das Publikum mehr und mehr zum Produzenten wird, dann entsteht ein Problem für die klassischen Gatekeeper. Im Kontext von Partizipation, von direkter Kommunikation zwischen Bürgern und Politikern sind politische Journalisten störende Elemente. Sie hemmen gewissermaßen den Kommunikationsfluss. Einerseits nämlich wirken direkte Angebote von Seiten der Politik an Bürger authentischer, andererseits scheinen die Politiker auf dem neusten Stand der Dinge zu sein, wenn sie die Möglichkeiten nutzen – und schließlich sind die Politiker über diesen Weg in der Lage, ihre Botschaft direkt ›zu verkaufen‹.

Diese Einschätzung führt zu einem Umgang mit den Möglichkeiten des Internets, der die klassischen Gatekeeper, die Journalisten, umgeht.[6] Dabei werden von der Politik bei der Kommunikation über das Web 2.0 in der Regel Kommunikationsprofis zwischengeschaltet. Es gilt allerdings zu unterscheiden zwischen Angeboten bzw. Events, die auch über traditionelle journalistische Massenmedien verbreitet werden und bei denen daher auch Journalisten eine Rolle spielen, und solchen, die lediglich

---

[6] Damit soll nicht das Ende des Journalismus beschrieen werden; zum Wandel der journalistischen Rolle vgl. NEUBERGER 2005. Entscheidend für diesen Kontext ist, dass es überhaupt möglich ist, unter Umgehung der Mainstream-Medien eine Form von massenmedialer Öffentlichkeit zu erreichen.

über die verschiedenen Internetpräsenzen der einzelnen Politiker respektive Kandidaten laufen. Ein Beispiel für die erste Kategorie ist die am 23.07.2007 von CNN in den USA übertragene Debatte zwischen den demokratischen Anwärtern auf die Präsidentschaftskandidatur und amerikanischen Bürgern, die ihre Fragen per *YouTube*-Video gestellt haben. Die Veranstaltung zeigte nicht den üblichen fragenden Moderator im Studio, sondern eine Auswahl der bei *YouTube* geposteten Videos. Bei der Auswahl dieser Videos waren die CNN-Journalisten allerdings schon beteiligt.

Ein Beispiel für die zweite Kategorie ist etwa der Videocast der Bundeskanzlerin, ein von einer Agentur aufwendig und teuer produzierter Clip. Der Clip, der für jeden Internetnutzer mit Breitbandanschluss als RSS-Feed zu abonnieren ist, wird wöchentlich von einer Werbeagentur produziert. Die Machart der einzelnen Videos ist wesentlich weniger unterhaltsam als die Angebote amerikanischer Politiker, allerdings bedient das Videocast dennoch unsere Sehgewohnheiten.

Wie auch immer die einzelnen Angebote gestaltet sind: Die beabsichtigten Wirkungen der politischen Kommunikation über das Web 2.0 zu erkennen, fällt selbst Kommunikationsprofis mitunter schwer, und für Laien ist dies oft schlicht unmöglich.

Die Kompetenzen politischer Journalisten wären an dieser Stelle dringend gefragt, doch das setzte ein Verständnis von Öffentlichkeit voraus, das symbolische Politik als solche erkennen und mit ihr umgehen müsste.

3. Auflösung der gemeinsamen Medienagenda?

Unsere theoretische Vorstellung von Öffentlichkeit ist von der Idee des prinzipiell freien Zugangs zu dieser Öffentlichkeit (vgl. HABERMAS 1990) stark geprägt. Dies impliziert eine Öffentlichkeit, die eine Gesamtheit darstellt, eine Einheit. Und auch, wenn es immer schon Teilöffentlichkeiten gegeben hat, ist doch davon auszugehen, dass es eine gemeinsame Medienagenda, strukturiert durch »Leitmedien der politischen Öffentlichkeit« (TOBLER 2006:165), gegeben hat und gibt. Die Frage, ob diese Medienagenda tatsächlich auseinanderfällt, ist bisher empirisch nicht ausreichend geklärt. Es gibt Hinweise darauf, dass der Effekt der Auflösung der Medienagenda überschätzt wird (vgl. EMMER/WOLLING 2007), es gibt aber auch erste empirische Befunde, die zumindest eine beginnende Erosion dieser gemeinsamen Medienagenda nahelegen, etwa die von Weischenberg, Malik und Scholl konstatierte Ausdifferenzierung der Mediennutzung schon durch die Journalisten. Sie stellen fest: »Von einem Leitmedium der Journalisten kann heute weniger denn je die Rede sein. Das ist recht gut zu erklären: Die Medienlandschaft hat sich seit Beginn der 1990er-Jahre deutlich ausdifferenziert – mit Folgen für die Mediennutzung aller Menschen und eben auch für die berufliche Mediennutzung der Journalisten« (WEISCHENBERG/MALIK/SCHOLL 2006: 136).

Eine an der FH Oldenburg durchgeführte Befragung von Studierenden ergab ein Auseinanderfallen der Medienagenden der beteiligten Studierenden. Unterschiede in der Bewertung der Medienagenda zeigten sich zwischen solchen Mediennutzern, die sich ausschließlich über das Internet, und solchen, die sich über Internet und Fernsehen informieren (vgl. CZEPEK 2007).

Zeitgleich mit diesen Entwicklungen, die sicher nicht mehr als den Beginn eines Prozesses andeuten, nimmt die individuelle Kommunikation über Web-2.0-Anwendungen zu. Die Kommunikation über Weblogs etwa ist zwar öffentlich schon in dem Sinne, dass der Zugang zum einzelnen Weblog offen ist, dennoch strebt die Mehrheit der Weblog-Betreiber keine Öffentlichkeit an (vgl. SCHMIDT 2007).

Dennoch verschärft sich über Web-2.0-Anwendungen in gewisser Hinsicht der Zerfall der Medienagenda. Denn selbst wenn es im ›long tail‹ eher um Strickmuster oder Kakteenpflege geht und sich der einzelne Strickmuster-Blogger lediglich an Strickmusterliebhaber wendet, stellt er eine Art Teilöffentlichkeit dar, wenn auch in der Größe atomarer Kleinstpartikel. Hinzu kommt, dass es natürlich auch Blogs gibt, die sich kritisch mit der vorherrschenden Medienagenda oder dem aktuellen politischen Geschehen auseinandersetzen. Hier lässt sich wohl eher konstatieren, dass die Nutzer dieser Blogs sogar intensiver über bestimmte politische Kontexte informiert sind. Sie wären damit eher und besser in der Lage, am politischen Geschehen zu partizipieren, der Strickblogger wäre gewissermaßen (wenn er denn den Hauptteil seiner Zeit im Strickblog zubrächte) doppelt benachteiligt.

Wenn nun, wie etwa die Studie von Czepek nahe legt, die Medienagenda und die Themenagenda von Internetnutzern auseinander fallen (CZEPEK 2007), dann bekommen die atomaren Kleinstpartikel eine erheblich größere Bedeutung als bislang angenommen, auch für so etwas wie eine Öffentlichkeit insgesamt. Dem von Imhof dargestellten neuen Strukturwandel der Öffentlichkeit (IMHOF 2006) müsste eine weitere, die digitale Dimension, hinzugefügt werden.

Fazit: Demokratie braucht Partizipation. Partizipation braucht Öffentlichkeit. Soweit, so klar. Die wesentliche Aufgabe des politischen Journalismus in der Bundesrepublik Deutschland ebenso wie in anderen demokratischen Staaten ist die Herstellung eben dieser Öffentlichkeit.

Und genau diese Tatsache macht die Entwicklung des Web 2.0 für den Journalismus so prekär. Der Journalismus lebt davon, dass die in der politischen Ebene handelnden Akteure die Nachrichtenwerte (SCHULZ 1976) implizit oder explizit berücksichtigen, um so das höchstmögliche Maß an Aufmerksamkeit zu erzielen (GERHARDS 1994). Das müssen die politischen Akteure, wollen sie die Aufmerksamkeit der Medien und damit die Aufmerksamkeit des Publikums erzielen, berücksichtigen – bisher. Nun verliert der Journalismus seinen Status. Selbst wenn einzelne Phänomene des insgesamt noch unklaren und definitorisch weit gefassten Web 2.0, wie etwa der Bürgerjournalismus, nicht neu sind, selbst wenn es immer schon Teilöffentlichkeiten gegeben hat, der Erosionsprozess hat zumindest begonnen. Es gab und gibt auch noch immer eine Medienagenda. Bestimmend für diese Medienagenda ist bisher der Journalismus. Politische Partizipation ohne politischen Journalismus war daher bislang undenkbar. In der Praxis wird das sicher auch noch viele Jahre der Fall sein. Das Web 2.0 hat jedoch an verschiedenen Stellen Auswirkungen auf den Journalismus, die sich als Mehrebenenrelevanz beschreiben lassen.

ABBILDUNG 4
Mehrebenenrelevanz des Web 2.0

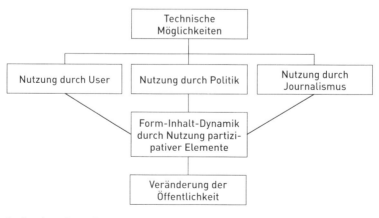

Quelle: eigene Darstellung

Die erste Ebene sind die technischen Möglichkeiten, die das Web 2.0 mit sich bringt. Die zweite Ebene ist die Nutzung durch User, Politik und Journalismus. Die dritte Ebene bezieht gegenseitige Einflüsse mit ein. Das ließe sich etwa durch das Phänomen der Umgehung der Gatekeeper illustrieren. Die dritte Ebene lässt sich als Form-Inhalt-Dynamik beschreiben. Bezogen auf den Journalismus lässt sie sich auch als zweite Ebene praktischer Relevanz beschreiben. Der Journalismus ist gezwungen, die ersten beiden Ebenen der Relevanz von Web-2.0-Angeboten in irgendeiner Form zu reflektieren und in die eigene Arbeit einfließen zu lassen, nicht nur, weil die Angebote eine Konkurrenz darstellen, sondern weil sie eben auch Ergänzung, eben auch tatsächliche Möglichkeit zur Partizipation an gesellschaftlichen Prozessen bedeuten. Die Veränderungen, die über eine Form-Inhalt-Dynamik über das Web 2.0 in den politischen Journalismus getragen werden könnten, beinhalten als dritte Ebene der Relevanz sowohl die Partizipationsmöglichkeiten als auch die beschriebenen Auswirkungen der Nutzung der neuen Möglichkeiten. Auf der vierten Ebene ergeben sich schließlich Veränderungen der Öffentlichkeit insgesamt.

Im Detail stellt sich daher die Frage, wie der politische Journalismus mit der Mehrebenenrelevanz des Web 2.0, die zu Erosionsprozessen führen kann, umgehen wird.

Wie wird er auf die veränderte Rolle des Publikums reagieren? Wie wird er mit den Problemen, die sich aus vermehrter Selbstdarstellung und dem Wunsch nach Authentizität ergeben, umgehen? Wird der Journalismus seinen Objektivitätsmaßstab beibehalten oder wird dieser Maßstab durch neue Maßstäbe wie etwa Authentizität ersetzt werden?

Untersuchen lassen sich die Wirkungen des Web 2.0 nicht einseitig, etwa durch eine Untersuchung journalistischer Produktionsweisen oder Rollen, sondern indem man die Systeme kommunizierender Röhren, die durch die Mehrebenenrelevanz beschrieben wurden, in Untersuchungen einbezieht.

Literatur

ADORNO, T.W.: *Dialektik der Aufklärung*. Frankfurt/M. 1971
BENZEL, C.: Das Million-User Blog. In: *Netzzeitung* 11. Juli 2007. Online verfügbar: http://www.netzeitung.de/internet/691860.html

BUCHER, H.J.; S. BÜFFEL: Vom Gatekeeper-Journalismus zum Netzwerk-journalismus. Weblogs als Beispiel journalistischen Wandels unter den Bedingungen globaler Medienkommunikation. In: BEHMER, M., B. BLÖBAUM; A. SCHOLL; R. STÖBER (Hrsg.): *Journalismus und Wandel. Analysedimensionen, Konzepte, Fallstudien*. Wiesbaden 2005, S. 85-121

CLINTON, H., online: http://www.hillaryclinton.com, zuletzt besucht am 11.07.2007

CZEPEK, A.: *Die individuelle selektive Internetnutzung reduziert den Agenda-Setting-Effekt*. Vortrag auf der Fachgruppentagung Journalistik der DGPuK, 24.02.2007 in München

DAMBECK, H.: Wahlkampf mit Google-Adwords. In: *Spiegel Online*, 9. März 2006. Online verfügbar: http://www.spiegel.de/netzwelt/web/0,1518,405133,00.html, zuletzt besucht: 09.05.2007

DONGES, P.: Medialisierung der Politik – Vorschlag einer Differenzierung. In: RÖSSLER, P.; F. KROTZ (Hrsg.): *Mythen der Mediengesellschaft. The Media Society and its Myths*. Konstanz 2005

DW.WORLD 2007, http://www.dw-world.de/dw/article/0,2144,2806354,00.html, zuletzt besucht am 16.11.2007

EDELMANN, M.: *Politik als Ritual. Die symbolische Funktion staatlicher Institutionen und politischen Handelns*. Frankfurt/M./New York 1990

EMMER, M.; J. WOLLING: Leben in verschiedenen Welten? Themenagenden von Offlinern und Onlinern im Vergleich. In: KIMPELER, S.; M. MANGOLD; W. SCHWEIGER (Hrsg.): *Die digitale Herausforderung. Zehn Jahre Forschung zur computervermittelten Kommunikation*. Wiesbaden 2007, S. 239-250

GERHARDS, J.: Politische Öffentlichkeit. Ein system- und akteurstheoretischer Bestimmungsversuch. In: NEIDHARDT, F. (Hrsg.): *Öffentlichkeit, öffentliche Meinung, soziale Bewegungen*. Opladen (*Kölner Zeitschrift für Soziologie und Sozialpsychologie*, Sonderh. 34) Köln 1994, S.77-105

HABERMAS, J.: *Strukturwandel der Öffentlichkeit*. Frankfurt/M. 1990

HAEMING, A.: Wenn die Blase platzt – Politique 2.0. In: *politik-digital* 10. April 2006. Online-Publikation: http://www.politikdigtal.de/text/edemocracy/wahlkampf/frankreich/2007ahaeming_politique20_060407.shtml, zuletzt besucht: 09.05.2007

IMHOF, K.: *Theorien der Öffentlichkeit = Theorien der Moderne*. Fög discussion paper GL-2006-0009. fög-Forschungsbereich Öffentlichkeit und Gesellschaft, Zürich 2006

IMHOF, K.; R. BLUM; H. BONFADELLI; O. JARREN (Hrsg.): *Demokratie in der Mediengesellschaft*. Wiesbaden 2006

JARREN, O.; K. IMHOF; R. BLUM (Hrsg.): *Zerfall der Öffentlichkeit?* Opladen 2000

LÜHRMANN, A., online: http://www.anna-luehrmann.de, zuletzt besucht am 12.07.2007

MISOCH, S.: *Online-Kommunikation*. Konstanz 2006

NEUBERGER, C.: Konkurrenz oder Ergänzung zum professionellen Journalismus? In: *onlinejournalismus.de* und *politik-digital.de*. Online verfügbar: http://goa2003.onlinejournalismus.de/webwatch/p2p.php (2004)

NEUBERGER, C.: Das Ende des ›Gatekeeper‹-Zeitalters. In: LEHMANN, K.; M. SCHETSCHE (Hrsg.): *Die Google-Gesellschaft. Vom digitalen Wandel des Wissens*. Bielefeld 2005, S. 205-212

NEUBERGER C.; C. NUERNBERGK; M. RISCHKE: Weblogs und Journalismus: Konkurrenz, Ergänzung oder Integration? Eine Forschungssynopse zum Wandel der Öffentlichkeit im Internet. In: *media-perspektiven* 2/2007

RP ONLINE: Letztes Wahlgefecht im Internet, 29.04. 2007. Online verfügbar, http://www.rp-online.de/public/article/aktuelles/politik/ausland/433297, zuletzt besucht: 09.05.2007

OBAMA, B. 2007, online: http://www.barackobama.com, zuletzt besucht am 11.07.2007

OBAMA, B.: online: http://www.barackobama.com/page/content/eoq-2wrap, zuletzt besucht am 11.07.2007 (2007a)

SARCINELLI, U.: Zur Entzauberung von Medialisierungseffekten: Befunde zur Interdependenz von Politik und Medien im intermediären System. In: IMHOF, K.; R. BLUM; H. BONFADELLI; O. JARREN (Hrsg.): *Demokratie in der Mediengesellschaft*.Wiesbaden 2006, S. 117-122

SAXER, U.: *Politik als Unterhaltung. Zum Wandel politischer Öffentlichkeit in der Mediengesellschaft*. Konstanz 2007

SCHMIDT, J.: *Weblogs. Eine kommunikationssoiologische Studie*. Konstanz 2006

SCHMIDT, J.: Öffentlichkeit im Web 2.0. Entstehung und Strukturprinzipien. In: *Journalistik Journal* 1/2007

SCHULZ, W.: *Die Konstruktion von Realität in den Nachrichtenmedien. Analyse der aktuellen Berichterstattung*. Freiburg/München 1976

SENNETT, R.: *Verfall und Ende des öffentlichen Lebens. Die Tyrannei der Intimität*. Frankfurt/M. 1986

SIEDSCHLAG, A.: Das Internet als Kanal für Demokratiekultur. In: *politikdigital* 06. Oktober 2005, Online-Publikation: http://www.politik-digital.de/studie/tabsummary/siedschlagsummary/siedschlagsummary051006.shtml

STAMM, K.: *Alternative Öffentlichkeit. Die Erfahrungsproduktion neuer sozialer Bewegungen.* Frankfurt M./New York 1988

TAGESSCHAU.DE, online: http://www.tagesschau.de, zuletzt besucht: 24.07.2007

TOBLER, S.: Deliberation und transnationale Öffentlichkeit. Eine Prozessperspektive demokratischer Öffentlichkeit. In: IMHOF, K.; R. BLUM; H. BONFADELLI; O. JARREN (Hrsg.): *Demokratie in der Mediengesellschaft.* Wiesbaden 2006, S. 161-181

WITTE, B.: *Politische Inhalte und mediale Form am Exempel Jugendfunk und Neue Soziale Bewegungen.* Berlin 1998 (Dissertationsschrift)

YOUTUBE 2007, online verfügbar: http://www.youtube.com/watch?v=LClOHUFUC5g&mode=related&search= zuletzt besucht am 12. Juli 2007

KATJA SCHÖNHERR

Medienwatchblogs als Form journalistischer Qualitätskontrolle

Abstract

Journalisten sind heute mit einer bislang unbekannten Kontrollinstanz konfrontiert: Vertreter des Weblog-Genres ›Medienwatchblog‹ haben es sich zur Aufgabe gemacht, journalistische Fehler im Internet für jedermann sichtbar aufzudecken. Der bekannteste deutschsprachige Vertreter ist das *Bildblog*. Im Rahmen einer Diplomarbeit am Institut für Kommunikationswissenschaft/Abteilung Journalistik der Universität Leipzig wurden sechs Medienwatchblogs inhaltsanalytisch untersucht. Forschungsleitend war die Frage »Wie üben Medienwatchblogs Kritik an etablierten Medien?« Darunter wurden einzelne Hypothesen gefasst, deren Prüfung beispielsweise Aufschluss darüber geben sollte, woran Medienwatchblogs vorwiegend Kritik üben, welche Ressorts betroffen sind etc. Die Ergebnisse sind in diesem Aufsatz ausgeführt.

Um über die Inhaltsanalyse hinaus die Wirkung von Medienwatchblogs bei den kritisierten Medien einschätzen zu können, führte die Verfasserin Leitfadeninterviews mit ›betroffenen‹ Redakteuren.

1. Forschungsfrage und methodische Umsetzung

Das »Phänomen Weblogs« (NEUBERGER 2006: 113) ist populär geworden (vgl. HANNEMANN/HENKE/WALDENMAIER 2006; HORNIG 2006). Dass es sich dabei lediglich um banale Tagebücher handelt, bleibt dennoch ein weit verbreiteter Irrtum (vgl. ARMBORST 2006: 5). Denn im Grunde haben Blogs nur die Software-Idee gemeinsam: Schnell, nahezu kostenlos können Einträge in umgekehrter chronologischer Reihenfolge publiziert werden, und innerhalb dieses Schemas schreitet eine weit verzweigte Ausdifferenzierung voran (vgl. SCHMIDT, J. 2006). Als im Prozess der Herstellung von Öffentlichkeit besonders interessante Gattung haben sich Medienwatchblogs herauskristallisiert, die tagtäglich versuchen, mittels Überprüfungsrecherchen die Autorität der Druckerschwärze öffentlich in Frage zu stellen. Letzteres tut das *Bildblog* mit einem solchem Erfolg, dass es zum meistbesuchten deutschen Weblog wurde (vgl. SCHMIDT, H. 2006). In dieser Weise öffentlich angreifbar zu sein (und auch angegriffen zu werden), das betrifft nicht *Bild* allein. Es entstehen immer wieder neue Weblogs, in denen vermeintliche und tatsächliche Fehler etablierter Medien dokumentiert werden. Unzufriedene Rezipienten können ihre Ansicht im Netz hinzufügen; die Chancen stehen gut, dass diese Kritik von mehr Menschen gelesen wird als ein handgeschriebener Leserbrief, der vom Posteingang direkt in den Papierkorb wandert. Schlechte journalistische Arbeit vermögen Weblogs bloßzustellen. Medienwatchblogger können in diesem Sinne als Kontrolleure der Kontrolleure wirksam werden, sie erweitern somit die traditionellen Sicherungsinstanzen journalistischer Qualität (vgl. HUBER 2001: 130f.):

> »Medienwatchblogs sind diejenigen Weblogs, die sich überwiegend kritisch mit der Arbeit eines bestimmten Journalisten oder einer bzw. mehrerer ausgewählter Medieninstitutionen befassen. Sie bestehen aus umgekehrt chronologisch angeordneten Einträgen, in denen meist Kritik an Inhalt, Stil, ferner Rechtschreibung und Grammatik sowie an der Verletzung journalistischer Standesregeln geübt wird.«

Diese im Rahmen der Untersuchung entwickelte Definition von Medienwatchblogs diente der empirischen Untersuchung als Grundlage.

Wie aber gehen Medienwatchblogger vor? Wen und was kritisieren sie am häufigsten? Und bewahren sie – trotz aller ›Krittelei‹ – stets einen sachlichen Ton? Unter der übergeordneten Forschungsfrage »Wie üben Medienwatchblogs Kritik an etablierten Medien?« wurden 449 Einträge, die im Oktober sowie im November 2006 online gingen, inhaltsanalytisch auf ihre Textmerkmale hin untersucht. Dazu wurde die Forschungsfrage in einzelne Teilfragen gesplittet, wodurch Ergebnisse hinsichtlich folgender Aspekte generiert werden konnten:

- Artikel welchen Ressorts werden in den Medienwatchblogs am häufigsten kritisiert?
- Woran wird in Medienwatchblog-Einträgen überwiegend Kritik geübt?

- Kritisieren Medienwatchblogs die Verletzung journalistischer Standards?
- Wird in Medienwatchblogs auf journalistische Regelwerke verwiesen?
- Kritisieren Medienwatchblogger in ihren Einträgen häufiger Medieninstitutionen als Ganzes, dafür seltener Journalisten?
- Wird in Medienwatchblogs Lob geäußert?
- Werden etablierte Medien in Medienwatchblog-Einträgen mit unsachgemäßer Kritik diskreditiert?

Auf einzelne Ergebnisse wird im Laufe des Aufsatzes noch eingegangen. Die untersuchten Einträge stammten aus den folgenden sechs in die Untersuchung aufgenommenen Blogs: *Bildblog* (Kritik an *Bild* und *Bild.t-online*), *DailyError* (u.a. FAZ, NZZ), *Spiegelkritik* (*Der Spiegel, SpiegelOnline*), *Zeit/Meckern* (*Zeit.de*), ferner die österreichischen Kritiker *Krone-Blog* (*Kronen-Zeitung*) und *Österreich-Blog* (*Österreich*).

Da eine einzelne Untersuchung »günstigstenfalls ein Mosaikstein ist«, jedoch erst mehrere Mosaiksteine ein »Gesamtbild« zu formen vermögen (DIEKMANN 2000: 59), kam bei dieser Untersuchung ein hybrider Forschungsansatz zum Tragen: Die Ergebnisse der Inhaltsanalyse wurden um Leitfadeninterviews mit Vertretern der kritisierten Medien ergänzt. Sie brachten Aufschlüsse darüber, inwieweit Medienwatchblogs als Kritiker ernst genommen werden, inwieweit ihr Schaffen einen Stimulus zu Korrektur und Verbesserung darstellt. Außer zum *Krone-Blog* konnte für jedes Medienwatchblog mindestens ein Journalisten-Interview geführt werden.

Selbstredend können die im Folgenden aufgeführten Ergebnisse der Inhaltsanalyse nur für den betrachteten zweimonatigen Zeitausschnitt Gültigkeit beanspruchen. Die abschließend erläuterten Resultate der Leitfadeninterviews sind flankierende Einzelfallstudien. In erster Linie geben sie die Einstellung des interviewten Redakteurs zu dem jeweiligen Medienwatchblog wieder.

2. Ergebnisse

2.1 *Ergebnisse der Inhaltsanalyse*

Bei den Resultaten der Inhaltsanalyse ist stets ein großes Ungleichgewicht hinsichtlich der Analyseeinheit ›Eintrag‹ pro Blog zu beachten.

Durch stark differierende Aktualisierungsfrequenzen ergab sich folgende Anzahl von untersuchten Einträgen: *Bildblog* publizierte im Oktober/November 2006 insgesamt 121 Einträge, *Österreich-Blog* 133, *Krone-Blog* 84, *DailyError* 68, *Spiegelkritik* 29 und *Zeit/Meckern* 14. Bevor die einzelnen Einträge inhaltsanalytisch untersucht wurden, galt es, sie um solche Texte zu bereinigen, die keine geäußerte Kritik enthielten. Beim *Krone-Blog* war es zum Beispiel mit 65,5 Prozent auffällig häufig der Fall, dass die Bloggerin die *Kronen-Zeitung* zwar zitierte, aber keine darüber hinausgehende, *eigene* Äußerung positiver oder negativer Kritik machte. Die Gesamtzahl artikulierter Kritik in den Blog-Einträgen belief sich schließlich auf 359.

Die Ergebnisse werden nun, unterteilt in kleinere Teilfragen, zusammengefasst. Auf die Resultate für das *Bildblog* wird später aufgrund seiner Popularität detailliert eingegangen.

2.1.1 Ergebnisse aller untersuchten Blogs

Artikel welchen Ressorts werden in Medienwatchblogs am häufigsten kritisiert?

Weil die beiden am häufigsten aktualisierten Watchblogs – *Bildblog* und *Österreich-Blog* – sich mit Boulevardblättern befassen, dominierte das Ressort ›Panorama/Buntes‹ auch in der untersuchten Grundgesamtheit der Artikel. Mit knapp einem Viertel (22,8%; n=359) standen Artikel aus diesem Bereich am häufigsten in der Kritik. Darauf folgten die Ressorts Politik mit 15 Prozent sowie Titelthemen bzw. Aufmacher mit 12,5 Prozent (siehe Abb. 1).

Das Feuilleton (Kultur/Buch), mit 20 Einträgen zu einem Großteil von *DailyError* thematisiert, rangiert mit 9,2 Prozent auf Platz 4 der Ressort-Reihenfolge. Mit 8,6 Prozent knapp dahinter lag die übergreifende Kritik am Medium, die nicht auf die Arbeit eines Ressorts beschränkt werden kann. Der Sport, fast nur bei *Bildblog* und *Österreich-Blog* vertreten, nahm 7 Prozent ein, ebenso die Leserbriefe, welche ausschließlich im *Krone-Blog* eine Rolle spielten. Lokales kam mit 14 Einträgen am häufigsten beim *Österreich-Blog* und insgesamt in 5 Prozent der kritisierenden Einträge vor. Dieselbe Tendenz gilt für Kommentare: Sie waren mit 5 Prozent vertreten, in 15 Einträgen beim *Österreich-Blog*. Die übrigen Ressorts traten extrem selten auf: Wirtschaft, Wissenschaft, Netzwelt/Computer, Auto, Reise und Sonstiges lagen zwischen maximal 2,8 Prozent und mindestens 0,3 Prozent.

ABBILDUNG 1
Ressortverteilung (Prozentangaben), N=359

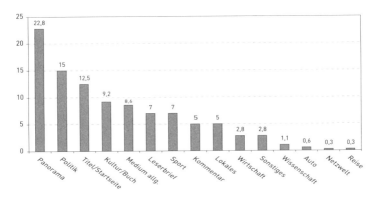

Woran wird in Medienwatchblog-Einträgen überwiegend Kritik geübt? Die Schwerpunkte jedes Blogs sind sehr verschieden. Alle zusammengenommen, ergab sich für die Medienwatchblogosphäre folgendes Bild: Mit 81 Codierungen (13,4% der Codierungen; n=604; vier Codierungen möglich) wurden in fast einem Viertel der Einträge falsche Fakten bemängelt – dies kam somit am häufigsten vor. Es ist sinnvoll, einmal alle inhaltlichen Kategorien (dazu zählen folgende Kategorien: inhaltlich falsche Fakten, falsche Fakteneinordnung, Fakten ungenannt, Übersetzungsfehler, Darstellung, Neuigkeitsbehauptung, Ausgewogenheit, Widerspruch) zusammen zu betrachten. Summiert kamen sie in 316 Fällen und damit 52,2 Prozent aller Codierungen in diesem Bereich vor; bricht man die Mehrfachcodierungen herunter auf die Anzahl der Einträge, so entspricht das 88,1 Prozent der untersuchten Einträge. Die Tendenz der Medienwatchblogs, in erster Linie auf Inhaltliches einzugehen, wird damit außerordentlich deutlich. Sehr häufig kamen demgegenüber auch stilistische Gesichtspunkte zum Tragen: Wortwiederholung, Wortwahl, Stilistik (allgemein) sowie Satzbau wurden mit 97 Fällen in mehr als einem Viertel der Einträge (27%) und 16,1 Prozent der Codierungen negativ bewertet.

Mit 67 Codierungen (11,1% aller Codierungen) bemerkenswert häufig kritisiert, meist von *Bildblog*, *Österreich-Blog* und *Spiegelkritik*, wurde die Art und Weise der Darstellung. In den Einträgen der Blogs, die Boulevardzeitungen kritisieren, beinhaltet diese Kategorie meist eine

ABBILDUNG 2
Kritikpunkte der 359 kritisierenden Einträge, die in mindestens elf Fällen vorkamen

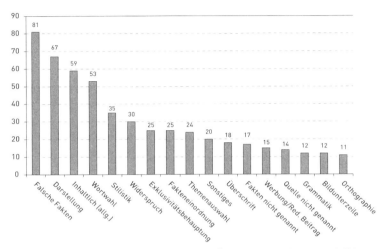

Sortiert nach Häufigkeit (in Anzahl der Codierungen), n=604; vier Codierungen möglich

sensationsgierige und überspitzte, bei *Spiegelkritik* dagegen eine tendenziöse Aufbereitung. In 25 Fällen (4,1%) widerlegten die Blogger die Behauptung, eine Nachricht stünde ›exklusiv‹ in diesem Medienangebot, in 18 Fällen (3%) tadelten sie die Überschrift. 15-mal (2,5%) war es die nicht vorhandene Trennung von redaktionellem Beitrag und Anzeige, die ihnen Grund zur Schelte gab. Die Verteilung der übrigen Kritikpunkte war vielschichtig. Einmal abgesehen von der Dominanz inhaltlicher Aspekte sind die übrigen als sehr ausdifferenziert zu bezeichnen. Es gab zahlreiche Einzelfälle; die Medienwatchblogosphäre kritisierte breit gefächert.

Kritisieren Medienwatchblogs die Verletzung journalistischer Standards? Zur Beantwortung dieser Frage wurden die Einträge hinsichtlich Kongruenzen zwischen Kritisiertem und den 16 Ziffern des *Deutschen Pressekodexes* (Fassung vom 13.09.2006) analysiert. Das Ergebnis: Grundsätzlich trifft es zu, dass Medienwatchblogs die Verletzung journalistischer Standards kritisieren. In knapp der Hälfte aller Einträge (49,9%; n=420; drei Codierungen möglich) konnte aber keine inhaltliche Übereinstimmung von Kodexziffern und Watchblogkritik festgestellt werden. Die analysierten Einträge deckten also auch Bereiche ab, die im Kodex nicht vorkommen; etwa stilistische Gesichtspunkte oder Fragen des Layouts.

Übereinstimmungen kamen mit 109 Fällen (26% der Codierungen; n=420; drei Codierungen möglich) am häufigsten bei Ziffer 2, der Verletzung der Sorgfaltspflicht, vor. In diese Kategorie fielen die meisten inhaltlichen Kritikpunkte, zum Beispiel falsche oder ungenannte Fakten. Die anderen Ziffern sind in den Auslegungsmöglichkeiten eingeschränkter, weshalb sie auch seltener codiert wurden: In 7,6 Prozent der Fälle deckte sich die Kritik mit Ziffer 11 (›Sensationsberichterstattung, Jugendschutz‹), was zum größten Teil auf Einträge des *Bildblog* zurückzuführen ist.

Eine Verletzung der Menschenwürde (Ziffer 1) wurde in 7,4 Prozent der Einträge gesehen, Diskriminierungen (Ziffer 12) in 4 Prozent, die umgangene Trennung von redaktionellem Beitrag und Anzeige (Ziffer 7) in 3,8 Prozent. Die übrigen Ziffern machen nur noch sehr kleine Anteile aus: Eine fehlende Richtigstellung (Ziffer 3) kam mit zwölf Codierungen in 2,9 Prozent vor, eine Verletzung der Ehre (Ziffer 9) bei 2,6 Prozent, Ziffer 13 (›Unschuldsvermutung‹) bei 1,7 Prozent. Unter 1 Prozent lagen Ziffer 10 (›Religion, Weltanschauung, Sitte‹) mit 0,7 Prozent sowie Ziffer 14 (›Medizin-Berichterstattung‹) und die Ziffern 8 (›Persönlichkeitsrechte‹) und 4 (›Grenzen der Recherche‹) mit jeweils 0,2 Prozent. Gar nicht vor kamen die Verletzung des Berufsgeheimnisses (Ziffer 5), die ›Trennung von Tätigkeiten‹ (Ziffer 6), offengelegte Vergünstigungen (Ziffer 15) und die Verweigerung eines Rügenabdrucks (Ziffer 16).[1]

Wird in Medienwatchblogs auf journalistische Regelwerke verwiesen? In 99,2 Prozent (n=359) der kritisierenden Einträge wurde weder der *Deutsche Pressekodex* noch ein anderes Regelwerk genannt. In den übrigen drei Fällen wurden – übrigens stets durch von Journalisten geführten Medienwatchblogs – einmal die *Leitlinien zur Sicherung der journalistischen Unabhängigkeit bei Axel Springer* (*Bildblog*) und in zwei Fällen der *Pressekodex* zur Untermauerung der Kritik genutzt (*Bildblog, Spiegelkritik*). Sich auf ein journalistisches Regelwerk als moralische und professionelle Instanz zu berufen, ist für Medienwatchblogger offensichtlich kaum von Belang.

---

[1] An dieser Stelle sei erneut darauf hingewiesen, dass nicht festgestellt wurde, inwieweit diese Verletzungen tatsächlich vorkamen. Es wurden lediglich sachliche Übereinstimmungen zwischen Kritik und jeweiliger Kodexziffer erhoben.

Kritisieren Medienwatchblogger in ihren Einträgen häufiger Medieninstitutionen als Ganzes, dafür seltener einzelne Journalisten? Grundsätzlich ist zu sagen, dass es keine Fälle gab, in denen ausschließlich der Journalist als Autor eines Artikels kritisiert wurde. An irgendeiner Stelle – sei es in der Überschrift oder im Tag eines Eintrags – war immer auch das betroffene Medienangebot erwähnt. Den Trend, die Arbeit eines bestimmten Journalisten gezielt zu beobachten, gibt es anders als im anglophonen im deutschsprachigen Raum nicht.[2] In deutlich mehr als der Hälfte der kritisierenden Fälle (61,8%; n=359) nannten die Blogger ausschließlich das Medium. In den übrigen 38,2 Prozent wurden Medium sowie der Journalist genannt, der nach Einschätzung der Blogger einen Fehler begangen hat. Personalisierungen spielten also eine geringe Rolle.

Eine Ausnahme zur Tendenz der Nicht-Personalisierung bildete das *Krone-Blog*, welches mit 92,9 Prozent (n=84) die höchste Rate von Namensnennungen erreichte, was sich meist auf die Verfasser von Leserbriefen fragwürdigen Inhalts bezog. Bei *Spiegelkritik* wurde in 62,5 Prozent (n=24) ebenfalls in mehr als der Hälfte der Fälle der kritisierte Journalist namentlich genannt. Darauf folgt mit 52,5 Prozent (n=120) das *Österreich-Blog*, in dem insbesondere *Österreich*-Herausgeber Wolfgang Fellner und seine Frau erwähnt wurden. Bei den übrigen Blogs überwiegt der Prozentsatz, in dem nur das Medium genannt ist: Bei *DailyError* machte er 94,1 Prozent (n=68) aus, bei *Zeit/Meckern* 92,3 Prozent (n=13) und beim *Bildblog* 73,6 Prozent (n=106).

Wird in Medienwatchblogs Lob geäußert? In nur 2,2 Prozent der 359 kritischen Einträge wurde ein Lob artikuliert, also sehr selten. In drei Fällen bezog es sich auf ein Detail eines Artikels, in zwei Fällen auf einen kompletten Artikel, in jeweils einem Fall auf einen Journalisten, die visuelle Umsetzung eines Themas oder die Themenauswahl an sich. Sechs der sieben positiven Anmerkungen machte *Zeit/Meckern*, ein Lob kam von *Spiegelkritik*. Es lässt sich sagen, dass positive Kritik in der Medienwatchblogosphäre eine verschwindend geringe bis gar keine Rolle spielt. Deutlich auszunehmen ist das *Meckerblog*, welches in nahezu der Hälfte seiner Einträge auch Lob einfließen ließ. Überhaupt ist an dieser Stelle zu erwähnen, dass sich das *Mecker-* als ein von *Zeit.de* gewünschtes und deshalb von dem Unternehmen in Auftrag gegebenes Blog in seinem Ton stark von den übrigen Untersuchungsgegenständen abhob.

---

2 In den USA machten Blogger beispielsweise 2004 im Rahmen der »Adopt a Journalist«-Kampagne während des Präsidentschaftswahlkampfs von sich und ihrer Medienkritik reden.

Werden etablierte Medien in Medienwatchblog-Einträgen mit unsachgemäßer Kritik diskreditiert? Reichlich drei Viertel der 359 kritisierenden Einträge sind insofern als sachlich zu bezeichnen, als dass sich in ihnen keine Beleidigungen finden ließen. In insgesamt 21,1 Prozent wurde dennoch eine Diskreditierung nachgewiesen – in 18,9 Prozent eine leichte, in 2,2 Prozent eine starke. Letztgenannte umfasst Schimpfwörter; sie gingen größtenteils auf das *Österreich-Blog* zurück, etwa durch den Eintrag vom 27.10.2006, als die *Österreich*-Mitarbeiter als »die armen Schweine in der Fellner-Redaktion« (JOHNSON 2006) bezeichnet wurden. In einem Fall war es eine *Krone-Bloggerin*, die einen schärferen Ton gewählt hatte. Die 68 als leicht eingestuften Diskreditierungen resultierten zu 80 Prozent aus den Einträgen der *Österreich-Blogger*. Die Anteile von *Bildblog* (10,3%), *Spiegelkritik* (7,4%) und *DailyError* (1,5%) erscheinen dagegen marginal.

2.1.2 Analyse des Bildblogs

Als am 06.06.2004 der erste Eintrag des *Bildblog* online ging, war den beiden Bloggern Christoph Schultheis und Stefan Niggemeier – beide sind hauptberuflich Journalisten – sicher nicht bewusst, welchen Erfolg sie damit haben würden. Dank Anzeigen auf der Website und Merchandising-Produkten hat sich daraus in den vergangenen Jahren ein Geschäftsmodell entwickelt. Das Motto des Weblogs lautet: »Die kleinen Merkwürdigkeiten und das große Schlimme.« Mit durchschnittlich 1.500.000 Besuchern im Monat,[3] einem außerordentlichen Publikumserfolg, nimmt das *Bildblog* eine Sonderstellung unter den Untersuchungsobjekten ein. Aufgrund dieser hervorgehobenen Position in der (Medienwatch-)Blogosphäre sollen die Inhaltsanalyse-Ergebnisse für das *Bildblog* im Folgenden einzeln aufgeschlüsselt werden:

Ein Eintrag im *Bildblog* hatte im Durchschnitt 1.382 Zeichen. Dieser Wert ist aber zugegebenermaßen wenig aussagekräftig, denn erstens variierten die Längen der einzelnen Einträge enorm (Minimum: 66 Zeichen, Maximum: 4.199 Zeichen), und zweitens kamen oft lange Zitate vor. Ein aussagekräftigerer Wert hingegen ist die vorgenommene Eintragsklassifizierung: Immerhin 86 der 121 Einträge (71,1%) enthielten ausschließlich negative Kri-

---

3 Stand: August 2007; Eigendarstellung auf der Site unter URL: http://www.bildblog.de/werbung.php (Abruf: 25.09.2007).

tik, weitere 20 Einträge (16,5%) umfassten neben der Negativkritik zudem die Meldung, *Bild* habe eine Korrektur vorgenommen; 87,6 Prozent der Einträge waren also kritischer Natur und wurden weiter codiert. Abgebrochen wurde die Erhebung bei fünf Einträgen (4,1%), die unter dem Titel »In eigener Sache« liefen, weiteren neun (7,4%), die sachliche Informationen über *Bild* oder andere *Axel-Springer*-Angebote enthielten, sowie einem Aktionsaufruf (0,8%), in dem die *Bildblog*-Leser gebeten wurden, Chefredakteur Kai Diekmann abzulichten. Lob enthielt kein einziger Eintrag.

In den kritisierenden Einträgen ging es in 47 Fällen (44,3%) um ›zwei oder mehr Springer-Angebote‹, was meist bedeutet, dass *Bild*-Artikel auch auf *Bild.t-online* erschienen sind. 28 Einträge (26,4%) prangerten ausschließlich den Online-Auftritt an, weitere 25 (23,6%) nur die *Bild-Zeitung* sowie fünf (4,7%) die *Bild am Sonntag*. Angesichts dieser Medienauswahl überrascht es nicht, dass 50 Prozent der 106 Kritik enthaltenden Einträge solche Beiträge thematisierten, die dem Ressort Panorama/Buntes zuzuordnen sind. Weit abgeschlagen folgen darauf Sport mit 14,2 Prozent und Politik mit 11,3 Prozent. In sechs Fällen (5,7%) war die Kritik umfassender Natur und in kein Ressort einzuordnen, wie Abb. 3 verdeutlicht.

Dokumentiert wurden die Unzulänglichkeiten überwiegend aus einem Mix von (mitunter eingescannten) Ausrissen aus dem entsprechenden Medium und Zitaten (19,8%) bzw. aus Links zum kritisierten Medium und Zitaten (ebenfalls 19,8%) sowie Screenshots und Links (16%). Überhaupt kein Beleg angeführt wurde in lediglich einem Fall.

Dass *Bildblog* professionell betrieben wird, zeigt auch seine Aktualität: 71 Einträge (67%) erschienen an demselben Tag wie das bemängelte Objekt. In 17 Fällen (16%) kam der Eintrag ein bis zwei Tage, 18-mal (17%) mehr als zwei Tage später. Letzteres umfasst auch solche Einträge, in denen die Ergebnisse der längeren Beobachtung eines Falls offengelegt wurden (n=106).

Am häufigsten waren Erscheinungsdatum von Kritik und kritisiertem Medium identisch, wenn Leser zuvor darauf aufmerksam gemacht hatten (49 Fälle). Überhaupt waren Leser in weit mehr als der Hälfte der kritisierenden Einträge die Initiatoren einer Kritik gewesen, nämlich 69-mal (65,1%), darauf folgen die *Bildblogger* mit 31 (29,2%) von ihnen selbst initiierten Einträgen. Andere Blogs waren in zwei Fällen (1,9%) Ausschlaggeber für die Publikation.

Die Frage, *was* bemängelt wurde, lässt sich beim *Bildblog* ganz eindeutig beantworten (vgl. Abb. 4). In dieser Kategorie waren bis zu vier Codierun-

ABBILDUNG 3
Ressortverteilung bei *Bildblog* (in%, n=106)

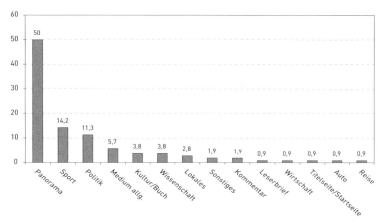

gen möglich. Ein *Bildblog*-Eintrag enthielt im Durchschnitt 1,75 Kritikpunkte. Es wurde 58-mal (31,2% der Codierungen; n=186) kritisiert, dass *Bild* oder ein anderes Springer-Produkt falsche Fakten publizierte. Vor allem in der Rubrik *Kurz korrigiert* werden viele objektiv nachvollziehbare Fehler angezeigt, etwa falsche Altersangaben oder Namen. Eine kritikwürdige ›Darstellung‹ wurde 21-mal (11,3%) codiert, was hier in den meisten Fällen eine überzogene, boulevardeske oder gar den Leser in die Irre führende Aufbereitung von Themen meint. Damit einher geht die in zwölf Fällen (6,5%) widerlegte ›Exklusivitätsbehauptung‹, das heißt, etwas als ›neu‹ oder ›exklusiv‹ Angepriesenes wurde bereits publiziert. Ein Widerspruch sowie Sonstiges wurden je 11-mal (5,9%) ausgemacht, ein Ineinanderfließen von Werbung und redaktionellem Beitrag 10-mal (5,4%). Die übrigen Kritikpunkte machen nur noch marginale Zahlen aus. Einer der drei Fälle (1,6%), in denen ›Vorgehen Chefredakteur‹ codiert wurde, betraf die Mitgliedschaft Kai Diekmanns in der Burschenschaft *Franconia*. In 27 Einträgen beanstandete *Bildblog* etwas, das schon einmal in einem anderen Eintrag Thema gewesen war.

Mit der häufigen Kritik an der Veröffentlichung falscher Fakten geht einher, dass – beim Übertragen der Kritikpunkte auf Ziffern des *Deutschen Pressekodexes* – am häufigsten eine Übereinstimmungen mit Ziffer 2 festgestellt werden konnte, nämlich 67-mal, was immerhin 46,5 Prozent (n=144; drei Codierungen möglich) der Codierungen in diesem Bereich entspricht. Zu erklären ist die hohe Zahl mit der Weite des Begriffs ›Sorgfaltspflicht‹,

ABBILDUNG 4
Die Kritikpunkte der 106 kritisierenden *Bildblog*-Einträge, die mindestens 4-mal codiert wurden (in Anzahl der Codierungen, n=186; vier Codierungen möglich)

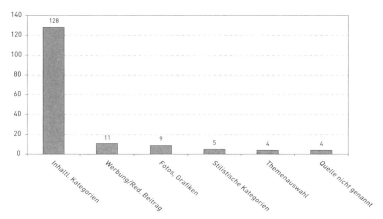

Die einzelnen Kritikpunkte wurden für diese Darstellung zu Komplexen zusammengeführt

worunter neben falschen Fakten beispielsweise auch die Nichtnennung von Fakten oder deren fehlerhafte Einordnung gezählt wurde. Aussagekräftiger sind ›harte‹ Ziffern des Kodex: Die Verletzung von Ziffer 3, die Verweigerung einer Richtigstellung, wurde mit zehn Einträgen (6,9%) genauso häufig konstatiert wie die illegitime Verbindung von Werbung und redaktionellem Inhalt (Ziffer 7). Die Sensationsberichterstattung (Ziffer 11) wurde in 13 Fällen (9%) angeprangert, die Art und Weise der Medizin-Berichterstattung (Ziffer 14) genau einmal (0,9%). Durchschnittlich kamen 1,36 *Pressekodex*-Kongruenzen pro Eintrag vor.

In einer Kategorie namens ›weiterführende Hinweise‹ wurde erhoben, inwieweit ein Eintrag über die Kritik hinausgeht. Am häufigsten (79-mal, 37,6% der Codierungen; n=210; vier Codierungen möglich) wurden durch Ausführungen des Bloggers noch einige Sachlagen erläutert, außerdem wurden viele Links gezählt, häufig zu *Wikipedia*: In 52 Einträgen (24,8%) enthielt ein Eintrag mindestens drei Links, in 38 Fällen (18,1%) ein bis zwei.

Unter ›Verbesserungsvorschlag‹ wurde gezählt, dass 29-mal (27,4%; n=106) ausformuliert wurde, wie es das kritisierte Medium hätte besser machen können. Bei mehr als der Hälfte der Einträge (53,7%) wurden indes weder Vorschlag noch Anregung gegeben. Im Vergleich zum *Österreich-Blog* diskreditierten die *Bildblogger* ihre Beobachtungsobjekte selten: In 99 Einträgen (93,4% der 106 Kritik beinhaltenden Einträge) wurde keinerlei Diskreditierung erkennbar, in sieben Fällen jedoch eine leichte.

2.2 Leitfadeninterviews

Um nun eine Aussage über die Wirkung der untersuchten Blogs treffen zu können, wurden einige Journalisten gefragt: »Wie beurteilen sie die Arbeit der Sie kritisierenden Medienwatchblogs?«

Interviewpartner waren:
- *Bildblog*: ein anonymer Mitarbeiter von *Bild.t-online.de*
- *DailyError:* Kai N. Pritzsche (Chefredakteur FAZ.*net*) sowie Marc Böhler (Redaktor NZZ*online*)
- *Spiegelkritik*: Mathias Müller von Blumencron (Chefredakteur *SpiegelOnline*) sowie ein anonymer Redakteur des *Spiegels*
- *Zeit/Meckern*: Gero von Randow (Chefredakteur *Zeit.de*)
- *Österreich-Blog*: Claus Reitan (Chefredakteur *Österreich*), Christian Nusser (Chefredakteur *oe24.at*)
- *Krone-Blog:* Kein Mitarbeiter der *Kronen-Zeitung* war zu einem Interview bereit.

Mathias Müller von Blumencron sagte, als Journalist sollte man »nicht gleich vom Stuhl fallen oder Herzflattern kriegen«, wenn in einem Blog »mal eine kritische Zeile steht«. Sonst müsse man sich seiner Ansicht nach einen anderen Job suchen. Eine derartige Unaufgeregtheit gegenüber dem sie beobachtenden Blog legten auch die übrigen sieben Befragten an den Tag. Sie waren einhellig der Meinung, dass Kritik von außen für ihre Arbeit wichtig sei. Ferner, dass Medienwatchblogs zunächst einmal nur einen weiteren Kanal darstellten, über den Leser ihre Meinung äußern können. Allerdings seien diese, anders als E-Mails oder Leserbriefe, keine Push-, sondern Pull-Medien, die es vom Journalisten verlangen, aktiv zu werden, um die Kritik auch zu empfangen. Genau hier differenziert sich das Bild. Denn das Medienwatchblog-Rezeptionsverhalten geht bei den Befragten weit auseinander.

Sechs von acht Interviewten ist ›ihr‹ Blog zwar bekannt, sie rufen es aber nur selten bis nie auf. Die beiden zu *DailyError* Interviewten waren sich sogar unsicher, wie das Blog genau heißt. Hinsichtlich der Frage

»Wie beurteilen Kritisierte die sie beobachtenden Medienwatchblogs?« lässt sich für *DailyError* und *Spiegelkritik* sagen, dass sie von den Befragten als irrelevant und wirkungslos erachtet werden. *Spiegelkritik* hatte es lediglich mit einem Eintrag vermocht, den befragten *Spiegel*-Redakteur zu einer Überprüfung eines Fakts zu bewegen, der sich als richtig herausstellte. Er besucht es seither nicht mehr und hält es für zu »gewollt«. Mathias Müller von Blumencron findet, es würden zu viele Kleinigkeiten thematisiert.

DailyError gilt wegen seiner sprachlich-stilistischen Ausrichtung der Kritik bei den beiden Befragten als zu unwichtig, um regelmäßig verfolgt zu werden. Es herrscht die Ansicht vor, solchen Sachen könne man nicht nachgehen. Der NZZ*online*-Redaktor sprach sich dafür aus, dass sich das Korrektorat damit befasst.

Die beiden soeben angeführten Blogs spielen im Redaktionsalltag nach Auskunft von vier Befragten also keine Rolle. Dass der Umgang mit Weblogs sehr personenabhängig ist, zeigt sich am Beispiel der Zeitung *Österreich*. Von Online-Chefredakteur Nusser wird das *Österreich-Blog* täglich besucht, von Print-Chefredakteur Reitan nur gelegentlich. Reitan schreibt ihm aber auch keine Relevanz für seine Zeitung zu. Mit der Angabe allerdings, dass es in der Redaktion verfolgt werde, ist dem *Österreich-Blog* dennoch etwas mehr Bedeutung einzuräumen als *DailyError* und *Spiegelkritik*. Zumal: Der andere zum Blog Befragte (Nusser) bezieht das *Österreich-Blog* systematisch in seine Arbeit ein; er hält es für seine Pflicht, es zu verfolgen, und versucht, Fehler, die darin auftauchen könnten, von vorneherein zu vermeiden.

Ähnlich wie Nusser argumentierte der zum *Bildblog* Auskunft gebende *Bild.t-online*-Redakteur. Die Handhabung des *Bildblogs* innerhalb der Redaktion scheint dem des *Österreich-Blogs* zu ähneln. Der Befragte liest es selbst fast täglich, einer seiner Mitarbeiter habe immer ein Auge darauf. Er hält die Arbeit Stefan Niggemeiers und Christoph Schultheis' für eine »grundsätzlich gute Sache«, und dass sie etwas bewirke, sei an den Korrektur-Nachträgen im Online-Angebot der *Bild* erkennbar. Bei ihm habe das Blog erreicht, dass er sorgfältiger arbeite als vorher, um im Blog nicht aufzutauchen, was der Aussage Nussers ähnelt. Auch er selbst nahm, durch *Bildblog* initiiert, schon Korrekturen vor.

Wollte man die Rolle, welche die Befragten dem jeweiligen Blog im Arbeitsalltag zugestehen, abstufen, so stünden *DailyError* und *Spiegelkritik* ganz unten. Zum *Krone-Blog* kann leider keine Einschätzung getroffen werden. Im Mittelfeld rangierten *Österreich-* und *Bildblog*, wobei letzteres etwas weiter oben anzusiedeln ist. Ganz oben zu finden wäre – wenig überraschend – das *Meckerblog*. Es geht auf die Idee des Befragten Gero von Randow zurück, der das Blog deshalb auch verfolgt und laut eigener Angabe mehr als die Hälfte der präsentierten Vorschläge auch umsetzen lässt. Er hält das Blog für notwendig und schätzt den Blogger; *Zeit/Meckern* ist als Kritik-Kanal fest eingebunden in die Redaktionsstrukturen von *Zeit.de*.

3. Resümee

Für die hier nur schlaglichtartig zusammengefasste Arbeit konnten sechs Untersuchungsobjekte ausgemacht werden, die einen sorgfältig gewählten und regelmäßig aktualisierten Ausschnitt der Landschaft darstellen: *Bildblog* (Kritik an *Bild* und anderen *Axel-Springer*-Produkten), *DailyError* (*Frankfurter Allgemeine Zeitung, Frankfurter Allgemeine Sonntagszeitung, Neue Zürcher Zeitung, Süddeutsche Zeitung*), *Spiegelkritik* (*Spiegel, Spiegel Online*), *Zeit/Meckern* (*Zeit.de*), *Österreich-Blog* (*Österreich*) und *Krone-Blog* (*Kronen-Zeitung*). Unter der übergeordneten Forschungsfrage »Wie üben Medienwatchblogs Kritik an etablierten Medien?« wurde fortan mit den genannten Blogs operiert. Im Sinne einer möglichst umfassenden Beantwortung dieser Frage hat die Autorin einen hybriden Forschungsansatz gewählt, bestehend aus Inhaltsanalyse und Leitfadengespräch mit Mitarbeitern der kritisierten Medien.

Mittels der Inhaltsanalyse von 449 Einträgen im Oktober und November 2006 konnte mit Orientierung an untergeordneten Forschungsfragen ermittelt werden, welche Schwerpunkte die einzelnen Blogs setzen: Wegen der hohen Aktualisierungsrate von zwei den Boulevard kritisierenden Blogs (*Bildblog, Österreich-Blog*) dominiert die Kritik am Ressort Buntes sowie an inhaltlichen Fehlern, insbesondere an faktischen. Die Kritikübung ist vielfältig. Man hätte annehmen können, das populäre *Bildblog* gelte nicht nur in seiner Idee, sondern auch in seiner Form als Vorbild für die anderen Blogs. Stattdessen unterscheiden sich die untersuchten Weblogs aber sehr stark voneinander und scheinen um eigene Charakteristika bemüht.

Die Ergebnisse der Inhaltsanalyse zusammenfassend, ist zu sagen, dass Medienwatchblogs nicht umfassend, sondern sehr punktuell Kritik üben. Deshalb sticht bei jedem Blog immer ein kritisierter Aspekt besonders deutlich hervor. Bei *Zeit/Meckern* sind das etwa Fragen der Usability der Website, bei *DailyError* sprachliche Aspekte. Je nach Blog konnte ein individueller Schwerpunkt ausgemacht werden. Ist die Blogosphäre in ihrer Vielfalt ein Ausdruck disperser Kommunikation, so gilt dies auch für Medienwatchblogs, in denen ganz individuell agiert wird. Insgesamt unterscheiden sich die Blogs also sehr stark voneinander, am ähnlichsten sind sich noch das jüngste und das älteste der untersuchten Blogs, weil sie beide recht ähnliche Medien beobachten: *Österreich-Blog* und *Bildblog*. Der Aufwand, etablierte Medien mittels eines Weblogs zu kritisieren, ist so gering, dass man schnell Kleinigkeiten verurteilen kann. Es sind nämlich fast immer kleine, kurze Einzelaspekte, die kritisiert werden. Die meisten Kongruenzen mit dem *Deutschen Pressekodex* betrafen deshalb auch die Sorgfaltspflicht (Ziffer 2). Ein sorgsamer Umgang mit Fakten und deren korrekte Darlegung ist für die untersuchten Medienwatchblogs somit das wichtigste Qualitätsmerkmal, dessen Fehlen sodann aufgegriffen wird. Kongruenzen, die längere Nachforschungen seitens der Blogger zur Voraussetzung gehabt hätten – etwa Ziffer 5 (›Berufsgeheimnis‹) und Ziffer 6 (›Trennung von Tätigkeiten‹) –, kamen allerdings nicht vor. *Bildblog* und *Spiegelkritik* versuchen sich zwar mitunter an längeren Recherchen. Von Scoops deutschsprachiger Medienwatchblogs kann aber weder während des Untersuchungszeitraums noch insgesamt seit Bestehen der Blogs gesprochen werden. Als größten bisherigen Triumph des Blogs nannte Stefan Niggemeier auf einem Workshop des *Masterprogramms Medien Leipzig* die Tatsache, dass der ›rechtsextremistische Esoteriker‹ Trutz Hardo nicht mehr für die *Bild* schreiben darf.[4] Dies mag mit Sicherheit als Erfolg aufgefasst werden. Dennoch ist die deutschsprachige Medienwatchblogosphäre als Ergebnis der hier durchgeführten Inhaltsanalyse in erster Linie als ein Sammelsurium kleiner, oft auffälliger Mängel etablierter Medien zu bewerten, je nach Blog mit unterschiedlichem Schwerpunkt. Das Dokumentarische wird insbesondere im *Krone-Blog* deutlich, wo fast drei Viertel der Einträge lediglich abgeschriebene Zitate darstellen.

Medienwatchblogs verstärken den Effekt, den Weblogs ohnehin schon haben: Sie stellen das Monopol traditioneller Massenmedien in

---

4 Die Verfasserin dieser Arbeit hat den Workshop am 22.03.2007 besucht und dabei diese Aussage notiert. Der Vorgang um Trutz Hardo ist nachzuvollziehen unter URL: http://www.bildblog.de/index.php?s=trutz+hardo (Abruf: 24.03.2007).

Frage. Momentan fungieren diese Blogs zwar in erster Linie als Archiv, als öffentlich zugängliche Sammlung von Unzulänglichkeiten etablierter Massenmedien. Mit zunehmender Akzeptanz des Internets können aber auch solche ›kleinen‹ Kommunikatoren eine größere Rolle spielen. Das *Bildblog* hat bereits vorgemacht, wie erfolgreich Blogger werden können. Als Ergebnis der zweiten angewandten Methode, des Leitfadengesprächs, konnte eruiert werden, dass *Bildblog* als recht wirksame Kontrollinstanz zu bewerten ist. Der zum *Bildblog* Befragte weiß um seinen externen Kritiker, der bereits zahlreiche Korrekturen erwirkt hat. Für die übrigen Untersuchungsgegenstände hingegen ist zu sagen, dass die Befragten das jeweilige Blog zwar kennen, teilweise auch regelmäßig konsultieren, die darin vorgebrachten Kritikpunkte aber nie als so gravierend eingestuft wurden, dass sie einer Korrektur bedurft hätten. Eine Ausnahme stellt *Zeit/Meckern* als ein vom kritisierten Medium gewünschtes Blog dar. Dementsprechend effektiv ist es. Mehr als die Hälfte der Einträge bewirken eine Verbesserung, und der befragte *Zeit.de*-Chefredakteur zeigte sich hochzufrieden mit der Arbeit der Blogger.

Das Experiment von *Zeit.de* ist fortschrittlich und sollte Vorbild für andere Medien sein: So kann beeinflusst werden, wer Kritik übt. *Zeit/Meckern* wurde initiiert, um der Komplexität einer Website Rechnung zu tragen und auf Punkte aufmerksam zu werden, die wohl nur Leser bemerken. Ebenso könnte ein hausinternes Medienwatchblog genutzt werden, um die eigenen Schwächen regelmäßig beobachten zu lassen. Für Leser ergibt sich der Vorteil, dass sie einen zentralen Ansprechpartner hätten, der ihre Anregungen aufgreift, wie das *Onkel Brumm* in *Zeit/Meckern* tut.

Eine transparente Auseinandersetzung und das Eingestehen von Fehlern wird für Journalisten künftig unabdingbar sein. Die Blogosphäre wächst, und wer sich beispielsweise falsch zitiert fühlt, kann darauf selbst reagieren. Medienwatchblogs sind in diesem Rahmen ein Ausdruck schwindenden Obrigkeitsdenkens gegenüber Massenmedien. Dennoch ist als zentrales Ergebnis dieser Arbeit festzuhalten, dass es keinen Grund gibt zur Euphorie: Medienwatchblogs – im hier untersuchten Rahmen – sind nur ein kleiner Teil des Kontrollnetzwerks journalistischer Qualität, nicht mehr und nicht weniger als ein weiterer Kanal, über den Kritik geäußert werden kann. Die Blogs sind gerade selbst noch dabei, ihre Möglichkeiten und Wirkungen auszuloten. Auf der anderen Seite, der der Kritisierten, setzt derweil das Wissen um die öffentliche Angreifbarkeit ein. Liefern

Medienwatchblogger in ihrem Eintrag konkrete Ansätze, die korrigierbar sind, so bewirken diese auch jetzt schon Verbesserungen, wie das Beispiel *Bildblog* zeigt. Generelle Angriffe gegen die Linie eines Mediums aber wurden von den Befragten als wenig fruchtbar eingeschätzt. Um sich bei Journalisten wie bei Nicht-Medienschaffenden mehr Gehör zu verschaffen, braucht die Medienwatchblogsophäre wahrscheinlich einmal einen richtig großen Aufdeckungserfolg. Dafür wird aber ein langer Atem vonnöten sein, wahrscheinlich ein längerer als der, mit dem bisher kritisiert wird.

Literatur

ARMBORST, M.: *Kopfjäger im Internet oder publizistische Avantgarde? Was Journalisten über Weblogs und ihre Macher wissen sollten.* Berlin [LIT Verlag] 2006

DIEKMANN, A.: *Empirische Sozialforschung. Grundlagen, Methoden, Anwendungen.* Reinbeck bei Hamburg [Rowohlt Taschenbuch Verlag] 2000

HANNEMANN, U.; R. HENKE; N. WALDENMAIER: Web 2.0. Das Mitmach-Netz. In: *Focus* (41/2006), S. 172-188

HORNIG, F.: Du bist das Netz! In: *Der Spiegel* (29/2006), S. 60-74

HUBER, CH.: Journalistische Infrastrukturen als Teil des Qualitätssicherungs-Netzwerks. In: FABRIS, H.; F. REST (Hrsg.): *Qualität als Gewinn. Salzburger Beiträge zur Qualitätsforschung im Journalismus.* Innsbruck [StudienVerlag] 2001, S. 129-140

JOHNSON, H.: Österreicher: Stolz auf ihren Rang. In: *Österreich-Blog* (27.10.2006). Abrufbar unter URL: http://oesterreichblog.twoday.net/20061027/ (Abruf: 25.09.2007)

NEUBERGER, CH.: Weblogs verstehen. Über den Strukturwandel der Öffentlichkeit im Internet. In: PICOT, A.; T. FISCHER (Hrsg.): *Weblogs professionell. Grundlagen, Konzepte und Praxis im unternehmerischen Umfeld.* Heidelberg [d.punkt Verlag] 2006, S. 113-129

SCHMIDT, H.: Bildblog und Spreeblick führen Blog-Rangliste an. In: *Frankfurter Allgemeine Zeitung*, 16.10.2006, S. 21

SCHMIDT, J.: Einschätzungen für 2007, heute: Jan Schmidt. In: *Onlinejournalismus.de*, 28.12.2006. Abrufbar unter URL: http://www.onlinejournalismus.de/2006/12/28/einschaetzungen-fuer-2007-heute-jan-schmidt/ (Abruf: 16.01.2007)

STEFFEN BÜFFEL

Crossmediale Transformation lokaler Öffentlichkeiten: Strategien von Zeitungsverlagen im Social Web

Abstract

Im Social Web werden Internetnutzer zueinander in Beziehung gesetzt, die Grenzen zwischen Sender und Empfänger verschwimmen, massenmediale Anbieter suchen den direkten Dialog mit ihrem Publikum, sodass neue Formen von Öffentlichkeiten on- und offline entstehen können. Der Beitrag skizziert die aktuellen Bestrebungen deutscher Zeitungsverlage, mithilfe von Social-Software-Anwendungen ihr redaktionelles Marketing dem sich wandelnden Mediennutzungsverhalten und Veränderungen im Mediengefüge anzupassen. Am Beispiel der crossmedialen Publikationsstrategie des *Trierischen Volksfreunds* wird diskutiert, welche Konsequenzen sich hieraus für die Etablierung lokaler Öffentlichkeiten ableiten lassen.

1. Die Medienwelt im Wandel – Herausforderungen für die Tageszeitung

Als die Verlagsgruppe der *Westdeutschen Allgemeinen Zeitung* (WAZ) ankündigte, dass die Bloggerin Lyssa alias Katharina Borchert zum 1. August 2006 die neue Online-Chefin der WAZ werden wird, erzeugte dies großes Aufsehen sowohl in der Verlagsbranche als auch in der Bloggerszene. Ein Schwergewicht im regionalen Zeitungsmarkt setzte eine in der Blogosphäre etablierte Bloggerin an die Spitze ihrer neuen Internetstrategie. Häme, Wut und Unverständnis machten sich in Teilen der deutschen

Bloggerszene und bei vielen etablierten Journalisten breit. Von Verrat der Bloggerethik und Käuflichkeit war an einigen virtuellen Ecken die Rede. Inzwischen sind in diesem Fall die Wogen geglättet. Die Themen Web 2.0, Social Software, Bürgerjournalismus und der insbesondere durch Weblogs vorangetriebene Wandel im medialen Gefüge treibt die Verantwortlichen deutscher Medienhäuser aber weiterhin in hohem Maße um. Auch die Blogosphäre, die sich teilweise gerne selbst als publizistisches Gegengewicht zu den professionellen Massenmedien versteht, ist auf dem Weg zur Kommerzialisierung. Darüber hinaus legen *Google, Yahoo, Microsoft* und Co. einen großen Einkaufshunger[1] an den Tag und sind damit online die größten Konkurrenten für klassische Medienunternehmen im Nachrichtengeschäft. Gleichzeitig überraschen die imposanten Wachstumsraten von Online-Communities wie *MySpace, YouTube* oder *Flickr* und binden damit die Aufmerksamkeit von Millionen von Usern[2]. All dies sind Indikatoren für die voranschreitende Verlagerung der Mediennutzung in Richtung Web, wie es auch die jüngsten Zahlen der ARD/ZDF-Online-Studie belegen (vgl. VAN EIMEREN/FREES). Demnach sind knapp 63 Millionen Deutsche online, die Verweildauer bei der Internetnutzung hat sich im Vergleich zum Jahr 2000 inzwischen fast vervierfacht. Damit einher geht auch die Umschichtung der Werbemilliarden. Dass dies bei den etablierten massenmedialen Anbietern in den Bereichen Fernsehen, Hörfunk und Print Nervosität und Unbehagen verursacht, liegt nahe. Niemals zuvor wurde das bisherige massenmediale Gefüge so grundsätzlich und von so vielen Seiten gleichzeitig herausgefordert. Die Rede ist – in Anlehnung an Jürgen Habermas (vgl. HABERMAS 1990) – von einem erneuten *Strukturwandel der Öffentlichkeit*, der durch die partizipativen Kommunikations- und Publikationswerkzeuge im Web 2.0 initiiert wird (vgl. NEUBERGER 2005, 2006). Weblogs, Wikis und Co. verändern die Art und Weise, wie Öffentlichkeit medial hergestellt wird. Das Internet ist zum Hebel und das Web zum Sinnbild für die Transformation tradierter Strukturen im Mediensystem geworden. Einwegkommunikation wird abgelöst durch multidirektionale Netzwerkkommunikation. Informa-

1 So kaufte *Google* im Jahr 2006 die Videoplattform *YouTube* für 1,6 Mrd. US-Dollar, *Yahoo* vertreibt Kleinanzeigen im Web in Kooperation und Microsoft erregte im November 2007 aufsehen mit dem Einstieg bei der Online-Community *Facebook*.
2 *MySpace* ist mit 160 Millionen Nutzerprofilen das größte soziale Online-Netzwerk, auf *YouTube* landen täglich 65 000 neue Videos, 100 Millionen Videos werden pro Tag abgerufen. 100 Millionen User haben auf dem *MySpace*-Konkurrenten *Facebook.com* inzwischen 4 Milliarden Bilder hochgeladen.

tions- und Publikationsmonopole der bisherigen massenmedialen Gatekeeper werden flankiert durch Grasswurzelmedien wie etwa die Weblogs, und es kommen mit den Internetgiganten *Google, Yahoo,* und MSN neue mächtige Akteure ins Spiel. Gleichzeitig vernetzt Social Software die bisher anonymen Nutzermassen zu intelligenten Kollektiven. Noch sind die Entwicklungen zu jung und die Dynamik zu groß, als dass verlässliche Aussagen über die weitere Entwicklung gegeben werden könnten. Aber es ist gerade diese kontinuierliche Veränderung, die sich als Regel und weniger nur als vorübergehende Ausnahme herauskristallisiert.

Insbesondere die Printmedien und hier vor allem die tagesaktuellen Zeitungen sehen sich aufgrund dieser Entwicklungen einem steigenden Handlungsdruck ausgesetzt, da die konjunkturelle Krise nach dem Platzen der New-Economy-Blase Anfang des 21. Jahrhunderts in die von Medienexperten schon weit davor absehbare strukturelle Krise übergegangen ist. Strukturell stecken die tagesaktuellen Printmedien deswegen in der Krise, weil sich mit der Konkurrenz der elektronischen und digitalen Medien untereinander auch die Konkurrenz um die Aufmerksamkeit der Kunden verschärft hat. Höhere Mobilität, mehr 1-Personenhaushalte und schrump-

ABBILDUNG 1
Reichweite deutscher Tageszeitungen von 1997-2007 nach Altersgruppen

Reichweite deutscher Regionalzeitungen von 1997-2007

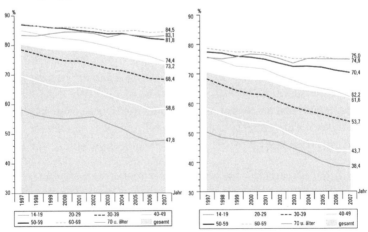

Quelle: BDZV 2007

fende Medienbudgets haben zudem zu einem grundlegenden Wandel in der Mediennutzung geführt. Dies zeigt sich insbesondere bei den jungen Mediennutzern. Nach Angaben des *Bundesverbandes der deutschen Zeitungsverleger* (BDZV) ist die Reichweite deutscher Tageszeitungen in den vergangenen zehn Jahren in der Altersgruppe der unter 40-Jährigen kontinuierlich im Schnitt um elf Prozent gesunken, bei den deutschen Regionalzeitungen liegen die Reichweitenverluste bei den Zielgruppen der 14- bis 39-Jährigen sogar im Schnitt bei 15 Prozentpunkten (vgl. Abb. 1).

Auf der Suche nach neuen Wegen, die aus Marketingsicht attraktiven jungen Zielgruppen wieder besser zu erreichen, sehen sich die Tageszeitungen – übrigens nicht nur in Deutschland – mit weiteren harten Fakten konfrontiert. Vor dem Hintergrund der sinkenden Reichweiten stellt sich die Frage danach, was die jüngeren Zielgruppen denn alternativ zur Zeitungsnutzung tun. Ein Blick in die aktuelle Erhebungswelle der von ARD und ZDF durchgeführten Langzeitstudie zur Massenkommunikation gibt hier Aufschluss. Demnach hat sich die tägliche Mediennutzung in den vergangenen 25 Jahren von täglich 346 Minuten im Jahr 1980 auf 600 Minuten im Jahr 2005 fast verdoppelt. Den größten Zuwachs verzeichnen hier die elektronischen Medien Fernsehen und Hörfunk sowie das digitale Medium Internet. Die tägliche Nutzungsdauer für die Tageszeitung ist gleichzeitig im Schnitt um zehn Minuten von 38 Minuten im Jahr 1980 auf 28 Minuten im Jahr 2005 gesunken (vgl. VAN EIMEREN/RIDDER 2005).

Die voranschreitende Medienkonvergenz, die vormals getrennte Publikations-, Informations- und Kommunikationswege im Internet vereint und dabei gleichzeitig eine Vervielfachung neuer Distributionsformate und -kanäle begünstigt, kann dabei als Antriebsmotor für das sich stark verändernde Mediennutzungsverhalten der Menschen herangezogen werden. Vor allem Social Software wie etwa Weblogs, Wikis, Social-Bookmarking-Dienste und Community-Plattformen haben aus dem ehemals lediglich passiv konsumierenden Publikum eine wachsende Schar aktiv und interaktiv agierender Web-User werden lassen, die mithilfe der einfach bedienbaren Publikationswerkzeuge eigene webbasierte Öffentlichkeiten erzeugen und ungefiltert ihre Meinung veröffentlichen können. Die dahinterliegenden Entwicklungen sind der voranschreitende Prozess der Medienkonvergenz, das sich verändernde Mediennutzungsverhalten und die verbesserten Möglichkeiten der Partizipation im Internet. Möglich wurde dies einerseits durch die radikale Vereinfachung der Publikationsinstrumente und durch die grundsätzlich auf Partizipation und flache Netzwerkstrukturen ausgerichtete Grundarchitektur des Webs. Dies sind zwar altbekannte Eigenschaften des Mediums, sie erleben aber im Social Web eine Renaissance. Vielfach wird von einer Revolution gesprochen, medienhistorisch betrachtet ist der aktuelle Stand jedoch aus der medientechnologischen und mediensoziologischen Evolution des Online-Mediums und dem sich wandelnden Nutzungsverhalten erklärbar. Die Herausforderungen, die sich durch diese Evolution in Form von Web 2.0 ergeben und sich durch die grundlegenden Veränderungen der Medienlandschaft den Verlagen heute stellen, illustrieren Shayne Bowman und Chris Willis in ihrem Reader *We Media*, dessen Untertitel lautet: *How Audiences are Shaping the Future of News and Information* (BOWMAN/WILLIS 2005). Sie weisen damit auf die Rolle des aktiven Publikums hin und leiten unter Zuhilfenahme eines Zitats von Steve Outing folgende Schlussfolgerung ab: »The one-way conversation of a printed newspaper won't do – thus prints' prospects for the young digital generation are not promising. Newspaper Web sites and other newspaper digital media formats likewise cannot afford to perpetuate the one-way model. They've got to become more interactive« (Outing in BOWMAN/WILLIS 2003: 54).

Die Grundprinzipien des Web 2.0 sind im Kern auf Partizipation ausgelegt und gestatten die in der zitierten Aussage geforderte stärkere Öffnung klassischer massenmedialer Anbieter zum Dialog mit dem Publikum und mehr Interaktivität der Online-Angebote. Inzwischen haben einige Medienhäuser in der Tat erkannt, dass der Einsatz von Social Software Anwendungen wie Weblogs, Podcasts und Social-Bookmarking-Diensten, aber auch das Anbieten von Kommentarfunktionen und RSS-Feeds eine neu heranwachsende Gruppe von Medienkonsumenten erreicht, die sonst zu den Portalen großer Internetunternehmen abwandern würde.

Nachdem in diesem Kapitel die zentralen Wandlungsprozesse in der aktuellen Medienlandschaft grob umrissen wurden, wird im folgenden Kapitel anhand zweier Studien dargestellt, wie Tageszeitungen die neuen Möglichkeiten von Social Software einsetzen, um den Veränderungen im Mediengefüge und im Nutzungsverhalten der Konsumenten zu begegnen.

2. Social-Media-Strategien deutscher Zeitungsverlage im Überblick

Die Online-Aktivitäten bei Medien- und insbesondere Zeitungshäusern im Zusammenhang mit den neuen Möglichkeiten im sogenannten

›Web 2.0‹ haben spätestens mit dem Aufkommen des Blogging-Phänomens in den USA und seit ca. 2005 auch in Deutschland zugenommen. Denn im Kontext der Bundestagswahl 2005 entdeckten Parteien und Politiker sowie einige Medienanbieter Weblogs als ein zusätzliches Kommunikationsinstrument. Damit wurde das Phänomen des Bloggens einer breiteren Masse zugänglich gemacht. Längst bieten insbesondere überregionale Zeitungen eigene, redaktionell betreute Weblogs an, einige wenige Regionalzeitungen haben nachgezogen. Aufgrund der Fülle der Angebote – der BDZV listet derzeit 630 Online-Angebote deutscher Printmedien auf seiner Website – und der hohen Dynamik der Veränderungen im Internet fehlt bislang ein systematischer Überblick über den Einsatz von Web-2.0-Features in der Online-Zeitungslandschaft Deutschlands.

2006 wurde deshalb auf Initiative von Alexander Svensson, seines Zeichens Online-Redakteur beim NDR, eine Untersuchung der Online-Funktionalitäten[3] der laut IVW 100 auflagenstärksten Tageszeitungen in Deutschland von einem vierköpfigen Projektteam durchgeführt (vgl. BÜFFEL u.a. 2007). Beteiligt waren neben Alexander Svensson, Falk Lüke (ZEIT online), Igor Schwarzmann (*Medienrauschen.de*) und der Verfasser dieses Beitrags, der im Rahmen eines studentischen Forschungsprojekts im Fach Medienwissenschaft an der Universität Trier für die Verifikation und Bereinigung der erfassten Daten zuständig war.[4]

Als Vorlage und zur Orientierung diente eine Studie der *Bivings Group*[5], die für den US-amerikanischen Markt ebenfalls die Online-Features der dortigen 100 auflagenstärksten Zeitungen untersuchte (vgl. BIVINGS GROUP 2006). Somit liegen mit diesen beiden Untersuchungen erste Vergleichsdaten vor, die trotz der unterschiedlichen Formation der jeweiligen nationalen Medienmärkte einen Einblick in den Status quo gestatten. Abbildung 2 stellt die zentralen Ergebnisse der US-Studie der Erhebung für den deutschen Markt gegenüber.

---

3   Untersucht wurde u.a., ob die Online-Angebote RSS-Feeds anbieten, ob Reportblogs, Podcasts, Videos, Chat und Foren vorhanden sind und ob Leser Beiträge kommentieren können.
4   Der Datensatz der Inhaltsanalyse ist verfügbar unter: http://www.wortfeld.de/wiki/index.php/Features_von_Zeitungs-Websites_in_Deutschland
5   http://www.bivingsreport.com

ABBILDUNG 2
Online-Features deutscher und amerikanischer Zeitungen im Vergleich

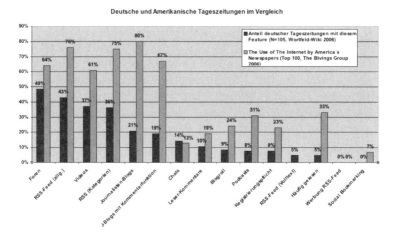

Quelle: eigene Darstellung

Insgesamt zeigt sich, dass US-Zeitungen mit Ausnahme der Kategorie ›Chat‹ in allen weiteren Bereichen deutlich häufiger multimediale und dialogorientierte Formate in ihren Online-Angeboten anbieten. Deutsche Online-Ableger von Regionalzeitungen setzen am häufigsten auf Foren, fast die Hälfte der betrachteten Angebote bietet dieses Feature. Die flexible Verbreitung der Zeitungsinhalte per RSS-Feed wird von 43 Prozent der Zeitungen angeboten, eine Differenzierung der RSS-Feeds nach Ressorts gibt es bei 36 der 100 untersuchten Angebote. Überraschend ist, dass bereits 2006 mehr als ein Drittel der Zeitungshäuser online Videoinhalte anbietet. Aus heutiger Sicht sind es gerade überregionale und regionale Bewegtbildangebote, die zu den Boombereichen im Online-Segment zählen. Audioinhalte in Form von On-Demand-Angeboten bzw. als Podcasts spielen mit acht Prozent kaum eine Rolle. Redaktionelle Weblogs ohne und mit Kommentarfunktion waren dagegen bereits mit ca. 20 Prozent vertreten, eine Kommentarfunktion für klassische redaktionelle Beiträge war dagegen nur bei jedem zehnten untersuchten Online-Angebot nachweisbar. Eine Funktion, die den Lesern auf der Startseite die am häufigsten von anderen Lesern aufgerufenen Beiträge anzeigt, lediglich bei fünf

Prozent der Anbieter. Die Vergleichswerte für den US-Markt sprechen eine deutliche Sprache, dort setzen die auflagenstärksten Zeitungsverlage online bereits konsequenter alternative Distributionswege (z. B. RSS), multimediale Elemente (z. B. Videos) und dialogische Formate in Form von Kommentarfunktionen und Weblogs ein.

Ordnet man für den deutschen Markt diejenigen Zeitungen, die die relevanten Features am häufigsten aufweisen, ihren jeweiligen Mutterkonzernen zu, so zeigt sich deutlich, dass es insbesondere die großen Verlagsgruppen und Medienhäuser sind, die sich online in Sachen Multimedia, Social Media und Interaktivität engagieren. Sie weisen die meisten Features in unterschiedlichen Online-Ausgaben ihrer Blätter auf. Konkret wird die Liste von der *Holtzbrinck-Gruppe* mit insgesamt 40 Features über alle Online-Publikationen hinweg angeführt, gefolgt von der *WAZ-Gruppe* mit 30, dem *Axel Springer Verlag* mit insgesamt 27 Features, gefolgt von *Dumont Schauburg* mit 24 Features und der *Ippen-Gruppe* mit immerhin noch 15 Features.

Die drei Zeitungen mit den meisten Online-Features sind auf Platz 1 und Platz 3 aus der Verlagsgruppe *Georg von Holtzbrinck* der *Südkurier* mit zehn Features bzw. der *Trierische Volksfreund* mit acht Features. Auf Platz 2 liegt mit neun Features die *Westdeutsche Allgemeine Zeitung*. Sie alle bieten unter anderem Foren, Weblogs, RSS-Feeds und Videos an, was den Nutzern eine aktive und direkte Feedbackmöglichkeit ermöglicht und ihnen außerdem Videoinhalte anbietet, die insbesondere in Bezug auf lokale Informationen erstmals regelmäßige, regionale Bewegtbildinfomationen zur Verfügung stellt. Dies wurde bisher – wenn überhaupt und nur in Teilen – von den Landesrundfunkanstalten oder vereinzelt von offenen Kanälen oder privaten Fernsehanbietern bewerkstelligt. Das Novum besteht also darin, dass es gerade die Zeitungsanbieter sind, die mit Videoinhalten online eine regelmäßige Berichterstattung über eine Region zu etablieren suchen. Besonders in ländlichen Regionen ermöglicht dies den Mediennutzern eine einerseits von der Fernsehnutzung zwar gewohnte Art der Informationsbeschaffung, aber aufgrund der lokalen Fokussierung eine veränderte Wahrnehmung regionaler Themen, die bislang nur in Form der gedruckten Tageszeitung in Text und Bild bestimmt wurde.

In Bezug auf Möglichkeiten der Teilhabe und des Dialogs mit der Zeitungsredaktion sind es insbesondere Weblogs, die das tradierte Ungleichverhältnis zwischen massenmedialem Sender und dispersem Publikum zu transformieren beginnen. In Weblogs wird die starre Trennung in

Sender und Empfänger aufgehoben. Feedback und damit Dialog ist auf direkterem Wege möglich als bisher. Gleichzeitig findet der Dialog in einem öffentlich zugänglichen Medium statt und nicht mehr nur in Form von Leserbriefen, deren Veröffentlichung von der Redaktion gesteuert werden kann. Somit haben die Nutzer der Online-Angebote von Zeitungshäusern, die redaktionelle Weblogs mit Kommentarfunktion anbieten oder es gar gestatten, dass Leser eigene Weblogs unter dem Dach der Zeitungsmarke eröffnen, die Gelegenheit, sich aktiv in lokale Diskurse einzumischen, ihre Meinung und Themenideen einzusetzen. Auch wenn dies an der bisherigen Informations- und Publikationshoheit der Tageszeitungen kratzt, sehen die im Social Web aktiven Medienhäuser genau darin die Chance, Leser-Blatt-Bindung zu betreiben oder bereits an das Internet verlorene Lesergruppen wieder zurückzugewinnen.

Bevor im nächsten Kapitel am Beispiel der Weblogs aufgezeigt wird, wie diese auf Anbieterseite das Redaktionsmarketing ergänzen, abschließend noch eine Anmerkung zum Begriff der Leser-Blatt-Bindung. Die Rede von der Leser-Blatt-Bindung ist aufgrund der aktuellen Entwicklung dahingehend zu modifizieren, dass die Zeitungshäuser in zunehmendem Maße nicht mehr nur reine Anbieter von Printmedien sind, sondern mit ihren Online-Ablegern und dem Einsatz von Videos inzwischen zu Multimediaanbietern avancieren. Das Blatt als gedruckte Zeitung gehört zwar weiter zum Kerngeschäft, jedoch wird die Marke der Medienhäuser zusehends von der Zeitung als gedrucktem Massenmedium abgekoppelt und stattdessen vielmehr als Dachmarke für sämtliche Publikationsformate eingesetzt.

3. Weblogs im Redaktionsmarketing – Potenziale und Ziele

Weblogs sind als periodisch aktualisierte Online-Publikationen mit meist kurz gehaltenen Einträgen, die in umgekehrt chronologischer Reihenfolge angeordnet sind und eine genaue Datums- und Zeitangabe aufweisen, eine Publikationsform, die es Anbietern von Tageszeitungen gestattet, den Publikationszyklus der gedruckten Tageszeitung zu durchbrechen und gleichzeitig eine direkte Feedbackmöglichkeit zur Verfügung zu stellen. In der Regel wird ein Weblog von nur einer Person betrieben, die sich aber über Verlinkungen mit anderen Bloggern vernetzt, wodurch in den letzten Jahren die sogenannte ›Blogsphäre‹ als internetöffentlicher Diskursraum entstanden ist. Diskursraum deswegen, weil durch die Verlinkungen zwischen den Weblogs und die Möglichkeit für Schreiber und Leser, Beiträge über die Kommentarfunktion mit der eigenen Meinung zu versehen, in der Blogsphäre verteilte Diskussionen entstehen können. Als prinzipiell öffentlich zugänglicher virtueller Raum können in der Blogsphäre so webbasierte Öffentlichkeiten entstehen. Dem entsprechend definiert Jan Schmidt Social Software als diejenigen onlinebasierten Anwendungen, »die das Informations-, Identitäts- und Beziehungsmanagement in den (Teil-) Öffentlichkeiten hypertextueller und sozialer Netzwerke unterstützen« (SCHMIDT 2006: 2). In dieser Eigenschaft von Weblogs als Social Software stecken die interaktiven Potenziale, die inzwischen für die klassischen massenmedialen Anbieter von steigendem Interesse sind. Als Teil des Redaktionsmarketings und der dialogischen Öffnung setzen eine Reihe überregionaler und regionaler Tageszeitungen wie oben beschrieben bereits seit geraumer Zeit redaktionell betreute Weblogs ein, die den Lesern Partizipation und direkte Einmischung per Kommentarfunktion gestatten. Die Potenziale von Web 2.0 und Social Software spielen also in zunehmendem Maße eine zentrale Rolle in den strategischen Zukunftsplanungen der Zeitungshäuser, insbesondere um die Wertschöpfung des eigenen Unternehmens auszuweiten, um die Ansprache bestehender und neu zu gewinnender Zielgruppen zu optimieren und somit im umkämpften Online-Markt zukunftsfähig zu bleiben. Der Aufbau von Online-Communities, die verstärkte Einbindung der Leser beziehungsweise User sowie die Nutzbarmachung von User-generated-Content stehen dabei im Mittelpunkt. Die Verlage sehen in der Aktivierung ihrer Leser und Nutzer die Chance, ihre Online-Marke zu stärken, Abrufzahlen und die Bindung der Nutzer an die Marke zu steigern.

Nimmt man die Perspektive der Mediennutzer ein, so werden durch die partizipativen Möglichkeiten Teilhabe und in gewissem Maße auch Mitbestimmung bei der Gestaltung der redaktionellen Selektionsprozesse und damit indirekt auch der Steuerung der Medienöffentlichkeit gewährt, was im Lokalen stärker zum Tragen kommt als im Überregionalen. Grund hierfür ist, dass die Identifikation mit lokalen Themen aus dem unmittelbaren Lebensumfeld eine höhere Bindungskraft erzeugt als etwa abstrakte überregionale politische Themen. Gestützt wird diese These, wenn man bestehende lokale Weblog-Communities hinsichtlich ihrer Themen betrachtet. Dies und die Strategien, die regionale Medienhäuser bei der Nutzbarmachung von Social Software für den Ausbau der eigenen Wertschöpfung bereits eingeschlagen haben, werden im folgenden Kapitel am Beispiel der Weblog-Community des *Trierischen Volksfreunds* dargestellt.

4. Crossmedia – Die Weblog-Community des *Trierischen Volksfreunds*

Die im Folgenden gemachten Erläuterungen zur Weblog-Community des *Trierischen Volksfreunds* entstammen einer Fallstudie, die der Verfasser in Kooperation mit der *Medien- und Filmgesellschaft Baden-Württemberg* im Jahr 2006 zum Thema ›Social Software im Verlagswesen‹ erstellt hat. Darin wurde in Form von Experteninterviews mit den Machern und einer Produktanalyse der Website das Profil und die Strategie des Weblog-Projekts analysiert. Die Weblog-Community des *Trierischen Volksfreunds* wurde im Oktober 2005 mit zwölf redaktionell geführten Blogs und einem Weblog-Hosting-Dienst für Blogs von Lesern gestartet. Seitdem wurden etwa 500 Weblogs von Nutzern des Webangebots des *Trierischen Volksfreunds* registriert, von denen jedoch nur etwa 20 Prozent täglich oder mehrfach täglich aktualisiert werden. 30 Prozent der Blogger schreiben in größeren Intervallen, die verbleibenden Blogs werden nur selten mit neuen Inhalten bestückt oder sind stillgelegt. Dennoch hat sich seit Start der Weblogs eine stabile Weblog-Community herausgebildet, in der sich zwischen den aktiv bloggenden Lesern und den bloggenden Redakteuren auf ganz unterschiedliche Weise ein dialogischer Austausch entwickelt hat. Begünstigt wurde und wird diese Entwicklung durch die strategische Ausrichtung des Projekts mit dem Fokus auf interaktive Öffnung der Redaktion für die Leser der Zeitung und die User des Online-Angebotes sowie die konsequente crossmediale Verzahnung von Webloginhalten mit der gedruckten Ausgabe des *Trierischen Volksfreunds*. Gerade hierin sehen die Verantwortlichen eine effektive Ergänzung der Gesamtstrategie einer umfassenderen Leserbeteiligung. Ziele sind hierbei einerseits, einen bürgernäheren Journalismus zu betreiben, und andererseits, Potenziale für den Ausbau der Wertschöpfung des Unternehmens zu aktivieren. Dabei geht es zunächst weniger um Gewinnmaximierung, sondern um eine marktstrategische Investition in die Zukunft, die als Baustein eines interaktiven, medienkonvergenten, multi- und crossmedialen Ausbaus des Kerngeschäfts fungiert. Aus diesem Grund entschied man sich beim *Trierischen Volksfreund* dazu, dass die Weblogs kein abgekoppeltes, nur online verfügbares Angebot sein sollten, sondern eine Rückkoppelung mit dem Kernprodukt der gedruckten Zeitung anvisiert wird. Damit unweigerlich verbunden ist die Entscheidung, dass die Weblogs in den Kompetenzbereich der Redaktion und nicht etwa der Anzeigen- oder Marketingabteilung übertragen wurden, somit also Teil des redaktionellen Marketings sind. In der Außendarstellung sind die Weblogs einerseits zwar unter der Dachmarke *volksfreund.de* voll integriert, dort aber andererseits deutlich vom redaktionellen Kernbereich abgetrennt. Die redaktionellen Inhalte der in die Online-Ausgabe überführten Printbeiträge werden durch die Webloginhalte nicht penetriert, sie sind stattdessen in einer eigenen Rubrik subsumiert, wo alle interaktiven Mehrwertdienste wie etwa die Community-Plattform, Chat oder Foren zu finden sind. Die strategische Linie im Medienhaus des *Trierischen Volksfreunds* ist es, alle Online-Aktivitäten unter der Dachmarke und der zentralen Domain abzubilden, also keine Subportale oder Subdomains einzurichten.

Hinsichtlich der crossmedialen Verzahnung werden verschiedene Strategien verfolgt. Fester Bestandteil der Verknüpfung mit der gedruckten Ausgabe ist die Rubrik ›Best of Blogs‹, die seit dem Start des Projekts täglich prominent auf Seite 2 der gedruckten Ausgabe publiziert wird. Es handelt sich dabei nicht um die Leserbriefseite, sondern die Meinungsseite des *Trierischen Volksfreunds* mit Kommentaren und Leitartikeln der Redaktion. Hierin ist die zentrale Bedeutung zu erkennen, die man den Weblogs in Trier einräumt. ›Best of Blogs‹ besteht aus einem Kasten unterhalb der Kommentare, in dem Meinungen und Kommentare in Form von Auszügen aus Weblog-Beiträgen der Leser abgedruckt werden (vgl. Abb. 3). Die Auswahl wird von einem Online-Redakteur vorgenommen. In den Auszügen werden die Namen der Blogger und am Ende jeweils die Webadresse des entsprechenden Blogs genannt. Beiträge und Kommentare, die prinzipiell für die Rubrik ›Best of Blogs‹ geeignet wären, aus Platzgründen aber nicht im Blatt landen, werden gesammelt und in einer späteren Ausgabe dann auf der Leserbrief-Seite gebündelt nachgereicht. Die Beiträge werden dort dann in der Regel komplett und nicht nur in Auszügen ins Blatt gehoben. Lediglich Rechtschreib- oder grammatikalische Fehler werden korrigiert, Begrifflichkeiten oder Formulierungen, die zwar im Rahmen der Blogosphäre zum guten Stil gehören, aber nicht zu den stilistischen Prinzipien einer gedruckten Tageszeitung passen, werden bei Bedarf abgeändert. Des Weiteren werden die Inhalte sowohl der redaktionellen Blogs als auch der Leserblogs immer wieder im Lokalteil des *Trierischen Volksfreunds* aufgegriffen. Insbesondere bei Themen, die zu kontroversen Meinungen und Diskussionen innerhalb der hauseigenen Weblog-Community führen, werden die unterschiedlichen Perspektiven aufgegriffen, gesammelt, redaktionell eingebettet und in Auszügen unter Nennung der Namen der Blogger in der Zeitung abgedruckt.

Während diese Art der crossmedialen Verzahnung zunächst von einem der bloggenden Lokalredakteure erfolgreich erprobt und bei je unterschiedlichen Themen immer wieder wiederholt wurde, ist inzwischen zu beobachten, dass weitere Kollegen die Potenziale der Weblogs auf diese Art und Weise für sich erschließen. Denn neben dem direkten Kontakt mit der Zielgruppe erhalten die bloggenden Redakteure wertvolle Informationen aus dem Verbreitungsgebiet, Themenideen entstehen im Austausch mit den Lesern, für die sublokale Berichterstattung ergeben sich neue Möglichkeiten.

Die regionale Tageszeitung rückt damit näher an wichtige Zielgruppen heran und kann durch den unmittelbaren Austausch auf einfache Weise relevante Lokalthemen aufnehmen und für die Leserschaft der Printausgabe aufbereiten. Eine crossmediale Verzahnung ausgehend von der gedruckten Ausgabe in die Weblogs der Redakteure wurde zwar erprobt, aber mangels Resonanz zunächst wieder aufgegeben. Laut Angaben der Verantwortlichen funktioniert die Verzahnung vor allem dann am besten, wenn ausgehend von den Weblogs Themen und Meinungen in die gedruckte Ausgabe überführt und von dort wieder zurück in die Weblogs gespiegelt werden. Die bloggenden Leser erhalten so also Einfluss in die Bestimmung der Themenagenda, wenngleich die redaktionelle Weiterverarbeitung und Positionierung weiter in der Hand der Profis bleibt. Nichtsdestotrotz bedeutet dieses Vorgehen einen neuen Ansatz der lokalen Publizistik: Durch die Verzahnung von redaktionellen Printinhalten mit auch von den Nutzern generierten Inhalten im Online-Bereich können Bürger aktiver als bisher in die lokale, durch das Massenmedium Zeitung hergestellte Öffentlichkeit eingreifen. Wenngleich diese dialogische Öffnung aufseiten der Anbieter also eher marketingstrategische Ziele verfolgt, ergeben sich auf der anderen Seite bei interessierten und informierten Bürgern Möglichkeiten der Teilhabe (vgl. BÜFFEL 2007).

Eine finanzielle Entlohnung der bloggenden Leser findet zwar nicht statt, aber es zeigt sich in der Community, dass durch die Übernahme

ABBILDUNG 3
›Best of Blogs‹: Auszüge aus Weblogs von Lesern auf der redaktionellen Meinungsseite im *Trierischen Volksfreund*

von Content aus den Weblogs in die gedruckte Ausgabe Aktionen wie die Wahl zum Blog des Monats und die aktive Auseinandersetzung einzelner Redakteure mit den Weblogs der Leser positive Effekte für beide Seiten entstehen. Die Entlohnung funktioniert derzeit quasi nicht über pekuniäre Anreize, sondern durch soziale Anerkennung. In diesem Zusammenhang ergeben sich aber neue Aufgaben für die Redaktionen. So sind zur Betreuung der Community, als Schnittstelle zwischen den bloggenden Lesern und der Redaktion sowie für die Auswahl und redaktionelle Einbettung des User-generated-Content aus den Blogs personelle Ressourcen erforderlich. Themen- und Community-Management sowie die crossmediale Koordination der Verzahnung von Weblogs und Printausgabe kommen als neue redaktionelle Tätigkeiten hinzu. Eine weitere Besonderheit der crossmedialen Verzahnung zwischen Print- und Online-Ausgabe des *Trierischen Volksfreunds* ist das Anbieten eines Blattkritik-Blogs. Hier wird von der Redaktion täglich jeweils das aktuelle Aufmacherthema der gedruckten Ausgabe vorgestellt und nach der Meinung der Leser und User gefragt. Des Weiteren wird die Möglichkeit angeboten, auch generelle Kritik und Feedback zur aktuellen Ausgabe über die Kommentarfunktion zu äußern. Diese Komponente gilt aus Sicht der Macher als strategisches Werkzeug und Baustein im redaktionellen Marketing, da so über die klassischen Feedbackkanäle hinaus den Lesern eine weitere Möglichkeit angeboten wird, ihre Meinung einzubringen. Das Blattkritik-Blog soll Kritikfähigkeit, Offenheit und Transparenz signalisieren. Das Medienhaus versteht sich somit nicht rein als neutraler Beobachter und Berichterstatter, sondern als aktiver Akteur in der Region, der den Dialog mit den Menschen im Verbreitungsgebiet sucht. Über die Weblogs sollen dabei insbesondere die jungen Zielgruppen erreicht werden, die sich zusehends weniger über die gedruckte Zeitung mit aktuellen Nachrichten versorgen.

Als regionale Marke will der *Trierische Volksfreund* so die Markenbindung unter jüngeren Altersgruppen steigern. Damit sind das Ziel und die Hoffnung verbunden, über die Online-Publikationen und zusätzliche Ausspielkanäle in Zukunft eine tragfähige Online-Community zu etablieren, die als attraktives Umfeld für Werbekunden ausgebaut werden kann.

Für die Mitglieder der Community stehen dagegen ökonomische Ziele nicht im Vordergrund, sondern die Diskussion und der Austausch mit anderen Menschen entweder aus der Region oder über Themen, die

die Region Trier betreffen. Gerade in den dabei beobachtbaren Diskursen zu lokalen Themen werden interessante Anreize für die Macher des *Trierischen Volksfreunds* geschaffen, Themen aufzugreifen und in der Printausgabe auch der breiten Leserschaft zugänglich zu machen. Globaler betrachtet entsteht trotz der unterschiedlichen Interessenlage von Medienhaus und aktiv in der Weblog-Community partizipierenden Nutzern also eine Neu-Konfiguration in der Erzeugung einer lokalen Medienöffentlichkeit, da ein umfangreicheres Meinungsbild abgebildet wird und den Bürgern im Internet die Werkzeuge zur Verfügung stehen, selbst Themen und Meinungen zu veröffentlichen. Zunächst zwar nur internetöffentlich, aber durch das Aufgreifen eines massenmedialen Anbieters können diese Beiträge auch ein breites Offline-Publikum erreichen.

5. Diskussion und Ausblick

Die kontrovers diskutierte Aussage des Soziologen Niklas Luhmann, dass wir alles, was wir über die Gesellschaft und die Welt, in der wir leben, wissen, durch die Massenmedien wissen, erhält durch die in diesem Beitrag umrissenen Veränderungen im Mediengefüge eine neue Facette (vgl. LUHMANN 1996: 9). Denn aufgrund der Demokratisierung der publizistischen Instrumente im Internet kommen nach und nach neue Akteure bei der Steuerung der medialen Öffentlichkeit ins Spiel. Durch die partizipativen Möglichkeiten des Internets und die leicht zu bedienenden Social-Software-Anwendungen wird die Grenze zwischen Medienproduzenten und Medienkonsumenten aufgeweicht. Publizistisches Handeln ist nicht länger ausschließlich professionellen Medienakteuren vorbehalten, sondern das ehemals passive Publikum kann im Web 2.0 selbst zum Akteur werden. Dies hat unweigerlich zur Folge, dass Medienhäuser, Unternehmen und andere öffentliche Institutionen diesen Wandel hin zu einem neuen medialen Ökosystem nicht außer Acht lassen können. John Hiler charakterisiert das neue Geflecht aus unterschiedlichen publizistischen Akteuren und Prozessen als ›Iterativen Journalismus‹ (vgl. HILER 2002). Bowman/Willis (2005) greifen die Idee des Iterativen Journalismus auf und fassen die neuen Akteurskonstellationen und Informationsflüsse im Zusammenspiel von professionellen Medienanbietern und dem Social Web wie in Abbildung 4 dargestellt zusammen:

ABBILDUNG 4
Iterativer Journalismus formiert ein neues mediales Ökosystem

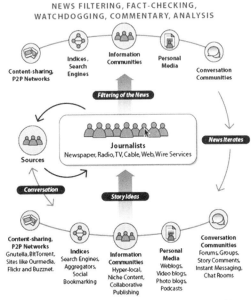

Quelle: Bowman/ Willis 2005: 2

Demnach ist die Beziehung zwischen publizistischen Angeboten im Social Web und den klassischen Massenmedien eine symbiotische. Das heißt, in den Community-Netzwerken wie etwa der Blogosphäre werden Themen aus der Berichterstattung der Massenmedien aufgegriffen, mit eigenen Kommentierungen und Perspektiven versehen und im Web der Allgemeinheit zur Verfügung gestellt. Somit haben auch massenmediale Anbieter die Möglichkeit, diese Inhalte sowie originär von Internetnutzern generierte eigene Inhalte aufzugreifen und wiederum zum Gegenstand der Berichterstattung der eigenen Medienprodukte zu machen.

Wie im Beitrag skizziert, macht sich zum Beispiel der *Trierische Volksfreund* dies durch den Aufbau einer eigenen Weblog-Community zunutze und erhält dadurch wertvolle Hinweise zu regionalen Themen, die die Redaktion aufgreifen und über die Printausgabe auch der allgemeinen Leserschaft zur Verfügung stellen kann. Reaktionen hierauf können anschließend wiederum online aufgegriffen und weiterdiskutiert werden. An diesem konkreten Beispiel wie Iterativer Journalismus in der Praxis funktionieren kann, lassen sich Hypothesen darüber ableiten, wie sich künftig insbesondere lokale Medienagenden verändern und damit auch die Struktur medial hergestellter Öffentlichkeiten transformieren werden:

1. Die niedrigschwelligen Publikationsinstrumente im Social Web führen online zu einer größeren Anbietervielfalt, da nun auch Leser selbst zu Autoren etwa eines Weblogs werden können und alternative Medienangebote entstehen. Dies kann insbesondere in Ein-Zeitungsgebieten dazu führen, dass ein differenzierteres öffentliches Meinungsbild entsteht.
2. Die Vernetzung der Akteure im Social Web führt zur Etablierung webbasierter Teilöffentlichkeiten, die bei weiterhin steigenden Nutzer- und Teilnehmerzahlen an Bedeutung für die öffentliche Meinungsbildung gewinnen werden.
3. Durch die gezielte crossmediale Verzahnung webbasierter und massenmedial erzeugter Öffentlichkeiten wird diese Entwicklung begünstigt, wodurch insbesondere in der regionalen Publizistik das Modell eines Iterativen Journalismus zu einer nachhaltigen Transformation lokaler Öffentlichkeiten führt.

Noch stützen sich diese Hypothesen auf nur wenige Einzelfallanalysen und erste Überblicksstudien zu den Schnittstellen zwischen massenmedialer Publizistik und den neuen Teilöffentlichkeiten im Social Web. Die systematische Beobachtung nationaler und regionaler Märkte sowie internationaler Vergleiche müssen hier in den kommenden Jahren zeigen, in welcher Wechselbeziehung die Transformation des Mediensystems mit dem Strukturwandel der Öffentlichkeit in Zusammenhang stehen.

Literatur

BIVINGS GROUP: *The Use of the Internet by American Newspapers*. Online unter: http://www.bivingsreport.com/campaign/newspapers06_tz-fgb.pdf, Abruf 15.10.2007 (2006)

BOWMAN, S.; CH. WILLIS: »The Future is here, but do News Media Companies see it?«. In: *Nieman Reports* 4/2005, S. 6-10

BOWMAN, S.; C. WILLIS: *We Media. How Audiences are Shaping the Future of News and Information.* Online unter: http://www.hypergene.net/wemedia/, Abruf 15.10.2007 (2003)

BÜFFEL, ST.: Weblogs zwischen Deliberation und Meinungspublizistik – Gesellschaftsberatung als perpetual beta. In: LEGGEWIE, C. (Hrsg.): *Von der Politik- zur Gesellschaftsberatung. Medien öffentlicher Konsultation.* Frankfurt/M. 2007, S., 240-271

BÜFFEL, ST.; A. SVENSSON; F. LÜKE; I. SCHWARZMANN: Spinnweben und Feger. In: *MediumMagazin* 1+2/2007, S. 38 u. 55-58

BUNDESVERBAND DER DEUTSCHEN ZEITUNGSVERLEGER: *»Reichweitenentwicklung der Tageszeitungen in Deutschland 1997-2007 in Prozent nach Altersgruppen«.* Schaubild. Online unter: http://www.bdzv.de/schaubilder+M557c9399296.html, Abruf 16.10.2007 (2007a)

BUNDESVERBAND DER DEUTSCHEN ZEITUNGSVERLEGER: *»Reichweitenentwicklung regionaler Abonnementzeitungen in Deutschland 1997-2007 in Prozent nach Altersgruppen«.* Schaubild. Online unter: http://www.bdzv.de/schaubilder+M5baf016ac8c.html, Abruf: 16.10.2007 (2007b)

HABERMAS, J.: *Strukturwandel der Öffentlichkeit. Untersuchungen zu einer Kategorie der bürgerlichen Gesellschaft.* Frankfurt/M. 1990

HILER, J.: *Blogosphere: the emerging Media Ecosystem. How Weblogs and Journalists work together to Report, Filter and Break the News.* 10.04.2004, Online unter: http://www.microcontentnews.com/articles/blogosphere.htm (15. April 2007)

LUHMANN, N.: *Die Realität der Massenmedien.* Wiesbaden [Westdeutscher Verlag] 1996

NEUBERGER, CH.: Formate der aktuellen Internetöffentlichkeit. Über das Verhältnis von Weblogs, Peer-to-Peer-Angeboten und Portalen zum Journalismus – Ergebnisse einer explorativen Anbieterbefragung. In: *Medien und Kommunikationswissenschaft,* 53. Jg., Heft 1, 2005, S. 73-92

NEUBERGER, CH.: Weblogs verstehen. Über den Strukturwandel der Öffentlichkeit im Internet. In: PICOT, A.; T. FISCHER (Hrsg.): *Weblogs professionell. Grundlagen, Konzepte und Praxis im unternehmerischen Umfeld.* Heidelberg [d.punkt Verlag] 2006, S. 113-129

SCHMIDT, J.: ›Social Software. Onlinegestütztes Informations-, Identitäts- und Beziehungsmanagement‹. In: *Forschungsjournal Neue Soziale Bewegungen,* Nr. 2, 2006. S. 37-46

VAN EIMEREN, B.; CH.-M. RIDDER: Trends in der Nutzung und Bewertung der Medien 1970 bis 2005. Ergebnisse der ARD/ZDF-Langzeitstudie Massenkommunikation. In: *Media-Perspektiven* 10/2005, S. 490-504

VAN EIMEREN, B.; B. FREES: Internetnutzung zwischen Pragmantismus und YouTube-Euphorie. ARD/ZDF-Onlinestudie 2007. In: *Media-Perspektiven* 08/2007, S. 362-378

CLAUDIA GERHARDS / SVEN PAGEL

Webcasting von Video-Content in Online-Zeitungen: Marktanalyse – Kosten – Erlöse

Dieser Beitrag stellt die Ergebnisse einer empirischen Marktanalyse von 123 regionalen und acht überregionalen Online-Zeitungen vor. Zudem werden detailliert Kosten- und Erlösstrukturen aufgezeigt, um den Break-Even-Punkt für Online-Video-Angebote von Zeitungshäusern zu ermitteln. Grundlage hierzu sind die Betrachtung von Beschaffung, Produktion und Distribution der entsprechenden Inhalte.

Wie die Untersuchung zeigt, bieten bislang erst knapp die Hälfte der regionalen Online-Zeitungen Video-Content an, wobei der Anteil der fremdproduzierten Inhalte auf Basis von Agenturmaterial mit 80,6 Prozent deutlich dominiert. Nur 34,3 Prozent der Regionalen produzieren Video-Content wenigstens teilweise selbst. Dies dürfte darauf zurückzuführen sein, dass die Content-Produktion mit erheblichen Kosten verbunden ist und der Break-Even-Punkt für Zeitungshäuser erst nach mehreren Jahren erzielt werden kann. Unter Wettbewerbs- und Profilierungsgesichtspunkten wird jedoch die Investition in eigenproduzierte Inhalte zwingend notwendig sein. Erstaunlich ist, wie zurückhaltend sich Zeitungshäuser derzeit gegenüber User-generated-Videos verhalten. Nur fünf der 67 regionalen Zeitungen stellen nutzergenerierte Videos zur Verfügung.

1. Einleitung

Mit den technischen und redaktionellen Möglichkeiten des Social Webs treten Rezipienten zunehmend als Produzenten von Inhalten auf, wobei Bewegtbildangeboten dabei offenbar eine zentrale Rolle zukommt. Laut Berechnungen des US-Unternehmens Ellacoya Networks ist das Videoportal *YouTube*, das hauptsächlich nutzergenerierte Videos anbietet, mittlerweile verantwortlich für 10 Prozent des gesamten Internet-Datenverkehrs und 20 Prozent des HTTP-Aufkommens (vgl. ELLACOYA 2007). Etablierte Medienunternehmen stehen durch diese Entwicklung unter wirtschaftlichem Druck. Für Zeitungsunternehmen kommt erschwerend hinzu, dass die Produktion von Bewegtbildangeboten bislang nicht zu den Kernkompetenzen von Zeitungshäusern zählt. Doch auch sie müssen auf die steigende Nachfrage nach Videoinhalten mit eigenen Angeboten reagieren. Ein Blick auf die Ergebnisse der ARD/ZDF-Online-Studie 2007 belegt, dass mittlerweile ein Viertel aller deutschen Internetnutzer gelegentlich Videodateien im Netz anschaut. Das Nutzungsverhalten der 14- bis 19-Jährigen, also jener Altersgruppe, die sich in den letzten Jahren dem Konsum von Print-Tageszeitungen zunehmend verweigert (vgl. BDZV 2006), ist besonders frappierend: Die wöchentliche Nutzung von webbasiertem Video-Content hat sich bei dieser Altersgruppe innerhalb eines Jahres verdoppelt – 46 Prozent der 14- bis 19-Jährigen nutzten 2007 wöchentlich Videos im Netz (gegenüber 22% im Jahr zuvor) (VAN EIMEREN/FREES 2007: 369f.).

Anhand der Wertschöpfungskette gliedert sich die vorliegende Untersuchung in die Hauptkapitel Beschaffung, Produktion und Distribution und geht vor allem folgenden Fragen nach: Welche Optionen zum Erwerb von Video-Content stehen Online-Zeitungen zur Verfügung? Welche Videoproduktionsformen können anhand von technischen, journalistischen, designorientierten sowie kosten- und erlösbezogenen Kriterien unterschieden werden? In welchem Umfang distribuieren deutsche Online-Zeitungen überhaupt Video-Content? Welchen Stellenwert nehmen dabei nutzergenerierte Videos ein? Wie Web-2.0-affin sind die Videoangebote? Und: Welche Erlöse lassen sich mit Video-Content erzielen, wann können Zeitungshäuser bei selbstproduziertem Video-Content mit dem Break Even rechnen? Als Basis für die Untersuchung dient eine Analyse der Video-Angebote von insgesamt 123 regionalen und acht überregionalen Online-Zeitungen.[1] Mit dieser Analyse wird erstmals ein Marktüberblick über das Aufkommen von Video-Angeboten bei deutschen Online-Zeitungen geliefert und deren Content einer Inhaltsanalyse unterzogen (zur methodischen Vorgehensweise siehe ausführlich Kapitel 5). In den USA existiert bereits solch eine Studie zu den 100 auflagenstärksten US-Zeitungen (BIVINGS GROUP 2007), für den deutschen Markt fehlte sie bislang.

---

1 Die Autoren danken Alexander Jürgens für die Mitarbeit bei der Inhaltsanalyse.

2. Zur Situation von Online-Zeitungen

In ihrem Kerngeschäft, dem Verlegen von Zeitungen, befinden sich die regionalen Zeitungsverlage trotz weiter sinkender Abonnementenzahlen in einer Phase der Stabilisierung, um nicht von Stagnation zu sprechen. Gemäß der BDZV-Umsatzerhebung 2005 sind die Werbeerlöse zwischen 2004 und 2005 zwar um ein Prozent auf 3,56 Milliarden Euro gesunken, dies konnte allerdings durch die im gleichen Zeitraum um 1,5 Prozent auf 3,18 Milliarden Euro gestiegenen Vertriebserlöse ausgeglichen werden (vgl. KELLER 2006: 58f.). Für die überregionalen Zeitungen stellt sich die Situation besser dar. Sie haben mit 895 Millionen Euro im Jahr 2005 2,5 Prozent mehr umgesetzt als 2004 (vgl. KELLER 2006: 21). Während überregionale Zeitungen ihre verkaufte Auflage im zweiten Quartal 2005 auf 1,65 Mio. Exemplare um 0,7 Prozent gegenüber dem Vorjahresquartal steigern konnten, mussten lokale und regionale Abonnementzeitungen einen Auflagenschwund um 2 Prozent auf 15,15 Mio. Exemplare hinnehmen (vgl. KELLER 2006: 62).

Ist es den Regionalzeitungen vor diesem Hintergrund gelungen, Leser im Internet sowie Einnahmen durch E-Commerce und Werbung zu generieren? Bei Befragungen in der frühen Phase der Internetaktivitäten von Verlagshäusern um den Jahrtausendwechsel ist dies stets als ein maßgebliches Argument für das Online-Engagement u.a. seitens der Online-Redaktionsleiter genannt worden (vgl. NEUBERGER 2003: 170f.).

Der deutsche Online-Werbemarkt lag insgesamt 2005 brutto bei 535 Mio. Euro und bleibt damit (noch) weit hinter den Erlösen allein der Zeitungsbranche aus gedruckten Anzeigen mit 4,7 Mrd. Euro (vgl. NOGLY 2006: 170) zurück. Interessant ist dabei, dass die Online Marketing Service GmbH, der nationale Vermarkter regionaler Zeitungswebsites, hinsichtlich der monatlichen Reichweiten der Werbeträger im vierten Quartal 2005 mit 6,8 Prozent immerhin auf dem siebten Platz hinter renommierten Online-Marken wie T-Online (14,18%), Web.de (11,15%), Yahoo (10,87%), MSN.de (10,45%), GMX (7,93%) und freenet (7,3%) rangiert (vgl. NOGLY 2006: 171).

Nicht nur mit Blick auf werbliche Aktivitäten, sondern auch auf redaktionelle, Web-2.0-affine Instrumentarien sind (zumindest einige) regionale Zeitungsverlage recht gut positioniert. In einer Befragung im Jahr 2006 unter den Redaktionsleitern deutscher Nachrichtenredaktionen von Tageszeitungen (55 Befragte), Hörfunk (29), Fernsehen (6) und Nachrichtenagenturen (3) konnte in 15 Prozent der Fälle ermittelt werden, dass Redaktionsmitglieder bloggten: acht Prozent im Kontext der Website, sechs Prozent privat und ein Prozent sowohl redaktionell als privat. In sieben Prozent der Fälle kooperierten Nachrichtenredaktionen zudem mit externen Bloggern (vgl. NEUBERGER/NUERNBERGK/RISCHKE 2007: 110). Im Kontext von redaktionellen Websites werden also bei rund 16 Prozent interne oder externe Blogs angeboten. Da mehr als die Hälfte der befragten Redaktionsleiter bei Tageszeitungen tätig waren, ist zumindest zu vermuten, dass diese Zahlen im Speziellen auch für dieses Medium gelten.

Anhand der Beschreibung von Benchmarks zeigt Danch (2007) Early Adopters unter den Zeitungsverlagen auf, die Web-2.0-Technologien einsetzen. So gibt es Wikis bei der *Hessisch-Niedersächsischen Allgemeinen* mit rund 3000 Artikeln oder bei der *Badischen Zeitung* mit wikibuy.de als Web-Marktplatz. Redakteur-Blogs werden u.a. vom *Trierischen Volksfreund* (siehe Büffel in diesem Band) und der WAZ-Gruppe angeboten. Ein erfolgreiches Leser-Blog ist *Opinio.de* der *Rheinischen Post*. Ende März 2007 umfasst dieses Angebot 26.200 Artikel von 2.800 Autoren. Immerhin 25,6 Prozent der Autoren sind jünger als 20 Jahre. Der *suedblog.de* des *Südkuriers* aus Konstanz ist ein umfangreiches Weblog-Portal. Bild-Communities und kommentierbare Bildergalerien sind Seiten wie *partygaenger.de* (Münchner Zeitungsverlag) oder *party.journalportal.de* der *Frankfurter Neuen Presse*. Die *Badische Zeitung* bietet mit *fudder.de* eine – jüngst mit einem Grimme Online Award prämierte – Social Community, ein Portal für junge Menschen zwischen 17 und 35 Jahren im Raum Freiburg (vgl. DANCH 2007: 16ff.). Textbasierte, Web-2.0-affine Anwendungen wie Weblogs und Wikis bieten mittlerweile zahlreiche Verlage an. Doch wie verhält es sich hinsichtlich der Video-Angebote? Bevor dieser Frage nachgegangen wird, sollen zunächst zentrale Begrifflichkeiten geklärt werden.

3. Die Beschaffung: Optionen zum Erwerb von Video-Content

3.1 *Definitionen*

Die kontinuierliche Auslieferung von audiovisuellen Daten über das Internet ist unter dem Terminus ›Webcasting‹ bekannt (vgl. KEYES 1997: 1). In Analogie zum herkömmlichen Broadcasting von Rundfunksendern läuft sie nach dem Push-Prinzip (vgl. EICHSTÄDT 1999: 1). Dies galt insbesondere für erste derartige Technologien von Netscape und Microsoft. Vielfach wird auch von ›Streaming Media‹, differenziert in ›Audio-Streaming‹ und ›Video-Streaming‹, gesprochen (vgl. SCHRÖDER/ GEBHARD 2000: 23). Den Streaming-Verfahren (live oder on demand) steht der Download von Dateien gegenüber.

Aus inhaltlicher Sicht treten neben die ›klassischen‹ Angebote von Internet-Videos auf den Websites von Medienunternehmen nach dem Push-Prinzip zunehmend User-generierte Inhalte, die vielfach durch technische Abonnements nach dem Pull-Prinzip funktionieren. Einige Formen können bei Video-Content, der online distribuiert wird, unterschieden werden: Videocasts und Vlogs. Der Begriff ›Videocast‹, der sich aus ›Video‹ und ›Broadcast‹ zusammensetzt, bezeichnet Bewegtbildangebote, die über das Internet verbreitet werden und sich abonnieren lassen (vgl. MENG 2005). Verschiedentlich wird auch der Begriff ›Vodcast‹ verwendet, der den Video-on-demand-Charakter solcher Bewegbildangebote betont bzw. Analogien zum Podcasting andeutet. Der Begriff ›Vlog‹ setzt sich aus ›Video‹ und ›Weblog‹ zusammen. »Ein Weblog ist eine häufig aktualisierte Webseite, auf der Inhalte jeglicher Art in chronologisch absteigender Form angezeigt werden. Ein Weblog kann typischerweise die Form eines Tagebuchs [...] annehmen. Alle Inhalte sind in der Regel durch Links mit anderen Webseiten verlinkt und können unmittelbar durch den Leser kommentiert werden« (PRZEPIORKA 2006:14). Ein Vlog ist also ein Bewegtbildangebot mit weblogspezifischen Funktionen und nach Döring (2006: 193) von Text-, Foto- und Audio-Blogs zu unterscheiden. Sowohl Vodcasts als auch Vlogs können von Journalisten als auch von Nutzern produziert werden. Im ersten Fall soll von ›Journalist Generated Content‹ gesprochen werden. Dies ist die traditionelle Form der Inhalte-Erzeugung von Zeitungsunternehmen. Sie impliziert zugleich, dass bei der Produktion spezifische, nämlich journalistische Qualitätsstandards beachtet werden. Der Begriff ›User Generated Content‹ hingegen bezeichnet Inhalte, die von Nutzern hergestellt und angeboten werden – »ohne direkte Gewinnerzielungsabsicht«, wie Stöckl/Grau/Hess (2006: 47) betonen. Der Konsument wird zum Inhalte-Produzenten. Bevor in einem späteren Schritt dargelegt wird, wie Vodcasts und Vlogs im Online-Zeitungsmarkt vertreten sind, wird zunächst aufgezeigt, welche unterschiedlichen Optionen Zeitungsunternehmen zur Beschaffung von Video-Content wahrnehmen können.

3.2 Journalist Generated Content

3.2.1 Eigenproduktion

Eigenproduzierte Videos bieten Zeitungsunternehmen die Möglichkeit, exklusive Inhalte dem User zu offerieren. Dies dient zugleich der Profilbildung und Abgrenzung von Wettbewerbern. Zudem können Zeitungsunternehmen die Nutzungsrechte an dem eigenproduzierten Content anderen Online-Akteuren (z.B. Portalen) zur Fremdverwertung anbieten und so Erlöse generieren. Hier ist jedoch zu beachten, dass nicht jeder Content in gleichem Maße wiederverwertbar ist und z.B. »redaktionelle Inhalte mit regionalem Bezug schneller an Bedeutung« (FRIEDRICHSEN 2007: 161) verlieren als überregionale Inhalte. Nachteilig bei dieser Form des Video-Erwerbs ist der Umstand, dass Zeitungsverlage, deren Schwerpunkt traditionell auf dem gedruckten Wort statt auf Bewegtbildern liegt, das Knowhow zur Produktion von Videos größtenteils fehlt und dieses erst akquiriert werden muss. Denn zur zentralen Aufgabe eines Videojournalisten gehört, dass er seine Beiträge nicht nur recherchiert, sondern auch selbst dreht und schneidet. Er ist Journalist, Kameramann und Cutter in einem (vgl. ZALBERTUS/ROSENBLUM 2003). Zwar bedarf es zur Handhabung der heutigen kleinen Digital-Video-Kameras (kurz: DV) und zur Benutzung digitaler Schnittplätze nicht mehr einer mehrjährigen Ausbildung, wie sie noch für traditionelle Betacam-Kameramänner und Cutter an analogen Schnittplätzen der Fall war, dennoch müssen auch diese bewegtbildspezifischen Produktionskenntnisse von Zeitungsunternehmen erst erworben werden. Dies kann in Form einer videojournalistischen Weiterbildung des bereits vorhandenen Personals geschehen oder in der Anwerbung von neuen Mitarbeitern, vornehmlich aus dem Umfeld von TV-Produktionsfirmen, die die erforderlichen Kompetenzen mitbringen. Das heißt: Eigenproduktionen bieten den Vorteil der Exklusivität der Inhalte, den der Profilbildung und Abgrenzung von Wettbewerbern, sind aber nur zu hohen Kosten zu realisieren.

3.2.2 Fremdproduktion auf der Basis von Agenturmaterial

80,6 Prozent der deutschen regionalen Zeitungsanbieter, die Agenturmaterial verwenden, beziehen ihre Videos von *ZoomIn*, wie die hier vorgestellte empirische Marktanalyse zeigt. *ZoomIn* ist eine niederländische Agentur, die auf die Produktion von Online-Videos spezialisiert ist. Überregionale

Zeitungsanbieter hingegen, die Agenturvideos benutzen, rekrutieren diese gemäß der in diesem Artikel vorgestellten Untersuchung zu 75 Prozent von *Reuters*. Der Vorteil des Erwerbs von fremdproduziertem Agenturmaterial gegenüber der Eigenfertigung besteht für die Zeitungshäuser zum einen darin, dass sie die riskante Vorhaltung hoher Produktionskapazitäten und -kosten vermeiden. Zum anderen können sie auf diese Weise auch Video-Nachrichten aus dem Ausland beziehen, da Agenturen über ein weit verzweigtes Netz an VJ-Korrespondenten im In- und Ausland verfügen (VJ steht für Videojournalist). Nachteilig ist, dass die Inhalte den Zeitungsunternehmen nicht exklusiv angeboten werden. *ZoomIn* beispielsweise beliefert derzeit (Stand August 2007) allein in Deutschland 111 Online-Angebote mit Video-Content. Eine Profilierung aufgrund von spezifischen Video-Inhalten bleibt damit den Zeitungsunternehmen verwehrt.

3.2.3 Kooperationen

Eine weitere Möglichkeit des Video-Erwerbs besteht in Kooperationen. Diese können von fallweisen Kooperationen bis hin zu Beteiligungen an Produktionsfirmen reichen. Die Verlagsgesellschaft Madsack beispielsweise, die in Niedersachsen acht Tageszeitungen herausgibt (u.a. HAZ, *Neue Presse, Göttinger Tageblatt, Wolfsburger Allgemeine*), erwarb im Januar 2007 eine 90-prozentige-Mehrheitsbeteiligung an der Fernsehproduktionsfirma AZ Media TV und dem technischen Dienstleister für digitale TV-Produktionen, AZ Media Technology. Damit sicherte sich das Verlagshaus nicht nur Zugriff auf klassische Fernsehproduktionsbereiche – Fernsehstudio, EB-Teams, Kamera-Equipment und Postproduktionsplätze –, sondern kann vor allem vom Produktions- und Postproduktions-Knowhow im Bereich des Videojournalismus profitieren. Das Unternehmen AZ Media TV ist auf dem deutschen Markt Vorreiter in diesem Sektor und u.a. auch spezialisiert auf die Ausbildung von VJs.

Eine andere Form der Kooperation praktizieren derzeit das *Handelsblatt* und die DEUTSCHE WELLE. Die DEUTSCHE WELLE produziert wöchentlich die halbstündige TV-Magazinsendung *Made in Germany*. Ein Thema der Sendung findet jeweils in Kooperation mit dem *Handelsblatt* statt. Dieser Bericht ist dann als Video im Online-Angebot des *Handelsblatts* zu sehen. Diese Form der Kooperation mit einem Fernsehsender oder einer Produktionsfirma bietet Zeitungsverlagen die Möglichkeit, Video-Content zu erwerben, ohne diesen selbst produzieren zu müssen. Sie erlangen damit aber auch kein Produktions-Know-how, dass es ihnen ermöglichen würde, langfristig Bewegtbildangebote selbst herzustellen. Positiv zu bewerten ist jedoch der Umstand, dass bei dieser Form des Erwerbs von fremdproduziertem Content die Exklusivität der Bilder höher liegen dürfte als beim Kauf von Agenturmaterial, mit welchem auch zahlreiche Wettbewerber beliefert werden.

3.3   User Generated Content

Um Produktionskosten niedrig zu halten und kostenpflichtige Produktionsfaktoren, wie den Einsatz von Videojournalisten, einzusparen, bietet es sich an, nutzergenerierte Inhalte zu akquirieren. Zu den Wesensmerkmalen des User Generated Content zählt, dass der Nutzer nicht nur als Inhalte-Produzent auftritt, sondern die Produktion zudem in erster Linie ohne unmittelbare Gewinnerzielungsabsicht geschieht. Das heißt: Zeitungshäuser sparen bei nutzergenerierten Videos nicht nur die Produktionskosten, sie erhalten den Content in aller Regel auch kostenlos bzw. zahlen, wenn überhaupt, lediglich ein niedriges Honorar (das derzeit bei rund 500 EUR liegt; vgl. ZALBERTUS 2007: 94f.). Zudem bietet diese Form des Video-Erwerbs die Möglichkeit des Social-Network-Buildings und fördert damit das Image des Online-Angebots (vgl. SCHWEIGER/QUIRING 2006: 106).

Problematisch bei nutzergenerierten Inhalten ist jedoch, dass journalistische Qualitätsstandards nicht zu deren Wesensmerkmalen zählen. Standards – wie Relevanz, Richtigkeit, Neutralität, Vielfalt, Ausgewogenheit, Trennung von Nachricht und Meinung, Trennung von Information und Werbung – sind konstitutives Element bei der Produktion von Journalist Generated Content, aber eben nicht von User Generated Content. Das bedeutet: Wollen Zeitungshäuser diese Qualitätsstandards auch bei nutzergenerierten Inhalten gewährleisten, müssen die Inhalte einen Preview-Prozess durchlaufen, der Kosten (z.B. in Form der Arbeit eines betreuenden Redakteurs) verursacht und gegebenenfalls Zusatzrecherchen und Nachbesserungen, also auch zeitliche Konsequenzen, nach sich zieht. Neben den inhaltlichen Qualitätsmerkmalen kommen Qualitätsstandards der Bild- und Tonproduktion hinzu, die ebenfalls konstituierend für den Journalist Generated Content sind, aber beim User Generated Content fehlen, der sich ja gerade durch seine fehlende Professionalisierung (im Sinne eines berufserworbenen ›Könnens‹) auszeichnet. Zu den Standards der Bild- und Tonproduktion zählt beispielsweise das Vermeiden von Achssprüngen, das Auflösen von Szenen in mehreren Einstellungsgrößen, das Drehen von Zwischenschnitten, das Vermeiden von Wacklern und Tonverzerrungen usw. Auch hier muss ein Preview- und gegebenenfalls Bearbeitungsprozess erfolgen, sollen Qualitätsstandards der professionellen Bewegtbildproduktion sichergestellt werden.

Hinzukommt die rechtliche Problematik bei der Bereitstellung von User Generated Content und die Frage, ob der Online-Zeitungsanbieter haftet, wenn vom Nutzer zur Verfügung gestellte Inhalte Urheber- oder Persönlichkeitsrechte Dritter verletzen. Die Rechtssprechung besagt, dass der Dienstanbieter »für eigene Informationen, die er zur Nutzung bereithält, nach den allgemeinen Gesetzen verantwortlich ist« (HUPPERTZ 2007: 50). Für fremde Inhalte hingegen ist er nicht verantwortlich. »Problematisch ist aber oft, unter welchen Voraussetzungen sich der Portalbetreiber von einem Nutzer heraufgeladene Inhalte in Anlehnung an presserechtliche Grundsätze ›zu eigen macht‹, mit der Folge, dass der Betreiber auch für solche Inhalte voll und uneingeschränkt verantwortlich ist«. Lässt sich ein Online-Zeitungsanbieter beispielsweise die Urheber- und Nutzungsrechte für die Inhalte der Nutzer einräumen, so ist dies »ein Indiz dafür [...], dass der Anbieter sich diese zu eigen macht« (ebd.: 50). Damit wäre er für den User Generated Content haftbar.

Zusammengefasst bedeutet das: Der Erwerb von User Generated Content bietet Zeitungshäusern die Möglichkeit, mit dem User direkt in Kontakt zu treten und eine Community aufzubauen. Durch die Integration von User Generated Content wird damit ein Mehrwert für das Online-Angebot geschaffen (vgl. SCHWEIGER/QUIRING 2006: 106). Die Kosten für den Erwerb der Videos sind gering. Nachteilig ist jedoch, dass die journalistische Qualität der Inhalte und die der produktionstechnischen Aufbereitung nicht zwingend gegeben sind. Zudem kommt die haftungsrechtliche Problematik für die Anbieter hinzu.

4. Die Produktion: DV-made-Videos vs. Cellphone-made-Videos

Zur Herstellung von Bewegtbildern bietet der Markt unterschiedliche Aufzeichnungsformate und Kameraformen an: Für den professionellen Broadcast-Bereich (der TV-Sender) gelten Standards wie Betacam SP oder

Digital Betacam. Bezeichnend für die mit diesen Aufnahmeformaten operierenden Schulterkameras ist, dass sie mit einem großen Gehäuse, einem hohen Gewicht (rund 10 Kilo) ausgestattet und nur zu einem hohen Anschaffungspreis (derzeit ab 20.000 EUR) zu erwerben sind. Für den Consumer-Markt wurden Ende der 1990er-Jahre die ersten DV-Kameras entwickelt. Charakteristisch für DV-Kameras ist, dass sie eine gute Bildqualität mit kleinen bis mittleren Gehäusegrößen kombinieren. Dabei wird das aufgenommene Bild »während der Aufnahme digitalisiert, komprimiert und im Schrägspurverfahren auf Magnet-Band-Kassetten aufgezeichnet« (BÖHRINGER/BÜHLER/SCHLAICH 2006: 836ff.) Die Datenkompression erfolgt über ein abgewandeltes MPEG-2-Verfahren (I-MPEG), das ein bildgenaues Schneiden der Videos ermöglicht (ebd.). DV-Kameras lassen sich in Einsteiger- und Profi-Modelle unterteilen, wobei letztere vornehmlich von professionellen Videojournalisten (in TV-Unternehmen genauso wie in Zeitungsunternehmen) genutzt werden. Als professionelles Equipment gelten Drei-Chip-Kameras (3CCD), die zur Umwandlung des in die Linse einfallenden Lichts in elektrische Impulse mit drei Chips ausgestattet sind. Einsteiger-Modelle, sog. Ein-Chip-Kameras (1 CCD), operieren mit nur einem Chip. Zudem bieten professionelle Modelle teilweise auch HDTV-Aufnahmentechniken an. Die Besonderheiten, die mit der Produktion von DV-made-Videos verbunden sind, sollen im Folgenden dargelegt und in Abgrenzung zu Cellphone-made-Videos näher beleuchtet werden. Unter Cellphone-made-Videos sollen hier Bewegtbilder verstanden werden, die mit einem Handy und der darin integrierten Video-Kamera aufgenommen werden. Schließlich bieten immerhin fünf von 67 regionalen Zeitungsanbietern (*Rheinische Post, Express, Hamburger Morgenpost, Saarbrücker Zeitung, Die Glocke*) solche Videos auf ihren Online-Seiten an, wie in der Inhaltsanalyse nachgewiesen wird.

4.1   *Technische Aspekte*

DV-Kameras und Handy-Kameras unterscheiden sich hinsichtlich der Technik der Aufzeichnungsgeräte in zentralen Punkten, wovon hier nur einige vorgestellt werden sollen. DV-Kameras, zumindest solche der professionellen Art, weisen die Möglichkeit auf, neben automatischen auch manuelle Funktionen ausüben zu können (z. B. beim Weißabgleich, bei Fokus- und Blendenregulierungen, Tonpegelungen etc.). Handy-

Kameras (wie das Nokia-Modell N93) operieren nur mit automatischen Funktionen. Unter dem Aspekt der professionellen Umsetzung betrachtet sind manuelle Funktionen jedoch zu bevorzugen (dazu ZALBERTUS 2003). Hinzu kommt die unterschiedliche Video-Auflösung: Bei DV liegt die Auflösung bei 720 x 576 Pixel bei 25 Frames/Sek.; bei Handy-Kameras hingegen bei 640 x 489 Pixel bei 30 Frames/Sek. Das bedeutet, dass Cellphone-made-Videos im Vergleich zu DV-made-Videos in der Summe nur eine eingeschränkte Bildqualität aufweisen. Ferner ist beim Handy-Dreh – anders als beim Arbeiten mit DV-Kameras – kein Stativ vorgesehen und der integrierte Bildstabilisator erbringt nicht die Leistung, die für DV-Kameras üblich ist. So erklärt sich der für Cellphone-made-Videos zumeist typische wackelige Look. Auch in der Tonqualität unterscheiden sich beide Produktionsformen: Zum Equipment von DV-Kameras, die für die professionelle Tonübertragung zumeist auch XLR-Audio-Anschlüsse aufweisen, zählt ein externes Mikrofon. Handys hingegen wie das Nokia N93 kennen nur integrierte Mikros, die besonders bei O-Tönen in der Qualität zu wünschen übrig lassen. Der Vorteil von Handy-Kameras ist jedoch, dass ein direkter Internet-Upload über UMTS möglich ist und somit Videos ohne Zeitverzögerung und Medienbruch auf die Website eines Anbieters gestellt werden können. Dies können DV-Kameras bisher nicht leisten.

4.2 *Journalistisch-inhaltliche Aspekte*

Aufgrund des Internetuploads, der über das Aufnahmegerät möglich ist, können Cellphone-made-Videos ein wichtiges journalistisch-inhaltliches Kriterium abdecken: das der Aktualität. Der Videojournalist (oder User) ist dank des Handys in der Lage, vom Ort des Geschehens das Video direkt vom Aufnahmegerät upzuloaden, während DV-made-Videos zunächst auf einen Computer überspielt werden müssen. Der Nachteil von Cellphone-made-Videos liegt jedoch in ihrer begrenzten Bild- und Tonqualität begründet, die wiederum Auswirkungen auf die Inhalte haben: Bild- und tontechnisch qualitativ hochwertige Inhalte sind mit Handy-Kameras nicht umzusetzen. Von daher bietet es sich an, nur solche Inhalte zu produzieren, bei denen eine hochwertige Bild- und Tonqualität eine untergeordnete Rolle spielt. Dies ist z.B. bei Inhalten der Fall, bei denen allein das Atmosphärische (z.B. die Stimmung in einem Fußballstadion, bei einer Party etc.) von Bedeutung ist. Praktiziert wird das beispielsweise vom *Fortuna-Vlog* der *Rheinischen Post*, bei welchem eine Reporterin regelmäßig mit dem Nokia-Modell N93 Cellphone-made-Videos über die Stadionatmosphäre bei Spielen des Düsseldorfer Fußballvereins produziert. Aufgrund des geringen Gewichts ist eine Handy-Kamera zudem ständig griffbereit, was dazu führt, dass Videos entstehen können, die nicht auf Recherche, sondern auf zufällige Anwesenheit an einem filmenswerten Ort beruhen. Dies lässt Eye-Witness-Content (Unfälle, Katastrophen) oder skurrile Inhalte (Pannen) als prädestinierte Formen von Cellphone-made-Videos erscheinen und erklärt, warum Handy-Kameras auch ein geeignetes Aufnahmegerät für User Generated Content darstellen. DV-made-Content hingegen bietet sich bei der Produktion von Inhalten an, bei denen die Qualität von Bild und Ton eine wichtige Rolle spielt – z.B. bei Berichten, Porträts und Reportagen mit vielen O-Tönen.

4.3 Designbezogene Aspekte

Aufgrund der eingeschränkten Bild- und Tonqualität tendieren Cellphone-made-Videos zu einem Amateur-Look, während DV-Camera-made-Videos eine professionellere Bildsprache aufweisen. Die produktionstechnische Schwäche verwackelter und verrauschter Bilder eröffnet aber zugleich Möglichkeiten für neue Formen des visuellen Erzählens: Cellphone-made-Videos wirken – gerade wegen ihrer eingeschränkten Bild- und Tonqualität – besonders authentisch und privat. Sie bieten sich von daher besonders für Vlogs an, die durch ihren Tagebuchcharakter genau diese Eigenschaften bedienen. Dass die Miniaturisierung von Kameras stets auch neue Erzähl- und Bildgestaltungsformen nach sich zieht, lässt sich zumindest für den Fernsehbereich beschreiben. Hier war es die Einführung der DV-Kamera Ende der 1990er-Jahre und der Einsatz von Überwachungs- und Brillenkameras, die ein neues Genre – Reality TV – mit einer eigenen Bildästhetik etablierten (vgl. JERMYN 2004). Im Vergleich zur großen Studio-›Pumpe‹ oder Betacam-Schulterkamera eröffnete die kleine DV-Kamera eine neue Form von Nähe, da der Filmende sich ohne herkömmliches Aufnahmeteam am Drehort bewegen und so einen neuen Look der Authentizität kreieren konnte. Vor dem Hintergrund der DV-Technologie konnten erst Real-Life-Formate wie *Big Brother* oder *The Osbournes* entstehen. Ähnliches könnte zukünftig womöglich auch für

Video-Content im Internet gelten – freilich jedoch mit dem Unterschied, dass in diesem Medium nun DV-made-Content als professionell und Cellphone-made-Content als amateurhaft gelten.

4.4 Kosten- und erlösbezogene Aspekte

DV-made- und Cellphone-made-Videos unterscheiden sich zunächst einmal in den Anschaffungskosten der Hardware: Professionelle DV-Kameras bewegen sich derzeit (Stand August 2007) in der Preisspanne von 3.000 bis 5.000 EUR, ein Handy mit integrierter Video-Kamera und der Möglichkeit des Internetuploads ist für rund 700 EUR zu erwerben. Ferner ist zu berücksichtigen, dass zur Handhabung einer Handy-Kamera keinerlei Vorbildung nötig ist. Anders verhält es sich bei der Bedienung von DV-Kameras, zumindest bei solchen der professionellen Art. Gerade wenn Videos den Qualitätsansprüchen einer professionellen Bild- und Tongestaltung gerecht werden wollen, muss der ausführende Videojournalist über bewegbildspezifisches Produktions- und Gestaltungs-Knowhow verfügen. Der Erweb solchen Wissens ist für Zeitungsunternehmen mit Personalkosten (u.a. Rekrutierung von Videojournalisten) verbunden. Hinsichtlich der Erlösgenerierung ist anzunehmen, dass Inhalte in hochwertiger Bild- und Tongestaltung eher ein geeignetes Werbumfeld darstellen als Videos im Amateur-Look. Redaktionelle Erlöse z.B. durch Nutzer-Abonnements sind aufgrund des schleppenden Erfolgs von Paid-Content im Internet nur bedingt zu erwarten.

5. Die Distribution: Marktanalyse von Videocasts und Vlogs

5.1 Methodik

Viele Zeitungsverlage bieten in ihren Online-Zeitungen textbasierte Weblogs an. Eine Marktanalyse soll im Folgenden nachzeichnen, ob bewegtbildorientierte Vlogs oder sonstiger Video-Content wie Vodcasts ebenfalls eine gewisse Verbreitung in den Online-Angeboten von Regionalzeitungen finden. Die regionalen Online-Zeitungen werden hierzu im Folgenden einer umfangreichen Inhaltsanalyse unterzogen.

Inhaltsanalysen lassen sich in angebots- und nutzerzentrierte Untersuchungen kategorisieren (vgl. RÖSSLER/WIRTH 2001: 284ff.). Angebotszentrierte Inhaltsanalysen können in Sparten- und Fokusanalysen unterschieden werden, nutzerzentrierte Analysen wiederum in Publizitäts- und Selektivitätsanalysen. Auf die besonders detaillierte Methode der Autopsie als Variante der Inhaltsanalyse wird hier nicht näher eingegangen. Für Websites von Lokal- und Regionalzeitungen wurde dies bereits geleistet (vgl. ROTH 2005).

Der Ablauf einer Inhaltsanalyse erfolgt in mehreren Schritten. Brosius und Koschel differenzieren den Entdeckungs-, Begründungs- und Verwertungszusammenhang (vgl. BROSIUS/KOSCHEL 2005: 163ff.). Etwas feiner lässt sich die Konzeption in die folgenden fünf Schritte unterteilen: 1. Forschungsfragen, 2. Stichprobenziehung, 3. Instrumente, 4. Durchführung und 5. Auswertung (vgl. RÖSSLER/WIRTH 2001: 287ff.).

Die (1) Forschungsfragen der vorliegenden Untersuchung zielen auf ökonomische Aspekte der Bewegtbildangebote von Online-Zeitungen. Welche der Optionen von Video-Angeboten finden sich im Markt? Mit Hilfe welcher Werbeformen werden sie refinanziert? Gibt es bereits kostenpflichtige Video-Inhalte auf Zeitungswebsites? Bei der (2) Auswahl der Analyseeinheiten wird auf eine hohe Marktabdeckung geachtet. Hinsichtlich der Reichweitenmessung werden sowohl Print- als auch Online-Kriterien berücksichtigt. Zu diesem Zweck werden sämtliche Online-Angebote von Zeitungsverlagen sowohl nach verkaufter Auflage der Printauflagen als auch nach Visits der Internetangebote auf Basis der IVW-Zahlen für das 1. Quartal 2007 in eine Rangfolge gebracht. Da es sich bei Videocasting-Angeboten um Internetinhalte handelt, wird primär nach Visits gelistet. So werden die 100 nach Visits größten regionalen Online-Zeitungen in der Untersuchung erfasst. Da nicht alle renommierten Online-Angebote ihre Visits ausweisen lassen, wurden ergänzend jene Online-Angebote von Zeitungen berücksichtigt, deren Verkaufsauflage im betrachteten Quartal unter den ersten Hundert lag. Insgesamt werden 123 Online-Zeitungen berücksichtigt. Zum Vergleich werden die Websites der acht überregionalen Zeitungen herangezogen. Deren Erfassung erfolgte im gleichen Zeitraum anhand desselben Kategorienschemas. Im (3) Kategoriensystem werden analog zu den bisherigen Ausführungen als Codiereinheiten neben technischen auch journalistische, designbezogene und erlösbezogene Kategorien erfasst (siehe Abb. 1). Sowohl inhaltliche als auch formale Kategorien (vgl. BROSIUS/KOSCHEL

2005: 150ff.) werden somit abgedeckt. Um das Kategoriensystem sukzessive entwickeln zu können, wurden anhand zufällig ausgewählter Online-Zeitungen zwei Probecodierungen durchgeführt. Insgesamt sind in den vier Kategoriendimensionen 25 Einzelkategorien berücksichtigt. Die geforderte Trennschärfe ist für die Kategorien grundsätzlich gegeben, da aber in den umfangreichen Online-Zeitungen oftmals mehrere Arten von Video-Angeboten (z.B. lokale und nationale) vorgehalten werden, treten in Einzelfällen Doppelerfassungen auf. Für die Zwecke die-

ABBILDUNG 1
Kategorienschema

1. Technische Kategorien		
	1.1 Videotechnische Kategorien	
		1.1.1 Angebot von Videos
		1.1.2 Produktionsform
		1.1.3 Anbieter von Agenturmaterial
		1.1.4 Kameratyp
	1.2 Online-Technische Kategorien	
		1.2.1 Darstellungsform des Videobereichs/ der Verteilseite
		1.2.2 Darstellungsform eines einzelnen Videos
		1.2.3 Angebot von RSS-Feeds (zu Video-Inhalten)
		1.2.4 Angebot von zusätzlichen Features
2. Journalistische Kategorien		
	2.1 Geografischer Fokus der Video-Inhalte	
	2.2 Rubrik der Video-Inhalte	
	2.3 Redaktionelle Formate	
		2.3.1 Angebot an Vlogs
		2.3.2 Andere serielle Formate (z.B. Studioproduktion)
	2.4 Bewertungsmöglichkeiten durch User	
	2.5 Möglichkeit des Uploads von User-made-Videos	
	2.6 Kommunikation redaktioneller Auswahlkritieren	
3. Designbezogene Kategorien		
	3.1 Navigation zum Videoangebot	
	3.2 Schnittbearbeitung des Materials	
	3.3 Vielfalt von Kameraeinstellungen	
	3.4 Einblendung von Bauchbinden	
	3.5 Einblendung von Logo der Zeitung	
4. Erlösbezogene Kategorien		
	4.1 Einbindung von Werbung im Videobereich/ in der Verteilseite	
	4.2 Integration von Werbung in die Videos	
	4.3 Form der Werbeintegration	
	4.4 Verbreitung der werbetreibenden Unternehmen	
	4.5 Kostenpflichtige Video-Angebote (z.B. Pay-per-Use, Abomodelle)	

ser Untersuchung erscheint diese Unschärfe allerdings vertretbar. Für Inhaltsanalysen von Websites wird empfohlen, dass der Erhebungszeitraum im Rahmen der (4) Durchführung möglichst kurz gehalten wird (vgl. RÖSSLER/WIRTH 2001: 296). Im vorliegenden Fall wurde die Codierung vom 24. bis zum 26. Juli 2007 vorgenommen. Screenshots sowohl der Homepages als auch der Video-Verteilseiten wurden für alle untersuchten Angebote gespeichert. Die Ergebnisse der (5) Auswertung werden im Folgenden dargestellt.

5.2   *Angebote von deutschen Regionalzeitungen*

Von den 123 untersuchten regionalen Online-Zeitungen bieten 67, also knapp über die Hälfte (54,5%), Video-Inhalte an. Sämtliche folgenden Aussagen beziehen sich auf diese 67 Video-Anbieter. Nur bei fünf dieser Online-Zeitungen konnten nutzererstellte Inhalte identifiziert werden. Das sind gerade einmal 7,5 Prozent. 80,6 Prozent greifen auf Agenturmaterial zurück, 34,3 Prozent produzierten Video-Inhalte selbst und 14,9 Prozent beauftragen Dienstleister-Firmen, oftmals aus dem eigenen Verlag. Die folgende Abbildung 2 zeigt, dass zahlreiche Online-Zeitungen auch zu Mischformen greifen.

ABBILDUNG 2
Kategorie »1.1.2 Produktionsform«

1.1.2 Produktionsform	Regionale Anbieter (n=67)		Überregionale Anbieter (n=8)	
	Absolut	Relativ	Absolut	Relativ
0 = noch in Aufbau	1	1,5%	0	0,0%
1 = Eigenproduziert durch Zeitung	23	34,3%	5	62,5%
2 = Produziert durch beauftragte TV-/Multimedia-Dienstleister	10	14,9%	3	37,5%
3 = Agenturmaterial	54	80,6%	7	87,5%
4 = User-made-Videos	5	7,5%	0	0,0%
Summe (inkl. Doppelnennungen)	93	138,8%	15	187,5%

82,1 Prozent der 67 Video-Anbieter bieten nationale Inhalte an, 80,6 Prozent internationale und mit 50,7 Prozent immerhin die Hälfte regionale Inhalte. In der Mehrzahl aller Fälle werden die Video-Verteilseiten integriert in das normale Layout der Website angeboten (89,6%) und nicht als Microsite (10,4%) oder als Pop-Up (4,5%). Die einzelnen Videos hingegen werden mehrheitlich in externen Playern dargestellt. Diese Player werden von Agenturen wie *ZoomIn* angeboten und werden nur von einem geringen Teil der Online-Zeitungen hinsichtlich Logo und Farbe in der jeweiligen Corporate Identity des Verlags modifiziert.

Fast ein Viertel der Video anbietenden Online-Zeitungen (23,9%) verzichtet bei der Darstellung auf der Video-Verteilseite auf jegliche Rubrizierung – und dies, obwohl der hauptsächliche Lieferant *ZoomIn* die Videos nach Rubriken klassifiziert. Falls jedoch Rubriken verwendet werden, so stellt sich die Rubriksortierung bei den Anbietern ähnlich dar, wie die folgende Abbildung 3 zeigt. Fast alle Regionalzeitungen arbeiten mit der Agentur *ZoomIn* zusammen, während bei 75 Prozent der überregionalen Online-Zeitungen *Reuters* als Inhaltelieferant aktiv ist.

ABBILDUNG 3
Kategorie »2.2 Rubrik«

2.2 Rubrik der Video-Inhalte	Regionale Anbieter (n=67)		Überregionale Anbieter (n=8)	
	Absolut	Relativ	Absolut	Relativ
0 = Nicht nach Rubriken sortiert	16	23,9%	3	37,5%
1 = Politik	54	80,6%	5	62,5%
2 = Wirtschaft	53	79,1%	4	50,0%
3 = Sport	54	80,6%	4	50,0%
4 = Boulevard/ Unterhaltung	54	80,6%	5	62,5%
5 = Kultur	49	73,1%	4	50,0%
6 = Wissenschaft	0	0,0%	2	25,0%
Summe (inkl. Doppelnennungen)	280	417,9%	27	337,5%

Bei der Einbindung üblicher Internet-Funktionalitäten, die die Nutzung der Video-Inhalte erleichtern, sind die Zeitungsverlage recht zurückhaltend. Denn 80,6 Prozent der regionalen Online-Zeitungen bieten in ihrem Video-Angebot keine zusätzlichen Features wie Video-Suche oder Video-Archiv an. Die Einbindung von RSS-Feeds zu Video-Inhalten wurde zudem als eigene Kategorie berücksichtigt und zeigt ein ähnliches Ergebnis. Nur sechs von den 67 Video-Anbietern (9%) stellen ihre Videos per RSS-Feed dynamisch zur Verfügung.

ABBILDUNG 4
Kategorie »1.2.4 Angebot von zusätzlichen Features«

1.2.4 Angebot von zusätzlichen Features	Regionale Anbieter (n=67)		Überregionale Anbieter (n=8)	
	Absolut	Relativ	Absolut	Relativ
0 = nein	54	80,6%	4	50,0%
1 = Video-Suche	5	7,5%	2	25,0%
2 = Video-Archiv	8	11,9%	1	12,5%
3 = Umfragemodul	1	1,5%	1	12,5%
4 = Sonstiges	1	1,5%	0	0,0%
Summe (inkl. Doppelnennungen)	69	103,0%	8	100,0%

Nur fünf (7,5%) bieten regelmäßige Vlogs an. Die restlichen 62 (92,5%) verzichten derzeit also auf diese Bewegtbildvariante der mittlerweile auch bei Online-Zeitungen weit verbreiteten Weblogs. Hier besteht also noch reichlich Potenzial. 58 (86,6%) der regionalen Online-Zeitungen verzichten auch auf sonstige serielle Formate. Die Positivbeispiele werden im folgenden Kapitel näher dargestellt.

Die Interaktionsmöglichkeiten für die User sind im Video-Bereich sehr gering. Nur sechs (9%) der Online-Zeitungen mit Video-Angeboten stellen für diese auch Bewertungsmöglichkeiten zur Verfügung. Die restlichen 91 Prozent verzichten darauf. Nur drei vereinzelte Online-Zeitungen (4,5%) bieten ihren Nutzern überhaupt die Möglichkeit zum Upload eigener Videos. Die Option des *Journalist Generated Content* wird gegenüber dem *User Generated Content* von regionalen Zeitungsverlagen also deutlich präferiert.

44,8 Prozent ›verstecken‹ ihre Video-Angebote in der zweiten Navigationsebene. Immerhin 29,9 Prozent platzieren die Video-Bereiche sehr prominent in der ersten Navigationsebene. Genauso oft wird mit Banner-Teasern (29,9%) auf die Video-Angebote aufmerksam gemacht, etwas seltener mit Links im Content-Bereich (20,9%). Auch noch 11,9 Prozent der Online-Zeitungen mit Video-Inhalten haben die Angebote relativ prominent in der Metanavigation verortet (siehe Abb. 5).

Wie bereits herausgearbeitet wurde, müssen mit den Internet-Angeboten der Regionalzeitungen auch Erlöse erzielt werden. Nur 14 der 67 Video anbietenden Verlage verzichten vor diesem Hintergrund auf die Platzierung von Werbung in den Video-Seiten, also 20,9 Prozent (siehe Abb. 6). 53 tun dies auf der Verteilseite, einige davon (immerhin 30 Zei-

ABBILDUNG 5
Kategorie »3.1 Navigation«

3.1 Navigation zum Videoangebot	Regionale Anbieter (n=67)		Überregionale Anbieter (n=8)	
	Absolut	Relativ	Absolut	Relativ
0 = keine Erreichbarkeit über Startseite, nur vereinzelte Videos	0	0,0%	1	12,5%
1 = Rubrik in erster Navigationsebene	20	29,9%	2	25,0%
2 = Rubrik in zweiter Navigationsebene	30	44,8%	2	25,0%
3 = Rubrik in Metanavigation	8	11,9%	2	25,0%
4 = Bannerteaser	20	29,9%	1	12,5%
5 = Link im Content-Bereich	14	20,9%	3	37,5%
6 = Angebot mehrerer Rubriken	5	7,5%	1	12,5%
7 = Sonstiges	0	0,0%	0	0,0%
Summe (inkl. Doppelnennungen)	97	144,8%	12	150,0%

ABBILDUNG 6
Kategorie »4.1 Einbindung von Werbung«

4.1 Einbindung von Werbung im Videobereich/ in der Verteilseite	Regionale Anbieter (n=67)		Überregionale Anbieter (n=8)	
	Absolut	Relativ	Absolut	Relativ
0 = keine	14	20,9%	3	37,5%
1 = Banner	52	77,6%	3	37,5%
2 = Skyscraper	35	52,2%	1	12,5%
3 = Pop-Up	1	1,5%	0	0,0%
4 = Layer-Ads	3	4,5%	0	0,0%
5 = Sonstiges	2	3,0%	2	25,0%
Summe (inkl. Doppelnennungen)	107	159,7%	9	112,5%

tungen) auch in den einzelnen Videos. In erster Linie wird mit Bannern (77,6%) und Skyscrapern gearbeitet (52,2%), aber auch andere Formen finden durchaus Verbreitung. 30, also 44,8 Prozent, binden auch Werbung in die einzelnen Video-Stücke ein.

Von den 53 Online-Zeitungen, die Werbeangebote integrieren, zeigte im Untersuchungszeitraum mit 39 Websites eine deutliche Mehrheit (73,6%) Werbung überregionaler Unternehmen. Nur 14 (26,4%) hatten Anzeigen regionaler werbetreibender Unternehmen geschaltet. Geringe Abweichungen mögen entstehen, sofern die eingesetzten Ad Server dynamisch Werbung ausspielen und zudem durch IP-Tracking den Zugriffsort des Nutzers ermitteln. Redaktionelle Erlöse durch die User werden zum jetzigen Zeitpunkt fast nicht angestrebt. Nur drei Anbieter haben kostenpflichtige Bestandteile eingebunden oder diese zumindest auf der Website angekündigt.

5.3   *Angebote ausgewählter Regionalzeitungen*

Die Marktanalyse zeigt, dass der Einsatz von Video-Content – insbesondere von User Generated Content – bei deutschen Regionalzeitungen derzeit noch sehr zurückhaltend betrieben wird. Dennoch hat die Untersuchung mehrere Online-Zeitungen identifiziert, deren Video-Angebote bereits heute eine hohe Qualität erreichen. Ungefähr 25, also mehr als ein Drittel dieser Video-Angebote, können als ansprechend bezeichnet werden. Allerdings überzeugen nicht alle in gleichem Maße bei wünschenswerten Merkmalen wie (1) hohe Interaktivität, (2) umfangreicher User

ABBILDUNG 7
Screenshot blog.wa-online.de

Generated Content, (3) zahlreiche lokale Videos und/oder der (4) Entwicklung spezieller serieller Bewegtbildformate. Derartige serielle Bewegtbildformate sind aufgrund ihrer recht hohen Planbarkeit in der redaktionellen Produktion und der Vorhersehbarkeit für die User von Interesse. Einige der Video-Verteilseiten von Online-Zeitungen werden zudem als (5) regionale Video-Portale positioniert.

Im Zeitalter von Web 2.0 zeichnen sich Online-Angebote durch eine hohe Einbindung von Nutzern aus. Erst dadurch bilden sich Social Communities heraus. Als typische Grundlage einer (1) Interaktivität dienen u.a. RSS-Feeds. Viele Online-Zeitungen bieten RSS-Feeds an, um auf ihre Weblogs aufmerksam zu machen. Einen spezifischen Video-Feed stellen die Regionalzeitungen in ihren Websites aber in den seltensten Fällen zur Verfügung. Als besonders positives Beispiel soll hier auf den *Westfälischen Anzeiger* hingewiesen werden, der gleich mehrere RSS-Feeds für unterschiedliche Video-Formate anbietet (siehe Abb. 7).

Ziel dieser Untersuchung war auch zu identifizieren, wie viele Online-Zeitungen ihre redaktionelle Hoheit tatsächlich dahingehend ein Stück

ABBILDUNG 8
Screenshot www.sol.tv

weit aufgeben, dass die Einbindung von (2) User Generated Content möglich ist. Perspektivisch dürfte sich eine solche ›Aufgabe‹ als positive Erweiterung des redaktionellen Angebots zeigen (vgl. NEUBERGER/NUERNBERGK/RISCHKE 2007). Wie oben beschrieben, machen nur drei regionale Angebote von dieser Möglichkeit Gebrauch. Dass dabei nicht unbedingt nur nachrichtenjournalistische Inhalte zu erwarten sind, zeigt das Video-Angebot der *Saarbrücker Zeitung*. Die Domain *sol.de* wird durch *sol.tv* ergänzt, wo neben ›Welt-News‹ auch ›Party-News‹ prominent angeboten werden. Letztere erfüllen längst nicht immer journalistische Qualitätsstandards, aber dienen vermutlich einer recht hohen Nutzeridentifikation und damit indirekt auch der Kundenbindung. Dies entspricht aber durchaus der Beliebtheitsskala bei der Video-Nutzung durch Onliner, in der Nachrichten nach Musik-Clips und Unterhaltung/Comedy/Buntes erst an dritter Stelle genannt werden (vgl. EIMEREN/FREES 2007: 371).

Eine hohe Kundenbindung zum lokalen bzw. regionalen Leser- und Nutzerkreis von Regionalzeitungen wird selbstredend durch einen hohen (3) Lokalbezug erreicht. Je größer das Angebot lokaler Video-Inhal-

ABBILDUNG 9
Screenshot www.bbv-net.de

te ist, desto interessanter ist es potenziell für die jeweiligen Zielgruppen. Das *Bocholter-Borkener Volksblatt* wird dem gerecht, indem BBV-TV explizit in die Subrubriken ›regional‹ und ›überregional‹ unterteilt ist.

Die Entwicklung medienspezifischer neuer (4) Formate läuft noch schleppend. Neuberger (2005: 88) weist mit Blick auf Web-Angebote wie Weblogs, Portale und Peer-to-Peer-Angebote darauf hin, dass im Prozess der Institutionalisierung eines neuen Mediums Schemata entstehen, die »teils frühere Formate imitieren, teils innovativ das besondere technische Potenzial des neuen Mediums erschließen«. Unter Medienschemata werden »sozial verfestigte und formalisierte Muster kommunikativer Handlung« (ebd.: 74) verstanden. Diese Beobachtung lässt sich auch auf Video-Angebote von Online-Zeitungen übertragen, denn diese imitieren zum Teil fernsehtypische Elemente. 94 Prozent der untersuchten regionalen Anbieter blenden z.B. sog. Bauchbinden ein. Darunter ist ein grafisches Element zu verstehen, das bildergänzende Textinformationen liefert. Bauchbinden sind ein Stilelement, das typisch für Fernsehberichte ist, aber suboptimal im Kontext von Web-Videos erscheint. Denn aufgrund

ABBILDUNG 10
Screenshot Suedkurier.tv

der kleinen Fenstergröße des Players, auf der die Videos abgespielt werden, wirken Grafikelemente bilddominierend. Auch fällt auf, dass viele Online-Zeitungen bei der Namensgebung ihrer Video-Angebote explizit den Verweis zum Medium Fernsehen suchen (siehe z. B. *ksta.tv, expresstv, sol.tv, suedkurier.tv, mz-web.tv* usw.). Betrachtet man die Formatierung von Inhalten und schaut sich serielle Video-Angebote von Online-Zeitungen genauer an, fällt deren Nähe zu fernsehtypischen Genres auf. Der *Kölner Stadt-Anzeiger* beispielsweise bietet regelmäßig jeden Montag um 10 Uhr eine neue Folge der Tier-Doku *Alles wird gut* an, in welcher herrenlose Tiere an ein neues Zuhause vermittelt werden. Nicht nur der Titel des Formats entstammt dem Fernsehen, auch die inhaltliche Aufbereitung erinnert an bekannte TV-Doku-Formate. Auch das serielle Format *Wir im Glashaus*, in welchem Zeitungsjournalisten an einem Tisch stehen und aktuelle Nachrichten kommentieren, erinnert mit seinem Bluescreen-Look an klassische TV-Nachrichten. Online-Zeitungen, die Bewegtbilder anbieten, tendieren offenbar dazu, vertraute Schemata aus dem Fernsehen auf den Web-Content zu übertragen. Dies erleichtert zwar »Anbietern und Nutzern die Orientierung in der neuen Umgebung« (ebd.: 76). Wünschenswert wäre es jedoch, wenn die Video-Angebote sich stärker an den medienspezifischen Eigenschaften des Internets orientieren würden. Gerade Vlogs, die bislang nur von 7,5 Prozent der regionalen Anbieter und von 25,0 Prozent der überregionalen Anbieter offeriert werden, versprechen in diesem Zusammenhang ein großes Potenzial.

Internationale Video-Portale wie *YouTube* oder eher national positionierte Video-Angebote wie *MyVideo* oder *Clipfish* sind seit mehreren Jahren am Markt vertreten. Das Angebot regionaler Video-Portale ist demgegenüber eher gering. Hier liegt eine Möglichkeit für Regionalzeitungen, (5) regionale Portale für Video-Content im Markt zu etablieren. Mit *sol.tv* ist in Abbildung 8 ein Beispiel hierfür zu sehen.

6. Die Kosten- und Erlösstruktur

6.1 *Kostenübersicht zur Produktion von Video-Content*

Im Folgenden soll dargelegt werden, welche Kostenfaktoren Zeitungsunternehmen zu berücksichtigen haben, wenn sie eigenproduzierte Videos anbieten wollen. Hierfür soll eine beispielhafte Grobkalkulation entworfen werden. Generell sind bei der Produktion von Bewegtbildern folgende Kostenbereiche (in Anlehnung an KANDORFER 2003: 208ff.) zu unterscheiden: 1. Rechte, 2. Personal, 3. Technik, 4. Material, 5. Versicherung, 6. Sonstige Kosten. Zu dem (1) Punkt ›Rechte‹ zählen beispielsweise Drehbuchrechte oder Nutzungsrechte für den Einsatz von Bildern, Musik etc. Für die hier zu entwickelnde Kostenübersicht fallen unter diesem Posten jedoch keine Kosten an, da davon ausgegangen wird, dass bei eigenproduziertem, non-fiktionalem Content keine der genannten Rechte erworben werden sollen. Der (2) Posten ›Personal‹ spielt hingegen eine umso wichtigere Rolle. Wie unter Punkt 3.2.1 bereits gezeigt wurde, müssen Online-Zeitungen, deren Schwerpunkt naturgemäß in der Text- und nicht in der Bildproduktion liegt, zunächst das nötige Produktions-Know-how erwerben. Hierfür bieten sich zwei Möglichkeiten an: Bei Zeitungsunternehmen bereits vorhandene Redakteure werden zu Videojournalisten weitergebildet oder Personal, das die erforderlichen Kompetenzen mitbringt, wird neu eingestellt. Da die erste Variante weniger kostenintensiv und für regionale Zeitungsanbieter eher umsetzbar ist, soll nur diese näher betrachtet werden. Hierbei soll davon ausgegangen werden, dass pro Tag zwei DV-made-produzierte Beiträge auf der Website der Online-Zeitung angeboten werden. Das entspricht 730 Videos pro Jahr. Geht man des Weiteren davon aus, dass ein Redakteur pro Tag einen Beitrag (von einer Länge von max. 2:30) gedreht und geschnitten bekommt, und er 230 Arbeitstage im Jahr aufweist, so benötigt das Unternehmen 3,17 Personen zur Produktion und Postproduktion der Videos. Pro Weiterbildung eines Redakteurs zu einem Videojournalisten sind rund 4.000 EUR zu veranschlagen. Hinzu kommen Weiterbildungskosten für einen ›Head of VJ‹. Hier ist an einen bereits im Unternehmen vorhandenen Chef vom Dienst zu denken, dessen Arbeitsfeld um die Aufgabe erweitert wird, die Einsätze der Videojournalisten zu koordinieren und die journalistisch-inhaltliche und produktionstechnische Qualitätssicherung zu gewährleisten. Ein weiterer Kostenfaktor ist der Einkauf von freien Mitarbeitern, mit deren Hilfe redaktionspersonelle Lücken geschlossen werden, wenn die Redakteure, neben ihrer originären Arbeit – der Textproduktion – auch Videos produzieren sollen. Bei den hier angestellten Überlegungen soll von einem Filling von 50 Prozent ausgegangen werden, wobei ein Freier Mitarbeiter pro Jahr mit 24.000 EUR veranschlagt wird.

Unter dem (3) Punkt ›Technik‹ ist das Produktions- und Postproduktions-Equipment (DV-Kamera, Lichtkoffer, Notebook, Schnittsoftware

ABBILDUNG 11

Kostenübersicht zu Fertigung und Distribution von Video-Content

1. Rechte	---
2. Personal	
- Freie Mitarbeiter (50% Filling von 3,17 Personen à 24.000 €)	38.040 €
- Weiterbildung Redakteure und Head of VJ (3,17 Personen + 1 Head of VJ à 4.000 €) (einmalig im ersten Jahr)	16.680 €
3. Technik	
- Aufnahme- und Schnitt-Equipment (Anschaffungswert 31.700 €/ Abschreibung drei Jahre: pro Jahr 10.560 €)	10.560 €
4. Material	3.650 €
5. Versicherung	---
6. Sonstige Kosten	
- Reisekosten	43.800 €
7. Distribution	
- zwei Server: 14.000 € (einmalig im ersten Jahr); Festplatte: 25.000 € (einmalig im ersten Jahr); Datensicherung: 15.000 €	54.000 €
GESAMT/ erstes Jahr	**166.730 €**

usw.) zu subsumieren, das mit ca. 10.000 EUR pro Person berechnet werden kann. Unter (4) ›Video-Material‹ werden Kosten für DV-Kassetten gefasst. Der (5) Punkt ›Versicherungen‹ ist der Vollständigkeit halber mit aufgenommen worden, spielt aber nur in der Film- und TV-Produktion, weniger bei Video-Produktionen eine Rolle. Hierunter fallen beispielsweise Apparate- und Materialversicherungen (für Filmkameras und belichtete Filmrollen) und Ausfallversicherungen für Personen (bspw. Schauspieler). Hervorhebenswert im Bereich (6) ›Sonstige Kosten‹ sind die Reisekosten, die durch die Videojournalisten entstehen. Da davon ausgegangen wird, dass die Drehorte für den Video-Content von regionalen Zeitungsanbietern ausschließlich in der jeweiligen Region liegen, sollen die Reisekosten pro Beitrag mit lediglich 60 EUR beziffert werden. Bezogen auf 730 Videos pro Jahr ergibt sich eine Reisekostensumme von rund 43.800 EUR. Zu den Fertigungskosten kommen (7) Distributionskosten (für Server, Festplatte, Datensicherung) hinzu, die – wie auch die anderen Kosten – in Abbildung 1 zusammengefasst sind. Im ersten Jahr belaufen sich die Kosten auf 166.730 EUR; die kontinuierlich anfallenden (also nicht einmaligen) Kosten umfassen 111.050 EUR jährlich.

6.2   *Erlösmöglichkeiten für Video-Content*

Hinsichtlich der Erlöserzielung können mehrere Möglichkeiten unterschieden werden. Zunächst ist zwischen direkten und indirekten Erlösen zu differenzieren. Direkte Erlöse beziehen sich auf private Nutzer und Firmenkunden und können transaktionsabhängig (z.B. in Form von Payper-View-Nutzungsgebühren) oder transaktionsunabhängig (z.B. als wiederkehrende Abo-Gebühren) erfolgen. Von indirekten Erlösen ist die Rede, wenn das Zeitungsunternehmen Geschäftsbeziehungen zu Unternehmen aufbaut,»die ein Interesse daran haben, dass der Konsument die Medien- und Kommunikationsleistung nutzt« (FRIEDRICHSEN 2007: 147), wie dies z.B. bei der Online-Werbung von werbetreibenden Unternehmen der Fall ist. Abbildung 12 zeigt die unterschiedlichen Erlösformen im Überblick.

Bei Video-Content ist eine direkte Erlösgenerierung derzeit unüblich. Nur drei der untersuchten 67 regionalen Online-Zeitungen bieten dem User kostenpflichtige Video-Inhalte an. Von den acht überregionalen Anbietern nutzt keiner diese Erlösform. Die Haupterlösquelle für Video-Content besteht derzeit aus Online-Werbung, also aus indirekten Erlösen. Hierbei kann zwischen In-Stream-Werbung und In-Page-Werbung (vgl. RADVILAS 2007: 36) unterschieden werden. Unter In-Stream-Werbung ist Werbung zu verstehen, die als Teil des gestreamten Video-Inhalts zu sehen ist. Sie kann beispielsweise vor Beginn des Video-Inhalts platziert werden – dann spricht man vom sog. ›Pre-Roll-Spot‹. In-Page-

ABBILDUNG 12
Erlösmöglichkeiten für Online-Zeitungen

Direkte Erlösgenerierung private Nutzer (B2C) und Firmenkunden (B2B)		*Indirekte Erlösgenerierung* Unternehmen (B2B)
Transaktionsabhängig (›nutzungsabhängig‹)	Transaktionsunabhängig (›nutzungsunabhängig‹)	
Transaktionserlöse: - Verbindungsgebühren - Nutzungsgebühren (z.B. nach Leistungsmenge: Pay per view oder nach Leistungsdauer: Pay per hour	Einmalig: - Einrichtungsgebühren - regelmäßig wiederkehrend: Grundgebühren (Bsp.: Abonnement)	Online-Werbung - Sponsoring - Provision - Datamining - Content-Syndication

Quelle: Friedrichsen 2007: 148

Werbung bezieht sich auf Werbung, die nicht innerhalb eines Videos, sondern auf einen Werbeplatz der Website geschaltet ist. Dies können Banner, Skyscraper, Pop-ups, VideoAds etc. sein. Die vorliegende Untersuchung ergab, dass rund die Hälfte der regionalen Anbieter In-Stream-Werbung nutzt (30 von 67 Anbietern). In-Page-Werbung innerhalb der Video-Verteilseiten wird von 53 der insgesamt 67 regionalen Anbieter eingesetzt.

So wie oben eine beispielhafte Kostenübersicht entwickelt worden ist, soll hier ebenfalls exemplarisch dargestellt werden, wie sich der eigenproduzierte Video-Content refinanzieren ließe. In dem Rechenbeispiel wird davon ausgegangen, dass ausschließlich über Online-Werbung Erlöse erzielt und die Werbemittel Pre-Roll-Spot, Banner und Skyscraper eingesetzt werden. Angenommen wird ferner, dass die Video-Abrufzahl bei 5.000/Tag liegt und der Tausenderkontaktpreis (TKP) eines Pre-Roll-Spots mit 60 EUR beziffert wird. Dies scheint eine realistische Rechengrundlage zu sein, schaut man sich die Anzahl der Video-Abrufe und die TKPs für Pre-Roll-Spots bei internationalen und nationalen Anbietern an (siehe Abb. 13).

ABBILDUNG 13
Video-Abrufe bei internationalen und nationalen Anbietern und TKP von Pre-Roll-Spots (Stand: Januar 2007)

Website	Videoabrufe/ Tag	TKP in €
Nytimes.com /New York Times, USA	40.000 - 60.000	k.A.
Op.se /Östersunds Posten, Schweden	5.000	47
Timesonline.co.uk / Times, Großbritannien	10.000	50
Volkskrant.nl /De Volkskrant, Niederlande	12.000 - 15.000	45 (für 5sec) 60 (für 10 sec.) 75 (für 15 sec.)
Spiegel-online.de/ Der Spiegel, Deutschland	130.000 - 150.000	90
Express.de/ Express, Deutschland	ca. 8000	kein Pre-Roll-Spot
ksta.de / Kölner Stadt Anzeiger, Deutschland	ca. 8000	kein Pre-Roll-Spot

Bei Banner- und Skyscraper-Preisen wurde auf die gängigen Preise von regionalen Online-Zeitungsanbietern zurückgegriffen, wie sie von dem Vermarkter Quality Channel veröffentlicht werden. Um die mögliche Erlösentwicklung im Zeitverlauf aufzuzeigen, sollen drei Szenarien unterschieden

ABBILDUNG 14
Jährliche Erlöse (nicht kumuliert) bei einem Worst-, Realistic- und Best Case-Szenario

	Werbeform	Basis	Szenarien		Erlöse
1. Jahr	Pre-Roll-Spot	Abrufe: 5000/Tag TKP: 60 € Max. Umsatz/Jahr: 109.500 €	Auslastung	1) 9% 2) 20% 3) 30%	1) 9.855 € 2) 21.900 € 3) 32.850 €
	Banner	Festpreis pro Woche: 2.000 € Max. Umsatz pro Jahr: 104.000 €	Auslastung	1) 15% 2) 30% 3) 45%	1) 15.600 € 2) 31.200 € 3) 46.800 €
	Skyscraper	Festpreis pro Woche: 2.300 € Max. Umsatz pro Jahr: 119.600 €	Auslastung	1) 15% 2) 30% 3) 45%	1) 17.940 € 2) 35.880 € 3) 53.820 €
2. Jahr	Pre-Roll-Spot	Abrufe: 5000/Tag TKP: 60 € Max. Umsatz/Jahr: 109.500 €	Auslastung	1) 25% 2) 35% 3) 40%	1) 27.375 € 2) 38.325 € 3) 43.800 €
	Banner	Festpreis pro Woche: 2.000 € Max. Umsatz pro Jahr: 104.000 €	Auslastung	1) 20% 2) 35% 3) 50%	1) 20.800 € 2) 36.400 € 3) 52.000 €
	Skyscraper	Festpreis pro Woche: 2.300 € Max. Umsatz pro Jahr: 119.600 €	Auslastung	1) 20% 2) 35% 3) 50%	1) 23.920 € 2) 41.860 € 3) 59.800 €
3. Jahr	Pre-Roll-Spot	Abrufe: 10000/Tag TKP: 60 € Max. Umsatz/Jahr: 219.000 €	Auslastung	1) 30% 2) 40% 3) 55%	1) 65.700 € 2) 87.600 € 3) 120.450 €
	Banner	Festpreis pro Woche: 2.000 € Max. Umsatz pro Jahr: 104.000 €	Auslastung	1) 25% 2) 40% 3) 55%	1) 26.000 € 2) 41.600 € 3) 57.200 €
	Skyscraper	Festpreis pro Woche: 2.300 € Max. Umsatz pro Jahr: 119.600 €	Auslastung	1) 25% 2) 40% 3) 55%	1) 29.900 € 2) 47.840 € 3) 65.780 €
4. Jahr	Pre-Roll-Spot	Abrufe: 10000/Tag TKP: 60 € Max. Umsatz/Jahr: 219.000 €	Auslastung	1) 35% 2) 45% 3) 60%	1) 76.650 € 2) 98.550 € 3) 131.400 €
	Banner	Festpreis pro Woche: 2.000 € Max. Umsatz pro Jahr: 104.000 €	Auslastung	1) 25% 2) 40% 3) 55%	1) 26.000 € 2) 41.600 € 3) 57.200 €
	Skyscraper	Festpreis pro Woche: 2.300 € Max. Umsatz pro Jahr: 119.600 €	Auslastung	1) 25% 2) 40% 3) 55%	1) 29.900 € 2) 47.840 € 3) 65.780 €

werden – ein Worst-, ein Realistic- und ein Best-Case-Szenario, womit jeweils eine unterschiedliche Werbeauslastung verbunden ist (s. Abb. 14).

6.3 Break Even-Analyse für Video-Content

Im Folgenden soll aufgezeigt werden, wann sich in dem Rechenbeispiel die Investitionen in eigenproduzierten DV-Camera-made-Content amortisieren. Hierfür werden die Kosten- und Erlösströme im Zeitablauf kumuliert und gegenübergestellt. Der Break Even in dieser Gegenüberstellung entspricht dem Zeitpunkt, an dem die kumulierten Kosten den bis dahin erwirtschafteten Erlösen entsprechen. Abbildung 15 zeigt die Gegenüberstellung der Kosten und Erlöse, wobei drei mögliche Erlös-Szenarien errechnet wurden. Zu beachten ist, dass für alle Teilbereiche der Erlösbetrachtung immer die gleiche Case-Betrachtung zugrunde gelegt wurde.

Bei der Betrachtung der kumulierten Kosten und Erlöse wird deutlich, dass bei einem Realistic Case der Break-Even im vierten Jahr erreicht wird, im Best-Case-Szenario mit einer hohen Online-Werbeauslastung bereits im zweiten Jahr. Unter betriebswirtschaftlichen Gesichtspunkten ist somit die Investition von Zeitungsunternehmen in eigenproduzierte Bewegtbildangebote in den ersten Jahren ein Verlustgeschäft. Gleichwohl ist eine Investition empfehlenswert, nicht zuletzt, wenn der deutsche

ABBILDUNG 15
Kumulierte Kosten und kumulierte Erlöse (drei Szenarien) im Zeitverlauf

Jahr	Kumulierte Kosten	Kumulierte Erlöse
1. Jahr	166.730 €	1) Worst Case: 43.395 € 2) Realistic Case: 88.980 € 3) Best Case: 133.470 €
2. Jahr	277.780 €	1) Worst Case: 115.490 € 2) Realistic Case: 205.565 € 3) Best Case: 289.070 €
3. Jahr	388.830 €	1) Worst Case: 237.090 € 2) Realistic Case: 382.605 € 3) Best Case: 532.500 €
4. Jahr	489.320 €	1) Worst Case: 369.640 € 2) Realistic Case: 570.595 € 3) Best Case: 786.880 €

Online-Zeitungsmarkt sich auch mit internationalen Wettbewerbern messen lassen will. Eine Studie des amerikanischen Marktforschungsinstituts The Bivings Group, die die Online-Auftritte der 100 auflagenstärksten US-Zeitungen in den Jahren 2006 und 2007 untersucht, kommt zu dem Ergebnis, dass sich das Verhältnis zwischen fremdproduzierten Videos auf Basis von Agenturmaterial und eigenproduzierten Videos innerhalb eines Jahres deutlich verändert hat. Während 2006 noch der Großteil der untersuchten US-Zeitungsanbieter ausschließlich Agenturvideos einsetzte, bieten 2007 bereits 39 Prozent der Anbieter ausschließlich eigenproduzierte Inhalte an (und nur noch 26% ausschließlich Agenturmaterial) (vgl. BIVINGS GROUP 2007). Von daher liegt die Vermutung nahe, dass der deutsche Online-Zeitungsmarkt in absehbarer Zukunft eine ähnliche Entwicklung durchlaufen wird. Um wettbewerbsfähig zu bleiben, erscheint eine Investition in eigenproduzierten Video-Content somit für deutsche regionale und nationale Zeitungsanbieter unumgänglich zu sein.

7. Fazit

Wie die Untersuchung zeigt, bieten bislang erst knapp die Hälfte der regionalen Online-Zeitungen Video-Content an, wobei der Anteil der fremdproduzierten Inhalte auf Basis von Agenturmaterial mit 80,6 Prozent deutlich dominiert. Nur 34,3 Prozent der Regionalen produzieren Video-Content wenigstens teilweise selbst. Dies dürfte darauf zurückzuführen sein, dass die Content-Produktion mit erheblichen Kosten verbunden ist und der Break-Even für Zeitungshäuser erst nach mehreren Jahren erzielt werden kann. Unter Wettbewerbs- und Profilierungsgesichtspunkten wird jedoch wohl, wie oben dargelegt, die Investition in eigenproduzierte Inhalte zwingend notwendig sein. Zu untersuchen wäre hier nun, welche webspezifischen Video-Formate und Produktionsformen (wie Cellphone-made-Videos) Zeitungshäuser zukünftig entwickeln müssen, damit sie nicht auf bekannte, fernsehaffine Schemata zurückgreifen, sondern eigene, medienspezifische ›Duftmarken‹ setzen. Erstaunlich ist, wie zurückhaltend sich Zeitungshäuser derzeit gegenüber User-Generated-Videos verhalten. Nur fünf der 67 regionalen Zeitungen stellen überhaupt nutzergenerierte Videos zur Verfügung. Dies mag mit der erwähnten rechtlichen Problematik, aber auch mit dem Problem der Einhaltung journalistischer Qualitätsstandards zusammenhängen. Hier stellt sich die weiter gehende Forschungsfrage, welche selektierenden Qualitätsstandards an User-Generated-Videos angelegt werden müssen, damit sie mit einem journalistischen Umfeld kompatibel sind. Womöglich gelten hier ganz andere Normen als die bekannten journalistischen. Auffällig bei den untersuchten Online-Zeitungen ist nicht nur, dass kaum nutzergenerierte Videos angeboten werden – generell sind Web-2.0-affine Kommunikationsformen und Anwendungen innerhalb der Video-Bereiche, die die Interaktion mit dem User befördern, wie Vlogs, Bewertungsmöglichkeiten zu den dargebotenen Videos, Upload eigener Videos, spezifischer Video-RSS-Feed, nur marginal vorzufinden. Dies erstaunt, zumal laut Neuberger (2007: 119) zahlreiche Online-Zeitungen zumindest hinsichtlich textbasierter, partizipativer, Nutzer einbindender Formen (wie Weblogs) experimentierfreudig sind. Für den Video-Bereich besteht hier also noch reichlich Potenzial. Freilich nur, wenn man davon ausgeht, dass nutzergenerierte Inhalte und partizipative Anwendungen nicht konkurrierend zum traditionellen (Gatekeeper-)Journalismus angesehen werden, sondern als komplementäre Ergänzung, die einen ganz eigenen Mehrwert liefern – sowohl für die Anbieter als auch die Nutzer.

Literatur

BDZV: *Reichweitenentwicklung der Tageszeitungen in Deutschland 1996 – 2006 in Prozent nach Altersgruppen* (erschienen: Oktober 2006). Unter: http://www.bdzv.de/schaubilder+M5db5f70bc5b.html (Abruf: 22.09.2007) (2006)

BÖHRINGER, J.; P. BÜHLER; P. SCHLAICH: *Kompendium der Mediengestaltung für Digital- und Printmedien.* 3., vollständig überarbeitete u. erweiterte Aufl. Berlin/Heidelberg [Springer] 2006

THE BIVINGS GROUP: *American Newspapers and the Internet: Threat or Opportunity?* (erschienen: Juli 2007). Unter: http://www.bivingsreport.com/wp-content/uploads /2007/08/newspaperstudy_22.pdf (Abruf: 24.08.2007)

BROSIUS, H.-P.; F. KOSCHEL: *Methoden der empirischen Kommunikationsforschung.* 3. Aufl. Wiesbaden [Verlag für Sozialwissenschaften] 2005

DANCH, R.: *Web 2.0 – Wie sich Zeitungen den neuen Herausforderungen stellen.* Berlin [ZV Verlag] 2007 (pdf-Publikation)

DÖRING, N.: Mobile Weblogs. Chancen und Risiken im unternehmerischen Umfeld. In: PICOT, A.; T. FISCHER (Hrsg.): *Weblogs professionell. Grundlagen, Konzepte und Praxis im unternehmerischen Umfeld.* Heidelberg [dpunkt Verlag] 2006, S. 191-212

EICHSTÄDT, M.: *Internet Webcasting. Generating and Matching Profiles.* Wiesbaden [Deutscher Universitäts-Verlag] 1999

ELLACOYA NETWORKS: *Ellacoya Data Shows Web Traffic Overtakes Peer-to-Peer (P2P) as Largest Percentage of Bandwidth on the Network.* (Pressemitteilung; erschienen 18. Juni 2007). Unter: http://www.ellacoya.com/news/pdf/2007/ NXTcommEllacoyaMediaAlert.pdf (Abruf: 22.09.2007) (2007)

ENDERT, R.J.: Auf dem Weg zu News 2.0. In: BDZV (Hrsg.): *Zeitungen 2006.* Berlin [zv Verlag] 2006, S. 191-199

FRIEDRICHSEN, M.: Strategische Relevanz der Online-Zeitung für Zeitungsverlage. In: ders.; W. MÜHL-BENNINGHAUS; W. SCHWEIGER (Hrsg.): *Neue Technik, neue Medien, neue Gesellschaft? Ökonomische Herausforderungen der Onlinekommunikation.* München [Verlag Reinhard Fischer] 2007, S. 139-177

HUPPERTZ, P.: Haftungsrisiken für User Generated Content. In: *Absatzwirtschaft. Zeitschrift für Marketing*, 7, 2007, S. 50

JERMYN, D.: »This is about real people!« Video technologies, actuality and affect in the television crime appeal. In: HOLMES, S.; dies. (Hrsg.): *Understanding Reality Television.* London [Routledge] 2004, S. 71-90

KANDORFER, P.: *Lehrbuch der Filmgestaltung. Theoretisch-technische Grundlagen der Filmkunde.* 6. überarbeitete Auflage. Gau-Heppenheim [mediabook Verlag] 2003

KELLER, D.: Zur wirtschaftlichen Lage der deutschen Zeitungen. In: BDZV (Hrsg.): *Zeitungen 2006.* Berlin [zv Verlag] 2006, S. 19-88

KEYES, J.: *Webcasting. How to Broadcast to Your Customers Over the Net.* New York [McGraw-Hill] 1997

MENG, P.: *Podcasting & Vodcasting. Definitions, Discussions and Implications.* A White Paper of the University of Missouri. (erschienen: März 2005) Unter: http:// edmarketing.apple.com/adcinstitute/wpcontent/Missouri_Podcasting_White_Paper.pdf (Abruf: 03.09.2007)

NEUBERGER, C.: Strategien deutscher Tageszeitungen im Internet. In: NEUBERGER, C.; J. TONNEMACHER (Hrsg.): *Online – Die Zukunft der Zeitung?* 2. Aufl., Wiesbaden [Westdeutscher Verlag] 2003, S. 152-213

NEUBERGER, C.; C. NUERNBERGK; M. RISCHKE: Weblogs und Journalismus: Konkurrenz, Ergänzung oder Integration? In: *Media Perspektiven*, 2, 2007, S. 96-112

NOGLY, C.: Entwicklungen im Online-Werbemarkt. In: BDZV (Hrsg.): *Zeitungen 2006.* Berlin [zv Verlag] 2006, S. 168-176

PRZEPIORKA, S.: Weblogs, Wikis und die dritte Dimension. In: PICOT, A.; T. FISCHER (Hrsg.): *Weblogs professionell. Grundlagen, Konzepte und Praxis im unternehmerischen Umfeld.* Heidelberg [dpunkt Verlag] 2006, S. 13-27

RADVILAS, H.: Video-Werbung weckt Hoffnung. In: *Horizont,* 9, 2007, S. 36

RÖSSLER, P.; W. WIRTH: Inhaltsanalysen im World Wide Web. In: WIRTH, W.; E. LAUF (Hrsg.): *Inhaltsanalyse. Perspektiven, Probleme, Potentiale.* Köln [Herbert von Halem Verlag] 2001, S. 280-302

ROTH, J.: *Internetstrategien von Lokal- und Regionalzeitungen.* Wiesbaden [Verlag für Sozialwissenschaften] 2005

SCHRÖDER, K.; H. GEBHARD: Audio-/Video-Streaming über IP. In: *Fernseh- und Kinotechnik,* 1-2, 2000, S. 23-34

SCHWEIGER, W.; O. QUIRING: User-Generated Content auf massenmedialen Websites: eine Spielart der Interaktivität oder etwas völlig anderes? In: FRIEDRICHSEN, M.; W. MÜHL-BENNINGHAUS; W. SCHWEIGER (Hrsg.): *Neue Technik, neue Medien, neue Gesellschaft? Ökonomische Herausforderungen der Onlinekommunikation.* München [Verlag Reinhard Fischer] 2006, S. 87-109

STÖCKL, R.; C. GRAU; T. HESS: User Generated Content. In: *MedienWirtschaft,* 4, 2006, S. 46-50

VAN EIMEREN, B.; B. FREES: ARD/ZDF-Online-Studie 2007. Internetnutzung zwischen Pragmatismus und YouTube-Euphorie. In: *Media Perspektiven,* 8, 2007, S. 362-378

ZALBERTUS, A.: M. ROSENBLUM: *Videojournalismus. Die digitale Revolution.* Berlin [uni-edition] 2003

ZALBERTUS, A.: *Fernsehen – Internet – Zeitung: So werden Sie Hobby-Reporter.* Köln [BrunoMedia] 2007

MARCO BRÄUER / MARKUS SEIFERT / JENS WOLLING

Politische Kommunikation 2.0 – Grundlagen und empirische Ergebnisse zur Nutzung neuer Partizipationsformen im Internet

Abstract

Bereits in der Vergangenheit hat das Internet mit seinem Interaktivitätspotenzial und der dezentralen Kommunikationsarchitektur zu Spekulation über die politischen Folgen dieser neuen Möglichkeiten angeregt. Insbesondere Visionen der Stärkung direktdemokratischer Elemente wurden damit verbunden. Eine bedeutsame Wirkung konnte jedoch empirisch bisher nicht bestätigt werden. Aktuelle Neuerungen in der Entwicklung des Internets – häufig unter dem Begriff Web 2.0 bzw. Social Web zusammengefasst – geben nun jedoch Anlass zu der Frage, ob diese technischen Innovationen zum Katalysator für die individuelle politische Kommunikation werden könnten. Um dies empirisch zu prüfen, werden aktuelle Daten aus einem Forschungsprojekt zur politischen Online-Kommunikation ausgewertet.

1. Einleitung

Das Aufkommen neuer Medien regt nahezu reflexartig die politischen Fantasien vieler gesellschaftlicher Akteure an. Die Ursache hierfür ist in der Tatsache begründet, dass die menschliche Gesellschaft – ihre Struktur, die internen Machtverhältnisse, die Leitbilder usw. – ganz wesentlich auf Kommunikation beruht. Moderne Medien sind für diese gesellschaftliche Kommunikation von zentraler Bedeutung. Veränderungen im verfügbaren Medienspektrum führen deswegen nahezu unweigerlich zu der Erwartung, dass sich unter den neuen Medienbedingungen auch die Gesellschaft und die Politik wandeln werden. Welche Veränderungen genau erwartet werden und vor allem wie diese bewertet werden, variiert jedoch zwischen den gesellschaftlichen Akteuren erheblich: Bereits in der Vergangenheit hat der Einfluss, welchen die Verfügbarkeit neuer Informations- und Kommunikationstechnologien auf demokratische Gemeinwesen haben könnte, sowohl Befürchtungen als auch Hoffnungen hervorgerufen. Erhebliche Unterschiede hinsichtlich der dominierenden Erwartungen und Bewertungen finden sich dabei zwischen den jeweiligen neu hinzugekommen Medien. Welches politische Potenzial ihnen zugeschrieben wird, hat viel mit den Eigenschaften, die bei ihnen wahrgenommen werden, zu tun. Kleinsteuber (2001: 38) verweist in diesem Zusammenhang auf die Debatte über die ›technologies of freedom‹, in der den Technologien ein ›Eigensinn‹ zugesprochen wird, also einem gewissen technologischen Determinismus das Wort geredet wird. Die unterschiedlichen Prognosen bezüglich der Folgen des Medienwandels und die verschiedenen normativen Bewertungen dieser möglichen Folgen hängen aber vor allem mit den Vorstellungen von einer wünschens- und erstrebenswerten Gesellschafts- und Medienordnung zusammen. Drei grundlegende Perspektiven auf die Rolle der Medien in der Gesellschaft lassen sich dabei unterscheiden (vgl. VOWE 1999):

Zum einen existieren Kontrollfantasien: In dieser Perspektive sind Medien mächtige Beeinflussungsinstrumente. Wer die Verfügungsgewalt über sie hat, kann die Gesellschaft lenken. Um Missbrauch zu verhindern, bedarf es deswegen einer konsequenten medienpolitischen Steuerung und Kontrolle. *Sicherheit* steht hier an erster Stelle, nicht kontrollierte/kontrollierbare Medien stellen eine Bedrohung für die Gesellschaft dar. Zum anderen gibt es Freiheitsfantasien: In dieser Perspektive eröffnen Medien Freiräume für einen offenen gesellschaftlichen Diskurs. Aufgabe der Medienpolitik ist es, alle Eingriffe in die Medienfreiheit abzuwehren und die Möglichkeiten für eine uneingeschränkte Nutzung der Medien sicherzustellen. *Freiheit* ist in diesem Modell der oberste Wert. Und drittens findet man Gleichheitsfantasien: In dieser Perspektive können Medien zu einer gleichberechtigten Teilhabe der Bürger beitragen. Aufgabe von Medienpolitik ist es demnach, den ungleichen Zugang zu den Kommunikationskanälen abzubauen und allen Interessierten die Chance zu geben, an den Prozessen der Willensbildung und Entscheidungsfindung teilzuhaben. Die *Gleichheit* der Bürger steht im Mittelpunkt des Modells.

Von einer breiten Partizipation der Bevölkerung wird ein positiver Effekt auf die demokratische Entwicklung der Gesellschaft erwartet.

Die Erwartung, dass bestimmte Medien eher zu dem einen als zu den anderen Modellen passen, lässt sich aus den typischen Eigenschaften der jeweiligen Medien ableiten. Insbesondere die Frage, wer in welcher Form als Kommunikator auftreten kann, ist dabei relevant. Medienangebote, deren Produktion mit hohen Zugangsbarrieren verbunden ist, bieten ideale Voraussetzungen für eine effektive und umfassende Kontrolle, denn nur wenige können bei diesen als Kommunikatoren auftreten. Dies trifft insbesondere auf die klassischen audiovisuellen Massenmedien zu. Sie begünstigen somit eine *sicherheitsorientierte* Kommunikationsordnung. Das Internet mit seinen dezentralen Kommunikationsstrukturen stellt für das sicherheitsorientierte Modell ein Problem dar. Für das *Freiheitsmodell* hingegen sind gerade solche Medien, die den Nutzern die Möglichkeit zum kommunikativen Austausch geben, ideal. Die Diskussion um die möglichen politischen Wirkungen des Internets konzentriert sich deswegen auch auf diesen Aspekt. Das Interaktivitätspotenzial wird dabei als Chance für die Stärkung deliberativer und direktdemokratischer Prozesse gesehen (vgl. HAGEN 1999: 64f.). Für das *Gleichheitsmodell* ist es entscheidend, dass alle Bürger in gleicher Weise Zugang zu den Kommunikationsmitteln haben. Sowohl die traditionellen Massenmedien als auch die internetbasierten Kommunikationswege sind aus dieser Perspektive problematisch. Bei den Massenmedien liegt dies auf der Hand, aber auch beim Internet gibt es Zugangsbarrieren. Die Zahl derjenigen, die hier als Kommunikatoren auftreten können, ist zwar deutlich größer, aber auch hier führen ungleich verteilte Zugangsmöglichkeiten und Kompetenzen zu erheblichen Disparitäten.

In der wissenschaftlichen Diskussion über das demokratische Potenzial des Internets findet man Argumente, die sich diesen drei Grundorientierungen zuordnen lassen. Dass dabei das *Freiheitsmodell* besondere Beachtung erfahren hat, ist zweifellos auf das Interaktivitätspotenzial zurückzuführen. Geradezu euphorische Szenarien wurden in dieser Hinsicht beschrieben (vgl. DAHLBERG 2001: 158; GROSSMAN 1998: 85; KAMPS 2000: 230). Dabei dient der Begriff ›Elektronische Demokratie‹ als Sammelbegriff für die These, dass die internetbasierten Informations- und Kommunikationstechnologien zu erhöhter Beteiligung der Bürgerinnen und Bürger an politischen Entscheidungen führen können (ZITTEL 2003: 263). Hinter dem Konzept der Elektronischen Demokratie steckt häufig die Idee einer deliberativen Demokratietheorie, die auf Jürgen Habermas zurückgeht (vgl. COENEN 2005: 4). Im Zentrum dieses Denkansatzes steht die These, dass Deliberation – eine rationale öffentliche Diskussion von Themen – entscheidend für eine Demokratie ist: Nicht nur, dass die Rationalität politischer Entscheidungen durch diesen Diskurs erhöht würde, die stärkere Deliberation würde demnach auch dazu führen, dass wichtige Probleme moderner repräsentativer Demokratien überwunden werden können, z.B. die Entfremdung der Bürger von ihren Repräsentanten und vom politischen System (COENEN 2005: 4f.). Da die Internettechnologien Formen direkter Mitbestimmung erleichtern, könnten sie zudem etablierte politische Strukturen und Prozesse ergänzen (vgl. KAMPS 1999: 15; NORRIS 1999: 97). In ähnlicher Weise wird auch in der Konzeption der ›Cyberdemokratie‹ argumentiert, die den Aspekt virtueller Gemeinschaften hervorhebt (vgl. GLÄSER 2005: 51ff.; MECKEL 1999: 241).

Von einem an der *Sicherheitsmaxime* orientierten Ausgangspunkt nähern sich die Vertreter einer ›Electronic Democratization‹ den Potenzialen des Internets. Sie vertrauen stärker auf die bestehenden repräsentativen Verfahren, wollen aber die neuen Kommunikationswege des Internets (allen voran die Dienste www und E-Mail) dafür nutzen, die Kommunikation zwischen Bürgern und Regierung zu verbessern und so wachsender Politikverdrossenheit entgegenzuwirken (vgl. HOECKER 2002: 41). In dieser Konzeption wird die internetbasierte politische Kommunikation insofern befürwortet, als sie sich in kontrollierbare Bahnen lenken lässt. Bei einer am *Gleichheitsideal* orientierten Argumentation wird das deliberative Ideal nicht grundsätzlich in Frage gestellt, wohl aber seine empirische Einlösung. Gewarnt wird vor einer Fragmentierung der Öffentlichkeit (vgl. BECK 2006: 204; PAPACHARISSI 2002: 17): Rückt man nämlich die Tatsache ins Blickfeld, dass das Internet nicht in allen Bevölkerungsgruppen gleiche Verbreitung findet, wird deutlich, dass auch die Gefahr einer segmentierten elektronischen Demokratie droht (BUCY/GREGSON 2001: 375; FULLER 2004: 946ff.; GRABER/BIMBER/BENNETT et al. 2004: 100; NORRIS 2000: 121f.). Damit kann an die Debatte um eine ›Digitale Spaltung‹ der Gesellschaft angeschlossen werden, welche bereits mit der beginnenden massenhaften Verbreitung von Internetzugängen Mitte der 1990er-Jahre begann (vgl. BONFADELLI 2004: 257f.). Diese Diskussion hat verdeutlicht, dass die Zugangsbarrieren zum Internet sozial ungleich verteilt sind (vgl. DONGES/JARREN 1999: 87). Daraus folgt, dass nicht unbedingt mit generellen Wirkungen des neuen

Mediums Internet zu rechnen ist, sondern dass das Netz in einigen sozialen Gruppen stärkere politische Wirkungen entfalten könnte als in anderen (EMMER 2005: 40f.). Somit würden nicht die Partizipationschancen der Gesamtbevölkerung verbessert, sondern es würde nur die ›Informationselite‹ (Internet Have) in ihrer politischen Teilhabe stärker und damit würde das politische Ungleichgewicht zwischen sozio-strukturellen Gruppen weiter wachsen, die Kluft in der politischen Beteiligung verstärkt (vgl. EMMER/VOWE 2004: 194; GELLNER/KORFF 1998: 17; HOLTZ-BACHA 1994: 224f.; VLASIC 2004: 184ff.).

2. Politische Kommunikation im Internet: Forschungsstand und Entwicklungsperspektiven

Soweit zu den demokratietheoretischen Grundlagen und den damit verbundenen Erwartungen, Hoffnungen und Befürchtungen. Welche Auswirkungen hat das Internet nun aber tatsächlich? Was sagen die empirischen Daten? Der aktuelle Forschungsstand zeigt, dass der Zugang zum Internet die individuellen politischen Kommunikationsweisen kaum verändert hat. Allenfalls die Rezeption politischer Informationsangebote erfährt infolge der Netznutzung einen leichten Auftrieb. Hingegen haben die neuen Online-Angebote bislang nicht zu einer vermehrten politischen Partizipation der Bürger beigetragen (VOWE/EMMER/SEIFERT 2007: 121ff.). Aktuelle Neuerungen und Tendenzen in der Entwicklung des Internets geben jedoch Anlass, noch einmal die Frage zu stellen, ob sich vielleicht nun – unter den neuen Bedingungen des Web 2.0 – möglicherweise doch Veränderungen in der politischen Kommunikation ergeben. Welche Entwicklungen sind dies, die hierfür ursächlich sein könnten?

An erster Stelle sind die technischen und ökonomischen Rahmenbedingungen zu nennen, insbesondere die rasante Diffusion von Breitbandzugängen sowie die Etablierung von Flatrates. Die Internetnutzung war nie so schnell und günstig wie heute. Diese veränderte Situation schuf in den letzten Jahren verbesserte Voraussetzungen für die Nutzung neuer produktiver Kommunikationsmöglichkeiten, wie z. B. das Erstellen sowie Up- und Downloaden von Audio- und Videofiles z. B. auf *YouTube* bzw. *Flickr* (FISCH/GESCHEIDLE 2006: 433). Zu diesen neuen Angebotsformen, die häufig unter dem Begriff ›Web 2.0‹ subsumiert werden, zählen insbesondere Weblogs und Wikis sowie Podcasts und Videocasts.

Weblogs sind im Kontrast zu klassischen persönlichen Homepages regelmäßig aktualisierte Webseiten, die Inhalte in umgekehrt chronologischer Reihenfolge präsentieren und durch Verweise und Kommentare untereinander sowie mit anderen Online-Quellen verbunden werden können (SCHMIDT 2006b: 21). Sie stellen eine Kombination aus persönlicher Homepage und einem Internet-Diskussionsforum dar. Das daraus entstehende Netzwerk aus Verweisen und Bezügen wird als ›Blogosphäre‹ bezeichnet (SCHMIDT/SCHÖNBERGER/STEGBAUER 2005: 1). Mittlerweile gibt es eine Reihe von Anbietern, die Weblogsysteme zur Verfügung stellen, mit denen auch unerfahrene Internet-Nutzer innerhalb weniger Minuten in der Lage sind, ihr eigenes Weblog zu erstellen (vgl. SCHMIDT 2006b: 14). Die Potenziale von Weblogs in der politischen Kommunikation werden in der Literatur vielfältig angesprochen (siehe z. B. COENEN 2005). Weblogs gelten als authentisch, weil sie die Persönlichkeit ihrer Autoren widerspiegeln, weiterhin sind sie durch die Kommentarfunktion dialogorientiert und stellen eine dezentralisierte Form des Austauschs dar. Öffentliche und interpersonale Kommunikation treffen in ihnen aufeinander (SCHMIDT 2006a: 40). Politische Repräsentanten nutzen daher Weblogs als Mittel, um mit ihren Wählern in Kontakt zu treten (vgl. COENEN 2005). Auch politisch engagierten Personen bieten Weblogs die Möglichkeit, Texte und multimediale politische Inhalte zu veröffentlichen und so eine politische ›Teilöffentlichkeit‹ aufzubauen (vgl. SCHMIDT 2006a: 41). Die klassischen Massenmedien und die ›Blogger‹ stehen in einem gegenseitigen Beobachtungsverhältnis. Deswegen ist es durchaus möglich, dass sich bestimmte Themen in der Blogosphäre verbreiten und ihren Weg in die klassischen Medien finden.

Wikis sind eine zweite Kommunikations- und Publikationsform, die in der Debatte um Web 2.0 Erwähnung finden. Sie erleichtern das gemeinsame Editieren von Textdokumenten im Internet. Die einzelnen Veränderungen am Text können in der Regel durch ein System der Versionsaufzeichnung nachverfolgt und gegebenenfalls auch wieder rückgängig gemacht werden. Für die politische Kommunikation können Wikis dann eingesetzt werden, wenn mehrere Personen gemeinsam einen Text bearbeiten. Gerade für politisch aktive Gruppen stellen Wikis ein geeignetes Instrument zur Zusammenarbeit zur Verfügung (SCHMIDT 2006a: 42).

Durch *Podcasting* und *Videocasting* werden die Bereitstellung und der Empfang von Audio- und Videodateien erheblich erleichtert. Pod- und Videocasts sind Audio- bzw. Videodateien unterschiedlicher inhaltlicher und technischer Qualität, die von den jeweiligen Produzenten ins Internet gestellt werden. Sie werden auch im Rahmen politischer Kommunikation eingesetzt. Das Spektrum der Verwendung ist extrem breit. Fast schon den Charakter einer regierungsoffiziellen Verlautbarung hat der Videocast, welchen die deutsche Bundeskanzlerin Angela Merkel seit Juni 2006 regelmäßig produzieren lässt.[1] Auf der anderen Seite findet man aber auch verfassungsfeindliche Inhalte und Propaganda, die beispielsweise rechtsextremistische Gruppen auf Portalen wie *YouTube* per Video- und Podcast verbreiten (IMHOFF 2007).

Weblogs, Wikis, Pod- und Videocasts gehören zu den zentralen Bestandteilen des Web 2.0. Sie eröffnen den Nutzern die Möglichkeit, selbst die Inhalte zu erstellen (O'REILLY 2005). Der Begriff Web 2.0 wird allerdings auch kritisiert und lediglich als ›Schlagwort‹ qualifiziert: Nach Aussage von Tim Berners-Lee – einem der Entwickler des www – bedeutete bereits die erste Version des World Wide Web, dass Menschen (und nicht Computer) verbunden werden sollten. Er widerspricht damit der weit verbreiteten Meinung, dass erst Web 2.0 dazu führe, dass nun endlich Menschen mit Menschen kollaborieren und neue Formen der Zusammenarbeit gefördert würden – das sei auch von Beginn an der zentrale Gegenstand des www gewesen (LANINGHAM 2006).

Empirische Befunde belegen, dass die neuen Kommunikationsformen des Web 2.0 an Akzeptanz gewinnen (vgl. ZERFASS/BOELTER 2005: 16). Damit könnte auch die politische Bedeutung des Netzes einen Schub erlangen (vgl. BIMBER 2003: 1; GRABER/SMITH 2005: 487; JOHNSON/KAYE 2003: 9ff.). Auch wenn die bisherigen Ergebnisse zur individuellen politischen Online-Kommunikation gegen substanzielle Mobilisierungseffekte sprechen, ist es nicht auszuschließen, dass die qualitativen Neuerungen, welche die Web-2.0-Anwendungen darstellen, jetzt doch zum Katalysator werden könnten. Mehrere Argumente sprechen dafür: Zum einen begünstigen sie einen kontinuierlichen gleichberechtigten Austausch zwischen den Kommunikationspartnern (MÖLLER 2005: 39), vor allem aber lassen sie sich sehr viel leichter erstellen, als dies beispielsweise bislang bei einer herkömmliche persönliche Homepage mittels eines HTML-Editors möglich war. Durch diesen vereinfachten Zugang könnte die Zahl der Internetnutzer steigen, die die Möglichkeiten des Web 2.0

---

1 Das Video- und Podcast-Angebot der deutschen Bundeskanzlerin: http://www.bundeskanzlerin.de/Webs-/BK/DE/Aktuelles/-VideoPodcast/video-podcast.html

auch im Bereich der politischen Kommunikation nutzen. Weblogs, Wikis und Pod- bzw. Videocasts bilden zweifellos ein innovatives *Potenzial* für die individuelle politische Kommunikation der Bürger, deren tatsächliche Wirksamkeit sich jedoch noch nicht abschätzen lässt.

Ziel des Beitrags ist es deswegen zu prüfen, welche Bedeutung das Web 2.0 für die individuelle politische Online-Kommunikation tatsächlich hat. Bis zum jetzigen Zeitpunkt liegen noch keine zuverlässigen empirischen Befunde vor, auf deren Basis abgeschätzt werden könnte, ob und in welcher Weise diese Medienangebote und technischen Plattformen für politische Belange durch die Bürger genutzt werden. Geprüft werden soll also erstens, *ob sich Web-2.0-Nutzer hinsichtlich ihrer politischen Kommunikation von anderen Internetnutzern unterscheiden*. Die Auseinandersetzung mit der demokratietheoretischen Einordnung von Medieninnovationen hat verdeutlicht, dass die Bewertung verschiedener Medientechnologien und -angebote mit bestimmten normativen Demokratiekonzepten und medienpolitischen Vorstellungen zusammenhängt. Von daher stellt sich zweitens die Frage, *ob sich die Web-2.0-Nutzer von den übrigen Netznutzern und diese wiederum von den Nichtnutzern hinsichtlich der Bedeutung, die sie den grundlegenden Werthaltungen Freiheit, Gleichheit und Sicherheit zuweisen, unterscheiden*. Dies ist vor allem deswegen von Interesse, weil davon ausgegangen werden kann, dass solche Grundhaltungen auch Auswirkungen auf die Inhalte der Debatten haben. Schließlich soll auch untersucht werden, *in welchem Umfang politische Web-2.0-Anwendungen bereits für die individuelle politische Kommunikation in produktiver Weise genutzt werden*.

3. Datengrundlage

Grundlage für die nachfolgend dargestellten Auswertungen sind die Daten eines Forschungsprojekts zur ›Politischen Online-Kommunikation‹,[2] welches seit 2001 an der Technischen Universität Ilmenau und seit 2007 in Kooperation mit der Heinrich-Heine-Universität Düsseldorf durchgeführt wird. Ziel des Projektes, welches von der Deutschen Forschungsgemeinschaft finanziert wird, ist sowohl die langfristige Beobachtung individueller politischer Kommunikation als auch die Untersu-

---

[2] Für weitere Informationen zum Projekt siehe: http://www.politische-online-kommunikation.de

chung der Wirkungen des Internets auf die politische Kommunikation sowie die Erklärung internetinduzierter Veränderungen. Kern der Untersuchung sind bundesweite telefonische Befragungen in Privathaushalten mittels eines Paneldesigns. Die Umfragen werden mit CATI (Computer-Assisted Telephone Interviewing) durchgeführt (siehe LAVRAKAS 1993: 17). Die im Weiteren vorzustellenden Ergebnisse basieren auf der Umfragewelle Juni/Juli 2007. Als Grundgesamtheit der Untersuchung wird die deutschsprachige Wohnbevölkerung der Bundesrepublik Deutschland ab 16 Jahren definiert (vgl. EMMER 2005: 98). Für die Stichprobe der Befragungen wird ein zweistufiges Verfahren gewählt: Im ersten Schritt wird eine Telefonstichprobe gezogen, die von der ZUMA (Zentrum für Umfragen, Methoden und Analysen) geliefert wird. Es handelt sich hierbei um eine Stichprobe nach dem RLD-Verfahren (Randomized Last Digit). Im zweiten Schritt wird dann im Haushalt nach der Next-Birthday-Methode die zu befragende Person ausgewählt. Im Datensatz ist eine Vielzahl von Variablen enthalten, welche der umfassenden Beschreibung individueller politischer Kommunikation dienen. Der Fragebogen der herangezogenen aktuellen Umfragewelle legte dabei einen Schwerpunkt auf die Ermittlung von Angaben zur (politischen) Web-2.0-Nutzung.

4. Ergebnisse

Die Stichprobe umfasste insgesamt 1.303 Personen. Zunächst geht es darum, das Maß der Internetnutzung zu ermitteln. In dem Sample nutzen insgesamt 768 Personen (59%) das Internet mehr als einmal pro Woche. Sporadische Internetnutzer werden somit als Nichtnutzer betrachtet (Offliner) und auf die Erhebung detaillierter Angaben zu ihrer nur seltenen Internetnutzung verzichtet. In den letzten fünf Jahren hat sich die Art des Internetanschlusses in der Bundesrepublik Deutschland grundlegend gewandelt. Waren vor einigen Jahren noch analoge und ISDN-Telefonanschlüsse die gängige Anschlussform, so verfügen nach den Ergebnissen der ARD/ZDF-Online-Studie 2007 rund 60 Prozent der Internetnutzer über einen Breitbandanschluss. Die überwiegende Mehrheit der Onliner nutzt einen Pauschaltarif (Flatrate). Die Verbindungspreise sind in den letzten Jahren aufgrund eines hohen Wettbewerbs um Kunden stark gesunken (GSCHEIDLE/FISCH 2007: 394). Damit ist es den meisten Internetnutzern möglich, ohne Rücksicht auf Übertragungska-

ABBILDUNG 1

Prozentanteil der Internetnutzer, die das Internet zum Erstellen und Veröffentlichen eigener Inhalte schon einmal genutzt haben

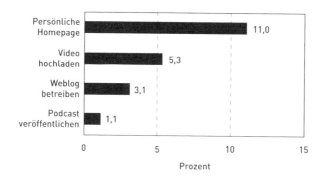

pazitäten und Kosten online zu sein. Insofern verfügen die deutschen Internetnutzer über die entsprechende Infrastruktur und die geeigneten Abrechnungsmodelle für die produktive Nutzung von Web-2.0-Angeboten und -Anwendungen. Wenn im Folgenden von ›produktiver‹ Nutzung die Rede ist, dann ist damit die Erstellung eigener Angebote in Form von Weblog-Einträgen, eigenen Videos oder Audiodateien gemeint.

In welchem Maß werden Web-2.0-Anwendungen im Allgemeinen genutzt? Abbildung 1 gibt einen Überblick über die Nutzung verschiedener Internetanwendungen, die eine produktive Nutzung ermöglichen. Die Frage bezieht sich darauf, ob die Befragten eine solche Aktivität überhaupt schon einmal durchgeführt haben. Das Erstellen einer persönlichen Homepage ist mit 11,0 Prozent die am häufigsten getätigte produktive Internetnutzung. Es sind also nicht die neuen Web-2.0-Angebote, die an erster Stelle stehen, sondern eine vergleichsweise ›klassische‹ produktive Art der Internetnutzung, die bis in die Ursprünge des www zurückgeht. Allerdings hat sich auch hier in den letzten Jahren einiges geändert. Den Internetnutzern stehen dazu mittlerweile eine ganze Reihe von Softwarepaketen zur Verfügung, die auch das Erstellen von Internetseiten im WYSIWYG-Modus (›what you see is what you get‹) erlauben. HTML-Kenntnisse sind nicht mehr zwingend notwendig.

Im Vergleich zu der klassischen persönlichen Homepage ist das Betreiben eines eigenen Weblogs noch einfacher: Portale bieten standardisierte

Pakete an, mit denen sich die Internetnutzer innerhalb weniger Minuten registrieren und ihr Weblog konfigurieren und einrichten können. Dennoch ist das Bloggen als genuine Web-2.0-Anwendung mit lediglich 3,1 Prozent deutlich weniger verbreitet als das Betreiben einer klassischen persönlichen Homepage. Ein Video haben 5,3 Prozent der Internetnutzer bereits einmal ins Netz gestellt. Schlusslicht bildet mit 1,1 Prozent das Veröffentlichen eines eigenen Podcasts. Wenn man diese Zahlen betrachtet, kann als erstes Zwischenfazit gezogen werden, dass die Erweiterung des Internet-Repertoires durch Web-2.0-Angebote (noch) nicht zu einer breiten Diffusion produktiver Internetnutzung (Stichwort: ›user generated content‹) geführt hat, obwohl die infrastrukturellen Voraussetzungen (Breitband und Flatrate) aufseiten der Internetnutzer bereits vorhanden sind.

In einem nächsten Schritt wird die Gruppe der Web-2.0-Nutzer im Vergleich zu den ›traditionellen‹ Onlinern beschrieben. Dafür haben wir aus jenen, die keine Web-2.0-Anwendungen nutzen, die Gruppe der ›Internetnutzer ohne Web 2.0‹ gebildet (n=634). Die Gruppe der Web-2.0-Nutzer setzt sich aus 134 Personen zusammen. In dieser Gruppe ist, anders als bei den anderen Internetnutzern, eine deutliche Mehrheit männlichen Geschlechts (76,3%). Web-2.0-Nutzer sind auch wesentlich jünger: Die Altergruppe der 16- bis 25-Jährigen ist besonders groß unter den Web-2.0-Nutzern, woraus folgt, dass sich diese Gruppe auch aus einem überdurchschnittlichen Anteil an Schülern bzw. Studierenden rekrutiert. Zudem ist hier der Anteil derjenigen mit Abitur bzw. Universitätsabschluss deutlich größer als in der Gruppe der ›traditionellen‹ Onliner. Diese Zusammensetzung ist typisch für die Gruppe der ›Innovatoren‹ (vgl. ROGERS 1995). Hinsichtlich des politischen Interesses gibt es zwar signifikante Unterschiede zwischen den Gruppen, die allerdings kein eindeutiges Bild vermitteln. Unter den Web-2.0-Nutzern sind sowohl überdurchschnittlich viele politisch Interessierte als auch Uninteressierte (Abb. 2).

Nachdem die Gruppe der Web-2.0-Nutzer beschrieben wurde, werden nun Web-2.0-Nutzer und konventionelle Internetnutzer hinsichtlich ihrer individuellen politischen Kommunikation verglichen. Dazu nutzen wir die Unterscheidung individueller politischer Kommunikation in Informationskommunikation, interpersonale politische Kommunikation und Partizipationskommunikation (für eine ausführliche Beschreibung siehe EMMER 2005: 80f.). Es werden jeweils die Anteile der

ABBILDUNG 2

Soziodemografie im Vergleich:
Web-2.0-Nutzer und Internetnutzer

		Web-2.0-Nutzer (n=134)	Internetnutzer ohne Web-2.0-Nutzer (n=634)	Chi² nach Pearson
Geschlecht	weiblich	23,9 %	47,6 %	***
	männlich	76,1 %	52,4 %	
Altersgruppen	16–25	50,0 %	13,0 %	***
	26–45	32,8 %	41,9 %	
	46–65	14,9 %	39,4 %	
	66 +	2,2 %	5,8 %	
Bildungs-abschluss	noch Schüler	22,3 %	3,2 %	***
	Hauptschulab-schluss	19,0 %	34,9 %	
	Realschulab-schluss	17,4 %	28,1 %	
	Abitur/Universität	41,3 %	33,9 %	
Politisches Interesse	wenig	23,9 %	17,5 %	*
	mittel	25,4 %	38,3 %	
	stark	50,7 %	44,2 %	

*** $p < .001$, ** $p < .01$, * $p < .05$

›Aktiven‹ für einige typische Offline- bzw. Online-Aktivitäten miteinander verglichen.

In der *politischen Informationskommunikation* zeigen sich signifikante Unterschiede zwischen den Web-2.0-Nutzern und den ›traditionellen‹ Onlinern. Tendenziell lässt sich eine stärkere Affinität der Traditionellen zur herkömmlichen (Offline-)Kommunikation beobachten. Web-2.0-Nutzer hingegen besuchten die Internetpräsenz eines Politikers signifikant häufiger (Abb. 3).

Hinsichtlich der *interpersonalen politischen Kommunikation* treten die Web-2.0-Nutzer in ihren Online-Aktivitäten als besonders aktive Gruppe hervor. Während sie in der ›Offline-Welt‹ in einem ganz ähnlichen Maß mit Politikern in Kontakt stehen und politische Gespräche mit Freunden und Kollegen am Arbeitsplatz führen, sind die Web-2.0-Nutzer im Internet diejenigen, die deutlich aktiver kommunizieren (Abb. 4).

ABBILDUNG 3
Politische Informationskommunikation im Vergleich: Web-2.0-Nutzer und Internetnutzer

	Web-2.0-Nutzer (n=134)	Internetnutzer ohne Web-2.0-Nutzer (n=634)	Chi^2 nach Pearson
Offline			
Regelmäßiges Sehen von Fernsehnachrichten[f1]	88,0 %	95,9 %	**
Regelmäßige Nutzung einer Tageszeitung[f2]	50,0 %	61,0 %	***
Nutzung von Print-Magazinen[f3]	51,5 %	48,9 %	n.s.
Online			
Lesen politischer Informationen im WWW[f4]	73,7 %	64,9 %	n.s.
Besuch der Website eines Politikers[f5]	44,0 %	24,2 %	***

*** p < .001, ** p < .01, * p < .05

f1 Fragestellung: Wie oft sehen Sie sich im Fernsehen Nachrichtensendungen an? ›Regelmäßig‹ meint hier: Nutzung mindestens mehrmals im Monat.
f2 Fragestellung: An wie vielen Tagen in der Woche lesen Sie im Allgemeinen eine Tageszeitung? ›Regelmäßig‹ meint hier: Nutzung an mindestens sechs Tagen in der Woche.
f3 Fragestellung: Wie oft sehen Sie sich im Fernsehen politische Magazine an, also Sendungen, in denen über politische Ereignisse und deren Hintergründe berichtet wird?
f4 Fragestellung: Haben Sie im letzten Jahr im Internet Nachrichten oder politische Informationen gelesen?
f5 Fragestellung: Haben Sie sich schon einmal eine Internetseite eines Politikers oder einer Politikerin angesehen?

Dieses Bild setzt sich fort, wenn wir Aktivitäten aus dem Bereich der *Partizipationskommunikation* heranziehen: Die Unterschiede zwischen beiden Vergleichsgruppen treten nur im Online-Bereich zu Tage. Die Gruppe der Web-2.0-Nutzer nutzt Online-Partizipationsangebote deutlich stärker als die Gruppe der konventionellen Internetnutzer. Der Anteil der aktiven Leserbrief-Schreiber liegt bei den Web-2.0-Nutzern mit knapp 40 Prozent auf einem wesentlich höheren Niveau als unter den traditionellen Onlinern (11,4%). An einer Unterschriftensammlung im Netz nahm immerhin jeder fünfte Web-2.0-Nutzer im vergangenen Jahr mindestens einmal teil, in der Vergleichsgruppe sind es nur etwa 12 Prozent (Abb. 5).

ABBILDUNG 4
Interpersonale Politische Kommunikation im Vergleich: Web-2.0-Nutzer und Internetnutzer

	Web-2.0-Nutzer (n=134)	Internetnutzer ohne Web-2.0-Nutzer (n=634)	Chi^2 nach Pearson
Offline			
Kontakt mit einem Politiker[f1]	20,1 %	18,9 %	n.s.
Politische Gespräche am Arbeitsplatz oder mit Freunden[f2]	97,0 %	94,3 %	n.s.
Online			
Kontakt mit einem Politiker[f3]	17,2 %	7,7 %	**
Politische Gespräche mit Freunden oder anderen Menschen[f4]	56,7 %	21,8 %	***

*** $p < .001$, ** $p < .01$, * $p < .05$

f1 Fragestellung: Haben Sie innerhalb des letzten Jahres persönlich, telefonisch oder per Post Kontakt gehabt mit einer verantwortlichen Person aus der Politik?
f2 Fragestellung: Wie oft unterhalten Sie sich am Arbeitsplatz oder mit Freunden über Themen, die Sie politisch für wichtig halten? Hier: Nutzung dieser Aktivität mind. ›selten‹.
f3 Fragestellung: Haben Sie innerhalb des letzten Jahres im Internet persönlichen Kontakt gehabt mit einer verantwortlichen Person aus der Politik, also per E-Mail, in einem Chat oder einer Newsgroup?
f4 Fragestellung: Wie oft unterhalten Sie sich im Internet mit Freunden oder anderen Menschen ganz allgemein über Themen, die Sie politisch für wichtig halten, etwa in einem Chat, einer Newsgroup oder einem Forum? Hier: Nutzung dieser Aktivität mind. ›selten‹.

Im Folgenden wird untersucht, ob sich Web-2.0-Nutzer hinsichtlich ihrer Wertorientierungen von den anderen Befragten unterscheiden. Hier ist es durchaus sinnvoll, auch die Nichtnutzer des Internets (Offliner) mit in den Vergleich einzubeziehen. Die Daten zeigen, dass bei allen drei Werten – Freiheit, Gleichheit und Sicherheit – signifikante Unterschiede zwischen den Gruppen festzustellen sind (Abb. 6): Am wichtigsten sind die gesellschaftlichen Werte der Gleichheit und Freiheit für die Gruppe der Web-2.0-Nutzer. Besonders auffällig ist der Kontrast zwischen der Freiheitsorientierung zwischen Web-2.0-Nutzern und Offlinern. Für die Offliner hat Freiheit eine deutlich geringere Bedeutung. Sie stellen Sicherheit an vorderste Stelle, gefolgt von der Gleichheit. Für die Web-

ABBILDUNG 5
Partizipationskommunikation im Vergleich:
Web-2.0-Nutzer und Internetnutzer

	Web-2.0- Nutzer (n=134)	Internetnutzer ohne Web-2.0- Nutzer (n=634)	Chi^2 nach Pearson
Offline			
Leserbrief an eine Redaktion/ einen Fernsehsender oder Anruf beim Radio^{f1}	6,0 %	6,0 %	n.s.
Teilnahme an Unterschriftensammlung^{f2}	46,3 %	46,0 %	n.s.
Online			
Leserbrief an eine Redaktion/ einen Fernsehsender/eine Online-Redaktion^{f3}	39,6 %	11,4 %	***
Teilnahme an Unterschriften- oder Mailingaktion^{f4}	18,7 %	11,2 %	*

*** $p < .001$, ** $p < .01$, * $p < .05$

f1 Fragestellung: Haben Sie innerhalb des vergangenen Jahres einmal einen Brief an eine Zeitung oder an das Fernsehen geschrieben, oder haben Sie einmal in einer Radiosendung angerufen, wenn es um ein politisches Thema ging, das Ihnen wichtig war?
f2 Fragestellung: Haben Sie innerhalb des letzten Jahres an einer Unterschriftenaktion teilgenommen, also auf einer Unterschriftenliste unterschrieben?
f3 Fragestellung: Haben Sie sich innerhalb des vergangenen Jahres über das Internet an eine Zeitung, an das Fernsehen oder an eine Online-Redaktion gewandt, z.B. mit einer E-Mail oder einem Eintrag in ein Internetforum?
f4 Fragestellung: Haben Sie innerhalb des letzten Jahres im Internet an einer organisierten Unterschriften- oder einer Mailingaktion zu einem politischen Thema teilgenommen?

2.0-Nutzer wiederum ist die Sicherheitsorientierung die am geringsten ausgeprägte Wertorientierung.

Im letzten Schritt geht es darum zu zeigen, inwiefern Web-2.0-Angebote im Vergleich mit anderen Möglichkeiten (online wie offline) der Erstellung eigener Inhalte für die individuelle politische Kommunikation genutzt werden (Abb. 7). Als Beispiele wurden Leserbriefe und Unterschriftensammlungen ausgewählt. Erfragt wurde, ob eine dieser Aktivitäten mindestens einmal im vergangenen Jahr ausgeübt wurde. Beide Formen zählen zur partizipativen individuellen politischen Kommunikation und können als verbreitete individuelle Aktivitäten neben dem reinen Wahlakt betrachtet werden. Es zeigt sich, dass sowohl Online-

ABBILDUNG 6
Freiheits-, Gleichheits- und Sicherheitsorientierung im Vergleich: Web-2.0-Nutzer, Internetnutzer und Offliner[+]

	Web-2.0-Nutzer (n=134)	Internetnutzer ohne Web-2.0-Nutzer (n=634)	Offliner (n=535)	ANOVA F-Test
Freiheitsorientierung	0,97	0,83	0,54	***
Gleichheitsorientierung	0,98	0,86	0,86	**
Sicherheitsorientierung	0,79	0,97	0,99	**

*** $p < .001$, ** $p < .01$, * $p < .05$

+ Erhoben wurde die Wertorientierung der Befragten über Paarvergleiche der drei Werte ›Freiheit‹, ›Gleichheit‹ und ›Sicherheit‹. Der Vergleich ›Freiheit vs. Gleichheit‹ wurde beispielsweise mit folgender Frageformulierung erhoben: ›Es gibt verschiedene Ziele in der Politik, die alle sehr wichtig sind. Wenn Sie aber eine Wahl treffen müssten, welches Ziel sollte Ihrer Ansicht nach wichtiger sein: die persönliche Freiheit, dass also jeder in Freiheit leben und sich ungehindert entfalten kann – oder eine möglichst große Gleichheit, dass also niemand benachteiligt ist und die sozialen Unterschiede nicht so groß sind?‹ Bei den angegebenen Werten handelt es sich um Mittelwerte für die Stärke der Wertorientierung zwischen ›null‹ (ein Wert wurde einem anderen in keinem der zwei Paarvergleiche vorgezogen) und ›zwei‹ (ein Wert wurde in zwei Paarvergleichen vorgezogen).

Leserbriefe als auch Unterschriftensammlungen eine deutlich höhere Nutzung haben als die produktive politische Web-2.0-Nutzung, die mit

ABBILDUNG 7
Web-2.0-Nutzung im Vergleich mit anderen Aktivitäten (Basis: Internetnutzer)

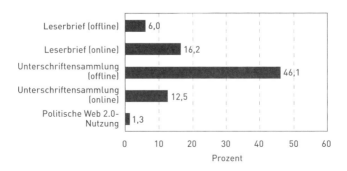

1,3 Prozent eine marginale Form individueller politischer partizipativer Kommunikation darstellt.

5. Zusammenfassung

Durch sein Interaktivitätspotenzial und die dezentrale Kommunikationsstruktur bietet das Netz einen neuen Raum für den diskursiven Austausch zwischen den verschiedenen gesellschaftlichen Akteuren. Diese offenen Strukturen können allerdings auch als Bedrohung für die Bedeutung und den Bestand etablierter massenmedialer Kommunikationskanäle im politischen Feld wahrgenommen werden. Zudem wird die Gefahr diskutiert, dass – bedingt durch die ungleiche Nutzung der Kommunikationsangebote im Netz – bestehende partizipative Disparitäten zwischen den Bürgern noch verschärft werden. Bislang gibt es jedoch weder empirische Hinweise darauf, dass es durch die neuen Möglichkeiten zu erheblichen Mobilisierungen gekommen ist, noch findet man Belege dafür, dass die Nutzung etablierter Medien bei den Onlinern wesentlich geringer ausfällt (WOLLING 2001: 137). Im Hinblick auf die Gleichheitsdimension lässt sich zwar festhalten, dass es gerade auch im Online-Bereich erhebliche Unterschiede in der politischen Beteiligung gibt. Die Frage aber, ob die bestehenden Unterschiede durch das Netz vielleicht sogar noch verschärft werden, ist bislang noch nicht beantwortet.

Die aktuellen Entwicklungen, die unter dem Schlagwort ›Web 2.0‹ subsumiert werden, eröffnen dem Bürger nochmals erweiterte Möglichkeiten individueller politischer Kommunikation (z.B. Betreiben eines Weblogs mit politischen Inhalten). Zweifellos steigen dadurch die *Chancen*, dass Prozesse der Deliberalisierung befördert werden. Die Ergebnisse der vorgestellten Studie deuten allerdings darauf hin, dass sich auch in der Phase des Web 2.0 das Engagement der Bürger bei der aktiven Erstellung eigener politischer Angebote nicht grundsätzlich verändert hat. Die Verwendung von Web-2.0-Tools für eine produktive politische Online-Kommunikation ist bislang nur von marginaler Bedeutung. Web 2.0 fungiert in diesem Sinn (zumindest noch) nicht als Katalysator individueller politischer Kommunikation. Dies wird besonders deutlich, wenn man die quantitative Bedeutung der politischen Web-2.0-Nutzung mit anderen Formen politischer Online- und Offline-Kommunikation vergleicht.

Andererseits findet man im Vergleich der Web-2.0-Nutzer mit traditionellen Internetnutzern deutliche und signifikante Unterschiede in der politischen Kommunikation, die dafür sprechen, dass sich hier in der Gruppe der Onliner, die ja ohnehin schon überdurchschnittlich aktiv sind, nochmals eine Ausdifferenzierung abzeichnet: Web-2.0-Nutzer besuchen häufiger die Homepages von Politikern, haben mehr Kontakt mit Politikern und reden in stärkerem Maß über Politik mit Bekannten und Kollegen. Des Weiteren wenden sie sich deutlich häufiger über das Internet mit einem Leserbrief an Redaktionen und nehmen auch mehr an Unterschriftenaktionen oder Mailingaktionen teil.

Im Hinblick auf die eingangs diskutierten Beurteilungsunterschiede, die mit verschiedenen gesellschafts- und medienpolitischen Idealvorstellungen zusammenhängen, ist es bemerkenswert, dass sich die verschiedenen Nutzergruppen hinsichtlich ihrer Wertvorstellungen in systematischer Weise unterscheiden: Es sind die Freiheits- und Gleichheitsideale, die nicht nur aus theoretischer Perspektive gut mit den offenen Strukturen des Internets harmonieren, sondern die offenbar auch von den Nutzern des Web 2.0 favorisiert werden. Von daher ließe sich vermuten, dass die politischen Debatten, die in der Web-2.0-Sphäre geführt werden, im besonderen Maße durch Freiheits- und Gleichheitsideale geprägt sind.

Im Moment spricht wenig dafür, dass das Web 2.0 in kurzer Zeit zu grundlegend neuen Mustern und Strukturen der politischen Beteiligung führen wird. Ob es jedoch dabei bleibt, dass die neuen Möglichkeiten vorwiegend von den Innovatoren ausprobiert werden, oder ob sie nach und nach auch in andere Bevölkerungsgruppen diffundieren, lässt sich noch nicht abschätzen. Die Ergebnisse der sechsten und vorerst letzten Befragungswelle dieser Studie, die im Jahr 2008 durchgeführt wird, werden in dieser Hinsicht für mehr Klarheit sorgen.

Literatur

BECK, K.: *Computervermittelte Kommunikation im Internet.* München/Wien [Oldenbourg] 2006

BIMBER, B.: *Information and American Democracy. Technology in the Evolution of Political Power.* Cambridge/New York/Melbourne u.a. [Cambridge University Press] 2003

BONFADELLI, H.: *Medienwirkungsforschung I. Grundlagen und theoretische Perspektiven.* Konstanz [UVK] 2004

BUCY, E. P.; K. S. GREGSON: Media Participation. In: *New Media & Society*, 3, 2001, S. 357-380

COENEN, C.: Weblogs als Mittel der Kommunikation zwischen Politik und Bürgern – Neue Chancen für E-Demokratie? In: *kommunikation@gesellschaft*, 2005. Online: http://www.soz.uni-frankfurt.de/K.G/B5_2005Coenen.pdf [22.10.2007]

DAHLBERG, L.: Democracy Via Cyberspace. In: *New Media and Society*, 2, 2001, S. 157-177

DONGES, P.; O. JARREN: Politische Öffentlichkeit durch Netzkommunikation? In: KAMPS, K. (Hrsg.): *Elektronische Demokratie? Perspektiven politischer Partizipation.* Opladen [Westdeutscher Verlag] 1999, S. 85-108

EMMER, M.: *Politische Mobilisierung durch das Internet? Eine kommunikationswissenschaftliche Untersuchung zur Wirkung eines neuen Mediums.* München [Reinhard Fischer] 2005

EMMER, M.; G. VOWE: Mobilisierung durch das Internet? Ergebnisse einer empirischen Längsschnittuntersuchung zum Einfluss des Internets auf die politische Kommunikation der Bürger. In: *Politische Vierteljahresschrift*, 2, 2004, S. 191-212

FISCH, M.; C. GESCHEIDLE: Online 2006: Zwischen Breitband und Web 2.0 – Ausstattung und Nutzungsinnovation. In: *Media Perspektiven*, 8, 2006, S. 431-440

FULLER, J. E.: Equality in Cyberdemocracy? Gauging Gender Gaps in Online Civic Participation. In: *Social Science Quarterly*, 4, 2004, S. 938-957

GELLNER, W.; F. VON KORFF: *Demokratie und Internet.* Baden-Baden [Nomos] 1998

GLÄSER, J.: Neue Begriffe, alte Schwächen: Virtuelle Gemeinschaft. In: JÄCKEL, M.; M. MAI (Hrsg.): *Online-Vergesellschaftung? Mediensoziologische Perspektiven auf neue Kommunikationstechnologien.* Wiesbaden [VS Verlag für Sozialwissenschaften] 2005, S. 51-72

GRABER, D. A.; B. BIMBER; W. L. BENNETT; R. DAVIS et al.: The Internet and Politics: Emerging Perspectives. In: NISSENBAUM, H.; M. E. PRICE (Hrsg.): *Academy & the Internet.* New York/Bern/Frankfurt/M. u.a. [Peter Lang] 2004, S. 91-119

GRABER, D. A.; J. M. SMITH: Political Communication Faces the 21st Century. In: *Journal of Communication*, 3, 2005, S. 479-507

GROSSMAN, L. K.: Der Traum des Nebukadnezar. Demokratie in der Ära des Internet. In: LEGGEWIE, C. (Hrsg.): *Internet & Politik. Von der Zuschauer- zur Beteiligungsdemokratie?* Köln [Bollmann] 1998, S. 85-96

GSCHEIDLE, C.; M. FISCH: Onliner 2007: Das ›Mitmach-Netz‹ im Breitbandzeitalter. In: *Media Perspektiven*, 8, 2007, S. 393-405

HAGEN, M.: Amerikanische Konzepte elektronischer Demokratie. In: KAMPS, K. (Hrsg.): *Elektronische Demokratie? Perspektiven politischer Partizipation*. Opladen [Westdeutscher Verlag] 1999, S. 63-81

HOECKER, B.: Mehr Demokratie via Internet? Die Potenziale der digitalen Technik auf dem empirischen Prüfstand. In: *Aus Politik und Zeitgeschichte. Beilage zur Wochenzeitung Das Parlament*, 39-40, 2002, S. 37-45

HOLTZ-BACHA, C.: Massenmedien und Politikvermittlung – Ist die Videomalaise-Hypothese ein adäquates Konzept? In: JÄCKEL, M.; P. WINTERHOFF-SPURK (Hrsg.): *Politik und Medien: Analysen zur Entwicklung der politischen Kommunikation*. Berlin [Vistas] 1994, S. 181-191

IMHOFF, B. VON (2007): *Rechtsradikalismus: Nazis auf YouTube*. Online: http://www.tagesspiegel.de/politik/deutschland/Rechtsradikalismus-Youtube;art122,2367632 vom [22.10.2007]

JOHNSON, T. J.; B. K. KAYE: A Boost or Bust for Democracy? How the Web Influenced Political Attitudes and Behaviors in the 1996 and 2000 Presidential Elections. In: *Harvard International Journal of Press-Politics*, 3, 2003, S. 9-34

KAMPS, K.: Perspektiven elektronischer Demokratie. In: KAMPS, K. (Hrsg.): *Elektronische Demokratie? Perspektiven politischer Partizipation*. Opladen [Westdeutscher Verlag] 1999, S. 7-18

KAMPS, K.: Die ›Agora‹ des Internet. Zur Debatte politischer Öffentlichkeit und Partizipation im Netz. In: JARREN, O.; K. IMHOF; R. BLUM (Hrsg.): *Zerfall der Öffentlichkeit?* Opladen [Westdeutscher Verlag] 2000, S. 225-239

KLEINSTEUBER, H. J.: Medien und Technik in den USA. In: KLEINSTEUBER, H. J. (Hrsg.): *Aktuelle Medientrends in den USA*. Wiesbaden [Westdeutscher Verlag] 2001, S. 30-57

LANINGHAM, S. (2006): *developerWorks Interviews: Tim Berners-Lee. Originator of the Web and Director of the World Wide Web Consortium Talks About Where We've Come, and About the Challenges and Opportunities Ahead*. Online: http://www.ibm.com/developerworks/podcast/dwi/cm-int082206txt.html [22.08.2007]

LAVRAKAS, P. J.: *Telephone Survey Methods. Sampling, Selection, and Supervision.* Newbury Park/London/New Delhi [Sage] 1993

MECKEL, M.: Cyberpolitics und Cyberpolicy. In: KAMPS, K. (Hrsg.): *Elektronische Demokratie? Perspektiven politischer Partizipation.* Opladen [Westdeutscher Verlag] 1999, S. 229-244

MÖLLER, E.: *Die heimliche Medienrevolution. Wie Weblogs, Wikis und freie Software die Welt verändern.* Hannover [Heise Zeitschriften Verlag] 2005

NORRIS, P.: Who Surfs? New Technology, Old Voters and Virtual Democracy in the 1996 and 1998 US Elections. In: KAMARCK, E. C. (Hrsg.): *democracy.com?* Hollis [Hollis] 1999, S. 71-94

NORRIS, P.: *A Virtuous Circle: Political Communications in Postindustrial Societies.* Cambridge [Cambridge University Press] 2000

O'REILLY (2005): *What is Web 2.0. Design patterns and business models for the next generation of software.* Online: http://www.oreillynet.com/pub/a/oreilly/tim/news/2005/09/30/what-is-web-20.html vom [22.10.07]

PAPACHARISSI, Z.: The virtual sphere: the internet as a public sphere. In: *New Media & Society*, 1, 2002, S. 9-27

ROGERS, M.: *Diffusion of Innovations.* New York [Free Press] 1995

SCHMIDT, J.: Social Software: Onlinegestütztes Informations-, Identitäts- und Beziehungsmanagement. In: *Foschungsjournal NSB*, 2, 2006a, S. 37-67

SCHMIDT, J.: *Weblogs. Eine kommunikationssoziologische Studie.* Konstanz [UVK Verlagsgesellschaft] 2006b

SCHMIDT, J.; K. SCHÖNBERGER; C. STEGBAUER: Erkundungen von Weblog-Nutzungen. Anmerkungen zum Stand der Forschung. In: *kommunikation@gesellschaft*, 2005. Online: http://www.soz.uni-frankfurt.de/K.G/B4_2005_Schmidt_Schoenberger_Stegbauer.pdf vom 22.10.07

VLASIC, A.: *Die Integrationsfunktion der Massenmedien. Begriffsgeschichte, Modelle, Operationalisierung.* Wiesbaden [vs Verlag für Sozialwissenschaften] 2004

VOWE, G.: Medienpolitik zwischen Freiheit, Gleichheit und Sicherheit. In: *Publizistik*, 4, 1999, S. 395-415

VOWE, G.; M. EMMER; M. SEIFERT: Abkehr oder Mobilisierung? Zum Einfluss des Internets auf die individuelle politische Kommunikation. Empirische Befunde zu alten Fragen im Kontext neuer Medien. In: KRAUSE, B.; B. FRETWURST; J. VOGELGESANG (Hrsg.): *Fortschritte der politischen Kommunikationsforschung. Festschrift für Lutz Erbring.* Wiesbaden [vs Verlag für Sozialwissenschaften] 2007, S. 109-130

WOLLING, J.: Auswirkungen des Internets auf Integration und Pluralität. Konzeptionelle Überlegungen und empirische Befunde. In: MAIER-RABLER, U.; M. LATZER (Hrsg.): *Kommunikationskulturen zwischen Kontinuität und Wandel. Universelle Netzwerke für die Zivilgesellschaft.* Konstanz [UVK] 2001, S. 127-143

ZERFASS, A.; D. BOELTER: *Die neuen Meinungsmacher. Weblogs als Herausforderung für Kampagnen, Marketing, PR und Medien.* Graz [Nausner & Nausner] 2005

ZITTEL, T.: Vernetzte politische Kommunikation: Elektronische Demokratie als amerikanischer Sonderweg? In: ESSER, F.; B. PFETSCH (Hrsg.): *Politische Kommunikation im internationalen Vergleich. Grundlagen, Anwendungen, Perspektiven.* Opladen [Westdeutscher Verlag] 2003, S. 259-280

JEFFREY WIMMER

Gegenöffentlichkeit 2.0:
Formen, Nutzung und Wirkung
kritischer Öffentlichkeiten im Social Web

Abstract

Das Internet als Social Web bietet seinen Nutzern eine Plattform grenzenloser Meinungsäußerung. Damit stellt sich zugleich die Frage, ob jenseits der Kommunikation etablierter Akteure auch neue Formen der Gegenöffentlichkeit entstehen. Der Beitrag stellt die neuen Formen von Gegenöffentlichkeit vor und diskutiert sowohl die Wirkung kritischer Öffentlichkeiten als auch deren Potenzial.

1. Transformation ›klassischer‹ Gegenöffentlichkeit?

In einem engeren Sinn verweist der Begriff ›Gegenöffentlichkeit‹ auf recht unterschiedliche Phänomene öffentlicher Kommunikation sowie zivilgesellschaftlicher Netzwerke, die unter eben diesem oft strapazierten Begriff subsumiert werden. Seit den 1960er- und 1970er-Jahren werden damit klassischerweise öffentlichkeitswirksame Aktionen der neuen sozialen Bewegungen (NSB) (wie z.B. Studenten-, Friedens- und Umweltbewegung) und die Strukturen und Zielsetzungen alternativer Medien – u.a. die Alternativpresse, freie Radios und offene Kanäle – beschrieben. Zeitgenössisch rücken aber auch die kritischen Öffentlichkeiten der Nichtregierungsorganisationen (NGOs), verschiedenartige Medienaktivisten oder aktuell Weblogs und andere partizipative Formen im Internet in den Vordergrund.

Nach der Institutionalisierung der Alternativbewegung in den 1980er-Jahren und einer abnehmenden wissenschaftlichen Begleitung erhält das Phänomen der Gegenöffentlichkeit aktuell wieder eine größere Aufmerksamkeit. Diese Zunahme kann – hauptsächlich aus Aktivistensicht – auf drei Gegenwartsdiagnosen zurückgeführt werden, die miteinander verbunden sind: (1) Der *politökonomische Wandel*, der sich v.a. in der zunehmenden Globalisierung und deren zivilgesellschaftlicher Kritik äußert (z.B. CASTELLS 1996); (2) ein *gesellschaftlicher Wandel*, der neue Möglichkeiten für progressive (politische) Kollektivakteure bietet (z.B. BECK et al. 1994) – so fördern Krisenerscheinungen der (dominanten) bürgerlichen Öffentlichkeit einerseits kritische Stimmen in der politischen Öffentlichkeit und lassen andererseits nicht-etablierte politische Akteure wie z.B. NGOs und NSB zentrale Funktionen klassischer Politikgestaltung übernehmen (= Prozess der Subpolitik); (3) der rapide *medientechnische Wandel*, der sich in den neuen Informations- und Kommunikationstechnologien[1] und deren Möglichkeiten manifestiert (z.B. PLAKE et al. 2001).

Gerade unter dem Eindruck der raschen gesellschaftlichen Aneignung neuer Medien wird vielfach eine Renaissance der Gegenöffentlichkeit und eine digitale Fortführung alternativer Kommunikation postuliert (z.B. HERMANNS et al. 1995; OY 2003: 516ff.). Als Beleg dafür dient zunächst oft die Entstehungsgeschichte des Internets. Oy führt an, dass in den USA »die Entwicklung der gesamten Computertechnologie ohne das Engagement der alternativen Gegenkultur überhaupt nicht denkbar gewesen wäre« (OY 2002: 69). Pointiert bedeutet dies, dass technischer wie gesellschaftspolitischer Wandel und die Artikulationskraft kritischer Öffentlichkeiten sich gegenseitig bedingen. Dabei sollte man aber nicht von einem *Technikdeterminismus*-Modell ausgehen, denn die Artikulation von Gegenöffentlichkeit kann nicht allein auf den Prozess des Datenaustausches reduziert werden. Bei der Frage nach den Implikationen und Folgen der Digitalisierung von Gegenöffentlichkeit ist daher v.a. der spezifische *Kontext* des Kommunikationsprozesses mit zu berücksichtigen. Vielmehr entscheidend ist damit die Frage, inwieweit die neuen Medien in die politische Praxis der Aktivisten integriert werden und welche *sozialen Netzwerkstrukturen* und *partizipativen Handlungsabläufe* dadurch entstehen (z.B. DIANI 2003; HEPP/VOGELGESANG 2005). Es ist also konkret

---

[1] Online-Kommunikation, die v.a. über das Internet und seine Anwendungen stattfindet, stellt nur einen Teilbereich – wenngleich den gesellschaftlich relevantesten – davon dar.

danach zu fragen, wie sich der individuelle und der kollektive Umgang mit den digitalen Neuerungen im Rahmen von gegenöffentlichen Kommunikationsprozessen genau darstellt.[2] Diese Fragestellungen erhalten aufgrund der Potenziale der neuen – schlagwortartig als Web 2.0 oder *Social Web* bezeichneten – Internetanwendungen zur Konnektivität, Interaktivität und Kollaboration sowie deren freien Zugangs- und Nutzungsrechten (Prinzipien des *open source* und *open publishing*) erst recht ihre Berechtigung. An dieser Feststellung knüpft der vorliegende Beitrag an und exploriert den Einfluss der neuen Internetanwendungen[3] auf die Konstituierung von Gegenöffentlichkeiten als auch auf deren Kommunikationsverhältnis zur massenmedialen Öffentlichkeit – mit anderen Worten: *Inwieweit erlauben die Applikationen des Social Web ›neuartige‹ Formen von Gegenöffentlichkeit?*

Da allerdings der Begriff und das Phänomen der Gegenöffentlichkeit kommunikationswissenschaftlich weder einheitlich noch hinreichend konzeptuell geklärt sind, erfolgt in einem Schritt die theoretische Differenzierung des komplexen Begriffsfeldes Gegenöffentlichkeit (Kapitel 2). Darauf Bezug nehmend werden die verschiedenen Formen und Funktionen digitaler Gegenöffentlichkeit systematisiert (Kapitel 3). Auf der Basis einer Metaanalyse bisheriger empirischer Forschung werden Schlaglichter auf *Strukturwandel*, *Wirkung* und *Aneignung* digitaler Gegenöffentlichkeit geworfen (Kapitel 4). Neben der *analytischen* Dimension, d.h. die Frage nach der politischen und gesellschaftlichen Wirkung, die diese medialen Kommunikationsprozesse entfalten können, ist bei der Analyse aufgrund der Wertgeladenheit von Gegenöffentlichkeit ebenso stets die *normative* Dimension zu berücksichtigen, d.h., wie werden abstrakte politische Ansprüche an Gegenöffentlichkeit – z.B. ›Kommunikation als

---

2   Mit als erste benennen Hamm und Zaiser diesbezügliche Forschungsdesiderata: »Es stellt sich die Frage, ob die rasante Aneignung des neuen Mediums eine qualitative Veränderung linker Kommunikations- und Vernetzungsformen mit sich gebracht hat. Wie sehen die Zusammenhänge zwischen Nutzung technologischer Möglichkeiten, politischer, kultureller und sozialer Praxis der MacherInnen, und den resultierenden Produkten linker Medienarbeit im Internet aus? Inwiefern haben die spezifischen Möglichkeiten der Informationstechnologien – Schnelligkeit, internationale Zugriffsmöglichkeit, Wegfallen von Druck- und Vertriebskosten – einen Wandel in Form, Inhalt und Verbreitung linker Publikationen hervorgebracht? Oder reproduzieren die Netzpublikationen bislang weitgehend bekannte Formen, basierend auf bestehenden Zusammenhängen?« (HAMM/ZAISER 2000: 755).
3   Ein Überblick über neue Formen des Medienaktivismus und Formen der emanzipativen Aneignung neuer Medien *jenseits* des Internets (*smart mobs* etc.) liefern Kahn und Kellner (2004).

Emanzipation und Partizipation‹ – in der Medienrealität konkret umgesetzt (vgl. ausführlich WIMMER 2007: 154ff.).

2. Das Phänomen ›Gegenöffentlichkeit‹ als kommunikationswissenschaftliches Konstrukt

Eine erste *Arbeitsdefinition* liefert aus kommunikationswissenschaftlicher Sicht folgende Begriffsbestimmung: »Gegenöffentlichkeit meint eine gegen eine hegemoniale Öffentlichkeit gerichtete *Teilöffentlichkeit*, die um einen spezifischen gesellschaftlichen Diskurs oder Standpunkt herum strukturiert ist« (KROTZ 1998: 653; Hervorhebung J. W.). Als Träger von Gegenöffentlichkeit bezeichnet Krotz die NSB und Alternativpresse. Die Schaffung von Gegenöffentlichkeit(en) ist allerdings schon viel früher beobachtbar. So kann man als Beispiele früherer korrespondierender Praxisformen von Gegenöffentlichkeit die Flugschriften der Reformatoren im 15. und 16. Jahrhundert oder die Kampfschriften der Arbeiterbewegung Ende des 19. Jahrhunderts nennen. Für Gegenöffentlichkeit im *modernen* Sinne ist dennoch ein spezifischer soziohistorischer Kontext identifizierbar, der sich auf die späten Sechziger- und frühen Siebzigerjahre des 20. Jahrhunderts und die damit verbundenen Öffentlichkeiten der NSB und alternativer Medien bezieht (z.B. OY 2001; STAMM 1988).[4] Diese Öffentlichkeitsakteure sind zwar *nicht* als die ersten kollektiven Akteure gesellschaftlicher Gegenöffentlichkeit zu bezeichnen, aber die ersten nicht-etablierten politischen Akteure, die ihr Handeln an der massenmedialen Logik ausrichten.[5] Dafür spricht auch, dass der Begriff der Gegenöffentlichkeit seine mediale Karriere in der Studentenbewegung antritt und stark deren Sprachgebrauch entlehnt ist.

---

[4] Die (forschungspragmatische) Fokussierung auf die *gesellschaftliche Phase der Moderne*, die auf den Beginn der 1960er-Jahre datiert werden kann und zeitgenössisch in der Diagnose der *Mediengesellschaft* kumuliert, hat allerdings zur Folge, dass Vorläufer der NSB oder andere nicht-etablierte politische Akteure wie z.B. rechtskonservative, bäuerliche oder auch religiöse Bewegungen und Protestparteien aus dem 18. bis 20. Jahrhundert ausgeblendet werden.

[5] Allein unter strukturellen Gesichtspunkten kann man auch von einer rechtsextremistischen oder realsozialistischen ›Gegenöffentlichkeit‹ sprechen, da hier auch z.B. alternative wie auch bewegungsnahe Medien zu finden sind. Allerdings entsprechen die verschiedenen Formen dieser Gegenöffentlichkeiten aus mehreren Gründen weder inhaltlich noch in der Praxis dem normativen Kontext von Gegenöffentlichkeit im Sinne *emanzipativer* und *demokratiestärkender* Öffentlichkeitsstrategien (vgl. grundlegend WIMMER 2007).

JEFFREY WIMMER

Einschlägige Öffentlichkeitstheorien weisen die Rolle der Gegenöffentlichkeit im Allgemeinen der Zivilgesellschaft und im Spezifischen den NSB, alternativen Medien und/oder NGOs zu (vgl. ausführlich WIMMER 2007). Die meisten Studien reduzieren dadurch Phänomene der Gegenöffentlichkeit allein auf bestimmte Institutionen – verstanden als verdichtete soziale und kommunikative Handlungszusammenhänge. Es ist in *theoretisch-analytischer* Hinsicht darüber hinauszugehen, da das Konzept der Gegenöffentlichkeit nicht per se auf bestimmte Personen, Orte oder Themen reduziert werden kann. Genauer genommen sind die Entwicklungskontexte von Gegenöffentlichkeit komplexer: »[...] [C]ounterpublics as discursive entities emerge in a multiple public sphere through constellations of persons, places, and topics« (ASEN 2000: 430). Gegenöffentlichkeit ist somit wie Öffentlichkeit nicht als ein monolithischer, sondern als ein multidimensionaler Begriff aufzufassen und verweist ebenso einerseits auf die *Mikro-, Meso- und Makroebenen öffentlicher Kommunikation* (vgl. GERHARDS/NEIDHARDT 1990) und andererseits gleichermaßen auf *funktionale* wie *subjektive* Aspekte (vgl. ausführlich WIMMER 2007).

Grundsätzlich bezieht sich der Begriff ›Gegenöffentlichkeit‹ somit auf drei Dimensionen bzw. auf drei Formen von Öffentlich*keiten*: Erstens werden damit kritische Teilöffentlichkeiten definiert, die ihren als marginalisiert empfundenen Positionen, welche oft auch als Gegenöffentlichkeit bezeichnet werden, mithilfe von alternativen Medien und Aktionen innerhalb der massenmedialen Öffentlichkeit Gehör verschaffen möchten (= *alternative Öffentlichkeit*). Hier kann wiederum zwischen alternativen Medien mit größerer Thematisierungskraft wie z. B. die Berliner *taz* (= *alternative Leitmedien*) oder geringerer öffentlicher Reichweite wie z. B. lokale offene Kanäle (= *alternative Folgemedien*) differenziert werden. Zweitens bezeichnet Gegenöffentlichkeit auf der (*Meso-*)Ebene organisationaler Öffentlichkeiten kollektive und dabei v. a. politische Lern- und Erfahrungsprozesse innerhalb alternativer Organisationszusammenhänge wie z. B. neue soziale Bewegungen oder nichtstaatliche Organisationen (= *partizipatorische Öffentlichkeiten*). Auf der (*Mikro-*)Ebene einfacher Interaktionssysteme verweist der Begriff drittens auf vielfältige Formen von (zum Großteil individuellem) *Medienaktivismus* gerade im Bereich der neuen Medien.[6]

---

6 Die *Grenzen* zwischen den einzelnen Dimensionen von Gegenöffentlichkeit sind stark fließend und kontingent. Dieses trifft gerade auf die Gegenöffentlichkeiten im Rahmen der NSB

3. Potenziale digitaler Gegenöffentlichkeit

Seit dem Ende des letzten Jahrtausends ist die Präsenz im Internet sowohl für etablierte politische Akteure sowie für nicht-etablierte politische Akteure mittlerweile selbstverständlich.[7] Mit dem Internet hat sich dabei die Idee eines dezentralen Kommunikationsnetzwerkes verwirklicht, das von Akteuren der Zivilgesellschaft getragen und als Medium ihrer Selbstorganisation verstanden werden kann. Gerade für kritische Teilöffentlichkeiten gilt, dass sie nicht mehr ohne die neuen technischen Möglichkeiten gedacht werden. Mehr noch, sie rekurrieren in ihrer *Funktionsweise* hauptsächlich auf digitale Kommunikation, die vorwiegend über das Internet stattfindet. Die neuen Internet-Applikationen – u.a. *Mailinglisten*, *Community Networks*, *computerunterstützte Telefonie*, *Videokonferenzen*, *Virtual Communities*, *Wikis*, *Podcasts* oder *Weblogs* – werden zunehmend als Arbeits- und Organisationsmittel eingesetzt. Die Anwendungen unterscheiden sich dabei grundlegend von den klassischen Massen- und Organisationsmedien. Neue Merkmale bestehen darin, dass Kommunikationsinhalte vernetzt aufgebaut werden können (*Hypertextualität*), mit einer Vielzahl anderer Medien kombinierbar (*Multimedialität*) und sowohl von bestimmten Teilöffentlichkeiten als auch einzelnen Rezipienten beliebig bearbeitbar sind (*Interaktivität*). Die digitalen Anwendungen stellen nicht nur ein Mittel der Distanzverringerung und der schnellen Kommunikation dar, sondern ermöglichen theoretisch auch eine mit Interaktivität gekoppelte, fast beliebige Erweiterung (*Cyberspace*) und gleichzeitige Vernetzung (*Konnektivität*) der internen und externen Bezugsgruppen politischer Akteure. Grundsätzlich können Internetanwendungen mehrere *Funktionen* für die Konstituierung von Gegenöffentlichkeiten einnehmen (s. Abb. 1).

Castells räumt den neuen Internetanwendungen ein weitreichendes *Mobilisierungspotenzial* ein: »It appears that it is in the realm of symbolic politics, and in the development of issue-oriented mobilization by groups and individuals outside the mainstream political system the new electronic communication may have the most dramatic effects« (CASTELLS 1997: 362).

zu. So konstituieren hier etwa organisationale Kommunikationszusammenhänge erst die massenmediale Wahrnehmung und damit die Außenwirkung der NSB. Die Wahrnehmung und Resonanz alternativer Öffentlichkeit in der etablierten Öffentlichkeit wiederum sorgt für die interne Mobilisierung und Stabilisierung der NSB.

[7] Dabei waren die Vertreter der Zivilgesellschaft lange Zeit die Vorreiter bei der Nutzung neuer Medien für politische Zwecke. Allerdings sind auch hier zunehmende Institutionalisierungs- und Kommerzialisierungsprozesse festzustellen.

ABBILDUNG 1
Funktionen von Internetanwendungen für Gegenöffentlichkeiten

Funktionen	Ausgewählte Autoren
Artikulation	⇨ Ludwig 1998; McDorman 2001
Emanzipation/Identitätsbildung	⇨ Ludwig 1998; McDorman 2001
Information/Kommunikation	⇨ autonome a.f.r.i.k.a.-gruppe 2004
Mobilisierung	⇨ Castells 1997; Couldry/Curran 2003
Organisation	⇨ Wall 2002
Protest	⇨ Scott/Street 2002; van den Donk et al. 2004
Subversion	⇨ autonome a.f.r.i.k.a.-gruppe. 2004; Lovink 2004

Darauf so richtig aufmerksam wurde die Weltöffentlichkeit erstmals durch die Proteste gegen die WTO-Konferenz in Seattle im Dezember 1999.[8] Die dabei verwendeten Internetanwendungen erwiesen sich aufgrund ihrer Eigenschaften v.a. als ein *transnationales Organisations-* und *Kommunikationsinstrument*, mit dessen Hilfe die Proteste erst vorbereitet und durchgeführt werden konnten (WALL 2002).

Es gibt verschiedene *Interaktivitätsdimensionen*, die ihre praktische Anwendung im Internet fanden und immer noch finden (BIEBER 1999): Beispielsweise können *Logos* auf www-Seiten darauf hinweisen, dass deren Betreiber mit entsprechenden politischen Kampagnen sympathisiert. Es können auch ›Enthüllungs‹-*Websites* erstellt werden, »[...] die auf ein tatsächliches oder angebliches unethisches Verhalten einer Person oder einer Organisation aufmerksam machen, einschlägiges Material bereitstellen und möglicherweise zum Protest aufrufen« (PLAKE et al. 2001: 63). Internetangebote können somit informieren und als *Koordinations-* und *Kommunikationszentrum* für Aktionen in Erscheinung treten.

Weiterhin besteht die Möglichkeit, durch *elektronische Kettenbriefe* sozusagen im Schneeballprinzip möglichst viele Adressaten einer Protestaktion zu erreichen. Und während bei *Sit-ins* oder *Online-Streiks* die Überlastung (und damit der Ausfall) einer Webseite durch möglichst viele gleichzeitige Auf-

---

8   Oft wird in der Literatur auf die Kommunikationsaktivitäten der *Zapatisten* im mexikanischen Chiapas als Ursprung dieser Kommunikationspraktiken hingewiesen (vgl. CASTELLS 1997).

rufe erreicht werden soll, versuchen *Hacker* die Quelldatei einer Webseite umzuprogrammieren.⁹ Aus Aktivistensicht werden diese Aktivitäten auch als Formen »elektronischen, zivilen Ungehorsams« bezeichnet (WRAY 1999). Die Übertragung des politischen Protests aus der wirklichen Welt in den Cyberspace ist gleichzeitig der Gang von einem lokalen zu einem globalen Ereignis. *Protestaktionen* richten sich allerdings hauptsächlich gegen Militär-, Politik- und Wirtschaftskreise und häufig auch gegen die fortschreitende Kommerzialisierung des Internets. Dabei soll politischer Aktivismus im Netz sowohl das Publikum verunsichern und damit zum Nachdenken anregen als auch hinsichtlich vorherrschender Machtverhältnisse eine Machtumverteilung bewirken. Publizitätswirksame Beispiele sind Projekte wie *The Yes Men*, *Reclaim the Streets* oder *RTMark*.¹⁰ Diese Gruppen sind zum großen Teil schon seit den Achtzigerjahren als Medienaktivisten tätig, aber erst die Möglichkeiten der neuen Medien und der computervermittelten Kommunikation haben ihnen zu einem enormen Anschub verholfen.

Die Formen sind zu vielfältig, um von *dem* Medienaktivismus im Internet zu sprechen (vgl. z. B. die Dokumentation in MEIKLE 2002). Online-Medienaktivismus stellt somit keine eigene ›Bewegung‹ mit einer empirisch beschreibbaren kollektiven Identität dar, sondern ist je nach Perspektive der Betrachter ein *Projekt* z. B. für eine ›radikale Demokratie‹, für eine ›Netzkritik‹ oder für eine ›Kommunikationsguerilla‹. Ein idealtypisches Beispiel für eine stark partizipative Form von Medienaktivismus im Internet stellt *OneWorldTV* (http://tv.oneworld.net/) dar (Abb. 2). Im Rahmen dieses unabhängigen Internetprojekts ist ein öffentlicher Raum geschaffen worden, in dem Filmjournalisten und -macher, die keinen Zugang zu den Massenmedien haben, ihre Produktionen und Arbeiten senden können. Die verschiedenen Clips sind miteinander thematisch verlinkt, um ein loses, interaktives Netzwerk zu kreieren. So können die Teilnehmer dieses Projektes miteinander kommunizieren und durch ihre Produktionen Ideen miteinander austauschen.

9   Bekanntes Beispiel ist die von der amerikanischen Künstlergruppe *Electronic Disturbance Theater* entwickelte Software *Flood Net* (WRAY 1999). Diese Software ermöglicht die Automatisierung der virtuellen *Sit-ins*. Wer teilnehmen will, verbindet sich mit dem *Flood Net*, das nur zu einer angekündigten Zeit im Netz funktionsfähig ist und das die Online-Nutzer auf eine bestimmte Webseite leitet, wobei das Programm alle paar Sekunden automatisch den *Reload*-Befehl ausführt und somit die anvisierte Webseite überlastet.
10 Diese meist subversiven (Protest-)Formen von Medienaktivismus sind aufgrund der dabei inszenierten Bilder und Ereignisse für die mediale Berichterstattung am attraktivsten (vgl. z. B. www.sueddeutsche.de/computer/bildstrecke/298/135039/p0).

ABBILDUNG 2
Screenshot der Filmplattform *OneWorldTV*

Neben den skizzierten Protest-, Subversions- und Kollaborationsformen erleichtern die neuen Internetanwendungen v. a. die *Artikulation* der Akteure aus dem Spektrum der Gegenöffentlichkeit. So sind seit dem Ende der 1990er-Jahre zahlreiche Online-Formate entstanden, die die Funktionen der früheren alternativen und bewegungsnahen Medien übernehmen und weiterführen. Mehr noch: Der fundamentale gesellschaftliche *Bedeutungsverlust* der Alternativpresse im Verlauf der 1980er-Jahre (z.B. HOLTZ-BACHA 1999: 345f.) erscheint damit überwunden. Idealtypisch können mehrere Formen unterschieden werden, wobei es natürlich zu vielen Funktionsüberschneidungen kommt, wie es das Projekt *Indymedia* (http://de.indymedia.org) zeigt:[11]

11 Das erste *Independent Media Centers* (IMCS), kurz *Indymedia* genannt, wurde 1999 anlässlich der Anti-WTO Proteste in Seattle (USA) mit dem Ziel gegründet, möglichst vielen Menschen eine Informationsplattform zur Verfügung zu stellen, welche von den Aktivisten selber genutzt und auch betrieben wird. *Indymedia* repräsentiert einen *emanzipatorischen Medien-*

Alternative Informationsquellen: Medien, die unabhängige Informationen kooperativ erstellen, zur freien Nutzung bereitstellen und dauerhaft speichern, wie z. B. die freie Online-Enzyklopädie *Wikipedia* (z. B. MÖLLER 2006).

Alternative Nachrichtendienste: Medien, die unabhängige Informationen mit unmittelbarem Zeitbezug kooperativ erstellen und zur freien Nutzung bereitstellen, wie z. B. die Nachrichten- und Presseagentur *wikinews* oder die vom Anarchismus inspirierten *Infoshops* (z. B. ATTON 2003).

Alternative Publikations- und Diskursplattformen: Medien, die der Veröffentlichung von kontroversen Informationen dienen und so als Grundlagen zum Führen von Diskursen dienen wie z. B. das unabhängige Online-Politikportal *Indymedia* (z. B. PLATON/DEUZE 2003), Diskussionslisten wie z. B. *nettime* (z. B. LOVINK 2004) oder die *media watchdogs* wie z. B. *bildblog.de*.

Gegenöffentliche Internetauftritte können somit auch für die Gesellschaft den Platz eines *Recherche-* und *Präsentationsmediums* einnehmen und vermitteln gerade dadurch auch Wissen an die Öffentlichkeit weiter. Nicht nur durch wachsenden Wettbewerb und Aktualitätsdruck, sondern auch in Krisenzeiten, wenn die Recherchemöglichkeiten durch Zensur und andere Hindernisse stark eingeschränkt sind (z. B. Kriegsberichterstattung), können diese Online-Quellen sowohl Zusatzinformationen bieten, als auch aus journalistischer Sicht reizvoll und authentisch sein.[12] Neben der *Übernahme von Medieninhalten* durch etablierte Medien ist auch die *alternative Medienpraxis* im Kontext des Internets zu beachten. So finden sich der nicht-hierarchische und interaktive Aufbau vieler gegenöffentlicher Online-Diskussionen (*many-to-many*) und die identitätsstiftende (virtuelle) Gemeinschaft gegenöffentlicher Foren (*community media*) in leicht abgewandelter Form und vielfachen Ablegern inzwischen auch in den Online-Angeboten etablierter Medien. Dem vordergründigen Aufbrechen einseitiger Kommunikationszusammenhänge liegt hier allerdings als Intention eine verstärkte Leser-Blatt-Bindung zugrunde.

---

gebrauch, aber auch eine Form von Netzaktivismus – neben blockierenden Maßnahmen im Internet werden Informationen bereitgestellt bzw. Aktivisten vernetzt (MAURUSCHAT/WIMMER 2007). Dies geschieht auf *Indymedia* durch Diskussionsforen, E-Mail-Verteiler und das sog. *open posting*.

12 So berichtet z. B. die englische Rechtsreferendarin Wilding einer Korrespondentin gleich von ihren Erlebnissen als humanitäre Helferin im Irak. Die *Süddeutsche Zeitung* übernahm dabei die Schilderungen direkt von einer Online-Diskussion zum Irakkrieg, die im alternativen Online-Magazin *openDemocracy* geführt wurde (WILDING 2004).

Neben den unzähligen Diskussionsforen, virtuellen Archiven, Mailinglisten etc. werden vielfach den *Weblogs* großes (gegen)öffentliches Potenzial eingeräumt (vgl. idealtypisch COENEN 2005). Diese *Peer-to-peer*-Netzwerke machen zwar die klassischen Funktionen von Journalismus wie Orientierung und Service nicht überflüssig, können sie aber kritisch und gewinnbringend ergänzen. Allerdings wird bisher nur ein Bruchteil regelmäßig aktualisiert und frequentiert. Dieser Befund gilt im übertragenen Sinn für alle gegenöffentlichen Formen computervermittelter Kommunikation: Im Verhältnis zur Gesamtbevölkerung und den traditionellen Massenmedien ist die Zahl der aktiv Partizipierenden immer noch sehr gering. Es bleibt noch abzuwarten, inwieweit die *Blogosphäre* kein temporäres Phänomen ist, das als Modeerscheinung bald wieder verschwinden wird, sondern sich als ein fester Bestandteil *alternativer* Kommunikationswege erweist (z. B. WELCH 2003).

Zusammenfassend lässt sich sagen, dass aus theoretischer Perspektive die neuen Internetanwendungen auf allen Ebenen öffentlicher Kommunikation Einfluss auf Gegenöffentlichkeiten und deren Verhältnis zur Öffentlichkeit nehmen: auf der *Mikroebene* durch deren Aneignung im (politischen) Alltag der Aktivisten, auf der *Mesoebene* durch deren Verwendung in der internen wie externen Kommunikation der partizipatorischen Öffentlichkeiten, auf der *Makroebene* durch die Veränderungen im Verhältnis zur Öffentlichkeit an sich. Aus einer ›enthusiastischen‹ Perspektive auf die Wirkkraft neuer Medien wird sogar angenommen, dass sich die Grenzen zwischen Öffentlichkeiten und Gegenöffentlichkeiten verschieben (z. B. PLAKE et al 2001: 145).

4. Umsetzung, Reichweite und Nutzung digitaler Gegenöffentlichkeit. Befunde einer Metaanalyse

Auf der Basis einer Meta-Analyse von rund 80 internationalen Studien können zentrale, in der Forschung theoretisch postulierte Annahmen über die Konstituierung und Wirkkraft von Gegenöffentlichkeit überprüft werden (vgl. ausführlich zum Design der Metaanalyse WIMMER 2006).[13] Im Folgenden werden schlaglichtartig diejenigen Ergebnisse der

---

13 Die Metaanalyse hat eine *modellorientierte* Klassifikation bisheriger Forschung zum Ziel. Neben Fachzeitschriften wurden Monografien, Sammelbände, aber auch Forschungsberich-

Studie skizziert, die etwas über den *Einfluss neuer Internetanwendungen* auf Gegenöffentlichkeiten und deren Verhältnis zur etablierten Öffentlichkeit aussagen.

4.1   Strukturwandel der Online-Gegenöffentlichkeiten

Alternative Öffentlichkeit im Bereich der Print- und Radiomedien ist relativ gut erforscht, der Bereich der alternativen Online-Angebote hingegen nur sehr disparat. Allerdings zeigt sich klar, dass es auch hier zu einem Strukturwandel gekommen ist (vgl. BLÖBAUM 2006). Die Zunahme an Professionalität alternativer Online-Medien (gemessen an Adaptionen der Produktionsweise etablierter Medien) sowie die Abnahme der Betroffenheitsberichterstattung kann u. U. die Prinzipien alternativer Öffentlichkeit wie *Authentizität* und *Unabhängigkeit* beeinträchtigen. So verdeutlichen Atton und Wickenden am Beispiel der britischen *SchNEWS* die Ausbildung von Quellenhierarchien und idiosynkratischen Zielsetzungen der Redaktion, die z.T. eine *alternative Kommunikationspraxis* dominieren können (ATTON/WICKENDEN 2005). Trotz grundsätzlich größerer Zugangsfreiheiten und Partizipationsmöglichkeiten sind verschiedenartige Einschränkungen der Partizipationsmöglichkeiten feststellbar, die stetig Einfluss auf die Nachrichtenselektion und -produktion nehmen. Beispiele sind *editorial teams* bei *Indymedia* (PLATON/DEUZE 2003) oder Mitgliedsmodelle bei kollektiven Weblogs wie z.B. *MetaFilter* (RUTIGLIANO 2004). Die Eigenschaften der neuen Internetanwendungen können diesem Prozess gleichzeitig aber auch entgegenwirken – wie z.B. in Form *kollektiver Nachrichtenselektion* und *-produktion*. Diese Form ›digitaler Basisproduktion‹ kann am Beispiel des britischen Online-Magazin *openDemocracy* (www.opendemocracy.net) verdeutlicht werden (vgl. Abb. 3), dessen Beiträge durch eine »new hybrid cultural form« gekennzeichnet sind, die über den traditionellen Journalismus hinausgehen (CURRAN 2003).

> te einbezogen. Die dabei getroffene Auswahl folgte mehreren Kriterien: Die ausgewählten Studien müssen sich explizit sowohl *theoretisch* als auch *empirisch* mit dem Konstrukt der ›Gegenöffentlichkeit‹ bzw. ›counter-publics‹ beschäftigen. Im Bereich der Cultural Studies, der kommunikationswissenschaftlichen Mediennutzungsforschung und der mediensoziologischen Bewegungsforschung existieren natürlich eine weitaus größere Anzahl an Studien und Befunden. Allerdings wird hier meistens nicht explizit Bezug auf das Konstrukt der Gegenöffentlichkeit genommen (= zentrales forschungspragmatisches Auswahlkriterium der Metaanalyse).

JEFFREY WIMMER

ABBILDUNG 3
Screenshot des alternativen Online-Magazins *openDemocracy*

Online-Medien stellen im Gegensatz zu alternativen Radios und Zeitungen nur z.T. eine *publizistische Ergänzung* massenmedialer Öffentlichkeit dar, da hier oft nur Kritik ohne inhaltliche Alternativen artikuliert wird (z.B. DILLON 2004). Alternative Öffentlichkeit im Internet erweist sich in den Studien somit größtenteils *komplementär* zur massenmedialen Berichterstattung (ähnlich REESE et al. 2007). Aus *inhaltlicher* Perspektive werden die Themen etablierter Öffentlichkeit zwar kritisch aufgearbeitet, aber somit auch implizit gesellschaftlich reproduziert (z.B. RUTIGLIANO 2004). Aus *struktureller* Perspektive zeigen sich gerade im Längsschnittvergleich Anpassungsprozesse alternativer Medien an die Strukturen etablierter Medien. Auch gilt für den Online-Bereich, dass trotz eines großen Engagements alternativer Medienmacher und dem sich gewandelten Verhältnis zur Kommerzialität eine (andauernde) *Abhängigkeit* alternativer Öffentlichkeit *von öffentlichen Geldern* festzustellen ist.[14]

---

14 So wird *openDemocracy* fast ausschließlich durch Stiftungsgelder finanziert.

Methodisch erstaunt, dass die Studien zu alternativen Online-Medien weder Bezug auf die Befunde zu Print- oder Radiomedien nehmen (und vice versa) noch im Erkenntnisinteresse explizit die *Modi* alternativer Öffentlichkeit im Netz, wie z. B. deren *Interaktivität,* systematisch miteinander vergleichen.

4.2   Wirkung von Online-Gegenöffentlichkeiten

Der Wirkungsbegriff zeigt sich hier konkret in vier Ausprägungen: (1) Wirkung in der Form von *inter media agenda setting* zwischen alternativen und etablierten Medien, (2) als *massenmediale Resonanz* der Gegenthematisierung, (3) als Einfluss auf die *journalistische Kommunikationspraxis* und (4) in der *Mobilisierung* von alternativen Medienmachern, Bewegungsakteuren und Publikum.

Wie theoretisch erwartbar stellen sich sowohl das *inter media agenda setting* als auch die massenmediale Resonanz als sehr voraussetzungsreiche Kommunikationsprozesse dar: Die Nachrichtenfaktoren des Protestes bzw. des politischen Konfliktes – v.a. *Gewalt* und *Nähe* – nehmen neben der Blattlinie und den professionellen Kommunikationsmaßnahmen eine zentrale Stellung bei der medialen Nachrichtenselektion etablierter Medien ein (z. B. ALMEIDA/LICHBACH 2003). Die Wirkung der Gegenthematisierung ist somit an sich als gering einzuschätzen: Ein *inter media agenda setting* gelingt nur bei bestimmten, politisch brisanten Themen (vgl. SONG 2007). Die Online-Angebote gegenöffentlicher Akteure vergrößern nicht automatisch deren Medienresonanz (vgl. z. B. die Fallstudien ALMEIDA/LICHBACH 2003; SCHEWE 2001; ähnlich GERHARDS/SCHÄFER 2007).

Harcup (2005) verdeutlicht in seiner Befragung von Journalisten und Aktivisten, dass sich die Beziehung von alternativen und etablierten Medien nicht nur auf den Themenaustausch beschränkt, sondern sich auch auf Aspekte journalistischer Kommunikationspraxis und Lebensläufe erstrecken kann. Die *Wirkungsmessung* von digitalen Gegenöffentlichkeiten stellt sich allerdings unter methodischen Gesichtspunkten oft problematisch dar. Einige Studien beanspruchen, die *Wirkungsdimension* zu messen, ohne diesbezügliche Indikatoren wie z. B. Einstellungs- oder Handlungsänderungen zu operationalisieren. Beispielsweise postuliert Gillett (2003b) eine Wirkungskraft der AIDS-Bewegung und deren Medien auf die Internetnutzung von AIDS-Infizierten, beschränkt sich aber in seiner Analyse allein auf ausgewählte *Nutzungs*indikatoren. Oder es wird von einer zunehmenden *Einflusskraft* autonomer Webseiten auf die massenmediale Berichterstattung ausgegangen, aber es werden allein die autonomen Online-Angebote untersucht (OWENS/PALMER 2003). *Mehrmethodendesigns* und *Input-Output-Analysen*, die aus methodisch-operationaler Perspektive mehrere Dimensionen von Öffentlichkeit einbeziehen, würden hier eine Möglichkeit bieten, Kausalprozessen auf die Spur zu kommen.

4.3 Aneignung und Diskurse im Rahmen von Online-Gegenöffentlichkeiten

Wie schon theoretisch angenommen, zeigt sich auch empirisch die *Vernetzung der Bewegungsteilnehmer* und die *Formierung* einer gemeinsamen, *kollektiven Identität* als zentrale Zielsetzungen der einzelnen Online-Gegenöffentlichkeiten (z.B. ANDRETTA et al. 2003; GILLETT 2003a; SIAPERA 2004). Diese zunehmende Vernetzung ist allerdings nicht automatisch mit einer größeren Partizipation von einzelnen Aktivisten an kollektiven Handlungen verbunden (O'DONNELL 2001; SCHEWE 2001), zu groß sind anscheinend noch die Grenzen computervermittelter Kommunikation. Atton verdeutlicht anhand seiner Analyse eines alternativen Informationszentrums exemplarisch die vielfältigen rechtlichen, ökonomischen und organisatorischen *Einschränkungen*, denen partizipatorische Öffentlichkeiten unterliegen; autonome Kommunikationsräume sind so scheinbar nicht zu etablieren (ATTON 2003). Die Möglichkeiten neuer Medien können diese Grenzen z.T. auflösen, da z.B. Online-Kommunikationsnetzwerke *themenzentrierte* Gegenöffentlichkeiten und eigenständige Diskurse entfalten können. Allerdings werden auch diese Öffentlichkeiten im Zeitverlauf z.B. durch den Konkurrenzdruck kommerzieller Organisationen (WAGNER 1998) oder durch rigide rechtlichen Vorgaben (ZHANG 2004) in ihrer Autonomie bedroht.

Methodisch erscheint hier problematisch, dass den untersuchten Online-Gegenöffentlichkeiten meist nur bestimmte Organisationsstrukturen und Medien zugeordnet werden. Da Gegenöffentlichkeiten auch jenseits der publizierten (Medien-)Öffentlichkeit z.B. stark interpersonal kommunizieren, fallen somit diese Elemente von Gegenöffentlichkeit durch das empirische Raster.

5. Fazit

Noch Ende der 1990er-Jahre wird oft gefordert, das Potenzial der neuen Medien, insbesondere das der Internetanwendungen, für die Akteure der Gegenöffentlichkeit empirisch zu überprüfen (z. B. LUDWIG 1998). Diese Dimension erscheint mittlerweile wie oben skizziert relativ gut erforscht. So ermöglichen die partizipativen Strukturen der Internetanwendungen den Online-Gegenöffentlichkeiten mehrerlei: den direkten Dialog von Sender und Empfänger, den räumlich unabhängigen Austausch von Informationen, die nationale und internationale Vernetzung, Kooperation und Koordination der Aktivitäten sowie die Ausbildung genuin alternativer Subkulturen.

Gesamtgesellschaftlich gesehen stellen Gegenöffentlichkeiten (bisher) allerdings nur *marginale* Kommunikationsprozesse dar, die im realöffentlichen wie virtuellen Raum *gleichzeitig* zu öffentlichen Prozessen ablaufen.[15] Auch die neuen Medien scheinen das Konzept von Kritik und öffentlicher Gegenthematisierung *auf gesellschaftlich breiter Front* (noch) nicht wiederbeleben zu können – wenngleich Fallstudien einige kommunikative Freiräume wie z. B. Diskurse in Mailinglisten aufzeigen. Neben den direkten Beeinflussungsversuchen sind auch indirekte *Struktur*einflüsse im Sinne der Übernahme alternativer Kommunikationspraxis durch den etablierten Journalismus beobachtbar.

Neben der *analytischen* Beschreibungsmöglichkeit des Einflusses von Gegenöffentlichkeiten in Form von *Wirkung* sind aber auch normative *Funktionen* beurteilbar. Aus demokratietheoretischer Perspektive ist die zunehmende Vermachtung von Öffentlichkeit problematisch. Das Publikum erscheint dabei weitestgehend als eine passive Größe, politische Kommunikation und Meinungsbildung als ein im wesentlichen elitegesteuerter Prozess. Online-Gegenöffentlichkeiten können ein *Korrektiv* sowie ein *Innovationspotenzial* für die etablierte Politik darstellen. Vielfach zeigt sich das Demokratiepotenzial auch in den Fallstudien – z. B. in durch Gegenöffentlichkeiten initiierter gesellschaftlicher Solidarisierung, in den Partizipationsmöglichkeiten am eigentlich exklusiven massemedialen System und in alternativer Kommunikationspraxis gerade auf *lokaler* Ebene.

---

15 Es existieren zwar zahlreiche kritische Teilöffentlichkeiten wie NGOs, Protestparteien etc., allerdings sind diese nicht alle stets als *Gegen*öffentlichkeiten zu bezeichnen (vgl. Kapitel 2).

Allerdings ist abschließend festzustellen, dass die neuen Technologien bisher nichts an den grundlegenden ökonomischen Faktoren geändert haben, die den etablierten Medienkonzernen ihre marktbeherrschende Stellung ermöglichen. Auch ist es plausibel anzunehmen, dass von den Eigenschaften neuer Medien (z.B. den Recherche-, Reaktions- und Präsentationsmöglichkeiten) ebenso die dominanten Massenmedien und etablierten politischen Akteure profitieren, d.h., sie werden sowohl einflussreicher auf die öffentliche Agenda als auch resistenter gegenüber den Einflussnahmen der Gegenöffentlichkeiten. Die neuen Medien(-techniken) besitzen daher einerseits *verstärkende Effekte* auf die Artikulationskraft nicht-politischer Akteure, andererseits aber auch *unintendierte negative Effekte* wie z.B. das Phänomen der digitalen Spaltung, die bestehende Asymmetrien politischer Öffentlichkeit verstärken (können).[16] In diesem Sinne stellen Downey und Fenton zu Recht fest: »The relationship between new media, counter-public spheres and the public sphere may become central to questions of democracy and legitimacy in coming years« (DOWNEY/FENTON 2003: 199f.).

Literatur

ALMEIDA, P.D.; M. I. LICHBACH: To the internet, from the internet. Comparative press coverage of transnational protest events. In: *Mobilization*, 8 (3), 2003, S. 249-272

ANDRETTA, M.; D. DELLA PORTA; L. MOSCA; H. REITER: *No global – new global. Identität und Strategien der Antiglobalisierungsbewegung*. Frankfurt/M. [Campus] 2003

ASEN, R.: Seeking the ›counter‹ in counterpublics. In: *Communication Theory*, 10(4), 2000, S. 424-446

ATTON, C.: Infoshops in shadow of the state. In: COULDRY, N.; C. JAMES (Hrsg.): *Contesting media power. Alternative media in a networked world*. Boulder [Rowman & Littlefield] 2003, S. 57-69

ATTON, C.; E. WICKENDEN: Sourcing routines and representation in alternative journalism. A case study approach. In: *Journalism Studies*, 6(3), 2005, S. 347-359

---

16 Rucht mahnt an, sowohl die positiven als auch negativen Dimensionen neuer Medien stärker in der empirischen Forschung zu berücksichtigen und zu »synthetisieren« (RUCHT 2005: 11ff.).

AUTONOME A.F.R.I.K.A.-GRUPPE: Stolpersteine auf der Datenautobahn? Politischer Aktivismus im Internet. In: *ak – analyse + kritik. Zeitung für linke Debatte und Praxis*, 490, 2004

BECK, U.; A. GIDDENS; S. LASH: *Reflexive modernization. Politics, tradition and aesthetics in the modern social order.* Cambridge [Polity Press] 1994

BIEBER, C.: *Politische Projekte im Internet. Online-Kommunikation und politische Öffentlichkeit.* Frankfurt/M. [Campus] 1999

BLÖBAUM, B.: Wandel alternativer Öffentlichkeit. Eine Fallstudie zur tageszeitung (taz). In: IMHOF, K.; R. BLUM; H. BONFADELLI; O. JARREN (Hrsg.): *Demokratie in der Mediengesellschaft.* Wiesbaden [VS-Verlag] 2006, S. 182-191

Castells, M.: *The rise of the network society. The information age: Economy, society and culture. Vol. I.* Oxford [Blackwell] 1996

CASTELLS, M.: *The end of the millennium. The information age: Economy, society and culture. Vol. III.* Oxford [Blackwell] 1997

COENEN, C.: *Weblogs als Mittel der Kommunikation zwischen Politik und Bürgern – Neue Chancen für E-Demokratie?* 2005. Online: http://www.soz.uni-frankfurt.de/K.G/B5_2005_Coenen.pdf [01.09.2007]

COULDRY, N.; C. JAMES (Hrsg.): *Contesting media power. Alternative media in a networked world.* Boulder [Rowman & Littlefield] 2003

CURRAN, J.: Global journalism. A case study of the internet. In: COULDRY, N.; C. JAMES (Hrsg.): *Contesting media power. Alternative media in a networked world.* Boulder [Rowman & Littlefield] 2003, S. 227-241

DIANI, M.: Social movements, contentious actions, and social networks: From metaphor to substance? In: DIANI, M.; D. MCADAM (Hrsg.): *Social movement analysis: The network perspective.* London [Oxford University Press] 2003, S. 1-18

DILLON, J.: Political nihilism, alternative media and the 2004 presidential election. In: *Studies in Media and Information Literacy Education,* 5(2), 2004

DONK, W. VAN DE; B. LOADER; P. G. NIXON; D. RUCHT (Hrsg.): *Cyberprotest. New media, citizens and social movements.* London [Routledge] 2004

DOWNEY, J.; N. FENTON: New media, counter publicity and the public sphere. In: *New Media & Society,* 5(2), 2003, S. 185-202

GERHARDS, J.; F. NEIDHARDT: *Strukturen und Funktionen moderner Öffentlichkeit. Fragestellungen und Ansätze.* Berlin [WZB] 1990

GERHARDS, J.; M. SCHÄFER: Demokratische Internet-Öffentlichkeit? Ein Vergleich der öffentlichen Kommunikation im Internet und in den

Printmedien am Beispiel der Humangenomforschung. In: *Publizistik*, 2, 2007, S. 210-228

GILLETT, J.: The challenges of institutionalization for AIDS media activism. In: *Media, Culture & Society*, 25(5), 2003(a), S. 607-624

GILLETT, J.: Media activism and internet use by people with HIV/AIDS. In: *Sociology of Health & Illness*, 25(6), 2003(b), S. 608-624

HAMM, M.; M. ZAISER: com.une.farce und indymedia.uk – zwei Modi oppositioneller Netznutzung. In: *Argument*, 238(5/6), 2000, S. 755-764

HARCUP, T.: ›I'm doing this to change the world‹. Journalism in alternative and mainstream media. In: *Journalism Studies*, 6(3), 2005, S. 361-374

HEPP, A.; W. VOGELGESANG: Medienkritik der Globalisierung. Die kommunikative Vernetzung der globalisierungskritischen Bewegung am Beispiel von Attac. In: HEPP, A.; F. KROTZ; C. WINTER (Hrsg): *Globalisierung der Medienkommunikation. Eine Einführung.* Opladen [Westdeutscher Verlag] 2005, S. 229-259

HERMANNS, U.; H. A. MEYER; G. WISSNER: *Interfiction. Perspektiven und Mythen von Gegenöffentlichkeit in Datennetzen.* Einführender Vortrag zur interdisziplinären Sektion ›interfiction‹ des 12. Kasseler Dokumentarfilm- & Videofestes. Kassel 1995

HOLTZ-BACHA, C.: Alternative Presse. In: WILKE, J. (Hrsg.): *Mediengeschichte der Bundesrepublik Deutschland.* Köln [Böhlau] 1999, S. 330-349

KAHN, R.; D. KELLNER: New media and internet activism. From the ›battle of Seattle‹ to blogging. In: *New Media & Society*, 6(1), 2004, S. 87-95

KROTZ, F.: Stichwort Gegenöffentlichkeit. In: JARREN, O.; U. SARCINELLI; U. SAXER (Hrsg.): *Politische Kommunikation in der demokratischen Gesellschaft. Ein Handbuch mit Lexikonteil.* Opladen [Westdeutscher Verlag] 1998, S. 653

LOVINK, G.: *Dark fiber. Auf den Spuren einer kritischen Internetkultur.* Opladen [VS Verlag] 2004

LUDWIG, J.: Öffentlichkeitswandel durch ›Gegenöffentlichkeit‹? Zur Bedeutung computervermittelter Kommunikation für gesellschaftliche Emanzipationsprozesse. In: PROMMER, E.; G. VOWE (Hrsg.): *Computervermittelte Kommunikation. Öffentlichkeit im Wandel.* Konstanz [UVK] 1998, S. 177-210

MAURUSCHAT, A.; J. WIMMER: Indymedia.org – a People's CNN. In: GEISENBERGER, H. (Hrsg.): *Und jetzt? Politik, Protest und Propaganda.* Frankfurt/M. [Suhrkamp] 2007, S. 323-322

MCDORMAN, T. F.: Crafting a virtual counterpublic. Right-to-die advocates on the internet. In: ASEN, R.; D.C. BROUWER (Hrsg.): *Counterpublics and the state*. Albany [Suny] 2001, S. 187-210

MEIKLE, G.: *Future active. Media activism and the internet*. London [Routledge] 2002

MÖLLER, E.: *Die heimliche Medienrevolution. Wie Weblogs, Wikis und freie Software die Welt verändern*. Berlin [Heise] 2006

O'DONNELL, S.: Analysing the internet and the public sphere. The case of Womenslink. In: *Javnost – the Public*, 8(1), 2001, S. 39-58

OWENS, L.; L.P. PALMER: Making the news. Anarchist counter public relations on the world wide web. In: *Critical Studies in Media Communication*, 20(4), 2003, S. 335-361

OY, G.: *Die Gemeinschaft der Lüge. Medien- und Öffentlichkeitskritik sozialer Bewegungen in der Bundesrepublik*. Münster [Westfälisches Dampfboot] 2001

OY, G.: Die Nutzung neuer Medien durch internationale Protestnetzwerke. In: *Forschungsjournal Neue Soziale Bewegungen*, 15(1), 2002, S. 68-79

OY, G.: Vom Kampfbegriff Gegenöffentlichkeit zur elektronischen Demokratie. Kritische Publizistik, Gegenöffentlichkeit und die Nutzung neuer Medien durch soziale Bewegungen. In: *Peripherie*, 23, 2003, S. 504-523

PLAKE, K.; D. JANSEN; B. SCHUHMACHER: *Öffentlichkeit und Gegenöffentlichkeit im Internet. Politische Potenziale der Medienentwicklung*. Wiesbaden [Westdeutscher Verlag] 2001

PLATON, S.; M. DEUZE: Indymedia journalism. A radical way of making, selecting and sharing news? In: *Journalism*, 4 (3), 2003, S. 336-355

REESE, S. D.; L. RUTIGLIANO; K. HYUN; J. JEONG: Mapping the blogosphere. Professional and citizen-based media in the global news arena. In: *Journalism*, 8(3), 2007, S. 235-261

RUCHT, D.: *cyberprotest – Möglichkeiten und Grenzen netzgestützter Proteste*. Unveröffentlichter Vortrag auf der Tagung ›Von neuen Öffentlichkeiten zur heimlichen Medienrevolution – Welche Chancen hat eine kritische Internetkultur?‹ Kommunikationsfachtagung des netzwerk recherche e.V. in Zusammenarbeit mit der Bundeszentrale für politische Bildung, 7./8. Mai 2005, Wiesbaden

RUTIGLIANO, L.: *When the audience is the producer. The art of the collaborative weblog*. Paper presented at the international Symposium on online journalism at the University of Texas at Austin, 2004. Online: http://journalism.utexas.edu/onlinejournalism/2004/papers/audienceproducer.pdf] [01.09.2007]

SCHEWE, J.: *Netzöffentlichkeit als Alternativöffentlichkeit. Soziale Bewegungen im Internet am Beispiel von ›Attac‹ Deutschland*. Leipzig [Unveröffentlichte Magisterarbeit] 2003

SCOTT, A.; J. STREET: E-Protest. Neue Formen politischer Agitation – neue Politik? Das Internet als Instrument des Globalisierungsprotests. In: *Sozialwissenschaftliche Informationen*, 31(3), 2002, S. 63-73

SIAPERA, E.: Asylum politics, the internet and the public sphere. The case of UK refugee support groups online. In: *Javnost – the Public*, 11(1), 2004, S. 499-519

SONG, Y: Internet news media and issue development: A case study on the roles of independent online news services as agenda-builders for anti-US protests in South Corea. In: *New Media & Society*, 9(1), 2007, S. 71-92

STAMM, K. H.: *Alternative Öffentlichkeit. Die Erfahrungsproduktion neuer sozialer Bewegungen*. Frankfurt/M./New York [Campus] 1988

WAGNER, R.: *Community Networks in den USA – von der Counterculture zum Mainstream?* Münster [Lit] 1998

WALL, M. A.: The battle in Seattle. How nongovernmental organizations used websites in their challenge to the WTO. In: GILBOA, E. (Hrsg): *Media and conflict. Framing issues, making policy and shaping opinions*. Ardsley [Transnational Publishers] 2002, S. 25-43

WELCH, M.: Emerging alternatives – blogworld. The new amateur journalists weigh in. In: *Columbia Journalism Review*, 5, 2003

WILDING, J.: In der Schusslinie. In: *Süddeutsche Zeitung*, 16.4.2004, S. 15

WIMMER, J.: *Mehr Mythen als Befunde. Eine Meta-Analyse der empirischen Erforschung von Gegenöffentlichkeiten*. München [Unveröffentlichter Forschungsbericht] 2006

WIMMER, J.: *(Gegen-)Öffentlichkeit in der Mediengesellschaft. Analyse eines medialen Spannungsfelds*. Wiesbaden [VS Verlag für Sozialwissenschaften] 2007

WRAY, S.: On electronic civil disobedience. In: *Peace Review*, 11(1), 1999, S. 107-111

ZHANG, W.: *Promoting subaltern public discourses. An online discussion group and its interaction with the offline world*. New Orleans [Unpublished paper at the annual ICA-Conference] 2004

KATHRIN VOSS

Nichtregierungsorganisationen und das Social Web: Mittel der Zukunft oder Bedrohung?

Abstract

Nichtregierungsorganisationen (NGOs) sind einer der wichtigen Akteure der Zivilgesellschaft und nutzen Öffentlichkeitsarbeit, um ihre Ziele zu erreichen. Der Beitrag zeigt anhand von Beispielen aus den USA und Deutschland, wie NGOs das Internet allgemein und das Social Web insbesondere nutzen. Außerdem werden die besonderen Chancen und Risiken erläutert, die die unter den Begriffen ›Web 2.0‹ oder ›Social Web‹ subsumierten partizipativen Internet-Anwendungen für die Öffentlichkeitsarbeit von NGOs haben.

Einleitung

Kaum eine Technologie hat so hohe Erwartungen in Hinblick auf die zivilgesellschaftliche Nutzung geweckt wie das Internet. Die interaktiven Möglichkeiten des neuen Mediums wurden mit einer Demokratisierung politischer Entscheidungsprozesse verknüpft. Diese Hoffnung basiert vor allem auf der Annahme, dass mit Hilfe des Internets ressourcenschwache Akteure und Protestbewegungen in die Lage versetzt werden, mit geringem Aufwand die Öffentlichkeit zu erreichen und so politische Entscheidungen zu beeinflussen. Diese Vorstellung von der Ermächtigung kleiner Protestgruppen durch das Internet wurde vor allem durch einige außergewöhnliche Kampagnen unterstützt (vgl. RUCHT 2005: 13ff.). Beispielsweise gelang es 1999 der kleinen Schweizer Künstlergruppe *Etoy.com*, den amerikanischen Spielzeughersteller Etoys.com in einem Domainstreit in die Knie zu zwingen. Der sogenannte ›Toywar‹ (http://toywar.etoy.com)[1] gilt seither als Paradebeispiel für eine erfolgreiche, webbasierte Kampagne eines vorher vollkommen unbekannten Akteurs. Ein andauerndes Erfolgsbeispiel ist die Protestorganisation *MoveOn.org* (www.moveon.org). Als Reaktion auf das Amtsenthebungsverfahren gegen Präsident Clinton 1998 stellte das Unternehmerehepaar Joan Blades und Wes Boyd eine Webseite mit einer Online-Petition ins Netz. Innerhalb der ersten Woche sammelten sie über 100.000 Unterschriften und stellten einen Rekord beim Spendensammeln im Netz auf (vgl. BERMAN/MULLIGAN 2003: 86f.; CORNFIELD 2002: 73ff.). Andere erfolgreiche Online-Kampagnen wie der Fall Peretti gegen Nike oder die Aktionen von *RTMark* oder *The Yes Men* unterstützten ebenfalls diese Annahme (vgl. RUCHT 2005; VAN DE DONK/LOADER/NIXON 2004; BIMBER 2003). Diese Erfolge weckten hohe Erwartungen an die zivilgesellschaftlichen Chancen des Internets. Der Kampf der Kleinen gegen die Großen schien eine neue Waffe bekommen zu haben.

Typisch für diese erfolgreichen Online-Kampagnen war, dass sie meist von Einzelpersonen oder kleinen, kaum organisierten Gruppen initiiert wurden. Nur selten sind Nichtregierungsorganisationen (NGOs) als Initiatoren dieser beispielhaften Online-Kampagnen auszumachen. Dabei gelten NGOs[2] als einer der klassischen Akteure der Zivilgesellschaft. Sie sind wichtige Vermittler zwischen Bürger und Staat bzw. Mehrebenenorganisationen wie der Europäischen Union (EU) und den Vereinten Nationen (VN). Wie kaum ein anderer zivilgesellschaftlicher Akteur haben sich NGOs der Logik der Medien angepasst. Organisationen wie Greenpeace inszenieren spektakuläre Aktionen, um die Aufmerksamkeit der Medien zu gewinnen und so über die Berichterstattung ihre Themen in die öffentliche Diskussion und in den politischen Prozess einzubringen. Öffentlichkeitsarbeit

---

1 Alle Angaben zu den in diesem Beitrag angeführten Webseiten beziehen sich jeweils immer auf den Stand der Webseiten, wie sie zum Zeitpunkt der Untersuchung im Sommer 2007 vorgefunden wurden.
2 Unter NGOs (engl. non-governmental organizations) werden hier Organisationen verstanden, die unabhängig von staatlichen Institutionen sind, nicht nach politischen Ämtern streben, keine profit-orientierten Ziele verfolgen und in irgendeiner Form organisatorische Strukturen vorweisen können. Hinzukommt außerdem eine gewisse Ziel-Komponente, d.h. NGOs vertreten öffentliche Interessen und versuchen mit verschiedenen Mitteln politische und ökonomische Prozesse und Entscheidungen im Sinne dieser Interessen zu beeinflussen. Vor allem der Organisationsgrad unterscheidet NGOs von anderen zivilgesellschaftlichen Akteuren (vgl. VOSS 2007: 33).

dient aber auch dem Zweck, Mitglieder und Spender zu gewinnen. Im umkämpften Markt der NGOs setzen daher inzwischen fast alle Organisationen auf professionelle Öffentlichkeitsarbeit. Das Aufkommen neuer Medien hat die Öffentlichkeitsarbeit in den vergangenen Jahren massiv verändert – auch die von NGOs. Informative, gut gestaltete Internetseiten sind längst zum Standard geworden. Die unter Begriffen wie ›Social Web‹ oder ›Web 2.0‹ subsumierten partizipativen Online-Anwendungen hingegen sind die neue Herausforderung. Wie NGOs diese Mittel nutzen oder warum sie es nicht tun, steht im Mittelpunkt dieses Beitrages. Um zu verstehen, welche Bedeutung das Social Web für NGOs hat, wird dafür zuerst ein Blick auf die Internet-Nutzung durch NGOs im Allgemeinen geworfen. Danach wird der Einsatz von Social-Web-Anwendungen anhand von Beispielen aus den USA und Deutschland vorgestellt und im Anschluss nach den Gründen für die Nutzung bzw. Nicht-Nutzung gesucht. Zum Schluss werden die Chancen und Risiken des Social Web für NGOs dargestellt.

1. NGOs im Web 1.0

NGOs und das Internet – das ist keine einfache Beziehung. Zwar bietet das Internet für politische Organisationen einen einmaligen Weg, die klassischen Medien als Vermittler zu umgehen und direkt und ungefiltert mit Menschen zu kommunizieren – etwas, das sonst nur über Briefe, im persönlichen Gespräch oder bei einer Veranstaltung möglich ist. Noch dazu sind Webseiten und E-Mails eine kostengünstige Alternative zu vielen klassischen Kommunikationswegen. Es ist vor allem diese Kostenersparnis, die die Online-Kommunikation für NGOs so interessant macht (vgl. BERMANN/MULLIGAN 2003: 78; KUTNER 2000: 2). Aber die neuen Medien verlangen von den Organisationen nichtsdestotrotz den Einsatz von Ressourcen und greifen in routinierte Arbeitsabläufe ein. Die Ergebnisse einer vergleichenden Studie der Öffentlichkeitsarbeit von Umweltorganisationen in den USA und Deutschland[3] zeigen, wie NGOs Online-Maß-

---

[3] Für diese Studie wurden 2003 jeweils 45 Organisationen aus beiden Ländern zu ihrer Öffentlichkeitsarbeit befragt. Der Rücklauf betrug 60 Prozent bei den deutschen und 69 Prozent bei den amerikanischen Organisationen. Im Anschluss an die schriftliche Befragung wurden in jedem Land drei vertiefende Fallstudien mit Interviews, teilnehmender Beobachtung und Dokumentenanalyse durchgeführt. In den USA wurden die National Audubon Society, der Sierra Club Massachusetts und American Rivers untersucht, in Deutschland Greenpeace, der WWF Deutschland und die Deutsche Wildtier Stiftung.

nahmen in der externen und internen Kommunikation anwenden (vgl. VOSS 2007).

In der externen Kommunikation konkurrieren Online-Anwendungen demnach mit den Mitteln der klassischen Öffentlichkeitsarbeit, allen voran mit Pressearbeit und realen Veranstaltungen wie Demonstrationen und Versammlungen. Die eigene Homepage wird zwar als ein wichtiges PR-Mittel angesehen, aber die interaktiven Möglichkeiten des Internets werden kaum genutzt (vgl. VOSS 2007: 103f.). Es wird in erster Linie als ein neuer, kostengünstiger Kanal zur Informationsverbreitung angesehen. Im Mittelpunkt steht daher, über die Homepage Informationen über die eigene Organisation und aktuelle Nachrichten zu verbreiten. Möglichkeiten zur Interaktion bieten nach eigenen Angaben gerade mal etwas über die Hälfte aller befragten deutschen Organisationen, aber immerhin 71 Prozent der US-Organisationen an (vgl. VOSS 2007: 104).

Bei weiterer Nachfrage zeigt sich jedoch, wie wenig die Interaktivität des Mediums wirklich geschätzt und genutzt wird. Es wurde nach dem Einsatz weiterer Online-Möglichkeiten gefragt. Diese Frage wurde nur von einer relativ geringen Zahl der befragten NGOs überhaupt beantwortet. In beiden Ländern gab es einen interessanten Widerspruch. Eine ganze Reihe von NGOs gab an, interaktive Anwendungen zu nutzen, ohne später die konkretere Frage nach den weiteren Online-Maßnahmen zu beantworten. Entsprechend wurden die vorgegebenen Möglichkeiten wie Newsgroups, Chats, Online-Umfragen und virtuelle Pressekonferenzen alle nur selten genutzt. Unter dem Punkt ›Sonstiges‹, der die Möglichkeit zu eigenen Angaben ließ, wurden ebenfalls kaum interaktive Web-Anwendungen genannt, stattdessen Mittel zur Informationsverbreitung wie ›Online-Nachrichtendienste‹ oder Werbemaßnahmen wie ›Google AdWords‹ oder ›PSA banner ads‹. Außerdem wurde den weiteren Online-Möglichkeiten keine hohe Bedeutung zugemessen (vgl. VOSS 2007: 107).

Das Interesse der befragten NGOs an den interaktiven Möglichkeiten des Internets ist also eher als gering zu bewerten. Und so gibt es zwar auf fast jeder NGO-Webseite einen Navigationspunkt, der zum Mitmachen animiert – in den USA ›Get involved‹, ›Take action‹, in Deutschland ›Mitmachen‹ oder ›Aktiv werden‹. Dahinter verbergen sich aber meist Spendenaufrufe, Veranstaltungshinweise, die Möglichkeit, einen E-Mail-Newsletter zu abonnieren, oder die Übertragung klassischer Protestformen wie Protestbriefe ins Internet. Interaktive oder partizipative Anwendungen finden sich auf den Webseiten der untersuchten NGOs jedoch nur selten. Vereinzelt werden allenfalls noch Umfragen auf den Webseiten geschaltet. Als einzige Möglichkeit zur Interaktion mit der Organisation bleibt dem Nutzer daher oft nur ein Kontaktformular oder eine E-Mail.

Fallstudien einzelner NGOs und ihrer Online-Aktivitäten bestätigen diesen Eindruck und zeigen gleichzeitig die Gründe dafür (vgl. VOSS 2007: 235ff.). Ein typisches Beispiel ist die National Audubon Society, eine der größten Naturschutzorganisationen der USA. Deren Webseite dient vor allem der Informationsverbreitung. Sie enthält viele Texte und Bilder zu aktuellen Themen, zu den Projekten der Organisation, aber auch Hintergrundinformationen zum Naturschutz im Allgemeinen. Interaktion bietet lediglich der *e-Bird-Guide* (http://ebird.org), bei dem Nutzer Vogelbeobachtungen melden können, die dann in einer Datenbank veröffentlicht werden. Außerdem gibt es immer wieder Aufrufe, Protest-E-Mails an Politiker zu schreiben. Dafür gibt es vorgefertigte Texte und – typisch für die USA – eine Suchmaske, über die sich die zuständigen Abgeordneten ermitteln lassen. Wirklich dialogorientierte Elemente sind auf der Webseite nicht zu finden. Ähnliche Ergebnisse brachten die anderen Fallstudien.

Die interne Kommunikation umfasst bei NGOs sowohl die Kommunikation mit den Mitarbeitern, aber je nach Organisationstyp auch die mit Mitgliedern, Ehrenamtlichen und Spendern. Für die Mitgliederkommunikation ist die Homepage sowohl in den USA als auch in Deutschland das am häufigsten genutzte Mittel, gleich gefolgt von der klassischen Mitgliederzeitschrift. Letzterer messen die befragten Organisationen allerdings eine höhere Bedeutung zu als der Homepage. Zudem haben nicht mal ein Drittel der deutschen und nicht ganz die Hälfte der amerikanischen NGOs einen speziellen Mitgliederbereich auf ihrer Homepage eingerichtet (vgl. VOSS 2007: 116).

So wird auch in der Mitglieder-Kommunikation das interaktive Potenzial kaum genutzt. Es bleibt meist bei einer Ein-Wege-Kommunikation. Homepage und Newsletter sind für die untersuchten NGOs wiederum in erster Linie eine Übertragung klassischer Kommunikationsmittel auf das Web, die vor allem aus Gründen der Kostenersparnis interessant ist. Es gibt allerdings auch NGOs, die mehr Interaktivität wagen, zum Beispiel der Sierra Club. Die mitgliederstärkste Umweltorganisation der USA hat ein umfangreiches Intranet eingerichtet, das Informationen für die Ehrenamtlichen bereithält. Stark dialogorientiert sind die offenen E-Mail-Listen, über die zum einen Informationen verbreitet werden, wie zum Beispiel Spendenaufrufe oder Aufforderungen, sich an bestimmten Aktionen zu beteiligen. Zum anderen werden die Listservs genutzt, um über die Arbeit der Organisation zu diskutieren und um Positionen zu unterschiedlichen Themen intern abzustimmen. Offizielle Stellungnahmen werden allerdings immer noch ›offline‹ auf Versammlungen beschlossen. Die Einrichtung der Listservs hat aber dazu geführt, dass sich viel mehr Mitglieder an den Diskussionen vorab beteiligen können.[4] Der Einsatz dieser Online-Maßnahmen entspricht der Grundstrategie der Organisation. Der Sierra Club setzt stark darauf, die Mitglieder einzubeziehen und sie für ehrenamtliches Engagement zu gewinnen (vgl. VOSS 2007: 215ff.).

Bei der Mitarbeiter-Kommunikation spielen Online-Anwendungen hingegen eine eher untergeordnete Rolle. Im Durchschnitt nutzen etwas ein Drittel der befragten NGOs einen E-Mail-Newsletter, in den USA etwas mehr, in Deutschland etwas weniger. In den USA ist auch ein Intranet für die Mitarbeiter verbreitet. Immerhin 63 Prozent der befragten US-NGOs haben ein Intranet eingerichtet (vgl. VOSS 2007: 114). Die Bedeutung wird jedoch im Vergleich zur direkten persönlichen Kommunikation eher gering bewertet, was sicherlich auch mit der meist überschaubaren Mitarbeiterzahl vieler NGOs zu tun hat. Zudem dient das Intranet überwiegend der Informationsverbreitung.

Insgesamt zeigt die Studie, dass NGOs das Internet zwar für die externe Kommunikation nutzen, aber dabei von den interaktiven Möglichkeiten kaum Gebrauch machen (vgl. ILLIA 2004; VAN DE DONK/LOADER/NIXON 2004; DE JONG/SHAW/STAMMERS 2005; RUCHT 2005). In der internen Kommunikation wird teilweise mehr auf Interaktivität gesetzt. Diese Feststellung wird ebenfalls von anderen Untersuchungen bestätigt (vgl. KAVADA 2005; CHADWICK 2006).

2. NGOs im Web 2.0

NGOs nutzen das Internet also überwiegend zur einseitigen Informationsvermittlung – keine guten Voraussetzungen für das partizipative Social Web. Wie also gehen NGOs mit der zunehmenden Bedeutung der neuen

---

4 Die meisten E-Mail-Listen sind für alle Mitglieder offen, einige nur für Personen in gewählten Ämtern. Manche Listen haben über Tausend Abonnenten, andere nicht mal ein Dutzend. Es gibt viele themenspezifische und regionale Listen. Jedes Mitglied kann über das Intranet auch selber neue Listen starten. Außerdem bietet der Sierra Club über 900 E-Mail-Listen an, die auch für Nicht-Mitglieder offen sind (vgl. http://www.sierraclub.org/lists).

Anwendungen um? Dazu gibt es bisher leider keine Überblicksstudien, und so sind es in diesem Bereich ebenfalls vor allem positive Einzelfälle, die nochmals die Erwartungen an die zivilgesellschaftlichen Chancen des Internets erhöhen. Allen voran wird die Anti-Globalisierungs-Bewegung als positives Beispiel angeführt, beginnend mit den Protesten zum WTO-Treffen in Seattle 1999. Zwar waren die Proteste damals real, sie wurden aber über E-Mail-Listen und Webseiten organisiert. Außerdem gab es virtuelle Proteste durch das Blockieren offizieller Webseiten und Massenmails an Politiker (vgl. van AELST/WALGRAVE 2003; BENNETT 2004). Bei den Protesten in den letzten Jahren spielte die Online-Kommunikation ebenfalls eine wichtige Rolle, und zunehmend griffen die Aktivisten auf die neuen, partizipativen Social-Web-Anwendungen zurück, wie etwa bei den Protesten zum G8-Gipfel in Heiligendamm 2007. Das *Dissentnetzwerk* (http://dissentnetzwerk.org) nutzte beispielsweise ein Wiki, um über die unterschiedlichen Protestaktionen zu informieren und um gemeinsame Positionen zu formulieren. Die Webseite *g8tv.org* (http://g8-tv.org) verstand sich als Alternative zu den Massenmedien und bot Aktivisten die Möglichkeit, selbst gedrehte Videos online zu stellen. Auf *YouTube* fanden sich ebenfalls Videos von den Protesten und Mobilisierungsaufrufe. Außerdem gab es eine ganze Reihe von Anti-G8-Blogs.[5]

Als Paradebeispiel für die Social-Web-Nutzung der Anti-Globalisierungs-Gegner gilt die Nachrichten-Webseite *Indymedia* (www.indymedia.org), die nach dem Open-Publishing-Prinzip arbeitet (vgl. auch COYER 2005: 165ff.; HAMM 2006: 80ff.). *Indymedia* wurde bereits 1999 zum WTO-Treffen in Seattle gegründet, also lange bevor es Begriffe wie Social Web oder Web 2.0 gab. Auf den inzwischen über 100 nationalen und regionalen *Indymedia*-Seiten kann jeder Artikel einstellen, die dann von anderen Nutzern kommentiert werden können.

Diese Beispiele für die Nutzung von Social-Web-Anwendungen haben wiederum alle eines gemeinsam – sie wurden nicht von den organisierten Akteuren, den NGOs, initiiert, sondern meist von kleinen Gruppen oder Einzelpersonen. Und im Vergleich zu diesen Social-Web-Nutzungen sind die Webseiten der NGOs zur Anti-Globalisierungs-Thematik meist wenig innovativ und stark auf Informationsvermittlung ausgerichtet. Wenn es

---

5   Zum Beispiel http://gipfelblog.de, http://www.g8-blog.blogspot.com/, http://baustellen-der-globalisierung.blogspot.com/2007/03/neuer-g8-blog-der-weg-nach-heiligendamm.html

Social-Web-Anwendungen gibt, so sind sie meist nicht prominent platziert.[6]

Am Beispiel der Anti-Globalisierungs-Proteste zeigt sich ein grundsätzliches Problem – die Auffindbarkeit im Netz. Wer zum Beispiel während des G8-Gipfels in Heiligendamm das Suchwort ›G8‹ bei den großen Suchmaschinen eingab, stieß oft erst nach längerem Suchen auf die Seiten mit den Social-Web-Anwendungen. Andere Anti-G8-Seiten waren wesentlich besser platziert, konnten jedoch kaum mit partizipativen Anwendungen aufwarten.[7] Das Problem der Suchmaschinen-Platzierung trifft generell auch auf andere zivilgesellschaftliche Themenfelder zu, wie verschiedene Untersuchungen gezeigt haben (vgl. ZIMMERMANN 2006: 30f.; RUCHT 2005: 20ff.; KAVADA 2005: 10).

Außerhalb der Anti-Globalisierungs-Bewegung lassen sich ebenfalls Beispiele für die Nutzung von Social-Web-Anwendungen finden – auch bei NGOs. Blogs sind dabei die beliebteste Anwendung. Überwiegend werden die Blogs von Mitarbeitern geschrieben, wie zum Beispiel bei der Environmental Working Group (www.enviroblog.org) oder dem Sierra Club.[8] Es gibt – wenn auch sehr selten – sogar NGOs, die ihre Mitglieder Blogs schreiben lassen. Dazu gehört zum Beispiel Greenpeace USA, eine Organisation, die vorher nicht gerade durch eine innovative Webseite aufgefallen ist (vgl. CHADWICK 2006: 134). Die meisten dieser Mitglieder-Blogs (http://members.greenpeace.org/gpblog) sind allerdings nur mäßig aktiv, d.h. sie bieten nur wenige Einträge und kaum Kommentare oder Verlinkungen.

Bei NGOs, die bloggen, findet sich meist auch das Social Bookmarking, d.h. die Nutzer werden fast immer aufgefordert, die Blog-Artikel bei den großen Social-Bookmarking-Seiten wie *digg* oder *del.icio.us* einzutragen. Auf den meisten regulären NGO-Webseiten hingegen lässt sich das Social Bookmarking nur höchst selten finden. RSS-Feeds sind außerhalb von Blogs ebenfalls eher die Ausnahme.

6   Wer beispielsweise die Blogs und Podcasts von Attac Deutschland (www.attac.de) finden will, muss auf deren Webseite schon gezielt suchen. Auf den Webseiten anderer Attac-Organisationen sieht es ähnlich aus. Zwar bietet Attac Österreich (www.attac.at) ein Wiki, aber auch dieses ist nur nach längerem Suchen auf der Webseite zu finden.
7   Zum Beispiel http://www.block-g8.org/, http://www.g8-2007.de/, http://www.g8-germany.info
8   Dort führt der Geschäftsführer ein Blog. Unter den großen amerikanischen Umweltorganisationen war das Blog von Executive Director Carl Pope eines der ersten (www.sierraclub.org/carlpope). Der Sierra Club führt darüber hinaus das sogenannte *Scrapbook*, ein Blog für die Grassrootes, das als Ersatz für den eingestellten Druck-Newsletter ›The Planet‹ eingeführt wurde (vgl. http://sierraclub.typepad.com/scrapbook).

Über den Erfolg von NGO-Blogs lassen sich nur schwer Aussagen treffen, zumal die Organisationen selbst dazu meist keine Auskunft geben. Nur bei einigen wenigen NGO-Blogs ist bekannt, dass sie zumindest zeitweise einen hohen Grad von öffentlicher Aufmerksamkeit bekommen haben, da etwa über sie in den Massenmedien berichtet wurde. Dies gelang in der Vergangenheit vor allem jenen Blogs, die vorübergehend zu einem konkreten Anlass geschaffen worden. Beispielsweise nutzte der Sierra Club ein Blog während der Hurricane-Saison 2005 (www.sierraclub.org/gulfcoast/blog), um über die Sturmschäden in New Orleans und entlang der Golfküste und die daraus resultierenden Umweltschäden zu berichten. Die Inhalte lieferten Mitarbeiter und Ehrenamtliche aus den betroffenen Regionalorganisationen. Ähnlich verhält es sich mit dem Blog des amerikanischen Roten Kreuzes zu den Überflutungen in Texas im Juni 2007 (http://redcrosstx.wordpress.com). Die authentischen Informationen von den Menschen vor Ort fanden den Weg aus den Blogs in die Massenmedien.

Als Blog werden manchmal aber auch Webseiten oder Teile davon bezeichnet, die diese Bezeichnung nur bedingt verdienen. Ein Beispiel ist das *Aktionsblog* zum Klimaschutz der deutschen Organisation Campact (www.campact.de/klima/aktionsblog). Dabei handelt es sich zwar um eine chronologische Aneinanderreihung von Nachrichten, allerdings ohne die typischen weiteren Blog-Funktionen wie RSS-Feeds, Kommentarfunktionen und Verlinkungen zu anderen Blogs.9

Während Blogs noch relativ häufig auf den Webseiten von NGOs zu finden sind, gilt das für Wikis nicht. Diese finden sich am ehesten bei Organisationen, die entweder thematisch mit dem Internet zu tun haben oder sich als rein web-basierte Organisationen verstehen. Zu der ersten Kategorie gehört das Wiki der *Haecksen* (www.haecksen.org), ein Zusammenschluss der weiblichen Mitglieder des Chaos Computer Clubs, die ihre gesamte Webseite als Wiki betreiben. Ein anderes Beispiel ist das Projekt *Ökonux* (http://de.wiki.oekonux.org), das sich mit Fragen der freien Software beschäftigt. Zu der zweiten Kategorie gehört *knowmore.org* (www.

---

9 Damit fehlt ein für Blogs typisches Element, das deshalb so wichtig ist, weil die Verlinkungen zur besseren Auffindbarkeit von Blogs beitragen und damit für das Erreichen der Öffentlichkeit wichtig sind (vgl. SCHMIDT 2006: 41). Verlinkungen zu anderen Organisationen sind aber nicht nur innerhalb der NGO-Blogs selten, auch auf den allgemeinen Webseiten verlinken NGOS kaum zu anderen Organisationen, und das obwohl sie durchaus bei einzelnen Projekten miteinander kooperieren (vgl. VAN DE DONK/LOADER/NIXON 2004: 17).

knowmore.org). Über ein Wiki werden Informationen über das ethische Verhalten von Konzernen gesammelt und veröffentlicht. Ähnlich arbeitet auch *DOwire* (http://dowire.org), das ein Wiki rund um das Thema E-Democracy betreibt. Hier steht ebenfalls das Sammeln und Verbreiten von Informationen im Vordergrund. Für die meisten dieser Wikis gilt allerdings: Mitschreiben können nur registrierte Nutzer, zum Teil nur Mitglieder. Die Partizipation ist also eingeschränkt. Die web-basierten Organisationen unterscheiden sich meist von den klassischen NGOs, denn sie haben nur einen relativ geringen Organisationsgrad. Sie haben weder Mitglieder im klassischen Sinne, noch nutzen sie die Mittel und Wege, die typischerweise von NGOs eingesetzt werden – Lobbying, Pressearbeit, Veranstaltungen etc. Oft sind die Wikis ihre Hauptaktivität. Es gibt aber auch Gegenbeispiele, wie etwa *Sourcewatch* (www.sourcewatch.org), ein Wiki, in dem Informationen zu den PR-Aktivitäten von Unternehmen und Organisationen gesammelt werden. Es wird von dem Center for Media and Democracy betrieben und ist eine Ergänzung zu den übrigen Aktivitäten der Organisationen. An dem Wiki können allerdings nur registrierte Nutzer mitschreiben.

Insgesamt sind Social-Web-Anwendungen bei NGOs nur mäßig verbreitet. Community-Anwendungen, z.B. in Form eines passwortgeschützten Bereiches für die Mitglieder, sind extrem selten. Bei einem Ländervergleich zwischen den USA und Deutschland[10] fällt auf, dass amerikanische NGOs wesentlich häufiger zumindest einzelne Social-Web-Anwendungen nutzen. Innovative Web-Anwendungen sind aber trotzdem eher die Ausnahme. In beiden Ländern setzen sowohl die großen, traditionellen Organisationen als auch kleinere NGOs überwiegend auf gut gestaltete, informative Webseiten, die jedoch kaum interaktive, partizipative Elemente enthalten.

3. Social Web? Nein, danke! – Ursachenforschung

NGOs sind innerhalb der Zivilgesellschaft also nicht unbedingt die Vorreiter in Sachen Social Web. Fragt man nach den Gründen für das Desin-

---

[10] Hierfür wurden für diesen Beitrag nochmals alle 90 Webseiten der NGOs aus dem Bereich Umwelt- und Naturschutz überprüft, die bereits für die im ersten Abschnitt vorgestellte Studie untersucht wurden (vgl. VOSS 2007).

teresse an partizipativen Online-Aktivitäten, dann tauchen verschiedene Argumente auf.[11] Die meisten Organisationen haben demnach sehr wohl zu irgendeinem Zeitpunkt auf ihrer Webseite interaktive Elemente ausprobiert, z. B. Chats und Foren. Die Resonanz auf diese Angebote war aber äußerst gering. Außerdem stellten die Organisationen fest, dass die interaktiven Elemente auf der Webseite zwar kostengünstig zu installieren sind, aber der personelle Aufwand, sie zu betreuen, relativ hoch ist (vgl. VOSS 2007: 135ff.; KAVADA 2005: 215). Die Bereitschaft, zusätzliches Personal für die Online-Aktivitäten einzustellen, war und ist aber eher gering, selbst bei den großen NGOs. Die Webseite der Audubon Society etwa wurde zum Zeitpunkt der Untersuchung nur von einer einzigen Person betreut, und das bei einer Organisation mit über 700 Mitarbeitern (vgl. VOSS 2007: 196, 204). In vielen anderen Organisationen wird die Betreuung der Webseite oftmals von Mitarbeitern übernommen, die diese Aufgabe nur neben anderen Aufgaben erledigen (vgl. VOSS 2007: 105, 275).

Ein anderer Grund, warum NGOs nicht bereit sind, in Online-Anwendungen zu investieren, ist ein eher generelles Problem der Online-Kommunikation. Die Verantwortlichen in den NGOs gehen davon aus, dass sie bestimmte Zielgruppen – vor allem die älteren Bürger – nicht über das Internet erreichen (vgl. VOSS 2007: 184, 227). Diese Bevölkerungsschichten sind es aber, die oftmals den Hauptanteil der Mitgliedschaft und der Spender vieler NGOs ausmachen. Außerdem sind selbst bei den Internetnutzern die neuen Anwendungen noch relativ unbekannt bzw. werden nur wenig genutzt (vgl. ZERFASS/BOELTER 2005: 63f.; ARD/ZDF-Online-Studie 2007). Klassische PR-Mittel haben daher nach wie vor Priorität. Innerhalb der Online-Kommunikation setzen die meisten NGOs ihre Ressource lieber für einfache, informationsorientierte Webseiten ein als für partizipative Social-Web-Anwendungen.

In den USA bergen Mitglieder-Blogs für NGOs zudem das Risiko, ihre Gemeinnützigkeit zu verlieren, wenn etwa Mitglieder sich in Wahlkampfzeiten für bestimmte Kandidaten aussprechen. Die komplizierten Finanzierungsgesetze für Non-Profit-Organisationen führen dazu, dass beispielsweise der Sierra Club im Intranet seitenweise Verhaltensregeln für ehrenamtliche Blogger aufführt (vgl. VOSS 2007: 220ff.).

---

11 Die folgenden Aussagen basieren auf den Fallstudien der bereits vorgestellten Studie (vgl. VOSS 2007) und auf Gesprächen mit Mitarbeitern weiterer NGOS.

Der Einsatz von partizipativen Anwendungen wird manchmal aber auch durch die Angst vor Einmischung von außen verhindert, denn über Foren und Kommentarfunktionen könnte die Arbeit der Organisation und der Mitarbeiter öffentlich in Frage gestellt werden (vgl. VOSS 2006: 70; BERMAN/MULLIGAN 2003: 81). Das Social Web scheitert also auch oft am internen Widerstand. Andere Studien belegen, dass das Internet von traditionellen NGOs nur insoweit genutzt wird, wie es zu der bisherigen Arbeitsweise passt (vgl. CHADWICK 2006: 120f.; KAVADA 2005: 215). Entsprechend selten finden sich auf den NGO-Webseiten Anwendungen, die den Nutzern ermöglichen, öffentlich mit der Organisation zu kommunizieren und sich einzubringen. Und selbst bei NGOs, die beispielsweise Kommentarfunktionen auf ihren Webseiten einrichten, sind diese oftmals nur für registrierte Nutzer zugänglich. Die Partizipation ist also eingeschränkt. Das ist auch ein Versuch, die Kontrolle zu behalten, denn der Einsatz des Internets als Kampagnen- und PR-Mittel bedeutet immer einen gewissen Kontrollverlust. Durch die offenen, dialogorientierten Kommunikationsformen des Social Web wird dieses Risiko verstärkt (vgl. BENNETT 2004: 124; 132; KAVADA 2005: 215). In einem der Social-Web-Ratgeber des amerikanischen IT-Dienstleisters Techsoup steht daher der bezeichnende Satz »Prepare to lose control«.[12] Die Bereitschaft, diesen Kontrollverlust zu riskieren, ist bei den NGOs bisher aber nur selten zu finden.

4. Die Risiken des Social Web für NGOs

Interaktivität und Partizipation werden von NGOs also eher als Risiko gesehen. Doch der Kontrollverlust ist nur ein Risiko, weitere kommen hinzu. Wie die vorgestellten Beispiele zeigen, sind es vor allem Einzelpersonen oder kleinere Protestgruppen, die die neuen Internet-Anwendungen einsetzen, ihre Aktivitäten sogar zum Teil vollkommen darauf basieren. Für NGOs bedeutet das, dass sie auf einmal nicht nur mit anderen NGOs um öffentliche Aufmerksamkeit, Spenden und Unterstützung konkurrieren, sondern verstärkt mit neuen, nicht oder nur wenig organisierten Akteuren. Durch das Internet gelingt es diesen Akteuren ver-

---

12 Techsoup (www.techsoup.org) ist eine Non-Profit-Organisation, die sich auf IT-Beratung für Non-Profit-Organisationen spezialisiert hat.

einzelt immer wieder, mit verhältnismäßig geringen Mitteln öffentliche Aufmerksamkeit zu generieren (vgl. ILLIA 2003: 326).

Die Konkurrenz mit diesen Einzelpersonen und kleinen Protestgruppen, die einzig über Webseiten den Bürgern Engagement per Mausklick ermöglichen, hat zudem zu einer schleichenden Neu-Definition von Mitgliedschaft geführt. Die feste Bindung an eine Organisation nimmt ohnehin ab. Menschen engagieren sich eher kurzfristig für einzelne, sehr spezifische Themen und immer seltener langfristig (vgl. CHADWICK 2005: 8). Dieser allgemeine Trend begünstigt die auf einzelne Themen zugeschnittenen Online-Kampagnen kleiner kaum organisierter Akteure. Zum Teil gibt es dann zwar noch richtige Mitglieder, aber daneben oder ausschließlich die nur lose mit der Organisation verbundenen Online-Aktivsten. Zwei Beispiele aus den USA verdeutlichen diese Veränderung. Environmental Defense, eine traditionelle NGO, unterscheidet bewusst zwischen zwei Arten von Unterstützern – feste Mitglieder und Online-Aktivisten (vgl. LE GRIGNOU/PATOU 2004: 166; BIMBER 2003: 140; CHADWICK 2006: 119). *Moveon.org* als web-basierte Organisation definiert Mitglieder bereits ausschließlich über die Beteiligung an Online-Protesten (vgl. CHADWICK 2006: 122).

Doch nicht nur für NGOs haben diese sich verändernde Sichtweise von Mitgliedschaft und der Online-Aktivismus Konsequenzen. Sie bergen auch ein Risiko für die Zivilgesellschaft insgesamt. Je mehr Proteste online stattfinden oder aber reale Proteste online organisiert werden, desto mehr werden Nicht-Onliner ausgeschlossen. Dies gilt auch und vielleicht gerade für die neuen partizipativen Internet-Anwendungen (vgl. LE GRIGNOU/PATOU 2004: 170; KAVADA 2005: 90; RUCHT 2005: 21). Wenn das Internet zur Voraussetzung für Teilhabe wird, werden bestimmte Bevölkerungsgruppen ausgeschlossen. Außerdem wird durch die verstärkten Internet-Proteste eine verringerte Bedeutung realer Proteste befürchtet (vgl. TESH 2002). Welche Auswirkungen die Online-Kommunikation langfristig für das Entstehen und die Entwicklung von sozialen Bewegungen hat, bleibt abzuwarten.

5. Die Chancen des Social Web für NGOs

Neben den Risiken bieten das Internet und vor allem die partizipativen Social-Web-Anwendungen aber auch eine Reihe von Chancen – vor allem als Kampagnen-Instrument. Blogs bieten durch die Interaktion mit den Nutzern, durch RSS-Feeds, durch Social Bookmarking und durch die Verlinkung mit anderen Blogs einen hohen Grad an Vernetzung und damit eine Chance auf eine breitere Online-Öffentlichkeit.

Eine andere Chance des Social Web liegt darin, Menschen einzubeziehen, die bei den klassischen Protestformen nicht zusammenfinden würden. Die virtuelle Beteiligung lässt Grenzen verschwinden – nationale Grenzen genauso wie soziale Grenzen. Die relative Anonymität des Internets kann Menschen ermutigen, sich zu engagieren (vgl. CHADWICK 2006: 114, 139; KUTNER 2000: 4; BERMAN/MULLIGAN 2003: 83f.). Die Vorteile von Social-Web-Anwendung liegen vor allem darin, dass sie mehr Individualität ermöglichen, zum Beispiel durch Online-Communities mit Personalisierungsfunktionen oder eigene Blogs. Außerdem bieten Social-Web-Anwendungen durch die partizipativen Elemente die Möglichkeit, die Meinung der Nutzer zu Themen und Vorgehensweisen zeitnah zu erfassen. Wikis ermöglichen beispielsweise, Aktivitäten zu koordinieren und gemeinsam Positionen zu erarbeiten (vgl. SCHMIDT 2006: 42). Im Social Web liegt für NGOs daher auch eine Chance der Demokratisierung und der Stärkung ihrer Legitimität (vgl. KAVADA 2005: 208).

6. Fazit

Traditionelle NGOs scheinen mit dem Social Web relativ wenig anfangen zu können – so ließe sich die Situation zum jetzigen Zeitpunkt zusammenfassen. Der Transfer klassischer Kommunikationswege auf das Web steht im Mittelpunkt. Viele NGOs sehen in den verschiedenen Online-Anwendungen in erster Linie einen Weg, kostengünstiger Informationen zu verbreiten. Die stark auf die Nutzer und ihre Partizipation angelegten Anwendungen sind aus Sicht vieler etablierter Organisationen eher ein Risiko denn eine Chance. Das kann sich aber ändern. Dass auch etablierte Organisationen sich mit Feuereifer auf das Social Web stürzen können, zeigt beispielsweise eine amerikanische Umweltorganisation. American Rivers wurde in den 1970er-Jahren als traditionelle Lobby-Organisation in Washington gegründet. Ihre Öffentlichkeitsarbeit war immer stark auf klassische Medienarbeit fokussiert (vgl. VOSS 2007: 244ff.). Inzwischen setzt die Organisation auf ihrer Webseite (www.americanrivers.org) eine Vielzahl von Social-Web-Anwendungen ein. Sie betreibt ein Wiki, um

Informationen zum Schutz von Flüssen zu sammeln und zur Verfügung zu stellen. Sie veröffentlicht regelmäßig Videos auf einer eigenen *YouTube*-Seite und betreibt ein Blog, in dem Mitarbeiter aus allen Bereichen Artikel veröffentlichen. Anders als viele andere NGOs verlinkt American River bewusst auf andere im selben Themenfeld tätige NGOs. Das alles entspricht dem Selbstverständnis der Organisation als Anführer einer Bewegung. In einem Strategieprozess 2001 hatte sich American Rivers entschieden, in Zukunft als Mittelpunkt eines Netzwerkes von Menschen, kleiner Initiativen und NGOs zu agieren, die sich für den Schutz von Flüssen einsetzen. Es brauchte dann noch sechs Jahre, bis sich dieses Ziel in der Internetpräsenz widerspiegelte – mit personellen Konsequenzen. Wurde die Webseite vorher durch eine Person nebenbei betreut, so gibt es heute dafür den Director of Internet Strategy und weitere Mitarbeiter. Dieses Beispiel zeigt, dass – wenn es zur grundsätzlichen Strategie einer Organisation passt – auch etablierte NGOs verstärkt partizipative Internet-Anwendungen nutzen und bereit sind, Ressourcen dafür abzustellen. Allerdings würde American Rivers sicherlich nicht auf klassische PR-Mittel wie Pressearbeit verzichten. Für die Ziele von NGOs sind Massenmedien weiterhin unverzichtbar, um eine breite Öffentlichkeit zu erreichen. Reine Online-Kampagnen von NGOs werden wohl weiterhin eher die Ausnahme sein, denn zu sehr sind auch sie auf die Aufmerksamkeit der Massenmedien angewiesen. Ein Agenda-Setting durch Online-Maßnahmen bleibt eher selten. Das Internet als Pull-Medium kann daher für NGOs immer nur ein weiteres Mittel im Baukasten der Öffentlichkeitsarbeit sein, das je nach Strategie und Zielsetzung eingesetzt wird. Und Social-Web-Anwendungen sind nur ein Teil der Online-Kommunikation. Letztlich bestimmt der Wille und Mut der Organisation, wie viel Partizipation sie den Nutzern zugestehen will, wie viel Kontrollverlust sie zulassen kann.

Literatur

ARD/ZDF: ARD/ZDF-Online-Studie 2007. In: *Media Perspektiven,* 8, 2007, S. 401-414

BENNETT, W. L.: Communicating Global Activism: Some Strengths and Vulnerabilities of Networked Politics. In: VAN DE DONK, W.; BRIAN D. LOADER; P. G. NIXON (Hrsg.): *Cyberprotest: New Media, Citizens, and Social Movements.* London, UK [Routledge] 2004, S. 123-146

BERMAN, J.; D. K. MULLIGAN: Digital Grass Roots: Issue Advocacy in the Age of the Internet. In: ANDERSON, D. M.; M. CORNFIELD (Hrsg.): *The Civic Web: Online Politics and Democratic Value*. Lanham, Md. [Rowman & Littlefield Publishers] 2003, S. 77-93

BIMBER, B.: *Information and American democracy: Technology in the Evolution of Political Power*. Cambridge, UK [Cambridge University Press] 2003

CHADWICK, A.: The Internet, Political Mobilization and Organizational Hybridity: ›Deanspace‹, MoveOn.org and the 2004 US Presidential Campaign. Paper prepared for presentation to the Political Studies Association of the United Kingdom Annual Conference, University of Leeds, April 5th-7th, 2005. Online: http://www.psa.ac.uk/2005/pps/Chadwick.pdf [22.07.2005]

CHADWICK, A.: *Internet Politics: States, Citizens, and New Communication Technologies*. New York, NY [Oxford University Press] 2006

COYER, K.: If it Leads it Bleeds: The Participatory Newsmaking of the Independent Media Centre. In: DE JONG, W.; M. SHAW; N. STAMMERS (Hrsg.): *Global Activism, Global Media*. London, UK [Pluto Press] 2005, S. 165-178

CORNFIELD, M.: *Politics moves online: Campaigning and the Internet*. New York, NY [Century Foundation Press] 2002

DE JONG, W.; M. SHAW; N. STAMMERS (Hrsg.): *Global Activism, Global Media*. London, UK [Pluto Press] 2005

HAMM, M.: Proteste im hybriden Kommunikationsraum: Zur Mediennutzung sozialer Bewegungen. In: *Forschungsjournal Neue Soziale Bewegungen*, 19/2, 2006, S. 77-90

ILLIA, L.: Passage to Cyberactivism: How Dynamics of Activism change. In: *Journal of Public Affairs*, 3/4, 2003, S. 326-337

KAVADA, A.: Civil Society Organisations and the Internet: the Case of Amnesty International, Oxfam and the World Development Movement. In: DE JONG, W.; M. SHAW; N. STAMMERS (Hrsg.): *Global Activism, Global Media*. London, UK [Pluto Press] 2005, S. 208-222

KUTNER, L. A.: Environmental Activism and the Internet. In: *Electronic Green Journal*, 4, 2000. Online: http://egj.lib.uidaho.edu/egj12/kutner1.html [04.01.2005]

LE GRIGNOU, B.; CH. PATOU: ATTAC(k)ing expertise: does the internet really democratize knowledge? In: VAN DE DONK, W.; B. D. LOADER; P. G. NIXON (Hrsg.): *Cyberprotest: New Media, Citizens, and Social Movements*. London, UK [Routledge] 2004, S. 164-179

RUCHT, D.: Cyberprotest – Möglichkeiten und Grenzen netzgestützter Proteste. In: NETZWERK RECHERCHE (Hrsg): *Online-Journalismus – Chancen, Risiken und Nebenwirkungen der Internet-Kommunikation.* Wiesbaden [netzwerk recherche] 2005

SCHMIDT, J.: Social Software: Onlinegestütztes Informations-, Identitäts- und Beziehungsmanagement. In: *Forschungsjournal Neue Soziale Bewegungen,* 19/2, 2006, S. 37-46

TESH, S. N.: The Internet and the Grass Roots. In: *Organization & Environment,* 15/3, 2002, S. 336-339

VAN AELST, P.; S. WALGRAVE: New Media, new Movements? – The role of the Internet in shaping the ›Anti-Globalisation Movement‹. In: *Information, Communication and Society,* 5/4, 2003, S. 465-493 (Manuskript)

VAN DE DONK, W.; B. D. LOADER; P. G. NIXON (Hrsg.): *Cyberprotest: New Media, Citizens, and Social Movements.* London, UK [Routledge] 2004

VOSS, K.: Alles Online? Über die Auswirkungen von Online-Medien auf die interne und extern Kommunikation von Nichtregierungsorganisationen. In: *Forschungsjournal Neue Soziale Bewegungen,* 19/2, 2006, S. 68-76

VOSS, K.: *Öffentlichkeitsarbeit von Nichtregierungsorganisationen – Mittel, Ziele, interne Strukturen.* Wiesbaden [vs Verlag] 2007

ZERFASS, A.; D. BOELTER: *Die neuen Meinungsmacher.* Graz [Nausner & Nausner] 2005

ZIMMERMANN, A.: Online-Öffentlichkeit und Zivilgesellschaft: neue Chance auf massenmediale Sichtbarkeit? In: *Forschungsjournal Neue Soziale Bewegungen,* 19/2, 2006, S. 22-36

TINA BRUNAUER

Social Software in politischen Kampagnen: Strategien von politischen Organisationen in Österreich

Abstract

Einfache Publikationsmöglichkeiten und eine starke Vernetzung machen Social Software für politische Kampagnen attraktiv. Der Beitrag zeigt anhand einer qualitativen Studie in Österreich, wie Weblogs, Wikis und andere Social-Software-Anwendungen in politischen Kampagnen eingesetzt werden und welchen Einfluss sie auf die Offenheit der Kommunikation haben. Vorgestellt werden jeweils Instrumente, Kontext der Kampagnen, Ziele des Einsatzes von Social Software und die damit verbundenen Strategien in der Kommunikation.

1. Vom Weblog zur Community

Pünktlich vor der Nationalratswahl 2006 entdeckte die österreichische Politik das Web 2.0 als Instrument im Wahlkampf. Bereits zuvor hatten politische Non-Profit-Organisationen (NPOs), wie z.B. Umweltschutz- und Menschenrechtsorganisationen, Social Software für Kampagnen eingesetzt. Mit dem Start des Wahlkampfes im Jahr 2006 zogen auch politische Parteien nach, deren Erfahrung mit dialogorientierten Tools im Web sich bis dahin vor allem auf Foren und Weblogs beschränkt hatte. Dementsprechend konservativ war zu Beginn der Umgang mit den Möglichkeiten des Web 2.0. Während etablierte Instrumente wie Weblogs und Foren bereits breit eingesetzt wurden, gab es nur wenige politische Kampagnen, die communitybildende Tools nutzten.

Wie Social Software speziell in Kommunikationskampagnen politischer NPOs eingesetzt wird, wurde im Rahmen der hier vorgestellten Studie untersucht. Dafür wurden zwischen Januar und März 2007 insgesamt sieben qualitative Interviews mit Kommunikationsexperten und -expertinnen aus österreichischen NPOs und aus für sie tätigen Agenturen durchgeführt und inhaltsanalytisch[1] ausgewertet. Die Ergebnisse der Interviews wurden anschließend mit einer Dokumentenanalyse[2] überprüft.

Die Ergebnisse zeigen, dass die Skepsis der Kampagnenverantwortlichen umso höher ist, je stärker ein Tool die User einbindet. Abbildung 1 beschreibt den Einsatz der Instrumente in den untersuchten Kampagnen.

ABBILDUNG 1
Social Software in politischen Kampagnen

Bereits eingesetzte Instrumente	Geplante Instrumente
Weblogs	Podcasts
Vodcasts	Kollaborative Kalender
Foren	Personalisierte Websites
Wikis	communitybildende Spiele
Virtuelle Communities	
Kollaborative Datenbanken	
Soziale Online-Landkarten	
Kommentare	
RSS-Feeds	
Tags	

Stand: April 2007, untersucht wurden acht österreichische politische Kampagnen

Podcasts, Spiele und kollaborative Kalender sowie personalisierte Websites waren zum Zeitpunkt der Untersuchung[3] erst in manchen NPOs in Planung, so ein Ergebnis der Interviews. Fehlende personelle und finanzielle Ressourcen wurden als Gründe genannt, warum einzelne Instrumente

---

1   Induktive Kategorienbildung adaptiert nach Mayring (2003: 75).
2   Strukturierende Inhaltsanalyse adaptiert nach Mayring (2002: 120).
3   Januar bis April 2007.

nicht verwendet werden. Das Kampagnenbudget floss in den untersuchten NPOs tendenziell in etabliertere Instrumente.

1.1 Weblogs

Weblogs werden in Österreich von einzelnen NPOs bereits seit Jahren für Campaigning eingesetzt. Die Subjektivität der Blog-Einträge kann für die Kampagne von Nutzen sein (vgl. DIEMAND 2007: 63). Von den befragten Experten wurden auch die teils starke Vernetzung von Weblogs und die Möglichkeit von Agenda Setting in der Blogosphäre positiv erwähnt (vgl. ALBY 2007: 31). Während Weblogs, die sich nur mit einer Kampagne beschäftigen, oft zeitlich begrenzt angelegt waren, wurden Personenweblogs teilweise bereits über Jahre gepflegt. Politikerblogs könnten in Anbetracht der Personalisierung in politischen Kampagnen (vgl. RÖMMELE 2002: 331) künftig eine stärkere Rolle spielen.

1.2 Vodcasts

Der Einsatz von Vodcasts (Videoblogs) beschränkte sich im Jahr 2007 hingegen auf eine einzige der untersuchten NPOs. Grundlage für den Einsatz war die Annahme der Kampagnenverantwortlichen, dass Vodcasts stärker als reine Textmedien das Interesse der Zielgruppe wecken würden. Andere NPOs verwiesen diesbezüglich auf bereits etablierte Videohoster wie *YouTube*, auf denen Sympathisanten Kampagnenvideos platzieren könnten. Entgegen den aus amerikanischen Wahlkämpfen bekannten Trends wurden diese im Wahlkampf zur österreichischen Nationalratswahl 2006 von den Parteien kaum genutzt.

1.3 Foren

Am Anfang dialogorientierter Online-Kommunikation standen für viele der befragten Kommunikationsexperten schlechte Erfahrungen mit Foren. Sie werden inzwischen meist mit Zugangsbeschränkungen eingesetzt und sind in dieser Form aus Sicht der Kampagnenverantwortlichen erfolgreich. Ihr Einsatzgebiet beschränkt sich damit aber auf die interne

Kommunikation. Foren können der Kommunikation und Diskussion dienen, über sie wird Zusammenarbeit und sogar Medienarbeit organisiert. Der ›Dinosaurier‹ der Social Software war auch im Jahr 2007 noch weit verbreitet.

1.4 *Wikis*

Während einige NPOs bereits Wikis einsetzten, standen andere der Offenheit der Kommunikation in einem Wiki skeptisch gegenüber. Dabei spielte auch die Befürchtung, Kommunikation nicht mehr steuern zu können, eine wichtige Rolle (vgl. EBERSBACH/GLASER/HEIGL 2005: 23). Dem begegneten manche NPOs mit einer Einschränkung des Benutzerkreises und nutzten Wikis damit hauptsächlich als internes Tool. Im Gegensatz dazu stellte die grüne Partei Wien das Regierungsprogramm der großen Koalition auf Bundesebene als Wiki ins Netz. Das Programm konnte so von den Nutzern und Nutzerinnen umgeschrieben und diskutiert werden. Laut eines Initiators sollte die Nutzung des Wikis ein demokratiepolitisches Signal setzen. Während es zu Beginn der Kampagne eine große Zahl an Beiträgen gab, war das Wiki ein halbes Jahr nach Kampagnenstart[4] bereits verwaist.

1.5 *Communities*

Virtuelle Communities waren 2007 erst partiell im Einsatz, sie dienen in politischen Kampagnen meist der Vernetzung von Sympathisanten. Eine im Vergleich zu den anderen untersuchten Plattformen besonders innovative Community der Sozialdemokratischen Partei Österreichs (SPÖ) integrierte unter anderem Weblogs, Tags, kollaborative Datenbanken, RSS-Feeds, Kommentare und gemeinsame Aufgaben. Diese sollten die Nutzer aktivieren, im Sinne des Kampagnenziels tätig zu werden.

Rund um die Nationalratswahl 2006 in Österreich gab es tatsächlich eine starke Aktivität bei den Nutzern von *campa.at* (Abb. 2), die großteils aus Sympathisanten der Partei rekrutiert wurden. Interne Vernetzung und Campaigning durch die integrierten Weblogs waren in dieser Phase besonders wichtig.

---

4   Bei einer Stichprobe der Autorin am 29.8.2007.

ABBILDUNG 2
Screenshot-Plattform *campa.at*

1.6 Kollaborative Datenbanken

Kollaborative Datenbanken sind in Kampagnen zur gemeinsamen Dokumentation von Inhalten geeignet. Die entstehende Datensammlung kann das Rückgrat der entsprechenden Kampagne sein, wenn etwa Daten über sensible Produkte gesammelt werden, um ökologisch-bewusstes Einkaufen zu ermöglichen. Auf *marktcheck.at* hatte Greenpeace Österreich eine entsprechende Datenbank eingerichtet, die von Nutzern ergänzt wurde. Die Inhalte durchliefen allerdings immer eine Kontrolle durch (freiwillige) Mitarbeiter der NPO.

1.7 Soziale Online-Landkarten

Ähnlich die Situation bei einer sozialen Online-Landkarte der Kampagne *Rassismus streichen*. Die Kampagne wurde von der österreichischen Organisation *SOS Mitmensch* ins Leben gerufen und wies auf rassistische Graffiti in Wien hin. Kernstück war ein Stadtplan Wiens, an dem die Fundorte von Beschmierungen mit Tags markiert sind (Abb. 3).

Der Stadtplan konnte allerdings nur durch Einsendungen an die NPO befüllt werden, direktes Taggen der Nutzer war nicht möglich.

ABBILDUNG 3
Screenshot: Stadtplan der Kampagne
Rassismus streichen

1.8   *Weitere Instrumente*

Während Kommentare bereits in mehreren Kampagnen eingesetzt wurden, befanden sich RSS-Feeds teilweise noch im Entwicklungsstadium. Tags wurden vor allem im Zusammenhang mit kollaborativen Datenbanken und virtuellen Communities genannt. Die Analyse der Dokumente zeigte, dass Tags in einer Kampagne als reine Illustration ohne inhaltlichen Bezug verwendet wurden. Alleine der Einsatz von Web 2.0 ist offenbar so attraktiv, dass er auch als visueller Aufputz ohne inhaltlichen Hintergrund Verwendung findet.

2.   Im Dienste der Kampagne

In den untersuchten Kampagnen wurden Weblogs, Wikis und andere Instrumente immer unter dem Aspekt der Erreichung des Kampagnenziels eingesetzt. Die Kampagne hat Vorrang, die Nutzung von Social Software wird dem Kampagnenziel untergeordnet (vgl. ZERFASS/BOELTER 2005: 29). Die einzige (bedingte) Ausnahme stellen – aufgrund ihrer Langfristigkeit – einige Weblogs von Politikern dar.

Entsprechend der Unterordnung von Social Software unter die (jeweiligen) Kampagnenziele wurden die Zielgruppen, die durch Social Software angesprochen werden sollten, von den NPOs vorweg definiert. Sie reichten von Bürgern der Stadt Wien über Ein-Personen-Unternehmen bis zur lesbisch-schwulen Community in Österreich. Von mehreren Experten wurden Sympathisanten mit der NPO und jüngere Personen als Zielgruppen genannt. Die Bestimmung der Zielgruppen erfolgte in den untersuchten Kampagnen immer in Hinblick auf das Kampagnenziel.

Zerfaß sieht die Kunst einer Kampagne darin, »das Thema, die eigene Position und mögliche Gegenargumente so in einen dramaturgischen Ablauf zu verweben, dass letztlich die eigenen Kommunikationsziele erreicht werden« (ZERFASS 2005: 413). In (Wahl-)Kampagnen entwickelt sich ein »Wettbewerb um die Beeinflussung des Themas und der Ereignisse« (ALTHAUS 2003: 101). Kampagnen zeichnen sich also durch eine starke Steuerung der Kommunikation und einen Bezug auf den politischen Gegner aus.

Aus typischen Eigenschaften von Social Software können, werden diese in den Dienst einer Kampagne gestellt, Schwierigkeiten erwachsen. Beispiele dafür sind: die Selbstorganisation der Nutzer (vgl. OKPUE 2005) oder die Möglichkeit, dass Nutzer zu Produzenten werden (vgl. ORIHUELA 2003: 257). Diese Eigenschaften lassen eine Steuerung der Kommunikation nicht oder kaum zu. Daraus entsteht ein Konflikt zwischen den Polen Offenheit und Steuerung, der die Strategien der NPOs prägt.

Ein genauerer Blick auf die Ziele beim Einsatz von Social Software in Kampagnen wird diesen Konflikt noch verdeutlichen.

3. Ziele beim Einsatz von Social Software

Im Zentrum der vorliegenden Untersuchung stand die Frage nach den Zielen, die mit Social Software in politischen Kampagnen verfolgt werden. Das Ergebnis der Analyse bilden 16 verschiedene Kategorien von Zielen, die sich in zwei große Gruppen – ›allgemeine Ziele‹ und ›spezifische Ziele‹ – teilen lassen (Abb. 4).

Der Pfeil zeigt, wie sehr für das einzelne Ziel die Eigenschaften von Social Software zum Tragen kommen. Allgemeine Ziele wie ›Bekanntheit steigern‹ benötigen weder Dialogorientierung noch publizierende Nutzer, während spezifische Ziele wie das Schaffen von Netzwerken auf der

ABBILDUNG 4
Kommunikationsziele

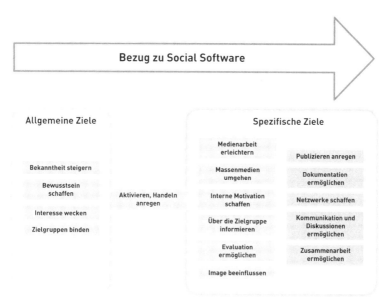

Möglichkeit der Vernetzung im Web 2.0 aufbauen. Das Ziel ›Aktivieren, Handeln anregen‹ ist je nach Definition des Begriffs des Handelns als spezifisches oder allgemeines Ziel zu betrachten.

3.1 Spezifische Ziele

Social Software ermöglicht den Nutzern, eigenständig Inhalte zu publizieren (vgl. ORIHUELA 2003: 257), mit anderen zu kommunizieren und Communities zu bilden (vgl. BIEBER/LEGGEWIE 2006). Die Kommunikation kann dabei sehr subjektiv gehalten sein und ist daher für Kampagnen gut geeignet. Eine starke Vernetzung kann der Verbreitung von Kampagnen-Inhalten dienen (vgl. ALBY 2007: 31), das lange ›Gedächtnis‹ des Internets ermöglicht es, das entstehende Wissen zu archivieren und zu organisieren.

Diese Eigenschaften werden für die oben dargestellten spezifischen Ziele genutzt. Das Ziel ›Publizieren anregen‹ setzt darauf, dass die Nutzer ihre Einstellungen, Meinungen und Wünsche online veröffentlichen wollen. Eine Kampagnenverantwortliche nahm an, dass durch den Akt des Publizierens eine stärkere Auseinandersetzung mit dem Thema der Kampagne einhergeht.

Publikation kann die Dokumentation von Inhalten befördern. So wurden in der Kampagne *Rassismus streichen* Nutzer angehalten, rassistische Beschmierungen mit Bildern zu dokumentieren und der Kampagnenplattform zur Verfügung zu stellen. Die ›Beweislast‹ der kollektiv gesammelten Beschmierungen wurde fortan in der Kampagne für Lobbying und Öffentlichkeitsarbeit genutzt.

Kontroverse Diskussionen schaffen Aufmerksamkeit und können für Kampagnen von Vorteil sein. Es liegt also auf der Hand, die Dialogorientierung von Social Software für politische Diskussionen zu nutzen. Dafür wurden je nach Plattform Foren und Wikis geschaffen. Die Art der Diskussion in Social Software ist von schnellem Feedback geprägt, die potentielle Beteiligung vieler Nutzer wird teils als Chance und teils als Risiko wahrgenommen.

Zusammenarbeit wurde in den Experteninterviews als weiteres spezifisches Ziel genannt und z.B. in Foren, Wikis oder Netzwerken organisiert. Eine der untersuchten Plattformen, das Netzwerk *microstars*, stellte diesen Aspekt in den Mittelpunkt. Es war als B2B-Plattform grünaffiner Wirtschaftstreibender geplant, wurde im Zuge der österreichischen Nationalratswahl 2006 aber auch für die Werbung von Wählern genutzt. Mitglieder bei *microstars* sind vor allem Selbstständige und kleine bzw. mittlere Unternehmen. Das Netzwerk bemüht sich um eine Vermittlung von Aufträgen und Hilfsgesuchen bzw. -angeboten.

Vernetzung kann allerdings auch als eigenständiges Ziel definiert werden. Ein Interviewpartner sah die Vernetzung vieler Nutzer als Umkehr des bisherigen ›Kampagnendenkens‹ an. Neben dem Austausch bietet Vernetzung die Möglichkeit, Einzelschicksale online in Verbindung zu setzen. Eine internationale Kampagne zum Klimaschutz nutzte diese Möglichkeit, um darzustellen, dass der Klimawandel weltweit Auswirkungen hat.

Die Frage, ob Weblogs im Wahlkampf notwendig sind, wurde 2006 für Österreich mit einem knappen Ja entschieden: Drei der fünf nach der Wahl im Nationalrat vertretenen Parteien setzten im Wahlkampf auf Weblogs. Sie kamen zum einen zum Einsatz, um klassische Medien zu umgehen, und sollten zum anderen Medienarbeit erleichtern. Weblogs wurden aber auch zur internen Motivation genutzt, etwa um Experten Stimme und Öffentlichkeit zu geben. Weblogs eignen sich hervorragend, die Meinung einer NPO oder einer Person ohne den kritischen Filter eines Mediums an die Öffentlichkeit zu bringen. »Es ist leichter, seine Inhalte im Internet publik zu machen als über Medien [...]«, meinte dazu eine der befragten Experten und Expertinnen. Weblogs haben sich in dieser Studie als die im Jahr 2007 am stärksten als öffentlichkeitswirksam eingeschätzten Tools entpuppt.

Eine ganz andere Art der Medienarbeit kommt zustande, wenn die relative Neuheit eines Instruments genutzt wird, um Aufmerksamkeit für die Kampagne und das Thema zu wecken. Social Software wurde in Kampagnen zum Teil dazu verwendet, das Image der NPO oder von Personen in Hinblick auf Dialogorientierung, Modernität und Innovativität zu verbessern.

Social Software bietet durch die Möglichkeiten des Dialogs zudem neue Chancen, den Nutzern ›auf's Maul zu schauen‹[5]. Während manche NPOs vor allem wissen wollten, was die Nutzer über sie denken, sahen andere Social Software als Themenbarometer im Internet. Die Beobachtung der online geführten Diskurse steckte in den Jahren 2006 und 2007 zum Teil noch in den Kinderschuhen, ihr wurde jedoch hohes Potenzial zugebilligt.

Die Beobachtung der Nutzer spielt auch bei der Evaluation der eigenen Kampagne eine Rolle. Das Feedback der User wird als Bestätigung verstanden. Die schnelle und billige Evaluation von neuen Kommunikationsideen über das Web scheint für NPOs zunehmend interessant zu werden. Dennoch zeigt die Studie, dass vor allem Parteien eher auf repräsentative Umfragen denn auf die vornehmlich qualitativ verwertbaren Rückmeldungen von Usern setzten.

3.2 Allgemeine Ziele

Während die oben beschriebenen Ziele Eigenschaften von Social Software nutzen, zeigt die Studie noch weitere Ziele, die allgemeinerer Natur sind.[6] Um die Bekanntheit einer erst seit Kurzem bestehenden NPO zu steigern, ist der Einsatz von Social Software nicht zwingend notwendig, dies könn-

---

5 Österreichisch für: Herausfinden, welche Meinungen und Themen gerade diskutiert werden.
6 Als allgemeine Ziele werden hier jene bezeichnet, die sich nicht auf typische Eigenschaften von Social Software beziehen.

te auch mit traditionellen Medien erreicht werden. Weitere allgemeine Ziele sind das Wecken von Interesse, das Schaffen von Bewusstsein für einen Missstand und das Binden der Zielgruppe. Diese Kommunikationsziele beziehen sich zwar nicht direkt auf die Möglichkeiten, die Social Software bietet, nutzen allerdings durchaus Vorteile wie die Dialogorientierung oder die Aufmerksamkeit, die das Web 2.0 auf sich ziehen kann.

3.3 Zweideutigkeit und die Crux der Kampagne

Die oben vorgenommene Einteilung in spezifische und allgemeine Ziele weist angesichts des Ziels ›Aktivieren, Handeln anregen‹ eine Zweideutigkeit auf. Wird das Handeln auf Social Software bezogen (also darauf, z.B. einen Weblog-Eintrag zu verfassen), so ist dieses Ziel mit spezifischen Eigenschaften von Social Software verbunden, also etwa mit der Möglichkeit, online zu publizieren. Bezieht sich das Handeln hingegen auf kampagnenrelevante Inhalte wie die Wahl einer Partei, so kann es nicht den spezifischen Zielen zugerechnet werden.

In den Interviews zeigte sich klar, dass jedes Ziel in Bezug auf Social Software schlussendlich einen Beitrag zur Erreichung des Kampagnenziels leisten soll – ob direkt oder indirekt. Dies weist auf ein grundlegendes Dilemma beim Einsatz von Social Software in politischen Kampagnen hin: Die Ausrichtung auf ein Kampagnenziel bedingt eine Steuerung der Kommunikation, die in den tendenziell offenen Tools besonders schwierig ist (vgl. BIEBER/LEGGEWIE 2006).

4. Strategien

Dieses Dilemma bestimmte bisher den Umgang politischer NPOs in Österreich mit Social Software: Es zeichnen sich zwei Strategien ab, zwischen deren Polen sich die Vorgehensweisen der untersuchten NPOs einordnen lassen.

Die eine Strategie beruht auf der Steuerung der Kommunikation durch einen eingeschränkten Zugang zu Publikations- und Vernetzungsmöglichkeiten, durch Moderation und zum Teil durch Zensur. Diese Geschlossenheit kann zu einer One-Way-Kommunikation führen, bei der Social Software ähnlich wie z.B. Presseaussendungen genutzt wird.

Eine grundlegende Offenheit kennzeichnet die zweite Strategie, in der Dialog eine wichtige Rolle spielt und in deren Zuge Nutzer zu eigenen Publikationen ermutigt werden. Die Selbstorganisation der Nutzer kann die Folge einer solchen Strategie sein, die NPO greift nicht in das Geschehen ein.

ABBILDUNG 5
Steuerung versus Offenheit

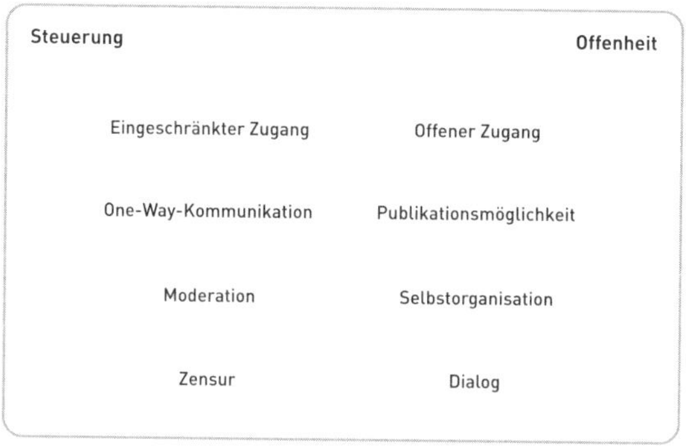

Steuerung	Offenheit
Eingeschränkter Zugang	Offener Zugang
One-Way-Kommunikation	Publikationsmöglichkeit
Moderation	Selbstorganisation
Zensur	Dialog

In Abbildung 5 sind diese Strategien parallel und nicht voneinander getrennt dargestellt, da sie sich auch in der Praxis nicht isoliert zeigen. Viele Kampagnen lassen zum Teil eine gewisse Offenheit zu, moderieren aber z.B. die entstehende Diskussion. Die Untersuchung zeigt, dass Parteien im Rahmen eines Wahlkampfes stärker zur Strategie der Steuerung tendieren. Diese Strategie wird im Folgenden anhand von Beispielen erläutert.

4.1   *Steuerung als Strategie*

Die oben beschriebenen allgemeinen Ziele können einer Strategie der Steuerung zugerechnet werden. Social Software kann aus Nutzern Produzenten machen (vgl. ORIHUELA 2003: 257); diese Chance wird in Bezug auf die Erreichung allgemeiner Ziele allerdings nicht genutzt. Im Gegenteil: Ziele wie jenes, die Zielgruppe zu binden, spekulieren mit der Steuerung der Nutzer. Weniger eindeutig ist dies, wenn Bewusstsein für ein Problem geschaffen werden soll oder das Ziel ist, Interesse zu wecken.

Betrachtet man die Kampagne als Ganzes, zeigt sich jedoch auch hier klar die Dominanz des Kampagnenziels, auf das – mit oder ohne Einsatz von Social Software – zugesteuert wird (vgl. BIEBER/LEGGEWIE 2006). Um diese Ziele zu erreichen, wird zum Teil der Dialog mit den Nutzern radikal beschränkt: etwa in ›Weblogs‹, die keine Kommentare zulassen und als Kampagnentagebücher ohne Blogroll und andere typische Kennzeichen geführt werden. Diese gewollte One-Way-Kommunikation ist in Bezug auf Social Software paradox, denn es wird nicht das Medium Weblog genutzt, sondern nur der schöne Schein, der dem Web 2.0 offenbar anhaftet. Ein Interviewpartner beschreibt die Situation folgendermaßen: »In der Politik ist dann auch nicht so wichtig, dass das als Weblog funktioniert [...], sondern da gibt's ja die Mitarbeiter, die das dann raufstellen«. Aus dieser Vorgangsweise kann eine Täuschung der Nutzer über die Intention und die Identität des Autors resultieren.

Weniger deutlich fällt die Steuerung in Bezug auf die spezifischen Ziele aus, ihr Einsatz erfolgt jedoch auch unter der Prämisse des Kampagnenziels. Die Authentizität der Publikationen und Diskussionen von Nutzern kann in politischen Kampagnen sehr nützlich sein (vgl. KUNZE 2005: 178). Die untersuchten NPOs gehen weitgehend offen mit dieser Instrumentalisierung um, die entsprechenden Plattformen sind relativ klar den Adressaten zuzuordnen.

Handlungsaufrufe sind auf den Web-2.0-Plattformen politischer Kampagnen stark präsent. Die Nutzer sollen sich für das Kampagnenziel engagieren: eigene Weblog-Einträge, Protest-E-Mails oder digitale Fotos sind herzlich willkommen. Die NPOs bestimmen hier, wer wann was beiträgt und moderieren zum Teil die Kommunikation. Dieses Machtgefälle kennzeichnet die Kommunikation und den Dialog im Zeichen der Strategie der Steuerung.

»Anonyme Kommentare sind nicht zugelassen«, heißt es auf einer der untersuchten Websites. Die Notwendigkeit des Logins ist mehreren Kampagnen gemeinsam, eine Plattform selektiert ihre Nutzer sogar nach Parteizugehörigkeit. Soziale Kontrolle soll hier unerwünschte Teilnehmer außen vor halten. Als Begründung für die Zugangsbeschränkungen wurde mehrmals die personelle Unterlegenheit von Kommunikationsabteilungen gegenüber einer Vielzahl an Nutzern genannt – diese Überlegung zeigt, dass Steuerung ein zentrales Anliegen der jeweiligen NPO ist.

Manche Kommunikationsabteilungen üben zudem Zensur. Einer der befragten Experten äußerte sich dazu folgendermaßen: »[...] filtern das aus, [...] was zu sehr Meinung ist, [...] also das ist jetzt falsch, also Meinung ist schon zugelassen, was zu sehr polemisierend ist, was in irgendeiner Weise extrem wird, was einfach, ah, gegen die guten Sitten verstößt [...].« Zensuriert wurde nicht in allen Kampagnen. Wenn Zensur stattfindet, weist dies laut Habermas (1971: 121) auf die Existenz von Scheindiskursen hin.

»Digitale Öffentlichkeiten und Meinungsplattformen entsprechen keineswegs dem Ideal eines herrschaftsfreien Raums, in dem jedermann gleichberechtigt zu Wort kommen kann« (ZERFASS 2005: 421). Dies gilt besonders für Plattformen, die von einer Strategie der Steuerung geprägt sind. Von einer Zwang ausschließenden Sprechsituation (vgl. HABERMAS 1971: 137) kann bei der Nutzung von Social Software in politischen Kampagnen keine Rede sein, solange NPOs die Kommunikation steuern.

4.2 Offenheit als Strategie

Mit einer Strategie der Offenheit lassen NPOs den Nutzern freie Hand, sich selbst zu organisieren, zu publizieren und zu diskutieren. Die untersuchten Kampagnen zeigen unterschiedliche Grade dieser Offenheit. Besonders offen in der Publikation war z.B. das Wiki *neuverhandeln.at* (Abb. 6), das den Nutzern das Regierungsprogramm der Bundesregierung zur freien Bearbeitung überließ.

ABBILDUNG 6
Screenshot: Wiki *neuverhandeln.at*

Die NPO schränkte die Diskussion in diesem Wiki (abgesehen von der Sicherstellung der Konformität zu österreichischem Recht) nicht ein. Offenheit wurde bewusst genutzt, um einen Kontrapunkt zu den unter Ausschluss der Öffentlichkeit stattfindenden Regierungsverhandlungen zu setzen. Dieses Experiment resultierte u.a. in einer positiven Überraschung für die Initiatoren, die ursprünglich davon ausgingen, moderierend eingreifen zu müssen. »Erstaunlich war, dass die Userinnen und User das irgendwie selbst hinkriegen, die brauchen uns nicht dafür«, so ein Experte.

Der Erfolg einer solchen Anwendung ist von den Nutzerinnen und Nutzern abhängig. Zugangsbeschränkungen kombiniert mit hohem Aufwand bei der Erstellung von Content können sich dabei als Knock-Out-Kriterium erweisen, wie die Erfahrung einer anderen NPO mit der Plattform *zukunft*.at zeigt. Die Strategie der Offenheit kann hingegen wie ein Katalysator auf Kommunikation und Diskussion wirken. Eine der befragten Expertinnen und Experten äußert sich diesbezüglich: »Natürlich ändert sich die Kommunikation mit der Zielgruppe. Weil vorher einfach nicht möglich war, einen so intensiven Dialog über einzelne Themen zu führen.« Dieser Dialog stellt tendenziell bestehende Strukturen auf die Probe (vgl. EBERSBACH/GLASER/HEIGL 2005: 22), eine Veränderung des politischen Diskurses durch Social Software kann daraus aber nicht geschlossen werden.

Die Strategie der Offenheit kann unter Umständen auch als Instrument, mehr Transparenz herzustellen, verstanden werden. So können virtuelle Communities Licht in Personen-Netzwerke innerhalb einer NPO bringen – immer unter der Prämisse, dass diese die tatsächlichen Netzwerke widerspiegeln.[7] Daneben werden in solchen Plattformen auch die Diskussionen der Nutzer ersichtlich. Die Offenheit, freies Publizieren zuzulassen, kann von einer möglichen Beobachtung der entstehenden Diskussion konterkariert werden. Geschieht dies ohne das Wissen der Nutzer, kann eine Täuschung über die realen Intentionen vorliegen – und damit ein Bruch in der Strategie der Offenheit.

Die Macht der Nutzer kommt bei einer Strategie der Offenheit besonders deutlich zum Tragen und stellt Kommunikationsabteilungen vor Probleme. Wird auf Steuerung bewusst verzichtet, kann die Kernbotschaft verloren gehen. Eine Interviewpartnerin nannte gekonnte Kommunikation als einen Ausweg aus diesem Dilemma: »[...] ich kann nur versuchen meine Information so gut wie möglich weiterzugeben.«

7 Zur Repräsentation tatsächlicher Freundschaften in Online-Netzwerken vgl. BOYD 2006.

Doch auch die Strategie der Offenheit muss in Zusammenhang mit dem Kampagnenziel gesehen werden, sie ist kein Garant für offene und herrschaftsfreie Diskussionen.

5. Fazit

Die Experteninterviews zeigen, dass die Strategie der Steuerung in politischen Kampagnen bevorzugt eingesetzt wird. Die Dokumentenanalyse bestätigte dies insofern, als kaum Plattformen ohne steuernde Eingriffe vonseiten der entsprechenden NPO gefunden werden konnten. Die Strategie der Offenheit kam eher punktuell zum Einsatz und erwies sich als Katalysator für Diskussionen und Zusammenarbeit in Social Software.

Diese Dominanz der Strategie der Steuerung hat Auswirkungen auf die Kommunikationssituation beim Einsatz von Social Software in politischen Kampagnen. Sie ist von einer »Utopie herrschaftsfreier Kommunikation« (BURKART 2002: 441) weit entfernt, die Analyse deutet hingegen eher auf das Vorkommen von Scheindiskursen (vgl. HABERMAS 1971: 121) hin. Eingeschränkte Zugangsrechte und Zensur können als Ausdruck dieser Scheindiskurse gewertet werden. Die Strategie der Offenheit knüpft zwar stärker an das Ideal einer Zwang ausschließenden Situation an (vgl. HABERMAS 1971: 137), doch auch sie ist unter dem Primat des Kampagnenziels zu betrachten. Social Software kann zwar zu lebhafteren Diskussionen führen oder die Nutzer bei der Bildung von Netzwerken unterstützen, sie steht dabei allerdings immer im Dienste der Kampagne.

Literatur

ALBY, T.: *Web 2.0. Konzepte, Anwendungen, Technologien*. München; Wien [Hanser Fachbuchverlag] 2007

ALTHAUS, M.: Management der Konfrontation. Vom Luftkampf zum Wahlkampf. In: ALTHAUS, M.; V. CECERE (Hrsg.): *Kampagne! 2, Neue Strategien für Wahlkampf, PR und Lobbying*. Münster 2003, S. 96-117

BIEBER, C. ; C. LEGGEWIE: Innovationen von den Rändern. In: *Das Parlament*, 17-18, 2006. Online: http://www.das-parlament.de/2006/17-18/thema/013.html [20.08.2006]

BOYD, D.: Friends, Friendster and Top 8: Writing community into being on social network sites. In: *First Monday*, volume 11, number 12, 2006. Online: http://www.firstmonday.org/issues/issue11_12/boyd/index.html [13.12.2006]

BURKART, R.: *Kommunikationswissenschaft*. Wien/Köln/Weimar [Böhlau] 2002

DIEMAND, V.: Gesicht wahren im Web 2.0 – Blogs zwischen Authentizität und Inszenierung. In: DIEMAND, V.; M. MANGOLD; P. WEIBEL (Hrsg.): *Weblogs, Podcasting und Videojournalismus. Neue Medien zwischen demokratischen und ökonomischen Potentialen*. Hannover [Heise Zeitschriftenverlag] 2007, S. 58-90

EBERSBACH, A.; M. GLASER; R. HEIGL: *WikiTools*. Berlin/Heidelberg [Springer-Verlag] 2005

HABERMAS, J.: Theorie der Gesellschaft oder Sozialtechnologie? Eine Auseinandersetzung mit Niklas Luhmann. In: HABERMAS, J.; N. LUHMANN: *Theorie der Gesellschaft oder Sozialtechnologie – Was leistet die Systemforschung?* Frankfurt/M. [Suhrkamp] 1971

KUNZE, M.: Verflochtenes Leben. Web 2.0 – der nächste Schritt. In: *c't magazine für computertechnik*, 1, 2005, S. 174-178

MAYRING, P.: *Einführung in die Qualitative Sozialforschung*. 5. Auflage. Weinheim/Basel [Beltz] 2002

MAYRING, P.: *Qualitative Inhaltsanalyse. Grundlagen und Techniken*. 8. Auflage. Weinheim/Basel [Beltz] 2003

OKPUE, C.: Besinnung auf alte Werte: Web 2.0 ist Trendthema. In: *politikdigital*, 2005. Online: http://www.politik-digital.de/edemocracy/netzkultur/web20/cokpueTrendthema051222.shtml [13.12.2006]

ORIHUELA, J. L.: Blogging and the eCommunication Paradigms: 10 principles of the new media scenario. In: BURG, T. N. (Hrsg.): *BlogTalks*. Wien [Thomas N. Burg] 2003, S. 255-265

RÖMMELE, A.: Konvergenzen durch personalisierte Wahlkampfkommunikation? Parteien auf dem Prüfstand. In: VON ALEMANN, U.; S. MARSCHALL (Hrsg.): *Parteien in der Mediendemokratie*. Wiesbaden [Westdeutscher Verlag] 2002, S. 328-345

ZERFASS, A.: *Unternehmensführung und Öffentlichkeitsarbeit. Grundlegung einer Theorie der Unternehmenskommunikation und Public Relations*. Wiesbaden [vs Verlag für Sozialwissenschaften] 2005

ZERFASS, A.; D. BOELTER: *Die neuen Meinungsmacher. Weblogs als Herausforderung für Kampagnen, Marketing, PR und Medien*. Graz [Nausner & Nausner] 2005

JUSTUS BROSS / HARALD SACK / CHRISTOPH MEINEL

Politische Partizipation durch Diskussion? Konzeption und Wirkungen des IT-*Gipfelblogs*

Abstract

Beim ersten Nationalen IT-Gipfel 2006 in Potsdam wurde erörtert, wie der deutsche IKT Standort wieder an die Weltspitze kommen kann. Politik, Wirtschaft und Forschung diskutierten über neue Wachstumschancen und Arbeitsplätze sowie über Möglichkeiten, wie zukunftsträchtige Wachstumsfelder entwickelt werden können. Kritisiert wurde im Nachhinein jedoch, dass die Öffentlichkeit von dieser Diskussion ausgeschlossen blieb. Daher wurde der ›IT-Gipfelblog‹ als webbasierte öffentliche Diskussionsplattform gestartet. Was notwendig ist, um die geforderte öffentliche gesellschaftspolitische Diskussion mit solch einer Plattform zu unterstützen, und welche Erfahrungen bereits gewonnen werden konnten, wird in dem Beitrag dargestellt.

1. Einleitung

Der erste Nationale IT-Gipfel im Dezember 2006 am Hasso-Plattner-Institut (HPI) in Potsdam hatte zum Ziel, ein gemeinsames Signal von Politik, Wirtschaft und Wissenschaft zu setzen: Der IKT-(Informations- und Kommunikationstechnologie-)Standort Deutschland soll an die Weltspitze. Um dieses Ziel zu erreichen, sollen Politik, Wirtschaft und Forschung gemeinsam neue Chancen für Wachstum und Arbeitsplätze eröffnen, zukunftsträchtige Wachstumsfelder entwickeln und die erfolgskritischen Handlungsfelder zielstrebig angehen. Hierzu wurden die ›Potsdamer Thesen‹ – ein 12-Punkte-Programm mit einem ersten Bündel von Maßnahmen – erarbeitet, deren Umsetzung Politik, Wirtschaft und Wissenschaft als gemeinsame Verantwortung verstehen.

In der Nachbearbeitung des IT-Gipfels zeigte sich, dass die Inhalte der Gipfel-Arbeitsgruppen der interessierten Öffentlichkeit nicht in geeigneter Form zur allgemeinen Kenntnisnahme und Diskussion zur Verfügung gestellt wurden. Eine öffentliche Diskussion der IT-Gipfel-Themen und der dort erarbeiteten Inhalte war demnach nicht möglich. So mehrten sich kritische, darunter teilweise sehr prominente Stimmen darüber, dass in der Vorbereitung, der Durchführung und der Nachbearbeitung des Gipfels wichtige Interessengemeinschaften unzureichend oder überhaupt nicht im Arbeitsprozess des Gipfels repräsentiert waren. Obwohl die Ausrichtung eines IT-Gipfels (verglichen mit anderen Ländern in Europa) in Deutschland weit überfällig und demnach für die Branche ein großer und wichtiger Schritt nach vorne war, musste dieser berechtigten Kritik in angemessener Weise entgegengetreten werden.

Vor diesem Hintergrund wurde am HPI die Möglichkeit erörtert, die inhaltlichen Resultate des IT-Gipfels über eine internetbasierte Kommunikationsplattform zur öffentlichen Diskussion bereitzustellen und damit der eingangs formulierten Kritik konstruktiv entgegenzutreten. Doch welche moderne Kommunikationsplattform verbunden mit welcher strukturellen Konzeption entspricht diesem Anforderungsprofil am ehesten? Was beschleunigt Abläufe, was schafft die notwendigen Räume für Kommunikation und Kollaboration und bewirkt so eine grundsätzliche Veränderung des Innovationsprozesses?

2. Der IT-*Gipfelblog* – Ausgangspunkt, Ziele und Rahmenbedingungen

Das HPI hat zur weiteren Klärung dieser Fragen den IT-*Gipfelblog* (www.it-gipfelblog.de) initiiert, der der Öffentlichkeit am 15. Juni 2007 zugänglich gemacht wurde. Dieser Blog soll helfen, kreative und visionäre Ideen und Beiträge zu den auf dem IT-Gipfel gestellten Fragen, den dort erarbeiteten Inhalten und den beschlossenen Maßnahmen anzuregen und zu sammeln. Das World Wide Web (www) soll als multidirektionaler und dialogorientierter Mediator genutzt werden und lässt damit seine klassische Rolle als reines Informationsmedium hinter sich (vgl. SCHMIDT 2006: 9ff.). Es wird zur Plattform für die Entwicklung einer ›kollektiven Intelligenz‹ auf Basis partizipativer Formen der Kommunikation (vgl. KIRCHER 2007). Das mithilfe des IT-Gipfelblogs erlangte kollektive Wissen soll in die weiterführende Arbeit der Gipfel-Arbeitsgruppen zurückfließen, um so – mit Blick auf den 2. Nationalen IT-Gipfel 2007 – einen konstruktiven Beitrag zu leisten, um die von den Gipfelteilnehmern gemeinsam formulierte Zielsetzung zu erreichen. Nahezu alle Gipfel-Teilnehmer konnten von der Notwendigkeit einer solchen Plattform insgesamt sowie der Erfordernis eines jeden einzelnen, die Plattform aktiv inhaltlich zu unterstützen (hauptsächlich in Form der im Folgenden beschriebenen ›Diskussionsanstöße‹ und Interviews), überzeugt werden.

Unter dem Motto ›Think about IT‹ werden im IT-Gipfelblog alle acht Themenbereiche der Gipfel-Arbeitsgruppen behandelt und diskutiert. Zur Steigerung der allgemeinen Diskussionsaktivität werden ›Diskussionsanstöße‹ in Form provokanter Statements, Kurz-Essays und/oder Fragen von Persönlichkeiten der IKT-Branche veröffentlicht werden, die von der IT-Gipfelblog-Redaktion des HPIs regelmäßig nach Bedarf angesprochen werden. Alle acht Themenbereiche des Gipfels werden durch ein Statement der jeweiligen IT-Gipfel-Arbeitsgruppenleiter eingeleitet. Auch werden Kurz-Interviews mit prominenten Persönlichkeiten aus den einzelnen Arbeitsgruppen als Videoclip produziert, um die verschiedenen Interessen und Positionen der einzelnen Themenbereiche in audiovisuell aufbereiteter Form der breiten Öffentlichkeit nahezubringen. Als Entgegnung auf die eingangs erwähnte Kritik am Gipfel werden auf diese Weise aber auch diejenigen Experten ihre Meinung äußern dürfen, die nicht am Gipfel teilnehmen konnten. Auf die teilweise kontroversen Diskussionsanstöße sollen die Nutzer der Plattform in Form von Kommentaren, Abstimmungen und Bewertungen ihre eigene Meinung kundtun. Dies soll zu lebendigen Diskussionen führen und die Kontinuität des Blogs sicherstellen.

In den folgenden Abschnitten wird einmal mehr deutlich werden, dass keine virtuelle Gemeinschaft der anderen gleicht. Moderne Kommunikationsplattformen müssen für den spezifischen Zweck, zu dem sie ins Leben gerufen wurden, konzipiert, aufgebaut und betrieben werden. Dies gilt nicht nur für Blogs als Kommunikationsplattform generell, sondern insbesondere für die ungewöhnliche Aufgabe, zu der sie ausgewählt wurde: die öffentliche Diskussion einer politisch, wirtschaftlich und gesellschaftlich relevanten Themenstellung. So birgt die Notwendigkeit redaktioneller Nachbearbeitung und Nutzer-Kontrolle, die durch die Mitwirkung der Kanzlerin, diverser Bundesministerien und vieler deutscher Großunternehmen bedingt sind, ganz besondere Anforderungen an den geplanten IT-*Gipfelblog*, da jede Art der Kontrolle dem an sich ›freien‹ und demokratischen Grundgedanken der Blogosphäre widerspricht. Zudem sind noch weitere Rahmenbedingungen zu beachten, die den IT-*Gipfelblog* zu einer Kommunikationsplattform mit besonderen Ansprüchen und Erfordernissen machen.

2.1 Der Blog – ein Ausdrucksmittel basisdemokratischer Politik

Der Blog ist nichts anderes als eine spezielle Website, deren Einträge üblicherweise in chronologischer Ordnung geschrieben und beginnend mit dem jüngsten Beitrag angezeigt werden. Anfänglich nur als eine Art Online-Tagebuch gedacht, existieren heute unzählige Blogs, deren Themenspektren nahezu alle Bereiche des täglichen Lebens abdecken. Einzelne Blogbeiträge kombinieren Textteile mit Bildern und anderen Multimedia-Daten und können direkt über einen URL referenziert werden. Die Leser eines Blogbeitrags können ihre eigene Meinung interaktiv als Kommentar an diesen anheften, dessen Veröffentlichung vom Blogautor moderiert werden kann. Waren die ersten Blogs nichts anderes als herkömmliche Websites, die regelmäßig mit neuen Beiträgen ergänzt wurden, entstanden gegen Ende der 1990er-Jahre sogenannte ›Blog Hosting Services‹ – Websitebetreiber, die einen für den Endnutzer einfach zu bedienenden Blog-Service anboten. Aufgrund dieser vereinfachten Möglichkeit der Partizipation werden derartige Anwendungen im Gegensatz zu traditionellen Web-Anwendungen als ›Web-2.0-Anwendungen‹ bezeichnet und das so entstandene neue ›Mitmach-Internet‹ als ›Web 2.0‹ (vgl. O'REILLY 2005).

Betrachtet man die Problemstellungen und behandelten Themen des IT-Gipfels, wird deutlich, dass die Konsequenzen, die sich aus den jeweils politisch eingeschlagenen Lösungswegen ergeben, Auswirkungen auf jeden Einzelnen haben werden, wie beispielsweise die aktuelle Diskussion um die Gesundheitskarte oder den elektronischen Fingerabdruck im Personalausweis beweist. Es ist unrealistisch anzunehmen, dass an einer Gipfelveranstaltung, die Entscheidungsträger aus Politik, Wirtschaft und Gesellschaft zu einem eng umgrenzten Thema zusammenführen soll, tatsächlich alle in der Bevölkerung vertretenen Interessengruppen teilnehmen können. Zieht man aber in Betracht, dass die diskutierten Themen weitreichende Konsequenzen für die gesamte Gesellschaft bergen, wäre eine Einbeziehung breiter Interessen durchaus notwendig und wünschenswert. Der Blog als Mittel der öffentlichen Diskussion und Fortführung des politischen Meinungsaustauschs ermöglicht es daher jedem interessierten Bürger, seiner Stimme Ausdruck zu verleihen und sich aktiv an der Diskussion bedeutender Fragen zu beteiligen. Die Diskussion führt zu einem demokratischen Meinungsbildungsprozess und erhebt den Blog zu einem basisdemokratischen Werkzeug, da bei der Beteiligung der politischen Entscheidungsträger auch ein direkter und barrierefreier Austausch zwischen Bürger und Politiker gewährleistet wird.

Heute wird daher zunehmend vom ›sozialen‹ Charakter des Internets gesprochen, da im Gegensatz zu den traditionellen Massenmedien wie dem Zeitungswesen, dem Fernsehen oder dem Radio, die nur einen einseitigen Kommunikationsfluss bieten, das Internet allen Mitwirkenden gegenseitige Interaktion, Kommunikation und Diskussion ermöglicht. Blogs gelten dabei, neben den Podcasts, als die meistgenutzten ›social media tools‹ (vgl. COOK/HOPKINS 2006).

2.2   *Mit dem Blog dabei sein – zeit- und ortsunabhängige Partizipation und Interaktion*

Der politische Meinungsbildungsprozess wurde bislang von den traditionellen Massenmedien und deren politischer Berichterstattung dominiert. Presse, Funk und Fernsehen liefern kritische Berichterstattung und subjektive Meinungsmache, doch die Stimme des einzelnen Bürgers bleibt dabei unbeachtet. Sich politisch und gesellschaftlich Gehör zu verschaffen war und ist auch heute noch mit großem persönlichen Einsatz und Engagement verbunden. Ein Blog ermöglicht es jedem einzelnen Bürger, selbst seine Meinung öffentlich zu machen oder die Meinungsäußerungen von anderen zu kommentieren. Die Meinungsäußerung selbst ist dabei weder mit großem Aufwand verbunden, noch ist diese zeitkritisch oder ortsgebunden. Lediglich ein heute fast überall verfügbarer Internetzugang ist notwendig, um von jedem Ort aus zu aktuellen Themen –

auch zu einem späteren Zeitpunkt – Stellung zu nehmen. Daher ist ein politischer Blog wie der IT-*Gipfelblog* ein idealer Ort, die Gipfel-Themen zu diskutieren, neue Ideen mit einzubeziehen und so eine Grundlage für die Themenstellungen einer Folgeveranstaltung zu legen.

2.3 Ein Blog und ›alle‹ machen mit? – Die Forderung nach Barrierefreiheit

Grundsätzlich ermöglicht ein Blog als Werkzeug der politischen Meinungsbildung die Beteiligung jedes einzelnen Bürgers. Allerdings versteht diese idealtypische Vorstellung den Bürger als durchschnittlich begabten Menschen, der über die finanziellen Mittel verfügt, sich einen Anschluss an das Internet zu leisten. Andererseits ist auch ein Mindestmaß an technischen Kenntnissen und Medienkompetenz notwendig, um sich an den neuen Formen der internetbasierten Kommunikation beteiligen zu können. Letztere sollten heute und in Zukunft zur notwendigen Grundbildung zählen.

Zudem setzt diese idealtypische Vorstellung auch die weitgehende körperliche Unversehrtheit des Benutzers voraus. Gerade interaktive und hochgradig dynamische Anwendungen wie Blogs sind für Menschen mit Sinnesbehinderungen oder anderen individuellen körperlichen Beeinträchtigungen, die eine Bedienung der Rechnerschnittstelle erschweren, problematisch. Viele Blogs sind als ›Rich Internet Applications‹ (RIA) realisiert, d.h. der Nutzer hat den Eindruck, als würde die gesamte Anwendung – insbesondere das Editieren von Beiträgen – auf dem lokalen Rechner ablaufen, obwohl es sich dabei um eine webbasierte Client-Server-Anwendung handelt. Die eigentliche Verarbeitung der Inhalte erfolgt auf einem entfernten Server-Rechner, während auf dem lokalen Rechner der Client mit dem entfernten Server kommuniziert und dabei Teile des dargestellten Bildschirminhalts dynamisch ausgetauscht werden (vgl. DUHL 2003).

›Screen-Reader‹ (auch ›Lupen‹-Programme) sind Hilfswerkzeuge für sehbehinderte Menschen, die Teilbereiche des aktuellen Bildschirminhalts in ausreichender Vergrößerung darstellen bzw. diese in eine adäquate Sprachausgabe umsetzen. Werden in Web-2.0-Anwendungen Teilbereiche des Bildschirms verändert, die gerade nicht im aktuellen Sichtbereich des Screen-Readers liegen, können diese Veränderungen von

Menschen mit einer Sehbehinderung nicht wahrgenommen werden (vgl. CASPERS 2006). Das *World Wide Web Consortium,* kurz ›W3C‹ (www.w3c.org), veröffentlichte 2006 einen ersten wegweisenden Vorschlag, der generelle Lösungsmöglichkeiten zur Problematik der Barrierefreiheit im dynamischen Web 2.0 aufzeigt. Allerdings handelt es sich dabei nur um eine ›Roadmap‹, d.h. eine Absichtserklärung, deren Realisierung noch aussteht (vgl. SCHWERDTFEGER/GUNDERSON 2006).

Daher soll der zu realisierende *IT-Gipfelblog* die jeweils dynamischen Anteile auf ein Minimum beschränken, um dafür Sorge zu tragen, dass möglichst allen Menschen die Möglichkeit der Teilnahme offen steht.

2.4 Ein Blog, dem man vertrauen kann – Sicherheit vor Manipulation

»In the Internet, nobody knows that you are a dog«, untertitelte Peter Steiner 1993 einen Cartoon im *New Yorker* (vgl. STEINER 1993). Nirgends ist es einfacher, seine tatsächliche Identität zu verschleiern, als im öffentlichen Raum des Internets. Dies gilt insbesondere für Beiträge und Kommentare innerhalb eines Blogs. Üblicherweise werden vom Autor eines Beitrags lediglich dessen E-Mail-Adresse und ein frei zu wählendes Pseudonym verlangt, anhand dessen er identifiziert werden soll. Die Überprüfung der E-Mail-Adresse beschränkt sich nur auf deren Syntax. Ein weiterer, üblicher Sicherungsmechanismus besteht darin, dass der Autor eines Kommentars eine vom System angezeigte Zeichenkette, die mit grafischen Mitteln leicht verfremdet wurde, wiederholen muss. Dadurch soll verhindert werden, dass sogenannte ›Web-Robots‹ Inhalte massenhaft in Webseiten und Internetforen automatisiert weiterverbreiten.

Gelangen in einem Blog politisch und gesellschaftlich relevante Inhalte zur Veröffentlichung, sollte sichergestellt werden, dass die Identität der Autoren nicht verschleiert, manipuliert oder gefälscht werden kann. Dies betrifft einerseits die Identität von Persönlichkeiten des öffentlichen Lebens, aber im Zuge der inhaltlichen Diskussion auch die Identität eines beliebigen Nutzers. Digitale Signaturen eignen sich zur Authentifikation von Benutzern und können zudem auch noch eingesetzt werden, um die Integrität (d.h. die Freiheit von Manipulation und Veränderung) eines Blogbeitrags zu gewährleisten (vgl. MEINEL/SACK 2003). Eine digitale Signatur besteht aus einer individuellen Zeichenkette, die den Inhalt eines damit signierten Dokuments mit der Identität des Unterzeichnenden verknüpft. Der Inhalt des signierten Dokuments kann nicht verändert werden bzw. ebenso wenig die Identität des Unterzeichnenden, ohne dass sich auch der Inhalt der digitalen Signatur verändern würde. Um jegliche Manipulation zu verhindern, bestätigt zudem eine dritte, zuverlässige Instanz (eine sogenannte ›Zertifizierungsstelle‹) die Echtheit von Dokument, Autor und zugehöriger digitaler Signatur.

Einer der Grundgedanken des Web 2.0 betrifft die einfache, nahtlose Wiederverwendbarkeit und Rekombination bestehender Inhalte in Form sogenannter ›Mashups‹. Dabei können Inhalte aus verschiedenen Quellen dynamisch und auf vielfältige Art zu neuen Web-Anwendungen zusammengesetzt werden. Blogbeiträge werden über Webfeeds einer automatischen Weiterverarbeitung zugeführt. Webfeeds verschiedener Quellen können miteinander kombiniert werden und in aggregierter Form als dynamischer Inhalt neuer Informationsdienste im Web bereitgestellt werden. Um sicherzustellen, dass der Inhalt dieser Webfeeds nicht manipuliert werden kann, kommen ebenfalls digitale Signaturen zum Einsatz (QUASTHOFF/SACK 2007).

Um das notwendige Vertrauen gewährleisten zu können, das eine öffentlich geführte Diskussion um politisch und gesellschaftlich relevante Themen voraussetzt, muss das IT-*Gipfelblog* digitale Signaturverfahren einsetzen, damit die Authentizität der beteiligten Akteure gewährleistet und so eine Manipulation bestehender Inhalte verhindert werden kann. Die aktuelle Nutzerauthentifikation sowie die bestehende redaktionelle Kontrolle könnten in Zukunft nicht ausreichend sein.

2.5   *Seriöse Blogs – Moderation, Selbstregulation und Anarchie*

Authentizität und Manipulationssicherheit der Gipfelblog-Beiträge wird mithilfe von digitalen Signaturverfahren gewährleistet. Wie aber soll man sicherstellen, dass auch in der Diskussion eine der Thematik angemessene Seriosität gewahrt wird? Finden alle Beiträge unkontrolliert Einlass in den öffentlichen IT-*Gipfelblog*, kann diese nicht garantiert werden. Daher muss die Frage nach einer Moderation und einer eventuell notwendigen redaktionellen Kontrolle der Beiträge gestellt werden. Dieses Thema wurde bereits im Vorfeld noch vor dem eigentlichen Start des

IT-*Gipfelblogs* öffentlich zur Diskussion gestellt und in Form einer Nutzerbefragung vorweg evaluiert. Dabei zeigte sich, dass der Großteil der befragten Blogautoren und deren Leserschaft die Moderation der Beiträge befürworten, damit die beabsichtigte Seriosität gewährleistet werden kann (vgl. BROSS/SACK 2007).

2.6   *Interessensgruppen im Projekt –*
       Verderben viele Köche den Brei?

Auch die besondere Zusammenstellung von Interessensgemeinschaften am Projekt des IT-*Gipfelblogs* soll hier angesprochen werden. Das HPI ist ein unabhängiges Forschungsinstitut, das die Leitung und Souveränität über das Projekt innehat und keinerlei wirtschaftliche Interessen verfolgt, sondern das Projekt aus wissenschaftlicher Sicht unterstützt. Ebenso soll durch dieses Projekt auch die Beteiligung des HPI an kommenden IT-Gipfeln sichergestellt werden. Eine weitere Interessensgruppe des Projekts stellt die Bundesregierung dar. Auch wenn das HPI als unabhängiges Institut dieses Projekt eigenverantwortlich und ohne den Segen der Bundesregierung hätte lancieren können, lag es auf der Hand, dass ein inhaltlicher Konsens beiden ›Lagern‹ in der Sache nur helfen kann. Dennoch gestaltete sich die Abstimmungsphase vor dem Start der Plattform zwischen der Bundesregierung – d.h. insbesondere dem Kanzleramt, dem BMWI (als Organisatoren des Gipfels) und allen weiteren beteiligten Ministerien (BMBF, BMI, BMG, AA etc.) – und dem HPI als langwierig. Es wurde schnell klar, dass eine inhaltliche Zustimmung und Beteiligung der Bundesregierung am Projekt von einer untereinander abhängigen Verkettung von Zustimmungen verschiedener einflussreicher Personen abhängig war. Letzten Endes bedurfte es der persönlichen Zusage der Bundeskanzlerin, selbst einen Beitrag für den Blog zu schreiben, um die letzten Widerstände einiger Ministerien zu brechen. Dennoch war auch auf dem weiteren Weg des Projekts Überzeugungsarbeit nötig: So machte z.B. das Bundesinnenministerium seine inhaltliche Zusammenarbeit, die Zuarbeit von Bundesinnenminister Dr. Wolfgang Schäuble als Leiter der Arbeitsgruppe ›E-Government‹, davon abhängig, inwieweit die bei Webauftritten der Bundesregierung allgemein gültigen Richtlinien (http://bundesrecht.juris.de/bitv) der Barrierefreiheit auch bei der Umsetzung des IT-*Gipfelblogs* gewährleistet werden. Man einigte sich auf ein Niveau von Barrierefreiheit, welches als Mindestanforderung vom BMI akzeptiert wurde. Auch die Zusammenarbeit mit dem BMG gestaltete sich anfangs schwierig, da das Ministerium nur ausgesuchte Beiträge zum Thema ›IKT und Gesundheit‹ diskutiert sehen wollte, was jedoch mit der zugesicherten inhaltlichen Souveränität des HPIs kollidierte.

Als nächste wichtige Interessensgemeinschaft sind Repräsentanten deutscher Großunternehmen zu nennen. Wenngleich deren Skepsis in Bezug auf das IT-*Gipfelblog*-Projekt zu Beginn weitaus geringer war als vonseiten der Bundesregierung, so gab es auch hier andersartige Zweifel und Vorbehalte. Ein großes deutsches Telekommunikationsunternehmen äußerte sich z.B. besorgt darüber, dass sich bei einer offiziellen und auf dem Konsens aller Gipfel-Teilnehmer gegründeten Diskussionsplattform ein zusätzlicher Kommunikationskanal zu den beteiligten Unternehmen öffnen würde. Die Besorgnis des Unternehmens lag darin begründet, dass den Kunden durch den IT-*Gipfelblog* suggeriert werden könnte, dass neben den bewährten und eingespielten Kommunikationskanälen (Service-Hotlines, Call-Center, etc.) eine zusätzliche Kontaktmöglichkeit zu den Unternehmen bestünde. Diese aber tatsächlich nicht bestehende Kontaktmöglichkeit für Kunden könnte die Unternehmen letzten Endes in Zugzwang bringen, diesen Kanal doch anzubieten.

Die Teilnehmergruppe des IT-Gipfels aus Forschung, Entwicklung und Wissenschaft stand der Initiative des HPI von Anfang an und ohne Vorbehalte positiv gegenüber.

3. Evaluation

Welche Wirkung kann die Wahl einer öffentlichen Kommunikationsform auf die inhaltliche Auseinandersetzung zu einem gesellschaftspolitischen Thema erzielen? Wie werden die Diskussionsanstöße von der Öffentlichkeit aufgenommen, und tragen sie wirklich zu einem messbaren Vorteil bei? Wird es Akzeptanzprobleme durch die geplanten Formen der Kontrolle geben? Sind konzeptionelle oder organisatorische Fehler im Zuge der Projektumsetzung zum Vorschein gekommen? Kann der IT-*Gipfelblog* als gelungenes Experiment für zukünftige Anstrengungen bzgl. ›E-Government‹, ›Social Inclusion‹ und ›E-Democracy‹ bezeichnet werden und wegweisende Erkenntnisse hierfür liefern? In den ersten Monaten nach dem

Start des IT-Gipfelblogs konnten wie erwartet erste interessante Ergebnisse bzgl. der oben genannten Fragen gewonnen werden.

Vor dem Hintergrund der aufwendigen Abstimmungsprozesse zwischen dem HPI und den übrigen Projektpartnern ist es bereits als Erfolg zu werten, den IT-Gipfelblog im Konsens aller Gipfelteilnehmer überhaupt realisiert zu haben. Durch gezielte Pressemitteilungen konnte nach dem Start des Blogs am 15. Juni 2007 ein breites Medienecho erzeugt werden, das sich u.a. in intensiven Diskussionen und Beiträgen in diversen Foren, Portalen, Blogs und von Online-Redaktionen manifestierte. Damit einher ging eine erhöhte Anzahl von Nutzerregistrierungen und Posting-Aktivitäten im IT-Gipfelblog, wodurch allein im ersten Monat bereits 60.000 Seitenzugriffe durch 35.000 einzelne Nutzer gezählt werden konnten.

Problematisch war anschließend jedoch die Erkenntnis, dass das Interesse am IT-Gipfelblog ohne die anfänglich starke mediale Berichterstattung im zweiten und dritten Monat nach dem Start deutlich absank (siehe Abb. 1). Zwei Monate nach dem Start fielen die Besucherzahlen auf 35.000 Seitenzugriffe durch 20.000 Nutzer ab – ein Rückgang um 42 Prozent bzw. 57 Prozent. So stellte sich die Frage, ob dieser Rückgang eventuell an den angebotenen Inhalten oder deren technischer Umsetzung liegen konnte.

ABBILDUNG 1
Nutzeraktivität

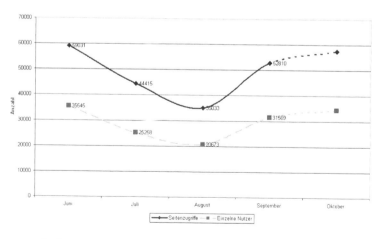

Auch die Hinzunahme der neuen Kategorie ›Diskussionsimpulse‹, in der aktuelle Presseberichte und Agenturmeldungen aufgegriffen und zur Diskussion gestellt wurden, brachte keine signifikante Besserung. Wir kamen zu dem Schluss, dass es nicht an den Inhalten lag, sondern vielmehr an deren Aufbereitung und Präsentation. Die ZDF-*heute*-Online-Redaktion (www.heute.de) sah diesen Sachverhalt in ihrem Artikel *Einladung zum Gipfelbloggen* ähnlich: »Zwanzig Postings – verteilt auf die acht Themenbereiche, [...] sowie eine Handvoll Expertenmeinungen und drei ›Diskussionsimpulse‹ zu aktuellen Themen könnten für erheblich Diskussionsstoff sorgen. Doch die Leser spielen noch nicht mit« (vgl. KRÜGER 2007). Eine genauere Analyse der Nutzungsstatistiken machte außerdem eine Unterscheidung zwischen aktiven sowie passiven Nutzern notwendig. Von den tausenden Nutzern (vgl. Abb. 1), die den IT-*Gipfelblog* jeden Monat besuchten, waren lediglich 155 registrierte ›Autoren‹, die eigene Kommentarbeiträge verfassen können. Diese gelten als die ›aktiven‹ Nutzer des IT-*Gipfelblogs*, da sie durch die Registrierung überhaupt Interesse daran zeigen, eigene Beiträge zu verfassen. Zum Lesen der Beiträge ist keine Registrierung notwendig. Das

ABBILDUNG 2
Statische Startseite

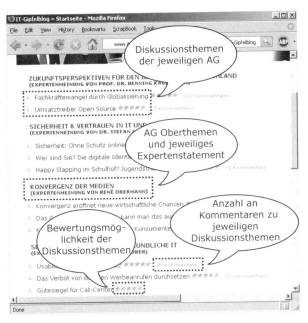

Gros aller *IT-Gipfelblog*-Nutzer ist dieser ›passiven‹ Gruppe zuzuordnen. Beide Nutzertypen sind im *IT-Gipfelblog* willkommen, wenngleich die registrierten Nutzer-Autoren durch Ihre proaktive Inhaltsgenerierung eine wichtige Stellung innehaben. Daher ist es von Bedeutung, Wege und Möglichkeiten zu finden, das Erstellen eigener Beiträge für passive Nutzer attraktiver zu machen.

Abb. 2 zeigt die vormals statische Startseite des IT-Gipfelblogs. Wie zu erkennen, wurden hier die Themen der acht Arbeitsgruppen zusammen mit einer Auswahl von zwei bis vier thematisch passenden Diskussionsthemen dargestellt. Als problematisch empfunden wurde dabei die ›eintönige‹ Darstellung, die nicht dem Anspruch an Aktualität moderner Web-Angebote entsprach und die in zeitkritischen und dynamischen Medien wie Blogs essenziell ist. Ein erster Lösungsweg, der die Nutzer über neue Kommentarpostings oder Beiträge der *IT-Gipfelblog*-Redaktion über einen Live-Ticker unterhalb des Headerbildes zu erhöhter Aktivität animieren sollte, brachte nicht den gewünschten Erfolg. Auch die Angabe der aktuellen Anzahl an Nutzerkommentaren hinter den einzelnen Beiträgen erbrachte keine höheren Nutzerzahlen.

Hilfreich bei der Optimierung war das direkte Feedback der Nutzergemeinschaft via E-Mails und in direkten Gesprächen. So brachten die Nutzer ihr Verlangen zum Ausdruck, nicht nur Kommentare auf Beiträge abgeben zu können, die durch die Redaktion vorgegeben wurden, sondern vielmehr eigene Beiträge und Themen im Blog zur Sprache bringen zu können. Diese in aktuellen Blogs übliche Option wurde während der Konzeptions- und Abstimmungsphase vor dem Start des *IT-Gipfelblogs* nicht in Betracht gezogen, um so die inhaltliche Kontrolle garantieren zu können und um alle möglichen Zweifel an der Unabhängigkeit des *IT-Gipfelblogs* zu zerstreuen. Die Erkenntnis, dass eine Kontrolle von eigenständigen Nutzerbeiträgen ohne Weiteres durch die Moderationsfunktion der Redaktion hätte bewerkstelligt werden können, zeigt einen konzeptionellen Fehler in der ersten Version des *IT-Gipfelblogs* auf, der in der Neukonzeption behoben wurde. Allerdings waren die Reaktionen auf die Idee, einen Blog als Plattform zur Diskussion gesellschaftspolitischer und IKT-relevanter Themen in der breiten Öffentlichkeit zu nutzen, überaus positiv. Die Brauchbarkeit des Mediums Blog für derart spezielle Aufgaben ist auf seine dezentrale Form zurückzuführen, »die Merkmale der öffentlichen und der interpersonalen Kommunikation vereint und soziale Netzwerke unterschiedlicher Reichweite fundiert« (vgl. SCHMIDT 2006: 9).

4. Schlussfolgerung und Ausblick – Neu-Konzeption des IT-*Gipfelblogs*

Folgende Änderungen an der inhaltlichen und technischen Konzeption des IT-*Gipfelblogs* mussten zeitnah vorgenommen werden: Nutzerbeiträge sollen künftig zugelassen werden. Nutzer müssen, dem kollaborativen Grundgedanken entsprechend, eigene Ideen und Vorschläge in einen Blog einbringen und zur Diskussion stellen können. Allerdings muss nun zusätzlich eine erweiterte inhaltliche Kontrolle der Nutzerbeiträge sichergestellt werden, da Nutzer eigene Themen zur Diskussion stellen können.

Die Präsentation der Startseite muss grundsätzlich überdacht werden. Bei Blogs wird der chronologisch letzte Eintrag üblicherweise an den Anfang der Seite gestellt, d.h., es wird mit den jüngsten Beiträgen begonnen. Dieser chronologischen Ordnung kommt eine ganz besondere Qualität zu: Bei jedem Besuch des Blogs ist der Nutzer stets mit den aktuellsten Information konfrontiert. Dies vermittelt dem Leser ein Gefühl von Unmittelbarkeit und Aktualität. Da jeder einzelne Beitrag zudem mit einem sichtbaren Zeitstempel versehen wird, erzeugt diese Aktualität die nutzerseitige Erwartung von ›Updates‹ – also neuen Beiträgen beim kommenden Besuch. Diese Erwartungshaltung bringt den Nutzer dazu, ein Blog regelmäßig und öfter zu besuchen, wobei dieses Verhaltensmuster bei einem tatsächlichen Auffinden neuer Informationen nachhaltig verstärkt wird (vgl. HOURIHAN 2002). Die für ein Web-Angebot so wichtige Startseite blieb über zwei Monate hinweg unverändert, ein unakzeptabler Umstand, der die potenziellen Vorteile eines Blogs ungenutzt ließ.

Die Lösung war naheliegend: Die chronologische Anordnung der nun auch möglichen Nutzerpostings garantiert ein neues bzw. geändertes Erscheinungsbild mit jedem neu eingestellten Beitrag und soll so den Nutzer dazu animieren, den IT-*Gipfelblog* wieder regelmäßig zu besuchen. Um nicht nur dem Anliegen der für den IT-*Gipfelblog* so wichtigen Interessensgemeinschaften, sondern auch dem der Aktualität von Blogs gerecht zu werden, wurde im aktuellen IT-*Gipfelblog* eine Meta-Navigationsmöglichkeit hinzugefügt. Diese stellt aktuell – neben Teilen des Rahmens bestehend aus seitlicher Spalte (›Sidebar‹) und Kopfteil (›Header‹) – die einzige statische Komponente des Blogs dar (siehe Abb. 3). Oberhalb der dynamischen Blogbeiträge positioniert, wird diese Meta-Navigation dem Nutzer in grafisch ansprechender Form ermöglichen, nur diejenigen Postings anzeigen zu lassen, die zu einem bestimmten Arbeitsgruppenthema verfasst wurden. Ebenso ist eine Beitragsauflistung nach AG-Themen möglich, womit den persönlichen Interessen und Präferenzen der einzelnen Nutzer entsprochen werden kann. Für den zweiten Nationalen IT-Gipfel im Dezember 2007 in Hannover wurde außerdem eine weitere Arbeitsgruppe unter Leitung von Bundesjustizministerin Frau Brigitte Zypries eingeführt, die sich mit dem Thema ›e-Justice‹ befassen wird. Diese neunte Arbeitsgruppe wurde im neuen Auftritt des IT-Gipfelblogs bereits integriert.

ABBILDUNG 3
Dynamische Startseite

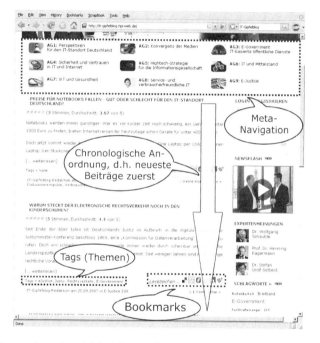

Aber auch andere hilfreiche Werkzeuge und Anwendungen des ›Web 2.0‹ finden im ›neuen‹ IT-Gipfelblog Verwendung. Beispiel Podcasts: Podcasts sind mittlerweile ein nicht zu unterschätzendes Mittel der Kommunikation, dem allein durch die Apple-Software iTunes (www.itunes.com) der Zugang zu einem Massenpublikum gelang. Wenn man diesen Trend noch mit dem Aufstreben aktuell populärer Video- und Bildplattformen wie YouTube (www.youtube.com) oder Flickr (www.flickr.com) vergleicht, wird deutlich, dass sich das Internet zusehend zu einer Veröffentlichungsplattform wandelt (vgl. COOK/HOPKINS 2007) – eine gute Möglichkeit, um den neuen audiovisuellen Formaten im IT-*Gipfelblog* (Nachrichtensendungen, Interviews, Grußworte) erhöhte Aufmerksamkeit und größere Reichweite zu verschaffen. So wird bei *iTunes* ein eigener Bereich (›store‹) für Podcasts des IT-*Gipfelblogs* eröffnet werden. Durch diese Anwendung des ›viralen Marketings‹ haben die Podcasts des IT-*Gipfelblogs* das Potenzial, ein vielfach größeres Publikum zu erreichen als durch den IT-*Gipfelblog* alleine.

Ebenso werden Webfeeds in Zukunft stärker genutzt werden. Mit der heutigen Vielfalt und dem Überangebot an Informationen stellt die Möglichkeit von Webfeeds und deren Aggregation in einem sogenannten ›Feed-Reader‹ einen wichtigen Filtermechanismus dar. Das Abonnement eines Newsletters fällt ebenso in die Kategorie derartiger proaktiver – auch ›push-service‹ genannter – Informationsdienste. Bookmarks oder Tags – also Lesezeichen ähnliche Nutzerannotationen, mit denen interessante Inhalte im Internet wiedergefunden werden – können ebenfalls über RSS-Feeds abonniert werden. Zusätzlich wird auf dem IT-*Gipfelblog* auch das automatische ›Bookmarken‹ einzelner Beiträge bei den populärsten Social Tagging Services durch einfaches Anklicken möglich sein.

5. Fazit

Insgesamt wurde dem IT-*Gipfelblog* erst durch die einzelnen Elemente der Neugestaltung der wirkliche Charakter einer modernen, kollaborativen, partizipativen und attraktiven Diskussionsplattform verschafft, die das Potenzial besitzt, eine seriöse und allgemein anerkannte Diskussionsplattform für IKT-relevante und gesellschaftspolitische Themen zu werden. Diese Neugestaltung umfasste inhaltliche, grafische, aber auch grundlegende konzeptionelle Elemente. Da der IT-*Gipfelblog* mit seiner Zielsetzung ein neues Terrain beschritten hat, in dem es kaum Erfahrungswerte bzw. Vergleiche mit Projekten ähnlicher Problemstellung gibt, ist ein kontinuierliches Projektmonitoring auch in Zukunft unerlässlich. War man zum Projektbeginn mit der Konzeption des Blogs noch zufrieden, zeigte sich schon nach kurzer Zeit, dass Änderungen unbedingt erforderlich waren. Interessant wird u.a. dabei die Beobachtung sein, inwieweit Nutzer, die ihr Interesse durch eine der zuvor genannten Schwachstellen am IT-*Gipfelblog* verloren hatten, durch die beschriebene Neu-Konzeption zurückgewonnen werden können.

Natürlich ist der Anspruch und die interne Zielsetzung weitaus höher: So gilt es in den kommenden Monaten, und insbesondere im Anschluss an den zweiten IT-Gipfel in Hannover, nicht nur ehemalige Nutzer zurückzugewinnen, sondern neue Nutzer heranzuführen und deren aktive Mitarbeit nachhaltig zu fördern. Ohnehin muss versucht werden, den Anteil der aktiven Nutzer zu erhöhen, die eigene Beiträge und Kommentare in den IT-*Gipfelblog* mit einbringen. Mehr aktive Nutzer führen zu größerer inhaltlicher Vielfalt und dadurch auch zu größerer Attraktivität und höheren Nutzerzahlen. Die zusätzlich geplanten Funktionalitäten (Tags, Bookmarks, Feeds und Newsletter), die grafischen und technischen Veränderungen (Chronologie der Beiträge durch klassische Blogansicht, Meta-Navigation), neue Inhalte und zusätzliche Kategorien (›Kiosk‹ – u.a. für Pressemeldungen und Terminankündigungen) werden ihr Übriges zu einer erfolgreichen Zukunft des IT-*Gipfelblogs* beitragen. Die neuen Formate (Interviews), die strategischen Maßnahmen (*iTunes*) und die inhaltlichen Kooperationen mit der GI (www.gi-ev.de), TeleTrusT (www.teletrust.de), Sicher im Netz (www.sicher-im-netz.de), D21 (www.initiatived21.de) und der CeBIT (www.cebit.de) werden ebenso zur Attraktivitätssteigerung beitragen. Der inhaltliche Fokus sollte sich zudem nicht nur auf die Beiträge der Redaktion konzentrieren, sondern vielmehr auf die Nutzerbeiträge, um so einen wirklichen Nutzen aus der kollektiven Intelligenz und Kreativität der interessierten Öffentlichkeit für den IKT-Standort Deutschland zu ziehen.

Literatur

BROSS, J.; H. SACK; CH. MEINEL: Encouraging Participation in Virtual Communities – the ›it-summit-blog‹ case. In: *Proc. of. IADIS Int. Conf. on eSociety 2007*, 2007

CASPERS, T.: *Barrierefreiheit 2.0 – Wie sozial ist das Netz wirklich?* [Webkongress Erlangen - WKE] 2006. Online: http://tomascaspers.de/download/wke06-bf20-text.pdf [06.12.2007]

COOK, T.; L. HOPKINS: *Social Media or, »How I learned to stop worrying and love communication«.* 2007. Online: http://trevorcook.typepad.com/weblog/files/CookHopkins-SocialMediaWhitePaper-2007.pdf [06.12.2007]

DUHL, J.: *IDC White Paper – Rich Internet Applications.* 2003. Online: http://www.macromedia.com/platform/whitepapers/idc_impact_of_rias.pdf [06.12.2007]

HOURIHAN, M.: What we are doing when we blog. In: O'Reilley Network, 13. Juni 2002. Online: http://www.oreillynet.com/pub/a/javascript/2002/06/13/megnut.html [06.12.2007]

KIRCHER, H.: Web 2.0 – Plattform für Innovation. In: *it – Information Technology*, 49, 2007, S. 63ff.

KRÜGER, A.: Einladung zum Gipfelbloggen – Weblog zum nationalen IT-Gipfel mit Startproblemen. In: *heute.de,* Online: http://www.heute.de/ZDFheute/inhalt/5/0,3672,5594789,00.html [24.08.2007]

MEINEL, CH.; H. SACK: *WWW – Kommunikation, Internetworking, Webtechnologien.* Heidelberg [Springer Verlag] 2003

O'REILLY, T.: *Web 2.0 Compact Definition: Trying again.* 2006. Online: http://radar.oreilly.com/archives/2006/12/web_20_compact.html [06.12.2007]

QUASTHOFF, M.; H. SACK; CH. MEINEL: Why HTTPS is not Enough – A Signature-Based Architecture for Trusted Content on the Social Web. In: *Proc. of 2007 IEEE/WIC/ACM Int. Conf. on Web Intelligence (WI 2007)*, 2007

SCHMIDT, J.: *Weblogs – Eine kommunikations-soziologische Studie.* Konstanz [UVK Verlagsgesellschaft mbH] 2006

SCHWERDTFEGER, R.; J. GUNDERSON: Roadmap to Accessible Rich Internet Applications (WAI-ARIA Roadmap). In: *W3C Working Draft.* Online: http://www.w3.org/TR/aria-roadmap/ [20.12.2006]

STEINER, P.: On the Internet, nobody knows you're a dog. In: *The New Yorker*, 20, 1993, S. 61

III. INTERAKTIVE WERTSCHÖPFUNG UND
KOMMUNIKATION IM UNTERNEHMEN

ANSGAR ZERFASS / SWARAN SANDHU

Interaktive Kommunikation, Social Web und Open Innovation: Herausforderungen und Wirkungen im Unternehmenskontext

Abstract

Aus Sicht der Unternehmensführung stellt die Etablierung von Social-Web-Anwendungen eine doppelte Herausforderung dar. Einerseits verändern sich die Spielregeln der Unternehmenskommunikation. Wikis, Podcasts, Weblogs und neue Konzepte der Bewegtbildkommunikation im Netz stellen bislang vorherrschende, senderzentrierte Paradigmen von Public Relations, Marktkommunikation und interner Kommunikation infrage. Gleichzeitig wird durch partizipative Anwendungen eine Neukonfiguration ganzer Wertschöpfungsketten durch alternative Formen der Entwicklung, Produktion und Distribution ermöglicht. Beide Ebenen sind eng miteinander verwoben und verstärken sich gegenseitig. Der Beitrag diskutiert deshalb Herausforderungen und Chancen im Kontext betriebswirtschaftlicher Konzepte (Enterprise 2.0, Open Innovation) und kommunikationswissenschaftlicher Theorien (Interaktive Unternehmenskommunikation) und zeigt, wie beide Wirkungsdimensionen in einer Strategy Map und Balanced Scorecard zusammengeführt werden können.

1. Einleitung

Der Aufstieg des Social Web im Sinne partizipativer, interaktiver Formen der Kommunikation und Interaktion im Internet wurde durch unterschiedliche gesellschaftliche, wirtschaftliche und technologische Entwicklungen seit den 1990er-Jahren ermöglicht. Wesentliche Treiber für den Aufstieg der Netzwerkgesellschaft (CASTELLS 2000; BENKLER 2006; VAN DIJK 2006) bzw. Google-Gesellschaft (LEHMANN/SCHETSCHE 2005) waren die nachhaltige Deregulierung und Internationalisierung der Wirtschaft (FRIEDMAN 2007), technologische Innovationen auf der Grundlage von Open-Source-Technologien (HIMANEN 2001) und die Verbreitung von Internet-Zugängen über Computer und Mobiltelefone (RHEINGOLD 2002; CASTELLS et al. 2007). Die Etablierung und Nutzung entsprechender Strukturen mündete rasch in eine Leistungssteigerung der verfügbaren Anwendungen bei gleichzeitig sinkenden Zugangsschranken: Immer einfacher benutzbare Software und Endgeräte sowie sinkende Kosten – beispielsweise durch Flatrates – haben die Verbreitung des Social Web ermöglicht.

Wenn das Internet inzwischen »das Gewebe ist, auf dem unser Leben beruht« (CASTELLS 2005: 9), dann muss die Bedeutung des Social Web für Unternehmen auf zwei Ebenen ausgelotet werden. Einerseits geht es um die Ebene der *Kommunikation mit internen und externen Bezugsgruppen* (ZERFASS/BOELTER 2005; PLEIL/ZERFASS 2007; BAUER/ GROSSE-LEEGE/RÖSGER 2007). Die Popularität von Online-Communities wie *Facebook* und *studiVZ* bei Privatpersonen sowie die Nutzung partizipativer Formate in Journalismus und Politik verändern die öffentliche Meinungsbildung. Das Kommunikationsmanagement muss sich auf diese Herausforderungen einstellen, sowohl im Bereich der Analyse von Themen und Trends als auch bei der Umsetzung von Kommunikationsmaßnahmen. Darüber hinaus muss die Ebene der eigentlichen *Wertschöpfungsprozesse* betrachtet werden. Diese Diskussion wird unter dem Schlagwort ›Enterprise 2.0‹ (MCAFEE 2006) geführt. Es geht um die Frage, wie Social Software in und durch Unternehmen genutzt werden kann, um die Zusammenarbeit in Entwicklung, Produktion, Vertrieb und Service sowie in den entsprechenden Unterstützungsfunktionen zu stärken. Der Schlüssel zum Verständnis liegt hier in einem neuen Innovationsverständnis. Bevor diese Überlegungen vertieft werden können, gilt es jedoch, sich die *Funktionen und den Verbreitungsgrad von Social-Web-Anwendungen* zu vergegenwärtigen. Denn die in Wissenschaft und Praxis intensiv geführte Diskussion darf nicht den Blick dafür verstellen, dass es sich um eine Entwicklung handelt, die insgesamt noch ganz am Anfang steht.

2. Funktionen und Verbreitung von Social-Web-Anwendungen

Das *Social Web* – oder auch Web 2.0 – als Gesamtheit aller offenen, interaktiven und partizipativen Plattformen im Internet ermöglicht vielfältige Formen der Kommunikation und Interaktion in wirtschaftlichen, politischen, gesellschaftlichen und privaten Zusammenhängen. Ermöglicht wird dies insbesondere durch *Social Software*, also »webbasierte Anwendungen, die für Menschen den Informationsaustausch und die Kommunikation in einem sozialen Kontext unterstützen« (HIPPNER 2006).

Diese Anwendungen nutzen in technischer Hinsicht das IP-Protokoll als Übertragungsweg und standardisierte Webbrowser als Nutzerschnittstelle. Sie sind damit auch mit Mobiltelefonen und anderen internetfähigen Endgeräten (Spielekonsolen, Fernsehgeräten mit IPTV-Zugang) nutzbar. Meist basieren sie auf Open-Source-Technologien und können damit von vielen verschiedenen Entwicklern modifiziert, in verschiedenen Kontexten ohne Lizenzgebühren eingesetzt und verbessert werden. Eine Besonderheit sind offene Programmierschnittstellen (APIs), die es ermöglichen, verschiedene Social-Software-Applikationen miteinander zu vernetzen und sehr einfach neue Anwendungen für spezifische Problemstellungen zu erstellen (Mash-ups).

Die *Basisfunktionen von Social Software* (vgl. Abb. 1) lassen sich grob unterteilen in publizistisch-expressive Möglichkeiten, die beispielsweise bei Weblogs, Podcasts und Videocasts im Vordergrund stehen (PICOT/FISCHER 2006; HOLTZ/HOBSON 2007), die Unterstützung des Wissensmanagements durch Wikis (MADER 2008), Social Bookmarking (HAMMOND et al. 2005) oder Tagging (PRZEPIORKA 2006), verschiedene Ansätze zur Informationsverbreitung wie RSS (LÜNENBÜRGER-REIDENBACH 2006) sowie die Ermöglichung persönlicher und professioneller Beziehungsnetzwerke im Internet, beispielsweise in Communities (RENZ 2007; BOYD/ELLISON 2007).

Die soziale Dimension dieser Anwendungen liegt im Engagement der Nutzer: Während die Betreiber in der Regel nur die Infrastruktur bereitstellen, werden die Inhalte von den Nutzern selbst beigesteuert. Dies unterscheidet Social Software grundlegend von herkömmlichen Online-Plattformen, bei denen (Medien-)Unternehmen in erster Linie bestimmte Inhalte oder Waren verbreiten wollen und als Mittel zu diesem Zweck die dafür notwendigen technologischen Plattformen etablieren.

ABBILDUNG 1
Funktionen von Social Software im Überblick

Funktion	Social-Software-Anwendung	Beschreibung
Publizieren und Darstellen	Weblog Podcast Videocast	Internet-Angebote mit Beiträgen in Text, Ton oder Bewegtbild von einzelnen Personen oder Institutionen, häufig expressiv und authentisch sowie mit Kommentar- und Abonnementfunktionen. Microcontent, der durch gegenseitige Referenzierung (Trackbacks), Tagging und RSS in Social Networking Platforms und im ganzen Social Web verknüpft ist.
Wissen strukturieren	Wiki	Kollaborative Internet-Plattformen, auf der Nutzer mit einfachen Editoren Inhalte erstellen, verändern und verknüpfen können.
	Social Bookmarking	Sammlung, Publikation und Austausch von Verweisen (‚bookmarks') auf relevante Informationen im Internet, sowohl auf individueller als auch kollektiver Ebene.
	Tagging	Individuelle Vergabe beliebiger Schlagworte (‚tags') für Inhalte jeder Art, insbes. Text-, Ton- oder Bewegtbildbeiträge (Microcontent), die damit klassifiziert und strukturiert werden können.
Informieren	RSS (Really Simple Syndication)	Protokoll, das beliebige Änderungen der Inhalte einer abonnierten Website automatisch an den Nutzer überträgt und in speziellen Leseprogrammen sammelt; ermöglicht einen schnellen Informationsüberblick.
Vernetzen	Social Networking Platforms	Internet-Plattformen bzw. Communities, die über die Angabe persönlicher oder beruflicher Profile soziale Beziehungen zwischen Personen herstellen und verwalten.

Im Social Web werden Inhalte jedoch nicht nur von den Nutzern selbst generiert, sondern auch klassifiziert, bewertet, verlinkt und weiterempfohlen, sodass vielfältige Rückkopplungsprozesse entstehen. Individuelles Wissen wird kollektiv genutzt (SUROWIECKI 2004). Der Einzelne verschwindet nicht mehr in der Masse, sondern wird durch die Vernetzung sichtbar und kann sich eine digitale Reputation aufbauen. Gleichzeitig wird durch die gegenseitige Vernetzung ein neues Angebot für Dritte geschaffen, das neue Orientierungen und Angebote bietet. Insgesamt dient Social Software damit dem persönlichen und organisatorischen Identitäts-, Beziehungs- und Informationsmanagement (SCHMIDT 2008: 123).

Die skizzierten Möglichkeiten haben die *Internetnutzung im privaten Bereich* in kurzer Zeit verändert. Insbesondere bei jüngeren Menschen sind partizipative Anwendungen sehr populär. In Deutschland beteiligt sich bereits ein Viertel der Internetnutzer zwischen 12 und 19 Jahren aktiv am Social Web. Die Jugendlichen erstellen mehrmals pro Woche oder noch häufiger eigene Inhalte, beispielsweise durch das Einstellen von Bildern, Videos, Musikdateien oder das Verfassen von Beiträgen in Weblogs oder Newsgroups (MEDIENPÄDAGOGISCHER FORSCHUNGSVERBUND SÜDWEST 2007: 42). Besonders populär sind Social-Networking-Plattformen wie die Community *facebook.com*, die im Dezember 2007 eine Wachstumsrate von rund 250.000 Neuregistrierungen pro Woche verzeichnen konnte.

ABBILDUNG 2
Social-Software-Anwendungen in deutschen und internationalen Unternehmen

Social-Software-Anwendungen	Nutzung in deutschen Unternehmen (Berlecon 2007)			Nutzung international (McKinsey 2007)
	Einzelne Mitarbeiter	Einzelne Abteilung	Unternehmensübergreifend	Using or planning to use
RSS	21%	5%	6%	35%
Social Networks	20%	3%	4%	37%
Empfehlungs- und Bewertungsverfahren	8%	7%	4%	48%
Wikis	7%	6%	5%	33%
Blogs/Podcasts (in Marketing/PR)	7%	5%	5%	32%

Quelle: Eigene Darstellung auf Basis von Berlecon Research 2007 (n=156) und McKinsey 2007 (n= 2.847), selektiert und gewichtet

Ein gänzlich anderes Bild ergibt sich für die *Internetnutzung der Wirtschaft* (vgl. Abb. 2). Deutsche Unternehmen nutzen Social Software im internationalen Vergleich nur unterdurchschnittlich. Empirische Erhebungen haben als größte Hindernisse für die Einführung den unklaren Nutzen (62%), gefolgt von Sicherheitsbedenken (53%) und der fehlenden Kontrolle über die Inhalte (48%) identifiziert. Weniger relevant sind die technische Komplexität (41%) und die mancherorts fehlende Unterstützung durch die Unternehmensleitung (30%) (BERLECON RESEARCH 2007: 21). Diese Einschätzung deckt sich in weiten Teilen mit den Ergebnissen der Euroblog-Studien, in denen speziell die Einsatzpotenziale von Weblogs in der Unternehmenskommunikation untersucht wurden (YOUNG/ZERFASS/SANDHU 2006; ZERFASS/SANDHU/ YOUNG 2007). Bei den befragten PR-Verantwortlichen in ganz Europa spielten vor allem fehlende qualifizierte Fachkräfte (69%) und eine mangelnde Fähigkeit, den Return on Invest darzustellen (42%), eine wichtige Rolle. Technologische Hürden (5%) und Sicherheitsbedenken (22%) waren ebenfalls nicht so bedeutsam. In Deutschland bleiben die Entscheider für Unternehmens- und Produktkommunikation skeptisch, obwohl sie die Herausforderungen und Möglichkeiten erkannt haben (ZERFASS/BUCHELE 2008b): Trotz vieler Einzelbeispiele und Lobgesänge von Dienstleistern wurde bislang kaum herausgearbeitet, welche positiven Wirkungen und damit Wertschöpfungsbeiträge entsprechende Anwendungen zeitigen können.

Wenn dies gelingen sollte, bergen Social-Web-Anwendungen im Unternehmenskontext jedoch vielfältige Erfolgspotenziale: »We are very far from exploiting the full potential of the technology. The set of technologies we have floating around today are fodder for at least a decade or two worth of organizational innovations – let alone the tenfold improvements« (BRYNJOLSSON/MCAFEE 2007: 55). Entscheidend ist, dass es nicht nur um die technologischen Möglichkeiten geht, sondern vor allem um einen Kulturwandel, der in Unternehmen einsetzen muss (DAVENPORT 2007), um die neuen Anwendungen fruchtbar zu machen. Dazu gehört auch eine grundlegende neue Sicht auf das Thema Innovation.

3. Social Web im Wertschöpfungsprozess: Open Innovation und Enterprise 2.0

In der globalisierten Wirtschaft beruht der Unternehmenserfolg zunehmend auf der Fähigkeit, neue Produkte, Prozesse und Technologien zu entwickeln und schnell zur Marktreife zu bringen. Im Zeitalter des Social Web entstehen Innovationsimpulse allerdings nicht nur in den Forschungslabors und Strategieabteilungen der Wirtschaft. Vielmehr gilt: »The declining prices of computation, communication and storage have, as a practical matter, placed the means of information and cultural production in the hands of a significant fraction of the world's population – on the order of a billion people around the world« (BENKLER 2006: 3). Es zeichnet sich immer stärker ab, dass das größte Innovationspotenzial nicht in den Unternehmen selbst, sondern im Aufbau von Netzwerken und der Einbindung von externen Kompetenzen liegt (vgl. Abb. 3). Die betriebswirtschaftliche Diskussion thematisiert dies im Konzept der *Open Innovation* (CHESBROUGH 2003; GASSMANN 2006) sowie – erweitert um die kundenindividuelle Produktion – als *Interaktive Wertschöpfung* (REICHWALD/PILLER 2006) und *Enterprise 2.0* (MCAFEE 2006). Perspektivisch wird dabei kein Unterschied mehr zwischen internen und externen Mitwirkenden am Wertschöpfungsprozess gemacht (TAPSCOTT/WILLIAMS 2006).

ABBILDUNG 3
Closed Innovation, Open Innovation und Enterprise 2.0

Closed Innovation	Open Innovation	Enterprise 2.0
The smart people in the field work for us.	Not all the smart people work for us. We need to work with smart people inside and outside.	Social Software bridges the inside and outside of the organization, collaboration has become very easy.
To profit from R&D, we must discover it, develop it, and ship it ourselves.	External R&D can create significant value; internal R&D is needed to claim some portion of it.	Using crowdsourcing to develop innovation outside with the right incentives enhances the innovation capabilities of the corporation.
The company that gets an innovation to the market first will win.	Building the better business model is better than getting to the market first.	Social Software can create new business models and create new markets.
If we create the most and best ideas in the industry, we will win.	If we make the best use of internal and external ideas, we will win.	If we use social software to enhance collaboration, we will win.
We should control our intellectual property, so that our competitors do not profit from our ideas.	We should profit from others use of our intellectual property, and we should buy others.	We should discover intellectual property in networks and use it.
Chesbrough 2003		Tapscott/Williams 2006, McAfee 2006, Benkler 2006

Quelle: Chesbrough 2003: XXVI (modifiziert und ergänzt)

Die Einbindung von Kunden oder Mitarbeitern in den Entwicklungsprozess ist keine technologische, sondern eine soziale Innovation (VON HIPPEL 2005). Durch den Einsatz von Social Software kann die Integration zwischen internen und externen Partnern aber soweit vorangetrieben werden, dass sich auch die Wertschöpfungsmodelle ändern. Dies setzt voraus, dass Unternehmen ihre Kunden auch als Innovationsträger ansehen. Diese ›lead-user‹ können bis zu einem Drittel aller Kunden ausmachen, und zwar über alle Branchen hinweg. Das Innovationspotenzial der Nutzer reicht von Bibliothekaren, die neue Software zur Recherche entwickeln, über Chirurgen bis hin zu Sportlern, die ihre Ausrüstung für besonders extreme Anforderungen modifizieren (VON HIPPEL 2005: 20). Ob eine Lösung im Unternehmen entwickelt, ausgeschrieben oder auf dem Markt eingekauft wird, hängt seit jeher von den mit den jeweiligen Optionen verbundenen Transaktionskosten (Such-, Koordinations- und Kontrollkosten) ab. Das Internet hat die entsprechenden »Bedingungen stark zugunsten des Marktes verschoben« (RAMGE 2007: 135). Für die meisten Unternehmen ist diese Veränderung eine Herausforderung, auf die sie mit Unsicherheit oder Unwissenheit reagieren. Der Managementforscher Gary Hamel bringt dies auf den Punkt: »The Internet is making it possible to amplify and aggregate human capabilities in ways never before possible.

But most CEOs don't yet understand how dramatically these developments will change the way companies organize, lead, allocate resources, plan, hire and motivate – in other words, how new technology will change the work of managing« (BARSH 2008: 2; vgl. vertiefend HAMEL/BREEN 2007).

Ein illustrativer Versuch, die neuen Formen der Zusammenarbeit darzustellen, ist das Konzept der *Wikinomics* (TAPSCOTT/WILLIAMS 2006). Die von der freien Enzyklopädie *wikipedia.org* bekannte Idee der kollaborativen Zusammenarbeit wird von den Autoren auf betriebswirtschaftliche Wertschöpfungsprozesse und Organisationsformen übertragen und durch zahlreiche Fallbeispiele untermauert. Das Konzept basiert auf vier Säulen, nämlich (1) dem ›Peering‹ als freiwilligem Zusammenschluss einzelner Unternehmen, Lieferanten und Konsumenten, (2) der Offenheit und Transparenz der Zusammenarbeit, (3) einer Kultur des Teilens sowie (4) dem Prinzip des lokalen Denkens und globalen Handelns. Unternehmen sollten demnach das Ziel verfolgen, ein gemischtes Portfolio von geistigem Eigentum anzulegen, und situativ entscheiden, welche Teile davon öffentlich zugänglich gemacht werden.

Ein klassisches Beispiel, auf das sich die Autoren berufen, ist die Motorrad-Herstellung in China: Dort wird seit Mitte der 1990er-Jahre die Hälfte der Weltproduktion an Motorrädern hergestellt, doch es gibt kein einziges Unternehmen, das die komplette Wertschöpfungskette vertikal abdeckt, also von der Forschung und Entwicklung bis hin zur Endproduktion alles in einer Hand hält. Stattdessen gibt es eine Vielzahl spezialisierter Anbieter von einzelnen Bauteilen, die in losen Netzwerken schnell und flexibel zusammenarbeiten. Ein weiteres Beispiel für die Leistungsfähigkeit offener Innovationsnetzwerke sind die Erfahrungen der kanadischen Bergbaugesellschaft Goldcorp. Die Firma war Eigentümer einer 50 Jahre alten Goldmine in Red Lake, Ontario, die als erschöpft galt. Auf der Suche nach neuen Erfolgspotenzialen wurden die geografischen Daten der Mine, die Bergbauunternehmen üblicherweise als intellektuelles Kapital ansehen und geheim halten, im Internet veröffentlicht und durch einen mit einer halben Million Dollar dotierten Wettbewerb bekannt gemacht. Daraufhin haben mehr als 1.000 Geologen und Hobbyforscher weltweit den Datensatz mit ihrem Fachwissen bearbeitet und ihre innovativen Lösungsvorschläge eingeschickt. Die Analysen waren deutlich besser als die der hauseigenen Experten: Inzwischen hat das Unternehmen aus der brachliegenden Mine Gold im Wert von 3,5 Milliarden Dollar gefördert (TAPSCOTT/WILLIAMS 2006: 7ff.).

Bei diesem Prozess des *Crowdsourcing* »lagern Unternehmen Aufgaben an eine ›Masse‹ von interessierten Freizeitarbeitern aus, die sich einer Aufgabe freiwillig annehmen und diese dann alleine oder gemeinsam mit anderen Amateuren oder Semi-Professionellen lösen« (RAMGE 2007: 123). Bereits etabliert sind solche Netzwerke in forschungsintensiven Branchen wie der Chemie- und Pharmaindustrie. Beispielsweise ermöglicht es die Internetplattform *innocentive.com*, spezifische Probleme online mit einem Preisgeld auszuschreiben und damit über 120.000 Wissenschaftler in 125 Ländern zu erreichen. Noch weiter gehen die Geschäftsmodelle von Social-Commerce-Unternehmen wie *threadless.com* oder *spreadshirt.de*, die ihren Kunden die Möglichkeit bieten, T-Shirts mit eigenem Design im Internet zu gestalten und individuell produzieren zu lassen. Wenn diese Kreationen von Dritten gekauft werden, profitieren davon sowohl die Gestalter, die eine Provision erhalten, als auch das Unternehmen, das ständig neue Produkte anbieten kann und sich quasi automatisch auf den wandelnden Modegeschmack einstellt.

ABBILDUNG 4
Strategien der Wertschöpfung in Innovationssystemen

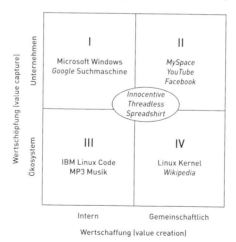

Quelle: Chesbrough/Appleyard 2007: 63 (modifiziert und ergänzt)

Aus dieser Perspektive ergeben sich verschiedene *Möglichkeiten der Wertschaffung und Wertschöpfung* (vgl. Abb. 4). Über den Typus der Ideengenerierung und Innovation hinaus kommt es entscheidend darauf an, wie die ökonomischen Interessen im Zuge der eigentlichen Produktion bzw. Dienstleistung koordiniert werden. Eine klassische – selbstverständlich auch heute noch funktionierende – Strategie ist die unternehmensinterne Entwicklung und Vermarktung von Produkten bzw. Dienstleistungen, wie sie beispielsweise von Microsoft mit dem Windows-Betriebssystem oder von Google mit seiner Internet-Suchmaschine erfolgreich praktiziert wird (Quadrant I). Obwohl Innovation und Wertschöpfung im Kern an diese Unternehmen gebunden bleiben, entwickelt sich in ihrem Umfeld dennoch ein Ökosystem an vernetzten Unternehmen, die gegenseitig voneinander profitieren. Beispiele dafür sind der Prozessorhersteller Intel, der seine Marktführerschaft durch die intensive Kooperation mit Microsoft und den Quasi-Standard ›Wintel‹ ausbauen konnte, und die Handelsplattform eBay, die massiv von den Mikrowerbeformaten bei Google profitiert und zugleich die Marktposition der Suchmaschine selbst stärkt. Diametral entgegengesetzt stehen Anwendungen, die von vielen Entwicklern und Nutzern in einem offenen Ökosystem entwickelt werden, wie beispielsweise das Linux-Betriebssystem oder *Wikipedia* (Quadrant IV). Hier stehen Kollaboration, gemeinsame Qualitätssicherung und Invention sowie die gemeinsame Ausschöpfung der geschaffenen Möglichkeiten im Vordergrund.

Unternehmen wie *myspace.com* oder *youtube.com* betreiben demgegenüber Social Networking-Plattformen mit proprietären Technologien, deren Erfolg von den durch die Nutzer bereitgestellten Inhalten abhängt (Quadrant II). Noch ein Stück weiter geht *facebook.com*: Die proprietäre Plattform bietet eine ›offene‹ Erweiterungsschnittstelle, sodass mit etwas Programmierkenntnissen spezielle Funktionen hinzugefügt werden können. Ein Großteil des Erfolgs der Plattform geht hierauf zurück, da dies die unternehmensinterne Entwicklung entlastet und genau die Lösungen voranbringt, die von den Nutzern favorisiert werden. Eine letzte Ausprägung ist dadurch gekennzeichnet, dass die Innovationskraft einzelner Unternehmen zu ökonomischem Nutzen bei vielen anderen führt (Quadrant III). Dies ist häufig dysfunktional, wie das Beispiel der Musikindustrie zeigt: Die vielfältigen Verbreitungsmöglichkeiten im Internet führen dazu, dass die Nachfrage nach MP3-Musikstücken nicht nur den Urhebern oder Produzenten zugute kommt, sondern in erster Linie den Hardwareherstellern und Verbreitungsplattformen im Ökosystem, also beispielsweise Apple mit den iPod- und iPhone-Wiedergabegeräten und dem

Online-Shop *iTunes*. Noch deutlicher wird dieses Ungleichgewicht bei Raubkopien (CHESBROUGH/APPLEYARD 2007: 64). Denkbar sind allerdings auch positive Konstellationen: Die Weiterentwicklung und Förderung des Betriebssystems Linux durch IBM hat dazu geführt, dass viele Softwareentwickler und Anwender von diesem Open-Source-System profitieren, insbesondere aber auch IBM durch den Verkauf von Servern und entsprechende Dienstleistungen handfeste Marktanteile gewinnen konnte.

Die hier illustrierten Innovationspotenziale durch Open Innovation und Enterprise 2.0 können Wertschöpfungsprozesse radikal verändern. Ob und inwieweit dies mit Hilfe von Social-Web-Anwendungen geschieht, wird nicht zuletzt von den Erfahrungen abhängen, die Unternehmen auf der weniger stark in den Wertschöpfungsprozess eingreifenden Ebene der Unternehmenskommunikation machen. Die Voraussetzungen dafür sollten gegeben sein, da die Bedeutung des Social Web von Marketing- und PR-Verantwortlichen deutlich stärker gesehen wird als in anderen Abteilungen (BERLECON RESEARCH 2007: 16). Das bedeutet allerdings keineswegs, dass bereits adäquate Konzepte oder Wirkungsmodelle entwickelt und implementiert werden. Eine differenzierte Auseinandersetzung auf der kommunikativen Ebene ist deshalb mehr denn je notwendig.

4. Social Web und Unternehmenskommunikation: Interaktive Perspektiven für Marketing, PR und Interne Kommunikation

Die »heimliche Medienrevolution« (MÖLLER 2006) durch Social Software und der damit verbundene »Strukturwandel der Öffentlichkeit im Internet« (NEUBERGER 2006) wird in der Wirtschaft in erster Linie als Herausforderung für das *Kommunikationsmanagement* verstanden. Darunter versteht man den Prozess der Planung, Organisation und Kontrolle der Unternehmenskommunikation im Sinne aller Maßnahmen von Marktkommunikation, Public Relations und interner Kommunikation, mit denen die interne und externe Handlungskoordination sowie Interessenklärung zwischen Unternehmen und ihren Bezugsgruppen gewährleistet werden soll (ZERFASS 2007).

Die partizipativen Möglichkeiten der Online-Kommunikation führen zumindest perspektivisch zur Etablierung ›neuer Meinungsmacher‹

(ZERFASS/BOELTER 2005) jenseits der bekannten Gatekeeper und Multiplikatoren in den Massenmedien. Die damit verbundene *Selbststeuerung der Nutzer* ist eine zentrale Herausforderung für das herkömmliche ›Geschäftsmodell‹ von Marketing und PR: »The growing interest of corporate media for Internet-based forms of communication is in fact the reflection of the rise of a new form of socialized communication: mass self-communication. It is mass communication because it reaches potentially a global audience through the p2p networks and Internet connection. It is multimodal, as the digitization of content and advanced social software, often based on open source that can be downloaded free, allows the reformatting of almost any content in almost any form, increasingly distributed via wireless networks. And it is self-generated in content, self-directed in emission, and self-selected in reception by many that communicate with many« (CASTELLS 2007: 248). Während die bis heute vorherrschende, auf die Massenmedien fokussierte Kommunikation der Wirtschaft durch ein hohes Maß an institutioneller Kontrolle gekennzeichnet ist, verlagern sich die Gewichte im Social Web immer stärker zu den Rezipienten, die zugleich auch Publizisten und Produzenten von Inhalten werden (GILLMOR 2004) (vgl. Abb. 5).

ABBILDUNG 5
Verschiebung der Kontrollstruktur im Social Web

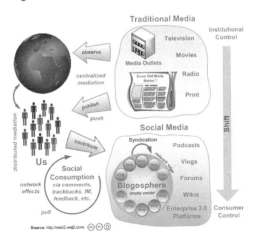

Quelle: http://web2.socialcomputingmagazine.com

In deutlichem Kontrast zu diesem Kommunikationsverständnis verstehen sich Marketing- und PR-Manager heute in erster Linie als *Sender von Botschaften*. Sie sind es, die Marken, Visionen und emotionale Identitäten eines Unternehmens mit strategischer Kompetenz an interne und externe Rezipienten vermitteln. Sie sind Sprecher gegenüber Journalisten und Multiplikatoren, Redakteure eigener Print- und Online-Medien sowie Regisseure von Veranstaltungen und Events. Ihr Erfolg stützt sich maßgeblich auf die strukturellen Eigenschaften der Massenmedien: Wenige senden viel an unzählige Leser bzw. Nutzer, die angesichts der heutigen Informationsüberflutung die Qual der Wahl haben, sich aber letztlich auf die Selektionsleistungen der redaktionellen Gatekeeper oder der mit mächtigem Werbedruck aufgebauten Marken stützen. Dies hat sich in der Netzwerkgesellschaft geändert. Der Kommunikationsimpuls geht in vielen Fällen von den Rezipienten aus: Sie sind es, die am fast leeren PC- oder Handy-Bildschirm einen Suchbegriff eingeben und damit Text, Bilder und audiovisuelle Inhalte von Sendern aller Couleur anfordern. Diese technischen Möglichkeiten werden durch gesellschaftliche Entwicklungen verstärkt. Beispielsweise verstehen sich viele junge Trendsetter als »Investigative Multiplikatoren« (ZERFASS/BOGOSYAN 2007), die deshalb in Weblogs recherchieren, weil sie mehr wissen wollen, als Journalisten im etablierten Zusammenspiel mit Unternehmens-Pressestellen ihnen bieten können oder wollen. Diese heute in Ansätzen erkennbaren neuen Formen der Mediennutzung werden sich spätestens mit dem Aufrücken der bereits im Zeitalter des Internets aufgewachsenen ›digital natives‹ (PRENSKY 2001a, 2001b; BUVAT/MEHRA/BRAUNSCHVIG 2007) in den Entscheidungszirkeln von Wirtschaft, Politik und Gesellschaft durchsetzen.

Für Kommunikationsverantwortliche bedeutet dies: Das etablierte und symbiotische Beziehungsgeflecht mit klassischen Medien und Journalisten (BENTELE/NOTHHAFT 2007), die auf genauer Kenntnis der redaktionellen Spielregeln aufbauende Themenarbeit (KUHN/RUFF 2007) und das kreative Know-how von Corporate-Publishing-Experten (DÖRFEL 2005) drohen an Bedeutung zu verlieren. Ob, wann und in welchem Umfang dies geschieht, ist strittig. Zweifelsohne werden die bisherigen massenmedialen Strukturen auf absehbare Zeit überleben, schon alleine deshalb, weil ihre Protagonisten an den Schaltstellen des kommunikativen Nervensystems sitzen und die von ihnen verinnerlichten Erfolgsmodelle tradieren. Doch eines ist klar: Im Unterschied zur Einführung des dualen Rundfunksystems in Deutschland Mitte der 1980er-Jahre, das der Kommunikationsbranche einen erheblichen Wachstumsschub bis hin zur Etablierung gänzlich neuer Felder wie der Hörfunk-PR beschert hat, können die bewährten Vorgehensweisen heute nicht einfach auf die neuen Plattformen ausgeweitet werden.

Unternehmen sind deshalb aufgefordert, *alternative Strategien und Positionierungen* zu prüfen. Diese Herausforderung wird durchaus erkannt. Eine Mitte 2007 durchgeführte Erhebung zu den Zukunftstrends von Kommunikationsmanagement und Public Relations in Europa zeigt, dass die Auseinandersetzung mit den Chancen und Risiken der digitalen Evolution und des Social Web als wichtigstes Thema der nächsten drei Jahre genannt wird (vgl. Abb. 6).

ABBILDUNG 6
Wichtigste Herausforderungen für das Kommunikationsmanagement in Europa bis 2010

1	Coping with the digital evolution and the social web	48,9%
2	Linking business strategy and communication	45,6%
3	Building and maintaining trust by authentic communication	43,4%
4	Dealing with the demand of new transparency and active audiences	36,3%
5	Establishing new methods to evaluate and demonstrate the value of communication	31,4%

Quelle: Zerfaß et al. 2007: 26 (n=1.087 PR-Entscheider aus 22 Ländern)

Betrachtet man die in der Studie genannten Zukunftsthemen insgesamt, so wird deutlich, dass die Potenziale von Social Software auch alle weiteren Punkte berühren. Die Erkenntnis, dass mit dem Strukturwandel der Medien ein Kontrollverlust einhergeht und eine neue Transparenz entsteht, verbindet sich mit der Hoffnung auf authentischere Formen des Dialogs, die dazu beitragen können, ein Vertrauen in die Leistungsfähigkeit und Legitimation von Unternehmen aufzubauen. Dies mündet einerseits in Versuche, die Kontrolle durch ein Monitoring der Kommunikation im Social Web (teilweise) wiederzuerlangen und zum anderen in verschiedene Ansätze zur Nutzung von Social Software im Rahmen der eigenen Kommunikationsstrategien. Darauf wird im Folgenden eingegangen. Abbildung 6 verweist jedoch auch darauf, dass die Auseinandersetzung mit dem Social Web kein Selbstzweck bleiben darf, sondern – wie alle Aktivitäten des Kommunikationsmanagements – stets einer Rückbindung an die übergeordnete Unternehmensstrategie und nachvollziehbarer Evaluationsmethoden und Erfolgsnachweise bedarf. Diese auch auf der Ebene der Wertschöpfungsprozesse im Enterprise 2.0 relevanten Aspekte werden in Abschnitt 5 diskutiert.

Für die *Praxis des Kommunikationsmanagements* bedeutet das Social Web zunächst, dass die *eigenen Prozesse* durchdacht und möglicherweise neu strukturiert werden müssen. Dies betrifft insbesondere die der eigentlichen Kommunikation vorgeschaltete Analysephase: Hier gilt es, die Thematisierungsprozesse im Internet, ihre durch journalistische Recherchen induzierten Wechselwirkungen mit der massenmedialen Agenda und nicht zuletzt die neu auftretenden Meinungsmacher zu identifizieren. Hierzu bieten sich verschiedene Monitoring-Methoden an, die – beispielsweise bei Weblogs – von standardisierten Suchmaschinen bis hin zu intelligenten Data-Mining-Technologien und kundenspezifischen Dienstleistungsangeboten reichen (ZERFASS/SANDHU 2006). Ein weiterer Ansatzpunkt ist der Einsatz von Wikis, Weblogs und Tagging-Anwendungen für das Wissens- und Projektmanagement. In Kommunikationsabteilungen und -agenturen liegt tendenziell besonders viel implizites Know-how vor, das auf diese Weise für die gesamte Organisation verfügbar gemacht werden kann.

In einem zweiten Schritt sollten die Möglichkeiten der *aktiven Kommunikation im Social Web* geprüft werden. Das Einsatzspektrum ist sehr breit (ZERFASS/BOELTER 2005; PICOT/FISCHER 2006; PLEIL 2007; PLEIL/ZERFASS 2007; ECK 2007; BAUER/GROSSE-LEEGE/RÖSGER 2007; RUISINGER 2007; HEIN 2007) und umfasst sowohl die Nutzung extern betriebener Dienste als auch die Etablierung eigener Formate. Ein Beispiel für den erstgenannten Bereich ist Produktion von Bewegtbild-Videos, die in Weblogs und auf Plattformen wie *youtube.com* platziert werden können und von denen man sich virale Effekte im Sinne einer positiven Mund-zu-Mund-Kommunikation erhofft. Erfolgreich hat dies beispielsweise Volkswagen mit der Horst-Schlämmer-Kampagne rund um den VW Golf praktiziert. Eigene Formate reichen von Podcasts, Weblogs und Wikis in der internen Kommunikation, wie sie zum Beispiel Sun Microsystems und Siemens verwenden, bis hin zu Mitarbeiterblogs, in denen das Mitmach-Prinzip des Social Web für die externe Kommunikation genutzt wird. Beispielsweise hat im November 2007 der größte deutsche Industriekonzern, die Daimler AG, das *daimlerblog.de* gestartet. In diesem Weblog schreibt ein knappes Dutzend Mitarbeiter über das ›Leben im Konzern‹. Das Blog wird bewusst neben der üblichen ›one-voice-policy‹ positioniert, weil das Unternehmen viele Inhalte hat, »die den Weg in die klassischen Medien nicht finden. Das fängt beim technischen Hintergrundwissen an und geht bis zu sozialen Projekten innerhalb einer bestimmten Abteilung« (http://blog.daimler.de/hier-bloggen-mitarbeiter). Die Berichte der Mitarbeiter tragen so zu einer facettenreicheren Wirklichkeitskonstruktion bei, schaffen Nähe und Authentizität und sollen einen Beitrag zur Kundenbindung und Imagepflege leisten (CATALANO 2007).

Da die vielfältigen Möglichkeiten nicht nur mit Chancen, sondern immer auch mit Kosten und Risiken verbunden sind, empfiehlt sich der Einsatz von Heuristiken, um Handlungsmöglichkeiten und strategische Entwicklungspfade zu verdeutlichen. Einfache Möglichkeiten sind *Systematisierungen der Anwendungsmöglichkeiten* zum Beispiel von Corporate Weblogs anhand der kommunikativen Zielsetzungen (Information, Persuasion, Argumentation) und der kommunikativen Handlungsfelder (Interne Kommunikation, Marktkommunikation, Public Relations) (ZERFASS/BOELTER 2005: 127). Solche Entscheidungsraster können durch weitere Dimensionen wie die Unterscheidung von permanenten und temporären, kampagnengebundenen Konzepten verfeinert werden (FLECK et al. 2007: 245).

ABBILDUNG 7
Strategy-/Exposure-Matrix am Beispiel von Weblogs

		Insider-/Nischen-Marke	(Inter-)Nationale Marke
Strategische Ausrichtung	Markt-/Kostenführer	Blogger Relationships zur Markenunterstützung	Blog-Monitoring zur Krisenprävention
	Differenzierung	Virale Kampagnen zur Steigerung der Bekanntheit und Marktentwicklung	Corporate Blogs/ Podcasts zur Kundenbindung und Imagepflege

Öffentliche Exponiertheit

Eine anspruchsvollere Heuristik, die einen direkten Zusammenhang zwischen den Einsatzmöglichkeiten von Social Software und der Positionierung des Unternehmens herstellt und mit Normstrategien verbindet, ist die von uns entwickelte *Strategy-/Exposure-Matrix* (vgl. Abb. 7). Sie ist zweidimensional angelegt und bildet in der Horizontalen die öffentliche Exponiertheit eines Unternehmens bzw. einer Marke ab. Das idealtypische Spektrum reicht hier von einer sehr hohen öffentlichen Präsenz, zum Beispiel bei einer bekannten Marke, bis hin zu außerhalb von Insiderkreisen kaum wahrgenommenen Organisationen und Produkten. Auf der vertikalen Achse wird die grundlegende strategische Ausrichtung abgetragen. Klassischerweise ist hier zwischen Markt- bzw. Kostenführerschaft und Differenzierung bzw. Themenführerschaft zu unterscheiden (PORTER 1985: 11ff.). Für jede Kombination von kommunikativer und strategischer Ausgangssituation bieten sich unterschiedliche Vorgehensweisen an: Bislang unbekannte und auf Kostenführerschaft fokussierte Produkt-/Markt-Konzepte, beispielsweise von Discountern, eignen sich kaum für aufwendige Dialogformate im Social Web. Es mag jedoch sinnvoll sein, den Kontakt zu Bloggern und anderen Multiplikatoren zu suchen und auf diese Weise die eigene, relativ einfache Botschaft zu positionieren (Feld links oben). Nischenmarken, die sich an eine spezielle Zielgruppe richten, können dagegen über virale Kampagnen bekannt gemacht werden und so neue Kontakte generieren, die dann allerdings auch nachhaltig gepflegt werden müssen (Feld links unten). Solche Vorgehensweisen lohnen sich nicht, falls eine Marke oder ein Unternehmen bereits international bekannt ist und als Marktführer über eine hohe öffentliche Präsenz verfügt. In diesem Fall steigen aber die Reputationsrisiken (SANDHU 2007: 268), sodass ein systematisches Monitoring als Präventivmaßnahme angebracht ist (Feld rechts oben). Diese Vorgehensweise ist bei führenden deutschen Unternehmen inzwischen weit verbreitet (ZERFASS/BUCHELE 2008b; FANK/RIECKE 2007). Der Aufbau eigener Social-Web-Angebote wie beispielsweise Corporate Blogs bietet sich schließlich an, wenn etablierte Marken oder Unternehmen ihre Differenzierung bzw. Themenführerschaft ausbauen, Imagepflege betreiben und die Kundenbindung stärken wollen (Feld rechts unten).

Jenseits dieser Handlungsstrategien ist immer zu fragen, wie die (positiven) Wirkungen von Social Software bemessen und im Rahmen umfassender betriebswirtschaftlicher Entscheidungsprozesse diskutiert werden können. Denn die bisherigen Pilotprojekte werden nur dann zum festen Bestandteil des Kommunikationsmanagements werden, wenn die Ziele transparent sind und vor dem Hintergrund der jeweiligen Unternehmensstrategie evaluiert werden. Dies gilt in ähnlicher Weise für die Etablierung neuer Formen der Innovation und Wertschöpfung im Enterprise 2.0. Die entsprechenden Herausforderungen sollen abschließend kurz angerissen werden.

5. Social Software als Werttreiber: Wirkungsnachweis mit der Balanced Scorecard

Die Frage nach der Wirkung von Social Software im Unternehmenskontext muss auf zwei Ebenen beantwortet werden. Erstens ist zu klären, wie die *erfolgreiche Gestaltung von Kommunikationsprozessen im Social Web* geschehen kann. Dabei ist sowohl der Nutzen partizipativer Vorgehensweisen für das beteiligte Unternehmen als auch für die Rezipienten zu berücksichtigen. An dieser Stelle bietet sich ein Rückgriff auf die aus der Theorie des Kommunikations-Controllings (ZERFASS 2006; ZERFASS/ BUCHELE 2008a) bekannten Modelle der Kommunikationswirkung an. Demzufolge ist zwischen der Initiierung der Kommunikation (Input), der Verfügbarkeit von Botschaften in Online-Medien bzw. Internetplattformen (Output), dem Gesamtkomplex von Wahrnehmung, Verstehen, Wissensveränderung, Einstellungswandel und Handlungsanreizen bei den Rezipienten (Outcome) sowie den betriebswirtschaftlichen Ergebnissen erfolgreicher Kommunikationsprozesse (Outflow) zu unterscheiden (vgl. vertiefend hierzu www.communicationcontrolling.de/de/wissen). Diese Modelle müssen jenseits des herkömmlichen Stimulus-Response-Denkens verfeinert und durch adäquate Kennzahlen sowie Evaluationsmethoden unterfüttert werden. Neben statistischen Auswertungen der Nutzung von Social-Web-Anwendungen (z. B. Trackbacks bei Weblogs, Download-Häufigkeit bei Podcasts, Veränderungsquote von Wiki-Einträgen) bieten sich dabei insbesondere Netzwerkanalysen sowie qualitative Methoden der Online-Forschung wie Befragungen und Ad-hoc-Fokusgruppen in Communities an.

Der mit der Outflow-Ebene bereits angesprochene *Beitrag der Kommunikation im Social Web für die Wertschöpfung des Unternehmens* bedarf einer gesonderten Betrachtung. Denn es ist keineswegs selbstverständlich, dass erfolgreiche Kommunikation auch einen funktionalen Beitrag zur

Erreichung der Unternehmensziele leistet. Beispielsweise kann die Einführung eines internen Wikis zum aufwendigen Aufbau eines virtuellen Wissensbestandes führen, der aufgrund der übergeordneten Kostenführerschaftsstrategie nicht für das eigentliche Geschäftsmodell fruchtbar gemacht werden kann. Die im Bereich des Kommunikationsmanagements geführte Diskussion um die Wertschöpfung durch Kommunikation (PFANNENBERG/ZERFASS 2005) legt es nahe, sich dabei bewährter Managementmethoden wie insbesondere der Balanced Scorecard (KAPLAN/NORTON 1996) zu bedienen.

Die *Balanced Scorecard* ist ein Managementkonzept, das die Strategieimplementation im Sinne der laufenden Steuerung, Evaluation und Verbesserung von Zielen und Maßnahmen ermöglichen soll. Hierzu wird das Unternehmen gleichzeitig aus mehreren Perspektiven (Finanzsicht, Kundensicht, Prozesssicht, Potenzialsicht) betrachtet. Dieses Grundschema kann sowohl für das Gesamtunternehmen als auch für einzelne Abteilungen, Projekte oder Mitarbeiter verwendet werden. Für jede der vier Perspektiven werden ausgehend von der übergeordneten Strategie konkrete Ziele bzw. Erfolgsfaktoren festgelegt und die zugrunde lie-

ABBILDUNG 8
Strategy Map für eine Social-Web-Anwendung (Beispiel)

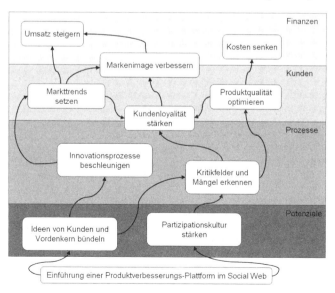

genden Werttreiber identifiziert. Dies geschieht mit Hilfe von Strategy Maps (KAPLAN/NORTON 2004), die wesentliche Wirkungszusammenhänge offenlegen und den Beitrag operativer Maßnahmen zum übergeordneten finanziellen Erfolg sichtbar machen. Jedem Werttreiber sind in einem weiteren Schritt messbare Leistungskennzahlen mit entsprechenden Erhebungsmethoden zuzuordnen. Dies sollten idealerweise sowohl Frühindikatoren als auch klassische, ex post zu erhebende Ergebniszahlen sein. Anhand dieser Kennzahlen und entsprechenden Zielvorgaben (z.B. der Weiterempfehlungs-Rate eines viralen Werbespots auf einer Kampagnenwebsite) kann dann die Wirkung und der Erfolg einzelner Maßnahmen evaluiert werden.

Für die Darstellung der Wirkungszusammenhänge ist die *Strategy Map* von zentraler Bedeutung. Ein Beispiel wird in Abbildung 8 gezeigt. Im Mittelpunkt steht hierbei eine typische Social-Web-Anwendung, die sowohl die Unternehmenskommunikation als auch die Wertschöpfungsprozesse im Enterprise 2.0 verändert: Produktverbesserungs-Plattformen bieten (potenziellen) Kunden und Experten die Möglichkeit, sich zu aktuellen und künftigen Leistungen eines Unternehmens im Web zu äußern. Ein Beispiel hierfür ist die Community *dellideastorm.com* des Computerherstellers Dell. Unter dem Motto »IdeaStorm: Where your ideas reign« werden die Nutzer aufgefordert, Ideen für neue Produkte, Produkteigenschaften oder Dienstleistungen einzustellen (›Post‹), vorliegende Ideen zu unterstützen (›Promote‹), sich mit Dell und anderen Kunden auszutauschen (›Discuss‹) und einen Einblick in geplante Entwicklungen zu nehmen (›See‹). Zehn Monate nach dem Start der Plattform im Februar 2007 wurden bereits rund 8.000 Ideen beigesteuert und 55.000 Kommentare sowie über eine halbe Million Bewertungen abgegeben.

Die möglichen Wirkungszusammenhänge betreffen alle Perspektiven der Balanced Scorecard. Eine intensivere Kommunikation mit Kunden und Experten betrifft zunächst die als Informations-, Organisations- und Human-Kapital abbildbaren *Potenziale* des Unternehmens. Im Mittelpunkt stehen hier einerseits die Bündelung konkreter Ideen im Sinne des Open-Innovation-Paradigmas, andererseits aber auch eine generelle Stärkung der Partizipationskultur und der Dialogorientierung des Unternehmens. Diese symbolische Dimension darf keinesfalls außer Acht gelassen werden. Denn selbstverständlich werden viele, wenn nicht die meisten der vorgebrachten Vorschläge unternehmensintern bereits bekannt oder geprüft worden sein. Das bedeutet zugleich, dass es im Hinblick auf die internen *Prozesse* nicht nur um eine Beschleunigung von Innovationen, sondern auch um das Erkennen von Bedrohungen geht. Wenn sich zum Beispiel die Hinweise auf die Einbindung alternativer Betriebssysteme wie Linux häufen, ist dies weniger eine technische Herausforderung als vielmehr ein Hinweis darauf, dass die enge Kopplung von Dell an den Softwarehersteller Microsoft bei bestimmten Kundengruppen auf Ablehnung stößt und deshalb Loyalitätsverluste hervorruft.

Der Beitrag der Social-Web-Anwendung für den *Kundennutzen* erstreckt sich dann sowohl auf die Bereitstellung neuer Produkte, die der stets wandelnden Nachfrage möglichst weitgehend entsprechen und Markttrends setzen, als auch auf die ständige Optimierung der Produktqualität. In der *Finanzperspektive* wirkt sich dies einerseits durch Umsatzsteigerungen und Kostensenkungen, also in der Gewinn- und Verlustrechnung, als auch durch ein verbessertes Markenimage bzw. eine steigende Reputation des Unternehmens bei verschiedenen Bezugsgruppen einschließlich möglicher Kritiker, Multiplikatoren und Journalisten aus. Dieser Beitrag zur Wertschöpfung kann mithilfe der Markenbewertung oder in Intangible Asset Reports sichtbar gemacht werden.

Die an dieser Stelle begonnene Diskussion über den Einsatz von Scorecards und Strategy Maps bei der Einführung von Social Software bedarf einer weiteren Vertiefung. Hierbei muss Wissen aus der Betriebswirtschaftslehre, Wirtschaftsinformatik und Kommunikationswissenschaft interdisziplinär zusammengeführt werden. Insbesondere aber ist die Unternehmenspraxis gefordert, konkrete Projekte mit entsprechenden Methoden zu steuern und auf diese Weise die notwendigen Erfahrungen zu sammeln.

6. Fazit und Perspektiven

Das Social Web ist eine disruptive Innovation, die grundlegende Geschäftsmodelle von Unternehmen in allen Branchen erschüttern kann (aber nicht muss) und gleichzeitig neue Möglichkeiten für die Gestaltung von Kommunikationsprozessen mit internen und externen Bezugsgruppen bietet. Bislang war die Annahme, dass sich Geschäftsmodelle durch das Internet nur beschleunigen und dass das Kommunikationsmanagement im Netz nur zusätzliche Kanäle bespielen muss. Heute wird dagegen deutlich, dass komplett neue Geschäftsmodelle möglich sind und der Steuerungsverlust der Unternehmenskommunikation möglicherweise ganz neue Konzepte erfordert. Dies ist der große Unterschied zur ersten Internet-Euphorie Ende der 1990er-Jahre.

Die nachfolgenden Beiträge in diesem Kapitel zeigen, dass das Social Web bereits heute tief in organisatorische Prozesse eingreift und die Praxis von Public Relations, Marktkommunikation und Interner Kommunikation verändert. Die Grenzen der Unternehmen verschwimmen mehr und mehr; Nutzer werden zu Partnern in der Produktentwicklung (SCHILDHAUER/ASSMANN/WALLER 2008; KAISER/MÜLLER-SEITZ 2008). Innerhalb des Unternehmens können sich Mitarbeiter leichter vernetzen (KOCH/RICHTER 2008) sowie Wikis und Weblogs zum Wissens- und Projektmanagement einsetzen (WALTER-DUNNE 2008; RICHTER/WARTA 2008). Das Monitoring der Meinungsbildung im Social Web erhöht die Steuerungsfähigkeit der Unternehmen und ermöglicht die Identifikation vielversprechender Themenpfade (SCHULTZE/POSTLER 2008). Weblogs und Podcasts können in der internen Kommunikation zur Motivationssteigerung beitragen (LAPP/WALLNER 2008; SCHEUERMANN/MÜLLER-MÜFFELMANN 2008) und in der Außenwirkung als Sponsoring-Instrumente eingesetzt werden (BURKART/STALZER 2008). Eine perspektivische Herausforderung bleibt trotz des überzogenen Hypes um die Online-Plattform *secondlife.de* die Kommunikation und Interaktion in virtuellen Welten (BREUER 2008).

Diese Erfahrungen aus der Unternehmenspraxis zeigen, dass der Einsatz von Social Software zu einem bestimmenden Innovationsfaktor geworden ist. Die Geschwindigkeit im Social Web wird schnell bleiben – innovative Anwendungen verdrängen andere oder verändern das Nutzerverhalten. Neue Angebote schaffen neue Möglichkeiten oder Bedürfnisse, Nutzer und Unternehmen reagieren entsprechend darauf. Für die Unternehmen gilt es, für den Wandel gerüstet zu sein. Dies kann aber nur gelingen, wenn die wichtigste Unternehmensressource – das Wissen und Engagement der Mitarbeiter – richtig genutzt wird. Nie waren die Bedingungen dafür besser als heute. Manuel Castells, der Chronist der Netzwerkgesellschaft, schließt seine Betrachtungen zur Internet-Galaxie mit folgendem Satz: »Wenn Sie sich nicht um ihre Netzwerke kümmern, werden die Netzwerke sich um Sie kümmern« (CASTELLS 2005: 296). Dies gilt heute – in den Zeiten von interaktiver Kommunikation, Social Web und Open Innovation – mehr denn je.

Literatur

BARSH, J.: Innovation management. A conversation with Gary Hamel and Lowell Bryan. In: *The McKinsey Quarterly*, 2008, S. 1-10

BAUER, H. H.; D. GROSSE-LEEGE; J. RÖSGER (Hrsg.): *Interactive Marketing im Web 2.0+*. München [Vahlen] 2007

BENKLER, Y.: *The wealth of networks. How social production transforms markets and freedom.* New Haven/London [Yale University Press] 2006

BENTELE, G.; H. NOTHHAFT: The intereffication model. Theoretical Discussions and Empirical Research. In: MERKEL, B.; S. RUSS-MOHL; G. ZAVARITT (Hrsg.): *A Complicated, Antagonistic & Symbiotic Affair: Journalism, Public Relations and their Struggle for Public Attention.* Milano [Casagrande editore] 2007, S. 59-77

BERLECON RESEARCH: *Enterprise 2.0 in Deutschland. Verbreitung, Chancen und Herausforderungen.* Berlin 2007. Online: www.berlecon.de [05.12.2007]

BOYD, D. M.; N. ELLISON: Social network sites: Definition, history, and scholarship. In: *Journal of Computer-Mediated Communication*, 13 (1), 2007. Online: http://jcmc.indiana.edu/vol13/issue1/boyd.ellison.html [05.12.2007]

BREUER, M.: Business in virtuellen Welten: Nutzungsperspektiven von Second Life und Online-Welten. 2008, in diesem Band

BRYNJOLSSON, E.; A. P. MCAFEE: Beyond enterprise 2.0. In: MIT*Sloan Management Review*, 48 (3), 2007, S. 50-55

BURKART, R.; L. STALZER: Polarisieren Weblogs die Markenwahrnehmung? Eine Evaluation des Antarctica-Projekts der Bank Austria. 2008, in diesem Band

BUVAT, J.; P. MEHRA; B. BRAUNSCHVIG: Digital Natives – How is the younger generation reshaping the telecom and media landscape? In: *Capgemini Telecom & Media Insights. 16, 2007.* Online: www.de.capgemini.com/m/de/tl/Digital_Natives.pdf [05.12.2007]

CASTELLS, M.: *The rise of the network society: The information age, Vol. 1.* Second edition, Oxford [Blackwell] 2000

CASTELLS, M.: *Die Internet-Galaxie: Internet, Wirtschaft und Gesellschaft.* Wiesbaden [Verlag für Sozialwissenschaften] 2005

CASTELLS, M.: Communication, power and counter power in the network society. In: *International Journal of Communication*, 1 (1), 2007, S. 238-266

CASTELLS, M.; F.-A. MIREIA; L. Q. JACK; S. ARABA: *Mobile Communication and Society: A Global Perspective.* Boston [MIT Press] 2007

CATALANO, C. S.: Megaphones to the Internet and the world: the role of blogs in corporate communications. In: *International Journal of Strategic Communication,* 1 (4), 2007, S. 247-262

CHESBROUGH, H. W.: *Open innovation: the new imperative for creating and profiting from technology.* Boston, MA [Harvard Business School Press] 2003

CHESBROUGH, H. W.; M. M. APPLEYARD: Open innovation and strategy. In: *California Management Review,* 50 (1), 2007, S. 57-76

DAVENPORT, T.: *Why enterprise 2.0 won't transform organizations.* 2007. Online: http://discussionleader.hbsp.com/davenport/2007/03/why_enterprise_20_wont_transfo.html

DÖRFEL, L. (Hrsg.): *Strategisches Corporate Publishing.* Berlin [Helios Media] 2005

ECK, K.: *Corporate Blogs. Unternehmen im Online-Dialog zu ihren Kunden.* Zürich [Orell Füssli] 2007

FANK, M.; W. RIECKE: Monitoring von Internet-Foren als Frühwarnsystem. In: BENTELE, G.; M. PIWINGER; G. SCHÖNBORN (Hrsg.): *Kommunikationsmanagement* (Loseblattsammlung). Ergänzungslieferung Oktober 2007, München [Wolters Kluwer] 2007, Nr. 5.32, S. 1-11

FLECK, M.; L. KIRCHHOFF; M. MECKEL; K. STANOEVSKA-SLABEVA: Einsatzmöglichkeiten von Blogs in der Unternehmenskommunikation. In: BAUER, H. H.; D. GROSSE-LEEGE; J. RÖSGER (Hrsg.): *Interactive Marketing im Web 2.0+.* München [Vahlen] 2007, S. 235-249

FRIEDMAN, T.: *The world is flat.* Second edition, London [Routledge] 2007

GASSMANN, O.: Opening up the innovation process: towards an agenda. In: *R&D Management* 36 (3), 2006, S. 223-228

GILLMOR, D.: *We, the media. Grassroots journalism by the people, for the people.* Sebastopol, CA [O'Reilly] 2004

HAMEL, G.; B. BREEN: *The Future of Management.* Boston, MA [Harvard Business School Press] 2007

HAMMOND, T.; T. HANNAY; B. LUND; J. SCOTT: Social Bookmarking Tools (I). A general overview. In: *D-Lib Magazine,* 11 (4), 2005. Online: www.dlib.org/dlib/april05/hammond/04hammond.html [05.12.2007]

HEIN, F. M.: *Elektronische Unternehmenskommunikation – Konzepte und Best Practices zu Kultur und Führung.* Frankfurt/M. [Deutscher Fachverlag] 2007

HIMANEN, P.: *The Hacker Ethic and the Spirit of the Information Age.* London [Secker & Warburg] 2001

HIPPNER, H.: Bedeutung, Anwendung und Einsatzpotenziale von Social Software. In: HMD *Praxis der Wirtschaftsinformatik,* 43 (252), 2006, S. 6-16

HOLTZ, S.; N. HOBSON: *How to Do Everything with Podcasting.* New York [McGraw-Hill] 2007

KAISER, S.; G. MÜLLER-SEITZ: Nutzereinbindung bei Innovationsprozessen im Social Web: Fallstudie Windows Vista. 2008, in diesem Band

KAPLAN, R. S.; D. P. NORTON: *Balanced Scorecard. Translating Strategy into Action.* Boston [Harvard Business School Press] 1996

KAPLAN, R. S.; D. P. NORTON: *Strategy Maps.* Boston [Harvard Business School Press] 2004

KOCH, M.; A. RICHTER: Social Networking-Dienste im Unternehmenskontext: Grundlagen und Herausforderungen. 2008, in diesem Band

KUHN, M.; F. RUFF: Corporate Foresight und strategisches Issues Management. In: PIWINGER, M.; A. ZERFASS (Hrsg.): *Handbuch Unternehmenskommunikation.* Wiesbaden [Gabler] 2007, S. 303-321

LAPP, S.; A. WALLNER: Der SkyCast – Mehr als Schall und Rauch? Erfahrungen mit Corporate Podcasts bei der Fraport AG. 2008, in diesem Band

LEHMANN, K.; M. SCHETSCHE (Hrsg): *Die Google-Gesellschaft. Vom digitalen Wandel des Wissens.* Bielefeld [transcript] 2005

LÜNENBÜRGER-REIDENBACH, W.: Der Kontext von Innovation. Das Geschäftsmodell von news aktuell. In: PICOT, A.; T. FISCHER (Hrsg.): *Weblogs professionell.* Heidelberg [dpunkt] 2006, S. 213-231

MADER, S.: *Wikipatterns. A practical guide to improving productivity and knowledge in your organization.* Indianapolis [Wileys] 2008

MCAFEE, A. P.: Enterprise 2.0: The dawn of emergent collaboration. In: *MITSloan Management Review,* 47 (3), 2006, S. 21-28

MCKINSEY: *How businesses are using Web 2.0: A McKinsey Global Survey,* 2007. Online: www.mckinseyquarterly.com/How_businesses_are_using_Web_20_A_McKinsey_Global_Survey_1913 [05.12.2007]

MEDIENPÄDAGOGISCHER FORSCHUNGSVERBUND SÜDWEST: *JIM 2007 – Jugend, Information, (Multi-)Media. Basisstudie zum Medienumgang 12- bis 19-Jähriger in Deutschland.* Stuttgart [MPFS] 2007

MÖLLER, E.: *Die heimliche Medienrevolution. Wie Weblogs, Wikis und freie Software die Welt verändern.* 2. Auflage. Hannover [Heise] 2006

NEUBERGER, C.: Weblogs verstehen. Über den Strukturwandel der Öffentlichkeit im Internet. In: PICOT, A.; T. FISCHER (Hrsg.): *Weblogs professionell.* Heidelberg [dpunkt] 2006, S. 113-129

PFANNENBERG, J.; A. ZERFASS (Hrsg.): *Wertschöpfung durch Kommunikation. Wie Unternehmen den Erfolg ihrer Kommunikation steuern und bilanzieren.* Frankfurt/M. [F. A. Z.-Buch] 2005

PICOT, A.; T. FISCHER (Hrsg.): *Weblogs professionell. Grundlagen, Konzepte und Praxis im unternehmerischen Umfeld.* Heidelberg [dpunkt] 2006

PLEIL, T. (Hrsg.): *Online-PR im Web 2.0. Fallstudien aus Wirtschaft und Politik.* Konstanz [UVK] 2007

PLEIL, T.; A. ZERFASS: Internet und Social Software in der Unternehmenskommunikation. In: PIWINGER, M.; A. ZERFASS (Hrsg.): *Handbuch Unternehmenskommunikation.* Wiesbaden [Gabler] 2007, S. 511-532

PORTER, M. E.: *Competitive Advantage.* New York [Free Press] 1985

PRENSKY, M.: Digital Natives, Digital Immigrants. In: *On The Horizon,* NCB University Press 9, 5, 2001a

PRENSKY, M.: Digital Natives, Digital Immigrants Part II: Do They Really Think Differently? In: *On The Horizon,* NCB University Press 9, 6, 2001b

PREZEPIORKA, S.: Weblogs, Wikis und die dritte Dimension. In: PICOT, A.; T. FISCHER (Hrsg.): *Weblogs professionell.* Heidelberg [dpunkt] 2006, S. 13-27

RAMGE, T.: Die Masse macht's. In: *Brand Eins,* 9, 2007, S. 132-137

RENZ, F.: *Praktiken des Social Networking. Eine kommunikationssoziologische Studie zum online-basierten Netzwerken am Beispiel von openBC (XING).* Boizenburg [VWH] 2007

REICHWALD, R.; F. PILLER: *Interaktive Wertschöpfung. Open Innovation, Individualisierung und neue Formen der Wertschöpfung.* Wiesbaden [Gabler] 2006

RHEINGOLD, H.: *Smart mobs. The next social revolution.* Cambridge, MA [Perseus] 2002

RICHTER, A.; A. WARTA: Medienvielfalt als Barriere für den erfolgreichen Einsatz von Wikis im Unternehmen – Fallbeispiel Bosch. 2008, in diesem Band

RUISINGER, D.: *Online Relations. Leitfaden für moderne PR im Netz.* Stuttgart [Schäffer-Poeschel] 2007

SANDHU, S.: Management von Reputationsrisiken bei Konsumgüterherstellern. In: KAISER, T. (Hrsg.): *Wettbewerbsvorteil Risikomanagement. Erfolgreiche Steuerung der Strategie-, Reputations- und operationellen Risiken.* Berlin [Erich Schmidt Verlag] 2007, S. 257-276

SCHEUERMANN, M.; R. MÜLLER-MÜFFELMANN: Podcasts, Themencommunities und Social Media: Erfahrungen in der BASF-Unternehmenskommunikation. 2008, in diesem Band

SCHILDHAUER, T.; J. ASSMANN; C. WALLER: Interaktive Wertschöpfung im Social Web als neue Grundlage der Produktentwicklung. 2008, in diesem Band

SCHMIDT, J.: Weblogs in Unternehmen. In: HASS, B.; G. WALSH; T. KILIAN (Hrsg.): *Web 2.0: Neue Perspektiven für Marketing und Medien.* Berlin [Springer] 2008, S. 121-135

SCHULTZE, M.; A. POSTLER: Online-Trendmonitoring bei der EnBW: Mit dem Ohr am Kunden. 2008, in diesem Band

SUROWIECKI, J.: *The wisdom of crowds: why the many are smarter than the few and how collective wisdom shapes business, economies, societies and nations.* New York [Doubleday] 2004

TAPSCOTT, D.; A. D. WILLIAMS: *Wikinomics. How Mass Collaboration Changes Everything.* New York [Portfolio] 2006

VAN DIJK, J.: *The network society.* Second edition, London [Sage] 2006

VON HIPPEL, E.: *Democratizing innovation.* Cambridge, MA [MIT Press] 2005

WALTER-DUNNE, T.: News- und Wissensmanagement mit Weblog und Wiki: Das Beispiel Fink & Fuchs Public Relations AG. 2008, in diesem Band

YOUNG, P.; A. ZERFASS; S. SANDHU: *Results of the first European Survey on Weblogs in Public Relations and Communication Management (Euroblog 2006).* Online: www.euroblog2006.org [05.12.2007]

ZERFASS, A.: Kommunikations-Controlling. In: SCHMID, B. F.; B. LYCZEK (Hrsg.): *Unternehmenskommunikation. Kommunikationsmanagement aus Sicht der Unternehmensführung.* Wiesbaden [Gabler] 2006, S. 431-465

ZERFASS, A.: Unternehmenskommunikation und Kommunikationsmanagement. Grundlagen, Wertschöpfung, Integration. In: PIWINGER, M.; A. ZERFASS (Hrsg.): *Handbuch Unternehmenskommunikation.* Wiesbaden [Gabler] 2007, S. 21-70

ZERFASS, A.; D. BOELTER: *Die neuen Meinungsmacher. Weblogs als Herausforderung für Kampagnen, Marketing, PR und Medien.* Graz [Nausner & Nausner] 2005

ZERFASS, A.; J. BOGOSYAN: *Blogstudie 2007. Informationssuche im Internet – Blogs als neues Recherchetool (Ergebnisbericht).* Leipzig 2007. Online: www.blogstudie2007.de [05.12.2007]

ZERFASS, A.; M.-S. BUCHELE: Kommunikationscontrolling – Forschungsstand und Entwicklungen. In: *Thexis* 25 (1), 2008a, im Erscheinen

ZERFASS, A.; M.-S. BUCHELE: Strukturwandel der Kommunikation. Herausforderungen für Unternehmen und Kommunikationsagenturen. In: BENTELE, G.; M. PIWINGER; G. SCHÖNBORN (Hrsg.): *Kommunikationsmanagement* (Loseblattsammlung); Ergänzungslieferung Februar 2008. München [Wolters Kluwer], Nr. 2.27, 2008b, S. 1-40

ZERFASS, A.; S. SANDHU: Issues Management und Web 2.0. Monitoring der Meinungsbildung in der Blogosphäre. In: PR *Magazin,* 37 (9), 2006, S. 45-52

ZERFASS, A.; S. SANDHU: Relationship-Management statt Medienarbeit. In: *Kommunikationsmanager,* 4 (2), 2007, S. 58-61

ZERFASS, A.; S. SANDHU; P. YOUNG: *EuroBlog 2007. European Perspectives on Social Software in Communication Management – Results and Implications.* Leipzig u.a. 2007. Online: www.euroblog2007.org [05.12.2007]

ZERFASS, A.; B. VAN RULER; A. ROGOJINARU; D. VERCIC; S. HAMREFORS: *European Communication Monitor 2007. Trends in Communication Management and Public Relations – Results and Implications.* Leipzig 2007. Online: www. communicationmonitor.eu [05.12.2007]

JÖRG ASSMANN / THOMAS SCHILDHAUER /
CHRISTIAN WALLER

Interaktive Wertschöpfung im Social Web als neue Grundlage der Produktentwicklung

Abstract

Auf der Basis erweiterter, sozialer Interaktionsmöglichkeiten über das Internet resultiert unternehmerische Wertschöpfung zunehmend aus der Integration von Kunden und Nutzern in die Unternehmensaktivitäten. Der Beitrag beschreibt die Entwicklung hin zu partizipativen Formen der Produktentwicklung im Social Web und untersucht anhand von Beispielen, welche Voraussetzungen geschaffen werden müssen, um die Potenziale des Social Web für die Produktentwicklung zu nutzen.

1. Vom Konsumenten zum Marktpartner

1.1 Konsumenten als Informationsquelle für die Produktentwicklung

Die Beschreibung von Modellen zur Produktentwicklung ist in der Literatur so unterschiedlich wie die zu entwickelnden Produkte selbst und die an der Produktentwicklung beteiligten Abteilungen und Spezialisten. Fasst man diese Modelle zusammen, dann werden in einem idealtypischen Innovationsprozess die folgenden Phasen durchlaufen (vgl. COOPER et al. 1990: 46; WITT 1996: 10; VAHS et al. 1999: 89; HERSTATT 1999: 73):

Phase 1: Ideengenerierung
Phase 2: Ideenbewertung
Phase 3: Konzepttest und Planung
Phase 4: Produktgestaltung und Produkttest
Phase 5: Markttest und Markteinführung

Mit der zunehmenden Systematisierung von Innovations- bzw. Produktentwicklungsprozessen änderte sich im Zeitablauf auch die Rolle der Konsumenten. War das Hervorbringen von neuen Produkten zunächst eine vorrangige Herausforderung an die eigenen Entwicklungs- und Fertigungskompetenzen innerhalb der Unternehmen, werden seit Anfang der 1980er-Jahre bereits die ersten Modelle der Hersteller-Kunden-Interaktion im Innovationsprozess entwickelt (vgl. das Lead-User-Konzept von HIPPEL 1988).

Schnittstellen zu den späteren Käufern gab es zunächst vorrangig am Anfang, im Rahmen der Ideenentwicklung, und am Ende dieses Prozesses im Rahmen von Markttests. Später erfolgte eine Rückkopplung zum Markt auch in weiteren Phasen des Innovationsprozesses, wie z.B. im Rahmen von Konzept- (vgl. DICKINSON/WILBY 1997: 118; SCHUBERT 1991: 86ff.) und Produkttest (vgl. HAMMANN/ERICHSON 1994: 189; BAUER 1981). Dabei war die Rolle des (potenziellen) Kunden jedoch weiterhin eher passiver Natur, d.h. den Testpersonen wurde eine beschränkte Zahl alternativer Stimuli oder Prototypen zur Beurteilung vorgelegt, um aus den erhobenen Präferenzen, Einstellungen und Kaufabsichten Gestaltungsempfehlungen oder Korrekturen für die geplanten Produktkonzepte oder Prototypen abzuleiten. Ziel dieser kundenorientierten Produktentwicklung ist es, die Floprate zu senken und die Erfolgswahrscheinlichkeit von Innovationen zu erhöhen (vgl. ASSMANN 2003: 17; STADIE 1998: 20; zum Zusammenhang zwischen Kundenorientierung und Innovationserfolg siehe auch KLEINSCHMIDT/GESCHKA/COOPER 1996 und die hier angegebenen Untersuchungen).

Der am weitesten gehende Ansatz der Nutzerintegration im Innovationsprozess zu dieser Zeit war wohl das Lead-User-Konzept von Hippel (vgl. HIPPEL 1988). Dieses Konzept sieht vor, das Wissen von Anwendern mit bestimmten Merkmalen für den Produktentwicklungsprozess gezielt zu nutzen und diese Nutzer aktiv in den Entwicklungsprozess zu integrieren. Lead-User zeichnen sich dadurch aus, dass sie einen Bedarf nach neuen Lösungen frühzeitig artikulieren und damit trendführend sind und dass sie sich einen hohen Nutzen von einer Innovation erwarten, weshalb sie eine hohe Motivation aufweisen, an der Entwicklung dieser Innovation aktiv mitzuwirken. In diesem Sinne sind die Lead-User nicht mehr passive Testpersonen, die auf fertige Produktkonzepte reagieren, sondern sie werden in die Produktentwicklung integriert.

Für die Gewinnung von Nutzerinformationen in Innovationsprozessen stehen eine Vielzahl von Methoden zur Verfügung, die sich hinsichtlich ihrer Interaktionsstärke jedoch unterscheiden (vgl. Abb. 1).

ABBILDUNG 1

Klassifizierung unterschiedlicher Methoden zur Gewinnung innovationsrelevanter Anwenderinformationen nach (gekürzte Version)

Quelle: Herstatt (1991: 59)

Trotz der hohen Popularität erfährt der Lead-User-Ansatz in der praktischen Anwendung bisher nur eine geringe Verbreitung. Bevorzugt werden nach wie vor interne Quellen von Anwenderwissen, was auch an dem Aufwand liegt, der mit der Identifikation von Lead-Usern verbunden ist. Zudem wird an dem Verfahren die geringe Übertragbarkeit der mit den Lead-Usern gewonnen Erkenntnissen auf den durchschnittlichen Kunden und dessen beschränkte Gültigkeit für die Austauschbeziehungen zwischen Unternehmen (B2B) kritisiert, die an den Realitäten von

Konsumgütermärkten vorbeigehe (vgl. SPRINGER et al. 2006: 9ff.). Aktuelle Entwicklungen des Internets, wie sie unter dem Begriff des Web 2.0 subsumiert werden, eröffnen neue Möglichkeiten der Nutzerintegration, und es ist bereits jetzt absehbar, dass sie auch die Rolle des Nutzers im Innovationsprozess verändern und ggf. erweitern werden (siehe auch: MEYER/BLÜMELHUBER/PFEIFFER 2000: 49-70).

1.2 Interaktive Wertschöpfung als neue Form der Arbeitsteilung zwischen Marktpartnern

Interaktive Wertschöpfung ist gleichbedeutend mit sozialem Austausch und Kooperation im Rahmen einer gemeinsamen Zielsetzung zwischen Unternehmen und Kunden, die durch eine aktive Rolle der Kunden gekennzeichnet ist (vgl. REICHWALD/PILLER 2006: 44-45). Die Beteiligung der Kunden in dieser Wertschöpfungspartnerschaft erstreckt sich, über den Rahmen klassischer Marktforschung hinaus, von in interaktiven Markttests und Pilotierungen erworbenen Anwendungserfahrungen bis hin zur aktiven Mitgestaltung bei der Produktentwicklung (PRAHLAD/COIMBATORE/RAMASWAMY 2004).

Über das Internet bestehen für Unternehmen kostengünstige und neue Möglichkeiten des Wissensaustausches sowie der aktiven Beteiligung bisher anonymer Kunden. Kunden dominieren diesen Prozess jedoch nur in Sonderfällen, da sie in der Regel nicht über die finanziellen und materiellen Ressourcen verfügen, um komplexe und langwierige Wertschöpfungsprozesse ohne Unterstützung durch einen Hersteller zu gestalten. Deshalb signalisieren typischerweise die Unternehmen ihren Willen zur Zusammenarbeit und stellen hierfür entsprechende Infrastrukturen und Ressourcen zur Verfügung (REICHWALD/PILLER 2002: 27-52; REICHWALD/PILLER 2003: 515-519). Je nach Ausmaß und Phase, in der die Kundenintegration stattfindet, werden zwei grundlegende Formen der interaktiven Wertschöpfung unterschieden, die im Folgenden kurz dargestellt werden.

1.2.1 Mass Customization

Mass Customization bzw. die individualisierte Massenfertigung ist zunächst ein Fertigungskonzept, in dem sowohl die klassischen Vorteile der Massenproduktion, wie Skaleneffekte, Erfahrungskurvenvorteil und Automatisierung, von den Unternehmen genutzt werden sowie dem wachsenden Wunsch der Kunden nach Individualisierung des Wunschproduktes Rechnung getragen wird (PILLER 2006). Der Begriff ist ein Oxymoron aus den widersprüchlichen Begriffen ›mass production‹ und ›customization‹, der, im Rahmen wirtschaftlicher Machbarkeit, auf kundenindividuell differenzierte Produktausprägungen für den Massenmarkt abzielt. Durch Variation aus wenigen, für den Kunden jedoch entscheidenden Merkmalen des Produkts wird hierbei eine Individualisierung erreicht. Typische Individualisierungsdimensionen im Rahmen der Produktentwicklung durch den Kunden liegen im Bereich der Gestaltung, der Passgenauigkeit sowie der Zu- und Abwahl produktspezifischer Funktionalitäten und Eigenschaften. Häufig basieren die Endprodukte auf dem Konzept der Modularisierung und lassen sich über entsprechende Module und Bausteine individuell zusammenstellen. Durch Mass Customization werden Kunden hierbei in die Lage versetzt, individuelle Produkt- oder Leistungsbedürfnisse über einen Anbieter zu bedienen, obwohl die Kosten hierfür nur geringfügig über denen eines Standardprodukts liegen. Das Unternehmen kann somit für den konkreten Bedarf produzieren, spart Lagerkosten und kann aufgrund der Erfüllung des Kundenwunsches dem Preiskampf im Segment der standardisierten Produkte ausweichen. Häufig ist sogar eine Positionierung als Innovationsführer auf dem Markt möglich. Darüber hinaus gewinnt das Unternehmen eine Fülle an Kundendaten und Einsichten in die spezifischen Kundenbedürfnisse, die über traditionelle Marktforschungsmethoden nur schwer ermittelbar sind. Neben Möglichkeiten zur frühen Aufklärung

ABBILDUNG 2
Phasen der Kundenintegration bei Mass Customization

Quelle: Reichwald/Piller 2006: 239

neuer Marktentwicklungen wird zudem eine dauerhafte Kundenbindung durch Wiederkäufe und Kundenanregungen begünstigt, die sich aus der Kundenintegration in die einzelnen Prozessphasen ergibt.

Möglich wird die individualisierte Massenfertigung erst durch den Einsatz moderner Informations- und Kommunikationstechnik. So können Kunden z. B. mithilfe eines Konfigurationssystems ihre Produkte innerhalb eines durch das Unternehmen vorgegebenen Lösungsraumes selbst gestalten. Meist lassen sich entsprechende Varianten eines Grundproduktes durch Aufbau von Modulen zu einer kundenindividuellen Lösung zusammenführen. Die visuelle Simulation stellt hierbei bereits eine erste Vermittlung der späteren, realen Produkterfahrung (WALLER 2006) dar, die durch Verfolgung (Tracking) der Kundenaktivitäten relevante Bedarfs- und Planungsinformationen ermöglicht. Zusätzlich lassen sich hierbei auch weiter gehende Schnittstellen zu Open Innovation etablieren, die in Form freier Informationsgabe durch den Kunden über das aktuelle Angebot hinausgehende Ideen, Wünsche, Bewertungen und Anregungen abfragen und diese in den weiteren Produktentwicklungsprozess integrieren. Ein einfaches, aber sehr erfolgreiches Beispiel ist z. B. *mymuesli* (http://www.mymuesli.com). Der Kunden kann hierbei auf sehr intuitive Weise sein ganz persönliches Bio-Müsli online zusammenstellen und es sich zuschicken lassen. Diese Exklusivität auf dem Frühstückstisch hat natürlich aufgrund der qualitativ hochwertigeren Zutaten ihren Preis. Wer aber einmal seine persönliche Lieblingsmischung gefunden hat und damit zum Wiederkäufer wird, bekommt jede sechste Dose seines Mixes geschenkt. Vom Grundprinzip her ähnlich, jedoch wesentlich umfangreicher aufgrund der komplexen Produktanforderungen sind aktuelle Beispiele aus der Bekleidungs- und Sportschuhindustrie. Adidas verfügt hierfür z. B. mit Mi-Adidas[1] seit 2001 über ein entsprechendes Co-Design-Angebot (BERGER/MOESLEIN/PILLER/REICHWALD 2005) zur Individualisierung von Sportschuhen und will dies zukünftig auch auf andere Produktangebote ausweiten. Die Individualisierung erfolgt hierbei vor Ort auf gesonderten Veranstaltungen oder in ausgesuchten ›Flagship-Stores‹ der Marke. Mithilfe eines Scanners werden die Füße des Kunden gescannt und hierbei die genaue Länge, Breite und Druckverteilung bestimmt. Zusammen mit einem Experten bespricht der Kunde anschließend die Ergebnisse. Die Information über die Passform

---

[1] Informationen hierzu: http://www.adidas.com/campaigns/miadidas_teaser/content/index.asp?strCountry_adidascom=com

wird dann zusammen mit persönlichen Vorlieben der Material- und Farbwahl in einen Computer eingegeben, um einen visuellen Schuh zu erstellen. Nach Kauf ist dieser jedoch nicht umgehend verfügbar, sondern benötigt eine Fertigungs- und Auslieferungszeit von etwa 3 Wochen. Insgesamt hat sich Mass Customization als Konzept der Interaktiven Wertschöpfung bereits in vielen verschiedenen Branchen etabliert. Von kundenindividuellen Textilien, Schuhen, Uhren & Schmuck, Fertighäusern, Küchen, Möbeln, Lebensmitteln (Schokolade, Wein, Cornflakes) u.v.m. sind heute viele kundenindividuelle Angebote im Markt verfügbar, die durch die Möglichkeit des Internets einen neuen Aufschwung erfahren.

1.2.2 Open Innovation

Ergänzend zu Formen der Produktentwicklung durch Mass Customization unmittelbar am Point-of-Sale, stellt Open Innovation einen wesentlich weiter gefassten und offenen Ansatz dar, um Kunden in den Produktentwicklungsprozess zu integrieren. Open Innovation ist die Öffnung des Innovationsprozesses der Unternehmen und ermöglicht damit eine aktive, strategische Nutzung der Außenwelt zur Vergrößerung des eigenen Innovationspotenzials (CHESBROUGH/VANHAVERBEKE/WEST 2006). Der Begriff ›Open Innovation‹ ist auf Henry Chesbrough (2003) zurückzuführen und bezeichnet insbesondere die Abkehr von einem klassischen Innovationsprozess, der sich weitgehend innerhalb der Unternehmen abspielt. Open Innovation beschreibt Innovation deshalb als einen vielschichtigen Lösungsprozess, der zwischen mehreren Akteuren über Unternehmensgrenzen hinweg abläuft. Als interaktive Wertschöpfung im Innovationsprozess ist Open Innovation eine Entwicklung, bei der ein Herstellerunternehmen mit ausgewählten Kunden bzw. Nutzern gemeinschaftlich Innovationen generiert. Dabei kommt es zu einer systematischen Integration von Kundenaktivitäten und Kundenwissen in die Ideengenerierung. Integrationsmöglichkeiten ergeben sich hierbei sowohl in der konzeptionellen Entwicklung erster technischer Lösungen sowie beim Design und bei der Fertigung erster Prototypen. Hierfür ist der der Einsatz von interaktiven Toolkits (FRANKE/PILLER 2003) für Open Innovation ein wesentlicher Ansatz. Diese meist internetbasierten Instrumente erlauben die offene Einbeziehung einer großen Zahl von Kunden in verschiedene Phasen des Innovationsprozesses und stellen eine Schnittstelle zu den einzelnen Inhalten und Anforderungen dar.

ABBILDUNG 3
Ablauf des iterativen Problemlösungsprozesses im klassischen Innovationsprozess und bei Open Innovation mit Hilfe eines Tool-Kits

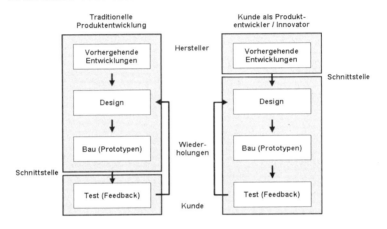

Quelle: in Anlehnung an Thomke/von Hippel 2002

Um die Qualität und Geschwindigkeit des Innovationsprozesses zu erhöhen, wird hierbei Know-how von Lieferanten, Kunden und externer Partnern (z.B. Universitäten) genutzt. Hierbei ist die Integration externen Wissens in den Innovationsprozess grundlegend. Bereits 1986 hatte Eric von Hippel die Lead-User-Methodik (HIPPEL 1986) beschrieben. Hierbei werden besonders fortschrittliche Verbraucher durch Verfahren (Screening/ Pyramiding) selektiert und gezielt in die Entwicklung neuer Produkte eingebunden. In einem solchen Prozess nutzt z.B. Webasto Kunden zur gemeinsamen Ideation für zukünftige Produkte. Webasto baut unter anderem Standheizungen, Schiebedächer, Heckklappen und Faltverdecke für Hersteller wie Ferrari, Volvo oder VW. Rund zwei Dutzend Workshops hat Webasto in den vergangenen zwei Jahren veranstaltet. Jeder davon brachte im Schnitt eine Idee, die zu einer patentfähigen Lösung weiterentwickelt wird. Zusammen mit dem MIT-Forscher Eric von Hippel arbeitet Webasto deshalb aktuell an einer Web-Software, über die eine Community erste Ideen austauschen, diskutieren und entwickeln kann.

In der Abgrenzung zu anderen Forschungsfeldern ist Open Innovation das Gegenteil der klassischen Closed Innovation, also dem Innovationsverständnis, das nach Schumpeter (1934) die Exklusivität einer Innovation als wesentlichen Gewinn des Innovators bezeichnet. Des Weiteren ist die Open-Source-Entwicklung von Produkten durch Kunden und Nutzer als eine Extremform von Open Innovation zu verstehen und stellt somit eine enge Verbindung zu den aktuellen Schlagworten ›Web 2.0‹ und insbesondere zu dem Begriff ›Crowdsourcing‹ (MOTZEK 2007) dar, der oftmals synonym verwendet wird.

Insgesamt sind Mass Customization und Open Innovation aktuelle Strategien, bei denen aus der von Unternehmen dominierten Wertschöp-

ABBILDUNG 4
Phasenmodell der Interaktiven Wertschöpfung

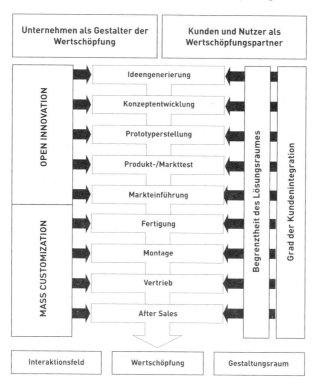

Quelle: nach Reichwald/Piller 2006: 44

fung durch die aktivere Rolle der Kunden eine interaktive Wertschöpfung entsteht. Hierdurch sind sie nicht mehr nur passive Konsumenten, sondern aktive Wertschöpfungspartner, die Produkte oder Dienstleistungen aktiv mitgestalten und hierbei teilweise sogar deren gesamte Entwicklung oder Herstellung übernehmen.

1.3 Vom Marktpartner zum Mitgestalter von Märkten

Parallel zu Formen interaktiver Wertschöpfung, die in der Regel vom Unternehmen ausgeht, haben sich auf Basis der anhaltenden Weiterentwicklung des Internets, neue soziale Austausch- und Marktformen im Electronic Business etabliert. Unter dem Begriff Web 2.0[2] erobert eine neue Generation von Online-Unternehmern den Markt, die als ›Interessensgemeinschaften‹ weitreichende persönliche Beziehungen zu ihren Nutzern aufbauen. Mittlerweile existieren in diesem Umfeld viele neuer Geschäfts- und Werbemodelle, die erfolgsbasiert arbeiten und die Kunden zu Geschäftspartnern machen, indem sie sie am Umsatz beteiligen. Pionier hierfür war Amazon mit seinem Affiliateprogramm, das die Vermittlung von Kunden über die Privathomepages von Nutzern mit einer Provision belohnt. Mittlerweile haben sich Affiliatenetzwerke zu einem der wichtigsten Instrumente des Online-Marketings entwickelt.[3] Ein neueres Beispiel für ein umfassenderes Revenue-Sharing-Modell stellt die Community *Spymac* dar, bei der die Mitglieder mit selbst produzierten Videos, Bildern und Audio-Dateien Geld verdienen können. Die Höhe der Umsätze orientiert sich dabei am Aktivitätsgrad und an der Popularität der Beiträge bei den Teilnehmern. Parallel hierzu sind die zunehmende Konvergenz, Verfügbarkeit und Flexibilisierung von Austauschprozessen zentrale Treiber im E-Business.

Grundzüge dieses Wandels im marktlichen Kontext ist insbesondere ein Emanzipationsprozess auf Kundenseite, der die bisherigen Sender-Empfänger- und Käufer-Verkäufer-Modelle nachhaltig verändert. Der einzelne User kann mit seinen Botschaften inzwischen die ganze Welt erreichen und damit sein Mitteilungsbedürfnis sowie seinen Gestal-

---

[2] O'Reilly, Tim: *What is Web 2.0?* http://www.oreilly.com/pub/a/oreilly/tim/news/2005/09/30/what-is-web-20.html
[3] Laut OVK und Nielsen Media Research mit einem Zuwachs von rund 35 Prozent von 2006 auf 2007 und mit 210 Millionen Euro Werbeinvestitionen; vgl. OVK *online-Report* 2007/02, S. 4.

ABBILDUNG 5
Web-2.0-Themenlandkarte

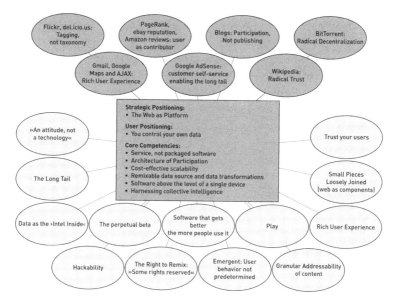

tungswillen befriedigen. Was relevant ist, bestimmen die Nutzer, nicht die Unternehmen. Insofern sind an die Stelle von Marktstatistiken und Zahlen vielfach die Nutzer selbst und ihre sozialen Beziehungen getreten, und klassische Absatzmärkte werden von Communities abgelöst, die deshalb so authentisch sind, weil sie sich selber geschaffen haben. Ausgestattet mit der Macht aktueller Informations- und Kommunikationstechniken, hat der proaktive Kunde seine klassische Position am Ende der Wertschöpfungskette verlassen und setzt seine persönlichen Interessen und das Internet ein, um für sich einen optimalen persönlichen Nutzen zu erzielen. Insgesamt ist das Phänomen Web 2.0 somit nicht nur eine Menge neuer Anwendungen oder isolierter, neuer Techniken im World Wide Web, sondern eine Kombination aus neuen Techniken, neuen Anwendungstypen, einer sozialen Bewegung und neuen Geschäftsmodellen (RICHTER/KOCH 2007). Durch diese veränderten Rahmenbedingungen und die neue Art des Austausches zwischen allen Marktpartnern entwickelt sich E-Commerce zu Social Commerce. Der Trendforscher Douglas

Rushkoff (RUSHKOFF 2005) vergleicht diese Entwicklung sogar mit einer neuen Renaissance, hin zu einer generellen Open-Source-Gesellschaft, in der sich auf der Basis von Kommunikation Information und Wissen zu neuen sozialwirtschaftlichen Netzwerken herausbilden.

1.3.1 Kunden als eigenständige Produktentwickler

Bezog sich die neue Freiheit im sozialen Web zunächst darauf, eigene Kreationen innerhalb und für eine spezielle Interessengemeinschaft zu erstellen und zu vermarkten, gibt es heute kaum noch eine Grenze zu der aktiven Nutzung und Veränderung von Fremdangeboten. Anschauliches Beispiel hierfür ist das Ende der Harry-Potter-Reihe: Der größte deutsche Harry-Potter-Fanclub z.B. will sich nicht mit dem Ende der Romanreihe abfinden. Die Berliner Club-Gründerinnen Saskia und Sarah Preissner haben bereits über die Zeit nach dem siebten und letzten Band von Joanne K. Rowling nachgedacht und planen, einen achten Band mit den 100.000 Clubmitgliedern aus mehr als 30 Ländern zu schreiben.[4]

Dieses neue Selbstbewusstsein der Nutzer in Bezug auf die eigene Kreativität ist in den USA bereits Teil des Mainstreams und egalisiert viele Medien- und Produktangebote in Form von Mash ups. Hierbei handelt es sich um die Erstellung neuer Inhalte durch die nahtlose (Re-)Kombination bereits bestehender Inhalte. Der Begriff stammt ursprünglich aus der Welt der Musik und bedeutet dort im Englischen soviel wie Remix. Der Begriff ist ein wesentliches Beispiel für das Neue an Web 2.0, da Inhalte des Webs, wie Text, Daten, Bilder, Töne oder Videos, als Social Media collageartig neu kombiniert werden. Während Mash ups zunächst als Spielzeug abgestempelt wurden, machen sich in der Zwischenzeit auch einige kommerzielle Anbieter, z.B. zahlreiche Immobilienanbieter oder Dienste wie *plazes.com*, diese Möglichkeiten zunutze. »Ich sehe, dass sich eine starke Do-it-yourself-Kultur entwickelt«, sagt *Wired*-Chef und Buchautor Chris Anderson in seinem Blog *GeekDad*.[5] Web-Pionier Tim O'Reilly geht hier bereits einen Schritt weiter und ruft das Zeitalter der ›Hardware-Hacker‹ aus, in dem projektorientierte Bastler ehemals unternehmensdominierte Angebotsformen egalisieren. Ähnlich wie bei weiten

---

4   Fans als Autoren, *Spiegel online*, 09. Juli 2007, URL: http://www.spiegel.de/kultur/literatur/0,1518,493247,00.html

5   Mehr Informationen unter: http://blog.wired.com/geekdad/ oder unter http://mashable.com/

Teilen aktueller Mass-Customization-Angebote ist dies jedoch aufgrund fehlender professioneller Produktionsentwicklungs- und Produktionsausstattung bisher maßgeblich auf wenig komplexe Produkte und nonkommerzieller Nutzung im privaten Bereich beschränkt. Dennoch ist es sicher nur eine Frage der Zeit, bis Nutzer über den eigenen PC hinaus, ggf. unterstützt durch einen Hersteller oder den Kauf eines Gerätes zum Rapid-Protoyping (RENNER/KISSLING/ZAUNSEDER 2000), in einem erweiterten Umfang selbst zu Anbietern von komplexen Kreationen und Leistungen werden können.

1.3.2 Die neue Rolle der Unternehmen als Dienstleister und Vermarkter für Kundenprodukte

Durch die aktuelle Entwicklung zu mehr Kundenorientierung rund um das Thema Web 2.0 verändert sich das Rollenverhältnis zwischen Unternehmen und Markt grundlegend (ZUBOFF/MAXMIN 2002). Wer eben noch Nachfrager war, kann, begleitet durch die weltweite Unterstützung über das Internet, im nächsten Augenblick Anbieter einer Leistung werden. Das war auch für Sony ein Grund dafür, ein eigenes Videoportal aufzubauen. Anstatt mit *YouTube* von Google zu konkurrieren, wurde das vor einem knappen Jahr für 65 Millionen gekaufte Portal *Grouper* umgebaut und mit einem neuen Geschäftsmodell versehen, welches Web 2.0 mit den ganz klassischen Strukturen des Entertainmentanbieters verbindet. Die Nische, die sich Sony da im Schatten von *YouTube* eingerichtet hat, ist für kreative Nutzer äußerst attraktiv, da Sony seine Verbindungen in die Medienbranche einbringt. Das *Crackle* getaufte Portal soll als echte Talentschmiede im Netz etabliert werden. Anders als bei *YouTube* und anderen Videoplattformen, bei denen populäre Filmemacher oder Darsteller an den Werbeeinnahmen beteiligt werden, will Sony seine Erfahrung in der Entertainmentindustrie nutzen und dem talentierten Netznachwuchs echte Perspektiven eröffnen. Den Gewinnern der in den jeweiligen Sparten ausgetragenen regelmäßigen Wettbewerben winken zum Beispiel Termine in Hollywood, eine Kinoauswertung oder ein Auftritt in einem Comedy-Club. Die *Crackle*-Macher helfen professionell bei der Formatentwicklung und stehen mit kreativem Input zur Seite. Das Beispiel zeigt, dass Unternehmen nicht nur bei ihrer Kommunikation, sondern auch bei der Produktentwicklung und Vermarktung auf partizipative Geschäftsmodelle ausweichen und zukünftig mehr und mehr als Dienstleister für Kunden auftreten. Wirtschaftlicher Hintergrund hierfür sind neben gesteigerter Aufmerksamkeit und der Ausrichtung auf Kernkompetenzen vor allen Dingen die gewachsenen Anforderungen des Marktes im Rahmen der Flexibilisierung von Geschäftsmodellen und Angebotsleistungen. Nutzer mit ihrer Sichtweise und Kreativität, werden hierbei vielfach frühzeitig über Wettbewerbe in neue Geschäftsmodelle eingebunden, noch bevor diese eigentlich in den Markt eingetreten sind. Für alle, die eine originelle Idee für ein Medienprojekt verwirklichen möchten, aber nicht wissen, wie sie das anstellen sollen, hat z.B. die Axel Springer Akademie aktuell den Ideenwettbewerb SCOOP ins Leben gerufen. Die Axel Springer Akademie realisiert das SCOOP-Projekt zunächst einmalig, über einen Zeitraum von bis zu zwei Jahren, mit einem Förderbeitrag von bis zu 500.000 Euro. Die Projektideen können alle Mediengattungen einbeziehen, müssen jedoch einen journalistischen Ansatz haben und periodisch realisierbar sein. »Kreativität ist wesentlicher Bestandteil unserer Unternehmenskultur und Grundlage unseres Geschäfts. Mit der neuen Förderinitiative SCOOP! will die Axel Springer Akademie Menschen, die mit Leidenschaft für ihre Idee stehen, die Chance geben, aus ihren Ideen Wirklichkeit werden zu lassen«, erklärte Dr. Andreas Wiele, Vorstand ›Zeitschriften und Internationales‹ der Axel Springer AG. Diese Art der offenen Integration von Marktteilnehmern als Entwicklungspartner ist eine Form der Open Innovation, die auch als Crowdsourcing bezeichnet wird. Crowdsourcing ist ein 2006 von Jeff Howe und Mark Robinson (*Wired Magazine*) geprägter Neologismus. Während Outsourcing die Auslagerung von Unternehmensaufgaben und -strukturen an Drittunternehmen bezeichnet, setzt Crowdsourcing auf die Intelligenz und die Arbeitskraft einer Masse von ›Freizeitarbeitern‹ im Internet. Hierbei beteiligen sich interessierte (Freizeit-)Nutzer kostenlos oder gegen eine geringe Bezahlung bereitwillig an der Generierung von Inhalten zur Lösung diverse Aufgaben und Probleme oder sind an Forschungs- und Entwicklungsprojekten beteiligt. Crowdsourcing kann auch als Form des Electronic Commerce stattfinden und wird in diesem Zusammenhang als Social Commerce bezeichnet. Dabei werden Kunden eines Anbieters zu ›persönlichen Filtern anderer Kunden‹ und helfen diesen, das bestmögliche Angebot zu finden. Das bekannteste Beispiel für Crowdsourcing ist sicher *Wikipedia* (http://de.wikipedia.org). Tausende aktiver Nutzer generieren ohne Bezahlung Artikel und Inhalte und arbeiten gemeinsam am Aufbau einer umfassenden Wissensbasis.

Auch *Mechanical Turk* (http://www.mturk.com/mturk/welcome) von Amazon nutzt das Zusammenspiel künstlicher Intelligenz und menschlichen Wissens, um Software-Projekte auf eine Masse von Hobby-Programmierern zu verteilen. Für *InnoCentive* (www.innocentive.com) von Procter & Gamble arbeiten inzwischen über 90.000 Freizeitwissenschaftler entgeltlich an Forschungsaufgaben, die unternehmensintern nicht gelöst werden können. Auch auf dem Portal von *Marketocracy* (www.marketogracy.com) haben sich mittlerweile über 300.000 Nutzer angemeldet und versuchen ihr Glück an der Börse mit jeweils virtuellen 1 Mio. USD, die ihnen zur Verfügung gestellt werden. Marketocracy Data Services überwacht, analysiert und bewertet diese virtuellen Investoren. Die erfolgreichsten Investmentstrategien fließen daraufhin an die Marketocracy Capital Management, einen Investmentberater für (reale) Fonds. Für die virtuellen Investmentstrategien, die in die realen Funds übernommen werden, wird der private, virtuelle Investor anteilig finanziell belohnt. Das bekannteste Beispiel aus Deutschland ist jedoch *Spreadshirt* (www.spreadshirt.com). Das Unternehmen wurde 2002 in Leipzig ohne Fremdkapital gegründet und beschäftigt inzwischen mehr als 250 Mitarbeiter in Europa und den USA. Über 300.000 Shoppartner weltweit nutzen Spreadshirt, darunter zahlreiche Unternehmen, Organisationen, Vereine, Künstler und Privatpersonen. Spreadshirt war die Antwort auf den Wunsch nach individueller Kleidung und das wachsende Kundenbedürfnis nach individuellem Ausdruck in Form von Personal Branding. Die Kunden sind hierbei Käufer und Anbieter in einer Person, da das Unternehmen sie in die Lage versetzt, ihre Kreationen anzubieten, ohne sich Gedanken über Lagerhaltung, Druck, Versand, Bezahlung und Kunden-Service machen zu müssen.

Vielfach geht es inzwischen jedoch nicht mehr ausschließlich um typische Produkteigenschaften im Sinne von Design oder Funktionalitäten im Rahmen der Nutzung, sondern auch um die Frage des Preises. Die britische Band Radiohead (www.inrainbows.com) geht bei der Vermarktung ihrer Musik neue Wege. Das neue Album *In Rainbow* wird ab dem 10. Oktober 2007 zunächst nur als Download auf der Website der Band erscheinen. Das Besondere daran ist, dass die Fans bei der Veröffentlichung selbst entscheiden sollen, wie viel ihnen der Download der zehn neuen Tracks wert ist. Auf einer Website können Kunden sich bereits registrieren und für den Download einen Betrag ihrer Wahl eintragen, der dann von einem Kreditkartenkonto abgebucht wird. Ganz ohne Plattenfirma entsteht so eine Analogie von namhaften professionellen Bands und privaten Musikern, die ihre Fans z. B. über *YouTube* erst noch gewinnen müssen.

2. Voraussetzungen interaktiver Produktentwicklung im Internet

2.1 *Freier Aufbau und Nutzung von Communities*

Im »Zeitalter der Partizipation« (WEINBERGER 2006) resultiert unternehmerische Wertschöpfung und Produktinnovation immer stärker aus der direkten Integration der Kunden/Nutzer in die Unternehmensaktivitäten. Um die Vorteile dieser Entwicklung für sich nutzen zu können, müssen Unternehmen jedoch bereit sein, den universellen Kontrollanspruch für alle Bereiche potenzieller Arbeitsteilung mit dem Markt aufzugeben. Deshalb ist es von zentraler Bedeutung, virtuelle Gemeinschaften (BÄCHLE 2005), die sich via Internet begegnen und austauschen, frei an das eigene Angebot zu binden und aktiv zu unterstützen. Hierfür eingerichtete Plattformen, Blogs, Chats, Instant-Messenger und Foren sind bekannte Tools, welche die Kommunikation zwischen den Mitgliedern ermöglichen. Eine virtuelle Gemeinschaft (RHEINGOLD 1994) definiert sich jedoch nicht über die Technologie, sondern durch den Inhalt, der sie zusammenführt. Je nach Zielgruppe müssen Funktionen deshalb abgestimmt und auf die Interessen der Benutzer zugeschnitten werden. Der eigentliche Gewinn für das Unternehmen sind hierbei die Rückmeldungen von Nutzern (Wünsche, Anfragen, Ideen), die, insbesondere durch Ideenwettbewerbe (WALCHER 2006), Online-Spiele oder spezielle Anwendungen eingebunden, zur Steigerung der Attraktivität und Akzeptanz der Gemeinschaft beitragen. Insofern handelt es sich um ein soziales Phänomen, welches dann besonders erfolgreich ist, wenn ihre treibende Kraft nicht ausschließlich die Marketingidee eines Unternehmens ist, sondern sie aus sich selbst, also den Wünschen der Gemeinschaft wächst. Hier bietet die gemeinsame Produktentwicklung mit einer Community viel Potenzial für die Unternehmen, Innovationen und deren potenzielle Realisierung bereits im Vorfeld abzusichern und erfolgreich in den Markt einzuführen.

Grundsätzlich lassen sich virtuelle Gemeinschaften in allen Phasen des Innovationsprozesses einsetzen. Hierbei werden zwei unterschiedliche Vorgehensweisen unterscheiden:

ABBILDUNG 6

Charakterisierung virtueller Communities zur Produktentwicklung

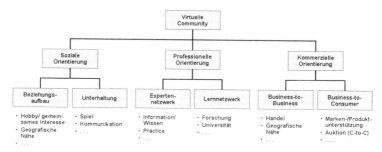

- Auswertung existierender Gemeinschaften: Die Möglichkeit der Nutzung bereits existierender virtueller Gemeinschaften basiert auf dem Ansatz der Community-Based-Innovation[6], der einen frühen internetbasierten Ansatz zur systematischen Einbindung von Online-Communities in Innovationsprozesse besitzt. Die hierbei zugrunde gelegte Systematik der marketingorientierten Selektion von Teilnehmerprofilen, der Identifikation entsprechender Communities und der Gestaltung der virtuellen Interaktion hat sich jedoch durch die Entwicklung des Social Web weitestgehend überholt und wird vielfach kontraproduktiv als Form der Infiltration von Nutzern bewertet.
- Aufbau und Etablierung virtueller Innovationsgemeinschaften: Unternehmen, Abteilungen und Mitarbeiter können durch die Möglichkeiten des Web 2.0 heute recht einfach selbst eine virtuelle Gemeinschaft etablieren, die explizit darauf fokussiert, Innovationen hervorzubringen. Die Idee ist hier, Innovationsaufgaben an diese virtuelle Gemeinschaft zu richten, deren Mitglieder dann gemeinsam an zielgerichteten Lösungen für diese Aufgabe arbeiten.

Insgesamt wächst die Zahl der Online-Communities und ihrer Inhalte stetig. Allein *Wikipedia* enthält aktuell über acht Millionen Artikel in mehr als 250 Sprachen. Auch unternehmenseigene Communities wie z. B.

---

[6] FÜLLER, J. (2005): *Community-Based-Innovation – eine Methode zur Einbindung von Online-Communities in den Innovationsprozess*. Vortragsfolien zum E-nnovation-Workshop »Nutzerintegration in den Innovationsprozess« am 21.03.2005 in Berlin, verfügbar unter http://www.izt.de/sustainable_ict/workshops/index.html (Referenz vom 10.04.05).

das *SAP-Ecosystem* wachsen kontinuierlich. Mit ihren vier ›Communities of Innovation‹, die gleichsam als Netzwerke ins Leben gerufen wurden, unterstützt SAP den ergebnisorientierten Dialog sowie die intensivere Zusammenarbeit zwischen Entwicklern, Kunden und Partnern. Auch Audi hat bei der Entwicklung neuer Infotainment-Systeme für seine PKWs intensiv das Experten-Wissen seiner Online-Community genutzt. Mithilfe der webbasierten Interaktionsplattform *Community-Lab* wurden hiefür Kundenerwartungen, Präferenzen und Trends identifiziert, um die Kundenakzeptanz und Wahrnehmung für das neue Produkt zu testen. Insgesamt beteiligten sich etwa 1600 Kunden an diesem Projekt und lieferten rund 220 Ideen, 260 Kommentare und 760 Visionen zur Weiterentwicklung des Systems (STOCKER/TOCHTERMANN 2007: 26).

Renommierte Technologie-Forschungsinstitute wie z.B. Gartner[7] bestätigen diesen Trend und erwarten, dass sich im Jahr 2011 bereits 80 Prozent aller Internetnutzer mit eigenen Avataren in virtuellen 3D-Communities bewegen. Aus diesem Grund versucht auch das Fraunhofer-Institut für Produktionstechnik und Automatisierung (IPA)[8] dieser Entwicklung vorzugreifen und plant den Aufbau der ersten virtuellen Fabrik im Internet, die sogenannte *Factory Second Life*. Sie soll in die Umgebung der Software von *Second Life* eingebettet werden und die virtuelle Welt durch digitale Fabriken und die Simulation von Produktionsabläufen und Logistik erweitern. Ein nächster Schritt ist die Implementierung der digitalen Fabrik auf der Plattform *Second Life* im Internet. *Second Life* mit seiner 3D-Infrastruktur ist bereits seit 2003 online und hat inzwischen mehr als sieben Millionen registrierte Nutzer. Auch wenn die kommerziellen Erwartungen an diese Zielgruppe bisher nicht erfüllt wurden, sollen zwischen 15.000 und 50.000 davon durchschnittlich rund um die Uhr das System aktiv nutzen.

2.2 Aufbau von Interaktionskompetenz

Ein wesentlicher Faktor im Zusammenhang der Entwicklung und Nutzung von Online-Communites ist der strategische Aufbau von ›Interaktionskompetenz‹ sowohl beim Unternehmen als auch bei den Nutzern.

---

7 Gartner-Studie: *From Integrated Collaboration to Collaboration and Social Software*, 2007.
8 Näheres zur *Factory Second Life* unter: http://www.ipa.fraunhofer.de/

Der aus den Substantiven ›Interaktion‹ (wechselseitige Beziehung zwischen Handlungspartnern) und ›Kompetenz‹ (Fähigkeit) zusammengesetzte Sammelbegriff ›Interaktionskompetenz‹ beschreibt hierbei all jene Fähigkeiten eines Anbieters, die diesem eine erfolgreiche Umsetzung und maximale Ausschöpfung der Prinzipien der interaktiven Wertschöpfung (REICHWALD/PILLER 2006) ermöglichen. Synonym wird vielfach auch der Begriff der ›Kundeninteraktionskompetenz‹ benutzt, der gleichsam diejenigen Mittel und Fähigkeiten umfasst, die ein Anbieter besitzt und bereitstellen muss, um Kunden als Partner aktiv in den Wertschöpfungsprozess mit einbeziehen zu können. Neben strukturellen und technischen Aspekten geht es hierbei insbesondere um soziale Aufgabenstellungen im Rahmen des Informations- und Wissensaustausches. Zentrale Anforderungen sind hierbei:

- die Erschließung des Kundenwissens als Ressource,
- systematische Beobachtung und Analyse von Trends und Entwicklungen im Internet,
- eine gemeinsame Generierung von Bedürfnisinformationen und Lösungsinformationen,
- die Reduzierung des Innovationsrisikos durch frühzeitige Integration des Kunden,
- die Auswahl geeigneter Kunden (sog. Lead-User-Konzept),
- die Gestaltung des Innovationsprozesses über die Unternehmensgrenzen hinaus sowie
- die Bereitstellung von Kommunikationsplattformen und Werkzeugen, die die Kundenintegration in den Innovationsprozess ermöglichen und für alle Akteure attraktiv werden lassen.

Insgesamt stellt Interaktionskompetenz einen ganzheitlichen Beitrag im Innen- und Außenverhältnis der Unternehmen dar, der zukünftig wesentlich stärker auf der bislang unterschätzten sozialen Ebene geleistet werden muss, um den aktiven Wissens- und Informationsaustausch mit allen Bezugsgruppen zu ermöglichen. Bisherige Versuche einer Definition und Konzeption bleiben jedoch meist unkonkret oder basieren vielfach ausschließlich auf generellen Prozessanforderungen des Unternehmens. Allgemeinen Aufgabenstellungen, wie z.B. die Bereitstellung und der Einsatz eines Konfigurationssystem[9] im Rahmen der Produktin-

---

9   Ein prominentes Beispiel hierfür ist die Website von *Factory 121*, einem Unternehmen für individuelle Uhren aus der Schweiz, die dieses Grundprinzip verdeutlicht (www.factory121.com).

dividualisierung, werden daher oft in entsprechende Prozessvorgänge und Lösungsoptionen gegliedert, die bereits eine Einschränkung für die Integration von Nutzern darstellen. Dies umso mehr, als ein Konfigurationssystem originär keinen eigenen Wert besitzt, sondern von der Gestaltung des Gesamtangebotes eines Anbieters und additionaler Mehrwerte, also der Fähigkeit, die partnerschaftliche Wertschöpfung zu gestalten, abhängt. Dies verlangt eine grundsätzliche Redefinition bestehender Kompetenzen, Beziehungen und Prozesse im direkten Entwicklungsaustausch mit entsprechenden Marktpartnern.

2.3 *Ausrichtung auf globale Nischenmärkte*

Viele der genannten Erfolgsbeispiele basieren in ihrer Marktausrichtung auf fest definierten, homogenen Nischenmärkten, die sich teilweise unmittelbar aus den entsprechenden Online-Communities ergeben haben. Der us-amerikanische Chefredakteur des *Wired Magazine* Chris Anderson hat hierauf aufbauend die Theorie des ›Long-Tail‹ (ANDERSON 2007) entwickelt, nach der ein Anbieter im Internet durch eine große Anzahl an Nischenprodukten besonders erfolgreich Gewinn erwirtschaften kann. Voraussetzungen hierfür sind:
- die gezielte Öffnung von Schnittstellen zur Interaktion,
- die Bereitstellung von Software als Service für die entsprechende Community,
- die Generierung von positiven Nutzungsergebnissen (Loben, Bewerten, Wettbewerbe),
- ein intuitives Softwaredesign, welches eine breite Nutzung und Auswahl bereitstellt.

Dieser Effekt trifft insbesondere für den Musik- und Bücherverkauf zu, wo selten verkaufte Titel in einem konventionellem Verkaufsgeschäft zu hohe Kosten verursachen würden. Chris Anderson zeigte diesen Effekt anhand der Verkaufsstatistik des amerikanischen Musikdownloadportals *Rhapsody*, bei der eine große Anzahl wenig gefragter Produkte mehr Umsatz erzielte als wenige Bestseller. Auf konventionellen, realen Märkten sind die Kosten, um Nischen anzubieten und zu erreichen, häufig zu hoch, da die Nachfrage nach den Produkten aus den jeweiligen Nischen in einem geografisch begrenzten Gebiet zu gering ist. Global ist die Nachfrage jedoch enorm. Diese geografischen Beschränkungen gibt es im

Internet nicht. Angebot und Nachfrage können sich hier auf einer virtuellen Ebene treffen, die keine realen Entfernungen kennt. Anderson hat im Detail drei Wirkungsmechanismen herausgearbeitet, die den Ansatz des Long Tail ermöglichen.

Demokratisierung der Produktionsmittel: Indem die Produktionsmittel jedermann zu Verfügung gestellt werden, kann jeder etwas herstellen. Die Demokratisierung beschreibt hier vor allem die Einführung des PCs, aber auch die Vermarktung z. B. von Keyboards etc. Ein Beispiel für die Demokratisierung der Produktion ist *Wikipedia*. Die Herstellung eines Lexikons ist von einem Verlag in die Hände der Masse übergegangen. Weitere Beispiele dafür sind selbst hergestellte Musik oder Videos. Durch den Anstieg des Angebotes wird der Long Tail immer länger und facettenreicher.

Demokratisierung des Vertriebes: Es reicht allerdings nicht aus, nur die Herstellung der Masse zu überlassen, auch die Verteilung an sich muss demokratisiert werden. Auch hier spielt die Erfindung des PCs und die Verbreitung des Internets, besonders auch des Breitband-Anschlusses, eine wichtige Rolle. Indem der Vertrieb demokratisiert wird, erleichtert man den Zugang zu den eben beschriebenen hergestellten Werken. Und genau dies reduziert dann auch die Kosten. Der Effekt des Long Tail wird hierbei als Verbindung von Angebot und Nachfrage breiter und schafft erweiterte Marktstrukturen.

Verbindung von Angebot und Nachfrage: Die dafür verantwortlichen Akteure im Internet werden von Chris Anderson auch als Filter bezeichnet. Suchmaschinen wie Google und die diversen Kunden-Empfehlungen auf Seiten wie Amazon fallen hierunter. Diese Filter dienen dem Benutzer dafür, die von ihm begehrten Inhalte möglichst schnell und effizient zu finden. Die Suchkosten werden somit reduziert. Der daraus resultierende Effekt ist eine Umschichtung vom Anfang des Long Tail in die hinteren Bereiche. Long Tail und virales Marketing stehen hierbei in einem engen Verhältnis. Das virale Marketing beschreibt die rasante Ausbreitung eines Trends, einer Idee oder eines Phänomens ähnlich der Ausbreitung einer Epidemie. Die drei Gesetze des viralen Marketings, ›The Law of the few‹, ›The Stickyness Factor‹ und ›The Power of Context‹ können von den Wirkungsmechanismen des Long Tail stark beeinflusst werden. Besonders der dritte Wirkungsmechanismus bezüglich der Filter kann eine rasante Verbreitung eines Produktes, sei es nun kommerziell oder nicht, forcieren.

3. Ausblick

Eine neue Studie des Instituts der Innovationsvereinigung für die Deutsche Wirtschaft (IDWI) im Auftrag der britischen Telekommunikationsgesellschaft BT hat gezeigt, dass deutsche Unternehmen Produktneuheiten weitgehend ohne Beteiligung der potenziellen Kunden entwickeln. Kunden werden bei der Produktentwicklung nur von wenigen Betrieben systematisch in den Innovationsprozess einbezogen. Daher verwundert es nicht, wenn etwa die Hälfte der befragten Unternehmen zu dem Schluss kommt, »mehr als 70 Prozent der Innovationen in den Sand zu setzen«, so IDWI-Vorstandssprecher Glanz.[10]

Dieses Ergebnis überrascht umso mehr, da die Interaktion und Kommunikation mit Kunden heute unbeschränkt und zu geringen Kosten möglich ist. Das betrifft aber nicht nur die Interaktion zwischen einem Unternehmen und seinen Kunden. Insbesondere aus der dezentralen Vernetzung der Nutzer untereinander ergeben sich ganz neue Anforderungen und Möglichkeiten für Unternehmen. So gaben bei einer Befragung 30 Prozent der Internetuser an, ein Produkt nicht gekauft oder eine Dienstleistung nicht in Anspruch genommen zu haben, nachdem sie im Internet negative Kommentare oder Kritiken privater Nutzer oder Kunden gelesen hatten (ANDERSON 2007). Die zunehmende öffentliche digitale Kommunikation beeinflusst nicht nur das Image von Unternehmen, sondern auch die Beurteilung seiner Produkte. Unternehmen, die am Markt vorbei entwickeln und produzieren, werden dadurch zusätzlich an Wettbewerbsfähigkeit verlieren. Doch in der Bedrohung steckt auch eine Chance: Die öffentliche digitale Diskussion kann gezielt genutzt werden, um neue Trends und Entwicklungen frühzeitig zu erkennen. So lässt sich mit Hilfe von innovative Analysemethoden (z. B. Social Network Analysis, Semantik, Text Mining) in Weblogs, Newsgroups und Foren ermitteln,

- welche Zeitverläufe, Themen, Kontexte und Meinungsführer die öffentliche digitale Diskussion zu relevanten Fragestellungen bestimmen,
- wie und mit welchen Meinungen und Assoziationen relevante Lösungen und Marken dort verankert sind und
- wie das eigene Unternehmen und die Wettbewerber diskutiert werden.

---

10 GLANZ, A.: Innovationen gehen am Kunden vorbei. In: *F.A.Z.*, 08.08.2007, Nr. 182, Seite 10.

Dies sind wertvolle Primärmarktforschungsinformationen, die auch für die Produktentwicklung genutzt werden können.

Literatur

ANDERSON, C.: *The Long Tail. Nischenprodukte statt Massenmarkt. Das Geschäft der Zukunft.* München [Hanser] 2007

ASSMANN, J.: *Der Einfluss computeranimierter Produktpräsentationen auf die Validität von Konzepttests: Eine informationsökonomische Analyse alternativer Präsentationsformen.* Berlin [Wissenschaftlicher Verlag] 2003

BARTL, M.: *Virtuelle Kundenintegration in die Neuproduktentwicklung.* Koblenz [Dissertation Wissenschaftliche Hochschule für Unternehmensführung (WHU)] 2005

BARTL, M.; H. ERNST; J. FÜLLER: Community based innovation: eine Methode zur Einbindung von Online Communities in den Innovationsprozess. In: HERSTATT, C.; J. SANDERS (Hrsg.): *Produktentwicklung mit virtuellen Communities.* Wiesbaden [Gabler] 2004, S. 141-168

BÄCHLE, M.: Virtuelle Communities als Basis für ein erfolgreiches Wissensmanagement. In: HMD. *Praxis der Wirtschaftsinformatik*, 246, 2005

BAUER, E.: *Produkttests in der Marktforschung.* Göttingen [Vandenhoeck & Ruprecht] 1981

BEREKHOVEN, L.; W. ECKERT; P. ELLENRIEDER: *Marktforschung: Methodische Grundlagen und praktische Anwendung.* Wiesbaden [Gabler] 2004

BERGER, C.; K. MOESLEIN; F. PILLER; R. REICHWALD: Co-designing the customer interface for customer-centric strategies: Learning from exploratory research. In: *European Management Review*, 2, 2005, S. 70-87

BRUHN, M.; C. HOMBURG: *Handbuch Kundenbindungsmanagement. Strategien und Instrumente für ein erfolgreiches CRM.* Wiesbaden [Gabler] 2005

BUSCH, C.: Innovation gestalten – Was ist Business Innovation Management. In: SCHILDHAUER et al. (Hrsg.): *Business Innovation Management.* [BusinessVillage] 2005

CHESBROUGH, H.: *Open innovation: The new imperative for creating and profiting from technology.* Boston, MA [Harvard Business School Press] 2003

COOPER, R. G.; E. J. KLEINSCHMIDT: *New Products: The Key Factors in Success.* Chicago [American Marketing Association] 1990

DICKINSON, J. R.; C. P. WILBY: Concept Testing with and without Product Trial. In: *Journal of Product Innovation Management*, 2, 1997, S. 117-125

ERNST, H.: Virtual customer integration: Maximizing the impact of customer integration on new product performance. In: ALBERS, S. (Hrsg.): *Cross-Functional Innovation Management,* Wiesbaden [Gabler], 2004, S. 191-208

FRANKE, N.; F. PILLER: Key research issues in user interaction with configuration toolkits in a mass customization system. In: *International Journal of Technology Management* (IJTM), 5/6, 2003, S. 578-599.

FRANKE, N.; F. PILLER: Toolkits for user innovation and design: An exploration of user interaction and value creation. In: *Journal of Product Innovation Management,* 21, 2004, S. 401-415

FÜLLER, J.: *Community-Based-Innovation – eine Methode zur Einbindung von Online-Communities in den Innovationsprozess.* Vortragsfolien zum e-nnovation-Workshop »Nutzerintegration in den Innovationsprozess«. Berlin 2005

HAGEL, J.; A. ARMSTRONG: *Net gain: expanding markets through virtual communities.* Boston, MA [Harvard Business School Press] 1997

HAMMANN, P.; B. ERICHSON: *Marktforschung.* Stuttgart/Jena/New York [UTB]1994

HANSEN, U. ; T. HENNIG: Der Co-Produzenten-Ansatz im Konsumgütermarketing: Darstellung und Implikationen einer Neuformulierung der Konsumentenrolle. In: HANSEN, U. (Hrsg.): *Verbraucher- und umweltorientiertes Marketing.* Stuttgart [Schäffer-Poeschel] 1995, S. 309-332

HENKEL, J.; J. SANDER: Identifikation innovativer Nutzer in virtuellen Communities. In: HERSTATT, C.; B. VERWORN (Hrsg.): *Management der frühen Innovationsphasen*. Wiesbaden [Gabler] 2003, S. 72-102

HENKEL, J.; E. VON HIPPEL: Welfare implications of user innovation. In: *Journal of Technology Transfer,* 1-2, 2005, S. 73-88

HERSTATT, C.; C. LÜTHJE; C. LETTL: Wie fortschrittliche Kunden zu Innovationen stimulieren. In: *Harvard Business Manager,* 1, 2002, S. 60-68

HERSTATT, C.: Theorie und Praxis der frühen Phasen des Innovationsprozesses. In: *io Management,* 10, 1999, S. 72-81

HERSTATT, C.: *Anwender als Quelle für die Produktinnovation.* Zürich [Gabler] 1991

JACOB, F.: Kundenintegrations-Kompetenz: Konzeptionalisierung, Operationalisierung und Erfolgswirkung. In: *Marketing-Zeitschrift für Forschung und Praxis,* 2, 2003, S. 83-98

KLEINALTENKAMP, M.: Customer Integration im Electronic Business. In: WEIBER, R. (Hrsg.): *Handbuch Electronic Business*. Wiesbaden [Gabler] 2002, S. 443-468

KLEINALTENKAMP, M.; B. DAHLKE: Der Wert des Kunden als Informant: Auf dem Weg zu einem »knowledge based customer value«. In: GÜNTER, B; S. HELM (Hrsg.): *Kundenwert*. Wiesbaden [Gabler] 2001, S. 189-212

KLEINSCHMIDT, E. J.; H. GESCHKA; R. G. COOPER: *Erfolgsfaktor Markt – Kundenorientierte Produktinnovation*. Berlin u.a. [Springer] 1996

LÜTHJE, C.: Characteristics of innovating users in a consumer goods field: An empirical study of sport-related product consumers. In: *Technovation*, 9, 2004, S. 683-695

LÜTHJE, C.; C. HERSTATT: The lead user method: Theoretical-empirical foundation and practical implementation. In: *R&D Management*, 5, 2004, S. 549-564

LÜTHJE, C.; C. HERSTATT; E. VON HIPPEL: User-innovators and ›local‹ information: The case of mountain biking. In: *Research Policy*, 34, 2005, S. 951-965

MEYER, A.; C. BLÜMELHUBER; M. PFEIFFER: Der Kunde als Co-Produzent und Co-Designer. In: BRUHN, M.; B. STAUSS (Hrsg.): *Dienstleistungsqualität*. Wiesbaden [Gabler] 2000, S. 49-70

MOTZEK, R.: *Motivation in Open Innovation*. [Vdm Verlag Dr. Müller] 2007

PEPPERS, D.; M. ROGERS: *Managing customer relationships: a strategic framework*. Hoboken [Wiley] 2004

PICOT, A.; R. REICHWALD; R. WIGAND: *Die grenzenlose Unternehmung*. Wiesbaden [Gabler] 2003

PILLER, F.: *Mass Customization*. Wiesbaden [DUV] 2006

PRAHALAD, C.; V. RAMASWAMY: The co-creation connection. In: *Strategy + Business*, 27, 2002, S. 50-61

PRAHALAD, C.; V. RAMASWAMY: The new frontier of experience innovation. In: *MIT Sloan Management Review*, 4, 2003, S. 12-18

PRAHALAD, C.; V. RAMASWAMY: *The future of competition: cocreating unique value with customers*. Boston [Harvard Business School Press] 2004

REICHWALD, R.; F. PILLER: *Interaktive Wertschöpfung, Open Innovation, Individualisierung und neue Formen der Arbeitsteilung*. Wiesbaden [Gabler] 2006

REICHWALD, R.; M. MÜLLER; F. PILLER: *Satisfaction of customer co-designers: process versus product satisfaction. Proceedings of the 34th Conference of the European Marketing Academy*, EMAC, Milan 2005

REICHWALD, R.; F. PILLER: Der Kunde als Wertschöpfungspartner. In: ALBACH, H.; W. KALUZA; W. KESTEN (Hrsg.): *Wertschöpfungsmanagement als Kernkompetenz*. Wiesbaden [Gabler] 2002, S. 27-52

REICHWALD, R.; F. PILLER: Von Massenproduktion zu Co-Produktion: Kunden als Wertschöpfungspartner. *Wirtschaftsinformatik*, 5, 2003, S. 515-519

REICHWALD, R.; A. MAYER; J. ENGELMANN; D. WALCHER: *Kundenintegration in Innovationsprozesse*. Wiesbaden [Gabler] 2006

RENNER, R.; W. KISSLING; B. ZAUNSEDER: *Rapid Prototyping. Unterstützung der kundenorientierten Produktentwicklung*. Berlin [Vde-Verlag] 2000

RHEINGOLD, H.: *Virtuelle Gemeinschaft: Soziale Beziehungen im Zeitalter des Computers*. Bonn [Addison-Wesley] 1994

RICHTER A.; M. KOCH: *Social Software – Status quo und Zukunft. Technischer Bericht Nr. 2007-01*. München [Fakultät für Informatik, Universität der Bundeswehr München] 2007

RITTER, T.: *Innovationserfolg durch Netzwerk-Kompetenz: effektives Management von Unternehmensnetzwerken*. Wiesbaden [Gabler] 1998

RUSHKOFF, D.: *Get backing the Box, Innovations from the Inside Out*. New York [Harper Collins Business] 2005

SAWHNEY, M.; E. PRANDELLI: Communities of creation: managing distributed innovation in turbulent markets. In: *California Management Review*, 42, 2000, 4, S. 24-54

SCHNÄBELE, P.: *Mass Customized Marketing: Effiziente Individualisierung von Vermarktungsobjekten und -prozessen*. Wiesbaden [Gabler] 1997

SCHUBERT, B.: *Entwicklung von Konzepten für Produktinnovationen mittels Conjoint-Analyse*. Stuttgart [Schäffer-Poeschel] 1991

SCHUMPETER, J. A.: *The theory of economic development*. Cambridge, MA [Harvard University Press] 1934

SPRINGER, S.; S. BEUCKER; C. LANG-KOETZ; W. BIRTER: *Lead User Integration*. Stuttgart [Fraunhofer IRB Verlag] 2006

STADIE, E.: *Medial gestützte Limit Conjoint-Analyse als Innovationstest für technologische Basisinnovationen – Eine explorative Analyse*. Münster [LIT] 1998

STOCKER, A.; K. TOCHTERMANN: *Corporate Web 2.0: Open Innovation durch Communities*. Graz [WING-business] 2007, S. 25-27

VAHS, D.; R. BURMESTER: *Innovationsmanagement*. Stuttgart [Schäffer-Poeschel] 1999

VON HIPPEL, E.: Lead Users. A Source of novel product concepts. In: *Management Science*, 32, 1986, S. 798-805

WALCHER, D.: *Der Ideenwettbewerb als Methode der aktiven Kundenintegration: Eine empirische Untersuchung zu Eignung und Kundenverhalten mit Implikationen für den Innovationsprozess.* München [Dissertation, Technische Universität München] 2006

WALLER, C.: From Experience to Value. In: BLECKER, TH.; G. FRIEDRICH (Hrsg.): *Customer Interaction and Integration.* Berlin [GITO] 2006

WEINBERGER, D.: *Among the audience.* New-media-Survey [The Economist] 2006

WITT, J.: Grundlagen für die Entwicklung und die Vermarktung neuer Produkte. In: WITT, J. (Hrsg.): *Produktinnovation.* München [Vahlen] 1996

ZUBOFF, S.; J. MAXMIN: *The support economy: why corporations are failing individuals and the next episode of capitalism.* London [Viking Penguin] 2002

STEPHAN KAISER / GORDON MÜLLER-SEITZ

Nutzereinbindung bei Innovationsprozessen im Social Web: Fallstudie Windows Vista

Abstract

Die Einbindung von Kunden bzw. Nutzern in die gemeinsame Entwicklung innovativer Produkte und Dienstleistungen stellt eine zentrale Herausforderung für Unternehmen dar. Darauf ausgerichtete Internetanwendungen und Initiativen im Social Web erweisen sich jedoch nicht immer als erfolgreich. Vor diesem Hintergrund präsentiert der vorliegende Beitrag die Ergebnisse einer Fallstudie zur erfolgreichen Einbindung von Softwarenutzern bei der Entwicklung von Windows Vista. Hierdurch lassen sich zentrale motivationale Faktoren identifizieren, die eine erfolgreiche webbasierte Nutzereinbindung in Innovationsprozesse wahrscheinlicher machen.

1. Problemstellung und Zielsetzung

Das Wissen von Kunden gilt heute als wichtige Ressource für innovative Unternehmen (MAGNUSSON et al. 2003: 111f.; SCHOLICH et al. 2006: 22). Um dieses Wissen systematisch nutzen zu können, steht Unternehmen heute bereits ein breites Methodenbündel zur Verfügung, etwa Ideenwettbewerbe, Toolkits oder Kundenforen (REICHWALD/PILLER 2006). Ziel ist, die Kundenpräferenzen besser abbilden zu können und damit einen besseren Fit mit den Marktanforderungen zu erreichen. Nun stellt sich aber für Unternehmen die Frage, nicht nur Kunden zum Austausch von Banalitäten zu bewegen, sondern auch innovatives Kundenwissen direkt und handlungsorientiert in die Entwicklung von Dienstleistungen und Produkten zu integrieren. Diese unternehmerische Herausforderung ist insbesondere vor dem Hintergrund der Gefahr von Fehlinvestitionen relevant. Denn immer mehr Unternehmen investieren in den Aufbau innovationszentrierter Austauschplattformen, bei denen der Transfer jedoch häufig am ›Not-Invented-Here‹-Problem scheitert. Hiermit ist die mangelnde Bereitschaft der Mitarbeiter angesprochen, sich gegenüber fremdem, d.h. unternehmensexternem Gedankengut zu öffnen (KATZ/ALLEN 1982: 7). Widerstände gegen externes Wissen sind oft noch größer als die Abneigung gegenüber neuen Ideen der Kollegen. Investitionen von Unternehmen in entsprechende Kundenplattformen werden damit zu zusätzlichen Kostenfaktoren, denen letztendlich kein Ertrag gegenübersteht.

Ein Weg, Kundenwissen besser zu nutzen, ist es, nicht nur auf Impulse der Kunden zu warten, sondern diese zusammen mit den Mitarbeitern zu generieren. Der dadurch entstehende wechselseitige Austausch von Kunden und Mitarbeitern im Sinne eines offenen Innovationsprozesses (Open Innovation) stellt einen vielversprechenden und neuartigen Ansatz im Innovationsmanagement dar (CHESBROUGH 2003). Ziel von Open Innovation ist es, durch die gegenseitige Partizipation am gemeinsamen Austausch die Generierung und Umsetzung von Innovationen zu fördern. Allerdings scheiterten auch derartige Anstrengungen in der Vergangenheit häufig an fehlenden Anreizen für Kunden und Mitarbeiter. Vor diesem Hintergrund stellt sich die Frage, ob Anwendungen des Social Web für solche offenen Innovationsprozesse als eine funktionale Austauschplattform, die entsprechende motivationale Anreize setzt, fungieren können. Als eine in den letzten Jahren verstärkt angewandte Technologie können Weblogs gelten. Diese ermöglichen eine einfache und offene, aber vor allem auch dokumentierte Kommunikation nicht nur innerhalb von Unternehmen (KAISER/MÜLLER-SEITZ 2005), sondern prinzipiell auch zwischen Kunden und Mitarbeitern von Unternehmen. Durch unterschiedliche Vernetzungsarten entstehen sogenannte ›Blogosphären‹, d.h. eine Agglomeration von Weblogs, die aufgrund eines gemeinsamen Kontexts oder Ziels nicht nur thematisch verwandt, sondern auch technologisch untereinander vernetzt sind (KAISER et al. 2007).

Der vorliegende Beitrag untersucht eine von Microsoft initiierte Blogosphäre, mit deren Hilfe Softwarenutzer in die Entwicklung von Windows Vista integriert werden sollten. Zielsetzung hierbei ist, zu untersuchen, ob und in welcher Weise die betrachtete Blogosphäre Motive und Anreize dafür bietet, dass sich die Nutzer, bei denen es sich um hoch qualifizierte Softwareentwickler und -anwender handelt, unentgeltlich an einem firmengetriebenen, kommerziellen Innovationsprojekt beteiligen.

2. Weblogs

2.1 Definition und Charakteristika von Weblogs

Die Bezeichnung ›Weblog‹ ist eine Kombination aus den Worten Web (für World Wide Web) und Log (engl. Tagebuch) und wurde erstmals 1997 von Jorn Barger geprägt. Obgleich keine umfassende und allgemein gültige Definition von Weblogs in der Literatur zu finden ist (PICOT/FISCHER 2006; SCHMIDT 2006), lassen sich unter Weblogs zunächst all jene Internetseiten subsumieren, auf denen persönliche Sichtweisen und Informationen regelmäßig in chronologisch umgekehrter Reihenfolge veröffentlicht werden. Es handelt sich damit um ein Kommunikationsmedium, bei dem der Autor (Blogger) meist zu einem bestimmten Themengebiet seine subjektiven Ansichten in Einträgen (sogenannten ›Posts‹) dokumentiert und interessierten Lesern im Internet mitteilt. Ein weiteres wichtiges Merkmal stellt die Möglichkeit dar, eine Diskussion hinsichtlich der einzelnen öffentlich einsehbaren Einträge zu beginnen. Andere Internet-Nutzer erhalten somit die Chance, das betreffende Weblog bzw. einzelne Einträge im Weblog durch eigene Gedanken zu kommentieren. Dieses Phänomen ähnelt den Diskussionssträngen (›threads‹) in Open-Source-Software-Projekten. Somit sollen unter dem Ausdruck ›Blogosphäre‹ nunmehr eine Gruppe von Weblogs zu verstehen sein, die aufgrund eines gemeinsamen Kontexts oder eines abgestimmten Ziels mittels ihrer Weblogs miteinander in Kontakt treten.

Letzteres verweist bereits auf den zentralen Aspekt der Vernetzung von Weblogs untereinander respektive des wechselseitigen Informationsaustauschs zwischen einzelnen Webloggern. Hierfür sind insbesondere die folgenden vier technologisch getriebenen Vernetzungsoptionen von Belang:

- *Blogrolls* ermöglichen die gut sichtbare Auflistung von Verweisen (links) zu anderen Weblogs. Hierdurch wird nicht nur ersichtlich, welche anderen Weblogs der betreffende Weblogger am häufigsten liest und als Lektüre empfiehlt. Es lässt sich indirekt auch ablesen,

ob es benachbarte Themengebiete gibt, die für die eigene Tätigkeit von Interesse sein können.
- Sogenannte *Permalinks* (kurz für permanent links) sind statischer Natur und beziehen sich detailliert auf eine andere Internetquelle, etwa einen einzelnen Eintrag. Permalinks sind damit ein funktionales Äquivalent zu der Lesezeichen-Funktion, wie sie aus Webbrowsern bekannt sind. Der Weblogger wird dadurch auf dem direkten Weg zum Spezialisten für ein bestimmtes Aufgaben- oder Themengebiet gelenkt.
- Durch die Vernetzung mit *Trackbacks* können Weblogger herausfinden, welche anderen Weblogger oder Websites generell auf einen ihrer Weblog-Einträge verwiesen haben. Durch diesen automatischen Benachrichtigungsdienst wird die Erstellung von Inhalten in unterschiedlichen Weblogs stärker integriert, insbesondere dann, wenn Trackbacks im Rahmen von Kettenbriefen zu bestimmten Fragestellungen verwendet werden.
- RSS (Akronym für Rich Site Summary oder Really Simple Syndication) ermöglicht es den Webloggern, kostenlos und schnell über Einträge im eigenen Weblog zu informieren oder über neue Beiträge anderer Weblogger informiert zu werden.

2.2   *Abgrenzung gegenüber verwandten Phänomenen*

Weblogs enthalten Elemente, die sich auch in anderen Internetphänomenen wiederfinden lassen. Insofern sollte man Weblogs gegenüber verwandten elektronischen Erscheinungsformen abgrenzen, insbesondere gegenüber privaten Internetseiten, Wikis und Meinungsplattformen bzw. Internetforen. Im Gegensatz zu *privaten Internetseiten* (›home pages‹) werden Weblogs weitaus häufiger aktualisiert. Außerdem sind Weblog-Einträge vor allem im organisationalen Kontext aufgrund ihres Tagebuchcharakters weitaus persönlicher und informeller gehalten. *Wikis* (hawaiianisch: schnell) sind im Internet verfügbare Seitensammlungen, die von den Internetnutzern nicht nur gelesen, sondern auch geändert werden können. Sie stellen somit offene Content-Management-Systeme dar. Ähnlich wie Weblogs sind Wikis durch Querverweise (Links) miteinander verbunden. Prominentestes Beispiel ist die Internetenzyklopädie *Wikipedia* (www.wikipedia.com). Von *Meinungsplattformen* und *Internetforen* unterscheiden sich Weblogs im Hinblick auf die Dimension der Häufigkeit der Einträge, da ein Beitrag auf einer Meinungsplattform meistens nur einmal erfolgt. Außerdem verfügt die Plattform über ein einheitliches Format bzw. Design, wohingegen Weblogs individuell ausgestaltet werden können.

Insgesamt kann also festgehalten werden, dass Weblogs existierenden Internetphänomenen ähneln. Allerdings stellt die spezifische Kombination von Merkmalen bestehender Internettechnologien, insbesondere im Hinblick auf die bi- bzw. multidirektionale Kommunikation, eine Besonderheit dar, weshalb Weblogs als eigenständiges Phänomen aufzufassen sind (HERRING et al. 2005).

3. Fallstudie: Die Entwicklung von Windows Vista

3.1 Methodik der Fallstudie

Obgleich sich mittlerweile einige Veröffentlichungen zu Weblogs in der Unternehmenskommunikation finden (ZERFASS/BOELTER 2005; PICOT/FISCHER 2006), ist die Rolle von Weblogs zur Einbindung von Nutzern in Innovationsprozesse bislang kaum erforscht. Zur explorativen Analyse der Open Innovation durch Weblogs wurde daher eine vertiefende Fallstudie durchgeführt. Nach Eisenhardt (1989: 535) eignen sich Fallstudien u.a. zur Beschreibung eines interessierenden empirischen Phänomens, das noch wenig erforscht ist. Im vorliegenden Beitrag steht dabei eine Einzelfallstudie im Mittelpunkt. Trotz der damit verbundenen eingeschränkten Generalisierbarkeit von Ergebnissen kann ein solches Single Case Design neue Erkenntnisse bezüglich unerforschter Phänomene aufdecken (YIN 1994: 42ff.). Hinsichtlich der konkreten Datenerhebung ist das Fallstudiendesign nicht an eine spezifische Methode gebunden (LAMNEK 1995). Dies ermöglicht es, nicht nur mehrere Methoden der empirischen Forschung anzuwenden, sondern zugleich auch eine Triangulation der Methoden anzustreben (YIN 1994) und damit die Konstruktvalidität der eigenen Studie zu erhöhen (EISENHARDT 1989). In der vorliegenden Fallstudie wurden zunächst die betreffenden Weblogs von Microsoft in qualitativer Hinsicht analysiert. Hierzu wurden insgesamt 695 Posts und 4.115 Kommentare aus dem Zeitraum von September 2003 bis März 2005 gesammelt und mittels der für qualitative Forschungszwecke entworfenen Software atlas.ti systematisiert und interpretiert.

Darüber hinaus wurde eine quantitative Auswertung der Weblogs durchgeführt, durch die eine deskriptive Erfassung des Blogverhaltens (z. B. Anzahl Kommentare je Eintrag) möglich war. Des Weiteren konnten die Teilnehmer der Blogosphäre über eine schriftliche Befragung angesprochen werden, deren Ergebnisse wiederum mit Hilfe der Software atlas.ti systematisch analysiert wurden.

3.2 Kontext der Fallstudie

Die Entwicklung der Software Windows Vista von Microsoft bietet ein anschauliches Beispiel dafür, wie sich Weblogs zum Wissensaustausch zwischen Mitarbeitern und Kunden einsetzen lassen. Das von Microsoft unter dem Decknamen ›Longhorn‹ betriebene Entwicklungsprojekt des Nachfolgers des Betriebssystems Windows XP wurde Ende November 2006 an Firmenkunden ausgeliefert und seit dem 30.01.2007 auch an Privatkunden verkauft. Die zur Entwicklung von Vista initiierte *Microsoft-Longhorn-Blogosphäre* (MLB) ist ein vernetztes Konglomerat individueller Weblogs. Dieses bot sich aus zwei Gründen als Untersuchungsobjekt an. Zum einen waren die Einträge in der MLB (www.longhornblogs.com) im Gegensatz zu anderen unternehmensbezogenen Blogosphären frei einsehbar, wodurch die Teilnehmer und die Kommunikation innerhalb der Blogosphäre analysiert werden konnten. Zum anderen war für den vorliegenden Beitrag insbesondere die Integration der Kunden von Belang.

Die MLB lässt sich anhand von *zwei Dimensionen* charakterisieren, einerseits hinsichtlich der Plattformzugehörigkeit, andererseits der teilnehmenden Weblogger. Hinsichtlich der *Plattformzugehörigkeit* von Internetseiten, die sich explizit mit Angeboten von Microsoft beschäftigen, sind grundsätzlich zwei Arten zu unterscheiden. Zum einen existieren Internetseiten, die von Microsoft selbst initiiert sind, zum anderen solche, die nicht der Kontrolle des Konzerns unterliegen. Die MLB zählt zu Letzteren. Dennoch ermunterte Microsoft seine Mitarbeiter, sich aktiv an diversen internetbasierten Kommunikationsforen zu beteiligen, wozu auch die MLB gehörte. Definierte Zielsetzung war es, aktuellen sowie potenziellen Kunden und Mitarbeitern eine Informationsplattform bereitzustellen, auf der sie sich zur Longhorn-Software austauschen konnten. Als Kommunikationsmedium dienten vor allem Weblogs, obgleich die einzelnen Weblogs auch zu anderen, privaten Webseiten und Weblogs vernetzt waren.

Wie bereits angedeutet, setzten sich die *Teilnehmer* der Blogosphäre sowohl aus Mitarbeitern als auch Kunden von Microsoft zusammen. Bei den Kunden handelte es sich um sogenannte ›Most Valuable Professionals‹ (MVP), die sich durch ihr freiwilliges Engagement in der Weiterentwicklung von Microsoft-Angeboten bereits in der Vergangenheit positiv hervorgetan haben. Auf der Homepage von Microsoft heißt es dazu: »Microsoft Most Valuable Professionals (MVPs) sind herausragende Führungspersönlichkeiten der technischen Communities weltweit, die dafür ausgezeichnet wurden, dass sie ihr wertvolles praktisches Knowhow in technischen Communities offline und online aus freien Stücken mit anderen teilen. Die Microsoft MVPs bilden eine ausgewählte Gruppe von Experten aus dem Kreis der besten und versiertesten Vertreter der technischen Communities, die sich besonders für die Communities engagieren und andere Personen unterstützen möchten [...] MVPs sind meist Early Adopter neuer Technologien und geben ihre Erfahrungen aktiv an Millionen anderer Technologiebenutzer weiter. Durch ihre umfangreichen Aktivitäten in den Communities unterstützen MVPs andere Mitglieder bei der Lösung von Problemen und der Entdeckung neuer Möglichkeiten, so dass sie die Technologien optimal nutzen können« (MICROSOFT 2007).

Diese Beobachtung erscheint bedeutsam, da nicht alle Kunden eines Unternehmens gleichermaßen für eine Beteiligung an der gemeinsamen Wertschöpfung geeignet sind. Vielmehr konzentriert sich diese Eignung, wie im vorliegenden Fall, nur auf ausgewählte Nutzer bzw. Kunden mit Lead-User-Eigenschaften (REICHWALD/PILLER 2006: 135). Konkret bestand die untersuchte Blogosphäre aus 60 registrierten Mitgliedern, wobei davon 43 MVPs und 17 Microsoft-Mitarbeiter sind. Von diesen registrierten Mitgliedern waren 36 aktive Weblogger (25 MVPs und 11 Microsoft Mitarbeiter). Unter aktiven Webloggern sind im vorliegenden Zusammenhang all jene MLB-Teilnehmer zu verstehen, die mindestens einen inhaltlich relevanten Eintrag oder Kommentar beigetragen haben.

3.3 *Ergebnisse und Diskussion der Fallstudie*

Erfolgreiche Integration von Kunden in Innovationen setzt erstens Qualifikation und Expertise der Kunden (BUSSE/RECKENFELDERBÄU-

MER 2001: 65; ULWICK 2002) als auch deren Motivation voraus. Im vorliegenden Fall der Weiterentwicklung eines Betriebssystems wurden technologisch versierte Nutzer dazu motiviert, ihre Erfahrung und ihr Wissen einzubringen. Somit stellt die MLB aus Sicht von Microsoft ein erfolgreiches Beispiel der Nutzereinbindung im Social Web dar. Als Hauptursachen für die außergewöhnlich hohe Motivation der Weblogger lassen sich Aspekte intrinsischer und extrinsischer Motivation heranziehen. Obgleich es sich in der vorliegenden Fallstudie um ein kommerzielles Softwareentwicklungsprojekt handelt, ließen sich hierfür Erkenntnisse aus der Entwicklung von Open Source Software (OSS) heranziehen (RAYMOND 2001; LAKHANI/VON HIPPEL 2003). Auch dort lässt sich in Anlehnung an Deci 1975 zwischen einer intrinsischen (d.h. der Anreiz ergibt sich aus der Person/Tätigkeit um seiner selbst willen) und extrinsischen Motivation (d.h. der Anreiz ist in einer Ursache außerhalb der Person/Tätigkeit begründet) unterscheiden. So geben etwa Teilnehmer an OSS-Projekten an, Spaß an der Weiterentwicklung des Quellcodes zu haben (SHELDON/ELLIOT 1998; LAKHANI/WOLF 2005). Darüber hinaus wird den Teilnehmern auch ein hohes Ausmaß an Altruismus und prosozialem Verhalten zugeschrieben, einer Form von intrinsischer Motivation, die auf das Wohlergehen der Mitmenschen abzielt (KOLLOCK 1999; MCLURE WASKO/FARAJ 2000; VON KROGH et al. 2003; ZEITLYN 2003). Demgegenüber lassen sich extrinsische Motive auf persönliche oder zukünftige Belohnungen zurückführen. Eine solche persönliche Belohnung kann dabei in der Verbesserung des Quellcodes gesehen werden, der unmittelbar zu verbesserten Nutzungsmöglichkeiten der Software führt (LERNER/TIROLE 2002; WEBER 2004). Zudem spielt es für OSS-Entwickler eine Rolle, ihr Ansehen innerhalb der virtuellen Gemeinde steigern zu können (LERNER/TIROLE 2001; LERNER/TIROLE 2002) und sich dadurch besser selbst zu vermarkten (LAKHANI/VON HIPPEL 2003; JEPPESEN/FREDERIKSEN 2006).

3.3.1 *Intrinsische Motivationsfaktoren*

Hinsichtlich der intrinsischen Motivationsfaktoren ließen sich in der Fallstudie Windows Vista vier zentrale Treiber identifizieren: *Flow-Erlebnisse, Altruismus, Zugehörigkeitsgefühle und Meinungsfreiheit.*

Einen ersten zentralen Ansporn bildet das Erleben sogenannter ›Flow-Gefühle‹, verstanden als das Aufgehen im eigenen Handeln bei gleichzeitiger Balance zwischen Anforderung und Können auf höchstem Niveau (CSIKSZENTMIHALYI 1997). Diese Beobachtung lässt sich auf die Tatsache zurückführen, dass die Teilnehmer gemeinsam an der herausfordernden Erstellung der Software mitwirkten, mithin ihre Fachkenntnisse benötigt wurden, um die Entwicklung voranzutreiben. Diesen Aspekt des Flow-Gefühls gibt folgende Weblogger-Aussage beispielhaft und deutlich wieder:

>»I'll be posting as many common designer tips and tricks as I can. Feel free to challenge me with some cool ideas that you would like to see pulled off in Longhorn«.

Außerdem sprechen die Erkenntnisse der Fallstudie dafür, dass die Mitarbeiter und Kunden im hohen Ausmaß altruistisch motiviert sind. So erzeugt es bei ihnen oftmals Befriedigung, den anderen Mitgliedern helfen zu können. Stellvertretend sei diesbezüglich auf einen Weblogger verwiesen, der sich wie folgt äußerte:

>»New Longhorn Community Site for Students! Hello everyone! I just wanted to mention AcademicLonghorn.com, a new community site I am involved with, devoted to students around the world! The intent of the site is [...] to allow a place for students to connect, discuss, and learn about Longhorn. So if you know any students who are interested, send them my way [...]«.

Daneben ließ sich bei den Webloggern ein Zugehörigkeitsgefühl zu den anderen Webloggern bzw. dem Endprodukt, der Windows-Vista-Software, feststellen. Als Indiz hierfür lässt sich insbesondere die informelle und auch private Kommunikation anführen. So wurden im Zuge der Analyse wiederholt Glückwünsche oder Meldungen zu gemeinsamen Freizeitaktivitäten ausgetauscht:

>»This Community Rocks! Hello! First of all a huge thanks to Robert McLaws for the site, my blog, and the introduction! I really like this site and I think it's a wonderful idea, I am extremely happy to be a part of this growing community«.

Schließlich ist noch auf das hohe Ausmaß an Meinungsfreiheit innerhalb der MLB hinzuweisen, die zunächst darauf zurückzuführen ist, dass die MLB eine von Microsoft unabhängige Plattform darstellt. Zwar ist dieser Aspekt nicht so stark ausgeprägt wie im Falle der Open-Source-Software-Bewegung (MOGLEN 1999; OSTERLOH et al. 2002), doch scheint dies auch in der MLB eine Rolle zu spielen:

>»It's more open and an opinionated community that is able to share their thoughts and ideas without any hindrance. Websites have become so automated and predictable almost like zombies –, I consider blogs as websites with a warm spirit within it«.

3.3.2   Extrinsische Motivationsfaktoren

Die Analyse der Fallstudie Windows Vista gibt ebenso Hinweise auf die Existenz extrinsischer Motivationsfaktoren, die sich in drei teilweise zusammenhängende, Aspekte aufteilen lassen: *Eigeninteresse, Aufbau von Reputation und Karrierechancen.*

Ein wesentlicher extrinsischer Faktor betrifft zunächst das Eigeninteresse an der Entwicklung der Software. Solcher Eigennutz stellt ganz allgemein eines der charakteristischen Merkmale von Lead-Usern dar (HERSTATT et al. 2002). Ursache hierfür ist in der Regel ein spezifischer Lösungsbedarf, der individuell auf den Teilnehmer bzw. Nutzer zugeschnitten ist. Dies lässt sich für das betrachtete Fallbeispiel bestätigen, da die teilnehmenden Weblogger später von ihren Ideen selbst profitieren können:

> »Sure, you could use designers, but for the applications that I build, I am far faster with the code, and secondly, the syntax is precisely how I like it.«

Daneben ist, wie auch in der OSS-Entwicklung, der Aufbau von Reputation bedeutsam. Dies geschieht, indem die Weblogger zu Lösungen im Entwicklungsprozess beitragen und sie hierdurch ihre Kompetenz signalisieren können. Unterstützt wird dies nicht zuletzt durch die chronologische Dokumentation und Vernetzung von Einträgen in der Blogosphäre. Die wiederholte Signalisierung von Kompetenz führt schließlich zum Aufbau von individueller Reputation, die als Form der langfristigen Anerkennung Anreizwirkung besitzt:

> »It is how I show my expertise in upcoming technology and distinguish my name«.

Eng verbunden mit dem Aufbau von Reputation ist dann die Möglichkeit, sich künftige Karrierechancen zu sichern. Indem die Teilnehmer Reputation aufbauen, erhalten sie gleichzeitig eine Art Qualifikation bzw. legen ihr Extrarollenverhalten dar. So schildert ein Weblogger detailliert seine Kenntnisse und seine beruflich-akademische Herkunft:

> »My name is Edward, I'm 21 and I'm a developer at a small software company in the UK. I'm also attending a University course on Software Engineering«.

4.   Fazit und Ausblick

Weblogs als eine Anwendung im Social Web ermöglichen es Unternehmen, Wissen von Kunden und Mitarbeitern zu integrieren. Die virtuelle Einbindung von Nutzern in Innovation und Wertschöpfung führen nicht nur zu einer vergleichsweise einfachen Aufnahme und Speicherung von Informationen, sondern auch zu einer einfachen Wissensverteilung und -integration. Dies gilt umso mehr, wenn auch die Mitarbeiter des Anbieterunternehmens in die Interaktion des Weblogs integriert sind. Diese Partizipation stellt damit eine wichtige Voraussetzung für die unternehmensinterne Diffusion des im Weblog generierten innovationsrelevanten Wissens dar. Damit resultieren aus der Integration von Nutzer- und Unternehmensaktivitäten im Social Web innovative Prozessstrukturen, die der konventionellen Vorstellung von Arbeitsteilung zwischen Anbietern und Kunden widersprechen.

Für Unternehmen und ihr Management impliziert diese Entwicklung einige Änderungen, vor allem den Aufbau von Interaktionskompetenz. Diese umfasst insbesondere

- die Bereitstellung einer Kommunikationsplattform, die die Nutzerintegration ermöglicht,
- den Aufbau von Systemen, die den personifizierten Wertbeitrag der Nutzer und Mitarbeiter für alle Akteure sichtbar machen und somit motivierende und gleichzeitig koordinierende Wirkung entfalten,
- die Überwindung interner Widerstände und
- den Aufbau einer Innovationen gegenüber aufgeschlossenen Unternehmenskultur.

In diesem Beitrag konnte mit der Fallstudie Windows Vista die Gestaltung dieser Faktoren skizziert werden. Um gegenüber einer neuen Technologie, wie den Weblogs, nicht grenzenlos optimistisch zu sein, ist dabei besonderes Augenmerk auf nähere Erkenntnisse zu den Anwendungsbedingungen und Grenzen der Nutzereinbindung zu legen. Das Instrument der Weblogs hat es im Fall der Entwicklung von Windows Vista ermöglicht, Beiträge und Wissen von Microsoft-Nutzern einzubinden. Allerdings sind die vorliegenden Voraussetzungen wohl nur begrenzt zu verallgemeinern. Zunächst handelt es sich bei den MVPs um sehr spezifische Kunden. Sie haben im Vergleich zum Durchschnittskunden besonderes Expertenwissen. Das ausreichende Vorhandensein solcher Experten, die sich zum Teil als Privatpersonen mit entsprechenden Thematiken beschäftigen, ist typisch für die Softwarebranche und hat sich in der Vergangenheit nicht zuletzt im Bereich der OSS-Entwicklung gezeigt. Darüber hinaus handelt es sich bei den MVPs um IT-affine Kunden, die deshalb der Nutzung der Weblog-Technologie gegenüber tendenziell offen und positiv gestimmt sind. Komplettiert wird diese Voraussetzung durch eine weitgehende Dezentralität der Produktionsmittel. Im Falle der Softwareentwicklung sind dies das individuelle Know-how und ein Computer mit Internetanschluss. Entsprechend dürfte es beispielsweise Automobilherstellern vergleichsweise schwerer fallen, ihre interessierten Kunden in direkter Weise in die eigentliche Wertschöpfung und Innovationsprozesse zu integrieren.

Literatur

BUSSE, D.; M. RECKENFELDERBÄUMER: *Die Rolle des Kunden bei der Gestaltung von Dienstleistungsinnovationen*. Bochum [Springer] 2001

CHESBROUGH, H. W.: *Open Innovation: The New Imperative for Creating and Profiting from Technology*. Boston [Mcgraw-Hill] 2003

CSIKSZENTMIHALYI, M.: *Finding Flow: The Psychology of Engagement with Everyday Life*. New York [Basic Books] 1997

DECI, E. L.: *Intrinsic Motivation*. New York [Plenum] 1975

EISENHARDT, K. M.: Building Theories from Case Study Research. In: *Academy of Management Review*, 4, 1989, S. 532-550

HERRING, S.; L. A. SCHEIDT; S. BONUS; E. WRIGHT: Weblogs as a Bridging Genre. In: *Information Technology & People*, 2, 2005, S. 142-171

HERSTATT, C.; C. LÜTHJE; C. LETTL: Wie fortschrittliche Kunden zu Innovationen stimulieren. In: *Harvard Business Manager*, 1, 2002, S. 60-68

JEPPESEN, L. B.; L. FREDERIKSEN: Why Do Users Contribute to Firm-Hosted User Communities? The Case of Computer-Controlled Music Instruments. In: *Organization Science*, 1, 2006, S. 45-63

KAISER, S.; G. MÜLLER-SEITZ: Weblogs: Innovatives Management von verteiltem Wissen. In: IM: *Information Management & Consulting*, 3, 2005, S. 68-72

KAISER, S.; G. MÜLLER-SEITZ; M. P. LOPES; M. PINA E CUNHA: Weblog-Technology as a Trigger to Elicit Passion for Knowledge. In: *Organization: the critical journal of organization, theory and society*, 3, 2007, S. 391-412

KATZ, R.; T. ALLEN: Investigating the Not Invented Here (NIH) Syndrome. In: *R&D Management*, 1, 1982, S. 7-19

KOLLOCK, P.: The economics of online cooperation: Gifts and public goods in the cyberspace. In: SMITH, M.; P. KOLLOCK (Hrsg.): *Communities in Cyberspace*. London [Routledge] 1999, S. 220-242

LAKHANI, K. R.; E. VON HIPPEL: How open source software works: ›free‹ user to user assistance. In: *Research Policy*, 6, 2003, S. 923-943

LAKHANI, K. R.; R. G. WOLF: Why hackers do what they do: Understanding motivation and effort in free/open source software projects. In: FELLER, J.; B. FITZGERALD; S. A. HISSAM; K. R. LAKHANI (Hrsg.): *Perspectives on Free and Open Source Software*. Cambridge [MIT Press] 2005, S. 3-22

LAMNEK, S.: *Qualitative Sozialforschung. Band 2: Methoden und Techniken*. Weinheim [Beltz] 1995

LERNER, J.; J. TIROLE: The open source movement: Key research questions. In: *European Economic Review*, 4-6, 2001, S. 819-826

LERNER, J.; J. TIROLE: Some Simple Economics of Open Source. In: *Journal of Industrial Economics*, 2, 2002, S. 197-234

MAGNUSSON, P. R.; J. MATTHING; P. KRISTENSSON: Managing User Involvement in Service Innovation. Experiments With Innovating End Users. In: *Journal of Service Research*, 2, 2003, S. 111-124

MCLURE WASKO, M.; S. FARAJ: ›It is what one does‹: why people participate and help others in electronic communities of practice. In: *Journal of Strategic Information Systems*, 2-3, 2000, S. 155-73

MICROSOFT: *Microsoft Most Valuable Professionals 2007*. Online: http://mvp.support.microsoft.com/ [29.10.2007]

MOGLEN, E.: Anarchism Triumphant: Free Software and the Death of Copyright. In: *First Monday*, 8, 1999

OSTERLOH, M.; J. FROST; B. S. FREY: The Dynamics of Motivation in New Organizational Forms. In: *International Journal of the Economics of Business*, 1, 2002, S. 61-77

PICOT, A.; T. FISCHER: Einführung – Veränderte mediale Realitäten und der Einsatz von Weblogs im unternehmerischen Umfeld. In: PICOT, A.; T. FISCHER (Hrsg.): *Weblogs professionell - Grundlagen, Konzepte und Praxis im unternehmerischen Umfeld*. Heidelberg [dpunkt.verlag] 2006, S. 3-12

RAYMOND, E. S.: *The cathedral & the bazaar: Musings on Linux and Open Source by an accidental revolutionary*. Sebastopolous [Sage] 2001

REICHWALD, R.; F. PILLER: *Interaktive Wertschöpfung*. Wiesbaden [Gabler] 2006

SCHMIDT, J.: *Weblogs: eine kommunikationssoziologische Studie*. Konstanz [UVK] 2006

SCHOLICH, M.; R. GLEICH; H. GROBUSCH: *Innovation Performance. Das Erfolgsgeheimnis innovativer Dienstleister*. Frankfurt/M. 2006

SHELDON, K. M.; A. J. ELLIOT: Not all personal goals are personal: comparing autonomous and controlled reasons for goals as predictors of effort and attainment. In: *Personality and Social Psychology Bulletin*, 5, 1998, S. 94-105

ULWICK, A. W.: Turn Customer Input into Innovation. In: *Harvard Business Review*, 1, 2002, S. 91-97

VON KROGH, G.; S. SPAETH; K. R. LAKHANI: Community, joining, and specialization in open source software innovation: a case study. In: *Research Policy*, 7, 2003, S. 1217-1241

WEBER, S.: *The success of open source*. Cambridge [Harvard University Press] 2004

YIN, R. K.: *Case Study Research: Design and Methods*. Beverly Hills [Sage] 1994

ZEITLYN, D.: Gift economies in the development of open source software: Anthropological reflections. In: *Research Policy*, 7, 2003, S. 1287-1291

ZERFASS, A.; D. BOELTER: *Die neuen Meinungsmacher: Weblogs als Herausforderung für Kampagnen, Marketing, PR und Medien*. Graz [Nausner & Nausner] 2005

MICHAEL KOCH / ALEXANDER RICHTER

Social-Networking-Dienste im Unternehmenskontext: Grundlagen und Herausforderungen

Abstract

Der Beitrag zeigt anhand von Beispielen auf, wie Social-Networking-Dienste von Unternehmen eingesetzt werden können, um ihre Mitarbeiter miteinander zu vernetzen.

Es werden mehrere Funktionalitätengruppen erläutert, mit denen das Social Networking ermöglicht wird, sowie, welche Nutzungsbarrieren beim Einsatz entsprechender Dienste zu überwinden sind. Der Beitrag verdeutlicht insbesondere den Nutzen des Einsatzes in Unternehmen und gibt einen Ausblick zu künftigen Entwicklungen im Bereich Social Networking.

1. Web 2.0, Social Software und Enterprise 2.0

Social Software wird in deutschen Unternehmen – sowohl in KMUs als auch in Großunternehmen – zunehmend erfolgreich eingesetzt und von den Mitarbeitern gut angenommen (vgl. KOCH/RICHTER 2007).

Für den Einsatz von Social Software im (internen) Unternehmenskontext wurde von Andrew McAfee der Begriff ›Enterprise 2.0‹ geprägt (MCAFEE 2006). Neben Weblogs, Wikis, und Social Tagging (-Diensten) stellen Social-Networking-Dienste einen wichtigen Teilbereich von Enterprise 2.0 dar. Laut einer weltweiten Umfrage von McKinsey werden Social-Networking-Dienste derzeit in großen Unternehmen sogar häufiger eingesetzt (37%) als Wikis (33%) oder Weblogs (32%) (BUGHIN/MANYIKA 2007: 3).

Konkret bieten Social-Networking-Dienste ihren Nutzern die Möglichkeit, Ansprechpartner/Experten für einen bestimmten Bereich zu finden und mit diesen (sofort oder zu einem späteren Zeitpunkt) Kontakt aufzunehmen. Sie stellen so eine ausgezeichnete Grundlage für den Wissensaustausch dar, der aufgrund einer zunehmenden Spezialisierung notwendig wird.

Im folgenden Beitrag wird herausgearbeitet, wie Social-Networking-Dienste allgemein die (Zusammen-)Arbeit in einem Unternehmen verändern und die Mitarbeiter unterstützen können (Abschnitt 2). Anschließend wird auf mehrere Herausforderungen des Einsatzes von Social-Networking-Diensten eingegangen (Abschnitt 3) sowie ein Ausblick auf zukünftige Entwicklungen gewagt (Abschnitt 4).

2. Nutzen und IT-technische Unterstützung sozialer Netzwerke

2.1 *Soziale Netzwerke*

Schon in der Diskussion rund um rechnergestützte Gruppenarbeit (Computer-Supported Cooperative Work, CSCW) wurde angemerkt, dass die Betrachtung der unterstützten Individuen und ihrer sozialen Netzwerke wichtiger sei als die Betrachtung der Gruppen und Teams (WELLMAN 1997, 2001; NARDI et al. 2002).

Unter einem sozialen Netzwerk versteht man dabei allgemein eine abgegrenzte Menge von Knoten in der Form von Akteuren oder Akteursgruppen und einer Menge von Kanten zwischen diesen Knoten. Die Kanten beschreiben soziale Interaktionen oder Beziehungen (z.B. Kommunikationsbeziehungen oder Bekanntschaften) zwischen den Akteuren. D.h., in einem sozialen Netzwerk kann abgebildet sein, wer mit wem kommuniziert, wer wen kennt oder wem vertraut etc. Abbildung 1 zeigt ein solches Netzwerk mit zwei Typen von Interaktionen oder Beziehungen. Bei der Erhebung und Visualisierung von sozialen Netzwerken werden neben den Verbindungen der Akteure im Allgemeinen insbesondere Cluster (Gruppen von sich nahestehenden Personen) und Hubs (Personen, die besonders viele Kontakte zu anderen haben) sichtbar.

Bei den Verbindungen selbst lassen sich z.B. ›strong ties‹, d.h. Verbindungen zu Personen, die einem nahestehen, bzw. der engere Bekannten-

ABBILDUNG 1
Elemente eines sozialen Netzwerks

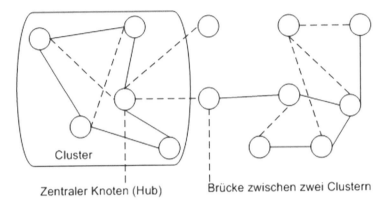

und Freundeskreis, und ›weak ties‹, also eher zufällige Bekannte, unterscheiden.

Obwohl soziale Netzwerke gerade in den letzten Jahren in den Fokus verschiedener Forschungsrichtungen rücken (u.a. auch als Folge der zunehmend vernetzten und sich vernetzenden Gesellschaft (CASTELLS 2003), liegen mehrere bemerkenswerte Erkenntnisse der Netzwerkforschung schon Jahrzehnte zurück.

Mitte der 1930er-Jahre führte Jacob Moreno (1934) mehrere bis heute viel zitierte soziometrische Analysen durch. Dabei handelt es sich um direkte Vorläufer des heute als Analyse sozialer Netzwerke (Social Network Analysis, SNA) zunehmend bekannteren Ansatzes. Eine SNA untersucht die Struktur sozialer Beziehungen innerhalb einer Gruppe, um informelle Verbindungen zwischen den Akteuren aufzuzeigen (EHRLICH/CARBONI 2005). In einem Unternehmen stände eine SNA also vor folgender Fragestellung: Wer (die Akteure einer Gruppe) arbeitet wie (Art der Kommunikation) unter welchen Voraussetzungen (welche Anreize existieren etc.) zusammen?

Mitte der 1960er-Jahre fand der Psychologe Stanley Milgram (1967) in einem Experiment Anhaltspunkte dafür, dass jeder Mensch auf der Welt mit jedem anderen über eine überraschend kurze Kette von Bekanntschaftsbeziehungen verbunden ist. In diesem Zusammenhang ist auch vom ›small world phenomenon‹ oder von ›6-degrees-of-separation‹ die Rede, d.h., dass jeder jeden über sechs Ecken kennt.

Diese Eigenschaft ist darauf zurückzuführen, dass es sich bei sozialen Netzwerken oftmals um skalenfreie Netzwerke handelt, also die Anzahl der Verbindungen nicht gleich über alle Knoten verteilt ist, sondern viele wenig vernetzte Knoten und einige stark vernetzte Knoten (sog. ›Hubs‹, vgl. Abb. 1) existieren. Diese Erkenntnis entstand jedoch erst in den letzten Jahren (siehe hierzu auch HEIN et al. 2006; BARABASI/BONABEAU 2003; oder GLADWELL 2000). Lange Zeit ging man davon aus, dass die Knoten und ihre Verbindungen in sozialen Netzwerken mehr oder weniger nach dem Zufallsprinzip bzw. gleichmäßig (poisson)verteilt sind (ERDOS/RÉNYI 1959).

In Barabasi (2003) und Barabasi/Bonabeau (2003) ist anschaulich beschrieben, warum die Entdeckung der Skalenfreiheit von Netzwerken zahlreiche Implikationen für unser alltägliches Leben hat. Denn skalenfreie Netzwerke sind nicht nur in der IT, sondern auch in der Medizin (z.B. bzgl. der Vernetzung von Zellen) oder im Geschäftsleben zu finden.

Die Auswirkungen der sozialen Vernetzung im Arbeitsleben untersuchte Anfang der 1970er-Jahren bereits der Soziologe Mark Granovetter (1973) und fasste seine Ergebnisse in der Theorie der ›strength of weak ties‹ zusammen. Diese besagt, dass gerade Verbindungen zu flüchtigen Bekannten oftmals zu großen Informationsvorsprüngen führen, weil diese vermehrt Kontakt zu anderen Clustern pflegen. Seine Begründung dafür: Es besteht eine größere Wahrscheinlichkeit, dass schwache Verbindungen (›weak ties‹) in anderen Kreisen verkehren (und damit Zugang zu anderen Informationen haben) als eng befreundete Kontakte. Die ›weak ties‹ sind also in Wirklichkeit ›strong ties‹.

Die Entdeckung von o.g. Clustern durch Granovetter widerspricht im Übrigen nicht der Annahme der Skalenfreiheit. Ein Netzwerk kann sehr wohl in mehrere Cluster eingeteilt werden und trotzdem skalenfrei sein, solange kleinere Cluster mit größeren kohäsiven (geschlossenen) Gruppen verbunden sind (BARABASI/BONABEAU 2003: 58).

Die Akteure in einem Netzwerk lassen sich verschieden charakterisieren. In Gladwell (2000) wird die Einteilung in drei Personentypen vorgeschlagen: Mavens, Salesmen und Connectors.

Ein Maven (engl. für Experte) ist eine Person, die in ihrem persönlichen Netzwerk dafür bekannt ist, sich mit einem spezifischen Thema oder Produkt (z.B. Autos) sehr gut auszukennen, und deren Meinung zu diesem Thema folglich oft eingeholt wird. Ein Salesman weiß (verglichen mit dem Maven) nicht unbedingt, welches Produkt unter welchem

Gesichtspunkt das Richtige ist. Ist er jedoch von einem Produkt überzeugt, so gelingt es ihm sehr leicht, die Menschen in seinem persönlichen Netzwerk davon zu begeistern. Um den Wissensaustausch gerade über ›weak ties‹ kümmern sich die Connectors. Diese tragen das spezifische Wissen eines Maven oder die Begeisterung eines Salesman über die Grenzen eines Freundeskreises oder einer Community hinaus in andere Bekanntenkreise, in denen man sich mit ähnlichen Themen befasst.

2.2 Social Networking

Bezogen auf die Herausforderungen in Unternehmen zeigt sich eine hohe Relevanz der oben genannten Erkenntnisse aus der Sozialforschung. Dabei steht das Networking im Vordergrund. Man versteht darunter den Aufbau von Beziehungen innerhalb von und zwischen Gruppen (FURNHAM 1997: 541). Durch diesen Beziehungsaufbau finden Akteure mit gleichen Interessen und Themengebieten zueinander und können sich in vielfältigsten Formen austauschen und eine Zusammenarbeit anstreben.

Auch Scheler (2000: 26) sieht Networking als eine methodische und systematische Tätigkeit, deren Sinn darin besteht, Kontakte zu Menschen zu suchen und Beziehungen zu diesen zu pflegen.

Für das Individuum bedeutet Networking eine Investition in Kontakte mit anderen Individuen, um später, wenn die Beziehung benötigt wird, Suchkosten und Kosten für den Aufbau eines gemeinsamen Kontextes zu minimieren. Ein ähnliches Ziel verfolgen Unternehmen, die das Networking ihrer Mitarbeiter aktiv unterstützen: Die individuellen Kosten für die einzelnen Mitarbeiter sollen weitestmöglich gesenkt werden, um die Vernetzung der Mitarbeiter zu stärken. Dieser Aufbau von ›strong ties‹ und ›weak ties‹ hat für Unternehmen den Vorteil, dass Mitarbeiter leichter Kontakt zu Kollegen, die sich mit ähnlichen Problemen befassen, finden. Auf diese Weise wird redundante Arbeit verringert und der Austausch von Erfahrungswissen erleichtert.

Bisher wurden in Unternehmen häufig sogenannte ›Communities of Practice‹ (WENGER 1998) gefördert, um den persönlichen Wissensaustausch der Mitarbeiter zu unterstützen. Während Communities jedoch eher auf ›strong ties‹ setzen, verfolgt die explizite Unterstützung sozialer Netzwerke das gleiche Ziel, will dabei jedoch zusätzlich die ›weak ties‹ nutzen. So bilden die Beteiligten in Communities eine Einheit mit klarer Abgrenzung nach außen. In Netzwerken existieren zwar Cluster, aber keine nach außen abgegrenzten Einheiten.

Netzwerke entsprechen der Idee, dass die Individuen getrennt voneinander agieren und je nach Bedarf bereits vorhandene Kanten nutzen oder neue Kanten zu bisher unbekannten Knoten ausbilden. Durch den Fokus auf die Eigeninteressen und den Verzicht der Unterordnung unter Gruppeninteressen entsteht bei den Mitarbeitern eine höhere Motivation zur Beteiligung. Eine ausführliche Diskussion zu verschiedenen Typen von Netzwerken in Unternehmen und zu deren Nutzen nehmen beispielsweise Cross et al. (2005) vor. Hier wird unterschieden zwischen anpassbaren, modularen und regelmäßigen Netzwerken. Anpassbare Netzwerke sind dann von Vorteil, wenn es darum geht, ein Problem möglichst schnell und auf innovative Weise zu lösen. Sie finden sich z. B. in Strategieberatungen. Modulare Netzwerke haben ihren Nutzen darin, Personen aus verschiedenen Bereichen so zu kombinieren, dass ein spezifisches Problem mit der dafür notwendigen Expertise gelöst werden kann. Diese treten z. B. in großen Anwaltskanzleien auf, wo verschiedene Fachanwälte miteinander an größeren Fällen arbeiten. Regelmäßige Netzwerke finden sich in Arbeitsbereichen mit hohem Standardisierungsgrad wieder, wie Versicherungen und Banken.

Es ist wichtig festzuhalten, dass Communities und Netzwerke keinen Gegensatz darstellen. So bilden sich häufig Communities bzw. Gruppen innerhalb großer sozialer Netzwerke, und genauso sind Netzwerke innerhalb größerer Communities vorhanden. Die Frage ist also nicht, was in einem sozialen System existiert – Netzwerke oder Communities –, sondern was man hauptsächlich unterstützen will.

2.3 IT-basiertes Social Networking

Die technologischen und technischen Entwicklungen der letzten Jahre machen es möglich, soziale Netzwerke digital abzubilden, und erlauben es Menschen darüber hinaus, sehr einfach Kontakt miteinander aufzunehmen und diesen aufrechtzuerhalten. Als Social-Networking-Dienste werden solche Dienste bezeichnet, »die ihren Nutzern Funktionalitäten zum Identitätsmanagement (d.h. zur Darstellung der eigenen Person i.d.R. in Form eines Profils) zur Verfügung stellen und darüber hinaus die Vernetzung mit anderen Nutzern (und so die Verwaltung eigener Kontakte und Pflege des Netzwerks) ermöglichen« (KOCH et al. 2007).

Die Verbreitung von Social-Networking-Diensten ging von einer Reihe von Angeboten aus, die frei im World Wide Web nutzbar sind.

Die derzeit bekanntesten Anwendungen richten sich an Jugendliche und Studierende (z. B. *facebook.com*,[1] *myspace.com, studivz.de*). Dabei nimmt *Facebook* unter den aktuell im www verfügbaren Plattformen bzgl. mehrerer Aspekte eine Sonderstellung ein.

- *Vorbild: Facebook* diente als direktes Vorbild für mehrere andere Studentennetzwerke, darunter *studiVZ.net* (Deutschland), *Hyves. nl* (Niederlande), *Xiaonei.com* (China), *VKontakte.ru* (Russland) and *StudentFace.com.au* (Australien). Allein die *Facebook*-Kopie *studiVZ.net* hat in Deutschland, Österreich und der Schweiz über 3 Millionen Mitglieder.
- *Größe: Facebook* ist mit über 34 Millionen Mitgliedern eines der weltweit größten Netzwerke (WINCKLE 2007). Es wird erwartet, dass *Facebook* weiterhin stark wachsen wird, da man dabei ist, in mehreren Ländern (z. B. Deutschland) landesspezifische Versionen zu entwickeln.
- *Innovationen:* Im Mai 2007 öffnete *Facebook* die Plattform für Programme von Drittanbietern. Inzwischen haben Unternehmen wie Amazon oder Microsoft, aber auch viele kleine Anbieter über 3800 Anwendungen[2] entwickelt: von der Möglichkeit, gemeinsam einzukaufen (Social Commerce), bis hin zu Wettbewerben, die man gemeinsam über die Plattform austragen kann.
- *Marktwert:* Über den Markwert von *Facebook* lässt sich nur spekulieren. In jedem Fall liegt dieser im Bereich mehrerer Milliarden Euro (WINCKLE 2007).

Über Studentennetzwerke hinaus sind Social-Networking-Dienste auch für eine Vielzahl von Bereichen des täglichen Lebens zu finden, beispielsweise zu Zwecken

- des Datings/der Online-Partnersuche (z. B. *friendster.com*),
- des Austausches zu gemeinsamen Interessen und Hobbies (z. B. *netzathleten.de*),
- der Koordination von politischem Handeln bzw. der Mobilisierung von Wählern bzw. Wahlkampfspenden (z. B. *my.barackobama.com*).

---

[1] Bei den angegebenen Namen handelt es sich gleichzeitig um Teile der Internetadressen der Plattformen. D.h., durch das Hinzufügen von ›http://www.‹ sind die Netzwerke im www zu erreichen.

[2] Stand: 08.09.2007.

Zudem sind verschiedene Dienste speziell auf geschäftliche Kontakte bzw. berufstätige Personen ausgerichtet (z. B. *linkedin.com, xing.de*). Die Motivation zur Nutzung dieser Dienste liegt vor allem in der Möglichkeit, geschäftliche Kontakte zu verwalten, also bereits bestehende (Geschäfts-)Beziehungen zu pflegen oder neue Geschäftspartner zu finden und dabei auch gleich einen gemeinsamen Kontext (z. B. zur Unterstützung des Aufbaus von Vertrauen) zu finden. Der Funktionsumfang solcher Dienste (z. B. in Hinblick auf die Suchmöglichkeiten oder die Vermittlung von Kontakten) ist in der Regel deutlich größer als bei Anwendungen aus dem privat-persönlichen Kontext.

Bei allen o.g. Plattformen handelt es sich um offene Social-Networking-Dienste.

Unter offenen Social-Networking-Diensten werden alle solchen verstanden, die keinen oder nur sehr rudimentären Zugangsbeschränkungen unterliegen und allen Nutzern im Worldwide Web offenstehen (KOCH et al. 2007).

Im Gegensatz dazu sind geschlossene Social-Networking-Dienste nur innerhalb des Unternehmensintranets – und damit nur für die Mitarbeiter eines Unternehmens – zugreifbar. Die Dienste bieten damit die Möglichkeit, mehr unternehmensinterne Daten zu den Mitarbeitern bereitzustellen und diese Daten auch teilweise automatisch aus firmeninternen Systemen einzuspeisen. Als Beispiele sind hier die von IBM entwickelten *Blue Pages* oder auch BEA *Pathways* zu nennen. Koch et al. (2007) diskutieren die genannten Systeme ausführlich.

2.4 *Funktionen und Nutzen von Social-Networking-Diensten*

Social-Networking-Dienste bieten den Benutzern die Möglichkeit, ihre persönlichen Kontakt- und Expertisedaten selbst zu aktualisieren. Zusätzlich kann jeder Nutzer sein Netzwerk, d.h. Kontakte zu anderen Nutzern, mit Hilfe von Social-Networking-Diensten verwalten. Der Vorteil ist dabei, dass soziale Netzwerke explizit dargestellt und für andere Nutzer offensichtlich werden. Somit wird die Beziehungsanbahnung vereinfacht, und die aus der Theorie der ›strength of weak ties‹ resultierenden Vorteile können besser genutzt werden. Die Erfahrung mit den Anwendungen zeigt dabei, dass neben dem direkten Nutzen durch diese

Zusatzinformation häufig auch eine größere Motivation der Benutzer erreicht wird, selbst Daten beizutragen.

Es lassen sich sechs Grundfunktionen von Social-Networking-Diensten identifizieren (RICHTER/KOCH 2008):

- Identitätsmanagement

Unter Identitätsmanagement wird die Möglichkeit verstanden, sich selbst (z.B. in Form eines Profils) darzustellen und somit bewusst und kontrolliert persönliche Daten einer breiten Masse vorzustellen. Hierbei handelt es sich um eine Grundfunktion, die besonders in offenen Social-Networking-Diensten für verschiedene Nutzergruppen einen wesentlichen Anreiz darstellt, sich (regelmäßig) anzumelden, da diese Form der Selbstpräsentation mehrere soziale Bedürfnisse der Nutzer stillt.

- Expertensuche

Diese Funktion kommt überwiegend in Netzwerken zum geschäftlichen Austausch zum Einsatz. Dabei ist zu unterscheiden zwischen der Möglichkeit, das Netzwerk nach verschiedenen Kriterien (wie z.B. Name, Interessen, Firma, vgl. Abb. 2) zu durchsuchen, und der automatischen Empfehlung von möglicherweise interessanten Kontakten durch das Netzwerk.

ABBILDUNG 2
Die Expertensuche in *Xing* (links) und *LinkedIn* (rechts)

- Kontext-Awareness

Menschliche Beziehungen sind enorm von Vertrauen geprägt. Auch im Unternehmenskontext lässt nur eine vertrauensvolle (Ver-)Bindung Menschen auf einer Basis zusammenarbeiten, die für beide Seiten den größtmöglichen Nutzen bringt. Deswegen ist es wichtig, dieses Vertrauen und andere für einen schnellen Kontextaufbau hilfreiche Kontextinformationen schnellstmöglich herzustellen. Neben der allgemeinen Visualisierung (von Profilen) eröffnet sich durch Social-Networking-Dienste die Möglichkeit, das persönliche Netzwerk oder Beziehungen zu anderen Personen darzustellen.

- Netzwerk-Awareness

Unter Netzwerk-Awareness soll hier nicht nur das Gewahrsein über die Aktivitäten (und den Status) der Personen, mit denen man zusammenarbeitet, verstanden werden, sondern allgemein das Gewahrsein über die Aktivitäten der Kontakte im persönlichen Netzwerk. Gerade für offene Netzwerke hat sich eine hohe Netzwerkawareness als großer Erfolgsfaktor für die ›stickyness‹ der Nutzer (d.h., wie lange sich die Nutzer auf der Plattform aufhalten) herausgestellt. Einen wesentlichen Beitrag zur Awareness liefert die Startseite eines Netzwerks. Oftmals kann diese als Schaltzentrale für die Nutzung gesehen werden und lässt sich weitestgehend an die persönlichen Bedürfnisse anpassen (vgl. Abb. 3).

ABBILDUNG 3
Netzwerk-Awarenessfunktionen in *studiVZ* (links) und *LinkedIn* (rechts)

Geburtstage deiner Freunde

3 deiner Freunde haben bald [alle ausblenden]
Geburtstag!
- Johanna Gruber (morgen!) [ausblenden]
- Christian Groß (morgen!) [ausblenden]
- Andreas Puttner (in 2 Tagen) [ausblenden]

[alle ausblenden]

Wer zuletzt deine Seite angesehen hat

Network updates since August 8

Martin Szugat has just added 1 new connection
Flo Wackermann has just added 2 new connections
Martin A. Lettinger has just added 1 new connection
See all

963 new people in your network since August 8

People in your network are hiring:
Associate Director (Business/Market Research at **Kennedy Information**
Sr. Research Associate at **RHI Executive Search**
Regional Clinical Research Associate at **Precept Life Sciences**

Just joined LinkedIn

24 new classmates from **Universität Augsburg**

- Kontaktmanagement

Unter Kontaktmanagement werden alle Funktionalitäten zur Pflege des persönlichen Netzwerks verstanden. Die Möglichkeit, sich mit anderen zu vernetzen, bedeutet einen großen Nutzen, da jeder Nutzer seine Daten (z.B. die E-Mail-Adresse) selbst verwaltet und ggf. aktualisiert. Mehrere Netzwerke (z.B. *Xing*) bieten sogar die Möglichkeit, die Daten der Kontakte (z.B. als .csv-Datei) zu exportieren. So ist es nur noch notwendig, seine Kontakte (Personen) selbst zu verwalten bzw. zu ordnen. Die Umsetzung stellt sich in den betrachteten Netzwerken sehr unterschiedlich dar.

- Unterstützung eines gemeinsamen Austauschs

Von allen betrachteten Social-Networking-Diensten (bei Businessnetzwerken wie *Xing* und *LinkedIn* teils kostenpflichtig) wird die einfache Möglichkeit, sich über Nachrichten oder in Foren auszutauschen, angeboten. In beiden Fällen bieten Social-Networking-Dienste den Vorteil, dass über den einmaligen Login hinaus keine weiteren Daten (wie z. B. die E-Mail-Adresse des Kontakts) benötigt werden. Gerade der (evtl. unternehmensübergreifende) Austausch in einem Forum kann zudem als wichtig für die Zusammenarbeit in Unternehmen angesehen werden, um regen Wissensaustausch unter den Mitarbeitern zu ermöglichen.

Die Leistung bzw. der Vorteil der Dienste besteht darin, eine Übersicht über die vorhandenen Kanten bereitzustellen und jedes Individuum stets mit den aktuellsten Informationen zu den mit ihm verknüpften Knoten zu versorgen. Gleichzeitig soll auch die Bildung neuer Kanten unterstützt werden. Es wird möglich, eigene Qualitäten einem größeren Publikum darzustellen, dabei mehr Informationen in kürzerer Zeit auszutauschen und schneller einen gemeinsamen Kontext für tiefer gehende Konversationen zu starten (Auswahl der Aspekte nach TETEN/ALLEN 2005). Auf der Basis dieser Funktionen aufsetzend soll es jedem Mitarbeiter ermöglicht werden, so schnell, präzise und leicht wie möglich einen passenden Ansprechpartner für die Lösung eines Problems zu finden.

3. Herausforderungen beim Einsatz von Social-Networking-Diensten in Unternehmen

Social-Networking-Dienste haben in den letzten Monaten zunehmend mehr Aufmerksamkeit in der Öffentlichkeit[3] und auch in der Forschung erlangt. Um sich wissenschaftlich fundiert mit Social-Networking-Diensten auseinandersetzen (und diese weiter verbessern) zu können, müssen jedoch nicht nur ihre Funktionen identifiziert werden, sondern auch die Herausforderungen ihres Einsatzes herausgestellt werden. Im Folgenden werden drei Fragestellungen herausgegriffen, für die sich bereits erste Lösungen abzeichnen, die sich aber in den Unternehmen nach wie vor als kritisch dar-

---

3 Gründe hierfür sind in den beachtlichen Benutzerzuwächsen zahlreicher Dienste und den daraus erwachsenden Folgen zu suchen: multimillionenschwere Übernahmen (wie von *studiVZ*) oder Börsengänge (wie durch *Xing.de*) mancher erst Monate existierender Unternehmen (vgl. z. B. ALBY 2006 oder WINCKLE 2007).

stellen. Die Fragestellungen orientieren sich an den wesentlichen Schritten beim Social Networking zur Unterstützung der Zusammenarbeit in einem Unternehmen. Zunächst einmal ist es notwendig, einen Experten im Unternehmen zu identifizieren. Hierfür muss dieser sein Expertenwissen verfügbar machen (vgl. Abschnitt 3.1). Ist die entsprechende Person identifiziert, so ist das Herstellen eines gemeinsamen Kontexts notwendig (vgl. Abschnitt 3.2). Nach erfolgter Zusammenarbeit hilft aktives Beziehungsmanagement (vgl. Abschnitt 3.3) dabei, den Kontakt aufrechtzuerhalten.

3.1 Expertenwissen verfügbar machen

Essenziell für den Erfolg von Diensten zum Social-Networking ist, neben anderen Faktoren, die Bereitschaft der Mitarbeiter, sich einzubringen und z. B. Informationen über eigene Interessensgebiete und die vorhandene Expertise zu veröffentlichen. Hiermit ist auch die Frage verbunden, welche Informationen über den jeweiligen Experten und in welcher Form gespeichert werden sollten.

Zwei Kategorien bezüglich der Nutzungsbarrieren aus menschlicher Sicht sind mangelnde Motivation und verschiedene Ängste. Die Motivation kann u.a. durch ein System erhöht werden, das benutzerfreundlich ist, aber auch, indem die Bedürfnisse der Mitarbeiter gestillt werden. Bezüglich der Nutzung von Social Software allgemein hat sich gezeigt, dass diese in den individuellen Bedürfnissen der Nutzer begründet ist, wie z. B. im Bedürfnis, sich mit anderen auszutauschen/mit anderen zu kommunizieren, im Bedürfnis, mit anderen zu interagieren oder in Kontakt zu bleiben, oder auch im Bedürfnis, sich selbst darzustellen und sich zu erklären. »Alle diese Bedürfnisse kann auch ein Unternehmen stillen und damit dazu beitragen, dass die Mitarbeiter motiviert sind, die Software gern und regelmäßig benutzen« (KOCH/RICHTER 2007).

Tom DeMarco (2001) plädiert dafür, den Mitarbeitern mehr Spielräume zu geben, und argumentiert auf verschiedenen Ebenen, dass dadurch die Arbeitszufriedenheit und auch die Produktivität steigen kann. Ein gewisses Maß an Freiraum kann auch zur Motivation beitragen, an Social Software mitzuarbeiten. Dabei ist wichtig, dass die Spielräume nicht wieder dadurch genommen werden, dass vorgeschrieben wird, die ›freie‹ Zeit mit dem Füllen von Wikis oder Blogs zu verbringen. Es müssen ›echte Freiräume‹ sein.

Bei den Ängsten ist z.B. die Angst davor zu nennen, zu viel von sich preiszugeben und bloßgestellt zu werden (vgl. z.B. DISTERER 2000: 541). Diese Ängste werden überwiegend durch positive Erfahrungen mit dem Umgang mit den Social-Networking-Diensten abgebaut werden.

3.2 Herstellen eines gemeinsamen Kontexts/von Vertrauen

Wie oben bereits angesprochen, ist es wichtig, schnellstmöglich einen Kontext[4] bzw. Vertrauen zwischen zwei Personen herzustellen, damit diese erfolgreich zusammenarbeiten können.

Lernen sich nun zwei Mitarbeiter über einen Social-Networking-Dienst kennen, so ist dieser Kontext noch nicht vorhanden. Eine mögliche Lösung für dieses Problem: Kennen beide Personen eine dritte Person, so hat diese die Möglichkeit, die beiden Akteure einander vorzustellen und ggf. ihre Wertschätzung gegenüber den beiden Partnern auszudrücken. Fraglich ist jedoch, in welchem Zusammenhang die dritte Person die beiden Akteure kennengelernt hat und ob sie deren Expertenstatus beurteilen kann.

Ein weiterer Ansatz, um die Barriere des mangelnden gemeinsamen Kontexts und Vertrauens zu überwinden, ist das Verknüpfen der Social-Networking-Dienste mit anderen Formen von Social Software wie z.B. Blogs oder Anwendungen zum Social Bookmarking. Denn auch durch das Lesen von Blog-Posts einer Person oder das Browsen durch deren Bookmarks stellt sich ein gemeinsamer Kontext her.

3.3 Aktives Beziehungsmanagement

Eine weitere Herausforderung, die sich stellt, ist es, ein Bewusstsein darüber zu schaffen, mit welchen Themen/Fragestellungen sich die Personen im eigenen Netzwerk aktuell beschäftigen: das Gruppengewahrsein, die Awareness. Hierfür ist es notwendig, die eigenen Informationen im Social-Networking-Dienst aktuell zu halten. Es kann jedoch von den

---

4   Ein gemeinsamer Kontext kann selbstverständlich mehrere Dimensionen der Zusammenarbeit betreffen und nicht nur das Vertrauen. Er spielt z.B. in allen Arten der zwischenmenschlichen Kommunikation eine wesentliche Rolle. Die anderen Dimensionen sind jedoch nicht Betrachtungsgegenstand der vorliegenden Forschungsfragen.

Akteuren nicht verlangt werden, das Profil ständig zu bearbeiten. Folglich müssen andere Wege gefunden werden.

Eine Möglichkeit ist, die aktuellen Projekte des Akteurs (z. B. Tags aus Weblogs oder Wikis zu importieren), vielleicht über eine Schnittstelle, mit einzubeziehen. Die Nutzer könnten so verschiedene Quellen angeben, aus denen der eigene Eintrag dann ständig aktualisiert wird. Zusätzlich wäre ihnen überlassen festzulegen, welcher Personenkreis des Netzwerks auf welche Art von (aktueller) Information zugreifen kann.

Die Frage bezüglich der Problematik der fehlenden Awareness innerhalb eines Netzwerkes, also dass die Social-Networking-Plattform – ohne größeren Aufwand für den Nutzer – ein Bewusstsein darüber ermöglicht, mit welchen Themen vernetzte Personen sich aktuell beschäftigen, scheint jedoch bisher noch ungenügend gelöst.

4. Fazit und Ausblick auf notwendige Entwicklungen

Social-Networking-Dienste haben großes Potenzial, die software-gestützte Anbahnung der Zusammenarbeit in den Unternehmen zu unterstützen. Dies wird erreicht, indem sie Funktionen zum Beziehungs-, Expertise- und Identitätsmanagement zur Verfügung stellen. Sie erleichtern so das Finden von Experten und stellen die für die Erlangung eines gemeinsamen Kontextes nötigen Informationen zur Verfügung. So kann die Kommunikation zwischen den Mitarbeitern wesentlich effizienter und vor allem flexibler gestaltet und damit neue Organisations- und Kommunikationsstrukturen ermöglicht werden. Mit der Verbesserung der Kommunikation einher geht die effektivere Nutzung und Vernetzung des Wissens aller Mitarbeiter und eine damit verbundene bessere Ausschöpfung des Humankapitals. Die Mitarbeiter werden auch nach der Zusammenarbeit darin unterstützt, ihre Kontakte aufrechtzuerhalten und aktuelle Informationen über Entwicklungen ihrer Kollegen zu bekommen.

Wichtig ist die soziotechnische Einbettung eines Dienstes zum Social Networking im Unternehmen. Die Software stellt hier nur die Grundlage dar. In einem Unternehmen, in dem eine schlechte Grundhaltung gegenüber dem Teilen von Wissen besteht, wird auch ein Dienst zum Social Networking nicht zum Austausch von Wissen beitragen können. Hier besteht eher die Gefahr, dass durch die selbstbewusste Darstellung von

Kollegen in Profilen der Neidfaktor oder ›Wissen ist Macht‹-Denken verstärkt werden.

Derzeit werden in den Unternehmen meist einfache Gelbe-Seiten-Anwendungen eingesetzt. Diese bieten ihren Nutzern keinerlei Zusatzinformation zu Netzwerken oder zu sonstiger Meta-Information. Social-Networking-Dienste gehen hier einen Schritt weiter. Durch die dezentrale Pflege der Profile, verstärkte Integration mit anderen Diensten im Unternehmen und die Berücksichtigung von sozialen Netzwerken kann hier eine ganz neue Nutzungsqualität erreicht werden. Zur Aufwandsminimierung und Nutzenerhöhung beitragen können zusätzlich Web-2.0-Ideen und Konzepte wie einfaches Tagging von Mitgliedern aus unterschiedlichen Perspektiven oder die Visualisierung der Expertise über Tag Clouds, die aus Dokumenten oder anderen Beiträgen der Benutzer (z.B. in Wikis) gewonnen worden sind (FARRELL/LAU 2006).

Die wichtigste aktuelle Entwicklung im Bereich der Social-Networking-Dienste ist die Integration – z.B. mit anderen Social-Networking-Diensten und anderen Diensten im Unternehmen. Hierzu gibt es verschiedene Aktivitäten:

Die Kopplung mit dem Identitätsmanagement des Unternehmens (siehe hierzu auch KOCH/MÖSLEIN 2005) und anderen Diensten des Unternehmens (insbes. HR-Systemen) ist bei kommerzieller Software zum Aufbau von internen Social-Networking-Diensten wie Lotus Connections schon sehr weit verbreitet. Noch nicht so weit verbreitet ist die Möglichkeit, Profilinformation dienstübergreifend zu nutzen. So stellt beispielsweise *Ning* (www.ning.com) eine Middleware zur Verfügung, auf der Social-Networking-Dienste (z.B. für Konferenzen) aufgebaut werden können. Diese sind dann in der Lage, Profile aus anderen Diensten zu verwenden, welche sich auf dieselbe Middleware stützen. Andere Ansätze verfolgt im Rahmen von föderiertem Identitätsmanagement die Idee der verteilten Speicherung von Profilinformation (z.B. FOAF, www.foaf-project.org, oder *Openid*, www.openid.org). Leider bieten die großen offenen Social-Networking-Dienste bisher noch keine solchen Export- oder Föderierungsmöglichkeiten. Dies wäre längerfristig aber auf jeden Fall wünschenswert. Eine solche Trennung von Daten und Benutzungsschnittstelle entspräche auch viel mehr den Paradigmen des Web 2.0. Ebenso wünschenswert wäre ein Austausch bzw. eine Föderation zwischen firmeninternen und -externen Diensten – natürlich mit geeigneten Filtern, um Datenschutz und Datensicherheit zu garantieren. All dies könnte sehr zur Aufwandsminimierung bei den Benutzern beitragen und so entscheidende Impulse zur Nutzung geben. Dies gilt insbesondere für Umgebungen, in denen Unternehmen sowohl die Nutzung interner Dienste als auch externer Dienste fördern.

Eine weitere Möglichkeit der Integration ist die Nutzung von Social-Networking-Diensten in Unternehmensportalen (über Portlets, RSS-Feeds oder WebServices). Neben der Bereitstellung der dafür notwendigen offenen Schnittstellen gibt es inzwischen bei verschiedenen Diensten erste Ansätze, die Plattformen selbst sehr weit anpassen oder erweitern zu können. Einen beachtlichen Schritt hat hier das einstige Studentennetzwerk *Facebook* unternommen, als es im Mai 2007 die Plattform öffnete und anderen Firmen erlaubte, ihre Programme in *Facebook* zu integrieren. Die Möglichkeiten, die sich durch die Öffnung des Netzwerks nun den Benutzern bieten, sind bei weitem noch nicht ausgeschöpft.

Literatur

ALBY, T.: *Web 2.0 – Konzepte, Anwendungen, Technologie*. Hamburg [Hanser Verlag] 2006

BOYD, D.: *Social Network Sites: Public, Private, or What?* Knowledge Tree 13, May 2007. Online: http://kt.flexiblelearning.net.au/tkt2007/?page_id=28 [15.07.2007]

BARABASI, A.: *Linked: How Everything Is Connected to Everything Else and What It Means for Business, Science, and Everyday Life*. New York [Plume Books] 2003

BARABASI, A.-L.; E. BONABEAU: Scale-Free Networks. In: *Scientific American*, 5, 2003, S. 50-59

BUGHIN, J.; J. MANYIKA: *How businesses are using Web 2.0. A McKinsey Global Survey*. 2007. Online: http://www.mckinseyquarterly.com/article_page.aspx? [15.05.2007]

CASTELLS, M.: *Das Informationszeitalter 1. Der Aufstieg der Netzwerkgesellschaft. Studienausgabe. Wirtschaft - Gesellschaft – Kultur*. Opladen [Oeske + Budrich] 2003

CROSS, R.; J. LIEDTKA; L. WEISS: A Practical Guide to Social Networks. In: *Harvard Business Review*, 3, 2005, S. 124-132

DEMARCO, T.: *Spielräume – Projektmanagement jenseits von Burn-out, Stress und Effizienzwahn*. München [Hanser Verlag] 2001

DISTERER, G.: Individuelle und soziale Barrieren beim Aufbau von Wissenssammlungen. In: *Wirtschaftsinformatik*, 6, 2000, S. 539-546
ERDOS, P.; A. RÉNYI: On Random Graphs. In: *Publicationes Mathematicae*, 6, 1959, 290-297.
EHRLICH, K.; I. CARBONI: *Inside Social Network Analysis. Technical Report*, IBM Watson Research Center, 2005. Online: http://domino.watson.ibm.com/ cambridge/research.nsf/58bac2a2a6b05a1285256b30005b3953/3f23b2 d424be0da6852570a500709975?OpenDocument [05.06.2007]
FARRELL, S.; T. LAU: *Fringe Contacts: People-Tagging for the Enterprise. Technical Report*, IBM Almaden Research Center. 2006. Online: http://domino. watson.ibm.com/library/CyberDig.nsf/7d11afdf5c7cda94852566d e006b4127/53299b30ad986c78852571b0004f46a9?OpenDocument [20.06.2007]
FURNHAM, A.: *The psychology of behaviour at work: the individual in the organization*. Hove [Taylor & Francis] 1997
GLADWELL, M.: *The Tipping Point – How Little Things Can Make a Big Difference*. Boston [Little, Brown and Company] 2000
GRANOVETTER, M.: The Strength of Weak Ties. In: *American Journal of Sociology*, 6, 1973, S. 1360-1380
HEIN, O.; M. SCHWIND; W. KÖNIG: Scale-Free Networks - The Impact of Fat Tailed Degree Distribution on Diffusion and Communication Processes. In: *Wirtschaftsinformatik*, 4, 2006, S. 267-275
KOCH, M.; K. MÖSLEIN: Identities Management for E-Commerce and Collaboration Applications. In: *International Journal of Electronic Commerce (IJEC)*, 3, 2005, S. 11-29
KOCH, M.; A. RICHTER; A. SCHLOSSER: Produkte zum IT-gestützten Social Networking in Unternehmen, In: *Wirtschaftsinformatik*, 49, 2007, S. 448-455
KRAMER, R. M.: Trust and Distrust in Organizations: Emerging Perspectives, Enduring Questions. In: *Annual Reviews Psychology*, 50, 1999, S. 569-598
MCAFEE, A.: Enterprise 2.0 – The Dawn of Emergent Collaboration. In: *MITsloan Management Review*, 3, 2006, S. 21-28
MILGRAM, S.: The small word problem. In: *Psychology Today*, 1, 1967, S. 62-67
MORENO, J. L.: *Who Shall Survive?* Washington [Nervous and Mental Disease Publishing Company] 1934

NARDI, B. A.; S. WHITTAKER; H. SCHWARZ: Networkers and their Activity in Intensional Networks. In: *Computer Supported Collaborative Work*, 1-2, 2002, S. 205-242

RICHTER, A.; M. KOCH: *Social Software – Status quo und Zukunft. Technischer Bericht Nr. 2007-01.* München [Fakultät für Informatik, Universität der Bundeswehr München] 2007

RICHTER, A.; M. KOCH: Funktion von Social-Networking-Diensten. In: *Proc. Multikonferenz Wirtschaftsinformatik* 2008

SCHELER, U.: *Erfolgsfaktor Networking.* Frankfurt/M. [Campus Sachbuch] 2000

TETEN, D.; S. ALLEN: *The virtual handshake: opening doors and closing deals online.* New York [McGraw-Hill Publ. Comp.] 2005

WELLMAN, B.: An Electronic Group is virtually a Social Network. In: KIESLER, S. (Hrsg): *Culture of the Internet.* Hillsdale [Lawrence Erlbaum Associates] 1997, S. 179-205

WELLMAN, B.: Computer networks as social networks. In: *Science*, 293, 2001, S. 2031-2034

WENGER, E.: *Communities of Practice – Learning, Meaning and Identity.* Cambridge [University Press Cambridge] 1998

WINCKLE, L.: Internetgiganten jagen Studentenportal, In: *Welt Online.* Online: http://www.welt.de/webwelt/article1047342/Internet-Giganten_jagen_Studentenportal.html [24.07.2007]

MATTHIAS SCHULTZE / ANNIKA POSTLER

Online-Trend-Monitoring bei der EnBW: Mit dem Ohr am Kunden

Abstract

Für die EnBW ist das Internet ein Ort, an dem sich Kunden und eine breite Öffentlichkeit über das Unternehmen, seine Leistungen und Services, aber auch über die Branche und den Wettbewerb austauschen. Dabei interessieren viele Aspekte: Was charakterisiert die Diskussion? Wie und wo läuft die öffentliche Debatte über Kernenergie, Preise, Werbekampagnen oder die Energieversorgung der Zukunft? Ändert sich die Intensität der Diskussionen?

Mit dem Ziel, Stimmungen zu identifizieren und ggf. Frühwarn-Signale herauszufiltern, führt die EnBW seit 2006 sogenannte ›Online-Trend-Monitorings‹ durch. Über unterschiedliche Erhebungsschritte bzw. -verfahren werden vier zentrale Fragestellungen bearbeitet: Wie viel und was wird kommuniziert, wer kommuniziert in welchen Zusammenhängen und wo finden Austausch und Diskussionen statt?

1. Vordenker und Wegbereiter der Energiebranche: Die EnBW Energie Baden-Württemberg AG

Die EnBW ist der drittgrößte deutsche Energiekonzern. Sie entstand 1997 als EnBW Energie Baden-Württemberg AG aus der Fusion zweier regionaler Energieversorger in Baden-Württemberg und hat ihren Hauptsitz in Karlsruhe. Bei der EnBW sind rund 21.000 Mitarbeiter beschäftigt; sie erwirtschaftete in 2006 einen Jahresumsatz von über 13 Milliarden Euro. Die Kernaktivitäten konzentrieren sich auf die Geschäftsfelder Strom,

Gas sowie Energie- und Umweltdienstleistungen. Traditionell ist die EnBW fest in Baden-Württemberg verwurzelt und in der Energiebranche damit der Wettbewerber mit der stärksten regionalen Verankerung. Darüber hinaus ist die EnBW mit Aktivitäten in ganz Deutschland und weiteren Märkten Mittel- und Osteuropas vertreten. Kernmarken des Konzerns sind neben der Marke EnBW die Marke *Yello* für das nationale Privatkundensegment sowie die Marken Watt (Unternehmenskunden) und Naturenergie (Ökostrom).

Seit über 10 Jahren ist der Strommarkt in Deutschland liberalisiert. Nach einer turbulenten Anfangsphase beruhigte sich der Privatkundenmarkt überraschenderweise; tatsächlich wechselten nur wenige Privatkunden ihren Anbieter. Seit 2007 ist das Marktumfeld nun wieder in Bewegung. Hierfür sind verschiedene Entwicklungen ursächlich: Die Kosten für Strom und Gas sind überproportional angestiegen; es drängen wieder neue Anbieter auf den Markt (neue Billigmarken, Ökostromanbieter etc.); der Verbraucher legt scheinbar die ›Wechsel-Ängste‹ ab und wird mündig – ein Anbieterwechsel wird zunehmend weniger mit einem möglichen Verlust der Versorgungssicherheit in Verbindung gebracht. In dieser Situation sind die klassischen Medien und das Internet die Hauptinformations- und Austauschmöglichkeiten des Konsumenten.

Die EnBW versteht sich als Vordenker und Wegbereiter der Branche und agiert in diesem Marktumfeld erfolgreich mit neuen Ideen und Angeboten. Das Internet als innovatives Kommunikationsmedium zum Kunden spielt dabei eine wichtige Rolle. So können bspw. Kunden seit 2007 mittels eines sogenannten ›intelligenten Zählers‹ ihren eigenen Stromverbrauch aktuell im Internet ablesen und damit ihren Energieverbrauch besser kontrollieren und steuern. Darüber hinaus tritt die EnBW vielfach über das Internet in Interaktion mit ihren Kunden, z. B. über ein Online-Kundenzentrum.

Gleichzeitig hat sich das Internet inzwischen auch zu einem wichtigen Analysemedium für die EnBW entwickelt. Denn wer als Unternehmen besonders innovativ und kundennah agieren will, muss das ›Ohr am Verbraucher‹ haben und alle Möglichkeiten nutzen, um neue Impulse aufzunehmen. Und was eignet sich – neben der klassischen Marktforschung – dabei besser als das Internet mit seinen vielfältigen Möglichkeiten, in die Belange der Konsumenten hineinzuschauen und ihre Bedürfnisse und Forderungen, aber auch Kritik und Verbesserungswünsche aufzunehmen.

2. Braucht die EnBW ein Online-Trend-Monitoring?

2.1 Low-Involvement bei Energieprodukten? – Mitnichten

Die früher geltende Annahme, Energieprodukte seien aufgrund ihrer generischen Beschaffenheit Low-Involvement-Güter und daher nicht diskussionswürdig, ist seit der Marktöffnung deutlich widerlegt. Denn nicht nur der aus der Steckdose kommende Strom prägt das Image der neuen Energiemarken, sondern viele weitere Facetten ihres Kontakts mit dem Kunden. So stehen Energieunternehmen aufgrund ihres Versorgungsauftrags, des aktuellen Energiemixes und ihrer Preispolitik generell im Kreuzfeuer der öffentlichen Debatte. Hinzu kommen vielfältige Kundenkontaktpunkte über Vertrieb und Marketing, Service, (Werbe-) Kommunikation, Sponsorings und Engagements, Investor Relations etc.

Unstrittig ist, dass all diese Themen nicht nur im Freundeskreis, auf politischen Veranstaltungen oder in den klassischen Medien diskutiert werden. Insbesondere seit der Entwicklung des Internets zum viel beschriebenen Web 2.0 und der damit verbundenen Nutzung durch weite Bevölkerungsgruppen als »Mitmachnetz« (*Spiegel* 2007) rückte das www bei der EnBW in den Fokus der Beobachtung des Kunden- bzw. Verbraucherverhaltens. Denn wenn das schnelle Vordringen von nutzergetriebenen Inhalten und Netzwerken den Boden für rasche Informationsentstehung und -diffusion bereitet, müssen sich daraus auch methodisch neuartige Analysemöglichkeiten für das Unternehmen ergeben. Auf dieser Basis sollten entstehende Meinungsbilder und wertvolle Früherkennungshinweise erschlossen werden. Besonderes Interesse wird dabei dem Endverbraucher-Markt beigemessen, da hier aktuell der intensivste Austausch im Internet zum Thema ›Energie‹ stattfindet.

2.2 Online-Trend-Monitoring in der EnBW

Parallel zur Entwicklung des ›Sender-Empfänger-Internets‹ zum ›Social Web‹ wurde 2006 innerhalb der EnBW im Bereich ›CRM & Neue Medien‹ das Projekt ›Online-Trend-Monitoring‹ gestartet. Ziel war es, ein Online-Monitoring zu entwickeln, mit dem Meinungen und Trends zu EnBWrelevanten Themen auf ›offenen Plattformen‹ im Internet ermittelt werden können. Unsere Annahme: Wenn – wie beobachtbar – Menschen sich offen und interaktiv miteinander austauschen, dann müssen auch ›Energie-Themen‹ dabei sein! Das Internet müsste eine Fülle an zusätzlichem Kundenwissen bieten. Unsere Thesen:

- Besonders beachtenswert ist die passive Nutzung von Blogs, Foren & Co. – d.h., wenige ›reden‹, viele schauen zu und informieren sich (Multiplikator-Effekt).
- Diffusionsgeschwindigkeit: Neue Themen schlagen sich sehr schnell nieder (bevor sie bspw. in klassischen Marktforschungsstudien gemessen werden können).
- Hohes Involvement der Akteure, da sie eigeninitiativ schreiben.

Inhaltlich interessierten uns Fragen wie ›Wie wird eigentlich wirklich über unsere kontroversen Themen Strompreis, Energiemix, Laufzeitenverlängerung etc. gedacht bzw. geschrieben?‹ oder ›Wie bewertet der Kunde unsere Services?‹.

ABBILDUNG 1
Die Erkennung von Meinungsbildungsprozessen im Internet kann entscheidend für den Geschäftserfolg sein

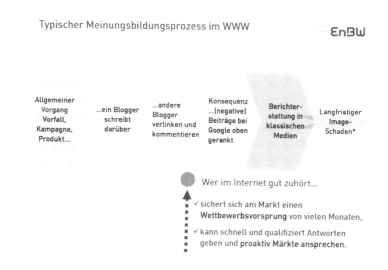

Ein weiterer Schwerpunkt war für uns der Aspekt der Frühwarnung, insbesondere nach dem Bekanntwerden erster Negativfälle (z. B. Jamba, Kryptonite[1]). Ziel war es, gemäß dem typischen Meinungsbildungsprozess im Internet bereits frühzeitig die entsprechenden Signale aufzufangen, um – je nach Art der Entwicklung positiv oder negativ – reagieren zu können.

Zugleich erhofften wir uns schnelle und kostengünstige Informationen – im Gegensatz zum in der klassischen Marktforschung anfallenden hohen Aufwand.

Die Zielgruppen im Unternehmen standen schnell fest: Das Online-Trend-Monitoring soll Inhalte und Zahlen an Marketing und Vertrieb, Unternehmenskommunikation und Public Affairs sowie den Bereich IT/Innovationsentwicklung liefern.

3. Der Analyse-Baukasten

Bereits erste Untersuchungen bestätigten unsere Annahmen – auch die EnBW ist Diskussionsthema im Internet, wenn auch nicht in dem Maße wie klassische Konsumgut-Marken (etwa VW, Canon oder Nintendo). Dennoch fanden sich bereits erste interessante Ergebnisse, die uns ermutigten, das Thema Online-Trend-Monitoring gemeinsam mit zwei innovativen Dienstleistern[2] anzugehen.

Um unseren Zielgruppen im Unternehmen möglichst schnell Ergebnisse liefern zu können, begannen wir einen sogenannten ›Analyse-Baukasten‹ zusammenzustellen, der es uns ermöglicht, mittels unterschiedlicher Methoden diverse Fragestellungen flexibel und ggf. individuell zu bearbeiten. Denn Online-Trend-Monitoring ist kein ›Tool‹, das fertige Ergebnisse ›ausspuckt‹ – es besteht vielmehr aus diversen Verfahren bzw. Crawlern, die das Internet nach bestimmten Begriffen und Themen durchsuchen. Je nach Aufgabenstellung und Analysebedarf kann entschieden werden, welche Module zum Einsatz kommen sollen.

---

1 Im Fall des Klingelton-Anbieters Jamba wurde die versuchte Manipulation von Web-Foren aufgedeckt, beim Fahrradschloss-Hersteller ›Kryptonite‹ wurde ein Produktmangel im Internet nach dem Schneeballprinzip weiterkommuniziert. In beiden Fällen kam es zu massiven Image-Problemen der Marke.

2 Complexium (Prof. Grothe), Business Intelligence Group (Prof. Gentsch).

Als wichtigste Analysequellen wurden zunächst Weblogs und Suchmaschinen, aber auch Foren, Meinungsportale, Chat-Communities, Fachseiten und News festgelegt.³ Strukturiert wird unser Analyse-Baukasten durch vier Leitfragen, die gleichzeitig seinen modularen Aufbau darstellen:
1. Wie viel wird über ein Thema diskutiert bzw. geschrieben?
2. Wer diskutiert bzw. wo (an welchen ›Orten‹) wird diskutiert?
3. Was – welche Inhalte/Themen – wird gesucht?
4. Wie wird diskutiert (Tonalität)?

Mittels dieser Leitfragen decken wir die wichtigsten Facetten der Internet-Diskussion rund um die EnBW ab. Anhand der erzielten Ergebnisse wird aufgezeigt, was die Diskussion charakterisiert, wie und wo die öffentliche Debatte stattfindet, ob und inwiefern sich die Intensität der Diskussionen verändert und wo und wie sich Multiplikatoren äußern.

ABBILDUNG 2
Mit einem modularen ›Analyse-Baukasten‹ können unterschiedliche Fragestellungen bearbeitet werden

3   Aktuell liegt der Schwerpunkt der Untersuchungen auf Blogs und Foren, da hier echter Meinungsaustausch stattfindet, während Newsseiten letztendlich die Online-Variante klassischer Medien sind.

MATTHIAS SCHULTZE / ANNIKA POSTLER

3.1 Modul 1 – Wie viel wird über ein Thema diskutiert bzw. geschrieben?

Modul 1 dient der Untersuchung der Frage nach dem quantitativen Aufkommen eines Themas. Es wird dargestellt, in wie vielen und welchen Blogs dieses Thema wann vorkommt. Crawler untersuchen dazu die Blogosphäre nach einem vorab festgelegten Suchbegriff bzw. einem Begriffskanon (Varianten, Schreibweisen). Diese Abfrage wird allen Untersuchungen bewusst vorgeschaltet, um festzustellen, ob sich die weitere Analyse lohnt, d.h. ob es sich beim untersuchten Gegenstand grundsätzlich um ein im Internet diskutiertes Thema handelt. Betrachtet wird das Blogaufkommen innerhalb einer bestimmten Periode, sodass Ausschläge nach unten und oben sichtbar werden und mit in die Interpretation der Ergebnisse einfließen können.

Diese Untersuchung kann grundsätzlich auch mit den bekannten Blogsuchmaschinen *Technorati* oder *Blogpulse* durchgeführt werden. Wir

ABBILDUNG 3
Beispiel: Blogaufkommen zum Suchbegriff ›Energieeffizienz‹ innerhalb eines Halbjahres

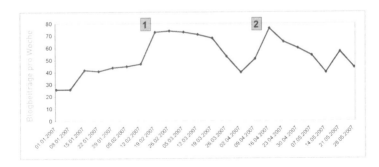

verwenden jedoch eigenentwickelte Crawler unserer Dienstleister, denn die frei zugänglichen Suchmaschinen liefern i.d.R. verfälschte Ergebnisse, da sie überwiegend auch als Blog getarnte News- und Anbieterseiten auflisten.

3.2 Modul II – Wer diskutiert bzw. wo wird diskutiert?

Mit Modul II versuchen wir die Zentren der digitalen Kommunikation EnBW-relevanter Themen zu identifizieren. Hierzu wird über einen Suchbegriff bzw. über einen Begriffskanon nach denjenigen ›Orten‹ – d.h. Websites – gesucht, an denen über unsere Themen geschrieben wird. Zugleich wird die Anzahl der ein- und ausgehenden Links auf diese Sites gemessen. Auf diese Weise erhalten wir ein sogenanntes ›Quellen-

ABBILDUNG 4
Quellenreferenznetz: Zum Suchbegriff ›Yello‹ fand sich ein häufig referenzierter Juristen-Blog (www.bissige-liberale.com), das sich mit der Markenrecht-Thematik auseinandersetzt

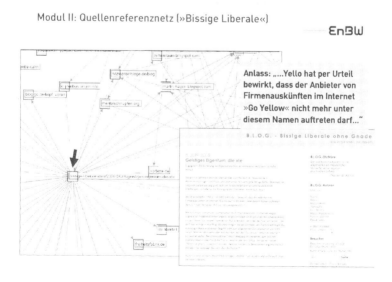

referenznetz‹ und können damit eine ›Hitliste‹ der meistreferenzierten Quellen erstellen, die wir anschließend im Zeitverlauf hinsichtlich ihrer zu- oder abnehmenden Aktivität beobachten.

Die Anonymität des Internets verwehrt leider i.d.R. die besonders interessante ›personenscharfe‹ Untersuchung der Akteure (etwa ein Soziogramm oder demografische Daten). Ebenso wenig können die Klickraten der jeweiligen Quelle ermittelt werden, wodurch leider der Aspekt ihrer passiven Nutzung nicht in die Bewertung miteinbezogen werden kann. Wir sind jedoch überzeugt davon, dass die Online-Forschung in den nächsten Jahren gerade zu den Themen ›Online-Nutzerverhalten‹ und ›Online-Networking‹ interessante und nutzbare Ansätze hervorbringen wird, die wir zukünftig in dieses Modul integrieren können.

3.3 Modul III – Was für Inhalte/Themen werden gesucht?

Mit Modul III ergänzen wir unseren Analyse-Baukasten um das Thema ›Suche‹. Hier wird zunächst ermittelt, welche Begriffe im Zusammenhang mit EnBW in Suchmaschinen eingegeben werden. Anschließend werden diese Begriffe nach ihrer Häufigkeit gerankt. Wir gehen davon aus, dass diejenigen Themen, nach denen häufig in Kombination mit unseren Marken gesucht wird, für den User besonders relevant sind. Interessant ist hierbei auch der Vergleich mit bzw. die Differenz zu den von unserem Unternehmen aktiv kommunizierten Themen und die damit verbundene Frühwarn-Möglichkeit.

3.4 Modul IV – Wie wird diskutiert?

Während die Module I-III mittels festgelegter Begriffe bzw. Begriffs-Sets durchgespielt werden und somit hypothesengestützt funktionieren, basiert Modul IV auf einer explorativen Vorgehensweise. Dazu wird zum Oberbegriff ›EnBW‹ ein sogenanntes ›Semantisches Netz‹ über den gesamten deutschsprachigen digitalen Raum ermittelt. Dieses semantische Netz bildet ab, welche Themen oder Themencluster überhaupt im Kontext der Marke innerhalb eines definierten Zeitraums diskutiert wurden und ob sie von vergleichsweise hoher, mittlerer oder niedriger Relevanz waren. Es handelt sich hierbei um eine Art ›Data-Mining‹ im

Internet, denn ausgehend von einem oberbegrifflichen Terminus werden mittels semantischer (corpus-linguistischer) Verfahren relevante Themencluster identifiziert und gemäß ihrer Bedeutung klassifiziert. Der Vorteil dieses Moduls: Es können auch Themen identifiziert werden, die u. U. von uns oder unseren Ansprechpartnern im Unternehmen im Vorfeld als nicht-untersuchungswürdig erachtet oder schlicht gar nicht erkannt wurden. Wir erhalten also ein nach Relevanz bewertetes Abbild aller im Kontext eines Oberbegriffs diskutierten Themen bzw. Inhalte.

Des Weiteren werden die semantischen Netze mit ihrer Vorperiode verglichen, um die Diffusion der Themen zu beobachten. Die bislang für die EnBW ermittelten semantischen Netze haben mitunter überraschende und unerwartete Ergebnisse hervorgebracht. Sie helfen uns u.a. dabei, die für die Module I-III definierten Suchbegriffe mit den hier als relevant eingestuften Themen abzugleichen.

ABBILDUNG 5
Ausschnitt eines Semantischen Netzes zum Thema ›Energie-Effizienz‹

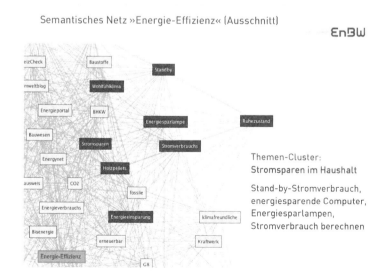

4. Wie setzt die EnBW das Online-Trend-Monitoring ein?

Seit 2007 wird das Online-Trend-Monitoring bei der EnBW hinsichtlich unterschiedlichster Fragestellungen und Themen eingesetzt. Grundsätzlich lassen sich dabei zwei Vorgehensweisen voneinander unterscheiden: der Online-Trend-Radar und sogenannte ›Ad-Hoc-Untersuchungen‹.

4.1 Online-Trend-Radar und Ad-Hoc-Untersuchungen

Mit dem Online-Trend-Radar führen wir ein regelmäßiges Monitoring im Zweimonats-Rhythmus durch, das einem großen Kollegenkreis aus unterschiedlichsten Fachabteilungen zur Verfügung gestellt wird. Dabei wird der gesamte Analyse-Baukasten durchgespielt, um ein möglichst umfassendes und in der Zeitreihe vergleichbares Bild der EnBW und ihrer Marktsituation zu erhalten. Das Monitoring umfasst folgende Themenbereiche:
1. Die Marke EnBW und weitere Marken des Konzerns
2. Branchenthemen
3. Wettbewerber
4. Sonderthemen (kampagnen-/anlassbezogen)

Auf diese Weise erhalten wir einen regelmäßigen Überblick über das, was sich ›so rund um die EnBW im Internet tut‹. Nicht zu unterschätzen ist zudem die Möglichkeit, Wettbewerber in gleichem Maße wie das eigene Unternehmen screenen und mit dem EnBW-Bild abgleichen zu können.

Ad-Hoc-Analysen werden i.d.R. zeitnah und auf ein bestimmtes Themengebiet bezogen erstellt. Auftraggeber sind meist einzelne Fachabteilungen. Hier werden mehr Details in die Untersuchung aufgenommen und je nach Bedarf auch nur einzelne Module aus unserem Online-Trend-Monitoring eingesetzt. Die mit dem Analyse-Baukasten ermittelten Ergebnisse werden dabei häufig um einfache Auswertungen der frei zugänglichen Online-Suchmaschinen oder -Analysetools ergänzt. Gerade beim schnellen Online-Tracking von Kampagnen lassen sich ergänzend auch gute Recherche-Ergebnisse in *Google*, *YouTube* und *del.icio.us* finden, die in die Bewertung einfließen.

4.2 Status quo und Perspektiven des Online-Trend-Monitorings

Das Online-Trend-Monitoring stellt mittlerweile einen wichtigen Baustein im Reporting der EnBW-Marktaktivitäten dar. Es ergänzt zum einen die Berichte zur eigenen Webstatistik und zum anderen die Ergebnisse der klassischen Marktforschung.

Die kostenintensive Marktforschung wird das Online-Trend-Monitoring nicht ersetzen können, da die Online-Daten (noch) nicht repräsentativ erhoben werden können. Wir stützen Ergebnisse auf allgemein zu beobachtende Strukturen und Entwicklungen, aus denen wir unsere Thesen ableiten. Wenn beispielsweise nur wenige Blogeinträge zu einem Thema auffindbar sind, es sich aber um ein häufig referenziertes Blog oder Forum handelt, gehen wir von einer höheren Anzahl von ›Mitlesern‹ aus. Genaue Angaben dazu lassen sich derzeit aber nicht generieren.

Ein klarer Vorteil der Online-Analyse liegt darin, dass wir non-reaktiv, also beobachtend agieren und damit eine mögliche Verzerrung des Ergebnisses von vornherein ausschließen können. Mittels der in Modul IV eingesetzten semantischen Netze haben wir die Möglichkeit, unerwartete Themen hypothesenfrei aufzuspüren, während bei der klassischen Marktforschung das hypothesengetriebene Vorgehen im Vordergrund steht. Darüber hinaus ermöglicht Online-Trend-Monitoring i.d.R. den Einbezug des Netzwerks des beobachteten Akteurs und kann die Meinungshistorie von Quellen nachverfolgen, was für die Bewertung der Beiträge meist sehr wertvoll ist.

Nichtsdestoweniger stecken die Verfahren der Online-Analyse (vor allem im Vergleich zur ›klassischen‹ Marktforschung) noch in den Kinderschuhen. Wir sehen hier einen großen Entwicklungsbedarf. Valide Ergebnisse werden sich erst im Zusammenspiel von Wissenschaft und Forschung, Unternehmen und Internet-Marken wie Google & Co. erzielen lassen. Gerade Letztere werden aller Voraussicht nach in nächster Zukunft deutlich mehr kommerzielle Angebote in Sachen Online-Analyse anbieten. Interessant ist ferner die weitere Entwicklung des Nutzerverhaltens. Wo werden sich unsere Kunden und die breite Öffentlichkeit zukünftig im Internet ›unterhalten‹? In unseren Untersuchungen haben wir bspw. festgestellt, dass die Blog-Nutzung sich in Deutschland deutlich weniger dynamisch entwickelt hat als gemeinhin angenommen.

Hinsichtlich der für die EnBW erhobenen Inhalte haben wir nach über einem Jahr bereits wertvolle Erfahrungen gesammelt und können das Verhalten unserer Kunden in diesem Medium bereits relativ zuverlässig einschätzen. So haben wir neben dem Online-Trend-Radar verschiedene Untersuchungen zu Kommunikationskampagnen unserer Marken EnBW und Yello durchgeführt, Reaktionen auf Events und Aktionen gescreent und allgemeine, in der Öffentlichkeit stark diskutierte Themen der Energiebranche sowie aus dem Bereich Public Affairs untersucht – mit z.T. für uns unerwarteten Ergebnissen. So erwarteten wir bei Reiz-Themen wie bspw. den Energiepreisen fälschlicherweise ein hohes Diskussionsaufkommen. Dabei stellten sich unsere Sponsoringaktivitäten für die User als zeitweise wesentlich interessanter heraus. Letztendlich ist deutlich geworden, dass der intensive Austausch mit den Fachabteilungen im Unternehmen sowohl bei der Definition der ›richtigen‹ Suchbegriffe und Themen als auch bei der Bewertung der Ergebnisse unabdingbar ist. In diesem Sinne werden die nächsten Trend-Monitorings hier noch stärker ansetzen. Darüber hinaus ist ein Warehouse der bislang erhobenen Ergebnisse in Planung.

Zusammenfassend bleibt festzuhalten, dass Online-Trend-Monitoring für die EnBW ein wichtiges Zukunftsthema ist, das wir im Sinne unserer Selbstverpflichtung als Vordenker und Wegbereiter der Energiebranche kontinuierlich weiterentwickeln werden – immer mit dem Ohr am Verbraucher und mit dem Blick auf die weitere Entwicklung des Internets und der damit verbundenen individuellen und kollektiven Verhaltensweisen der User.

Literatur

GROTHE, M.: Digital Intelligence: Trendmonitoring im digitalen Raum. In: IEB *Jahrbuch der Digitalen Kommunikation*. Berlin [Institute of Electronic Business] 2006

GROTHE, M.: Virtuelle Netzwerke aufbauen und pflegen – Community Building und Collaboration. In: MICHAELI, R.: *Competitive Intelligence*. Berlin/Heidelberg [Springer] 2006, S. 490-496

SPIEGEL: Wir sind das Netz. In: *Spiegel Spezial*, 3, 2007

MICHAEL SCHEUERMANN /
RAINER MÜLLER-MÜFFELMANN

Podcasts, Themencommunities und Social Media: Erfahrungen in der BASF-Unternehmenskommunikation

Abstract

Der Beitrag skizziert drei ›Baustellen‹, die den Aufbruch der BASF in die dialogisch-netzwerkorientierte ›Cluetrain-PR‹ bzw. PR 2.0 illlustrieren. Erstens werden die Besonderheiten von Innovations-Podcasts vorgestellt und Perspektiven aufgezeigt, die einen schnellen Erfolg des Mediums versprechen. Zweitens wird erläutert, was sich hinter der virtuellen Community ›Corporate Issues Network‹ (CIN) verbirgt und wie Erfolg versprechend sich dieses Medium darstellt. Darauf aufbauend werden grundsätzliche Überlegungen über den Einsatz und die Wirkung von Social Software aus Sicht der Unternehmenspraxis vorgestellt.

1. Social Media in der BASF-Unternehmenskommunikation

›BASF – The Chemical Company‹ (www.basf.com) ist eines der führenden Chemieunternehmen der Welt. Sein Produktportfolio umfasst Chemikalien, Kunststoffe, Veredlungsprodukte, Pflanzenschutzmittel und Feinchemikalien sowie Erdöl und Erdgas. BASF beschäftigt weltweit rund 95.000 Mitarbeiterinnen und Mitarbeiter und erzielte im Jahr 2006 einen

Umsatz von 52,6 Milliarden Euro. BASF ist börsennotiert in Frankfurt (BAS), London (BFA) und Zürich (AN).

BASF betrachtet Kommunikation als ein strategisches Instrument, mithilfe dessen die Unternehmensziele erreicht und Wert für die Unternehmensmarke geschaffen wird. Die Kommunikationsstrategie ist darauf zugeschnitten, sowohl die Erfüllung des Markenversprechens als auch die gewünschte Wahrnehmung der Leistung des Unternehmens zu unterstützen. Die Kommunikationsstrategie schafft ein einheitliches und gemeinsames Verständnis der kommunikativen Ziele und Aufgaben der BASF-Gruppe und fasst die Grundsätze der BASF-Kommunikation zusammen.

Für BASF ist enscheidend, was sich hinter den Begriffen ›Web 2.0‹ und ›Social Media‹ verbirgt: die beiden großen Kommunikationstrends ›Individualität‹ und ›Interaktivität‹. ›Individualität‹ meint den Trend zu Teilhabe und Mitwirkung und ›Interaktivität‹ meint Dialog- und Aufnahmebereitschaft gegenüber den Stakeholdern. Beide Trends realisieren sich mit Hilfe der Social-Media-Tools besonders gut.

2. Podcasting: Von der neuen Souveränität der Internetnutzer

Im Vorfeld der Konzeption unserer Podcasts standen folgende Überlegungen: Die zunehmende Integration des Internets in die Alltagswelt erfordert auch eine Anpassung der Arbeitsweise für Presse- und Öffentlichkeitsarbeit. Ausgehend von einem Informationsmedium entwickelt sich das Netz immer mehr zu einer aktiven, dialogischen Schnittstelle zwischen Nutzern und denjenigen, die die Inhalte bereitstellen. Dabei werden die Medienkonsumenten zunehmend souveräner und anspruchsvoller. Nicht nur die orts- und zeitunabhängige Nutzung von Inhalten, auch die zielgerichtete Auswahl von Inhalten charakterisiert ein neues Nutzungsverhalten im Umgang mit Informationen. Hinterfragen, kritische Reflexion und aktive Teilnahme an Diskussionen zeigen ein neues, forderndes Selbstbewusstsein. Die Net-User von heute möchten nicht nur sichtbarer werden und ernster genommen werden; sie versuchen sich auch über das Medium Internet Gehör zu verschaffen und suchen immer mehr den direkten Kontakt zu den Sendern der Informationen.

2.1 Größere Nähe zu den Zielgruppen

Für die Unternehmenskommunikation bieten die neuen Ideen und Konzepte des Web 2.0 eine Chance, noch mehr und noch näher mit den Zielgruppen in Kontakt zu treten, um damit auch mehr Transparenz zu schaffen. Dabei sollen die Vernetzung von neuen und klassischen Kommunikationskanälen sowie die Eröffnung eines Dialoges ermöglicht werden. Nicht das bloße Verbreiten von Information, sondern die Motivation der Zielgruppe, die Inhalte zu bewerten oder dazu Stellung zu nehmen, sind neue Ziele von Kommunikationsmaßnahmen. Dabei bieten die neuen Kommunikationskanäle des Web 2.0 nicht nur die Möglichkeit, eine größere Öffentlichkeit zu erreichen, sondern auch mehr Interesse zu wecken und auch zu unterhalten. Das wirft die Frage auf, ob Presse- und Öffentlichkeitsarbeit überhaupt unterhalten soll oder nur informieren darf. Als These darf formuliert werden, dass die relevanten Zielgruppen zukünftig nur dann nachhaltig zu erreichen sein werden, wenn man eine gesunde und geeignete Balance zwischen Information und Unterhaltung findet, die authentisch und transparent ist sowie einen Mehrwert bietet.

ABBILDUNG 1
Prominente Platzierung: Innovations-Podcasts auf der Startseite der BASF Gruppe

Das Werkzeug von *Corporate Podcasting* wurde schnell als eine gute Möglichkeit identifiziert, diese Ziele zu erreichen – und daneben die Marke BASF *mit Innovation aufzuladen.*

Hierfür wurde das Podcasting in der Gruppe ›Innovationskommunikation‹ angesiedelt (Abb. 1). Diese Gruppe unserer Unternehmenskommunikation hat zum Ziel, über die Innovationen aus dem Unternehmen zu berichten und dabei auch über Forschung und Entwicklung der BASF zu informieren. Dabei soll auch die Art und Weise der Kommunikation innovativ gestaltet werden.

2.2 *Komplexe Themen greifbar machen*

Mit Podcasts werden in der Regel nur sehr fokussierte Zielgruppen erreicht. Diese vermeintliche Schwäche ist aber gleichzeitig die Stärke von Podcasts. Denn wenn sich diese Zielgruppe bewusst für den Empfang eines bestimmten Themenangebotes entschieden hat, kann man sich einer hohen Aufmerksamkeit sicher sein. Die bequeme und schnelle Distribution sowie die verhältnismäßig geringen Kosten motivierten zusätzlich, über Podcasts Themen und Informationen zu verbreiten.

Für die Innovationskommunikation der BASF bestand die Aufgabe darin, ein geeignetes Format von Podcasts zu finden, um die teils komplexe Themenwelt der Chemie verständlich und interessant darzustellen. Dabei sollten nicht nur Themen aus Forschung und Entwicklung, sondern auch der Aspekt, dass die Chemie als solche unsere Zukunft und unseren Alltag mit gestaltet, kommuniziert werden.

Diese Aufgabenstellung legte nahe, schon zu Beginn *zwei* Podcast-Kanäle zu realisieren: ein Kanal, der monatlich im Format eines etwa 10-minütigen Reportage-Magazins über die *Chemie der Innovationen* berichtet, und ein weiterer Kanal, der wöchentlich in kurzen Erklärstückchen als *Der Chemie Reporter* Fragen von Hörern aus der Chemie des Alltags beantwortet. Beide Kanäle wurden von Anfang an zweisprachig auf Deutsch und Englisch produziert und innerhalb von fünf Monaten konzipiert und entwickelt. Das monatliche Magazin richtet sich an eine wissenschaftlich und technisch interessierte Öffentlichkeit; die wöchentlichen Ausgaben sollen ein junges, jung gebliebenes oder einfach neugieriges und wissensdurstiges Publikum erreichen. Das sind z.B. Schüler, Studenten, Lehrer oder auch jeder grundsätzlich Neugierige.

2.3 Der Erfolg lässt nicht lange auf sich warten

Die beiden Podcasts der BASF erfüllen trotz ihrer erst kurzen Laufzeit bisher alle Erwartungen. Als ausschlaggebende Messgröße gilt dabei die Anzahl der echten Downloads der Audiodateien, die seit dem Start im April 2007 mit steigender Tendenz ein erfreuliches Niveau erreicht haben. Eine weitere Bestätigung für die Annahme des Angebotes ist das konstante Ranking der beiden Angebote in den Top 50 der naturwissenschaftlichen Podcasts auf dem Podcast-Portal *iTunes*.

Das Verhältnis der Downloads der beiden verschiedenen Kanäle liegt bei einem Viertel für *Chemie der Innovationen* und drei Viertel für die Sendung *Der Chemie Reporter*. Dies spiegelt in etwa auch das Verhältnis der beiden Zielgruppengrößen wider.

Positiv wurde auch die Integration des Podcast-Angebotes auf den BASF-Webseiten bewertet. Das Angebot wurde prominent platziert, um es leicht auffindbar zu machen, und alle Möglichkeiten vom einfachen Abonnieren bis hin zum direkten Anhören wurden direkt auf der Webseite umgesetzt.

2.4 Vermarktung mit positiven Nebenwirkungen

Die Information über eine neue Podcast-Episode wird neben der generischen Verbreitung über den RSS-Feed auch in Form einer Kurzmeldung auf den *klassischen* Kommunikationskanälen verbreitet. Wissenschaftsjournalisten werden über gezielte Verteiler und Dienste über eine neue Ausgabe des monatlichen Innovations-Podcasts informiert sowie für beide Podcastkanäle je nach Thema die entsprechenden Fachjournalisten und Fachredaktionen verschiedener Branchen. Als ein positiver Effekt hat sich gezeigt, dass vor allem in Wissenschaftsredaktionen von Print-, Fernseh- und Online-Medien die BASF-Podcasts damit eine hohe Beachtung finden.

2.5 Die Zielgruppe steuert den Inhalt

Das Konzept des Podcast-Kanals *Der Chemie Reporter* (Abb. 2) ist darauf ausgerichtet, Fragen aus der Chemie im Alltag zu beantworten. Dabei steuert die Zielgruppe selbst das Programm. Über eine eigens eingerichtete E-Mail-Adresse können Fragen eingeschickt werden, die dann im Rahmen des Podcasts vertont und beantwortet werden.

ABBILDUNG 2
Innovations-Podcast *Der Chemie Reporter*: Der User steuert die Themen, die mediengerechte Platzierung sorgt für gesteigerte Aufmerksamkeit

Das entspricht der Grundintention des Web 2.0, den Nutzer als Lieferant für Inhalte vorzusehen – als *content provider*, um in diesem Fall *user wanted content* zu liefern. Nach einer initialen Themenrecherche für den Start des Kanals wurden im Rahmen eines Gewinnspieles innerhalb von 12 Wochen über 240 Fragen eingesendet. Damit wurde ein Grundstock an Fragen erzeugt, der die Basis für die folgenden Episoden darstellt. Es war überraschend, wie groß der Bedarf an der Beantwortung von grundsätzlich naturwissenschaftlich-technischen Fragen war. Es wurden nicht nur Fragen aus der Chemie, sondern zahlreiche aus der Physik, Biologie, Technik und Medizin gestellt. Da die Fragen alle aus den Reihen der Zielgruppe übermittelt wurden, kann man davon ausgehen, damit eine hohe Hörerbindung und ein hohes Interesse dieses Kanals erzeugt zu haben.

2.6 Zukunft mit Kanalvielfalt

Das Podcastangebot wird nach jetzigem Stand auch zukünftig Bestandteil der Unternehmenskommunikation von BASF sein. Dabei ist eine Ausweitung des bisherigen Angebotes für weitere spezielle Zielgruppen wie beispielsweise Aktionäre oder Bewerber denkbar.

Podcasts haben ein großes Potenzial, sich erfolgreich in der Unternehmenskommunikation zu etablieren, wenn es gelingt, sich auf Themen zu konzentrieren. Dies führt auf natürliche Weise dazu, dass Unternehmensbotschaften wie zum Beispiel die eines Markenimages transportiert werden. Eine echte Akzeptanz und Hörerbindung kann dann gelingen, wenn glaubhaft und authentisch vermittelt wird, dass mithilfe des Podcasts das Bedürfnis des Nutzers nach Information, Unterhaltung und Wissensvermittlung erfüllt werden soll. Wir sind davon überzeugt, dass es gelingen kann, mit Corporate Podcasts lebendiges, unterhaltsames und informatives Material zu produzieren, was das Ansehen eines Unternehmens nachhaltig und bleibend steigert.

3. Corporate Issues Network: Auf dem Weg zur virtuellen Themen-Community

›Virtual Communities‹ definiert das US-Beratungshaus Jupiter Communications als »group of people formed through self-identification and Community with a larger base of society. The key to creating successful community is interaction (i.e. communication or collaboration) with the common intent and the reciprocal exchange of information or ideas. Reciprocity creates a feeling of obligation and responsibility within a community, and a shared affinity forms a bond of membership« (zitiert nach www.abseits.de/communities.htm).

Der Erfolg von Social-Networking-Plattformen wie *Xing*, *MySpace*, *Facebook* und *Twitter* unterstreicht erneut die Bedeutung von Virtual Communities, aber auch Untersuchungen virtueller Arbeit in Teams, Organisationen und Communities – vor dem Hintergrund aktueller individueller und organisationaler Umbrüche und Veränderungen.

3.1 Ziele und Workflow

Das Corporate Issues Network (CIN) – ein von der Unternehmenskommunikation iniitiertes und betriebenes Netzwerk von derzeit etwa 80 kommunikations- und themenzentriert arbeitenden Kollegen und Kolleginnen innerhalb der BASF-Gruppe – sucht den Nutzen gemeinsamer, organisationsübergreifender Themenarbeit auszuloten. Die Arbeit findet im Wesentlichen auf einer global verfügbaren Plattform innerhalb der Firewall, dem *Issue Navigator* (Abb. 3), statt, die ausschließlich den registrierten Themenpartnern (Participants) zur Verfügung steht.

ABBILDUNG 3
Virtuelle Community Corporate Issues Network: Startseite der Arbeitsplattform *Issue Navigator*

Informations-Impulsgeber ist ein kleines Team von ›Facilitators‹, die die Participants zu relevanten BASF-(Zukunfts-)Themen mit multiperspektivisch aufbereiteten Kurzinformationen und Handlungsvorschlägen versorgen (Abb. 4). Diese kommentieren diese Informationen bzw. stellen ihren jeweiligen Input (etwa zu Themenbereichen wie ›Energie‹, ›Nanotechnologie‹, ›Biotechnologie‹, ›Energieeffizienz‹) dazu.

ABBILDUNG 4
Andockstelle für Netzwerkwissen: das Themenspektrum der BASF-Gruppe im *Issue Navigator*

Eine dritte, lesende Gruppe, der ›erweiterte Nutzerkreis‹, wird in Kürze zum Netzwerk dazustoßen. Zu diesem Kreis zählen die Leiter der Geschäftsbereiche der BASF und die engsten Mitarbeiter der Vorstandsmitglieder.

Das Corporate Issues Network intendiert frühzeitige Risiko- und vor allem Chancenidentifikation und erfüllt somit einige wesentliche Intentionen des Issues Management.

3.2   *Auf dem Prüfstand: Rollen und Funktionsweise*

Im Folgenden sollen aber diese inhaltlichen Treiber nicht weiter betrachtet werden. Vielmehr stehen die Rollen und die Funktionsweise dieses virtuellen Netzwerks im Fokus.

Die Plattform des Netzwerks, der sogenannte *Issue Navigator*, bringt den Nutzern Vorteile: Es versorgt sie mit hochwertigen, jenseits der Tagesaktualität liegenden, themenspezifischen und redaktionell aufbereiteten Informationen und gibt obendrein noch eine Anregung zu deren Verwendung mit dazu. Beides wird um Bewertungen und Kommentare der Themenpartner über deren Themensicht und Arbeitsgebiet ergänzt und ›veredelt‹. Durch dieses Geschehen erweitert sich der Wissenshorizont aller Beteiligten, eine klassische Win-win-Situation: Die Facilitators erhalten durch die Kommentare der Participants ein randschärferes Wissen und eine Rückmeldung über die unternehmeninterne Relevanz der Themenbereiche. Den Participants hingegen erschließt sich durch den (vornehmlich außermedialen) Themeninput aus dem Internet, worüber die firmenexternen Netcommunities diskutieren.

Weiter sorgt das CIN für einen nachhaltigen Lerneffekt, der zum einen für Kommunikateure unter den Teilhabern von Bedeutung ist: Es richtet ihren Blick auf Thementrends, die medial (noch) nicht ventiliert sind, regt damit rechtzeitige proaktive Kommunikation (über die Medien) an und macht ihre Aktivität strategieorientierter. Zum anderen vermittelt das Network den Themenpartnern aus dem Innovation Business Impulse für ihre ›Idea Pipeline‹, die sie zusammen mit den Produktionsbereichen im Blick auf die Entwicklung neuer/verbesserter Produkte dann weiter detaillieren.

3.3 Rezeptive Nutzung, zögerliches Knowledge Sharing

Dem Corporate Issues Network sind die wesentlichen Merkmale zu eigen, die ein virtuelles Netzwerk besitzen muss:
- userspezifische Interessenschwerpunkte,
- Möglichkeiten der Integration von Inhalt und Kommunikation sowie
- ein Zusammenspiel der Informationen der Themenpartner und Facilitators.

Dennoch wird es bis zum jetzigen Zeitpunkt von den Themenpartnern insgesamt eher verhalten angenommen, was das Posten eigener Beiträge anbelangt. Zwar betrachten die Participants das Netzwerk und die auf der Arbeitsplattform verfügbaren Informationen – so eine Befragung – als nützlich und arbeitsrelevant, zeigen sich interessiert, lesen die ihrem jeweiligen individuellen Themenprofil entsprechenden Postings und machen die geposteten Informationen auch ihren jeweiligen Netzwerken und

Arbeitsumgebungen zugänglich (Abb. 5). Aber Kommentierung, Bewertung und Ergänzung mit eigenen Informationen fällt ihnen nicht leicht.

ABBILDUNG 5
›Geschäftsgrundlage‹ des erfolgreichen Networkings: Golden Rules

Die (noch) zögerliche Bereitschaft, Wissen im Netzwerk transparent zu machen, verweist zum einen sicher auf die Vorsicht im Umgang mit sensiblen Informationen, zum anderen aber auch auf die Sozialisation einer organisationszentrierten Unternehmenskultur, die ein Knowledge Sharing außerhalb der eigenen Einheit weitgehend nur via definierte Berichtswege über die Leitung dieser Einheit kennt, nicht aber direkt am Ort ihres Entstehens auf den Arbeitsebenen. Diese Art klassischer Unternehmenskultur wird durch virtuelle Netzwerke wie das CIN herausgefordert, nicht aber über Nacht verändert.

3.4   *Entwicklungskerne der Community*

Die in der Befragung der CIN-Participants zutage tretenden Nutzergewohnheiten zeigen andererseits klar auf, dass das Bewusstsein zur einheitsübergreifenden, themenzentrierten Kooperation vorhanden und gewachsen ist: Die Themenpartner nutzen die Plattform, wenn auch zunächst überwiegend rezeptiv, sie finden ihr Interessenprofil mit den Postings gut bedient. Und sie nutzen die Informationen für ihre Arbeit und geben sie ihren jeweiligen Netzwerken weiter. Last but not least haben die Teilnehmer hohe Erwartungen an die inhaltliche Qualität und Validität von Postings – ein Indiz für die Bereitschaft, ihr Handeln verstärkt an strategischen Unternehmensthemen auszurichten und das eher ausführend-reaktive Aktivitätenprofil zu erweitern.

3.5 Perspektiven der Weiterentwicklung

Für das Facilitator-Team ist dies Anlass, die Weiterentwicklung des Corporate Issues Network ins Auge zu fassen.

Als Ziele hierfür haben wir deshalb unter anderem formuliert:
- Kommunikation stimulierende Akzente auf der Plattform zu verstärken (durch dezidiert nichtmediale Tonality in der Ansprache – u.a. in den Handlungsvorschlägen),
- die Kommunikation mit den Themenpartnern und der Themenpartner untereinander zu fördern,
- mit einer Qualitätssteigerung der Postings und attraktiveren themenorientierten Inhalten zum Lesen und Kommentieren der Postings zu stimulieren,
- die Plattform als Anlaufstelle aller wichtigen Themen-Networks des Unternehmens zu machen,
- Themenpartner zur Erstellung eigener Postings/Inhalte anzuregen (Beteiligungsförderung),
- Themen gezielt auf der Startseite der Netzwerkplattform zu bewerben,
- dem Netzwerk und seiner Plattform durch mitlesende Entscheidungsträger und wichtige Entscheidungsvorbereiter des Unternehmens Prominenz und mehr Gewicht zu verleihen.

Die Entwicklung virtueller Themencommunities ist auch in unserem Unternehmen eine längerfristige Aufgabe, die allerdings durch die globalen Veränderungen der Unternehmenslandschaft und die informationstechnologischen Entwicklungen zunehmend Rückenwind erhält und für verstärkte Plausibilität sorgt – alles Gründe, auch und gerade in der

Unternehmenskommunikation die Entwicklung virtueller Gemeinschaften zu forcieren und mit langem Atem zu betreiben.

4. Von der Communication Unit zur Communication Community und zurück: Grundlegende Überlegungen zum Einsatz von Social Software in der Unternehmenskommunikation

Der Einsatz von Social Software führte bei uns zu grundlegenden Überlegungen:
- einerseits den neuen Kommunikationstools im Hinblick auf Veränderungspotenziale und Nutzenversprechen Raum zu geben, um ihr Potenzial zur forcierten Entwicklung der Communication Unit zur Communication Community zu nutzen,
- und anderseits die neuen PR-2.0-Tools an die klassischen Kommunikationsstrukturen zu binden sowie nach ihrem Nutzen für den konsistenten und profilierten Markenauftritt zu fragen.

4.1 *Platz für Social Software in der externen und internen Unternehmenskommunikation*

Raum in der *externen* Kommunikation des Unternehmens erhält Social Software dadurch, dass wir Rückkanäle zu der massenmedial ventilierten Presseinformation anbieten – etwa über den Weblog auf unserem Regionalportal *Rhein-Neckar-Web* (http://blog.rheinneckarweb.de/). Damit erkennen wir an, dass die Portal-User diese Information aus ihrer Sicht kommentieren und publizieren.

Intern sorgen wir für die Entfaltung von Social Software unter anderem mit Blogs für die Communication Community. Damit setzen wir einen Kontrapunkt zu einer vielfach einseitig auf das Senden von Informationen gerichteten Kommunikation, die auch innerhalb der intranetbasierten Internal Relations (trotz vorhandener Rückkanäle) eher wenig Dialog iniitiert. Es kommt uns künftig noch mehr darauf an, mit den neuen Web-Werkzeugen jene Abläufe im Unternehmen zu unterstützen, die auf die Beteiligung von Mitarbeitenden an Entscheidungen ausgerichtet sind.

4.2 Gretchenfrage: Wie offen sind wir für neue Strukturen?

Dass das anders wird, daran ändert freilich nicht allein der Einsatz von Mitarbeiter-Blogs etwas. Die entscheidende Stellschraube ist vielmehr, dass Mitarbeiter an den im Blog offen zu thematisierenden Such-, aber auch Entscheidungsprozessen beteiligt werden. Dabei muss auch und gerade die skeptische Äußerung und die andere Sicht willkommen sein (ZIMMERMANN 2007: 1). Das erst schafft Einbindung und Identifikation – und Nutzungsplausibilität.

Hinter der Haltung, in Blogs gemeinsam zu Entscheidungen zu kommen, steht die Zurückhaltung, zu Entscheidungen über den Einsatz von Positionsautorität zu kommen. Vor allem dieser Verzicht bildet den Rahmen für die Entstehung ›hierarchiefreier‹ Community-Räume und kreativer Kommunikationsgemeinschaften, innerhalb derer sich dem Unternehmen die erwünschten Potenziale der Mitarbeiter im gewünschten Umfang erschließen können und das Tool Blog zum Erfolg machen (ZIMMERMANN 2007: 1). Das freilich erfordert Lernbereitschaft, verlangt die Bereitschaft zur Distanzierung von einem linearen Kommunikationsverständnis, das Erfolg in der Kommunikation als »möglichst störungsfreien, Aufwand vermeidenden Informationstransfer vom Sender zum Empfänger« (SCHMIDT 2006: 96) begreift.

Diese Hinweise illustrieren ansatzweise, was auf dem Spiel steht, wenn wir über PR 2.0 in der Unternehmenskommunikation reden: die Organisationsstrukturen und klassischen unternehmenskulturellen Dispositionen. Natürlich hat nicht erst das Cluetrain-Manifest Fragen an die betriebliche Organisation laut werden lassen. Allerdings erhöht Social Software den Druck, sich mit den Fragestellungen der Organisationsentwicklung verstärkt auseinanderzusetzen.

PR 2.0 erscheint als Vehikel zur Beschleunigung der Organisationsentwicklung, insofern damit das Beharrungsvermögen organisationszentrierter Kommunikationsstrukturen und Arbeitsroutinen verstärkt hinterfragt werden. Das gilt nicht nur für die Leitungsebenen, das gilt auch für alle Mitarbeitenden, deren Haltung unter den Vorzeichen des innerbetrieblichen ›Mitmach-Webs‹ auf den Prüfstand gerät: So gilt das ›Verbot‹ auf Wissensmonopolisierung etwa zur Stärkung der eigenen Person ebenso für ausnahmlos alle wie die Anforderung, sich selbstverantwortlich, fachkompetent und engagiert ins Spiel zu bringen.

Das schließt auch ein, dass in der PR-2.0-Kommunikation rund um Themen, Aufgaben und Arbeiten die Persönlichkeit des Einzelnen eine Rolle spielen darf. Social Software heißt »interpersonale Kommunikation und sachbezogene Kollaboration« (SCHMIDT 2006: 116). Der Senior Vice President Communications BASF-Group, Dr. Felix Gress, bringt es so auf den Punkt: »Wir ermutigen die Mitarbeiter, auch bei Sachbeiträgen persönliche Empfindungen und persönliche Gedanken einzubringen. Damit schaffen wir einen bewussten Kontrast zu klassischen Medien« (ZIMMERMANN 2007: 1).

4.3 Anbindung an klassische Unternehmenskommunikation

Wir setzen Social Software in der Unternehmenskommunikation ein, weil wir ein Gegengewicht zu den zentralisierten Informationsflüssen wollen. Als Gegengewicht bedarf es aber der Anbindung an die Werte der klassischen Kommunikation – selbst dann, wenn dies manchen Cluetrain-Werten und Überzeugungen der Social Networks (PLEIL 2007: 19) widerspricht.

Denn die Erträge massenmedial verbreiteter One-to-Many-Informationen sind uns wertvoll – weil diese immer noch

- von zahlreichen Stakeholdern genutzt und geschätzt werden,
- erfolgreich und konsistent das gewünschte Bild des Unternehmens transportieren und – last but not least –
- den wirtschaftlichen Prozess vom Produkt zum Markt adäquat abbilden (ZERFASS 2004: 72).

Das dürfen wir auch im Zeitalter von Web 2.0 nicht unter den Tisch fallen lassen.

4.4 Der *Prüfstein für* PR 2.0

Anbindung von PR-2.0-Aktivitäten meint zunächst, Werte, Merkmale und Inhalte der klassischen Kommunikation auf Web-2.0-Tools zu übertragen, ohne diese zu deformieren. Dazu zählt, diesen Tools das Gesicht der Marke ›BASF – The Chemical Company‹ zu geben. Weiter geht es – über das konsistente äußere Erscheinungsbild hinaus – um den Wert einheitlichen Kommunzierens, welches das Profil unserer Marke weltweit unverwechselbar erscheinen lässt. Können die hinter PR 2.0 stehenden Werte dazu einen substantiellen Beitrag leisten? Wenn ja, wie sieht er aus? Schadet oder nützt PR 2.0 der Marke ›BASF – The Chemical Company‹ (SCHEUERMANN 2007: 54-61)? Auch um darauf Antworten zu finden, nutzen wir die neuen Web-Werkzeuge.

Literatur

PLEIL, TH. (Hrsg.): *Online-PR im Web 2.0. Fallbeispiele aus Wirtschaft und Politik*. Konstanz [UVK] 2007

SCHEUERMANN, M.: Der Schock des Blog. Internes Blogging auf dem Prüfstand. In: BERG, H.-J. (Hrsg.): *Jahrbuch interne Kommunikation*. Duisburg [WAZ-Druck] 2007, S. 54-61

SCHMIDT, J.: *Weblogs. Eine kommunikationssoziologische Studie*. Konstanz [UVK] 2006

ZERFASS, A.: *Unternehmensführung und Öffentlichkeitsarbeit. Grundlegung einer Theorie der Unternehmenskommunikation und Public Relations*. Wiesbaden [VS Verlag für Sozialwissenschaften] 2004

ZIMMERMANN, O.: ›Diskutieren statt Diskreditieren!‹, Dr. Felix Gress zum Einsatz von Podcasts und Blogs bei der BASF. In: *cpwissen.de*. Online: http://www.cpwissen.de/html/de/content/Websites/Artikel/Strategien%2007/BASF_Felix_Gress [16.08.2007]

SUSANNE LAPP / ANTJE WALLNER

Der *SkyCast* – Mehr als Schall und Rauch? Erfahrungen mit Corporate Podcasts bei der Fraport AG

Abstract

Um den unterschiedlichen Vorlieben und Ansprüchen der Beschäftigten zu entsprechen, ist die Abteilung ›Interne Kommunikation‹ der Fraport AG kontinuierlich bemüht, ihren Medienmix zu optimieren. Schon früh stellte man sich deswegen die Frage nach den Stärken und Schwächen der Neuen Medien im Praxisalltag. Nach der Implementierung eines internen Unternehmensblogs im Jahr 2005 und eines Wikis im Folgejahr untersuchte der Flughafenbetreiber, inwiefern ›Corporate Podcasts‹ als Bestandteil des Kommunikationsmix eine Bereicherung für die Beschäftigten darstellen. Mittels einer Online-Erhebung wurde zunächst das Interesse der Mitarbeiterinnen und Mitarbeiter an dem neuen Medium erforscht. Infolge der positiven Resonanz erfolgte die Implementierung eines Videopodcasts mittels eines Pilotprojekts. Das neue Medium transportiert die Authentizität und Emotionalität der persönlichen Kommunikation auf elektronischem Weg und macht sie archivierbar. Neben der Vermittlung von fundiertem themenspezifischem Wissen werden die Beschäftigten mit Podcasts auf eine überraschende und kreative Weise unterhalten. Nach den positiven Erfahrungen mit dem Pilotprojekt ist auch für das kommende Jahr der Einsatz von Podcasts in der Internen Kommunikation der Fraport AG fest eingeplant.

1. Kommunikations-Herausforderungen im Fraport-Konzern

Die Fraport AG betreibt den Flughafen Frankfurt. Er ist nicht nur der größte Flughafen Deutschlands, sondern auch die Nummer Drei in Europa und weltweit unter den Top Ten. Außerdem gehören zum Fraport-Konzern rund 90 Tochter- und Beteiligungsgesellschaften, die weltweit an über 60 Standorten vertreten sind. Der Konzern beschäftigt knapp 30.000 Mitarbeiterinnen und Mitarbeiter.

Der Erfolg des Fraport-Konzerns beruht darauf, dass jeder Einzelne zur Verwirklichung der gemeinsamen Ziele beiträgt. Die Beschäftigten mit der Zielpyramide des Unternehmens vertraut zu machen, ist somit eine wichtige Herausforderung der internen Kommunikation. Da Mitarbeiterinnen und Mitarbeiter insbesondere dann motiviert arbeiten, wenn sie sich in ihrer Arbeitsumgebung wohl fühlen, ist die Vermittlung eines ausgeprägten ›Wir-Gefühls‹ eine weitere Aufgabe moderner interner Kommunikation. Beide Aufgaben werden umso wichtiger, je dynamischer das Unternehmensumfeld ist, denn umso häufiger werden Unternehmenszielbilder weiterentwickelt und umso schneller verändert sich das Arbeitsumfeld der Beschäftigten. Der Luftfahrtsektor ist hoch-dynamisch.

2. Zwei Trends dominieren den Kommunikationsmix

Die Fraport-Belegschaft ist so vielfältig wie die Aufgaben, die sie wahrnimmt. Die Spannbreite reicht vom Mitarbeiter mit Migrationshintergrund ohne deutschen Schulabschluss bis zur promovierten Akademikerin. Für die zielgruppengerechte Ansprache benötigt die Interne Kommunikation ein Medien-Portfolio, das sowohl dem unterschiedlichen Bildungsstand als auch den unterschiedlichen Vorlieben der Mediennutzung Rechnung trägt. Es wurde deswegen eine Kommunikationsmatrix definiert, die den verschiedenen Zielgruppen – Führungskräften, Mitarbeitern mit und ohne PC-Anschluss – verschiedene Instrumente der Print-, Online- und persönlichen Kommunikation zuordnet.

Dabei wurden in der täglichen Arbeit zwei grundlegende Trends beobachtet. Zum einen können strukturelle Veränderungen, die potenzielle oder unmittelbare Auswirkungen auf den Arbeitszusammenhang der Beschäftigten haben, nur durch persönliche Kommunikation überzeugend vermittelt werden. Um dem Rechnung zu tragen, wurden Veranstaltungsformate geschaffen, die Führungskräfte wie Mitarbeiter erfolgreich mitnehmen auf dem Weg des Wandels.

Zum anderen haben die Online-Medien innerhalb des Fraport-Orbits in den vergangenen Jahren einen rasanten Aufschwung erlebt. Beispielsweise werden die Seiten des Fraport-Intranets, des sogenannten *Skynets*, monatlich rund 1,4 Millionen Mal aufgerufen; die Aufrufe haben sich damit innerhalb der vergangenen zwei Jahre verzehnfacht.

3. Social Software verschmilzt die beiden Trends der Internen Kommunikation

Die Interne Kommunikation der Fraport AG stellte sich nun folgende Fragen: Wie lassen sich diese beiden Trends – persönliche Kommunikation und verstärkte Nutzung von elektronischen Medien – kombinieren? Wie verbindet man also die Vorteile der persönlichen Kommunikation – Authentizität und Emotionalität – mit den Stärken der Online-Medien – schnell, zeitnah und kostengünstig?

Bei der Suche nach Antworten landete Fraport bei den als ›Social Software‹ bezeichneten neuen Online-Technologien wie Weblogs, Wikis und eben Podcasts. Sie sind ohne großen Kostenaufwand technisch zeitnah umzusetzen. Dabei ermöglicht das Führen eines Online-Tagebuchs die authentische Vermittlung emotionaler Botschaften. Noch näher an der persönlichen Kommunikation sind Podcasts (insbesondere Videopodcasts), die durch die Wiedergabe der Originalstimme und Vermittlung der Atmosphäre in besonderem Maße emotionale Aspekte wie Nähe, Vertrauen und Glaubwürdigkeit transportieren.

In einer theoretischen Betrachtung schien Social Software somit eine interessante Erweiterung des Medienmixes der Internen Kommunikation darzustellen. Würden sich diese Überlegungen im Alltag bestätigen?

3.1 *Bisher gemischte Erfahrungen mit Social Software in der Fraport AG*

Um zu überprüfen, ob diese Erwartungen dem Praxistest standhalten, hat sich Fraport für einen Weg der kleinen Schritte entschieden. Dieser

Ansatz des vorsichtigen ›Trial-and-Error‹ ermöglicht es den dortigen Kommunikationsverantwortlichen, ein Gespür für die tatsächlichen Stärken und Schwächen der neuen Medien zu entwickeln und reduziert gleichzeitig die Gefahr großer Fehlschläge.

Bereits im Jahr 2005 wurden erste Erfahrungen mit einem internen Weblog, dem sogenannten *SkyBlog*, gesammelt. Es zeigte sich, dass ein internes Blog nur funktioniert, wenn ein kleiner Kreis Verantwortlicher existiert, der regelmäßig Beiträge in den Blog einstellt, die Kommentare pflegt und den Blog so kontinuierlich weiterentwickelt. Das im Frühjahr 2007 eingeführte *SkyWiki* kam ebenfalls erst ins Laufen (besser: Gehen), nachdem eine Projektgruppe einen Grundstock an Einträgen generiert hatte.

Die mittlerweile vorliegenden Erfahrungen zeigen, dass der Kranz aus Vorschusslorbeeren, der diesen Tools in der öffentlichen Rezeption zunächst aufgesetzt wurde, wohl deutlich zu groß war. Gleichwohl können sie zukünftig mit hoher Wahrscheinlichkeit ein kleines, aber punktuell wirksames Puzzle-Teil im gesamten Medienmix einer internen Kommunikation darstellen.

3.2 *Die Einführung von Podcasts als nächster logischer Schritt?*

Vor dem Hintergrund dieser Einsichten stellte sich Fraport die Frage, ob die Einführung von Podcasts als einer weiteren Social Software sinnvoll sei. Für die Aufnahme in den Kommunikationsmix sprach, dass bislang kein Medium existierte, das die Emotionalität der Originalstimme einer breiten Masse zugänglich machte und überdies deren Archivierung ermöglichte und somit sicherlich ein wertvolles Tool für die Kommunikation von Botschaften darstellt, die einer hohen Akzeptanz in der Belegschaft bedürfen. Dagegen sprach, dass nicht bekannt war, ob die Hürden für die Nutzung von Podcasts – Erfahrungen im Umgang mit MP3-Dateien, entweder Ausstattung des Büro-PCs mit Lautsprechern oder privater MP3-Player – von der Mehrheit der Fraport-Beschäftigten überwunden werden könnten. Diese Frage galt es zu klären, bevor das weitere Vorgehen festgelegt werden konnte.

Man entschied sich für die Durchführung einer Stichprobenbefragung. 1.500 Beschäftigte wurden per E-Mail zur Teilnahme an der Online-Befragung eingeladen. Die Erhebung erfolgte mit dem ›Fraport-Panel‹, dem Marktforschungs-Programm der Fraport AG. Die Resultate der Erhebung übertrafen die vor der Befragung definierten Erwartungen bei Weitem: Podcasting war insgesamt 79,1 Prozent der Befragten entweder bekannt oder wurde von ihnen sogar bereits genutzt. 42,6 Prozent der Befragten äußerten grundsätzliches Interesse an Podcasts der Fraport AG und 43,1 Prozent antworteten mit ›Vielleicht‹ (vgl. Abb. 1).

ABBILDUNG 1
Die allermeisten Fraport-Beschäftigten kennen Podcasts

Zur Durchführung einer Kosten/Nutzen-Abwägung war es nun noch erforderlich, einen Eindruck über die Kosten, die die Produktion eines Podcasts verursachen, zu erhalten. Um eine möglichst umfassende Marktübersicht zu erhalten, wurde sowohl bei größeren Film- und Tonstudios als auch bei kleineren Medienbetrieben angefragt. Eine Internetrecherche ergab, dass im Raum Frankfurt keine auf Podcasting spezialisierten Agenturen vertreten sind, jedoch 37 Tonstudios existieren. Die Anbieter wurden per Telefon zu ihrem Leistungsspektrum befragt und um eine preisliche Grobkalkulation gebeten. Um die Qualität der Arbeit beurteilen zu können, wurden Hörproben angefordert.

Auf Basis dieser Informationen erfolgte eine erste Prüfung mit anschließender Eingrenzung auf zwölf Anbieter, von denen konkrete Angebote angefordert wurden. Die Angebote lagen zwischen 200 Euro und 900 Euro für ein rund 5-minütiges Podcast mit einem Sprecher und zwei O-Tönen. Die Entscheidung fiel auf ein Tonstudio, das mit 400 Euro im unteren Mittelfeld lag, aber durch die Qualität der vorgelegten Hörproben und seine ausgeprägte Dienstleistungsmentalität überzeugte.

4. Der erste *SkyCast* entsteht

Nachdem die Produktionskosten vertretbar erschienen, wurde in einer Kosten/Nutzen-Abwägung die Realisierung eines ersten Podcasts in der internen Kommunikation von Fraport beschlossen. Nun brauchte das Kind einen Namen. Er sollte sich in die Namensfamilie der Online-Medien einpassen, die alle das ›Sky‹ im Titel tragen: Das Intranet *Skynet*, das Corporate Wikipedia *SkyWiki*, der interaktive Bildschirmschoner *SkySaver* und das Mitarbeiterportal *MySky*. Die Bezeichnung für diese neue Gattung im Fraport-Medienmix war so schnell gefunden: *SkyCast*.

Dann wurden die nun notwendigen Schritte definiert (vgl. Abb. 2). Die nächsten Schritte bestanden in der Wahl des Themas sowie in der Abklärung der bei Fraport gegebenen technischen Voraussetzungen. Danach galt es, den Podcast zu produzieren – praktische Erfahrungen mit Hörfunk waren bis dahin in der Abteilung ›Interne Kommunikation‹ nicht vorhanden –, den Podcast zu launchen und abschließend im Rahmen einer Evaluation über das weitere Vorgehen zu entscheiden.

ABBILDUNG 2
Der Weg zum ersten *SkyCast* der Fraport AG

4.1 *Welchen Inhalt wie präsentieren?*

Im Rahmen des Kommunikationsmanagements werden bei Fraport einmal jährlich die strategischen Kommunikationsthemen festgelegt und die damit verbundenen Botschaften definiert. Eines der Themen, die ganz oben auf der Agenda stehen, ist der Ausbau des Flughafens Frankfurt sowie die bauliche Erweiterung und Modernisierung der vorhandenen Terminals. Dass sich diese Priorisierung mit den Interessen der Beschäftigten deckt, hatte die Stichprobenbefragung belegt, in der neben einem grundsätzlichen Interesse an PodCasts auch nach möglichen Themen gefragt wurde. Mit 70,1 Prozent interessieren sich die befragten Beschäftigten vornehmlich für das

Thema *Aktuelles/News*, gefolgt von *Flughafenausbau/Airport City* mit 55,4 Prozent. Infolgedessen wurde für den ersten Podcast eine Kombination beider Bereiche ausgewählt: Der Videopodcast sollte über den Erweiterungsbau eines neuen Flugsteigs am Frankfurter Flughafen berichten.

Da keine Erfahrung mit Hörfunk vorhanden war, wurde große Sorgfalt auf die Erstellung des Drehbuchs verwand. Es umfasste den strukturellen Textaufbau, die Integration der O-Töne, den zeitlichen Handlungsablauf, Regieanweisungen, Sprecherabfolgen und die Gestaltung der Atmosphäre durch Ton und Musik. Sprechtexte unterscheiden sich in Stil und Schreibweise signifikant von gedruckten Medien, denn bei der Anfertigung erfolgt stets der in Abbildung 3 beschriebene ›Umweg‹. Dies galt es ebenfalls zu berücksichtigen. Die Gesamtlänge eines Podcasts sollte nicht länger als drei bis fünf Minuten betragen, da ansonsten die Aufmerksamkeit des Zuhörers nachlässt. Um nachträgliche Kürzungen zu vermeiden, muss die Textdauer bereits bei der Recherche und Erstellung des Sprechtextes kontrolliert werden.

ABBILDUNG 3
Die Herausforderung bei der Erstellung von Sprechtexten

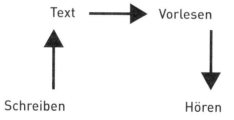

Quelle: Eigene Darstellung in Anlehnung an Wachtel 2000: 27

Ein wesentlicher Faktor zur Emotionalisierung und Steigerung der realistischen, lebendigen Wirkung des Sprechtextes ist dessen Hinterlegung mit Geräuschen oder Musik, die als ›Atmo‹ bezeichnet wird. Sie charakterisiert Orte und Stimmungen und bedient meist akustische Klischees, die dem Hörer als Orientierungshilfe dienen. Der Spannungsbogen des Podcasts entsteht durch den strukturellen Aufbau der O-Töne, Atmo und Sprecherteile. Die Atmo beansprucht eine strukturbildende Funktion, da sie die gesprochenen Teile inhaltlich abgrenzt und deren Wirkung durch die musikalischen Übergänge verstärkt.

Nach Fertigstellung des Drehbuchs erfolgte die Abstimmung mit den Fachbereichen, um sicherzustellen, dass die Inhalte korrekt waren und sich die Bereiche in ›ihrem‹ Podcast wiederfinden würden.

4.2 Klärung der technischen Voraussetzungen

Parallel zur Erstellung des Drehbuchs wurde eruiert, welche technischen Voraussetzungen für das Download von MP3-Dateien bei Fraport vorhanden sind. Das neue Medium sollte benutzerfreundlich am Arbeitsplatz über das Intra- und Extranet[1] des Flughafenbetreibers abrufbar sein. Gespräche mit dem IT-Bereich ergaben, dass es technisch völlig unproblematisch ist, MP3-Dateien an den Rechnern der Fraport AG anzuhören bzw. diese auf einen geeigneten MP3-Player zu laden.

Allerdings wurden von den IT-Verantwortlichen Bedenken geäußert, dass die neue Technik einen erhöhten Beratungsaufwand erforderlich machen würde, was wiederum die Kosten ihrer Beratungs-Hotline in die Höhe treiben würde. In Zeiten strikter Budget-Kontrolle fiel die Entscheidung daher zunächst zugunsten der Möglichkeit, die Podcasts auf den Büro-Computern abspielen zu können oder sich diese an einen privaten PC-Anschluss zum Download schicken zu lassen.

4.3 Der SkyCast wird produziert

Nachdem auch die technischen Voraussetzungen geklärt waren, konnte die Produktion beginnen. Der Sprechtext wurde im Tonstudio von einem professionellen Sprecher auf Basis des Drehbuchs eingesprochen. Die Aufnahme der O-Töne erfolgte am Frankfurter Flughafen und wurde von dem beauftragten Tonstudio durchgeführt. Anschließend fügte dieses beide Teile als ›MP3-Datei‹ zusammen und übermittelte sie der Fraport AG.

Der Videopodcast wurde in der Internen Kommunikation mit dem Videoschnittprogramm ›iMovie‹ auf dem Betriebssystem ›Mac OS X‹ erstellt, wie in Abbildung 4 präsentiert. Dabei wurde die vom Tonstu-

---

[1] Das Extranet auf Konzernebene bietet Informationen für die Tochter- und Beteiligungsunternehmen der Fraport AG sowie für die Mitarbeiter im Ruhestand oder in Elternzeit. Registriert sind derzeit 1.100 Benutzer.

dio produzierte MP3-Datei mit Bildern aus dem Fotoarchiv der Internen Kommunikation, Videosequenzen sowie Teilen einer Simulation des neuen Flugsteigs hinterlegt. Da der Videopodcast im Intra- und Extranet der Fraport AG integriert wurde, durfte er eine Dateigröße von 14 MB nicht übersteigen. Die Datenkompression erfolgte im Tonstudio und wurde im Format ›Windows Media Video‹ (WMV) kodiert und der Internen Kommunikation zur Verfügung gestellt.

ABBILDUNG 4
Screenshot des neuen Erweiterungsbaus, erstellt mit dem Programm iMovie

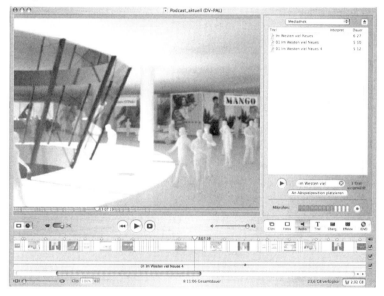

4.4   Der SkyCast *geht online*

Da für das Gesamtprojekt nur zwei Monate zur Verfügung standen, reichte die Zeit nicht mehr aus, um die Einführung des neuen Mediums mit einer umfangreichen Marketingkampagne zu begleiten. Gleichwohl wurde – um die Spannung auf das neue Medium zu erhöhen – der Videopodcast an den Tagen vor seinem Launch im Intranet ›angeteasert‹. Für den Launch wurde das Medium direkt auf der Startseite des Intra- und Extranets unter der Rubrik ›News‹ platziert (Abb. 5).

ABBILDUNG 5
Screenshot vom Launch des Podcasts im *Skynet*, dem Intranet der Fraport AG

Um die spätere Erfolgskontrolle zu ermöglichen, wurde der *SkyCast* außerdem auf eine eigene Seite verlinkt. Dies ist die Voraussetzung, um später die Zahl der Aufrufe via Sawmill, dem bei Fraport eingesetzten OpenSource-Statistik-Tool, zu ermitteln.

4.5   *Durchweg positive Erfahrungen mit dem* SkyCast

Die Resonanz der Mitarbeiter auf das neue Medium war durchweg positiv. Dies äußerte sich zunächst in einem Feedback, das die Interne Kommunikation sowohl persönlich, telefonisch als auch per E-Mail erreichte. Auch bei den Projektverantwortlichen des Erweiterungsbaus stieß der Videopodcast auf große Zustimmung.

Die quantitative Auswertung unterstrich die positive Resonanz. Zwei Wochen nach dem Launch erfolgte eine elektronische Erfolgsmessung der im Content Management System befindlichen Daten über die Software ›Sawmill‹ Diese erfasste zunächst die Seitenaufrufe des Videopodcasts und wertete sie daraufhin statistisch aus. Zu diesem Zeitpunkt hatten bereits vierhundert Fraport-Mitarbeiter den neuen *SkyCast* aufgerufen und angehört. Unter diesen befand sich eine Vielzahl von Hörern, die sich nicht nur einmal, sondern mehrmals über die Fortschritte des Erweiterungsbaus informieren wollten. Sechseinhalb Wochen nach dem Launch erfolgte eine zweite Erfolgskontrolle, die belegte, dass der Videopodcast auch noch zu diesem Zeitpunkt stetig frequentiert wurde. Insgesamt hatten sich nun 700 Beschäftigte den Podcast angehört. Dieses Ergebnis überraschte positiv, da der Podcast nach kurzer Zeit nicht mehr auf der Startseite des Intra- und Extranets platziert war, sondern sich nunmehr in der Unterkategorie ›Presse‹ befand.

Da es sich bei dem *SkyCast* zunächst um ein Pilotprojekt handelte, existierten keine Vergleichswerte zu Seitenaufrufen und Nutzerzahlen. Gleichwohl wurde die absolute Höhe der Aufrufe als Zustimmung der Belegschaft für das neue Medium gewertet. Die weitere Entwicklung hat gezeigt, dass die Akzeptanz der Podcasts bei Fraport kontinuierlich gesteigert werden konnte; weitere Podcasts erzielten durchweg höhere ›Klick‹-Zahlen.

5. Der Podcast im Vergleich zu sonstiger Social Software bei Fraport

Zu welchen Ergebnissen kommt man nun, wenn man die Erfahrungen, die Fraport mit dem Podcast gesammelt hat, denen mit dem Fraport-Blog gegenüberstellt? Beide Social-Software-Produkte sind technisch unproblematisch und auch mit den üblicherweise eher knappen Mitteln einer Abteilung für interne Kommunikation umsetzbar. Unter inhaltlichen Gesichtspunkten sind die Erwartungen an ein elektronisches Tagebuch – grundsätzlich wird Tagesaktualität vorausgesetzt – höher als an einen Podcast. Eine interne Kommunikation muss oft eine Vielzahl von Abstimmungsschleifen ziehen, bis alle notwendigen Freigaben vorliegen, sodass Tagesaktualität – gerade bei geschäftspolitisch relevanten Themen – schwierig zu gewährleisten ist. Hier sind Podcasts im Vorteil.

Beim Abwägen der vorhandenen Feedback-Möglichkeiten eines Blogs – immerhin eines ihrer konstituierenden Elemente – und der Abwesenheit dieser Möglichkeit beim Podcast spielen ebenfalls die institutionellen Zusammenhänge, in denen sich eine interne Kommunikation notwendigerweise bewegt, eine entscheidende Rolle. Sicherlich ist es ein hoher Anspruch, dass die Beschäftigten sich auch kritisch zu Vorgängen im Unternehmen äußern. Dies ist unproblematisch – oder wird sogar ausdrücklich begrüßt –, solange dies in Form eines gelegentlichen Leserbriefs an die Mitarbeiterzeitung oder einer E-Mail an den Vorstandsvorsitzenden geschieht. Sobald sich jedoch eine – durch die Feedback-Funktion eines Blogs gerade dazu einladende – Flut von Negativbeiträgen ergießt, wird dies vom Top-Management bestenfalls mit gemischten Gefühlen verfolgt. Ein Lob der Internen Kommunikation für ihre innovativen Medien ist dann eher nicht zu erwarten. Auch aufgrund dieser Überlegungen sind Podcasts das ›pflegeleichtere‹ Medium.

Zusammenfassend lässt sich festhalten, dass Podcasts auf hohe Akzeptanz in der Belegschaft stoßen und gleichzeitig in der Umsetzung sowie im Einsatz ein pflegeleichtes Medium darstellen. Sie sind somit gut dafür geeignet, um erste Schritte mit den Tools der Social Software zu unternehmen. Gleichzeitig sollte der Anspruch nicht aufgegeben werden, die notwendigen Voraussetzungen für den Einsatz von Blogs in der Unternehmenskommunikation – Möglichkeit zu tagesaktuellem Arbeiten und ausgeprägte Feedbackkultur – zu schaffen, um so in einem nächsten Schritt zu einem erfolgreichen Einsatz von Blogs zu gelangen. Auf Dauer werden beide Tools aus dem Instrumentenkoffer einer modernen Unternehmenskommunikation nicht wegzudenken sein.

6. Die Zukunft der *SkyCasts* bei Fraport

Nach den ausgesprochen positiven Erfahrungen hat sich Fraport für eine Fortsetzung der *SkyCasts* entschieden. Ziel ist es, dass etwa alle drei bis vier Wochen ein neuer *SkyCast* online geht. Das entsprechende Budget wurde bereitgestellt, ein Mitarbeiter von einem Teil seiner sonstigen Aufgaben befreit, um sich darauf zu konzentrieren.

Für das Jahr 2008 ist vorgesehen, ein eigenes ›Branding‹ für die *SkyCasts* zu entwickeln. Ein *SkyCast*-Jingle, also eine eigene Erkennungsmelodie, ist bereits ausgesucht; die Suche nach einer *SkyCast*-Voice, also nach einem eigenen Sprecher/einer eigenen Sprecherin, läuft. Da es sich bei den *SkyCasts* um Videopodcasts handelt, soll auch ein eigenes KeyVisual entwickelt werden, das jeweils im An- und Abspann gezeigt wird.

Und last but not least wird über ein verbessertes ›Marketing‹ der Podcasts nachgedacht. Denkbar sind nicht nur Querverweise mit anderen Medien der Internen Kommunikation, sondern auch eine Verlinkung auf andere Fraport-Sites oder der Einsatz von Podcasts bei Gruppenbesprechungen. Alle Beteiligten sind gespannt darauf, wie sich die *SkyCasts* bei Fraport noch entwickeln werden.

Literatur

WACHTEL, S.: *Schreiben fürs Hören – Trainingstexte, Regeln und Methoden*. Konstanz [UVK Medien] 2000

TANJA WALTER-DUNNE

News- und Wissensmanagement mit Weblog und Wiki: Das Beispiel Fink & Fuchs Public Relations AG

Abstract

Mit der Entwicklung des Internets zum Social Web eröffnen sich neue Gestaltungsmöglichkeiten für die externe und interne Unternehmenskommunikation. Dies gilt insbesondere auch für kleinere und mittelständische Unternehmen. Der Beitrag stellt die Social-Web-Instrumente Weblog und Wiki vor und zeigt deren Vorzüge für die interne Kommunikation von Organisationen am Beispiel einer PR-Agentur mit mehreren Standorten auf.

1. Einleitung

Die Ziele, die Unternehmen mit interner Unternehmenskommunikation verfolgen, sind seit jeher sehr ähnlich, nur ihre Umsetzung und Wege haben sich im Laufe der letzten Jahre erheblich verändert. So bemisst sich die Leistungsfähigkeit der internen Kommunikation unter anderem nach ihrem Tempo, ihrer Reaktionsfähigkeit, ihrem Lernvermögen, der Auswahl, Struktur und Bewertung von Informationen sowie dem Grad ihrer Dialogfähigkeit (vgl. MAST 2000: 13ff.). In diesem Sinne bieten sich Unternehmen durch den Einsatz sogenannter ›Social Software‹ neue Möglichkeiten, ihre interne Unternehmenskommunikation zu beschleunigen und zu verbessern. Sie leistet wertvolle Dienste gerade auch im Bereich von News- und Wissensmanagement, wo es darum geht, das Wissen verschiedener Mitarbeiter an einem Punkt zusammenzuführen und eine Plattform zu bieten, auf die alle Projektbeteiligten gleichermaßen zugreifen und auf der sie sich miteinander austauschen können.

Die auf Technologiekommunikation spezialisierte Agentur Fink & Fuchs Public Relations AG mit Sitz in Wiesbaden und München hat ihre Schwerpunkte in den Bereichen Informationstechnologie, Telekommunikation, Unterhaltungselektronik und Internet. Das Unternehmen beschäftigt gegenwärtig 72 fest angestellte Mitarbeiter an beiden Standorten. Die Auseinandersetzung mit neuen Trends und Entwicklungen in den Themenfeldern PR-Kommunikation, Medien und Technologie ist für die Agentur elementar, um dem eigenen Beratungsanspruch Kunden gegenüber gerecht zu werden. Seit 2005 befasst sie sich intensiv mit dem Thema Weblogs, was in die Umsetzung eines internen Blogs im Jahr 2006 mündete. Das Thema Wiki wird aktuell konzeptionell aufbereitet, die Umsetzung innerhalb der Agentur ist noch offen.

2. Das agenturinterne Weblog

2.1 *Die Ausgangssituation*

Mit der Planung, Konzeption und Umsetzung eines agenturinternen Weblogs für die Kundenberatung verfolgte Fink & Fuchs PR verschiedene Ziele.

Im Vordergrund stand im Wesentlichen, eine Austauschplattform für aktuelle Informationen und Tipps rund um Medien, Märkte und Kommunikation zu schaffen, die Kundenberatern im Berufsalltag von Nutzen sind. Alle Mitarbeiter sollten sich an dieser Plattform mit Beiträgen und Kommentaren beteiligen können.

Weiter war Ziel des Blogs, interne Informationen zu arbeitsrelevanten Neuerungen, neuen Services, Erfolgen, Verbesserungsoptionen, Marketingmaßnahmen der Agentur und beratungsrelevanten Fragen aufzunehmen. Als Kommunikationsschnittstelle zwischen der Abteilung Business Development und der Beratung sollte der Informationsfluss unter anderem aus den Bereichen Vorstand, Marketing und Produktentwicklung in die Kundenberatung hinein unterstützt werden.

Der Nebeneffekt, Prozesse der Informationsdistribution zu vereinfachen, war gewünscht. So wurde beispielsweise angestrebt, das interne E-Mail-Aufkommen zu reduzieren und den ein oder anderen informellen Newsletter im Haus einzustellen. Im Gegenzug hieß dies aber auch, dass

Mitarbeiter angehalten wurden, Informationen, die sie bislang passiv in ihrem E-Mail-Eingang vorgefunden haben, sich nun aktiv im Weblog einzuholen (›Pull‹ statt ›Push‹). Dieser ›Nachteil‹ wird jedoch aufgewogen, wenn in Betracht gezogen wird, dass E-Mails Arbeitsprozesse immer wieder unterbrechen, zumeist eine Reaktion des Empfängers erforderlich machen und irgendwann gelöscht werden oder in einem elektronischen Ablagekorb verschwinden, der keine Volltextsuchfunktion bietet und schon gar nicht für alle einsehbar ist.

Gleichzeitig sollten die Mitarbeiter ermuntert werden, sich auszutauschen, ihre Erfahrungen mitzuteilen und Ideen zu entwickeln. Am besten übergreifend, also zwischen den einzelnen Beratungsteams genauso, wie zwischen den Agenturstandorten Wiesbaden und München. Signalisiert wurde damit, dass das Unternehmen der Meinung und den Ideen seiner Mitarbeiter Gehör schenkt und ihnen Wertschätzung beimisst.

Nicht zuletzt sollte das Weblog eine Trainingsplattform darstellen, die es den Mitarbeitern ermöglicht, Erfahrung im Aufbau, der Umsetzung und im Gebrauch eines Weblogs zu sammeln – gerade auch im Hinblick auf mögliche künftige Kundenprojekte und der zunehmenden Bedeutung von Social Software generell.

2.2 Die Umsetzung

Im Frühjahr 2006 begann das Business Development mit der Konzeption, wenige Wochen später folgte der Testlauf auf Basis der frei verfügbaren Plattform *Wordpress* (vgl. LAMPRECHT 2007). Es zeigte sich relativ schnell, wie sich ohne größere Vorkenntnisse und mit nur begrenztem Einsatz der Abteilung ›Systeme‹ ein Gerüst schaffen ließ, das als Basis für die weitere Ausgestaltung dienen konnte. Im Testbetrieb bloggten die Projekt-Mitarbeiter relevante Beiträge und ordneten diese in zuvor eingerichtete thematische Kategorien. Es wurden 12 Kategorien vorgegeben, die das relevante Spektrum für den PR-Alltag abdecken sollten. Auf klassisches Tagging (Verschlagwortung) wurde zunächst bewusst verzichtet und die Bandbreite an Kategorien überschaubar gehalten, um den Einstieg für alle zu vereinfachen. Auf Wunsch einzelner Mitarbeiter wurden später weitere Kategorien ergänzt.

Anstelle einer klassischen Blogroll wurde eine Linksammlung eingefügt, die nach Themen untergliedert wurde. Idee war es, Mitarbeitern den schnellen Zugriff auf für sie wichtige Seiten im Internet zu erleichtern. So werden Links unter anderem aus den Bereichen Arbeitshilfen (Telefonbücher, Glossare, Wörterbücher), Reiseplanung (Hotels, Fluglinien, Mietwagen), Termine, Events und Locations, Wirtschaft, Technologie, Medien und Nachrichten, PR und Kommunikation, Politik und Verbände sowie Messen vorgehalten.

2.3 Informationen für das Tagesgeschäft

Ein Blog, der als aktuelle Informationsplattform genutzt werden soll, stößt nur auf Akzeptanz im Sinne ausreichender Beteiligung, wenn er sehr schnell nützliche Informationen oder auch unterhaltende Aspekte liefert. Verstärkt wird der Effekt, wenn bestimmte arbeitsrelevante Informationen exklusiv auf dieser Plattform zu finden sind und beispielsweise nicht mehr via E-Mail kommuniziert werden. Die Führungskräfte vereinbarten zudem, innerhalb ihrer Teams dezente Hinweise zu geben, bestimmte Informationen zu bloggen.

Um schon zum Start des Blogs eine kritische Masse an Inhalten präsentieren zu können, erstellte das Projektteam vorab bereits über 40 Beiträge aus den verschiedensten Themenfeldern. Damit bekamen alle Mitarbeiter zum Start ein gutes Gefühl, wie das System aussehen wird und was man wie aufbereitet kommunizieren kann.

Das Team ›Business Development‹ als Initiator des Blogs stellte in der Anfangszeit regelmäßig Informationen ein, um das System zu beleben. Hierbei war jedoch Vorgabe, dass der Anteil der Blogbeiträge von ›zentraler Stelle‹ nicht zu groß wird und mittelfristig unter 30 Prozent aller Einträge liegt. Damit sollte vermieden werden, dass der Blog als Verlautbarungsmedium wahrgenommen wird.

2.4 Archiv zum Nachlesen und für die Zukunft

Im Archiv werden die Beiträge automatisch dem Monat ihrer Entstehung zugeordnet. In den Kategorien erfolgt dies nach thematischer Zugehörigkeit und entsprechender Kennzeichnung des Verfassers. Beide Informationssammlungen sollen über die Monate und Jahre ihren Wert als Archiv entwickeln. Alle Beiträge sind über die Volltext-Suchfunktion jederzeit wieder aufrufbar – ein unschätzbarer Vorteil, der auch dann zum Tragen kommt, wenn Mitarbeiter das Unternehmen verlassen und ihr Wissen mitnehmen. Über einzelne namentlich gekennzeichnete Beiträge werden zudem schnell Kompetenzbereiche klar, was es anderen Kollegen erleichtert, bei bestimmten Fragen den jeweiligen Kompetenzträger ausfindig zu machen. Dies ist ein Kriterium, das vor allem bei mittleren und größeren Unternehmen oder solchen mit mehreren Standorten an Bedeutung gewinnt, weil nicht mehr jeder Kollege jeden kennt oder weiß, womit sich dieser genau beschäftigt. Darüber hinaus können sich Mitarbeiter nach längerer Abwesenheit über das Blog-Archiv schnell auf den neuesten Stand bringen.

ABBILDUNG 1
Die Namensgebung *FForum* lehnt sich an die Unternehmensabkürzung FF von Fink & Fuchs an und soll die Bedeutung als Forum oder ›Versammlungsort‹ herausstellen.

2.5   *Das Weblog im Alltag*

In der Einführungsphase galt es, den neuen Blog bekannt zu machen, alle Mitarbeiter im Umgang zu schulen und die vorhandene Bereitschaft zu erhöhen, ihr Wissen auch mit anderen zu teilen. Die Entscheidung, alle Mitarbeiter, also auch die, die nicht in der Kundenberatung tätig sind, einzubinden, wurde bewusst getroffen, da sich niemand ausgeschlossen fühlen sollte und Ideen auch aus den Stabsstellen erwünscht sind oder eingebracht werden können. In den Schulungen zeigte sich bei einigen Mitarbeitern eine gewisse Skepsis gegenüber der neuen Informationsplattform. Als Gründe wurden Zeitmangel oder eine generelle Informationsüberflutung angeführt. Konkreter wurden die Vorbehalte selten formuliert.

In der Anwendung zeigte sich jedoch bald, dass das Weblog zu überzeugen schien. Im Schnitt werden mittlerweile von den Mitarbeitern 12 bis 15 Beiträge pro Woche gebloggt und gut 10 Kommentare abgegeben. In beiden Fällen ist die Tendenz nach über einem Jahr noch immer zunehmend. Über die Kommentarfunktion werden einzelne Beiträge ergänzt, diskutiert oder auch vorsichtig korrigiert, wobei der ›Tonfall‹ immer sachlich, manchmal auch schmunzelnd ist.

Die Einbindung von Informationsquellen im Internet erfolgt über Links. Neben reinen Texteinträgen werden zunehmend auch Bilder, Grafiken und Videos in den Blog eingestellt. Auch hochgeladene Text- oder Präsentationsdateien im Blog dienen als Arbeitsbeispiele oder zur Ideenanregung.

Der erste Eindruck war also positiv, die Projektverantwortlichen wollten es aber noch genauer wissen.

2.6 Online-Befragung zur Weblog-Nutzung

Im Rahmen einer anonymen Online-Befragung acht Monate nach Einführung des Blogs wurde das Nutzungsverhalten der Mitarbeiter abgefragt, um Verbesserungspotenziale zu eruieren, Rückschlüsse auf den Erfolg zu ziehen und das Weblog und Know-how weiter verbessern zu können. Gegenstand der Befragung waren unter anderem die Regelmäßigkeit, mit der die Mitarbeiter den Blog besuchen, was sie interessiert, welche Funktionen sie nutzen und welche nicht und ob sie auch außerhalb der Agentur bloggen. Die Antworten auf diese und viele weitere Fragen ergaben ein interessantes Bild, welches nachfolgend ausschnittsweise dargestellt wird.

Von insgesamt 63 Mitarbeitern, die sich an der Umfrage beteiligten, äußerten 56, dass sie mindestens ein bis zwei Mal wöchentlich (17), mehrmals wöchentlich (15), täglich (13) oder sogar mehrmals täglich (11) den

ABBILDUNG 2

Anonyme Online-Befragung (Ausschnitt) zur Blog-Nutzung im Mitarbeiterkreis

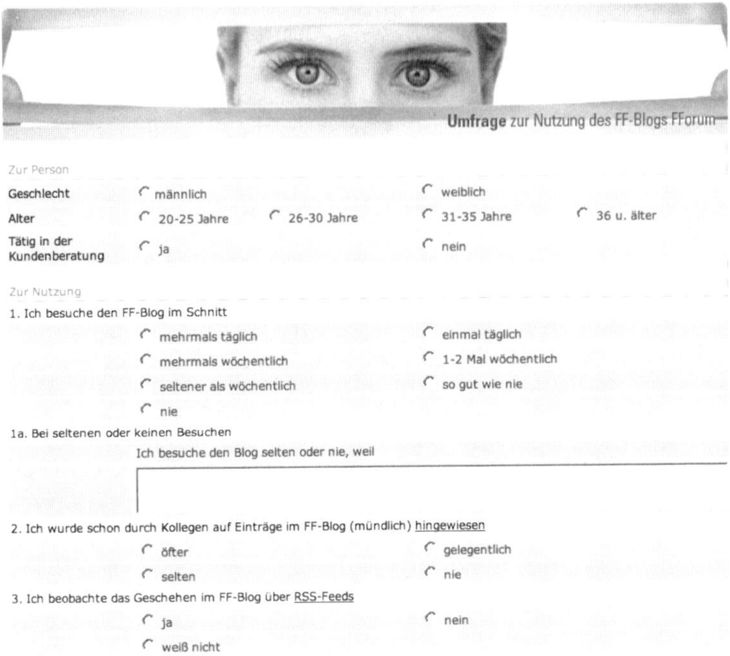

Umfrage zur Nutzung des FF-Blogs FForum

Zur Person

Geschlecht — ( ) männlich ( ) weiblich

Alter — ( ) 20-25 Jahre ( ) 26-30 Jahre ( ) 31-35 Jahre ( ) 36 u. älter

Tätig in der Kundenberatung — ( ) ja ( ) nein

Zur Nutzung

1. Ich besuche den FF-Blog im Schnitt
   ( ) mehrmals täglich ( ) einmal täglich
   ( ) mehrmals wöchentlich ( ) 1-2 Mal wöchentlich
   ( ) seltener als wöchentlich ( ) so gut wie nie
   ( ) nie

1a. Bei seltenen oder keinen Besuchen
   Ich besuche den Blog selten oder nie, weil

2. Ich wurde schon durch Kollegen auf Einträge im FF-Blog (mündlich) hingewiesen
   ( ) öfter ( ) gelegentlich
   ( ) selten ( ) nie

3. Ich beobachte das Geschehen im FF-Blog über RSS-Feeds
   ( ) ja ( ) nein
   ( ) weiß nicht

Blog besuchen. Nur sieben der Befragten gaben an, den Blog seltener als wöchentlich, so gut wie nie oder niemals zu besuchen, wobei davon auszugehen ist, dass die sechs Mitarbeiter, die sich nicht an der Umfrage beteiligten, tendenziell der Gruppe der Nicht-Interessierten zuzuordnen sind.

Als Gründe für den Nicht-Besuch wurden überwiegend Zeitmangel oder ›Vergessen‹ angeführt. 45 der Mitarbeiter gaben an, dass sie öfter oder gelegentlich durch mündliche Hinweise anderer Kollegen in den Blog geführt werden. Es bleibt also festzuhalten, dass der Blog relativ rege genutzt wird und offenbar auch ein Gesprächsthema unter Kollegen ist. Die Zahlen zeigen sogar, dass dies unabhängig davon gilt, ob die Mitarbeiter in der Kundenberatung tätig sind oder nicht. Im statistischen Durchschnitt besucht jeder Mitarbeiter den Blog zwei bis drei Mal pro Woche.

22 Mitarbeiter haben nach eigener Auskunft noch nie einen Beitrag verfasst, alle anderen 41 schon, davon 16 mehr als fünf bzw. zehn Beiträ-

ge. Damit ist die Quote der aktiv Beteiligten relativ hoch. 38 Kollegen gaben an, überwiegend aus Eigeninitiative heraus zu bloggen, 10 auf Bitten oder Anregung von Vorgesetzen, für 15 Kollegen waren beides Beweggründe. Das heißt, dass im Alltag die Führungskräfte noch durchaus aktiv auf den Blog hinweisen. Hier ist zu erwarten und zu wünschen, dass dieses Verhalten über die Zeit in den Hintergrund tritt, wenn sich der Blog noch weiter im Bewusstsein der Mitarbeiter festsetzt und Hemmungen oder Berührungsängste schwinden. 16 Kollegen gaben an, sich regelmäßig (9) bzw. gelegentlich (7) auch in anderen Blogs mitzuteilen, 47 tun dies nie.

Die Funktionen wie Volltextsuchfunktion, Linklisten, Archiv und Kategorien werden nur von weniger als der Hälfte der Mitarbeiter gelegentlich oder häufig genutzt, alle anderen tun dies selten oder nie. Hier ist festzustellen, dass die Recherchemöglichkeiten, die der Blog bietet, noch nicht wirklich ausgeschöpft werden. Hier stellt sich die Frage, ob die Mitarbeiter nach einem halben Jahr den Blog als Recherche-Pool noch nicht wahrgenommen haben oder sich nach wie vor anders behelfen, weil es Recherche-Alternativen gibt und diese möglicherweise höher bewertet werden.

Unentschieden sind die Mitarbeiter bei der Einschätzung, wie nützlich der Inhalt für die Beratungspraxis ist. Das heißt, genau 32 Mitarbeiter halten die Inhalte des Weblogs für sehr (4) oder im Allgemeinen schon (28) nützlich, während 27 dies nur hin und wieder oder eher nicht (4) finden. Hier gilt es jedoch zu berücksichtigen, dass 19 der 63 Mitarbeiter, die sich an der Umfrage beteiligten, nicht in der Kundenberatung tätig sind. 19 der befragten Mitarbeiter spüren durch den Blog eine deutliche Entlastung beim internen E-Mail-Aufkommen, 16 sind unentschieden und 28 glauben nicht, weniger E-Mails zu bekommen. Faktisch sind jedoch bei über 500 Blogeinträgen, die ansonsten via Mail an 60 Kollegen kommuniziert worden wären, 30.000 Mails weniger geschickt worden, ohne etwaige Antworten und Rückfragen, die nun über die Kommentarfunktion des Blogs abgewickelt werden.

2.7 Die Umsetzung beim Kunden

Ging es zu Beginn des Projektes auch darum, die Expertise der Mitarbeiter zu erhöhen, zeigte sich schnell, wie wichtig und realistisch dieser

Anspruch war. Wenige Wochen nach dem Start des agenturinternen Weblogs beriet Fink & Fuchs PR einen ersten Kunden bei der Umsetzung eines eigenen Weblogs. Mittlerweile ist Fink & Fuchs bei mehreren Kunden beratend tätig oder hat bereits verschiedene Weblogs bei Kunden installiert. In den meisten Fällen zeigte sich recht schnell, dass das Thema in den Medien zwar omnipräsent zu sein scheint, in den Unternehmen aber noch nicht überall angekommen ist. Studien wie der PR-Trendmonitor 2/2007 machen deutlich, dass über 53 Prozent der befragten Pressestellen in Unternehmen zwar von Blogs, Podcasts und Social Software gehört haben, diese Technologien aber nicht beherrschen. Knapp zehn Prozent verbinden gar nichts oder nur sehr wenig mit diesen Begriffen. Zentrale Herausforderung bleibt es also, die Mitarbeiter oder andere Zielgruppen für den Blog zu gewinnen und ihm dadurch Leben einzuhauchen, insbesondere wenn davon auszugehen ist, dass der Kenntnisstand über Social Software in Unternehmensabteilungen jenseits der Pressestellen eher noch geringer ist als oben dargelegt.

3. Das Wiki

Neben einer Reihe herkömmlicher Content-Management-Systeme oder Groupware gibt es die so genannten Wikis, die es Unternehmen ermöglichen, ihre Mitarbeiter in ähnlicher, aber weitreichenderer Form als Weblogs in das organisatorische Wissensmanagement einzubinden. Während das Weblog mehr als Informations- und Ideenpool fungiert, das dem schnellen Austausch dient und Links zu Inhalten Dritter einbindet, geht es bei Wikis mehr darum, vorhandenes Wissen zu dokumentieren und weiterzuentwickeln. Die Fink & Fuchs Public Relations AG hat sich des Themas angenommen und evaluiert, welche Vorteile ein agenturinternes Wiki verspräche und welche Konsequenzen dieses konkret hätte.

3.1 Was ist ein Wiki?

Ein Wiki ist ähnlich wie ein Weblog eine neue Form eines Content-Management-Systems. Der Begriff ›Wiki‹ leitet sich ab vom hawaiianischen Wort ›wiki‹ bzw. ›wikiwiki‹ und bedeutet ›schnell‹ oder ›sich beeilen‹. Das heißt, ein Wiki bzw. ein WikiWeb stellt eine einfach zu bedienende, webbasierte Software dar, mit der Nutzer den Inhalt einer Seite einfach ändern oder neue Seiten erstellen können (vgl. RAABE 2007: 34). Bekanntestes Beispiel eines Wikis ist die freie Online-Enzyklopädie *Wikipedia*, welche 2001 entstanden ist und sich eines ungebrochenen Zulaufs von Lesern und – gerade in Deutschland – von Autoren erfreut.

3.2 Was zeichnet ein Wiki aus?

Wesentliches Charakteristikum eines Wikis ist die Möglichkeit der Nutzer, im Prinzip jede Seite mittels Editier-Buttons zu verändern bzw. zu ergänzen. Die Gefahr, dass durch Unachtsamkeit oder Mutwilligkeit wichtige Informationen verloren gehen, besteht nicht, da alle Vorgängerversionen eines Wiki-Beitrages gespeichert bleiben und so jederzeit nachvollziehbar ist, wer was wann genau geändert hat. Jeder Beitrag kann ebenso bequem extern wie mit einem anderen Beitrag innerhalb des Wikis verlinkt werden. Neben reinem Text erfasst ein Wiki über Upload auch Dateien oder Bilder. Mittels Volltextsuche können beliebige Beiträge nach Stichworten aufgerufen werden.

3.3 Konkrete Anwendungsbereiche und Vorteile eines Wikis

Bei dem Gedanken, sich mit einem Wiki zu beschäftigen, ging die Agentur nicht davon aus, wie sie sich ein Wiki zunutze machen könnte, sondern von einem konkreten Bedarf, der in seiner Konsequenz zu den Gedankenspielen rund um ein Wiki führte. Nachfolgend werden verschiedene Beispiele und ihre hypothetische Abbildung in einem Wiki aufgezeigt, wobei sich unterschiedliche Vorteile eines Wikis herausstellen lassen.

3.3.1 Leichtere Auffindbarkeit

Gegenwärtig hält die Agentur Informationen zu einzelnen PR-Tools, der Methodik, Vorgehensweisen, Erfahrungen und PR-Fragestellungen an verschiedenen Stellen auf klassische Weise in Ordnerhierarchien vor. Wird eine bestimmte Information gesucht, muss der Anwender entweder über die Betriebssystemsuche nach Dateinamen suchen oder sich von einer Stufe in die nächste klicken, um am Ende des Pfades die gewünschte Information zu finden. Eine Abbildung dieser Informationen in einem Wiki würde die Möglichkeit bieten, nach einem beliebigen Stichwort per Volltextsuche zu suchen und die gewünschte Information direkt zutage zu liefern.

Weiter zeichnen sich Wikis dadurch aus, dass sie innerhalb eines Dokumentes – je nach Formatierung – automatisch ein Inhaltsverzeichnis erstellen, welches eine Direktnavigation über Anklicken der jeweiligen Kapitelüberschrift ermöglicht – zwei Wege also, die Auffindbarkeit von Informationen zu verbessern und den Zugriff zu vereinfachen.

Inhaltlich würden sich diese Dokumente vermutlich stärker weiterentwickeln, weil die Hemmschwelle eines Mitarbeiters, seine Erfahrungen einzubringen oder Dokumente zu aktualisieren, in einem Wiki vermutlich kleiner wäre als in einem scheinbar ›statischen‹ Dokument.

3.3.2 Bessere Übersichtlichkeit

Ein umfangreiches Archiv, das Informationen und Wissen zu Märkten, Kommunikation oder gesellschaftlichen Trends beinhaltet, könnte in einem Wiki auf ideale Weise dargestellt und von allen gepflegt werden. Bislang werden neue Informationen (Studien, Artikel, Konzepte, etc.) – vielfach als Word-, PDF- oder Powerpoint-Dateien mit wenig aussagekräftigen Namen – in einer nach Themen gegliederten Ordnerstruktur gelagert, alternativ – sofern es sich um externe Quellen handelt – in Linklisten aufgenommen. Der Nutzungsgrad ist fragwürdig, da sich im Lauf der Zeit ein immer größeres und damit unübersichtlicheres Angebot entwickelt hat. Würde nun in einem Wiki beispielsweise eine Seite ›Studien‹ eingerichtet, könnten Dateien nicht nur hochgeladen und Links in das Wiki eintragen werden, sondern auch noch eine erklärende Zusammenfassung beigefügt sowie zusätzliche Kommentare durch die Nutzer einbezogen werden. Die thematische Zuordnung wäre einfacher, das Auffinden über die Volltextsuche schneller gegeben und zudem erhalten Interessierte einen besseren Überblick über das Spektrum an vorgehaltenen Informationen.

3.3.3 Partizipative Weiterentwicklung von Inhalten

Im Bereich der Produktentwicklung käme der Editiermodus für alle ebenfalls zum Tragen. Ist es bislang so, dass ein einzelner Mitarbeiter oder ein kleiner Kreis mit der Entwicklung einer neuen PR-Lösung konzeptionell betraut wird, könnten in einem Wiki Know-how und Hilfestellungen auch von anderen Kollegen einfließen. Im Idealfall wird ein ›gemeinsames‹ und facettenreicheres Ergebnis erzielt, als es von einem Einzelnen geleistet werden könnte. Wobei sich die Frage nach dem ›finalen Ergebnis‹ stellt, denn Charakter eines Wikis ist es, dass die Beiträge niemals ›fertig‹ werden, sondern ständigen Weiterentwicklungen unterworfen sind.

Das geschilderte Prinzip der kooperativen Zusammenarbeit lässt sich theoretisch beliebig auch auf Konzeptionen, Terminlisten, Veranstaltungskalender, Präsentationen und Dokumentationen übertragen und kann auch im konkreten Projektmanagement von Vorteil sein. So wäre die Organisation einer Presseveranstaltung innerhalb des Kundenteams über ein Wiki denkbar und könnte den Zugriff auf Checklisten und Zeitpläne vereinfachen. Um die Masse an Informationen zu filtern, erlaubt das Wiki Anwendern, die sie interessierenden Seiten auf ihre Beobachterliste zu setzen, um so Änderungen kurzfristig wahrnehmen zu können.

3.4 Was ist vor der Einführung eines Wikis zu beachten?

Die Abwägung, ob ein Unternehmen ein Wiki und/oder Weblog installieren sollte, ist sorgfältig zu treffen. Beide Formen sind nur dann Erfolg versprechend, wenn sie der Unternehmenskultur entsprechen und diese eine offene Kommunikation erlaubt. Neben der Bereitstellung der technischen Systeme müssen darüber hinaus Bedingungen geschaffen werden, die den Austausch von Informationen begünstigen. Beteiligt sich nur ein kleiner Kreis an Mitarbeitern daran, kann das Prinzip nicht funktionieren, ebenso wenig, wenn Wissen gehütet und nicht freiwillig geteilt wird.

Es ist darüber hinaus zu prüfen, ob das Unternehmen bereit ist, vielfältige Informationen an den herkömmlichen Stellen aufzugeben und sie in das Wiki zu stellen. So werden die Mitarbeiter ohne großes Zutun angeleitet, damit zu arbeiten. Allerdings bleibt immer noch offen, ob sie diese Informationen nur lesen oder auch aktiv weiterentwickeln. Zu erwarten ist in jedem Fall aber, dass sich die Transparenz erhöht, weil jeder aufgrund der Änderungen, die an den Dokumenten vorgenommen werden, erkennen kann, womit sich andere beschäftigen. Die Arbeit des Einzelnen wird offensichtlicher, was motivierend wirken kann, die Bereitschaft des Unternehmens, ›Gemeinschaftswerke‹ entstehen zu lassen, muss aber gegeben sein. Unkontrollierter Wildwuchs ist aufgrund der Versionskontrolle und der namentlichen Kennzeichnung von Änderungen nicht zu befürchten. Eher schon, dass das Eingeben von falschen Informationen zu Irritationen oder Fehlern führt.

Letztlich steht das Unternehmen vor der Herausforderung, seine Ziele mit den Möglichkeiten eines Wikis oder eines anderen Content-Management-Systems zu spiegeln und das für die Zielerreichung bestmögliche System zu finden. Diese Abwägung macht eine selbstkritische Reflexion des Unternehmens und seiner Kommunikationsgepflogenheiten notwendig, um unliebsame oder im besten Fall nur kostspielige Abenteuer zu vermeiden. Denn die Einrichtung eines Wikis verursacht gerade in der Startphase erheblichen Aufwand, gilt es doch, alle relevanten Inhalte in das System einzustellen und die Nutzer im Umgang mit dem System zu schulen.

4. Fazit

In Zeiten, in denen immer mehr Informationen auf Mitarbeiter einströmen und diese zunehmend vernetzt und schnell agieren müssen, ist es auch Aufgabe von Unternehmen, sich Gedanken darüber zu machen, wie die unterschiedlichsten Informationen ihre Zielgruppen im Unternehmen erreichen können. Ziel muss sein, die gewünschte Transparenz herzustellen und den Austausch zu fördern, ohne sich vor allem auf die Kommunikation per E-Mail zu verlassen. Hier werden Informationen in der Regel zwischen zwei Einzelpersonen oder einem kleinen Kreis ausgetauscht, was in vielen Belangen nützlich und notwendig ist. Wissen, das über Weblogs oder Wikis vermittelt wird, bleibt jedoch allgemein zugänglich, ist wiederauffindbar und erfordert keine Reaktion (vgl. auch ECK 2007: 165-166). Die Inhalte stehen einem vorab definierten Teilnehmerkreis oder allen Mitarbeitern zur Verfügung, auch solchen, die neu ins Unternehmen kommen und noch über keine sozialen Netzwerke verfügen. Werden die Systeme im Unternehmen akzeptiert, kann der Nutzungsgrad von Informationen verbessert werden. Der Zugang zu diesen nun auch schon nicht mehr ganz neuen Plattformen ist allemal leichter und damit anwenderfreundlicher als bei klassischen Systemen.

Für die Fink & Fuchs Public Relations AG war das agenturinterne Weblog ein Meilenstein auf dem Weg, den Austausch von Informationen im Unternehmen zu verbessern und zu beschleunigen; weitere Synergieeffekte waren dabei nur willkommen. Die sukzessive Einführung einer Wissensmanagement-Plattform mit noch mehr Möglichkeiten ist der nächste Schritt; ob es sich dabei um ein Wiki handeln wird, bleibt abzuwarten.

Literatur

BACK, A.; I. HÄNTSCHEL; P. BAUMANN; T. ZIEKURSCH: *Blogs erleichtern das Projekt-Management.* Online: http://www.computerwoche.de [04.06.2007]

BARTEL, T.: *Nutzung von Wikis als Wissensmanagement unterstützende Systeme im Unternehmen.* Köln [Diplomarbeit, Universität Köln] 2006

BERGMANN, J.: Die gläserne Firma. In: *BrandEins*,3, 2007, S. 109-115

BÜLTGE, F.: *WordPress. Weblogs einrichten und administrieren.* München [Open Source Press] 2007

ECK, K.: Corporate Blogs. *Unternehmen im Online-Dialog zum Kunden.* Zürich [Orell Fuessli] 2007

GILLIES, C.: Firmen-Blogs zwischen PR und freier Rede. In: *Computerwoche*, 45, 2005, S. 50-51

HOCHSCHULE FÜR WIRTSCHAFT LUZERN (HSW): Portal: *Corporte-Blog.ch*

HOLTZ, S.; T. DEMOPOULOS: *Blogging for Business.* Chicago [Addison Wesley] 2006

LAMPRECHT, S.: *WordPress 2.x kompakt.* Saarbrücken [bomots Verlag] 2007

MAST, C.: *Durch bessere interne Kommunikation zu mehr Geschäftserfolg. Ein Leitfaden für Unternehmer.* Berlin/Bonn [Deutscher Industrie- und Handelstag] 2000, S. 13ff.

MÖLLER, E.: *Die heimliche Medienrevolution. Wie Weblogs, Wikis und freie Software die Welt verändern.* Hannover [Heise] 2006

NEWS AKTUELL UND FAKTENKONTOR (Hrsg.): PR-Trendmonitor 2/2007

PICOT, A.; T. FISCHER (Hrsg.): *Weblogs professionell. Grundlagen, Konzepte und Praxis im unternehmerischen Umfeld.* Heidelberg [dpunkt] 2006

RAABE, A.: *Social Software im Unternehmen. Wikis und Weblogs für Wissensmanagement und Kommunikation.* Saarbrücken [VDM Verlag] 2007

SCHÜTT, P.: *Blogs und Wikis erfolgreich im Unternehmen einsetzen.* Online: http://www.computerwoche.de [04.06.2007]

ZERFASS, A; D. BOELTER: *Die neuen Meinungsmacher. Weblogs als Herausforderung für Kampagnen, Marketing, PR und Medien*. Graz [Nausner & Nausner] 2005

ALEXANDER RICHTER / ALEXANDER WARTA

Medienvielfalt als Barriere für den erfolgreichen Einsatz von Wikis im Unternehmen: Fallbeispiel Bosch

Abstract

Wikis sind dabei, sich als ein Werkzeug im unternehmensinternen Wissensmanagement zu etablieren. Ein Grund hierfür ist vor allem die Hoffnung, die Externalisierung von Wissen schnell, direkt und informell unterstützen zu können. Die einfache Handhabung eines Wikis und die vergleichsweise geringen Lizenzierungs-, Installations- und Betriebskosten eines Wiki-Systems bestärken diese Hoffnung noch. Doch bevor Wiki-Kollaboration in einem Unternehmen gelebt wird, müssen Barrieren auf unterschiedlichen Ebenen erkannt, analysiert und beseitigt werden. Ziel des Beitrages ist es, die Auswahl aus einer Vielfalt von Medien als Barriere für den erfolgreichen Einsatz von Wikis im Unternehmen zu erläutern. Diese hat sich – neben anderen Barrieren, die während der Wiki-Einführung bei der Robert Bosch GmbH in den vergangenen 18 Monaten identifiziert wurden – als erfolgskritisch herausgestellt.

1. Barrieren beim Einsatz von Wikis in Unternehmen

Neben Weblogs werden besonders Wikis zunehmend als geeignetes Werkzeug für das Wissens- und Projektmanagement in deutschen Unternehmen entdeckt und eingesetzt. Auch in das Bewusstsein einer breiten Öffentlichkeit gelangen Wikis immer mehr, nicht zuletzt durch den großen Erfolg der *Wikipedia*. Doch bevor ein Wiki erfolgreich zum Einsatz kommen kann, gilt es, mehrere Hürden zu nehmen.

In den folgenden Abschnitten werden Wikis als ›Social Software‹[1] kurz eingeführt und Gründe dafür genannt, warum diese sich zunehmend gegen andere Anwendungen für das Wissensmanagement durchsetzen. Außerdem werden einige der oben angesprochenen Hürden, die einer erfolgreichen Einführung eines Wikis in einem Industrieunternehmen im Wege stehen, angeführt.

Anschließend wird die Einführung eines Wikis in der Robert Bosch GmbH geschildert. Im dritten Abschnitt wird die Medienwahl als eine wesentliche Barriere beim Einsatz von Wikis in Unternehmen thematisiert. Der Beitrag schließt mit Implikationen aus den Erfahrungen bei der Einführung.

Vorab werden die beiden Begriffe ›Barriere‹ und ›Medienwahl‹ näher erläutert.

Mit *Barriere* ist in diesem Artikel nicht die Hürde gemeint, die durch Barrierefreiheit beseitigt werden soll und in der Informationsethik auch unter dem Überbegriff ›digital divides‹ diskutiert wird (KUHLEN 2004: 149). ›Barrieren‹ werden im Folgenden allgemein Hürden im Unternehmenskontext genannt, welche die Wiki-Kollaboration allgemein beeinträchtigen – unabhängig davon, ob die Benutzer mit bestimmten Einschränkungen leben müssen oder nicht. ›Barriere‹, ›Hürde‹ und ›Hindernis‹ werden in diesem Artikel synonym verwendet.

Döring umschreibt *Medienwahl* damit, »dass der computervermittelten Kommunikation bei gegebenem Kommunikationsanlass immer eine Entscheidung *für* das Netzmedium bzw. für einen bestimmten Netzdienst und damit *gegen* ein anderes Medium (z. B. Telefon, Brief) bzw. gegen das persönliche Gespräch vorausgeht« (DÖRING 2003: 131).

1.1 Wikis als Social Software

Social Software wird in deutschen Unternehmen – sowohl in kleinen und mittleren Unternehmen (KMU) als auch in Großunternehmen – zunehmend erfolgreich eingesetzt und findet wachsenden Zuspruch (vgl. z. B. DECKER et.al. 2005; RÖLL 2005; WARTA 2007). In der Studie *How busines-*

---

[1] »Social Software sind solche internetbasierten Anwendungen, die Informations-, Identitäts- und Beziehungsmanagement in den (Teil-) Öffentlichkeiten hypertextueller und sozialer Netzwerke unterstützen« (SCHMIDT 2006: 2).

ABBILDUNG 1
Social-Software-Dreieck

Quelle: Richter/Koch 2007 nach Schmidt 2006

ses are using Web 2.0 wurden von der Unternehmensberatung McKinsey im Januar 2007 weltweit knapp 3.000 Geschäftsführer zum Einsatz von Social Software in ihren Unternehmen befragt. 75 Prozent (Mehrfachantworten möglich) der Befragten gaben an, dass Social Software zum Einsatz kommt, um die Zusammenarbeit im Betrieb zu verbessern. Die Befragten waren überwiegend zufrieden (87%) mit den Investitionen in Social Software und möchten auch in Zukunft verstärkt in diesen Bereich investieren (BUGHIN/MANYIKA 2007).

Es finden sich gerade in letzter Zeit Tendenzen, Social Software in geschlossenen Unternehmenskontexten anstelle von Groupware einzusetzen.[2] In diesem Zusammenhang lässt sich sagen, dass Social Software auf nahezu denselben Prinzipien wie Groupware aufbaut, jedoch eine andere Anwendergruppe (Web-Communities und -Netzwerke statt Teams) anspricht. So haben sich die konkreten Anwendungen zu einem eigenständigen Zweig mit einem stetig wachsenden Funktionsumfang entwickelt (KOCH/RICHTER 2007). Für den Einsatz im Unternehmenskon-

---

2   Zu Groupware bzw. zum Forschungsbereich CSCW vgl. z. B. (GROSS/KOCH 2007).

text eignen sich mehrere Klassen von Social Software wie z. B. Weblogs, Wikis, Social Tagging und Social Networking(-Anwendungen) oder Instant Messaging. Abbildung 1 ordnet die bekanntesten Gruppen gemäß ihrer Ausprägungen den von Schmidt (2006) genannten Einsatzintentionen zu.

Für den Einsatz eines Wikis haben sich im Laufe der Zeit verschiedene Nutzungsszenarien in Unternehmen herauskristallisiert: Ein Wiki kann entweder als unternehmensweites Wiki implementiert (dabei handelt es sich oft um vergleichsweise kleine Unternehmen; vgl. MÜLLER 2007: 66), als sog. ›Abteilungswiki‹ positioniert oder projektbezogen eingesetzt werden. Innerhalb dieser Szenarien kann ein Wiki zahlreiche Aufgaben übernehmen: von der Aufbereitung und Ablage von Dokumentationen bis zur zentralen Koordination eines Projekts (Eine umfangreiche Aufstellung findet sich in MÜLLER 2007: 71ff.).

1.2   Gründe für den Erfolg von Wikis

Die wesentliche Stärke eines Wikis ist die Tatsache, dass die Seiten von jedem Besucher ohne besonderen Aufwand innerhalb von Sekunden veränderbar und kommentierbar sind.[3] Die Einfachheit der Nutzung liegt darin, dass der Text einer Wiki-Seite ohne Kenntnis von Auszeichnungssprachen wie HTML erstellt oder geändert werden kann. Für viele Wiki-Systeme ist ein WYSIWYG-*Editor*[4] verfügbar. Die Beschränkung auf das Wesentliche ermöglicht einer großen Gruppe von Menschen mit wenig Lernaufwand an diesem System teilzuhaben.

Vorteilhaft ist zudem der geringe Gesamtkosten- (Installations-, Wartungs- und Betriebskosten) und Arbeitsaufwand für die Installation und Wartung eines Wikis.[5] Zudem ist ein Wiki als webbasierte Anwendung plattformunabhängig. Da Wiki-Engines[6] als Open-Source-Softwa-

---

3   Dabei handelt es sich um den sog. ›Anyone-can-edit‹-Grundsatz (HARNAD 1990).
4   WYSIWYG steht für *What you see is what you get* und ist ein Prinzip, nach dem ein Dokument während der Bearbeitung am Bildschirm genau so angezeigt wird wie bei der (späteren) Ausgabe über ein anderes Gerät.
5   Die Lizenzierungskosten der bei Bosch eingesetzten Wiki-Engine Confluence finden sich unter http://www.atlassian.com/software/confluence/pricing.jsp (Abruf: 12.9.2007).
6   Mit *Wiki-Engine* ist die Umsetzung eines Wiki-Systems in einer bestimmten Programmiersprache gemeint. Eine Übersicht findet sich unter http://c2.com/cgi/wiki?WikiEngines (Abruf: 12.9.2007).

re existieren, bieten sie den Vorteil der Unabhängigkeit von einzelnen Anbietern.

In einer vor Kurzem veröffentlichten Studie wurde zudem (am Beispiel von *Wikipedia*) nachgewiesen, dass die Qualität in einem Wiki mit der Anzahl der Überarbeitungen und der Anzahl der Autoren positiv korreliert (WILKINSON/HUBERMAN 2007). Ein Wiki ist folglich, im Gegensatz zu vielen anderen IT-Anwendungen zur Kollaboration, ein ausgezeichnetes Werkzeug, um in großen Communities zusammenzuarbeiten.

1.3 Identifikation von Barrieren beim Einsatz von Wikis in Unternehmen

Was waren und sind die größten Hindernisse für den Wiki-Einsatz im Unternehmen? Die folgenden Erfahrungen basieren zum einen auf Befragungen und Beobachtungen im Berufsalltag und zum anderen auf einer Literaturanalyse. Die identifizierten Barrieren werden nach dem TOM-Modell kategorisiert. Dieser Ansatz ermöglicht die ganzheitliche Betrachtung der Gestaltungsdimensionen Technik, Organisation und Mensch (BULLINGER et al. 1997). Nur die Kombination aller drei Dimensionen ermöglicht langfristig eine wissensbasierte Unternehmensführung (z.B. DECKER et al. 2005).

1.3.1 Technik

Wie die Erfahrung zeigt, ist die größte technische Barriere vieler Wiki-Systeme die mangelnde Systemreife. So fallen beispielsweise mangelnde Funktionalität (z.B. fehlerhafter PDF-Export von Wiki-Seiten) bzw. Usability, fehlende Funktionen (z.B. Bildverarbeitung im Wiki-Artikel, Formeleditor) und zum Teil ungenügende Performanz negativ auf. Auch wenn die Installation eines Wikis mittlerweile unkompliziert ist, sollte es wie jede andere Software nach bewährten Grundsätzen des IT-Projektmanagements implementiert werden.

1.3.2 Organisation

Für den Erfolg eines Wiki ist es notwendig, den Einsatz der Software durch organisatorische Maßnahmen zu unterstützen. Es reicht nicht aus, ein

Wiki-Produkt zu installieren und den Mitarbeitern dann mitzuteilen, dass sie nun darüber ihr Wissensmanagement betreiben sollen. Stattdessen muss mit den Benutzern (z. B. in einzelnen Nutzer-Gruppen) besprochen werden, welche Ziele mit Hilfe des Wikis erreicht werden sollen und was die einzelnen Beteiligten dazu leisten müssen bzw. erwarten können. So sollten sich klare Vorstellungen herauskristallisieren und entsprechende Vorgaben gemacht werden, wie das Wiki genutzt werden kann bzw. soll. Da der Einsatz eines Wikis einen gewissen Anfangsaufwand bedeutet, ist es von zentraler Bedeutung, dass den Nutzern der Sinn des Wikis nahegelegt wird.7

Grundvoraussetzung für einen kreativen Gruppenprozess sind zudem ein gutes Betriebsklima, Offenheit, gegenseitiges Vertrauen, eine ausgeprägte Fehlerkultur und eine flache Hierarchie (GAMBÖCK et al. 2006).

Jakobs gibt wichtige Hinweise, die auch zur Organisation des Wiki-Schreibens beachtet werden sollten. In ihren Ausführungen zur Forschungsrichtung ›Writing at work‹ bemerkt sie, dass dem ›professional writer‹ – z. B. dem Ingenieur – im Gegensatz zum ›career writer‹ – z. B. dem Journalisten – oft das Bewusstsein für den Adressaten fehlt (JAKOBS/LEHNEN 2005: 20f.). Dieses Bewusstsein für den Leser ist in einer Wiki-Umgebung, in welcher die Adressaten weniger bekannt sind als z. B. in einer E-Mail oder in einem Bericht, noch wichtiger. Die Einstellung ›wer den Text nicht versteht, versteht nichts von der Sache, wer von der Sache nichts versteht, ist nicht Adressat‹ ist in einem Wiki nicht zu halten: Hier geht es ja gerade darum, (Mit-)Autoren aus benachbarten Fachgebieten zu werben und zu einem breiteren Austausch zu gelangen.

Eine Struktur innerhalb des Wikis wird in der Regel von einem großen Teil der beteiligten Mitarbeiter gewünscht. Übersichtsseiten und Templates, sind eine wertvolle Hilfe und beugen Orientierungslosigkeit – wenn auch auf Kosten der Kreativität – vor.

1.3.3 Mensch

Nach Comelli und Rosenstiel werden die Qualität und die Quantität von Leistungen, die von Personen erbracht werden, von vier Determinanten bestimmt (COMELLI/ROSENSTIEL 2001: 2). Danach ist die aktive Beteiligung (am Wiki) davon abhängig, ob die Mitarbeiter es unterstützen, d.h.

---

7 Zum Hintergrund dieser organisatorischen Maßnahme siehe auch das *Gefangenendilemma* (vgl. Abschnitt 1.3.3.).

dazu motiviert sind (persönliches Wollen), ob die nötigen Fähigkeiten und Fertigkeiten vorhanden sind (Können), ob es erlaubt ist (soziales Dürfen) und ob es die Situation zulässt (situative Ermöglichung). Diese Faktoren lassen sich jedoch in Motivation einerseits und Fähigkeiten und Fertigkeiten andererseits zusammenfassen.

Bezüglich der Motivation spielt das Gefangenendilemma[8] eine erhebliche Rolle. Übertragen auf Wikis ist die Aussage dieser Theorie, dass das Nutzenversprechen einer Wissenssammlung vielen Mitarbeitern zu vage ist, als dass sie die Mehrarbeit bereitwillig investieren würden, ohne sicher zu sein, dass andere ebenso kooperieren. Daher ist es notwendig, dass Mitarbeiter nicht nur den individuellen Nutzen im Blick haben, sondern darüber hinaus ein gewisses Maß an Einsatzwillen und Engagement für die Gemeinschaft der Kollegen aufbringen, damit Wissensaustausch in Gang gesetzt und aufrechterhalten wird.

Zusätzlich zeigen Erfahrungen aus der Praxis, dass Mitarbeiter (insbesondere wenn sie es nicht gewohnt sind, Kontrolle auf- und Verantwortung abzugeben) irritiert darauf reagieren, dass jeder am *eigenen* Text Veränderungen vornehmen darf.

Nicola Döring identifiziert die elf wichtigsten Theorien der computervermittelten Kommunikation (DÖRING 2003: 127ff.), welche sich in technikdeterministisch (medienzentriert) und kulturalistisch (nutzerzentriert) unterteilen lassen. Technikdeterministischen Theorien liegt die Annahme zugrunde, dass die objektiven technischen Medienmerkmale das Verhalten und Erleben der Nutzer bestimmen. Kulturalistische Ansätze betonen demgegenüber, dass Mediennutzer Technologien souverän für ihre Zwecke einsetzen (DÖRING 2003: 186).

Diese beiden Extreme werden von Döring in ein medienökologisches Rahmenmodell (s. Abb. 2) überführt.

Effekte werden hier nicht einseitig auf das Medium oder seine Nutzer bezogen, sondern auf deren Zusammenspiel in der jeweiligen Nutzungssituation. Dieses Rahmenmodell ist nicht als eine universelle sozialpsychologische Theorie der computervermittelten Kommunikation zu verstehen. Es will vielmehr dafür sensibilisieren, je nach Fragestellung verschiedene Theorien gleichzeitig zu berücksichtigen und von

---

8 Das Gefangenendilemma ist ein Konstrukt aus der Spieltheorie (vgl. TUCKER 1950). Das Dilemma besteht darin, dass individuell rationale Entscheidungen zu kollektiv schlechteren Ergebnissen führen können als gegenseitige Kooperation. Wilkesmann und Rascher haben dieses allgemein für Wissensmanagement durchgespielt (WILKESMANN/RASCHER 2005).

ABBILDUNG 2
Medienökologisches Rahmenmodell

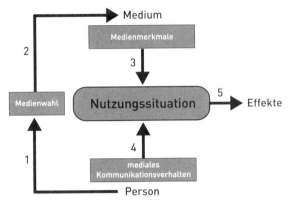

Quelle: Döring 2003: 128

ihrer – isoliert jeweils begrenzten – Erklärungskraft zu profitieren. Für den Wiki-Einsatz in Unternehmen sind fünf der elf erwähnten CvK-Theorien[9] relevant,[10] sie sind in Abbildung 3 aufgelistet.

In Kapitel 3 wird eine Theorie zur rationalen Medienwahl, die Media-Synchronicity-Theorie, näher auf konkrete Wiki-Praxiserfahrungen bei Bosch bezogen und hinterfragt. Vorher wird im zweiten Kapitel auf die Wiki-Einführung bei der Robert Bosch GmbH eingegangen.

2. Einführung von Wikis in der Robert Bosch GmbH

Bosch ist ein weltweit führender Anbieter von Kraftfahrzeugtechnik, Industrietechnik sowie Gebrauchsgütern und Gebäudetechnik. Im Jahr 2006 erreichte der Umsatz der Bosch-Gruppe weltweit 43,7 Mrd. Euro.[11] Von den

---

9   CvK steht für computervermittelte Kommunikation, »also die zwischenmenschliche Internet-, Netz- bzw. Online-Kommunikation« (DÖRING 2003: 43).
10 Nicht relevant in diesem Zusammenhang sind die Theorien, die von anonymen Nutzern ausgehen (Herausfiltern sozialer Hinweisreize, Simulation und Imagination, Soziale Identität und Deindividuation), die für Wikis nicht spezifisch genug sind (Digitalisierung) oder für die bisherige Wiki-Erfahrung (noch) zu weit gehen (Soziale Informationsverarbeitung, Wiki-Sprache).
11 Vgl. Geschäftsbericht der Robert Bosch GmbH aus dem Jahr 2006. Online verfügbar unter http://www.bosch.com/content/language1/html/2394.htm (Abruf 12.9.2007).

ABBILDUNG 3
CvK-Theorien bezogen auf die Wiki-Arbeit in Unternehmen

Theorie	Ansatz	Perspektive	Erläuterung im Wiki-Kontext
Rationale Medienwahl	technik-deterministisch	Medienwahl	Wiki-Einsatz ist nur für einfache (nicht: komplexere) Kommunikationsaufgaben geeignet. Angemessen eingesetzt, ist Wiki eine Bereicherung.
Normative Medienwahl	technik-deterministisch	Medienwahl	Wiki-(Nicht-)Einsatz wird durch soziale Normen im Unternehmen beeinflusst und erfolgt deshalb oft irrational und dysfunktional.
Interpersonale Medienwahl	technik-deterministisch	Medienwahl	Wiki-Einsatz wird durch die Medienpräferenzen der Beteiligten mitbeeinflusst, wobei die Kommunikationspartner sich wechselseitig abstimmen müssen.
Kanalreduktion	technik-deterministisch	Medienmerkmale	Wiki ist wegen fehlender Sinneskanäle im Vergleich zu Face-to-Face-Kommunikation defizitär und unpersönlich.
Wiki-Kultur	kulturalistisch	Mediales Kommunikationsverhalten	Nutzer erschaffen im Wiki eigene Kulturräume mit spezifischen Werten, Normen, Konventionen (*Wikiquette*) usw., die ihr Verhalten im Wiki beeinflussen.

Quelle: angelehnt an Döring 2003: 186f.

insgesamt knapp über 261.000 Mitarbeitern sind knapp 62 Prozent im forschungsintensivsten Unternehmensbereich Kraftfahrzeugtechnik – 10,1 Prozent des Umsatzes entfallen auf Forschungs- und Entwicklungsaufwendungen – beschäftigt. In diesem Unternehmensbereich stellt Diesel Systems den größten Geschäftsbereich dar und entwickelt, appliziert und fertigt in einem internationalen Verbund Dieselsysteme, die dazu beitragen, Fahrzeuge sauberer, sparsamer und gleichzeitig sportlicher zu machen.

Die unternehmensinterne, internationale Zusammenarbeit intensiviert sich weiter. Ein Wiki ist insbesondere für den unternehmensweiten, informellen (d.h., sofern keine rechtlichen Dokumentationszwänge o.Ä. existieren) Expertenaustausch ein wichtiger Baustein. Ende 2005 führte der zentrale IT-Bereich von Bosch deswegen zusammen mit einer Entwicklungsabteilung des Geschäftsbereichs Diesel Systems eine mehrmonatige Studie zur unternehmensweiten Wiki-Einführung durch. Schon zuvor waren vereinzelt Wiki-Server im Einsatz – in der Regel genutzt innerhalb einer Abteilung und auf unterschiedlichen Plattformen (sog. ›Wiki Engines‹). Ziel der Wiki-Studie war, eine einheitliche Wiki-Plattform auszuwählen, diese im Testbetrieb zu untersuchen und schließlich – seit Anfang 2007 – im Produktivbetrieb jedem Mitarbeiter der Bosch-Gruppe zur Verfügung zu stellen.[12]

Bei Bosch gibt es verschiedene Wiki-Nutzungsszenarien: Das Wiki wird u.a. zum Bug Tracking, d.h. zum Verfolgen von Software-Fehlern, als Glossar, als Artikelsammlung, als Dokumentationsplattform, zum Experten-Debriefing und zum interkulturellern Austausch genutzt. Die Medienwahl hat sich bei Bosch als eine grundlegende Barriere für die Wiki-Nutzung herausgestellt. Das Bewusstsein für die Einsatzmöglichkeiten des Wikis muss erst einmal geschaffen werden. In Abschnitt 1.3.3 wurde bereits auf CvK-Theorien eingegangen, von denen eine zur rationalen Medienwahl, die Media-Synchronicity-Theorie, im folgenden Kapitel auf die Wiki-Praxis bei Bosch bezogen wird.

3. Die Barriere der Medienwahl im Unternehmen

Bei der Entscheidung, welche Medien in einem Unternehmen zum Einsatz kommen sollen, steht man vor einer großen Auswahl: Die sogenannten ›neuen Medien‹ wie z.B. Wikis, Blogs, Foren oder Chats stehen in einem harten Konkurrenzkampf zu etablierten Kommunikationsformen wie Telefonie, E-Mails, Face-to-Face (F2F), Intranet oder Dokumentenmanagement-Systemen. Zusätzlich gilt es abzuwägen zwischen synchronem (z.B. Telefonie) und asynchronem Austausch (z.B. Forum). Dabei verfügen synchrone Medien über eine hohe mediale Reichhaltigkeit (Mehrdeutigkeiten, Komplexität können effektiv aufgelöst werden). Für weniger komplexe Situationen produzieren solche Medien dagegen zu viel Overhead, und in diesem Fall wäre z.B. eine asynchrone E-Mail effektiver. Dieser Korridor effektiver Kommunikation ist also durch eine sog. ›Media Appropriateness‹ gekennzeichnet, d.h. das Zusammenpassen von Medium und Aufgabe. Zum ersten Mal verfügen neu auftauchende Medien nicht mehr über ein scharf konturiertes Alleinstellungsmerkmal. Gerade ein Wiki bietet fast alle Merkmale asynchroner Medien.

---

12 Die Wiki-Einführung wurde in WARTA 2007: 44ff. ausführlich beschrieben, zudem werden in WARTA/RICHTER 2007: 10 einige Unterschiede zwischen einem Unternehmenswiki und der Internetenzyklopädie *Wikipedia* exemplarisch aufgezeigt.

3.1 Aufmerksamkeit in elektronischen Umgebungen

In der heutigen Medienwelt ist nicht mehr die Verfügbarkeit eines Mediums ein knappes Gut (wie früher bei den Broadcasting-Medien Fernsehen und Radio), sondern die Aufmerksamkeit, die der jeweilige mediale Kanal erreichen kann. Inhalte, die früher exklusiv über ein Medium distribuiert werden konnten, finden sich heute in einer Vielzahl von Medien wieder, auf die sich die Aufmerksamkeit des Publikums verteilt.

3.2 Mediensynchronität

Mediensynchronität ist definiert als das Ausmaß, in dem Individuen zur gleichen Zeit an der gleichen Aufgabe zusammenarbeiten (DÖRING 2003: 136). Die in der Media-Synchronicity-Theorie (DENNIS/VALACICH 1999; PAECHTER 2003: 37f.) für die Medienwahl herangezogenen Unterscheidungsmerkmale verlieren für das Medium Wiki deutlich an Klarheit. Insofern lässt sich die Schwierigkeit der Medienwahl bei Wikis im Unternehmenskontext mit der Media-Synchronicity-Theorie begründen. Denn ein Medium, das fast alle fünf im Folgenden genannten Unterscheidungsmerkmale gleich gut erfüllt, muss den Benutzer zwangsläufig vor eine schwierige Wahl stellen.

3.2.1 Geschwindigkeit des Feedbacks

Wie schnell kann auf Botschaften reagiert werden? Im Wiki ist die Aktualität der Informationen teilweise sehr hoch – dies kann als die grundlegende Eigenschaft dieses Mediums angesehen werden. Ein bekanntes Beispiel innerhalb der *Wikipedia* ist die Nachricht vom Tod des Enron-Managers Lay. Die Ursache seines Todes wurde in seinem *Wikipedia*-Artikel eine zeitlang quasi im Minutentakt überarbeitet.[13]

---

13 Die Todesmeldung von Kenneth Lay in der *Wikipedia* hat Frank Patalong am 06.07.2006 auf *Spiegel Online* beschrieben. Vorrangig ging es bei diesem Artikel um ein »Grundproblem der Wikipedia«, den Zielkonflikt zwischen Aktualität und Verlässlichkeit. http://www.spiegel.de/netzwelt/netzkultur/0,1518,425351,00.html (letzter Abruf am 12.9.2007).

3.2.2 Symbolvarietät

Wie viele Symbolsysteme stehen für die Informationsübermittlung zur Verfügung? Dazu zählen nicht nur Grafiken, Tabellen u.Ä., sondern auch sozio-emotionale Informationen wie Mimik, Gestik usw. In Anlehnung an die Sprechakttheorie von Searle (1969: 23f.) könnte in Wikis zusätzlich noch der ›illokutionäre, direktive Akt‹ identifiziert werden, wenn eine neu anzulegende Seite vorbereitet und der Link auf sie farblich hervorgehoben wird – als Aufforderung an den Leser, diese noch fehlende Seite anzulegen und zu beschreiben. An eine Face-to-Face-Umgebung reicht ein Wiki – was die Symbolvarietät angeht – allerdings nicht heran.

3.2.3 Parallelität

Paechter erläutert als Parallelität »die Anzahl an unterschiedlichen Nachrichten, die an einen oder mehrere Empfänger gleichzeitig versandt werden können und welche zur selben Zeit von anderen eingegeben werden können«, und bezeichnet E-Mails und Newsgroups als Medien mit hoher Parallelität (PAECHTER 2003: 36f.). In diesem Sinne ist auch ein Wiki ein Medium von hoher Parallelität: verschiedene Mitglieder einer Gruppe können gleichzeitig verschiedene Wiki-Artikel eingeben.

3.2.4 Überarbeitbarkeit

Wie häufig kann ein Sender seine Botschaft überarbeiten, bevor sie verschickt wird? Im Wiki ist dies beliebig oft möglich – auch nach dem Speichern kann die Botschaft im Wiki-Artikel noch überarbeitet werden, während eine E-Mail nach dem Versenden nicht mehr geändert werden kann.

3.2.5 Wiederverwendbarkeit

Die Wiederverwendbarkeit ist (zusammen mit der Überarbeitbarkeit) eine Kerneigenschaft eines Wikis. Die Empfänger bzw. Leser können die erhaltene Botschaft ohne Medienbrüche gut wiederverwenden, die Verlinkung und Mash ups sind einfach.

ABBILDUNG 4

Unterscheidungsmerkmale nach der Media-Synchronicity-Theorie

Medium	Geschwin-digkeit des Feedbacks	Symbol-varietät	Parallelität	Überarbeit-barkeit	Wiederver-wendbarkeit
F2F	hoch	mittel - hoch	niedrig	niedrig	niedrig
E-Mail	niedrig - mittel	niedrig - mittel	mittel - hoch	mittel - hoch	hoch
...	...	...	...	...	...
Wiki	mittel-hoch	mittel	hoch	hoch	hoch

Die genannten Unterscheidungsmerkmale sind bei einem Wiki fast alle *hoch* ausgeprägt, was die Entscheidung für die Wahl dieses Mediums erschwert und im Folgenden näher ausgeführt wird (vgl. Abb. 4).

Die Media-Synchronicity-Theorie wird, was ihre Grundvoraussetzung der Gegensätzlichkeit von Geschwindigkeit des Feedbacks und Parallelität angeht, durch Wikis insoweit in Frage gestellt, als dass beide Merkmale gleichermaßen zutreffen. Dass die Medienwahl für den Wiki-Einsatz in Unternehmen eine Barriere darstellt, könnte also – aus der Media-Synchronicity-Theorie heraus – daran liegen, dass sich die Wiki-Merkmale nicht in dem Maß in ihrer Ausprägung voneinander unterscheiden, wie dies bei anderen Medien, z. B. bei Face-to-Face oder E-Mail-Kommunikation, der Fall ist.

3.3 Die Barriere der Medienwahl bei Bosch

Im vorangegangenen Kapitel wurde versucht, anhand der Media-Synchronicity-Theorie zu erklären, warum die Medienwahl im Unternehmen eine Barriere für die Wiki-Nutzung darstellen könnte. In der Praxis bei Bosch hat sich gezeigt, dass als mediale Hauptkonkurrenten der Wikis Face-to-Face-Besprechungen mit Präsentationen, Intranet-Seiten, Fileserver-Ablagen, webbasierte Team-Räume und vor allem die E-Mail-Kommunikation gelten können. Zwischen dem Einsatz dieser sich in ihrer Funktionalität überlappenden Systeme gilt es also klar abzugrenzen.

Face-to-Face-Besprechungen werden vor allem dann zu Recht einem Wiki vorgezogen, wenn ein komplexes Sachgebiet mit großem Abstimmungsbedarf verhandelt wird und wenn Präsentationen Teil der Besprechung sind. Der Versuch, in diesem Fall Teile einer Face-to-Face-Besprechung durch den Einsatz eines Wikis zu ersetzen, hat sich als ungünstig erwiesen.

Die Gewohnheit spielt dagegen gerade bei der E-Mail-Kommunikation eine wesentliche Rolle. Hier zeigt sich, dass die Nutzer immer wieder daran erinnert werden müssen, die in den Mails gekapselten Informationen im Wiki anderen konsolidiert und aufbereitet zur Verfügung zu stellen.

Teile der Intranet-Seiten und der Fileserver-Ablage sind in einem Wiki besser aufgehoben: wenn direkte Interaktion, Verlinkungen ohne Medienbrüche (z. B. zwischen Tabellenverarbeitungs- und Präsentationssoftware) oder eine einheitliche Verknüpfung zwischen Text und Kommentar angestrebt werden.

Webbasierte Team-Räume kommen bei Bosch seit 2006 zum Einsatz. Sie werden vorwiegend für die dokumentenbasierte Projektablage genutzt und bieten gegenüber der Fileserver-Ablage z. B. eine vereinfachte Benutzerverwaltung, Versionierung der Dokumente, einen editierba-

ABBILDUNG 5
Screenshot Bosch-Wiki

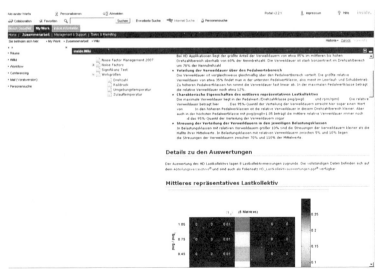

ren News- und FAQ-Bereich, individuelle Benachrichtigungsoptionen für die Raummitglieder bei Änderungen, Diskussionsforen und Aufgabenverfolgung.

Die Medienwahl im Unternehmen wird außerdem dadurch erschwert, dass die zahlreichen Kommunikationspartner, also Abteilungen und Projekte in verschiedenen Unternehmensbereichen und Ländern, Kunden, Lieferanten und externe Partner, nicht zwangsläufig dieselben medialen Rahmenbedingungen und Präferenzen aufweisen.

4. Fazit

Im vorliegenden Beitrag wurden Barrieren der Wiki-Nutzung bei Bosch beschrieben und dabei ein Schwerpunkt auf die Medienwahl gelegt. Es wurde ein erster Schritt unternommen, das Medium Wiki in gängige Medientheorien zu integrieren und dabei auf praktische Erfahrungen bei Bosch zurückgegriffen.

Mangelnde Systemreife und Funktionalität behinderten die Wiki-Arbeit erheblich. Es empfiehlt sich daher, mit einer minimalen, stabilen Konfiguration zu starten und komplexe Funktionen erst schrittweise zu implementieren.

Das Wiki muss zur Unternehmenskultur passen, das Management muss die Nutzung vorleben, durch Schulungen fördern und einfordern. Verschiedene Nutzergruppen weisen eine unterschiedlich hohe Affinität zu einem Wiki auf – insbesondere Programmierer, aber auch kreative Berufsbilder können die Wiki-Kollaboration i.d.R. schnell in ihren Arbeitsalltag integrieren.

Wichtig ist festzuhalten, dass keines der bisher genutzten Medien (Face-to-Face, E-Mail-Kommunikation, Telefon, (Web-)Content-Management-Systeme) vollständig ein Wiki ersetzen kann. Umgekehrt kann auch ein Wiki keines dieser Systeme vollständig ablösen. Die Herausforderung liegt darin, diese wechselseitigen Überlappungen und Übergänge aller Medien für den unternehmensspezifischen Kontext so effizient wie möglich zu gestalten.

Literatur

BUGHIN, J.; J. MANYIKA: *How businesses are using Web 2.0: A McKinsey Global Survey.* 2007. Online: http://www.mckinseyquarterly.com/article_page.aspx?ar=1913 [12.09.2007]

BULLINGER, H.-J.; K. WÖRNER; J. PRIETO: *Wissensmanagement heute. Daten, Fakten, Trends.* Stuttgart [Fraunhofer-Institut für Arbeitswirtschaft und Organisation (IAO)] 1997

COMELLI, G.; L. VON ROSENSTIEL: *Führung durch Motivation. Mitarbeiter für Organisationsziele gewinnen.* München [Vahlen] 2001

DECKER, B.; I. FINKE; M. JOHN; M. JOISTEN; K. SCHNALZER; S. VOIGT; M. WESOLY; M. WILL: *Wissen und Information 2005.* Stuttgart [Fraunhofer IRB Verlag] 2005

DENNIS, A.K.; J. S. VALACICH: Rethinking Media Richness: Towards a Theory of Media Synchronicity. In: SPRAGUE, R. H. (Hrsg.): *Proceedings of the 32nd Hawaii International Conferene on System Sciences (HICSS 32).* Los Alamitos [CD-ROM, IEEE Computer Society] 1999

DÖRING, N.: *Sozialpsychologie des Internet. Die Bedeutung des Internet für Kommunikationsprozesse, Identitäten, soziale Beziehungen und Gruppen.* Seattle [Hogrefe] 2003

GAMBÖCK, B.; M. PICHLER: Besser lernen mit Weblogs, Wikis, Podcasts. In: *wirtschaft + weiterbildung,* 2, 2006, S. 54-64

GROSS, T.; M. KOCH: *Computer-Supported Cooperative Work.* München [Oldenbourg] 2007

HARNAD, S.: Scholarly skywriting and the prepublication continuum of scientific inquiry. In: *Psychological Science,* 1, 1990, S. 342–343. In: *Current Contents,* 45, 1990, S. 9-13

JAKOBS, E.-M.; K. LEHNEN: *Schreiben am Arbeitsplatz.* Wiesbaden [vs Verlag] 2005

KOCH, M.; A. RICHTER: *Enterprise 2.0. Planung, Einführung und erfolgreicher Einsatz von Social Software in Unternehmen.* München [Oldenbourg] 2007

KUHLEN, R.: *Informationsethik.* Konstanz [UVK] 2004

MÜLLER, T.: *Einsatz von Wikis als Instrument des Wissensmanagement im Unternehmen. Trend mit Zukunft?* Augsburg [Diplomarbeit Universität Augsburg] 2007

PAECHTER, M.: *Wissenskommunikation, Kooperation und Lernen in virtuellen Gruppen.* Bremen u.a. [Pabst Verlag] 2003

RICHTER A.; M. KOCH: *Social Software – Status quo und Zukunft. Technischer Bericht Nr. 2007-01.* München [Fakultät für Informatik, Universität der Bundeswehr München] 2007

RÖLL, M.: Knowledge Blogs – Persönliche Weblogs im Intranet als Werkzeuge im Wissensmanagement. In: PICOT A.; T. FISCHER: *Weblogs professionell – Grundlagen, Konzepte und Praxis im unternehmerischen Umfeld.* Heidelberg [dpunkt Verlag] 2005, S. 95-112

SEARLE, J.: *Speech Acts. An Essay in the Philosophy of Language.* Cambridge [Cambridge University Press] 1969

SCHMIDT, J.: Social Software: Onlinegestütztes Informations-, Identitäts- und Beziehungsmanagement. In: *Forschungsjournal Neue Soziale Bewegungen*, 2, 2006, S. 37-46

TUCKER, A. W.: *A two-person dilemma. Discussion paper.* Stanford [Stanford University] 1950

WARTA, A.: Wiki-Einführung in der Industrie. Herausforderungen und Chancen am Beispiel von Robert Bosch Diesel Systems. In: DITTLER, U.; M. KINDT; CH. SCHWARZ (Hrsg.): *Online-Communities als soziale Systeme. Wikis, Weblogs und Social Software im E-Learning.* Münster [Waxmann Verlag] 2007, S. 41-60

WARTA, A.; A. RICHTER: Die Medienvielfalt als Barriere für den erfolgreichen Einsatz von Wikis im Unternehmen am Fallbeispiel der Robert Bosch GmbH. In: MEISSNER, K.; M. ENGELIEN (Hrsg.): *Virtuelle Organisation und Neue Medien 2007.* Workshop GeNeMe2007 Gemeinschaften in Neuen Medien. Dresden [TU Dresden] 2007

WILKESMANN, U.; I. RASCHER: *Wissensmanagement. Theorie und Praxis der motivationalen und strukturellen Voraussetzungen.* München [Rainer Hampp Verlag] 2005

WILKINSON, D. M.; B. HUBERMAN: *Assessing the value of cooperation in Wikipedia, HP Labs, Palo Alto.* 2007. Online: http://www.hpl.hp.com/research/idl/papers/wikipedia/wikipedia07.pdf [12.09.2007]

ROLAND BURKART / LIESELOTTE STALZER

Polarisieren Weblogs die Markenwahrnehmung? Eine Evaluation des *Antarctica*-Projekts der Bank Austria

Abstract

Die Bank Austria sponsert den Teilnehmer einer Südpolexpedition, der regelmäßig Weblogbeiträge liefert. In einer PR-Evaluationsstudie wird geprüft, wie sich die Inszenierung dieses Events mit den Markenwerten der Bank verträgt und wie der Internetauftritt in diesem Kontext zu beurteilen ist. Quantitative und qualitative Untersuchungsergebnisse weisen darauf hin, dass es einen Unterschied macht, ob man sich über die Antarktisexpedition (auch) via Internet informiert oder ob dies nicht der Fall ist. Dies betrifft zum einen die Wahrnehmung der Markenwerte, aber auch die Rezeption des Ereignisses selbst: Weblogs leisten einer personalisierenden Informationsvermittlung Vorschub.

1. Eine Expedition als (Online-)Medienereignis

Im November 2005 startete eine internationale Antarktis-Expedition. Die Teilnehmer aus verschiedenen Nationen hatten sich ein ehrgeiziges Ziel gesetzt: Sie wollten fast einhundert Jahre nach dem legendären Polarforscher Roald Amundsen zu Fuß den Südpol erreichen – und sie waren dabei erfolgreich. Als Hauptsponsor der Expedition bzw. des österreichischen Teilnehmers (Dr. Wolfgang Melchior) fungierte eine große österreichische Bank (die Bank Austria-Creditanstalt/BA-CA). Medial inszeniert wurde dieses Ereignis von einer renommierten österreichischen Public Relations(PR)-Agentur (Hochegger|Com).

Teil dieser Inszenierung waren eine Medienkooperation mit der überregionalen österreichischen Tageszeitung *Kurier* (das Blatt brachte mehrere Wochen hindurch jeweils in seiner Sonntagsausgabe einen Bericht zum Status quo der Expedition) sowie ein mehrmals wöchentlich aktualisiertes Weblog inklusive Podcast-Angebot (Abb. 1): Die via Satellitentelefon übermittelten Originalberichte von Wolfgang Melchior aus der Antarktis wurden aufgezeichnet, füllten nach und nach sein Online-Tagebuch und waren in Form von Audiofiles abruf- sowie downloadbar.

ABBILDUNG 1
Weblog-Startseite, Ende Dezember 2005

http://www.antarctica2005.com (19.09.2007)

Über einen Zeitraum von zwei Monaten hinweg (Mitte November 2005 bis Mitte Januar 2006) wurde eine Begleituntersuchung durchgeführt, die als PR-Evaluationsstudie[1] angelegt war. Diese Evaluationsstudie ist die Basis des vorliegenden Beitrags.[2] Das Ziel bestand in der Bewer-

1 Erste Ergebnisse daraus sind als Kurzbeitrag (BURKART 2007) auch in dem vom Verband der Marktforscher Österreichs (VMÖ) herausgegebenen *Handbuch der Marktforschung* veröffentlicht worden.
2 Durchgeführt wurde dieses Evaluationsprojekt am Institut für Publizistik- und Kommu-

tung des Kommunikationserfolgs, den die Bank durch diese Sponsoringaktion für sich verbuchen konnte. Die BA-CA wollte wissen, ob sich das Sponsoring der *Antarctica 2005/06* für sie ›ausgezahlt‹ hat. Das Management wollte aber auch in Erfahrung bringen, wie die Inszenierung des Events als Online-Medienereignis im Internet einzuschätzen war.

2. Die Evaluationsstudie

Inhaltlicher Angelpunkt unseres Evaluationskonzeptes war die ›Marke BA-CA‹ genauer: ihr ›Markenwert‹. Damit sind diejenigen Vorstellungen gemeint, die mit dem Namen oder mit dem Symbol der Marke verbunden werden bzw. verbunden werden sollen.[3] Das österreichische Geldinstitut firmiert seit vielen Jahren als die ›Bank zum Erfolg‹. Neben diesem ›Markenkern‹ gab es acht weitere Markenwerte, die mit Hilfe des Evaluationstools erfasst werden sollten, nämlich: Ansehen/Attraktivität, Größe, Internationalität, Sicherheit, Sympathie, Technik (im Sinne von: hoher technischer Standard), Vertrauenswürdigkeit und zeitgemäß/innovativ.

Im Zentrum stand die Frage, inwieweit die öffentliche Wahrnehmung der Expedition bzw. des Sponsorships als ›stimmig‹ mit diesen Markenwerten erlebt worden ist. Beobachtet wurde daher neben der öffentlichen Präsenz vor allem auch die Präsenz*qualität* – sowohl auf medialer als auch auf Rezipientenseite sowie insbesondere hinsichtlich der Rolle des Weblogs samt Podcast-Angebot.

PR-Evaluation – also: Erfolgskontrolle von Öffentlichkeitsarbeit – erschöpfte sich lange Zeit hindurch in der Untersuchung des medialen Outputs. Darunter fällt das simple Zählen von Clippings ebenso wie die anspruchsvolle Medienresonanzanalyse. Derartige Ergebnisse sind frag-

---

nikationswissenschaft der Universität Wien (im Rahmen des Forschungsseminars »Public Relations-Forschungslabor«/Leitung: Roland Burkart) in Kooperation mit einer Methoden-Lehrveranstaltung (Leitung: Lilo Stalzer). Im November 2006 erhielt die BA-CA gemeinsam mit der PR-Agentur Hochegger|Com (verantwortlich: GF Mag. Dietmar Trummer) für die Kommunikationsarbeit zur *Antarctica 2005/06* den Österreichischen »Staatspreis für Public Relations«. In der Begründung heißt es: »Besonders beeindruckt zeigte sich die Jury für den Staatspreis unter dem Vorsitz von PRVA-Präsident Dr. Christoph Bruckner von der Evaluierung des Projektes. In Zusammenarbeit mit dem Institut für Publizistik der Universität Wien wurde der Erfolg qualitativ und quantitativ gemessen« (http://www.prva.at/events/staatspr_2006.html – 19.09.2007).

3   Eine ausführliche Auseinandersetzung mit den Begriffen ›Marke‹ und ›Markenwert‹ findet sich bei Bentele et al. (2005).

los relevant, aber die Vorgehensweise bleibt einseitig, wenn man nicht auch jene Teilöffentlichkeiten ins Auge fasst, die als Empfänger dieser PR-Botschaften fungieren sollten: Haben sie die Messages überhaupt rezipiert? Und wenn ja: Wie ist diese Rezeption aus der Perspektive der angestrebten Kommunikationsziele zu bewerten?

Nur wenn Resultate aus beiden Messperspektiven vorliegen, kann man von einer PR-Evaluation sprechen, die dem Niveau der aktuellen Fachdiskussion entspricht (vgl. dazu etwa BESSON 2003; LINDENMANN 2003). In der Regel läuft dies auf den Einsatz quantitativer und qualitativer Methoden hinaus. Ein derartiger Methodenmix kam auch im Rahmen der hier zugrunde liegenden Evaluationsstudie zum Einsatz (Abb. 2):

ABBILDUNG 2
Methodenmix

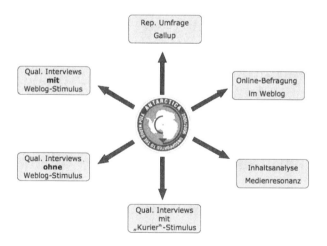

Im Detail waren dies: eine bundesweit repräsentative Umfrage, die in drei Befragungswellen Bekanntheit, Informationsquelle(n) und Markenimage des Sponsors erfasste, eine Online-Befragung im Rahmen des Internet-Auftritts der Expedition, eine Medienresonanzanalyse, die sowohl Offline- (Print, HF, TV) als auch Online-Medien (Foren, Blogs etc.) mit einbezog, sowie qualitative Interviews mit *Kurier*-Lesern und ausgewählten Personen mit und ohne Kenntnis des *Antarctica*-Weblogs.

3. Im Mittelpunkt: Der Online-Auftritt

Im vorliegenden Beitrag steht vor allem die Online-Inszenierung der Expedition bzw. der Einsatz des Weblogs im Fokus des Interesses. Forschungsleitend ist die Frage, wie das Weblog insgesamt von den Userinnen und Usern beurteilt worden ist und ob die Rezeption des Online-Medienereignisses die Wahrnehmung der *Antactica 2005/06* beeinflusst hat – insbesondere mit Blick auf die Markenwerte der BA-CA.

3.1 Repräsentative Bevölkerungsumfrage

In insgesamt drei Befragungswellen[4] wurde zunächst festgestellt, ob und wie sehr die Inszenierung dieses Events überhaupt die Aufmerksamkeit der Österreichischen Bevölkerung auf sich lenken konnte.

Die Ergebnisse: Kurz nach dem Start der Expedition im November 2005 gaben 22 Prozent der Befragten an, von dem Ereignis gehört zu haben, vier Wochen später, im Dezember 2005, als über den nahenden Höhepunkt des Ereignisses (das Erreichen des Südpols) berichtet werden konnte, waren dies bereits 62 Prozent. Im Januar 2006, nachdem Wolfgang Melchior wieder nach Österreich zurückgekehrt war, fiel der Bekanntheitsgrad der Expedition wiederum drastisch ab, lag aber dennoch bei immerhin 42 Prozent. Alles in allem lässt sich feststellen: Das Aufmerksamkeitsmanagement war relativ erfolgreich, denn das Ereignis fand keineswegs unter Ausschluss der österreichischen Öffentlichkeit statt.

Wie wurde aber nun im Kontext der Aufmerksamkeit für diese Expedition der Hauptsponsor des österreichischen Teilnehmers – die BA-CA – seitens der Befragten wahrgenommen, und macht es einen Unterschied, über welche Informationsquellen man von der Expedition erfahren hat?

Zu diesem Zweck hatten die Befragten die BA-CA anhand ausgewählter (markenwertbezogener) Statements einzustufen.[5] Um diese Bewer-

---

4 Es handelte sich um persönliche Interviews (CAPI) im Rahmen von Multi-Client-Umfragen repräsentativ für die österreichische Bevölkerung ab 14 Jahren (Befragungszeiträume: 18.11.-30.11., 16.12.-23.12.2005 und 20.01.-03.02.2006, Stichprobengröße jeweils n=1000, Feldarbeit: Österreichisches Gallup-Institut/Karmasin Marktforschung).
5 Bei den nachfolgenden Differenzierungen stehen – mit Blick auf das Erkenntnisinteresse sowie den Hauptsponsor BA-CA – jene Personen im Mittelpunkt, die im Rahmen eines (befragungsimmanenten) Rankings aller beteiligten Sponsoren (abgefragt wurden die 15 größten von insgesamt 24 Firmen bzw. Organisationen) das Sponsoring der BA-CA als »am besten

tungen differenziert nach den angegebenen Informationsquellen miteinander vergleichen zu können, wurden die (arithmetischen) Mittelwerte dieser Einstufungen (1=trifft sehr zu; 5=trifft gar nicht zu) berechnet und in eine Rangreihe gebracht.[6]

In Abbildung 3 sind diese Rangplätze differenziert nach den angegebenen Informationsquellen ausgewiesen: Ein niedriger Rangplatz resultiert aus einem niedrigen Mittelwert, der wiederum auf eine hohe Zustimmung zum jeweiligen Statement verweist.

ABBILDUNG 3
Rangplätze der Markenwerte in Abhängigkeit von der Informationsquelle: »Wo haben Sie von der Expedition erfahren?«[7]

	Total	TV	Radio (...3)	Krone	Kurier	Internet	im Gespräch	Variabilitätsscore
Internationalität	1	1	1	1	1	2	1	1
Größe	2	2	2	3	2	3	2	1
Technik	3	3	4	2	5	8	3	6
Zeitgemäß	4	4	4	4	4	4	5	1
Ansehen	5	5	6	5	6	5	4	2
Vertrauen	6	6	3	5	3	1	5	5
Sympathie	7	7	7	7	7	6	7	1
Sicherheit	8	8	8	8	8	6	8	2
Erfolg	9	9	9	9	9	9	9	0
Basis (n)	963	359	115	118	66	19	51	

passend« eingeschätzt hatten: Dies traf im Zeitverlauf österreichweit auf eine kontinuierlich steigende Anzahl an Personen zu (in der 1. Welle stuften 29 Prozent die BA-CA als den »am besten passenden Sponsor« ein, in der 2. Welle waren dies 31 Prozent und in der 3. bereits 36 Prozent der Befragten).

6 Die pro Markenwert abgefragten Statements sind in Abbildung 7 (am Ende dieses Beitrags) detailliert angeführt.

7 Die Summe aller Personen, die im Rahmen der Umfrage eine skalierte Beurteilung der Markenwerte vornahmen (n=963), ist nicht identisch mit der Anzahl jener Personen, die in Abhängigkeit von der Informationsquelle die Markenwerte eingestuft hatten. Personen, die auf die Frage nach der Informationsquelle keine Angaben machten, konnten klarerweise in die Berechnung nicht mit einbezogen werden.

In der Spalte ›Total‹ ist das Ranking der BA-CA-Markenwerte über die gesamte Stichprobe hinweg erkennbar (auf Platz 1 rangiert ›Internationalität‹, auf Platz 9 landet ›Erfolg‹).

Auf den ersten Blick weisen die Zahlen auf eine nur geringe Variabilität innerhalb der Einstufung der einzelnen Markenwerte hin. Um dies im Detail zu verdeutlichen, haben wir pro Markenwert einen ›Variabilitätsscore‹ gebildet (Spalte rechts außen in Abb. 3). Dieser Wert ergibt sich aus dem Abstand zwischen dem besten und dem schlechtesten Rangplatz, den die jeweiligen Markenwerte erzielen konnten, wenn man diese Rangplätze mit den Informationsquellen in Beziehung setzt, aus denen die Befragten von der Antarktis-Expedition erfahren hatten (ablesbar zeilenweise für jeden einzelnen Markenwert). Eine niedrige Variabilität bedeutet, dass der betreffende Markenwert bei allen Informationsquellen einen ähnlichen Rangplatz einnimmt (dies drückt sich in einer niedrigen Zahl aus). Im Gegensatz dazu bedeutet eine hohe Variabilität, dass der jeweilige Markenwert unterschiedliche Rangplätze besetzt (dies drückt sich in einer hohen Zahl aus).[8]

Bei sieben von neun Markenwerten liegt die Variabilität zwischen 0 und 3. Das heißt, es sind kaum Unterschiede in der Einstufung der Markenwerte festzustellen – egal, aus welcher Informationsquelle man von der Antarktis-Expedition erfahren hat. Es gibt allerdings zwei Ausnahmen mit sehr hohen Variabilitäten: Sie betreffen die Markenwerte ›Vertrauen‹(5) und ›Technik‹(6). Das heißt, dass sich bei diesen beiden Markenwerten die Rangplätze erheblich voneinander unterscheiden, und zwar in Abhängigkeit von der Informationsquelle, aus der man über die Expedition erfahren hat.

Was den *Markenwert ›Vertrauen‹* betrifft, so ist der Variablitätsscore hier mit 5 ausgewiesen, dies ergibt sich aus der Differenz zwischen den Rangplätzen 1 und 6 (quer über alle Informationsquellen). Betrachtet man die Ränge pro Informationsquelle, so wird erkennbar, dass diesen Markenwert ausschließlich jene Personen als ›sehr zutreffend‹ bewerten, die via *Internet* von der Expedition Kenntnis erhalten haben (dies schlägt sich im Rangplatz 1 nieder). Im ›Klartext‹ heißt das: Praktisch jeder Befragte, der von der Expedition via Internet erfahren hat, stimmt dem Item ›die

---

[8] So ist z. B. der Markenwert ›Erfolg‹ mit einem Variabilitätsscore von Null gekennzeichnet. Das heißt, dass dieser Markenwert unabhängig davon, wie man von der Expedition erfahren hat, denselben Rangplatz einnimmt. Beim Markenwert ›Erfolg‹ ist dieser durchgehend Rang 9.

BA-CA ist vertrauenswürdig‹ in hohem Ausmaß zu. Insgesamt ist die Vertrauenszuschreibung gegenüber der BA-CA stets deutlich weniger ausgeprägt als bei den Internet-Usern, wo auch immer man von der Expedition erfahren hat. Am niedrigsten ist sie bei Personen, die von der Expedition aus dem Fernsehen (TV) erfahren haben – bei diesen Probanden landet ›Vertrauen‹ auf dem letzten Rangplatz (6).

Was den *Markenwert ›Technik‹* betrifft, so ergibt sich ein Variabilitätsscore von 6 (aufgrund der Differenz zwischen den Rangplätzen 2 und 8). Abermals sticht die Gruppe jener Personen hervor, die über das *Internet* Informationen von der Expedition erhalten haben – allerdings auf umgekehrte Weise: Nahezu jeder Befragte, der von der Expedition via Internet erfahren hat, lehnt das Item ›die BA-CA hat einen hohen technischen Standard‹ in hohem Ausmaß ab. Alle anderen Informationsquellen haben da gleichsam besseren Karten. Am häufigsten kann die BA-CA mit dem Markenwert ›Technik‹ bei jenen Personen punkten, die von der Expedition aus der *Kronen*-Zeitung (*Krone*) erfahren haben. In dieser Gruppe rangiert dieser Markenwert an 2. Stelle.[9]

Es gilt also festzuhalten: Personen, die sich über die Expedition (auch) aus dem Internet informiert haben, nehmen die BA-CA als den Hauptsponsor bisweilen anders wahr als Personen, bei denen dies nicht der Fall war. Speziell betrifft dies zwei von neun abgefragten Markenwerten, nämlich Vertrauen und Technik. Während die Häufigkeit, mit der man der Bank ›Vertrauenswürdigkeit‹ attestiert, bei Personen mit entsprechendem Internetkontakt deutlich höher ist, ist der Eindruck vom hohen technischen Standard der Bank bei diesen Personen am niedrigsten ausgeprägt.

3.2 *Online-Befragung im Weblog*

Zum Höhepunkt der Expedition – kurz vor dem Erreichen des Südpols Ende Dezember 2005 – wurde eine Online-Befragung via Weblog gestartet.[10]

---

9 Der tatsächliche Rang, den der jeweilige Markenwert pro Informationsquelle erreicht, ist in Abb. 3 abzulesen, indem man in der Spalte der entsprechenden Informationsquelle die Zeile mit dem entsprechenden Markenwert sucht.
10 Der Link zu dieser Befragung war vom 21.12.2005 bis 11.02.2006 aktiv. In diesem Zeitraum gab es lt. Logfile-Protokoll knapp 5.000 Zugriffe auf das Weblog, an der Befragung nahmen

Dabei zeigte sich zunächst, dass die BA-CA-Homepage gleichsam als ›Schleuse‹ in das Weblog fungierte: 78 Prozent der Befragten gelangten von dort auf die Internetseite der *Antarctica*, die Mehrheit (2/3) davon waren daher – wenig überraschend – auch BA-CA-Kunden, überwiegend antworteten außerdem männliche Besucher (74%).[11]

Was nun die Attraktivität von Weblog und Podcast betraf, so kam beides hervorragend an: Man sah dieses neue mediale Angebot in erster Linie als zeitgemäße Informationsmöglichkeit (62%), die technisch gut gemacht war (45%) und durch die man den Erfolg oder auch Misserfolg der Expedition auf attraktive Weise miterleben konnte (42%).

Als *Zwischenbilanz der quantitativen Untersuchungsaktivitäten* lässt sich somit festhalten: Die hergestellte Publizität für das Ereignis kann als gut bezeichnet werden. Dies gilt insbesondere für die Bekanntheit des Sponsors BA-CA. Was die Bekanntheit des Weblogs betrifft, so hat sich die prominente Verlinkung (auf der Homepage der BA-CA) offenkundig bewährt.

Die bisher dargestellten quantitativen Ergebnisse sagen allerdings noch kaum etwas über die Wahrnehmungs*qualität* aus, d.h. darüber, *wie* die Rezeption der *Antarctica* mit Blick auf die BA-CA-Markenwerte zu bewerten ist. In der Folge gilt es nun, genau diese untersuchten Aspekte in den Mittelpunkt zu rücken.

3.3   Qualitative Befragung

Die qualitativen (leitfadengestützten) Gespräche sind gleichsam das ›Herzstück‹ des vorliegenden Evaluationsprojekts. Mithilfe dieser Methodik versuchten wir herauszufinden, wie die Person (Wolfgang Melchior) und wie die Sache bzw. das Ereignis (die Antarktis-Expedition) im Detail wahrgenommen worden sind. Erkenntnisleitendes Interesse war es auch hier, zum einen die markenwertspezifische Relevanz derartiger Wahrnehmungen ausloten zu können und zum anderen dem Stellenwert der Online-Inszenierung des Antarktis-Events aus der Rezipientenperspektive auf die Spur zu kommen.

---

295 Personen (= Anzahl vollständig ausgefüllter Fragebögen) Teil, dies entspricht einem Anteil von etwa 6 Prozent.

11   Etwa 300.000 Zugriffe wurden im Laufe der Expedition registriert (ca. 500 Besucher pro Tag), 43 Weblog-Beiträge waren online, 200 Weblog-Kommentare wurden verfasst. Die Angaben stammen aus den Logfile-Protokollen der Agentur Martrix/Hochegger|Com.

Deshalb war es wichtig, sowohl Gesprächspartner zu finden, die sich via Internet über die Expedition informiert hatten, als auch solche, bei denen dies nicht der Fall war. Um die subjektive Nähe zum Bank-Institut (als potenziell die Rezeption beeinflussende Größe) konstant halten zu können, wurde überdies der Kundenstatus der Gesprächspartnerinnen und Gesprächspartner kontrolliert bzw. konstant gehalten.[12]

Die Laddering-Interviewtechnik

Zum Einsatz kam eine bestimmte Technik der Interviewführung, die auf der – ursprünglich aus der Werbeforschung stammenden – ›means-end‹-Theorie basiert. Dabei handelt es sich um eine Theorie über den Informationsverarbeitungsprozess. Sie geht davon aus, dass wir den Erwerb eines Produktes oder die Inanspruchnahme einer Dienstleistung jeweils im Hinblick auf die Tauglichkeit betrachten, inwiefern sie ein Mittel (›means‹) zur Erfüllung eines Wunsches bzw. zum Erreichen eines Zieles (›end‹) sein kann (vgl. HERRMANN 1996: 7ff.). In dem Moment, in dem wir beginnen, über ein Unternehmen, eine Marke, eine Sache oder auch nur ein Idee nachzudenken, haben wir gleichsam verschiedene Stufen einer solchen Wunscherfüllung bzw. Zielerreichung vor unserem geistigen Auge. Daran anknüpfend entstand in den 1980er-Jahren die sog. ›Laddering‹-Interviewtechnik (vgl. REYNOLDS/ GUTMAN 1988). Die Idee ist, dass man im Rahmen eines ausführlichen Gesprächs gemeinsam mit seinem Interviewpartner mental über eine subjektive kognitive Leiter (›ladder‹) klettert. Der Interviewer achtet darauf, dass nach einer Initialfrage gezielte ›Warum-Fragen‹ gestellt werden, die eine gedankliche Kette von Reflexionen seitens des Befragten entstehen lassen, an deren Ende jeweils Werte – hier: die im Fokus stehenden Markenwerte – erkennbar werden, die letztlich unsere Aufmerksamkeit für bestimmte Inhalte erregen und unsere Rezeption beeinflussen.

Im vorliegenden Kontext wurde diese ›Laddering‹-Technik adaptiert: Ziel war es ja weniger, die einzelnen Stufen der mentalen Leiter zu rekonstruieren, sondern alle spontanen sowie (durch gezielte Warum-

---

12 Die qualitativen Interviews wurden mit insgesamt 30 Personen durchgeführt. Es gab zwei Gruppen: Zum einen handelte es sich um 18 Personen, die von der Expedition Kenntnis hatten, ohne (bis zum Zeitpunkt des Gesprächs) mit dem *Antarctica*-Weblog in Berührung gekommen zu sein (Alter: 20-56 Jahre; Geschlecht: 9w/9m; 9 Kunden/9 Nicht-Kunden), und zum anderen wurden 12 Personen interviewt, die das *Antarctica*-Weblog kannten bzw. auch bereits besucht hatten (Alter: 21-48 Jahre; Geschlecht: 6w/6m; 6 Kunden/6 Nicht-Kunden).

Fragen) provozierten Äußerungen im Hinblick auf ihre (vorgegebene) markenwertspezifische Bedeutung einzuschätzen und dann allenfalls jeweils einem bestimmten Markenwert zuzuordnen. Die ausgewählten Personen wurden daher aufgefordert, über die Antarktis-Expedition insgesamt sowie über den österreichischen Teilnehmer (Wolfgang Melchior) zu reflektieren. Die Initialfrage für die hier geführten Gespräche lautete: »Man kann im Leben ganz verschiedene Ziele verfolgen und die unterschiedlichsten Dinge unternehmen. Jeder geht da seine eigenen Wege. Wie sehen Sie das, was Wolfgang Melchior unternimmt? Was halten Sie von dieser Expedition in die Antarktis?«

Aus den Transkripten der Gespräche wurden die Äußerungen der Probanden sodann in zweierlei Hinsicht codiert: Einmal hinsichtlich der jeweils angesprochenen Markenwerte und dann mit Blick auf die Person (W. Melchior) oder die Sache (Antarktis-Expedition). So wurden z.B. zum Markenwert ›Ansehen‹ einerseits *personen*bezogene Aussagen (wie: ›Melchior ist eine souveräne Persönlichkeit‹) und andererseits *sach*bezogene Aussagen (wie: ›Die Antarktis ist eine beeindruckende Landschaft‹) zugeordnet.[13]

In Abbildung 4 sind die Ergebnisse aus diesen Laddering-Interviews getrennt nach Personen dargestellt, die bereits (zum Zeitpunkt des Gesprächs) Kontakt mit dem *Antarctica*-Weblog gehabt hatten (linke Hälfte), und jenen Personen, bei denen dies nicht der Fall war (rechte Hälfte).

Die Ergebnisse weisen ziemlich eindeutig darauf hin, dass es einen Unterschied macht, ob man sich über das Antarktis-Event (auch) via Weblog informiert oder ob dies nicht der Fall ist. Die markenwertspezifisch codierbaren Äußerungen verteilen sich in Abhängigkeit vom Weblog-Kontakt mit unterschiedlicher Häufigkeit – und zwar mit Blick auf die sachliche (Expedition) und die personenspezifische (Melchior) Perspektive:[14]

Befragte, die (zum Zeitpunkt des Interviews) bereits *Kontakt mit dem Weblog* hatten, äußern sich deutlich häufiger zu Wolfgang Melchior (als zur Expedition) und somit *mehrheitlich personenbezogen*. Codiert werden konnten dabei die folgenden fünf Markenwerte: ›Erfolg‹ (100%), ›Sympa-

---

13 Textbeispiele als Indikatoren für die jeweiligen Markenwerte sind abermals in Abbidung 7 (am Ende dieses Beitrags) angeführt.
14 Die augenfällig verschieden große Anzahl an codierten Äußerungen von Personen mit Weblog-Kontakt (n=183) und Personen ohne Weblog-Kontakt (n=306) ist mit der ungleichen Verteilung entsprechender Probanden erklärbar (vgl. dazu Anmerkung 12). Es wird daher wie bisher mit Blick auf die prozentuellen Anteile argumentiert.

ABBILDUNG 4
Markenwertspezifische Äußerungen: mit/ohne Weblog-Kontakt (Laddering-Interviews)

	Mit Weblog			Ohne Weblog		
	Expedition	Melchior	Summe	Expedition	Melchior	Summe
	(%)	(%)	(n)	(%)	(%)	(n)
Ansehen	26	74	31	55	45	47
Sympathie	24	76	21	13	88	48
Internationalität	70	30	20	79	21	38
Größe	52	48	21	72	28	29
Sicherheit	33	67	18	66	34	32
Erfolg	0	100	19	7	93	27
Zeitgemäß	100	0	16	100	0	28
Technik	100	0	16	100	0	25
Anzahl	44	56	183	53	47	306
Markenwerte Verhältnis	4	5		6	3	

thie‹ (76%), ›Vertrauen‹ (76%), ›Ansehen‹ (74%) und ›Sicherheit‹ (67%). Die Expedition, als ein Sachbezug, steht bei diesen Personen weniger häufig im Mittelpunkt der codierten Äußerungen. Es sind vier Markenwerte, die hier häufiger codiert werden – nämlich: ›Technik‹ (100%), ›Zeitgemäß‹ (100%), ›Internationalität‹ (70%) und ›Größe‹ (52%).

Gesprächspartner, die (noch) *nicht mit dem Weblog in Berührung* gekommen waren, äußern sich dagegen *mehrheitlich sachbezogen*. Hier dominieren sogar sechs Markenwerte mit Äußerungen zur Expedition – es sind dies: ›Technik‹ (100%), ›Zeitgemäß‹ (100%), ›Internationalität‹ (79%), ›Größe‹ (72%), ›Sicherheit‹ (66%) und ›Ansehen‹ (55%). Lediglich für drei Markenwerte waren häufiger Äußerungen zu Melchior zu codieren – dies sind: ›Erfolg‹ (93%), ›Vertrauen‹ (91%) und ›Sympathie‹ (88%).

Erstes Fazit: Das Weblog personalisiert die Informationsvermittlung

Es zeigt sich somit ein deutlicher Trend: Wer (auch) via Weblog vom Anarktis-Event erfahren hatte, reflektierte im persönlichen Gespräch häufiger personenbezogen (über W. Melchior) und weniger sachbezogen (über die Expedition). Bei Befragten dagegen, die keinen Kontakt zum Weblog hatten, verhielt es sich genau umgekehrt: Sie äußerten sich während des Interviews mehrheitlich sachbezogen (über die Expedition) und weniger personenbezogen (über W. Melchior).

Wir wollen hier also die *vorsichtige These* vertreten, *dass das Weblog* bzw. die Rezeption von Inhalten via Weblog einer gewissen *Personalisierung Vorschub leistet*. Oder – aus der umgekehrten Perspektive betrachtet: Wir postulieren, dass sich Weblogs eher zur personenbezogenen als zur sachbezogenen Vermittlung von Inhalten eignen.

Weitere Befunde: Der Dominanzfaktor

Um dieser These weiter nachzugehen, haben wir versucht, die Markenwerte hinsichtlich der *Dominanz* zu unterscheiden, mit der sie entweder als *personenbezogen* oder als *sachbezogen* zu klassifizieren sind. Als Ausdruck dieser Dominanz wurde die Differenz zwischen der Anzahl an entsprechenden personen- und sachbezogenen Aussagen herangezogen. Eine kleine Differenz bedeutet, dass zu ein und demselben Markenwert

ABBILDUNG 5
Dominanz der Markenwerte (errechnet aus den Differenzen zwischen personen- und sachbezogenen Aussagen)

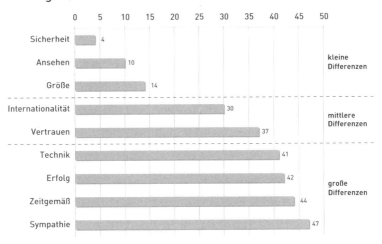

sowohl sach- als auch personenbezogene Aussagen (nahezu) gleich oft zugeordnet werden konnten. In diesem Fall handelt es sich um einen *wenig dominanten Markenwert*. Eine große Differenz heißt dagegen, dass es sich um einen *sehr dominanten Markenwert* handelt, weil er entweder (fast) nur sach- oder (fast) nur personenbezogene Aussagen auf sich vereinigen konnte. In Abbildung 5 sind diese Differenzen ausgewiesen.

Die Verteilung macht eine Gruppierung in kleine, mittlere und große Differenzen erkennbar. Im Detail bedeutet dies, dass die Markenwerte ›Sicherheit‹, ›Ansehen‹ und ›Größe‹ als wenig dominant zu klassifizieren sind, die Markenwerte ›Technik‹, ›Erfolg‹, ›Zeitgemäß‹ und ›Sympathie‹ sind dagegen als höchst dominant zu begreifen. ›Internationalität‹ und ›Vertrauen‹ nehmen eine Mittelstellung ein.

Hoher und niedriger Dominanzfaktor

Der nächste Schritt bestand darin, die beiden Betrachtungsweisen – die sach- bzw. personenbezogene Perspektive und die Dominanzperspektive

ABBILDUNG 6
Sach- und personenbezogene Markenwerte mit Dominanzfaktor

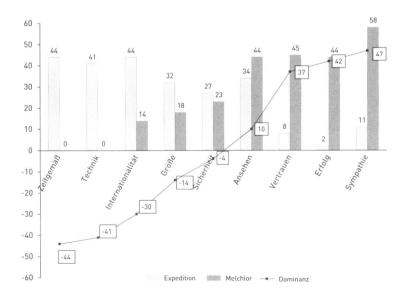

der Markenwerte – miteinander zu verknüpfen. Dadurch wird nicht bloß erkennbar, welche Markenwerte sich als eher personenbezogene und welche sich als eher sachbezogene klassifizieren lassen, es wird darüber hinaus auch deutlich, in welchem Ausmaß dies möglich ist. In Abbildung 6 sind diese Verknüpfungen anschaulich dargestellt.

Die Grafik zeigt die Anzahl der Nennungen (= Höhe der Säule) pro Markenwert in Abhängigkeit von der sach- (= Expedition) bzw. personenbezogenen (= Melchior) Perspektive gekoppelt mit dem Dominanzfaktor des jeweiligen Markenwertes (= Ziffern in den Kästchen). Die Vorzeichen (-/+) wurden nominal festgelegt und zeigen die Ausrichtung dieser Dominanz an. Ein ›Minus‹ bedeutet, dass die Anzahl der Aussagen überwiegend sachbezogenen waren (sich also auf die Expedition bezogen), ein ›Plus‹ weist dagegen auf mehrheitlich personenbezogene Aussagen (die sich mit W. Melchior befassten) hin.

Die Verteilung macht – nun auch grafisch – klar erkennbar, dass sich *sechs Markenwerte* (von insgesamt neun abgefragten) durch einen relativ *hohen Dominanzfaktor* auszeichnen, wobei drei davon als sach- und drei als personenbezogen zu klassifizieren sind: Die Markenwerte ›Zeitgemäß‹ (Faktor/F: 44), ›Technik‹ (F: 41) und ›Internationalität‹ (F: 30) waren mehrheitlich (in 2 Fällen sogar: ausschließlich) in Aussagen identifizierbar, die sich mit der Expedition beschäftigten und damit als sachbezogen gelten. Im Gegensatz dazu konnten die Markenwerte ›Sympathie‹ (F: 47), ›Erfolg‹ (F: 42) und ›Vertrauen‹ (F: 37) mehrheitlich in Aussagen codiert werden, die sich mit W. Melchior befassten und damit als personenbezogen zu klassifizieren sind.

Die verbleibenden *drei Markenwerte*, nämlich: ›Ansehen‹ (F: 10), ›Größe‹ (F: 14) und ›Sicherheit‹ (F: 4) können schließlich nur auf einen relativ *niedrigen Dominanzfaktor* verweisen, d.h. sie sind a priori weder als ausgesprochen sach- noch als personenbezogen zu klassifizieren.

Diese Differenzierungen bekräftigen nun nicht nur die Tendenzen, wie sie schon aus Abbildung 4 erkennbar waren, sondern sie liefern auch einen zusätzlichen Erklärungshintergrund: Es sind nämlich genau diejenigen *Markenwerte mit niedrigem Dominanzfaktor*, die (jedenfalls in zwei von drei Fällen) *bei Weblog-affinen Personen häufiger personenbezogene Aussagen* auf sich konzentrieren als sachbezogene. Es handelt sich um die Markenwerte ›Ansehen‹ und ›Sicherheit‹. Auf den Markenwert ›Größe‹ trifft dies nicht zu – ein Blick auf die Verteilung (in Abb. 4) zeigt allerdings, dass auch hier die Tendenz in dieselbe Richtung weist: Zwar sind für diesen

Markenwert auch bei Weblog-affinen Probanden keine personenbezogenen Äußerungen codierbar, die Häufigkeit an sachbezogenen Aussagen ist bei dieser Personengruppe jedoch deutlich geringer als bei Personen, die (zum Zeitpunkt des Gesprächs) noch keine Kenntnis vom *Antarctica*-Weblog hatten.

Zweites Fazit: Weblog-unabhängige und Weblog-abhängige Markenwerte

Damit lässt sich abschließend noch eine weitere vorsichtige These vertreten: Es gibt Weblog-unabhängige und Weblog-abhängige Markenwerte.

Weblog-unabhängige Markenwerte verfügen *über einen hohen Dominanzfaktor*. Das bedeutet, dass sie in ihrer Sach- oder Personenbezogenheit nicht davon beeinflusst werden, ob sich die Rezipienten über die entsprechende Thematik via Weblog informieren oder nicht. *Weblog-abhängige* Markenwerte verfügen dagegen über einen *niedrigen Dominanzfaktor*. Das bedeutet, dass sie in ihrer Sach- oder Personenbezogenheit durchaus beeinflussbar sind.

Die vorliegenden Befunde legen nahe, dass von Weblogs ein solcher Einfluss in Richtung Personenbezogenheit ausgeht. Damit scheint die weiter oben bereits angesprochene These vom Personalisierungsvorschub durch Weblogs erhärtet.

Anhang

Die Abbildung 7 enthält zum einen (linke Hälfte) für jeden BA-CA-Markenwert die Items, welche die Befragten skaliert (1 =trifft sehr zu; 5 =trifft gar nicht zu) zu bewerten hatten. Zum anderen sind (rechte Hälfte) Text-Beispiele angeführt, die verdeutlichen sollen, wie im Rahmen der Laddering-Interviews codiert wurde.

ABBILDUNG 7
Die Markenwerte und ihre Indikatoren

BA-CA-Markenwerte	Items / Befragung	Text-Beispiele aus Laddering-Material	
		Person (Melchior)	Sache (Expedition)
Ansehen	genießt hohes Ansehen	M. ist souveräne Persönlichkeit, hat bereits Expeditionserfahrung	außergewöhnliche Gegend, beeindruckende Landschaft
Erfolg	verhilft anderen zu ihrem persönlichen Erfolg	M. verwirklicht persönlichen Wunschtraum, wird in seinen Visionen unterstützt	gelungene Aktion, Machbarkeit unter Beweis gestellt
Größe	kann aufgrund der Größe viel bewegen	M. leistet gewaltige Kraftanstrengung	unglaubliche, riesige Ausmaße, Macht der Natur
Internationalität	ist international tätig	M. geht mit internationalem Team, war in verschiedenen Erdteilen	Expedition in unbekanntes Gebiet, überschreitet die nationalen Grenzen
Sicherheit	verschafft Sicherheit	M. hat sich gut vorbereitet, hat intensiv trainiert	Unterstützung ist garantiert, Finanzierung der Aktion ist gesichert
Sympathie	ist sympathisch	M. wirkt nett, freundlich, sympathisch	tolles Vorhaben, ansprechende Aktion
Technik	hat einen hohen technischen Standard	M. benützt Satellitentelefon, schickt Infos via Weblog u. Podcast	Hightech-Ausrüstung, technisch hoher Standard
Vertrauen	ist vertrauenswürdig	M. wirkt kompetent, verlässlich, glaubwürdig	Organisation des Vorhabens wirkt durchdacht, gut geplant
Zeitgemäß	ist eine Bank, die mit der Zeit geht	M. geht traditionelle Route mit moderner Ausrüstung, macht wissenschaftliche Experimente	Aktion ist umweltbewusst geplant, wenig Verschwendung von Ressourcen, wie es heute sein soll

Literatur

BENTELE, G.; M.-S. BUCHELE; J. HOEPFNER; T. LIEBERT: *Markenwert und Markenwertermittlung. Eine systematische Modelluntersuchung und -bewertung.* Wiesbaden [DUV] 2005

BESSON, N. A.: *Strategische PR-Evaluation. Erfassung, Bewertung und Kontrolle von Öffentlichkeitsarbeit.* Wiesbaden [Westdeutscher Verlag] 2003

BURKART, R.: Ein Methodenmix zur Evaluation von Public Relations. Am Beispiel des Sponsorings der Antarctica 2005/06 durch die Bank Austria-Creditanstalt. In: VERBAND DER MARKTFORSCHER ÖSTERREICHS/VMÖ (Hrsg.): *Handbuch der Marktforschung.* Redaktion: Lieselotte Stalzer, Christian Führer, Nora Sells. Wien [Facultas.wuv] 2007, S. 61-68

HERRMANN, A.: *Nachfrageorientierte Produktgestaltung. Ein Ansatz auf Basis der ›means end‹-Theorie.* Wiesbaden [Gabler] 1996

LINDENMANN, W. K.: Guidelines for Measuring the Effectiveness of PR Programs and Activities. In: THE INSTITUTE FOR PUBLIC RELATIONS. COMMISSION OF PR-MEASUREMENT AND EVALUATION. 2003. Online: http://www.instituteforpr.org/files/uploads/2002_MeasuringPrograms.pdf [12.10.2007]

REYNOLDS, TH. J.; J. GUTMAN: Laddering Theory. Method, Analysis, and Interpretation. In: *Journal of Advertising Research,* 1, 1988, S. 11-31

MARKUS BREUER

Business in virtuellen Welten: Nutzungsperspektiven von *Second Life* und Online-Welten

Abstract

In letzter Zeit sind die sogenannten ›virtuellen Welten‹ in das Licht einer breiteren Öffentlichkeit gerückt: Online-Plattformen, auf denen sich Hunderttausende Anwender zusammenfinden und in einer typischerweise dreidimensional am PC-Bildschirm dargestellten *Welt* miteinander interagieren. Diese Interaktionsplattformen bieten für ausgewählte Anwendungssituationen klare Vorteile gegenüber den bekannten Technologien für Distanzkommunikation und -kollaboration. Sie werden deshalb in den kommenden Jahren die Art und Weise, wie Menschen über das Internet kommunizieren, zusammenarbeiten oder auch einkaufen, nachhaltig verändern.

1. Kontext und Fragestellung

Ende 2006 erlangte ein neues Internet-Phänomen rasch einen großen Bekanntheitsgrad: *Second Life*, eine virtuelle 3D-Welt, die zu einer rasch ansteigenden Zahl von Presse-Veröffentlichungen führte und ebenso rasch zunehmendes Interesse von Weltunternehmen wie IBM, Sony BMG, Mercedes, Dell, Adidas, Toyota, Mazda, Nissan, MTV etc. verzeichnen konnte. Alle diese Unternehmen eröffneten in 2006 ›Niederlassungen‹ im *Metaversum*, der virtuellen Welt im Internet.

Second Life ist eine ›Welt‹, die verhältnismäßig realitätsnah auf dem Bildschirm des PCs dargestellt wird. Anwender erfahren diese Welt in der ersten Person, da sie selbst dort als personifizierter Charakter, als *Avatar*, repräsentiert werden. Dieser Avatar wird vom Anwender über Tastatur und Maus gesteuert. Als literarisches/fiktionales Vorbild für diese Plattform wird oft der Roman *Snow Crash* (STEPHENSON 1992) angesehen. Plausibler ist aber in vieler Hinsicht die *Otherland*-Tetralogie (WILLAMS 1996). Beides sind übrigens Werke, die in einer relativ nahen Zukunft angesiedelt sind.

Der US-Ökonom Edward Castronovo nennt solche Konstrukte übrigens bevorzugt ›synthetische‹ und nicht ›virtuelle‹ Welten (CASTRONOVA 2005), weil der Begriff ›virtuell‹ bei vielen ›nicht-wirklich‹ impliziert, diese digitalen Plattformen aber durchaus wirklich/real sind – genau wie eine Website oder ein elektronisches Wertpapierdepot ›real‹ ist.

Die Berichterstattung in der Fach- und Publikumspresse war zunächst übermäßig euphorisch und schlug dann – in der klassischen Manier von Gartner-Hype-Cycles (FENN 2007) – um: Mitte 2007 dominierten auf einmal Berichte über Kinderpornografie, Geldwäsche, Terrorismus etc. in *Second Life*.

Zudem bezweifelten viele Experten die Relevanz einer solchen Plattform mit weltweit lediglich 0,5-1,0 Millionen Anwendern (je nach Messmethodik). Ignoriert wurde dabei weitgehend die Tatsache, dass ein Medium mit kommerzieller oder wissenschaftlicher Relevanz nicht zwangsläufig gleich ein Massenmedium sein muss und dass *Second Life* nur eine Ausprägung des Phänomens ›Virtuelle Welten‹ ist. Parallel dazu existiert schon seit geraumer Zeit eine Reihe von ähnlichen Plattformen und aktuell kommen nahezu monatlich weitere Wettbewerber hinzu. Im Sommer 2007 kündigte beispielsweise auch Sony ein Projekt dieser Art an (geplantes Erscheinungsdatum Frühjahr 2008). Und während diese Zeilen geschrieben werden, wird beispielsweise über ein ähnliches Projekt von Google spekuliert.

Tatsächlich kann man davon ausgehen, dass aktuell (Herbst/Winter 2007) ca. 50 Millionen bis 100 Millionen Menschen ›Bürger virtueller Welten‹ sind. Die große Schwankungsbreite ergibt sich vor allem aus der Unschärfe des Begriffs ›virtuelle Welt‹. Mehr dazu weiter unten.

Trotzdem bleibt die Frage offen, ob es sich hierbei um einen vorübergehenden Modetrend handelt, einen langfristig irrelevanten Hype, oder um einen wichtigen Trend, der den Umgang mit dem Internet dauerhaft beeinflussen wird. Der Autor schätzt die Chancen für Letzteres als nicht gering ein, da diese Technologie eine ganze Reihe von handfesten Vorteilen gegenüber Technologien und Plattformen bietet, die bislang für vergleichbare Zwecke eingesetzt werden (Technologien für Distanz-kommunikation und -interaktion).

Der Hauptgrund für diese Annahme ist die Beobachtung, dass der Aufenthalt in einer synthetischen Welt bei vielen Anwendern zu einem sehr starken Präsenzgefühl in der virtuellen Welt führt, was auch mit dem Begriff ›Immersion‹ bezeichnet wird. Subjektiv fühlt sich ein solcher Anwender zumindest präsent in der synthetischen Welt zeitweise stärker (und verbunden mit den anderen Anwendern, die am selben ›Ort‹ anwesend sind) als in der physischen Realität. Ein solches Präsenzgefühl – in der Marketing-Sprache gelegentlich ›Involvement‹ genannt, ist erstrebenswert für viele Projekte im Umfeld von Marketing, Entertainment, aber auch im Bereich von Training, Ausbildung und Lehre, allgemeiner Zusammenarbeit, in Beratungssituationen und sogar für Teile von wichtigen Vertriebsprozessen.

Eine synthetische Welt kann hinsichtlich der Intensität des subjektiven Präsenzgefühls niemals mit der physischen Realität konkurrieren. Es erscheint aber zumindest sinnvoll, ihre Tauglichkeit für solche Anwendungsfälle zu untersuchen, in denen eine vergleichbare Situation oder ein analoger Prozess in der physischen Realität nicht dargestellt bzw. durchgeführt werden kann oder nur mit erheblichen Nachteilen (zum Beispiel Kostennachteilen).

2. Definition: Virtuelle Welt

Vor einer Betrachtung der Anwendungsmöglichkeiten und Diskussionen über Verbreitung, Reichweite und Zielgruppenpotenziale erscheint es sinnvoll, ein paar Überlegungen zur Begriffsdefinition anzustellen. Anders formuliert: Was ist eine virtuelle bzw. synthetische Welt?

Hierüber besteht bislang weder im Kreis der Anwender, der Betreiber solcher Plattformen noch in der wissenschaftlichen Gemeinschaft Einigkeit. Nahezu jeder Autor trifft hier seine persönliche Entscheidung, wenn es darum geht, ein bestimmtes Produkt oder eine bestimmte Plattform in diese Kategorie einzuordnen oder nicht.

Dem Autor dieser Zeilen erscheint es sinnvoll, diese Entscheidung nicht den Anbietern/Betreibern solcher Plattformen zu überlassen (weil deren Selbsteinschätzung vorwiegend von Marketingerwägungen getrie-

ben wird und dementsprechend ›flexibel‹ ist), sondern sie an den Kriterien festzumachen, die entscheidend für den eingangs beschriebenen Immersionseffekt sind. Daraus ergeben sich die folgenden Merkmale:
Eine synthetische Welt
- ist eine Multiuser-Softwareplattform, die von mehr als einem Anwender gleichzeitig genutzt werden kann, die über ein digitales Netzwerk miteinander und ggf. mit bestimmten zentralen Systemen verbunden sind;
- präsentiert ihren Benutzern am Bildschirm einen Ausschnitt aus einem typischerweise größeren Umfeld im Sinne einer räumlichen Metapher (*Welt*);
- repräsentiert den Benutzer selbst als einen *Avatar*, eine typischerweise mehr oder weniger anthropomorphe Figur, die vom Benutzer gesteuert und meist innerhalb gewisser Grenzen individuell gestaltet werden kann;
- ist *lokal*: alle Objekte und Avatare haben eine bestimmte Position in dieser Welt;
- ist *konsensual*; alle Anwender, die sich am gleichen Ort befinden (an ähnlichen Positionen), sehen dieselben Objekte – ggf. aus unterschiedlichen Blickwinkeln;
- ist *sozial*: Benutzer sehen die Avatare anderer Benutzer (sowie ihren eigenen) und können mit diesen kommunizieren und interagieren
- ist *dynamisch* und *persistent*: Avatare können die Welt innerhalb gewisser Grenzen verändern und diese Änderungen überdauern ein Verlassen und erneutes Wideraufsuchen der Welt.

Die Variationsbreite unter den heute schon tatsächlich existierenden Plattformen, die die Bezeichnung ›virtuelle Welt‹ verdienen, ist bei allen diesen Kriterien relativ groß.

So kann die Darstellung der Welt am Bildschirm zweidimensional, dreidimensional, in 2,5D (Kavalierperspektive) erfolgen oder sogar völlig auf visuelle Darstellungen verzichten. Die Darstellung kann skizzenhaft, comicartig oder hyperrealistisch erfolgen. Einige virtuelle Welten bestehen aus wenigen verbundenen Räumen, andere entsprechen Arealen von einigen hundert Quadratmetern bis hin zu Hunderten von Quadratkilometern (mit dem Anspruch, beliebig wachsen zu können) (mehr zur Bedeutung der räumlichen Strukturen für das Erlebnis der Anwender bei BARTLE 2003). Die Individualität der Avatare kann sich auf die Auswahl unter ein paar Dutzend Varianten beziehen oder nahezu unlimitiert sein.

Die Änderungsmöglichkeiten können sich auf das Öffnen und Schließen von Türen beschränken oder es den Anwendern ermöglichen, praktisch die gesamte Welt nach ihren Wünschen zu gestalten.

Diese Definition öffnet eine weite Klammer. Sie schließt Plattformen ein wie IMVU (ein simpler 3D-Chat), *World of Warcraft* (das erfolgreichste Online-Spiel der Welt) und selbstverständlich das berühmt/berüchtigte *Second Life*. Tatsächlich umfasst sie auch die sogenannten ›Multiuser Dungeons‹ (MUDs) aus den 1980er-Jahren, Online-Spiele, die ihren Anwendern einen simplen Textdialog auf nicht-grafischen Terminals präsentierten.

Alle diese Plattformen ermöglichen den oben beschriebenen Immersionseffekt, das subjektive Eintauchen in die synthetische Welt und ein vorübergehendes Verlassen der physischen Umgebung.

Im Mittelpunkt der Betrachtungen hier stehen allerdings die modernen virtuellen Welten mit 3D-Darstellung, weitgehenden Freiheiten bei der Gestaltung der Welt und der Avatare und ohne klare ›Spielregeln‹ und Ziele – weil diese die meisten Anwendungsmöglichkeiten abseits des reinen Spielens eröffnen.

3. Nutzenanalyse

Virtuelle Welten treten in Konkurrenz zu etablierten Technologien für die Kommunikation und Zusammenarbeit über weite Entfernungen – wie zum Beispiel Brief, Telefon, E-Mail, Telefon- und Videokonferenzen oder das Worldwide Web. Gegenüber diesen beanspruchen sie zum Teil deutlich höhere Ressourcen (zum Beispiel Rechenleistung und Übertragungsbandbreiten) und verlangen den Erwerb neuer Fertigkeiten. Dies kann auf Dauer nur gerechtfertigt werden, wenn sie gegenüber den bewährten Technologien echte Vorteile bringen.

3.1 Was macht virtuelle Welten attraktiv für Endbenutzer?

Die wichtigsten Erfolgsfaktoren für moderne virtuelle Welten aus der Sicht der Endanwender sind Räumlichkeit, Lokalität und das gemeinschaftliche Erlebnis mit anderen Anwendern.

Im Alltagserleben der meisten Menschen spielt ›Räumlichkeit‹ eine große Rolle. Damit ist gemeint, dass diese Menschen sich an einem bestimmten Ort befinden, damit anderen Menschen (und Objekte) nahe oder fern sind und sich in einem zwei- oder dreidimensionalen Kontext bewegen können etc.

Vielen klassischen Kommunikationsmedien geht diese Räumlichkeit ab. Damit ist nicht zwangsläufig das Fehlen dreidimensionaler Darstellungen gemeint, sondern die eben genannten Konzepte wie Nähe und Distanz. Selbst das modernste Medium, das World Wide Web, basiert stark auf der Metapher der gedruckten Information. Es ist zweidimensional. Informationen sind auf ›Seiten‹ angeordnet und jede Webseite ist von jeder anderen prinzipiell gleich weit entfernt: genau einen Mausklick.

Letzteres ist für bestimmte Aufgabenstellungen (zum Beispiel die gezielte Suche) von Vorteil, aber die uns aus dem Alltag vertrauten Prinzipien von Nähe und Nachbarschaft (extrem wichtig u.a. für Einkaufspassagen), von Nähe und Distanz zu anderen Personen, von Fokus und Peripherie der Aufmerksamkeit lassen sich nur sehr schlecht umsetzen. Das ist in einer virtuellen Welt anders.

Hier gibt es Raum (und Zeit). Ich kann hinter die Dinge sehen. Ich kann näher herangehen. Ich sehe in der Nachbarschaft (vielleicht im Augenwinkel) andere Angebote. Ich kann schlendern und ich interagiere mit anderen Menschen.

Wann immer ich in der physischen Realität einen Ort aufsuche, kann ich das gemeinsam mit anderen tun, oder ich treffe dort auf andere Menschen, die mir Auskunft geben können, oder solche, die meine Interessen teilen und mit denen ich mich austauschen kann.

Alles das ist auch in einer synthetischen Welt möglich. Ich kann erkennen, ob und wo andere Menschen (Avatare) sind, mich ihnen nähern oder fernhalten und gemeinsam mit ihnen etwas erleben.

Für den, der es noch nicht erlebt hat, ist es schwer nachzuvollziehen. Tatsächlich ist das subjektive Empfinden, in einer virtuellen Welt mit anderen Menschen zusammen zu sein, sehr stark und Grundlage vieler erfolgreicher Anwendungs- und Geschäftsmodelle. Das hat weniger mit der Grafikqualität zu tun, die deutlich schlechter ist, als sie Spieler von guten PC- oder Konsolen-Spielen her gewohnt sind. Es geht hier – technisch gesehen – nicht um ›Virtual Reality‹. Und trotzdem fühlen sich Anwender ›dort‹.

Diese ›gefühlte Realität‹ wird offensichtlich auf einer unterbewussten, emotionalen und nicht auf der sensorischen Ebene generiert. Für die neue virtuelle Realität sind keine exotischen, teuren Geräte, Helme und Datenhandschuhe nötig, wie sie in der 1990er-Jahren in diesem Umfeld propagiert wurden. Das war eine Sackgasse, wie sich bald herausstellte.

Entwickler von Computerspielen gelang es zur gleichen Zeit, das gewünschte Präsenzgefühl mit viel bescheideneren Mitteln zu erreichen – durch gute Stories und durch soziale Interaktion. Letzteres ist auch der entscheidende Erfolgsfaktor der virtuellen Welten jenseits von Computerspielen. Dazu Cory Ondrejka, Chef-Architekt der Plattform *Second Life*:

> »Unfortunately, a decade-long detour [die Virtual-Reality-Euphorie der 90er] into haptic and head-mounted interfaces proved only that these interfaces were technically challenging. Missed was the realization, proved by video games again and again, that televisions and monitors provide enough interface to leverage players' spatial skills. A two-dimensional window is enough to create a place« (ONDREJKA 2004).

Dem Autor dieser Zeilen selbst fiel die erfolgreiche Irreführung der eigenen Sinne auf, nachdem er zunächst einige Stunden in *Second Life* verbracht hatte und dann, nach einer Pause von drei Tagen, wieder an den Bildschirm zurückkehrte. Die Grafik erschien krude und minderwertig. Erst nach drei oder vier Minuten war dieser Eindruck völlig verschwunden und das ›Dort-Gefühl‹ wieder spürbar. Das Unterbewusstsein ergänzt die fehlenden Details der objektiv eigentlich unzureichenden Darstellung.

3.2 Das Avatar-Prinzip

Hauptverantwortlich für das Gefühl des Dort-seins ist der *Avatar*, der Charakter, die Persona, durch die Anwender in einer virtuellen Welt repräsentiert werden. Diesen Avatar bewegt man mit Maus und Tastatur durch diese Welt, schaut durch seine Augen – und wird von den anderen Einwohnern gesehen.

Jede virtuelle Welt erlaubt es den Nutzern, ihre Avatare in weitem Rahmen zu verändern, zu gestalten. Jeder Anwender hat dabei die Wahl, seinen Avatar entweder möglichst ähnlich seiner realen Persönlichkeit oder entsprechend seiner Phantasie, seinen Bedürfnissen und Träumen zu gestalten. Selbstverständlich wählen viele Anwender die letztere Möglichkeit. In Abbildung 1 der Avatar des Autors, der den ersten Weg gegangen ist.

ABBILDUNG 1
Der Avatar des Autors

Der Avatar (eine alternative Persona) bietet vielen Anwendern zudem die Möglichkeit, Träume und Wünsche auszuleben, jemand Anderes zu sein oder Facetten seiner Persönlichkeit auszuleben, die in der physischen Realität nicht offen zutage treten (zum Beispiel, weil die Anwender dazu physisch nicht in der Lage sind, ihnen die Talente dafür fehlen, ihnen der Mut dazu fehlt oder diese Rollen in den entsprechenden Gruppen, Gesellschaften, Gesellschaftsschichten sozial nicht akzeptiert werden). Diese Form des Eskapismus wird in der Publikumspresse momentan vorwiegend mit negativen Konnotationen oder gar strafrechtlich relevantem Fehlverhalten in Verbindung gebracht (speziell von der Boulevard-Presse gerne in sexuellem Kontext). Tatsächlich sind unterschiedliche Formen des Eskapismus, das Spielen alternativer ›Rollen‹ und das Ausbrechen aus als einengend empfundenen Regelwerken seit Jahrtausenden Bestandteil der meisten menschlichen Kulturen.

Virtuelle Welten können – unter anderem – durchaus als ein adäquater Ausdruck dieser allgegenwärtigen Rituale und Verhaltensmuster für die modernen, digitalen Kulturen des dritten Jahrtausends gesehen werden.

3.3   Was macht virtuelle Welten für Unternehmen und Institutionen attraktiv?

Die Vorteile des ›Mediums Virtuelle Welt‹ für Unternehmen und Institutionen ergeben sich direkt aus den Gründen, die diese Plattformen für Endanwender attraktiv machen: Die starke Involvierung der Endanwender führt zu einer besonders effektiven Kommunikation. Das gemeinsame ›Erleben‹ der Online-Welt erlaubt es, Situationen abzubilden, die bislang der physischen Realität vorbehalten waren – oder in Online-Foren und Chatrooms nur unzureichend transponiert werden konnten. Die glaubhaften 3D-Darstellungen erlauben es, Produkte und Umgebungen glaubhaft zu präsentieren, die in der physischen Realität (noch) nicht existieren oder die nur zu hohen (Transport-)Kosten mit den Anwendern in Kontakt gebracht werden können.

4.   Das Beispiel *Second Life*

Die momentan bekannteste virtuelle Welt ist sicherlich *Second Life,* betrieben und entwickelt von der kalifornischen Firma Linden Lab. Ihr rapides Wachstum in 2006 und der ersten Hälfte von 2007 ist kein Zufall und ist auch nicht PR-getrieben. Tatsächlich hat die Betreiberfirma Linden Lab bis Ende Oktober 2006 nur geringen Aufwand für PR und nahezu keinerlei Aufwand für Marketing getrieben. Ihr Erfolg basiert im Wesentlichen auf drei Faktoren, die in dieser Kombination bei keinem Wettbewerber anzutreffen sind:

- *Thematische Offenheit*
  Second Life ist anders als ähnliche Plattformen – nicht in ein bestimmtes thematisches Korsett (typischerweise aus dem Umfeld von Fantasy oder Science Fiction) gezwängt. Anwender und Entwickler bestimmen das Setting. Sie gestalten die Welt komplett selbst.
- *Nutzergenerierte Inhalte*
  Nahezu alles, was ein Anwender in *Second Life* zu sehen bekommt, ist von anderen Anwendern gestaltet und kreiert. Dieses Erfolgsprinzip des Web 2.0 hat es der Betreiberfirma erlaubt, die virtuelle Welt sehr rasch zu vergrößern.

- *Marktwirtschaftliche Prinzipien*
  Zu einer Zeit, da andere, vergleichbare Plattformen den Handel mit virtuellen Gütern für reales Geld streng verboten und verfolgt haben, räumte Linden Lab seinen Kunden die vollen Urheber- und Nutzungsrechte an allen ihren Schöpfungen ein und fachte so die Produktivität und eine virtuelle Volkswirtschaft an.

Die Wichtigkeit des Aspekts der thematischen Offenheit dürfte klar sein: Für Unternehmen aus der physischen Realität mit Angeboten aus der heutigen Zeit ist es schwierig bis unmöglich, sich neben Drachen und Orks oder in Raumhäfen zu präsentieren. Die anderen beiden Punkte sollen im Folgenden kurz im Detail präsentiert werden.

4.1 *Nutzergenerierte Inhalte in* Second Life

Das herausragende Element, das *Second Life* von anderen, zunächst ähnlich erscheinenden Angeboten unterscheidet, ist die Tatsache, dass nahezu alles, was der Anwender in dieser Welt zu sehen bekommt, von anderen Anwendern geschaffen wurde. Das betrifft die Landschaft, in der sich die Avatare bewegen, Gebäude, Fahrzeuge und virtuelle Möbel. Selbst die Avatare und ihre Kleidung sind typischerweise von anderen Anwendern erstellt. Die Betreiberfirma stellt lediglich die Plattform bereit sowie die Werkzeuge, mit denen darauf Inhalte erstellt werden können.

Bei nahezu allen vergleichbaren Angeboten stellt typischerweise die Betreiberfirma zumindest die Gestaltungselemente bereit. Die Anwender können diese Elemente (zum Beispiel virtuelle Gegenstände) dann zwar in der Welt platzieren und bewegen, aber keine wirklich neuen schaffen. Letzteres ist der Betreiberfirma oder ausgewählten Entwicklern vorbehalten – oder in anderen Fällen sehr stark reglementiert.

Dies ist in *Second Life* anders: Jeder Anwender kann hier jederzeit beliebige Objekte kreieren, ohne dass die Betreiberfirma das in irgendeiner Form reguliert – von markenschutzrechtlichen Erwägungen abgesehen. Häuser, alle Bauwerke, Autos, Flugzeuge, Möbel, Kleidung, Schuhe, Schmuck – alles das sind in *Second Life* benutzergenerierte Inhalte. Die entsprechenden Funktionalitäten sind in der normalen Client-Software (vergleichbar dem Browser für die Betrachtung von Internetseiten) standardmäßig integriert.

Nach Herstellerangaben nutzen derzeit ca. 10 Prozent der Anwender diese Möglichkeit und setzen damit ein gewaltiges kreatives Potenzial frei. Die Ergebnisse mögen im Einzelfall als geschmacklos und häufig als fantasielos empfunden werden. Einzelne Gestalter der virtuellen Welt sind aber ausgesprochen kreativ und innovativ. Sie sind nicht nur verantwortlich für die erstaunliche Attraktivität dieser Welt für neue Anwender. Sie haben über die Vermarktung ihrer Erzeugnisse letztendlich auch eine funktionierende Volkswirtschaft geschaffen.

Die Entscheidung, von Anfang an den Ausbau der Welt den Anwendern zu überlassen, hat das rapide Wachstum der Welt auch erst möglich gemacht. Die Betreiberfirma wäre ansonsten überhaupt nicht in der Lage, ein Wachstum von bis zu 20 Prozent pro Monat zu unterstützen.

4.2 Virtuelle Volkswirtschaften am Beispiel von Second Life

Das Prinzip des *User-Generated Content,* der einer der entscheidenden Treiber für den Erfolg des Web 2.0 ist, wird bei *Second Life* bis zum Extrem getrieben. Anwender können – und müssen für das fortgesetzte Wachstum der virtuellen Welt – nicht nur eigene Inhalte erstellen. Sie können diese auch anderen Avataren verkaufen.

Wie in einer entwickelten Ökonomie der physischen Realität wird hier kaum ein Einwohner ein Haus, ein Auto, Möbel oder Kleidung selbst herstellen – obwohl er dies theoretisch könnte –, sondern bei spezialisierten Herstellern kaufen. Bezahlt wird dafür in der Landeswährung, dem Linden-Dollar, kurz L$.

Die Herstellung und der Vertrieb von virtuellen Gegenständen – vor allem von Kleidung, Häusern, Fahrzeugen sowie auch von Kosmetik etc. – ist tatsächlich ein boomender Markt. Die hier erzielbaren Umsätze sind ausreichend, dass einige Anwender ihren (realen) Lebensunterhalt damit verdienen. Einkommen zwischen einigen hundert Dollar und einigen tausend Dollar pro Monat sind möglich und werden erzielt (siehe auch DIBBEL 2006).

Möglich ist das dank einer zweiten Besonderheit der Binnenwirtschaft von *Second Life,* die in dieser Form ebenfalls auf keiner anderen Plattform zu finden ist: Anders als bei Online-Spielen wurde die Landeswährung bei *Second Life* relativ rasch offiziell als konvertibel erklärt und wird heute über mehrere Devisenbörsen gehandelt. Dabei handelt ist sich um echte Börsen mit freier Preisfindung. Das heißt, es ist nicht die Betreiberfirma, die ›Spiel-Geld‹ gegen US-Dollar verkauft. Sondern Anwender der Plattform handeln untereinander Linden-Dollar (die Landeswährung) gegen den US$. Die Wechselkurse schwanken dementsprechend und liegen derzeit bei ca. 270L$/1US$.

Die Landeswährung wird von der Bertreiberfirma Linden Lab geschaffen, ähnlich wie es eine Zentralbank macht, und über Quellen wie Prämien, Stipendien und Bauaufträge in die Wirtschaft gegeben.

Für Avatare gibt es unterschiedliche Möglichkeiten, sich ein Einkommen zu verdienen (und dieses ggf. in harte US$ zu konvertieren). Im Prinzip existieren ähnliche Möglichkeiten wie in einer Volkswirtschaft der physischen Welt.

Anwender können:
- als Hersteller auftreten
- Handel betreiben
- Dienstleistungen anbieten

Die folgenden denkbaren Berufe sind aus der physischen Realität vertraut und werden erfolgreich praktiziert:
- Modedesigner (inkl. Schuhe, Schmuck, Accessoires)
- Architekt
- Bauunternehmer, Groß- und Einzelhändler
- Prostituierte/r, DJ, Türsteher
- Softwareentwickler
- Automobil-/Flugzeug-/Bootskonstrukteur
- Immobilienhändler und Projektentwickler

Dazu kommen aber auch Berufe wie Haustierdesigner oder Körper- und Haardesigner, die nur in einer virtuellen Welt denkbar sind. Diese Berufe sind in einigen Fällen kein ›Spiel‹ mehr, sondern tragen zum realen Lebensunterhalt der Nutzer bei.

4.3 Zahlen und Fakten

Second Life ist nicht die größte der heute existierenden virtuellen Welten – sofern man die thematisch festgelegten Spiele-Welten wie *World of Warcraft* mit einbezieht.

Es ist aber die größte, thematisch offene virtuelle Welt. Hier ein paar aktuelle Zahlen und Fakten zu dieser Plattform (LINDEN LAB 2007).

Online seit	2003
Registrierte Anwender	ca. 10.000.000
Aktive User über 60 Tage	ca. 1.500.000
Aktive User über 30 Tage	ca. 950.000
Dauerhafte ›Einwohner‹	ca. 600.000
Virtuelle Landfläche	ca. 650 Millionen qm

Einige der numerischen Eckdaten zu *Second Life* sind beeindruckend, andere sind – bei nüchterner Betrachtung – eher unspektakulär, wie zum Beispiel die tatsächliche Anzahl der aktiven Anwender von ca. 600.000.

Diese Zahlen stellen aber lediglich eine Momentaufnahme dar. In Summe betrachtet wachsen alle virtuellen Welten – nicht allein *Second Life* – mit einer Rate von 20 Prozent und mehr – und zwar pro Monat.

Damit soll nicht gesagt werden, dass dieses Wachstum sich ungebremst fortsetzen wird. Sicherlich werden über kurz oder lang Marktsättigungseffekte eintreten. Die bekannte Technologie-Beratung Gartner schätzt allerdings, dass bis ca. 2011 etwa 80 Prozent aller Internetanwender mehr oder weniger regelmäßig virtuelle Welten in Form eines Avatars aufsuchen werden.

5. Typische Nutzungsszenarien für virtuelle Welten

Virtuelle Welten sind neu, so neu, wie es das Internet um ca. 1994/95 war. Heute schon alle Anwendungen abzusehen, für die diese Technologie in den kommenden Jahren genutzt werden wird, ist unmöglich. Die folgenden Nutzungsszenarien liegen jedoch nahe und sind zum großen Teil schon in die Praxis anzufinden:

- *Prototyping* für Produkte und Gebäude
  Schaffung virtueller 3D-Produkte und Räume sowie Tests und Diskussionen mit potenziellen Anwendern während des Entwicklungsprozesses, lange bevor reale Prototypen möglich sind.
- *Mass-Customisation*
  Konfiguration von individualisierten Produkten (und Kleidung) in großer Realitätsnähe. Demonstration der Produkte in der virtu-

ellen Welt und bei Gefallen anschließende Auslieferung in physischer Form.
- *vShopping*
  Virtuelle Läden und ganze Einkaufszonen bieten neue Möglichkeiten für die Produktpräsentation und die Transponierung des echten Shopping-Gefühls ins Internet.
- *Virtuelle Meetings*
  In Nachbildungen realer Konferenzräume, die ein bislang ungekanntes Präzenz- und Wir-Gefühl in der Gruppe schaffen.
- *Branded Entertainment*
  Schaffung durchgehend gebrandeter Entertainment-Umgebungen mit extrem hohem ›Involvement‹ auf Konsumentenseite. Möglich sind unter anderem Musik-, Sport- und Spielveranstaltungen sowie die perfekte Nachbildung beliebter Fernsehserien mit echter Interaktionsmöglichkeit.

Und schließlich darf man auf keinen Fall die Möglichkeiten für die werbetreibende Wirtschaft vergessen, hier über Marketing- und PR-Maßnahmen eine junge, ungewöhnlich aufgeschlossene und konsumfreudige Zielgruppe zu erreichen.

6. Beispiele für Unternehmens-Projekte in virtuellen Welten

Virtuelle Welten waren bis 2005 Plattformen, die nahezu ausschließlich von Privatanwendern für Unterhaltungszwecke genutzt wurden. Ab etwa 2006 entdeckten jedoch auch große Unternehmen der physischen Realität diese Plattform und begannen mit ersten – oft experimentellen – Projekten. Heute sind bereits Unternehmen wie IBM, Sony, Deutsche Post, Adidas, Reebok, Toyota, Dell, MTV, Mercedes Benz, Nissan, Pontiac, Vodaphone, Sun, TUI und viele andere, auch kleinere Firmen mit eigenen Angeboten vertreten, und wöchentlich kommen neue dazu.

Viele der in der Öffentlichkeit prominentesten Projekte fokussieren bis heute noch auf den Aspekt »Wir sind das erste Unternehmen unserer Branche im Metaversum«. Dabei ergeben sich zwar oft interessante architektonische Ansätze für die virtuellen Niederlassungen, aber die Geschäfts- und Kommunikationsmodelle blieben unscharf.

Wir haben hier versucht, Projekte auszuwählen, bei denen der direkte Nutzen für das initiierende Unternehmen zumindest erahnbar – wenn auch nicht in jedem Fall in Geldbeträgen quantifizierbar – ist.

6.1   aloft (Starwood Hotels)

Besonders interessant unter den ersten professionellen Projekten in *Second Life* war sicherlich das Projekt *aloft* der Firma Starwood Hotels (einer Tochter von W-Hotels, einer der größten Beherbergungskonzerne der Welt). Aloft ist eine Marke dieser Kette, die in 2008 ihr Marktdebüt haben wird.

Wenn eine solche neue Hotelmarke entwickelt wird, entstehen typischerweise zwei, drei Räume, vielleicht ein Teil der Lobby in einer Fabrikhalle, in denen sich Geschäftspartner und potenzielle (Groß-)Kunden einen Eindruck des Konzepts machen können. Das ist natürlich nur beschränkt möglich.

Starwood Hotels hat sich deshalb Mitte 2006 entschlossen, zusätzlich eine ganze Hotelanlage in *Second Life* aufzubauen (Abb. 2). Das Endergebnis ist erstaunlich brauchbar. Bewegt man seinen Avatar durch diese Räume (Abb. 3), erhält man ein sehr gutes Gefühl für das künftige Aussehen und den Stil dieses Konzepts.

ABBILDUNG 2
Das Projekt *aloft* der Firma Starwood Hotels

ABBILDUNG 3
Ein Hotelzimmer im *aloft*

Natürlich wären visuell ähnliche Ergebnisse auch mit klassischer 3D-Konstruktionssoftware und animierten *Fly-throughs* möglich gewesen.

Diese ermöglichen aber nicht, zusammen mit Geschäftspartnern und Kunden die Anlage völlig frei zu erkunden.

Zudem ist ein vergleichbares Gefühl, sich tatsächlich durch diese Anlage zu bewegen, mit einem fertig gedrehten Film nicht zu erzielen.

6.2 The AvaStar (Bild.T-Online)

Die Gesellschaft von *Second Life* hatte schon immer eine ganze Reihe von Zeitungen und ähnlichen Publikationen zu bieten. Diese waren bis Ende 2006 aber eher semi-professionelle Produktionen von ambitionierten Anwendern (wenn auch teilweise mit journalistischem Hintergrund).

Im November 2006 entschloss sich der Axel Springer Verlag, in *Second Life* eine Wochenzeitung herauszubringen (über seine Online-Tochter *Bild.T-Online*). *The AvaStar*, so der Name des Blattes, ist ein wöchentlich erscheinendes Boulevard-Zeitung in einem Stil zwischen *Bild*, SUN und *Bild am Sonntag* (Abb. 4).

ABBILDUNG 4
Die Boulevard-Zeitung *The AvaStar* des Axel Springer Verlages

Eine Redaktion erfahrener Journalisten in Berlin erarbeitet die Inhalte zusammen mit einer Reihe von freien Autoren, die aus der Gruppe der SL-Anwender rekrutiert wurde.

Der Axel Springer Verlag betritt hier publizistisches Neuland. Ob und in welchem Zeitraum das Projekt einen Break Even erleben wird, ist naturgemäß unsicher. Grundsätzlich besteht aber wie in der physischen Realität ein großes Bedürfnis nach aktuellen Informationen (sowie Klatsch und Tratsch) – und nach einer Anzeigenplattform, mit der ein Großteil der ›Bevölkerung‹ erreicht werden kann.

The AvaStar könnte eine solche Plattform werden – und dem Axel-Springer-Verlag helfen, frühzeitig publizistische und Werbekompetenz für diese Zielgruppen aufzubauen.

6.3 Pontiac Motorati

Das bislang ambitionierteste Projekt in virtuellen Welten aus dem Umfeld der Automobilindustrie wurde von der GM-Division Pontiac gestartet. Unter dem Namen *Motorati* soll hier nicht einfach ein Modell

ABBILDUNG 5
Die Rennstrecke bei Pontiac Motorati

oder eine Baureihe von Fahrzeugen angepriesen werden – wie es bei den anderen Automarken üblich ist, die fast alle inzwischen in virtuellen Welten anzutreffen sind. Stattdessen geht es darum, ein ›Zentrum der Autokultur‹ in *Second Life* zu erschaffen.

Natürlich gibt es auch hier Fahrzeuge zu kaufen und eine Rennstrecke, auf der man sie ausfahren kann (Abb. 5). Daneben ist der größte Teil des Geländes den Sub-Projekten von Anwendern gewidmet. Jeder Einwohner von *Second Life* kann sich mit Projekt-Ideen bewerben (Garagen, Tuning-Firmen, Zubehörgeschäften etc.). Wird die Bewerbung angenommen, stellt Pontiac das nötige Land kostenfrei zur Verfügung. Alle Umsätze, die ggf. im Rahmen des Projekts erzielt werden, gehen ebenfalls an den Projekt-Initiator.

Tatsächlich ist Motorati sicherlich eines der ersten Projekte, die den Ansatz ›benutzergenerierte Inhalte‹, der dem Erfolg von *Second Life* zugrunde liegt, auch in ein Marken-Projekt integrieren: Es geht nicht darum, ›der Erste‹ zu sein, der etwas in *Second Life* tut, sondern die umsetzenden Agenturen haben sich zusammen mit dem Auftraggeber bemüht, etwas wirklich Originelles zu kreieren und einen echten Nutzen (auch, wenn der nur aus Spaß besteht) für die Einwohner von *Second Life* zu schaffen.

6.4   Virtual Laguna Beach

Eines der besten Beispiele für die Transponierung (der virtuellen Welt) von Fernsehformaten in virtuelle Welten ist *Virtual Laguna Beach* von MTV.

Laguna Beach ist eine Reality-Show von MTV, die wöchentlich ausgestrahlt wird. Eine solche Reality-Show hat oft eine große Anzahl ausgesprochen *fan*atischer Fans, die nicht nur jede Ausstrahlung aufmerksam verfolgen, sondern auch Merchandising-Artikel erwerben, DVDs, Bücher zur Serie etc. Im Grunde geht es darum, in die (virtuelle) Welt der Show einzutauchen.

Da liegt es nahe, diese virtuelle Welt auch digital zu erschaffen. Genau das ist *Virtual Laguna Beach* (Abb. 6). Hier wurde im Auftrag von MTV ›Laguna Beach‹, ein Städtchen an der Pazifikküste der USA, in dem besagte Serie spielt, nachgebaut. Alle wichtigen Landmarks aus der Serie sind vertreten. Fans können sich hier mit ihren Idolen treffen (entsprechende Events finden wöchentlich statt), die kommenden Folgen schon vor der Ausstrahlung sehen, Kleidung kaufen, wie sie die Stars der Serie tragen – oder einfach nur dort ›abhängen‹, wo es auch die Serienstars tun, und mit anderen Fans chatten.

ABBILDUNG 6
MTVs *Virtual Laguna Beach*

MTV selbst hat seit diesem ersten Experiment bereits drei weitere TV-Formate in (zwei verschiedene) virtuelle Welten umgesetzt und dafür schon über 600.000 Mitglieder gewonnen. Die Prognose, dass über kurz oder lang eine ganze Reihe von ähnlichen ›Branded Virtual Worlds‹ inspiriert von Fernsehserien, Filmen oder Bestsellern entstehen werden, erscheint uns nicht allzu gewagt.

6.5 Lehrveranstaltungen, Konferenzen & Meetings

Neben bekannten Marken aus der physischen Realität haben auch viele Non-Profit-Organisationen Präsenzen in *Second Life* errichtet. Einige davon experimentieren mit Online-Trainings, Distance Learning und Blended Learning. Eines der bekanntesten Projekte aus dem universitären Umfeld ist das des *Berkman Institute* der Harvard Law School (HLS).

Die HLS (Abb. 7) hat sich ein Areal in *Second Life* eingerichtet und bebaut, um damit – wie andere Unternehmen – Versuche dazu anzustellen, wie das eigene ›Kerngeschäft‹ von der Technologie virtueller Welten profitieren kann.

ABBILDUNG 7
Das *Berkman Insitute* der Harvard Law School

Seit Anfang 2006 finden hier regelmäßig Vorlesungen und Diskussionsveranstaltungen statt – die sich vorwiegend nicht an die anderen ›Einwohner‹ von *Second Life* richten, sondern an die eingeschriebenen Studenten und die Dozenten der Harvard Law School.

Einige Vorlesungen finden wöchentlich regelmäßig im virtuellen Raum statt. Andere Veranstaltungen nutzen diese Räumlichkeiten spontan im Rahmen von Forschung und Lehre.

Im Rahmen eines aktuellen Projektes sollen unter anderem auch examplarische Gerichtsverfahren (*mock trials*) nachgestellt bzw. durchgespielt werden.

Solche Aktivitäten haben aktuell selbstverständlich vorwiegend experimentellen Charakter. *Second Life* kann in der vorliegenden Ausbaustufe keinen wirklichen ›Ersatz‹ für physische Zusammentreffen bieten und weist einige eklatante Schwächen bei Treffen und Diskussionen innerhalb größerer Personengruppen auf.

Ungeachtet der aktuell bestehenden Herausforderungen bei der Kommunikation innerhalb größerer Gruppen in *Second Life* gibt es eine ganze Reihe von Projekten, bei denen die Möglichkeiten von *Second Life* für virtuelle Konferenzen, Online-Meetings und Online-Kollaboration ausgelotet werden (Abb. 8).

ABBILDUNG 8
Virtueller Konferenzraum bei *Second Life*

Für einige Unternehmen ist es der primärer Ansatz virtuelle Welten als Kommunikationsplattform zu nutzen. IBM zum Beispiel hat eine eigene Abteilung ins Leben gerufen, die sich mit der Nutzung virtueller Welten für die interne Kommunikation beschäftigt, und ist als Firma einer der größten Anwender virtueller Welten überhaupt, mit mehr als 6.000 Mitarbeitern, die hier aktiv sind.

Auch diese Aktivitäten sind experimentell. *Second Life* hat in der Ende 2007 vorliegenden Version schwerwiegende Schwächen als Kommunikationsplattform (die das Produkt mit allen vergleichbaren Plattformen teilt):

- Beschränkung auf getippte Kommunikation (Chat und IM) sowie Voice-Conferencing
- Kaum Möglichkeiten für Mimik und Gestik
- Umständliche Verfahren für den Upload einfacher Präsentations-Charts
- Eingeschränkte Teilnehmerzahl (ca. 50)

Diese Einschränkungen schließen eine Nutzung der Plattform für Online-Meetings und Kollaboration nicht aus. Sie verlangen aber eine sehr genaue Analyse der Projektbedürfnisse und der von der Plattform realistischerweise zu erbringenden Leistungen.

Solche Experimente können allerdings sehr lohnende Ergebnisse zeitigen – was letztendlich wieder mit dem ›Prinzip Avatar‹ und dem starken Präsenzgefühl der Anwender zu tun hat. Dazu Aedhmar Hynes, CEO der internationalen PR-Agentur Text 100 (HYNES 2006):

> »Having now held a series of Text 100 internal meetings [...] in Second Life, we have experienced first hand that the quality of interactions in virtual 3D worlds is engaging in a unique way. For many of our people who are dispersed across the world, they've felt it's been the nearest thing to generating a sense of camaraderie without physically gathering people together in one room.«

6.6 v-Commerce

Ein sehr interessantes, heute erst ansatzweise genutztes Potenzial virtueller Welten liegt im Online-Shopping. Wobei der Begriff *Shopping* (der ein soziales Einkaufsvergnügen und nicht das effiziente *Einkaufen* meint) hier tatsächlich zutrifft – anders als bei irreführend sogenannten ›Online-Shops‹ im World Wide Web.

Einkaufen im Web ist wie Blättern im Katalog. Das muss nicht immer langweilig sein, ist hinsichtlich des Kaufvergnügens aber weit von *Shopping* entfernt. Dazu Irving Wladawsky-Berger, Chief Technology Strategist bei IBM, der dafür den Begriff v-Commerce prägte (REUTERS 2007):

> »The essence of ecommerce today is built around the idea of catalogs. That's very useful, it fits with the idea of Web pages and catalog pages, but most people don't think of shopping in terms of catalogs and pages, but in terms of stores that they go into.«

Genau das ist in virtuellen Welten möglich. Hier gibt es echtes *Shopping* – zusammen mit anderen. Weiterhin möglich – und sinnvoll – sind Malls, Einkaufspassagen. In der physischen Welt sind solche Ballungen unterschiedlicher Geschäfte enorm wichtig. Die Absicht, Produkt A zu erwerben, führt mich an Geschäften für Produktkategorie B vorbei – und das empfinde ich nicht als ablenkend, sondern als anregend – zumindest wenn ich *shoppen* will.

Das Web kennt keine Distanz – oder Nähe. Und man geht nicht an einem Laden vorbei, wenn man einen anderen aufsuchen will. Deshalb gibt es keine ›Laufkundschaft‹. Einkaufspassagen funktionieren nicht.

In einer virtuellen Welt passiert genau dasselbe wie in der physischen: benachbarte Geschäfte ergänzen sich. Sie bieten den Konsumenten ein reicheres Kauferlebnis und den Händlern Laufkundschaft. Das ist keine Theorie, sondern gelebte Praxis. In *Second Life* sind inzwischen viele Malls und regelrechte Einkaufszonen entstanden (Abb. 9).

ABBILDUNG 9
›Verkaufsräume‹ in Second Life

Viele der heute verfügbaren 3D-Plattformen – allen voran wieder *Second Life* – unterstützen virtuelle Shopping-Touren schon recht gut. 3D-Darstellungen, gemeinsames Bummeln, Chatten, einfache Kauffunktionen auch für Kleinbeträge sind Standard. Was momentan noch fehlt, ist eine bessere Kopplung zwischen Web und virtuellen Welten.

Denn Web-Shops haben selbstverständlich auch Vorteile – als Kataloge. Und diese Kataloge wird man sich in Zukunft – gemeinsam – in einer virtuellen Einkaufsumgebung ansehen können und direkt zur Präsentation der Produkte in der 3D-Welt geführt werden. Andere Stärken heutiger Web-Shops sind die existierenden Prozesse für die Auslieferung realer Objekte, Anbindung an Payment-Lösungen, Schnittstellen zu ERP-

Systemen etc. All diese Räder muss man nicht neu erfinden. Sie existieren für webbasierte Lösungen – jedoch noch nicht für *Second Life* oder anderen virtuelle 3D-Welten.

Es ist davon auszugehen, dass entsprechende Lösungen im Laufe des Jahres 2008 praktikabel werden. Flexible Schnittstellen für den direkten Datenaustausch zwischen *Second Life* und beliebigen Seiten im Web existieren bereits. Die Darstellung von Webseiten innerhalb der Welt, abgebildet auf beliebige 3D-Objekte, ist für das erste Quartal 2008 angekündigt.

Literatur

BARTLE, R.: *Designing Virtual Worlds*. Indianapolis [New Riders Games] 2003
CASTRONOVA, E.: *Synthetic Worlds: The Business and Culture of Online Games*. Chicago [University Of Chicago Press] 2005
DIBBEL, J.: *Play Money: Or, How I Quit My Day Job and Made Millions Trading Virtual Loot*. New York [Basic Books] 2006
FENN, J.: *Understanding Gartner's hype cycles*. 2007. Online: http://www.gartner.com/pages/story.php.id.8795.s.8.jsp#1 [29.11.2007]
HYNES, A.: *Monday Morning*. 2006. Online: http://mondaymorning.typepad.com/monday_morning/2006/11/first_lessons_f.html [29.11.2007]
LINDEN LAB: *Economic Statistics*. 2007. Online: http://secondlife.com/whatis/economy_stats.php [29.11.2007]
ONDREJKA, C.: *Towards a theory of place in digital worlds*. 2004. Online: http://www.gamespot.com/news/2004/11/12/news_6113119.html [29.11.2007]
REUTERS, A.: *IBM accelerates push into 3D virtuell worlds*. 2007. Online: http://secondlife.reuters.com/stories/2006/11/09/ibm-accelerates-push-into-3d-virtual-worlds/ [29.11.2007]
STEPHENSON, N.: *Snow Crash*. New York [Bantam Books] 1992
WILLIAMS, T.: *Otherland*. New York [DAW Books] 1996

Autoren und Herausgeber

ASSMANN, JÖRG, Dr., Jg. 1965, ist Leiter des Forschungszentrums für Digitale Kommunikation des Institute of Electronic Business e.V. (IEB), An-Institut der Universität der Künste Berlin. Kontakt: assmann@ieb.net

BERENDT, BETTINA, Univ.-Prof. Dr. rer. nat., Jg. 1966, ist Professorin für Datenbanken und Hypermedia am Fachbereich Informatik der Katholischen Universität Leuven in Belgien. Sie promovierte am Graduiertenkolleg Kognitionswissenschaft der Universität Hamburg und habilitierte sich während ihrer Juniorprofessur am Institut für Wirtschaftsinformatik der Humboldt-Universität zu Berlin. Kontakt: bettina.berendt@cs.kuleuven.be

BRÄUER, MARCO, Dipl.-Medienwiss., Jg. 1978, ist Doktorand an der Technischen Universität Ilmenau. Publikationen und Vorträge in den Bereichen Politische Kommunikation, Elektronische Demokratie sowie Musikrezeptionsforschung. Kontakt: marco.braeuer@tu-ilmenau.de

BREUER, MARKUS, Jg. 1960, ist Geschäftsführer der Otherland Group, Berlin, einem Unternehmen mit Spezialisierung auf Consulting und Projektumsetzung im Umfeld virtueller Welten. Zuvor war er unter anderem Vorstand der Elephant Seven AG, Agentur für E-Business und Online-Marketing. Kontakt: markus.breuer@otherland-group.com

BROSS, JUSTUS, M.Sc. Int. Business, MBE, Jg. 1979, ist Projektleiter und Doktorand am Hasso-Plattner-Institut, Potsdam. Forschungsprojekte und Publikationen zu Collaborative Web, E-Government und Social Inclusion. Kontakt: justus.bross@hpi.uni-potsdam.de

BRUNAUER, TINA, Mag.ª (FH), Jg. 1980, ist wissenschaftliche Projektleiterin am SORA Institute for Social Research and Analysis, Wien, mit den Themenschwerpunkten Kommunikation und Social Software. Daneben Öffentlichkeitsarbeit für SORA sowie Lehrtätigkeit zu den Themen Public Relations und Kommunikation. Kontakt: tb@sora.at

BÜFFEL, STEFFEN, MA, Jg. 1975, ist selbstständig tätiger Medienberater und Trainer in Düren. Er war bis 2006 wissenschaftlicher Mitarbeiter im Fach Medienwissenschaft der Universität Trier. Arbeitsschwerpunkte: Social Media, Crossmedia, Online-Journalismus, E-Learning. Kontakt: steffen.bueffel@media-ocean.de

BURKART, ROLAND, A.o. Univ.-Prof. Dr. phil., Dr. h. c., Jg. 1950, lehrt und forscht am Institut für Publizistik- und Kommunikationswissenschaft der Universität Wien. Publikationen zu Kommunikationstheorie, Rezeptionsforschung, Online-Kommunikation und Public Relations/ Öffentlichkeitsarbeit. Kontakt: roland.burkart@univie.ac.at

ENGESSER, SVEN, M.A., Jg. 1979, ist wissenschaftlicher Mitarbeiter am Institut für Kommunikationswissenschaft und Medienforschung der Ludwig-Maximilians-Universität München. Publikationen und Studien zu partizipativem Journalismus, international vergleichender Kommunikationsforschung und Mediensystemen. Kontakt: engesser@ifkw.lmu.de

GERHARDS, CLAUDIA, Prof. Dr., M.A., ist Professorin für Kommunikation und Multimedia am Fachbereich Wirtschaft der Fachhochschule Düsseldorf. Zuvor arbeitete sie als Redaktionsleiterin, Producerin und Formatentwicklerin für verschiedene Fernsehproduktionsfirmen. Ihr Studium der Deutschen Philologie, Theater-, Film- und Fernsehwissenschaft sowie Englischen Philologie absolvierte sie an der Universität zu Köln. Kontakt: claudia.gerhards@fh-duesseldorf.de

KAISER, STEPHAN, PD Dr., Dipl.-Kfm., Jg. 1971, forscht und lehrt am Lehrstuhl für Allgemeine Betriebswirtschaftslehre, Organisation und betriebliches Personalwesen der Katholischen Universität Eichstätt-Ingolstadt. Arbeitsschwerpunkte: Soziale Netzwerke, Neue Technologien

(Social Software), Organisation und humane Ressourcen. Kontakt: stephan.kaiser@kuei.de

KOCH, MICHAEL, Univ.-Prof. Dr. rer. nat., Jg. 1968, ist Professor für Programmierung kooperativer Systeme an der Fakultät für Informatik der Universität der Bundeswehr München und Leiter der Forschungsgruppe Kooperationssysteme. Schwerpunkte: interdisziplinäre und praxisorientierte Unterstützung von Zusammenarbeit in Teams, Communities und Netzwerken. Kontakt: michael.koch@unibw.de

KOCH, ROBERT, B.Sc., M.Sc., Jg. 1979, absolvierte den Studiengang Softwaresystemtechnik am Hasso-Plattner-Institut der Universität Potsdam und beendete 2007 erfolgreich den Masterstudiengang Wirtschaftsinformatik an der Humboldt-Universität zu Berlin. Kontakt: Robert.Koch.Privat@gmx.de

LAPP, SUSANNE, Dr., Dipl.-Volkswirtin, Jg.1967, ist Leiterin Interne Kommunikation und Corporate Publishing der Fraport AG, Frankfurt am Main. Sie hat langjährige Erfahrung in der internen sowie der externen Kommunikation. Ein Interessenschwerpunkt ist der Einsatz von Web 2.0 in der Unternehmenskommunikation. Kontakt: s.lapp@fraport.de

MEINEL, CHRISTOPH, Univ.-Prof. Dr., Jg. 1954, ist Direktor und Geschäftsführer des Hasso-Plattner-Instituts, Potsdam, sowie Professor für Internet-Technologien und -Systeme an der Universität Potsdam. Forschungsthemen: Internet- und Informationssicherheit, Web-Technologien und E-Learning. Kontakt: christoph.meinel@hpi.uni-potsdam.de

MÜLLER-MÜFFELMANN, RAINER, Dipl.-Ing. geod., Jg. 1967, ist in der Innovationskommunikation der BASF-Gruppe, Ludwigshafen, tätig. Er hat langjährige Berufserfahrung in Wissenschaftskommunikation und befasst sich seit 2005 mit Corporate Podcasting. Kontakt: rainer.mueller-mueffelmann@basf.com

MÜLLER-SEITZ, GORDON, Dr., Dipl.-Kfm., Jg. 1978, ist wissenschaftlicher Mitarbeiter am Zentrum für Entrepreneurship und Innovation der Universität Potsdam. Forschungsthemen: Open Innovation, Open Source

Software, Positive Emotionen sowie Social Software (Weblogs und Wikis). Kontakt: gordon.mueller-seitz@uni-potsdam.de

NEUBERGER, CHRISTOPH, Univ.-Prof. Dr., Jg. 1967, ist Professor für Journalistik an der Westfälischen Wilhelms-Universität Münster. Er studierte Journalistik, Politikwissenschaft, Soziologie und Philosophie in Eichstätt und Tübingen, promovierte über »Journalismus als Problembearbeitung« und habilitierte sich zum Thema »Journalismus und Internet«. Er ist neben seiner Lehr- und Forschungstätigkeit nach wie vor für Presse, Rundfunk und Internet journalistisch tätig. Kontakt: neuberger@uni-muenster.de

PAGEL, SVEN, Prof. Dr., Dipl.-Kfm., Jg. 1973, ist Professur für Betriebswirtschaftslehre, insbesondere Kommunikation und Multimedia, an der Fachhochschule Düsseldorf. Vorher arbeitete er bei Rundfunksendern in den Bereichen Informationstechnologie, Digitalfernsehen und Internetredaktion. Sein BWL-Studium hat er in Gießen, Edinburgh und Montpellier absolviert sowie am Institut für Journalistik der Universität Dortmund zu einem medienökonomischen Thema promoviert. Kontakt: sven.pagel@fh-duesseldorf.de

POSTLER, ANNIKA, Dipl.-Soz., Jg. 1973, ist Projektleiterin CRM und Neue Medien bei der EnBW Energie Baden-Württemberg AG, Karlsruhe. Zuvor arbeitete sie als Consultant beim Institut für Markentechnik, Genf. Schwerpunkte: Online-Trend-Monitoring, Strategische Markenführung und CRM. Kontakt: a.postler@enbw.com

RICHTER, ALEXANDER, Dipl.-Kfm., Jg. 1980, ist wissenschaftlicher Mitarbeiter der Forschungsgruppe Kooperationssysteme der Universität der Bundeswehr München. Seine Forschungstätigkeiten umfassen die neuen Internet-Technologien und deren Auswirkungen auf Computer Supported Collaborative Work (CSCW). Kontakt: a.richter@unibw.de

SACK, HARALD, Dr., Dipl.-Inform, Jg. 1965, ist wissenschaftlicher Assistent an der Friedrich-Schiller Universität Jena und Gastwissenschaftler am Hasso-Plattner-Institut, Potsdam. Publikationen zu Web-Technologien, Information Retrieval, Semantic Web und formaler Verifikation. Kontakt: harald.sack@hpi.uni-potsdam.de

SANDHU, SWARAN, Dipl.-Kommunikationswissenschaftler, Jg. 1976, ist Assistent an der Universität Luzern mit den Forschungsschwerpunkten Public Relations und Social Media sowie Organisations- und Managementsoziologie. Er hat an der Universität Hohenheim studiert und mehrere Jahre in der Medienwirtschaft und Beratung gearbeitet. Kontakt: swaran.sandhu@unilu.ch

SCHEUERMANN, MICHAEL, Dipl.-Theol., Dipl.-Phil. M.A., Jg. 1956, arbeitet in der Unternehmenskommunikation der BASF-Gruppe, Ludwigshafen, im Bereich Issues Networking und PR 2.0. Er war zuvor in unterschiedlichen Funktionen bei BASF, in der Kommunikation der Katholischen Kirche sowie als Redakteur tätig. Kontakt: michael.scheuermann@basf.com

SCHILDHAUER, THOMAS, Univ.-Prof. Dr. Dr., Jg. 1959, ist leitender Direktor des Institute of Electronic Business e.V. (IEB), An-Institut der Universität der Künste Berlin sowie Dozent des Studiengangs »Executive MBA Business Engineering« der Universität St. Gallen. Kontakt: schildhauer@ieb.net

SCHLEGEL, MARTIN, B.A, M. Sc., Jg. 1981, studierte Wirtschaftsinformatik an der Berufsakademie Berlin und sammelte mehrjährige Erfahrungen im Bereich IT Management. 2007 schloss er den Masterstudiengang Wirtschaftsinformatik an der Humboldt-Universität zu Berlin ab. Kontakt: martin_schlegel@gmx.de

SCHMIDT, JAN, Dr., Jg. 1972, ist Senior Researcher für digitale interaktive Medien und politische Kommunikation am Hans-Bredow-Institut für Medienforschung in Hamburg. Seine Forschungsschwerpunkte liegen im Bereich der Mediensoziologie und der Online-Forschung, insbesondere im Bereich Web 2.0/Social Software und Games. Kontakt: j.schmidt@hans-bredow-institut.de

SCHÖNHERR, KATJA, Dipl.-Journ., Jg. 1982, studierte Journalistik und Kulturwissenschaften an der Universität Leipzig und graduierte mit einer Diplomarbeit zu »Medienwatchblogs als Form journalistischer Qualitätskontrolle«. Kontakt: mail@katjaschoenherr.de

SCHULTZE, MATTHIAS, Dipl.-Betriebswirt (BA), Jg. 1962, ist bei der EnBW Energie Baden-Württemberg AG, Karlsruhe, Leiter des Bereichs CRM und

Neue Medien, und dort u.a. verantwortlich für die Koordination der Web-Aktivitäten und Identifizierung von Optimierungspotenzialen durch die intelligente Nutzung Neuer Medien. Publikationen und Vorträge zu Corporate Knowledge, Business Intelligence und Business Innovation Management. Kontakt: m.schultze@enbw.com

SEIFERT, MARKUS, Dipl.-Medienwiss., Jg. 1978, ist wissenschaftlicher Mitarbeiter an der Heinrich-Heine-Universität Düsseldorf und Koordinator des DFG-finanzierten Forschungsprojekts »Politische Onlinekommunikation«. Publikationen und Vorträge zur Politischen Kommunikation, Digital Divide und Musikrezeptionsforschung. Kontakt: markus.seifert@uni-duesseldorf.de

STALZER, LIESELOTTE, Dr., Jg. 1955, ist Leiterin Marktforschung bei der Wiener Städtischen Versicherung, Vorstandsvorsitzende des Verbands der Marktforscher Österreichs sowie Dozentin für Markt- und Meinungsforschung am Institut für Publizistik- und Kommunikationswissenschaft der Universität Wien. Kontakt: l.stalzer@staedtische.co.at

VOSS, KATHRIN, Dr. phil., M.A., Jg. 1974, ist freiberufliche Beraterin und Dozentin für Öffentlichkeitsarbeit und Organisationsentwicklung sowie Mitglied der Arbeitsstelle Medien und Politik der Universität Hamburg. Kontakt: kv@kathrinvoss.de

WALLER, CHRISTIAN M., Dipl.-Kommunikationswirt, Jg. 1964, ist freier Mitarbeiter am Institute of Electronic Business e.V. (IEB), An-Institut der Universität der Künste Berlin sowie Gründungsmitglied des International Institute on Mass Customization and Personalisation IIMCP. Kontakt: waller@ieb.net

WALLNER, ANTJE, Dipl.-Wirtschaftsingenieurin, Jg. 1982, ehemalige Diplomandin in der Internen Kommunikation der Fraport AG. Sie absolviert einen Master-Studiengang an der University of Sydney, Australien. Kontakt: antje.wallner@gmx.de

WALTER-DUNNE, TANJA, M.A., Jg. 1970, ist tätig im Business Development der Fink & Fuchs Public Relations AG, Wiesbaden. Zuvor in der Kommunikationsabteilung des Fernsehsenders DSF und der Kundenberatung von

Fink & Fuchs, widmet sie sich heute Projekten im Bereich Web 2.0. Kontakt: tanja.walter.dunne@ffpr.de

WARTA, ALEXANDER, M. Sc., Jg. 1977, arbeitet als Doktorand bei der Robert Bosch GmbH, Stuttgart, im Geschäftsbereich Diesel Systems. Schwerpunkt seiner Arbeit ist die Adaption kollaborativer Wissensmanagement-Umgebungen im Unternehmenskontext. Kontakt: alexander.warta@de.bosch.com

WELKER, MARTIN, Dr. phil., M.A., Jg. 1963, ist wissenschaftlicher Mitarbeiter am Institut für Kommunikations- und Medienwissenschaft der Universität Leipzig, Abteilung Journalistik, sowie im Vorstand der Deutschen Gesellschaft für Online-Forschung (DGOF). Veranstalter und Mitveranstalter der Konferenzen »General Online Research« (GOR) 2002 und 2007, Gründer der »Neuen Schriften zur Online-Forschung«. Kontakt: mail@martin-welker.de

WIMMER, JEFFREY, Dr. phil., Dipl. Sozialwiss., Jg. 1972, ist Postdoc am Institut für Medien, Kommunikation und Information (IMKI) der Universität Bremen. Schwerpunkte: Soziologie der Medienkommunikation, (Gegen-)Öffentlichkeit und Computerspiele, internationale und globale Kommunikation, Theorie und Praxis der PR. Kontakt: wimmer@uni-bremen.de

WITTE, BARBARA, Prof. Dr., Dipl.-Pol., Jg. 1965, ist Professorin für Rundfunkjournalistik und Online-Kommunikation an der Hochschule Bremen. Die Arbeitsschwerpunkte der Journalistin sind Politik und Medien, Rundfunkentwicklung und Online-Kommunikation. Sie ist Mitglied des Réseau d'études sur le journalisme. Kontakt: bwitte@fbawg.hs-bremen.de

WOLLING, JENS, Univ.-Prof. Dr., Jg. 1962, ist Inhaber des Lehrstuhls Empirische Medienforschung/Politische Kommunikation an der Technischen Universität Ilmenau und Leiter des DFG-finanzierten Projekts »Politische Onlinekommunikation«. Schwerpunkte: Politische Kommunikations-, Online- und Qualitätsforschung. Kontakt: jens.wolling@tu-ilmenau.de

ZERFASS, ANSGAR, Univ.-Prof. Dr., Dipl.-Kfm., Jg. 1965, ist Universitätsprofessor für Kommunikationsmanagement in Politik und Wirtschaft an der Universität Leipzig. Zuvor zehnjährige Berufstätigkeit in leitenden

Funktionen der Unternehmenskommunikation und Politikberatung, unter anderem für eine Landesregierung. Promotion in Betriebswirtschaftslehre und Habilitation für Kommunikationswissenschaft an der Universität Erlangen-Nürnberg. Schwerpunkte in Forschung und Beratung sind Interaktive Kommunikation, Strukturwandel der Medien, Kommunikations-Controlling, Innovationskommunikation und Politische Kommunikation. Zahlreiche empirische Studien sowie bislang über 100 Fachaufsätze und 17 Bücher. Kontakt: zerfass@uni-leipzig.de

ONLINE-FORSCHUNG

ANSGAR ZERFASS / MARTIN WELKER /
JAN SCHMIDT (Hrsg.)
**Kommunikation, Partizipation und Wirkungen im Social Web.
Band 1: Grundlagen und Methoden:
Von der Gesellschaft zum Individuum**
Neue Schriften zur Online-Forschung, 2
2008, 400 S., 60 Abb., 23 Tab., Broschur,
213 x 142 mm
ISBN 978-3-938258-66-8

Partizipative Formen der Kommunikation haben in den vergangenen Jahren einen unerhörten Aufschwung genommen. Weblogs, Podcasts und Wikis sind so erfolgreich, dass sie inzwischen die Struktur der Öffentlichkeit verändern. Das spiegelt sich einerseits im Mediennutzungsgefüge wider; klassische Massenmedien wie der Hörfunk, das Fernsehen und die Zeitung verlieren insbesondere bei den jüngeren Nutzergruppen an Rückhalt. Der Erfolg zeigt sich andererseits in der vielfältigen Verwendung durch Unternehmen und Politik. Beide wenden sich direkt an ihre Kunden (Beispiele sind CEO-Blogs oder auch Politik-Podcasts wie von Bundeskanzlerin Merkel) und umgehen die klassischen Gatekeeper. Die Zeit ist deshalb reif, nach der Wirkung dieser Kommunikationsformen zu fragen: gesellschaftlich aber auch auf der Mikroebene.

Das Werk ist zweibändig aufgebaut. Band 1 behandelt Grundlagen und Methoden des neuen Internet auf Makro- und Mikroebene. Einleitend werden in einer überwiegend gesamtgesellschaftlichen Perspektive Grundlagen für die Analyse des Social Web sowie seiner Veränderungen und Potenziale gelegt. Anschließend geht es in einer Mikroperspektive um die Rezipienten und ihr Nutzungsverhalten. Ein drittes Kapitel lotet Potenziale des Social Web als Forschungsinstrument aus und verbindet so Mikro- und die Makroperspektive miteinander.

 HERBERT VON HALEM VERLAG
Lindenstr. 19 · 50674 Köln
http://www.halem-verlag.de
info@halem-verlag.de

ONLINE-FORSCHUNG

MARTIN WELKER / OLAF WENZEL (Hrsg.)
**Online-Forschung 2007.
Grundlagen und Fallstudien**
Neue Schriften zur Online-Forschung, 1
2007, 392 S., Broschur, 213 x 142 mm
ISBN 978-3-938258-63-7

Online-Befragungen, Online-Experimente, Analysen online gewonnener Daten – Online-Forschung beweist ihre Leistungsfähigkeit vor allem im Methodenbereich. Viele Fächer profitieren, liefern aber auch wertvolle Anregungen: Online-Forschung ist damit interdisziplinär. Das zeigt auch das vorliegende Buch: Medien- und Kommunikationswissenschaftler, Psychologen, Soziologen und Wirtschaftswissenschaftler haben daran mitgearbeitet. Online-Forschung ist aber auch transdisziplinär. Denn sie erhält aus der angewandten Praxis, insbesondere von kommerziell orientierten Forschungseinrichtungen und -unternehmen wichtige Impulse. Auch dies spiegelt der erste Band der Reihe „Neue Schriften zur Online-Forschung wider: Zahlreiche Fallbeispiele aus Forschungsinstituten zeigen anschaulich, wie groß das Spektrum der Möglichkeiten heute ist und wie es in der Praxis genutzt wird.

HERBERT VON HALEM VERLAG
Lindenstr. 19 · 50674 Köln
http://www.halem-verlag.de
info@halem-verlag.de